Bernhard Miebach

Soziologische Handlungstheorie

Bernhard Miebach

Soziologische Handlungstheorie

Eine Einführung

2., grundlegend überarbeitete
und aktualisierte Auflage

Bibliografische Information Der Deutschen Bibliothek
Die Deutsche Bibliothek verzeichnet diese Publikation in der Deutschen Nationalbibliografie;
detaillierte bibliografische Daten sind im Internet über <http://dnb.ddb.de> abrufbar.

1. Auflage 1991
2., grundlegend überarbeitete und aktualisierte Auflage Mai 2006

Alle Rechte vorbehalten
© VS Verlag für Sozialwissenschaften | GWV Fachverlage GmbH, Wiesbaden 2006

Lektorat: Frank Engelhardt

Der VS Verlag für Sozialwissenschaften ist ein Unternehmen von Springer Science+Business Media.
www.vs-verlag.de

Das Werk einschließlich aller seiner Teile ist urheberrechtlich geschützt. Jede Verwertung außerhalb der engen Grenzen des Urheberrechtsgesetzes ist ohne Zustimmung des Verlags unzulässig und strafbar. Das gilt insbesondere für Vervielfältigungen, Übersetzungen, Mikroverfilmungen und die Einspeicherung und Verarbeitung in elektronischen Systemen.

Die Wiedergabe von Gebrauchsnamen, Handelsnamen, Warenbezeichnungen usw. in diesem Werk berechtigt auch ohne besondere Kennzeichnung nicht zu der Annahme, dass solche Namen im Sinne der Warenzeichen- und Markenschutz-Gesetzgebung als frei zu betrachten wären und daher von jedermann benutzt werden dürften.

Umschlaggestaltung: KünkelLopka Medienentwicklung, Heidelberg
Druck und buchbinderische Verarbeitung: MercedesDruck, Berlin
Gedruckt auf säurefreiem und chlorfrei gebleichtem Papier
Printed in Germany

ISBN-10 3-531-32142-0
ISBN-13 978-3-531-32142-4

Inhalt

EINLEITUNG 15

1 DIMENSIONEN SOZIALEN HANDELNS 17

1.1 Theorie und Empirie 17

1.2 Verhalten und Handeln 20

1.3 Normatives und interpretatives Paradigma 24

1.4 System und Lebenswelt 27

1.5 Homo sociologicus und Homo oeconomicus 29

1.6 Handeln und Struktur 35

2 SOZIALES HANDELN IN ROLLEN UND INSTITUTIONEN 39

2.1 Rolle als Kategorie der Sozialstruktur 39
   2.1.1 Rolle und Position 40
   2.1.2 Das Modell des Rollen-Sets 43
   2.1.3 Struktur- und Handlungsaspekt von Rollen 47

2.2 Rolle und Identität (Mead) 49
   2.2.1 Rolle als Grundkategorie der Soziologie 50
   2.2.2 Identitätsbildung durch Rollenübernahme 52
   2.2.3 Theorie symbolvermittelter Interaktion 57
   2.2.4 Kreativität des Handelns 64

2.3 Institutionalismus 66
   2.3.1 Begriff der Institution 66
   2.3.2 Alter Institutionalismus 68
   2.3.3 Neo-Institutionalismus 81
   2.3.4 Institutioneller und organisatorischer Wandel 89

3 SOZIALES HANDELN IM ALLTAG 101

3.1 Dramaturgie des sozialen Handelns (Goffman) 101
- 3.1.1 Das Individuum als Bezugssystem 102
- 3.1.2 Individuum und Rolle 108
- 3.1.3 Das Individuum im öffentlichen Austausch 117
- 3.1.4 Rahmen-Analyse 130
- 3.1.5 Reframing, Frame-Breaking und Frame-Bending 135

3.2 Strukturen des Alltagshandelns (Schütz, Garfinkel) 139
- 3.2.1 Konstitution sinnhaften Handelns 140
- 3.2.2 Strukturen der Lebenswelt 149
- 3.2.3 Routinegrundlagen des Alltagshandelns 162
- 3.2.4 Ethnomethodologische Organisationsforschung 182

3.3 Kommunikatives Handeln (Habermas, Lyotard) 186

4 SOZIALES HANDELN IN SYSTEMEN 201

4.1 Allgemeine Handlungstheorie (Parsons) 201
- 4.1.1 Funktionalistische Systemtheorie 201
- 4.1.2 Allgemeines Handlungssystem 211
- 4.1.3 Theorie generalisierter Austauschmedien 222
- 4.1.4 Modell der gesellschaftlichen Evolution 239
- 4.1.5 Komplexanalyse als Methodologie des Allgemeinen Handlungssystems 241

4.2 Allgemeine Systemtheorie (Luhmann) 246
- 4.2.1 Funktional-strukturelle Theorie 250
- 4.2.2 Autopoietische Systeme 272
- 4.2.3 Beobachtende Systeme 279
- 4.2.4 Methodologie beobachtender Systeme 292
- 4.2.5 Gesellschaftliche Differenzierung 299
- 4.2.6 Individuum und Gesellschaft 311
- 4.2.7 Evolution 323
- 4.2.8 Organisationaler Wandel 328
- 4.2.9 Organisationskultur 339
- 4.2.10 Systemsteuerung 346
- 4.2.11 Analysemodell für soziale Prozesse 352
- 4.2.12 Alte und neue Systemtheorie 355

5 SOZIALES HANDELN ALS KONSTRUKTION 361

5.1 Gesellschaftliche Konstruktion der Wirklichkeit (Berger/Luckmann) 361
- 5.1.1 Wissenssoziologie 362
- 5.1.2 Institutionalisierung 366

5.1.3	Legitimation	369
5.1.4	Sozialisation	373
5.1.5	Phänomenologischer Sozialkonstruktivismus	375

5.2 Theorie der Strukturation (Giddens) **376**
- 5.2.1 Struktur 376
- 5.2.2 Handeln 379
- 5.2.3 Institutionen 381
- 5.2.4 Persönlichkeit 382
- 5.2.5 Soziale Systeme 384
- 5.2.6 Sozialer Wandel 386
- 5.2.7 Radikalisierung der Moderne 388

6 SOZIALES HANDELN UND RATIONALITÄT 395

6.1 Mikro-Makro Modell (Coleman, Esser) **396**

6.2 Wert-Erwartungstheorie **401**

6.3 Spieltheoretische Modelle **404**

6.4 Transformationsregeln **409**

6.5 Akteurkonstellationen und Transintentionalität **413**
- 6.5.1 Akteurkonstellationen 413
- 6.5.2 Transintentionalität 415

6.6 Situationsanalyse und Frame/Skript Modell **417**
- 6.6.1 Situationsanalyse 417
- 6.6.2 Frame/Skript Modell 419
- 6.6.3 Formalisierung des Framing-Modells 421
- 6.6.4 Anwendung auf die Methode des Zielvereinbarungsgesprächs 423

6.7 Kreativität des Handelns im Rational-Choice Ansatz **425**

6.8 Entstehung und Wandel von Institutionen **426**
- 6.8.1 Modell der Evolution von Institutionen des kollektiven Handelns ... 426
- 6.8.2 Anwendung auf die Institutionalisierung von Zielvereinbarungen ... 428
- 6.8.3 Methode der empirischen Fallbeispiele (Ostrom) 429

6.9 Erweiterungen des Mikro-Makro Modells **429**
- 6.9.1 Zeitdimension 429
- 6.9.2 Mesoebene 429
- 6.9.3 Situationslogische Tiefenerklärung 431
- 6.9.4 Modell der Einbettung 432

	6.9.5	Framing oder kognitive Rationalität?	433
6.10		**Verhaltenstheorie (Homans)**	**439**
	6.10.1	Soziologische Erklärung	439
	6.10.2	Elementargesetze	439
	6.10.3	Abgeleitete Verhaltenshypothesen	441
	6.10.4	Machtbeziehungen	442
	6.10.5	Ausnahmen von Verhaltensgesetzen	443
	6.10.6	Normen	444
	6.10.7	Verhaltenstheorie und Rational-Choice Theorie	444

7 FAZIT 447

Abbildungsverzeichnis

Abbildung 1:	Verhalten und Handeln	23
Abbildung 2:	Normatives und interpretatives Paradigma	27
Abbildung 3:	System und Lebenswelt	29
Abbildung 4:	Homo sociologicus und homo oeconomicus	30
Abbildung 5:	Methodologischer Individualismus	32
Abbildung 6:	Homo sociologicus und homo oeconomicus	33
Abbildung 7:	Beispiel Rollen-Set	44
Abbildung 8:	Sozialisationsmodell Meads	56
Abbildung 9:	Interaktionsmodell nach Mead	61
Abbildung 10:	Interaktionistisches Modell kreativen Handelns	65
Abbildung 11:	Komponenten der voluntaristischen Handlungstheorie	71
Abbildung 12:	Institutionalisierte Rolle	75
Abbildung 13:	Strukturkategorien des Sozialsystems	77
Abbildung 14:	Organisationsmodell Parsons'	79
Abbildung 15:	Institutionelle Quellen der formalen Organisation (Meyer/Rowan 1991: 46; Übersetzung vom Verf., B.M.)	83
Abbildung 16:	Organisationserfolg und -überleben (Meyer/Rowan 1991: 53; Übersetzung vom Verf., B.M.)	83
Abbildung 17:	Zusammenfassung der Isomorphismusthese (Meyer/Rowan 1991: 60; Übersetzung vom Verf., B.M.)	85
Abbildung 18:	Anwendungsfelder des institutionellen Isomorphismus	88
Abbildung 19:	Mechanismen der isomorphen Veränderung (DiMaggio/Powell 1991: 64, 67; Übersetzung vom Verf., B.M.)	88
Abbildung 20:	Parallelität von technischer und institutioneller Umwelt (Scott/Meyer 1991: 124, Übersetzung vom Verf., B.M.)	89
Abbildung 21:	Formale und informelle constraints	91
Abbildung 22:	Modell des institutionellen Wandels	92
Abbildung 23:	Theoretische Erklärung institutionellen Wandels	93
Abbildung 24:	Mehrebenenmodell des institutionellen Wandels	96
Abbildung 25:	Typen institutionellen Wandels	97
Abbildung 26:	Erweitertes Identitätsmodell (Hurrelmann 1995: 171)	115
Abbildung 27:	Interdependenz von Rolle, Identität und Territorien des Selbst	122
Abbildung 28:	Primäre Rahmen und Transformationen	133
Abbildung 29:	Organisationaler Wandel durch Reframing	136
Abbildung 30:	Sinnkonstruktionen des Handelnden und der Beobachter	141
Abbildung 31:	Relevanzen	157
Abbildung 32:	Strukturen der Lebenswelt	161
Abbildung 33:	Einteilung der Versuchspersonen nach dem Grad der institutionellen Beeinflussung	183

Abbildung 34:	Erster Versuchsdurchlauf	184
Abbildung 35:	Mittlere Streckenschätzung des Lichtpunkts in Zoll	185
Abbildung 36:	Dimensionen kommunikativen Handelns	187
Abbildung 37:	Modell des kommunikativen Handelns	189
Abbildung 38:	Grundunterteilung des sozialen Handelns	190
Abbildung 39:	Ideale Sprechsituation	191
Abbildung 40:	Theoretischer und praktischer Diskurs	192
Abbildung 41:	Diskursmodell	193
Abbildung 42:	Entkopplung von System und Lebenswelt	195
Abbildung 43:	Theoriephasen Parsons'	201
Abbildung 44:	Das Vier-Funktionen-Paradigma	205
Abbildung 45:	Funktionale Differenzierung der Gesellschaft	208
Abbildung 46:	Funktionale Differenzierung des ökonomischen Systems	209
Abbildung 47:	Subsysteme des Kultursystems (Parsons/Platt 1974: 17)	212
Abbildung 48:	Persönlichkeitssystem	213
Abbildung 49:	Phasen der Sozialisation von Kindern	216
Abbildung 50:	Anordnung der Pattern Variables	217
Abbildung 51:	Allgemeines Handlungssystem	221
Abbildung 52:	Modell generalisierter Austauschmedien	224
Abbildung 53:	Merkmale generalisierter Austauschmedien	227
Abbildung 54:	Anwendung des Medienmodells auf Hochschullehrer	230
Abbildung 55:	Medien des Sozialsystems	231
Abbildung 56:	Kognitive Rationalität	233
Abbildung 57:	Austauschmedien des allgemeinen Handlungssystems	236
Abbildung 58:	Analyse der amerikanischen Universität	241
Abbildung 59:	Kognitiver Komplex	242
Abbildung 60:	Index zur institutionellen Differenzierung	243
Abbildung 61:	Ökonomischer Komplex	246
Abbildung 62:	Systemklassifikation	249
Abbildung 63:	Komplexitätsbegriff	252
Abbildung 64:	Sinnmodell	255
Abbildung 65:	Elementare Formen der Komplexitätsreduktion	259
Abbildung 66:	Symbolisch generalisierte Kommunikationsmedien	265
Abbildung 67:	Kommunikation	273
Abbildung 68:	Strukturelle Kopplung	278
Abbildung 69	Mechanismen der Systemverknüpfung	279
Abbildung 70:	Beobachtungsebenen	280
Abbildung 71:	Vergleich von Sinn- und Formmodell	281
Abbildung 72:	Re-entry des Profit Center Prinzips	283
Abbildung 73:	Re-entry der Beobachtung bei Politikern und Wählern	284
Abbildung 74:	Systemgedächtnis	287
Abbildung 75:	Varianten des Konstruktivismus	295
Abbildung 76	Vorgehensmodell der Systemanalyse	296
Abbildung 77:	Moralische Bewertung politischer Skandale	298
Abbildung 78:	Autopoietische Reproduktion bei Bewertung politischer Skandale	299
Abbildung 79:	Möglichkeiten der Dekomposition von Systemen	302

Abbildung 80:	Analyse des politischen Systems als Funktionssystem	303
Abbildung 81:	Funktionen von Organisationen in der Gesellschaft	309
Abbildung 82:	Kopplung von Kommunikation an Bewusstsein	312
Abbildung 83:	Selbstreferenz von Bewusstseinssystemen	313
Abbildung 84:	Mechanismen der Selbstsozialisation	314
Abbildung 85:	Rolle und Person	316
Abbildung 86:	Individuum und Gesellschaft	319
Abbildung 87:	Evolutionsmodell	323
Abbildung 88:	Kreativität und Innovation des Handelns aus systemtheoretischer Sichtweise	331
Abbildung 89:	Operationen der Systemänderung	333
Abbildung 90:	Ebenen der Organisationskultur	340
Abbildung 91:	Organisationskultur als Kontingenzkultur	343
Abbildung 92:	Leitlinien von IBM (Harvard Business Manager 2005: 125)	345
Abbildung 93:	Modell der Systemsteuerung	347
Abbildung 94:	Macht in Organisationen	351
Abbildung 95:	Systemtheoretische Erklärung sozialer Prozesse (Beispiel: Öffentliche Wahlkampfdiskussion)	353
Abbildung 96:	Bezugsrahmen der Systemtheorie	356
Abbildung 97:	Modell der Institutionalisierung	368
Abbildung 98:	Strukturmomente	377
Abbildung 99:	Strukturmodell	377
Abbildung 100:	Dualität von Struktur	378
Abbildung 101:	Strukturbegriffe	379
Abbildung 102:	Handlungsmodell	380
Abbildung 103:	Institutionenmodell	382
Abbildung 104:	Modell des Individuums	383
Abbildung 105:	Bewusstsein, Gedächtnis, Erinnerung	384
Abbildung 106:	Merkmale sozialen Wandels	387
Abbildung 107:	Dimensionen der Radikalisierung der Moderne	389
Abbildung 108:	Mikro-Makro Modell zur Protestantismusthese	396
Abbildung 109:	Durkheims Modell egoistischen Selbstmords	397
Abbildung 110:	Essers Mikro-Makro Modell	398
Abbildung 111:	Prämissen der Bounded Rationality	400
Abbildung 112:	Gefangenendilemma	405
Abbildung 113:	Spielmodell für Mitarbeitergespräch	408
Abbildung 114:	Transformationsmodell nach Esser	409
Abbildung 115:	Transformationsmodell für das Beispiel Freundschaft	410
Abbildung 116:	Übersicht über die Transformationsregeln	410
Abbildung 117:	Mikro-Makro Modelle der Zielvereinbarung (MBO)	411
Abbildung 118:	Transformationsregel für MBO auf Mitarbeiterebene	412
Abbildung 119:	Transformationsregeln für MBO auf der Ebene der höheren Führungskräfte	412
Abbildung 120:	Gruppen von Akteurkonstellationen	414
Abbildung 121:	Struktureffekte	415
Abbildung 122:	Anwendung der Transintentionalität auf Institutionen	416

Abbildung 123:	Die Selektionen zur "Definition" der Situation	418
Abbildung 124:	Framing-Prozess	420
Abbildung 125:	Werterwartung von Framing-Modellen (2001: 270-271)	422
Abbildung 126:	Reframing des Modells (2001: 271)	422
Abbildung 127:	Salienz des Framing-Modells (2001: 282)	423
Abbildung 128:	Salienzwert für das Hierarchie-Modell (Modell 1)	424
Abbildung 129:	Modell des institutionellen Wandels (Ostrom 2003: 193)	427
Abbildung 130:	Essers Modell der sozialen Einbettung	430
Abbildung 131:	Modell der sozialen Einbettung für das Beispiel des Zielvereinbarungsgesprächs	430
Abbildung 132:	Gegenseitige Überlagerung von Zweck- und Wertrationalität	434
Abbildung 133:	Framing-Modelle	438
Abbildung 134:	Elementare Verhaltensgesetze	440

Tabellenverzeichnis

Tabelle 1:	Formen der Rollendistanz	109
Tabelle 2:	Regeln des Alltagshandelns	128
Tabelle 3:	Struktur- und Handlungsaspekt	129
Tabelle 4:	Stufen der Zeichensetzung	144
Tabelle 5:	Komponenten des Wissensvorrats	155
Tabelle 6:	Ebenen der Darstellung (accounting) in wissenschaftlichen Texten	176
Tabelle 7:	Dokumentarische Methode der Interpretation	180
Tabelle 8:	Evolutionsmodell	239
Tabelle 9:	Forschungsorientierung in Abhängigkeit von institutioneller Differenzierung	244
Tabelle 10:	Merkmale der symbolisch generalisierten Kommunikationsmedien	267
Tabelle 11:	Analyse der Funktionssysteme Politik, Wissenschaft und Erziehung	306
Tabelle 12:	Typen sozialer Systeme innerhalb der Gesellschaft	311
Tabelle 13:	Ebenen der Legitimation	371

Einleitung

In diesem Einführungsbuch werden die wichtigsten handlungstheoretischen Ansätze der Soziologie dargestellt und auf Beispiele angewendet. Unter Handlungstheorien werden solche soziologischen Theorien verstanden, die sinnhaftes Handeln von Individuen oder Gruppen in sozialen Interaktionen erklären. Neben den modernen Klassikern Mead, Schütz, Goffman, Garfinkel, Parsons und Homans werden auch die neueren Ansätze von Habermas, Berger und Luckmann, Luhmann, Coleman, Esser und Giddens dargestellt. Damit gibt das Einführungsbuch einen Überblick über Systemtheorie, Interaktionismus, Rational-Choice Theorie, Konstruktivismus und die Theorie der Strukturation.

Die einzelnen Theorien werden nach bestimmten Merkmalen geordnet. Das erste Kriterium bildet die Unterscheidung zwischen interpretativem und normativem Paradigma bzw. zwischen Interaktionisten und Strukturtheoretikern. Der methodologische Individualismus oder Rational-Choice Ansatz unterscheidet sich sowohl von dem interpretativen als auch von dem normativen Paradigma, indem der nutzenmaximierende Akteur in das Zentrum der Theoriekonstruktion gestellt wird. Trotz der vielfältigen Unterschiede und Abgrenzungen der Theorieansätze untereinander bilden die Handlungstheoretiker innerhalb der Soziologie eine Gruppe, die sich einander verständlich machen können. Aus diesem Grunde sprechen wir von der soziologischen Handlungstheorie als die Summe der Einzelansätze zur Erklärung sozialen Handelns.

Schwieriger als innerhalb der Gruppe von Theoretikern ist die Verständigung zwischen Handlungstheoretikern und empirischen Sozialforschern. Diese Soziologen bestehen auf präzisen Begriffsdefinitionen sowie eindeutigen Hypothesen. Für die quantitativ orientierten Methodiker müssen sich diese Hypothesen mit statistischen Analyseverfahren überprüfen lassen. Den Handlungstheoretikern erscheinen die auf diese Weise überprüften Aussagen häufig trivial im Verhältnis zu der Vielschichtigkeit und Dynamik des sozialen Handelns, während die Methodiker den Theoretikern Ungenauigkeit und Sprunghaftigkeit in der Argumentation vorwerfen. Anhand von konkreten Ergebnissen einer empirischen Hochschulbefragung werden in diesem Einführungsbuch Ansätze zur Verringerung der Kluft zwischen empirischer Forschung und soziologischer Theorie dargestellt. Es soll aufgezeigt werden, welche Beiträge einerseits die empirische Forschung zur Theoriebildung und andererseits die Theorie zur Generierung von empirisch überprüfbaren Hypothesen leisten können.

Die einzelnen Theorien werden in diesem Einführungsbuch nach einem durchgängigen Schema dargestellt. Nach der Vorstellung der Grundidee werden die zentralen Begriffe des jeweiligen Ansatzes definiert. Diese Begriffe dienen als Basis für explizite Modelle, die den Argumentationszusammenhang zwischen den einzelnen Begriffen herstellen. Die Modelle bilden das Handwerkszeug des Handlungstheoretikers, mit dem er soziale Prozesse beschreibt und erklärt.

Um die Modelle zu veranschaulichen, werden sie jeweils auf Beispiele angewendet. Diesen Musterbeispielen wird ein breiter Raum zugestanden, weil nur durch die praktische Anwendung von Begriffen und Modellen auf konkrete soziale Interaktionen der Umgang mit Soziologie erlernt werden kann. Die meisten Beispiele beziehen sich auf soziales Handeln in Organisationen. Hier greift der Autor auf Erfahrungen als Universitätsdozent und als Organisationsberater zurück.

Als Hilfsmittel zur Übersicht über die theoretischen Modelle sind eine Reihe von schematischen Darstellungen und Tabellen in den Text eingefügt worden. Diese Skizzen und Tabellen vereinfachen - wie jede schematische Darstellung - die komplexen Theorien und werden deshalb einige Experten zum Widerspruch herausfordern. Auf der anderen Seite erleichtern sie den Zugang zu den Begriffen und Modellen und versetzen den Leser auf diese Weise in die Lage, sich selbst anhand der Originaltexte ein Urteil zu bilden.

Seit der Erstauflage 1991 hat sich die soziologische Handlungstheorie erheblich weiterentwickelt. Niklas Luhmann erweiterte sein Theoriegebäude mit Hilfe des Formenkalküls von Spencer Brown, wendete die Systemtheorie auf unterschiedliche Gegenstandsbereiche, wie Erziehungssystem, Wirtschaft und Politik, an und entwickelte eine umfassende Organisationstheorie.

Die in der Erstausgabe dargestellte Verhaltenstheorie von Homans ordnet Hartmut Esser als psychologische Version des "Methodologischen Individualismus" ein. Unter diesem Begriff subsumiert Esser die Rational-Choice Theorie und das Mikro-Makro Modell von James Coleman. Es ist dieser Theorieschule gelungen, den Begriff "Handlungstheorie" exklusiv zu besetzen, so dass es üblich geworden ist, die so verstandene Handlungstheorie von der Systemtheorie oder dem Konstruktivismus abzugrenzen. Selbst Luhmann (z.B. 1989a: 7) überlässt den Begriff "Handlungstheorie" dem Rational-Choice Ansatz. Trotzdem können sich nicht alle Theorievertreter damit abfinden (vgl. Balog 1988: 48).

Innerhalb der Organisationssoziologie hat sich der "Neo-Institutionalismus" als Weiterentwicklung des "alten" Institutionalismus von Parsons etabliert, und schließlich ist es Anthony Giddens und seiner Theorie der "Strukturation" gelungen, ein eigenes Theoriegebäude zu entwickeln, das vielfältige Anwendungen gefunden hat.

Der Gegenstandsbereich der Organisation hat innerhalb der soziologischen Theorien das Thema der Gesellschaft in den Hintergrund gedrängt. Dies wird mit dem Modebegriff "Organisationsgesellschaft" dokumentiert (Schimank 2005: 19).

Wegen der beschriebenen Theorieentwicklungen und insbesondere des in den 90er Jahren des 20. Jahrhunderts vollzogenen Paradigmenwechsels zum Rational-Choice Ansatz als dominierendes soziologisches Theorieprogramm ist das Einführungsbuch für die anstehende Neuauflage überarbeitet und erweitert worden.

1 Dimensionen sozialen Handelns

1.1 Theorie und Empirie

Jede Wissenschaft verfügt über Begriffe, mit denen sie die Wirklichkeit zu beschreiben versucht. Nach der traditionellen Auffassung nähert sich die Wissenschaft in einem stetigen Prozess der Wirklichkeit an und wird daher in die Lage versetzt, zukünftige Ereignisse mit großer Genauigkeit vorherzusagen. Moderne Wissenschaftler sind in dieser Hinsicht vorsichtiger und schränken den Wahrheitsanspruch ihres Fachwissens auf doppelte Weise ein. Erstens beschreibt jede wissenschaftliche Disziplin nur einen Teilbereich der Realität. Genauer sollten wir sagen, dass nur ein Aspekt der Wirklichkeit durch das Begriffsinstrumentarium einer Disziplin erfasst werden kann. Der amerikanische Soziologe Talcott Parsons (1902-1979) hat dies an einer kleinen Geschichte verdeutlicht (1968a: 734-5). Man stelle sich vor, drei Wissenschaftler - ein Physiker, ein Psychologe und ein Soziologe - beobachten einen Selbstmörder, der von der Brücke springt. Würde man sie auffordern, diesen Vorgang aus der Perspektive ihrer wissenschaftlichen Disziplin zu beschreiben, hätten sie wahrscheinlich sehr unterschiedliche Dinge "gesehen". Der Physiker könnte den Sprung von der Brücke als einen freien Fall beschreiben und den Ablauf mit physikalischen Gesetzen erklären. Der Psychologe würde möglicherweise über die Motive des Selbstmörders nachdenken, über seine Lebenssituation und über die biographischen Umstände, die zu dieser Tat geführt haben. Ein Soziologe könnte darüber spekulieren, welcher sozialen Gruppe oder Schicht der Selbstmörder angehört hat und ob er sich in einer Konfliktsituation mit seiner Umwelt befunden hat. Jeder Beobachter sieht - sobald er sich in die Rolle des Fachwissenschaftlers begibt - einen bestimmten Aspekt der Realität. Dabei wird ihm durch die Begriffe seiner Wissenschaft und durch die bereits angesammelten Erkenntnisse eine bestimmte Perspektive vorgegeben.

Die zweite Einschränkung des Wahrheitsanspruches geht auf die Einsicht zurück, dass wissenschaftliche Begriffe und Modelle sich - wenn sie realistisch sind - der Wirklichkeit zwar annähern, sie jedoch nie exakt im Sinne einer mathematischen Funktion abbilden können. Dies trifft auch für den Aspekt der Realität zu, auf den eine Disziplin oder Teildisziplin spezialisiert ist. Der Wissenschaftsphilosoph Alfred N. Whitehead geht von einer unüberbrückbaren Kluft zwischen wissenschaftlichen Konzepten und realen Objekten aus (1967: 171). Falls Wissenschaftler ihre Begriffe und Modelle mit der Realität gleichsetzen, so spricht man von einem "Reifikationsfehler". Whitehead beschreibt diesen grundlegenden Fehlschluss als "fallacy of misplaced concreteness" (1967: 51), also den Fehler, wissenschaftliche Konzepte für unangemessen konkret zu halten.

Die Unterscheidung zwischen wissenschaftlichen Modellen und konkret ablaufenden sozialen Prozessen lässt sich an dem Begriff des "Systems" veranschaulichen. Stellen wir uns zunächst das technische System einer Heizanlage mit Thermostatregulierung vor. Man kann die Funktion dieses Systems beobachten und wird feststellen, dass es in der Weise "funktioniert", wie man es sich modellhaft vorgestellt hat. Sinkt die Raumtemperatur unter die festgelegte Marke, so setzt der Thermostat die Energiequelle des Heizsystems in Gang, bis die vorgegebene Temperatur wieder erreicht ist. Der Begriff "Heizsystem" bezieht sich damit einerseits auf den konkret ablaufenden Prozess, dessen Auswirkungen zu beobachten sind, und andererseits auf die Modellvorstellung, die der Beobachter im Kopf hat. Ohne dieses Modell würden wir nicht verstehen, warum es abwechselnd kälter und wärmer wird. Das konkrete Heizsystem ist nach einem Plan konstruiert worden; bei einer auftretenden Störung wird man diesen Plan zur Hand nehmen und die Fehlerquelle beseitigen. Gedanklich lässt sich also das Systemmodell von dem konkret ablaufenden Prozess unterscheiden.

Soziale Systeme sind in der Regel nicht wie technische Systeme von einem Ingenieur konstruiert. Als Beobachter von Handlungsprozessen können wir gewisse Regelmäßigkeiten erkennen, die uns z.B. an Gleichgewichtsprozesse in technischen Systemen erinnern. In einigen Bereichen des sozialen Lebens wie z.B. Organisationen existiert sogar ein Plan, der bestimmte Arbeits- und Entscheidungsprozesse vorschreibt. Diese Pläne werden von "Sozialingenieuren" entworfen und können als Organisationssystem konzipiert sein. Aber selbst in diesem Grenzfall erfasst das Systemmodell nur einen Teilaspekt der real ablaufenden Prozesse. So existieren in allen Organisationen neben formalen Strukturen auch informelle zwischenmenschliche Beziehungen, die dem offiziellen Systemmodell nicht entsprechen. In anderen Bereichen des sozialen Lebens, wie z.B. in der Familie, beim Einkauf oder im Straßenverkehr, ist das Verhalten zwar auch in gewissem Umfang geregelt, aber es stellt sich die Frage, ob sich die ablaufenden Interaktionen mit Systemmodellen zutreffend beschreiben lassen.

Wenn Soziologen von System sprechen, dann führen sie bestimmte Systemvariablen ein, die in ihren Werten variieren können. Zwischen diesen Variablen werden Beziehungen angenommen, die bestimmte Prozesse zulassen. In einem zweiten Schritt identifiziert man bestimmte Objekte der sozialen Wirklichkeit mit Variablenausprägungen und beobachtet die Veränderungen unterschiedlicher Variablen. Falls diese Schwankungen mit Hilfe des Systemmodells plausibel erklärt werden können, so ist die Systemanalyse erfolgreich. Damit ist die soziale Realität noch immer kein System, allerdings weist sie Merkmale auf, die auf eine Regelhaftigkeit im Sinne von Systemmodellen schließen lassen. Konkret ablaufende Prozesse bezeichnen wir als "empirische" und die Modelle als "theoretische" Systeme.[1]

Als Forscher verfügen wir ausschließlich über theoretische Systeme, um die Wirklichkeit zu beschreiben. Die Existenz empirischer Systeme ist eine Annahme, die sich nicht direkt überprüfen lässt. Falls wir diese Unterstellung akzeptieren, so können wir mit Hilfe des Systemmodells konkrete Handlungsprozesse analysieren und unsere Beobachtung auf bestimmte Merkmale konzentrieren, die wir ohne das Modell nicht wahrgenommen hätten. Das Systemmodell wird dann zu einem Instrument, mit dem die soziale Wirklichkeit gezielt erforscht werden kann. Niklas Luhmann (1927-1998), der prominenteste Systemtheoretiker innerhalb der deutschen Soziologie, hat diese grundlegende Beziehung zwischen Realität und Modell in dem folgenden Zitat beschrieben:

> Die Aussage 'es gibt Systeme' besagt also nur, daß es Forschungsgegenstände gibt, die Merkmale aufweisen, die es rechtfertigen, den Systembegriff anzuwenden; So wie umgekehrt dieser Begriff dazu dient, Sachverhalte herauszuarbeiten, die unter diesem Gesichtspunkt miteinander

---

1 Die Begriffe "empirisches" und "theoretisches" System werden von Parsons verwendet, vgl. Parsons 1976a: 275. An späterer Stelle werden wir den Systembegriff für die Soziologie genauer definieren.

und mit andersartigen Sachverhalten auf gleich/ungleich hin vergleichbar sind. (Luhmann 1984: 16)

Die Beschränkung auf Teilaspekte der Realität und die nicht schließbare Lücke zwischen wissenschaftlichen Modellen und konkreten Ereignissen sind zwei wichtige Gründe für die so genannte "Trivialisierung" (Tenbruck 1975) der Wissenschaft, mit der sich viele Studenten am Anfang ihres Studiums schwer tun. Anstatt Sinnstiftung durch die Beschäftigung mit einer Fachwissenschaft zu erfahren, wird der Student zum Lernen von Begriffen, Theoremen oder Aussagen angehalten. Der Blickwinkel wird auf die jeweilige wissenschaftliche Perspektive verengt und der Optimismus, die Realität zu erforschen, weicht einer relativierenden Sichtweise. Dieses Einlassen auf die Wissenschaft bringt aber nur am Anfang die beschriebenen Enttäuschungen mit sich. Hat man sich einmal mit den Begriffen vertraut gemacht und verfügt über einen Grundstock an Wissen, so eröffnen sich neue Perspektiven zur Beobachtung der sozialen Wirklichkeit sowie Instrumente zum systematischen Forschen.

Welche Begriffe und Instrumente stehen dem Soziologen zur Verfügung, wenn er sich mit der sozialen Realität befassen möchte? Wirft man einen Blick in Einführungsbücher (z.B. Joas 2001), so scheint die Soziologie aus einer Ansammlung von "Grundbegriffen" wie Rolle, Gruppe, Sozialisation, abweichendes Verhalten, soziale Schicht, soziale Normen oder sozialer Wandel zu bestehen. Eine zweite Gruppe von Einführungsbüchern (z.B. Schneider 2002) konzentriert sich auf die Darstellung von "Ansätzen" wie Verhaltenstheorie, Systemtheorie oder Handlungstheorie. Meist werden diese Ansätze mit den Soziologen in Beziehung gesetzt, die sie erfunden und in einem oder mehreren Büchern beschrieben haben. So spricht man von Webers Theorie rationalen Handelns, der Wissenssoziologie von Berger und Luckmann, dem symbolischen Interaktionismus Meads, dem Strukturfunktionalismus Parsons' oder der Rational-Choice Theorie Colemans. Diese Identifikation von soziologischen Ansätzen mit bestimmten Autoren bringt die Soziologie außerhalb ihrer Grenzen in den Verdacht, noch keine ausgereifte wissenschaftliche Disziplin zu sein.

Diesem Urteil kann man zwei Argumente entgegenhalten. Erstens bedeutet die Identifikation eines soziologischen Ansatzes mit einem Autor nicht, dass hier nur Meinungen oder zufällige Einsichten zusammengefasst werden. Ein soziologischer Ansatz umfasst definierte Begriffe, Modelle für die Beziehungen dieser Begriffe, konkrete Aussagen über soziale Tatbestände und Forschungsinstrumente. Somit kann die Verbindung eines Ansatzes mit einem Autor ein "Etikett" für ein fortgeschrittenes wissenschaftliches Denkgebäude sein. Die Benennung mathematischer Theoreme mit den Namen ihrer Erfinder, z.B. der "Satz von Heine-Borel" in der Analysis, bringt auch niemanden auf die Idee, an der Abstraktheit mathematischer Theoreme zu zweifeln. Begründeter ist allerdings ein zweiter Einwand, der mit der Unterscheidung verschiedener soziologischer Theorieansätze zusammenhängt. Die Soziologie ist zerstritten in eine Vielzahl von Lagern und Schulen, die sich jeweils auf unterschiedliche Theorietraditionen berufen. Selbst die Kriterien, um unterschiedliche Theorieansätze zu vergleichen, sind innerhalb der Soziologie umstritten.

Aber ist das in den "reifen" Wissenschaften grundsätzlich anders? Es existieren zweifellos unterschiedliche Grade des "paradigmatischen Konsenses", wie wir die Einigkeit von Wissenschaftlern über grundlegende Begriffe, Modelle und Instrumente nennen. Doch sollten wir uns davor hüten, z.B. die Naturwissenschaften als völlig eindeutig und konfliktfrei anzusehen. Der Wissenschaftshistoriker Thomas S. Kuhn hat in seiner Untersuchung wissenschaftlicher Revolutionen mit diesem Vorurteil gründlich aufgeräumt (1979). Trotz dieser Einschränkung bleibt festzuhalten, dass die Soziologie sich erheblich zerstrittener präsentiert als die Naturwissenschaften. Doch lösen sich einige der Abgrenzungen und vermeintlichen Unvereinbarkeiten bei genauem Hinsehen auf.

Es wurde bereits erwähnt, dass es in der Soziologie unterschiedliche Vorstellungen über die Trennungslinien zwischen den Lagern gibt. Genauer müsste man sagen: Die Abgrenzungen zwischen den Theorieansätzen sind ebenso einem historischen Wandel unterworfen, wie die Erkenntnisse selbst. Dass sich die Themen und die Positionen der Auseinandersetzungen ständig verändern, ist somit auch ein Merkmal jeder wissenschaftlichen Disziplin. Unterschiede gibt es wiederum in der Intensität dieser Kontroversen.

1.2 Verhalten und Handeln

Für eine soziologische Handlungstheorie ist es zunächst notwendig, den Begriff "soziales Handeln" zu definieren. Einer der Begründer der Soziologie als akademische Wissenschaft, Max Weber (1864-1920), hat eine solche Definition vorgelegt, über die auch heute noch unter den Soziologen weitgehende Einigkeit besteht.

> Soziologie (im hier verstandenen Sinn dieses sehr vieldeutig gebrauchten Wortes) soll heißen: eine Wissenschaft, welche soziales Handeln deutend verstehen und dadurch in seinem Ablauf und seinen Wirkungen ursächlich erklären will. 'Handeln' soll dabei ein menschliches Verhalten (einerlei ob äußeres oder innerliches Tun, Unterlassen oder Dulden) heißen, wenn und insofern als der oder die Handelnden mit ihm einen subjektiven Sinn verbinden. 'Soziales' Handeln aber soll ein solches Handeln heißen, welches seinem von dem oder den Handelnden gemeinten Sinn nach auf das Verhalten anderer bezogen wird und daran in seinem Ablauf orientiert ist. (Weber 1972: 1)

Nach Weber stehen die drei Begriffe "Verhalten", "Handeln" und "soziales Handeln" in einer bestimmten Beziehung zueinander. *Verhalten* ist der allgemeinste Begriff, der sich auf die Klasse aller möglichen menschlichen Aktionen bezieht, die unbewusst oder bewusst ablaufen können und sowohl Reflexe als auch geplante Handlungen einschließen. *Handeln* im Weberschen Sinne ist Verhalten, mit dem der Akteur - wie wir den Handelnden nennen - einen bestimmten Sinn verbindet. Der Sinnbegriff hat zwei Hauptdimensionen. Einerseits wird darunter der vom Akteur angestrebte *Zweck* des Handelns verstanden. Andererseits kann Sinn als die *Bedeutung* der Handlung für den Akteur definiert werden. Den Sinn seiner Handlung kann der Akteur durch Kommunikation anderen vermitteln, und der Forscher kann den Handlungssinn "deutend verstehen".

Handeln ist also ein Spezialfall von Verhalten, indem es auf sinnhaftes Verhalten beschränkt ist. Definiert man Begriffe durch bestimmte Merkmale, so besitzt der Begriff "Handeln" neben den Merkmalen von "Verhalten" zusätzlich das Charakteristikum der Sinnhaftigkeit. Je mehr Merkmale ein Begriff umfasst, desto genauer können wir ihn uns vorstellen und desto "konkreter" ist er. Ein konkreter Begriff lässt sich allerdings auf weniger Objekte anwenden als ein allgemeiner. So fallen unbewusste Reflexe zwar unter die Kategorie des "Verhaltens", der Begriff "Handeln" trifft darauf aber nicht zu.

Ein konkreterer Begriff abstrahiert also von der "Mannigfaltigkeit" der Objekte, auf die er anwendbar ist: je konkreter, desto kleiner ist der Anwendungsbereich. Ein allgemeinerer Begriff abstrahiert von der "Konkretheit" und damit von der Vielfalt der Merkmale, durch die dieser Begriff beschrieben werden kann. Je allgemeiner, desto weniger Merkmale.[2] In der Regel wird der Begriff Abstraktion im Sinne von "Abstraktion von Konkretheit" verwendet, so dass "Verhalten" ein abstrakterer Begriff als "Handeln" ist. Da *soziales Handeln* mit dem Bezug auf andere Handelnde ein weiteres Definitionsmerkmal aufweist, ist dieser Begriff wiederum konkreter als Handeln und natürlich auch konkreter als Verhalten. Somit lassen sich diese drei Begriffe entlang einer "Abstraktionshierarchie" anordnen, wobei Verhalten den abstraktesten und soziales Handeln den konkretesten Begriff darstellt, während der Begriff Handeln in der Mitte der Abstraktionshierarchie liegt.

Falls sich die Soziologie auf die Definition von Begriffen beschränkte, so dürfte es nach dieser Klarstellung keine Kontroversen zwischen den Theorieschulen geben. Aber diese Kontroversen existieren, wie das folgende Zitat des Verhaltenstheoretikers George C. Homans (1910-1989) in der Einleitung zu seinem Hauptwerk "Elementarformen sozialen Verhaltens" belegt:

> Ein großer Teil der modernen soziologischen Theorie scheint mir jede Art von Tugend zu besitzen, nur nicht die, etwas zu erklären. (Homans 1972a: 9)

In der Anmerkung stellt Homans dann klar, dass sich diese Attacke gegen Talcott Parsons richtet (Homans 1972a: 9).

Sehen wir von dem ironischen Unterton der Formulierung von Homans ab, so bringt diese Bemerkung die sachliche Kritik der Verhaltenstheoretiker an der sich auf Weber berufenden Handlungstheorie auf den Punkt. Die Verhaltenstheorie setzt sich zum Ziel, soziologische Gesetze zu finden, mit denen sich soziales Verhalten adäquat beschreiben und vorhersagen lässt. Soziales Verhalten ist dabei Verhalten, das sich auf andere Akteure bezieht. Gesetze oder Hypothesen - wie Homans später sagt - bestehen aus Aussagen über die Beziehungen zwischen Variablen in Form von "Wenn ..., dann ..." oder "Je ..., desto ..." Sätzen. Homans führt fünf Hypothesen ein, mit denen er elementares soziales Verhalten erklärt: Erfolgshypothese, Reizhypothese, Werthypothese, Entbehrungs-Sättigungs-Hypothese und Frustrations-Aggressions-Hypothese (Homans 1972b: 62-8). Zur Illustration seien zwei dieser Hypothesen im Wortlaut zitiert[3]

> HYPOTHESE I: Je häufiger die Aktivität einer Person belohnt wird, mit um so größerer Wahrscheinlichkeit wird diese Person die Aktivität ausführen. (Homans 1972b: 62)

> HYPOTHESE IV: Je öfter eine Person in der nahen Vergangenheit eine bestimmte Belohnung erhalten hat, desto weniger wertvoll wird für sie jede zusätzliche Belohnungseinheit. (Homans 1972b: 66)

Während die Erfolgshypothese (Hypothese I) dem einfachen Reiz-Reaktions-Schema entspricht und sich auf sinnhaftes sowie nicht-sinnhaftes Verhalten anwenden lässt, verweist der Begriff "wertvoll" in der Entbehrungs-Sättigungs-Hypothese auf sinnhaftes Verhalten, da nur durch eine Bedeutungsrelation der Wert einer Belohnung bestimmt werden kann.

Damit kann der Unterschied zwischen Verhaltens- und Handlungstheorie nicht im Erklärungsgegenstand liegen, da sich beide Ansätze auf soziales Handeln anwenden lassen.

---

2   Die Unterscheidung zwischen Abstraktion von "Mannigfaltigkeit" und "Konkretheit" geht auf den Wissenschaftsphilosophen A. N. Whitehead zurück, vgl. Miebach 1984: 72.
3   Die Verhaltenshypothesen werden in Kap. 6 vollständig dargestellt.

Wie das nachfolgend zitierte Grundtheorem der strukturalistischen Handlungstheorie[4] Talcott Parsons' zeigt, ergibt sich die Differenz zwischen den beiden Ansätzen stattdessen aus der Form der Aussagen.

> Das fundamentale Theorem der Handlungstheorie ist meines Erachtens, dass die Struktur von Handlungssystemen aus institutionalisierten (in sozialen und kulturellen Systemen) und/oder internalisierten (in Persönlichkeiten und Organismen) Mustern kultureller Bedeutungen besteht. (Parsons 1976b: 342; Übersetzung vom Verf., B.M.)

Während Homans zwei verschiedene Handlungen durch ein Gesetz in Beziehung setzt, *interpretiert* Parsons eine bestimmte Handlung durch ein kulturelles *Wertmuster*. Dieses Wertmuster ist für den Handelnden erstens durch *Rollen* greifbar, die ein zum Wertmuster passendes Verhalten in konkreten Situationen festlegen. Falls diese Verhaltenserwartungen von der Mehrheit der Gesellschaftsmitglieder als verbindlich angesehen werden, so sprechen wir von institutionalisierten Rollen. Während Rollen situativ festgelegt sind, sich also auf konkretes Verhalten beziehen, sind *Normen* allgemeinere Verhaltensvorschriften, die auf unterschiedliche Situationen angewendet werden können. So wird im Studium der Erziehungswissenschaft den angehenden Lehrern die Norm vermittelt, die Selbständigkeit der Schüler zu fördern. Damit wissen die Studenten aber noch nicht, wie sie sich in der Rolle des Lehrers konkret verhalten sollen, um diese Norm zu erfüllen. Normen werden somit einerseits durch Rollen im Hinblick auf das Verhalten in bestimmten sozialen Situationen konkretisiert. Andererseits sind Normen spezieller als Werte, die für eine Vielzahl von sozialen Einrichtungen Geltung beanspruchen. So erhält die beschriebene Norm der Förderung von Selbständigkeit ihren Sinn durch das übergreifende kulturelle Wertmuster der demokratischen Erziehung, das sich auf Institutionen wie Familie, Schule, Hochschule sowie Erwachsenenausbildung anwenden lässt. Auf die Begriffe Rolle, Norm und Wert werden wir in den nachfolgenden Kapiteln noch genauer eingehen, da sie zum elementaren "Handwerkszeug" von Soziologen gehören.

Neben der Untersuchung institutionalisierter Rollen erfordert nach Parsons die handlungstheoretische Erklärung zweitens, dass wir das soziale Handeln im Hinblick auf internalisierte Werte interpretieren. Ein Lehrer wird sich im Unterricht nicht nur an vorgegebenen Rollenmustern orientieren, sondern sich gleichzeitig von bestimmten Überzeugungen leiten lassen, denen er sich innerlich verpflichtet fühlt. So kann er bestimmte Bewertungsmaßstäbe für die Leistungen seiner Schüler verinnerlicht - oder wie Parsons sagt: internalisiert - haben. Diese Maßstäbe können z.B. durch die in der Wissenschaft gültigen Normen der Klarheit der Argumentation begründet sein. Da wir die Wissenschaft dem kulturellen Bereich zuordnen, würde die Werthaltung des Lehrers auf diese Weise kulturell verankert. Gleichzeitig bildet sie einen Bestandteil seiner Persönlichkeit: Wenn er von den Maßstäben abweicht, wird er sich selbst untreu werden. Schüler, die diese Bewertungsmaßstäbe ablehnen, berufen sich möglicherweise auf andere kulturell verankerte Werte, wie z.B. Gruppensolidarität, die sie internalisiert haben.

Die Begriffe "soziales" und "kulturelles System" weisen darauf hin, dass das zitierte Grundtheorem in ein umfassenderes Theoriengebäude eingebettet ist, das Parsons als "all-

---

4 Parsons verwendet selbst nicht diesen Begriff, sondern spricht von der "allgemeinen Theorie des Handelns"; vgl. T. Parsons 1973. Der Ausdruck "strukturalistische Handlungstheorie" wurde vom Autor eingeführt, um diese Version der Handlungstheorie von anderen Ansätzen abzugrenzen, vgl. Miebach 1984.

gemeines Handlungssystem" bezeichnet. Parsons interpretiert Handeln, indem er es einerseits als Anpassung an ein institutionalisiertes Rollenmuster und andererseits als Ausdruck internalisierter Werthaltungen auffasst. Institutionalisierte Rollen und internalisierte Werte sind als Konkretisierungen eines übergreifenden kulturellen Wertmusters anzusehen. Mit diesem Wertmuster muss der Forscher ebenso vertraut sein wie mit dem Theoriegebäude der strukturalistischen Handlungstheorie, um soziales Handeln angemessen zu erklären.

Kulturelle Muster sind Symbolsysteme und keine Handlungen, so dass Parsons nicht - wie Homans - zwei Gruppen von Handlungen verbindet. Bei Homans löst eine Handlung (" Wenn ..." bzw. "Je ..." Komponente) eine bestimmte andere Handlung ("dann ..." bzw. "desto ..." Komponente) aus. Diese kann der Forscher beobachten, ohne über einen kulturellen Code (Parsons 1980: 225) als Interpretationsschlüssel zu verfügen, so dass die Homansschen Gesetze durch Beobachtung bestätigt oder widerlegt werden können.[5] Parsons wendet dagegen ein zweistufiges Interpretationsverfahren an. Das konkrete soziale Handeln wird erstens als Rollenhandeln und als Ausdruck internalisierter Normen aufgefasst. Im zweiten Schritt werden dann die institutionalisierten Normen als Konkretisierungen kultureller Bedeutungsmuster interpretiert.

In Abbildung 1 werden die wesentlichen Unterscheidungsmerkmale zwischen Homans und Parsons zusammengefasst.

Merkmal	*Verhaltenstheorie (Homans)*	*Allgemeines Handlungssystem (Parsons)*
Erklärung durch	Gesetze (Wenn...dann)	Interpretation (normatives Muster)
Elementare Einheit	Beobachtbares Verhalten	Sinnhaftes Verhalten (=Handeln)
Primäre Analyseebene	Konkretes individuelles Verhalten ("Mikro-Ebene")	Strukturmuster und soziale Mechanismen ("Makro-Ebene")
Wissenschaftstradition	Naturwissenschaften	Geisteswissenschaften

Abbildung 1: Verhalten und Handeln

Dieses Verfahren, unterschiedliche Aspekte sozialen Handelns zu beleuchten, lässt sich durch Beobachtung nicht direkt widerlegen. Trotzdem sind handlungstheoretische Erklärungen gegen Widerlegung nicht völlig immunisiert. So können wir anhand von Ergebnis-

---

5   Obwohl die Widerlegung prinzipiell möglich ist, kann der Forscher in konkreten Fällen seine Gesetze durch die Behauptung schützen, dass sie falsch auf die Realität angewendet worden sind.

sen der Meinungsforschung oder durch Inhaltsanalysen von meinungsbildenden Zeitungen die kulturellen Werte einer Gesellschaft oder einer gesellschaftlichen Gruppe erforschen. Weichen diese Ergebnisse deutlich von dem kulturellen Code ab, den ein Forscher der Interpretation sozialen Handelns zugrunde legt, so wird man die Gültigkeit seiner Erklärung in Frage stellen.

Der erste Schritt einer soziologischen Analyse im Sinne von Parsons besteht in der Festlegung eines *Bezugssystems*. Wählt man als Bezugssystem ein Sozialsystem mit bestimmten Rollen und Interaktionsregeln aus, so wird ein bestimmtes Kulturmuster als konstant angenommen. Wählt man dagegen das Kultursystem selbst als Bezugssystem, wird man Wandlungsprozesse und Widersprüche zwischen konkurrierenden Wertmustern untersuchen. Dieser "Trick" des Bezugssystemwechsels war vielen Kollegen suspekt. Sie hatten den Verdacht, dass Parsons in allen Untersuchungen von einem bestimmten geltenden Wertmuster der amerikanischen Gesellschaft ausging und Konflikten zu wenig Beachtung schenkte. Trotz zahlreicher Klarstellungen konnte es Parsons nicht verhindern, dass dieser "Konservatismusvorwurf" zur Standardkritik an der strukturalistischen Handlungstheorie geworden ist (vgl. Turner/Beeghley 1974).

1.3 Normatives und interpretatives Paradigma

Bereits in den 40er Jahren kritisierte der deutsche Soziologe Alfred Schütz (1899-1959) die objektivistische Position Parsons' und entwickelte als Alternative die phänomenologische Handlungstheorie. Schütz vertritt die subjektivistische Auffassung, dass die Interpretation sozialen Handelns am Bewusstsein des individuellen Akteurs ansetzen muss und sich nicht auf vorgegebene kulturelle Muster beziehen kann. Die Soziologie hat sich daher mit der "Lebenswelt des Alltags" (Schütz/Luckmann 1979) zu befassen, in der sich der historisch gewachsene Bestand des gesellschaftlichen Wissens niederschlägt. Da nach Schütz weder kulturelle Muster noch Rollensysteme außerhalb der Lebenswelt der Individuen existieren, lehnt er das oben beschriebene Erklärungsverfahren Parsons' grundsätzlich ab.

> Parsons' Grundeinsicht, daß eine Handlungstheorie, die nicht um den Gesichtspunkt des Handlungssubjektes zentriert wäre, sinnlos bliebe, ist völlig richtig. Aber er folgt diesem Gedanken nicht radikal genug. Vielmehr ersetzt er die subjektiven Ereignisse im Bewußtsein des Handelnden durch ein Interpretations-schema für solche Ereignisse, über das nur der Beobachter verfügt. (Schütz 1977: 51-2)

Schütz hat dieses Theorieprogramm als "phänomenologische" Handlungstheorie ausgebaut, die in Kap. 3.2.2 ausführlich dargestellt wird. Ein wesentliches Merkmal des phänomenologischen Ansatzes ist die Betonung des handelnden *Subjekts* als Grundeinheit der soziologischen Analyse, während Parsons die konkreten Handlungen als Elemente des sozialen Systems ansieht. Das Grundelement sozialer Systeme nennt Parsons "unit act". Obwohl Schütz seinen phänomenologischen Ansatz bereits 1932 in dem Buch "Der sinnhafte Aufbau der sozialen Welt" dokumentiert hat und nach seiner Emigration in die USA mit Parsons per Briefwechsel (Schütz/Parsons 1977) über grundlegende Themen der soziologischen Theorie diskutiert hatte, wurde er erst in den 70er Jahren des 20. Jahrhunderts mit dem von T. Luckmann herausgegebenem Werk "Strukturen der Lebenswelt"

(Schütz/Luckmann 1979) in der Soziologie populär und als Gegenpol zur Parsonsschen Soziologie anerkannt.

Erwing Goffman (1922-1982) konnte sich bereits relativ früh im Verlauf seiner soziologischen Karriere erfolgreich gegen Parsons absetzen. Während der 60er Jahre des 20. Jahrhunderts veröffentlichte Goffman eine Reihe von Werken, mit denen er das *Individuum* als zentrale Analyseeinheit eingeführt hat. Das Individuum wird von Goffman konsequent im sozialen Kontext betrachtet und nicht losgelöst als psychologische Einheit. Ein anschauliches Beispiel für diese Sichtweise ist der Goffmansche Begriff der *Rollendistanz* (1973a), der einerseits die Verletzung von Rollenpflichten durch den Rolleninhaber und andererseits die Identitätsdarstellung des Individuums in seiner Rolle beinhaltet (siehe Kap. 3.1.2).

Das Handeln von Insassen in psychiatrischen Kliniken, das Goffman teilnehmend beobachtet und in dem Buch "Asyle" (1973b) analysiert, zeigt die Bedeutung des Individuums noch deutlicher. Die Insassen kämpfen mit allen verfügbaren Mitteln gegen die Zerstörung ihrer Identität durch die Anstaltsordnung und erkämpfen sich kleine Freiräume in dieser "totalen Institution". Dabei entwickeln sie eine beachtliche Kreativität. Diese Kreativität der Individuen in sozialen Rollen führt - wie Goffman in weiteren Werken zeigt - zu einer besonderen Dynamik des sozialen Handelns mehrerer Akteure, wodurch sozial reglementierte Interaktionsprozesse für Modifikation und unerwartete Handlungsverläufe geöffnet werden. Wegen der Betonung dynamischer Interaktionsprozesse wird die Goffmansche Soziologie als "Interaktionismus" bezeichnet. Ein anderes Etikett ist "dramaturgische" Handlungstheorie, welches stärker auf die Inszenierung der Identität durch das Individuum in sozialen Kontexten abhebt.

Der Begriff "Interaktionismus" ist mit George H. Mead (1863-1931) als dem dritten Soziologen der interpretativ-interaktionistischen Richtung neben Schütz und Goffman auf besondere Weise verbunden. Mead (1978) beschreibt das soziale Handeln wesentlich als Übernahme von sozialen Rollen durch den Handelnden. Im Zuge dieser Rollenübernahme muss das Individuum das Rollenmuster in seinem Handeln konkretisieren und dabei einen eigenen Beitrag leisten. Durch diesen Gedanken, den Mead eher beiläufig entwickelt, ist er lange nach seinem Tode zu einer Galionsfigur der interaktionistischen Schule als Gegenbewegung zu Parsons geworden. Dazu hat sein Schüler Herbert Blumer (1900-1987) wesentlich beigetragen, indem er den eher unsystematischen Ansatz von Mead in das Modell des "symbolischen Interaktionismus" transformiert hat (1981). Ein besonderer Verdienst Blumers ist die Entwicklung eines Forschungsprogramms zur empirischen Anwendung des symbolischen Interaktionismus.

Mit der "Ethnomethodologie" als empirisches Forschungsprogramm des phänomenologischen Ansatzes ist Harold Garfinkel parallel zu Goffman bekannt geworden. Dieser Ansatz hat in der modernen Organisationsforschung eine beachtliche Popularität.

Obwohl die Ansätze von Schütz, Goffman, Mead/Blumer und Garfinkel unterschiedlich in den Begriffen, Modellen und Anwendungen sind, verbindet sie neben der Gegenposition gegenüber Parsons die Betonung des Individuums als Handlungseinheit, die symbolischen Kommunikations- und Interaktionsprozesse und die interpretative Vorgehensweise der empirischen Analyse. Daher werden diese Ansätze als "interpretatives" Paradigma" zusammengefasst im Gegensatz zu dem "normativen Paradigma" Parsons' (Wilson 1981). Alternativ werden auch "interpretative Soziologie" oder "Interaktionismus" als Sammelbegriffe verwendet.

Der Begriff "Paradigma" hat eine besondere Bedeutung für die Beschreibung soziologischer Theorien und die Methodik von Theorievergleichen. Diesen Begriff hat der Soziologe Robert K. Merton (1910-2003) bereits in den 50er Jahren zur Präzisierung der funktionalen Analyse (Merton 1973a: 193-206) verwendet, die er zusammen mit Parsons entwickelt hat. Im Sinne Mertons besteht ein Paradigma aus der Festlegung von Begriffen und Vorgehensweisen eines bereits in verschiedenen Untersuchungen praktizierten soziologischen Theorieansatzes. Diese "Kodifikation" der Begriffe und Probleme soll erstens einen "Leitfaden für angemessene und fruchtbare funktionale Analysen" (Merton 1973a: 199) liefern und zweitens "direkt zu den Postulaten und (oft stillschweigenden) Annahmen führen, die der funktionalen Analyse zugrunde liegen." (Merton 1973a: 200).

Unabhängig von Merton verwendet Thomas Kuhn den Paradigmabegriff im Rahmen seiner Untersuchung zur Geschichte der wissenschaftlichen Revolutionen. Da dieser Begriff in seinem Hauptwerk (1979) uneinheitlich verwendet wurde und daher der Paradigmabegriff zu einer Vielzahl von Missverständnissen führte, hat Kuhn ihn in einem späteren Artikel neu gefasst. Auf der einen Seite besteht ein Paradigma aus "symbolischen Verallgemeinerungen" und "Modellen" (1978: 392), also wissenschaftlichen Begriffen, festgelegten Begriffsrelationen und Konzepten. Im Falle der Physik, auf die sich Kuhn vorwiegend bezieht, sind diese Komponenten des Paradigmas in der Regel mathematisch formalisierbar. Andererseits verfügt ein wissenschaftliches Paradigma über "Musterbeispiele", an denen sich exemplarisch die Vorgehensweise der jeweiligen Disziplin ablesen lässt. Kuhn bezeichnet diese Musterbeispiele auch als "Problemlösungen" (1978: 393), die für die Arbeit des Fachwissenschaftlers besonders typisch sind. Insgesamt verstehen der Wissenschaftssoziologe Merton und der Wissenschaftshistoriker Kuhn den Begriff Paradigma als eine formale Präzisierung der konkreten Arbeitsweise einer Disziplin und gehen damit über die Festlegung von Begriffen oder Modellen hinaus.

Die wissenschaftstheoretische Debatte um den Kuhnschen Paradigmabegriff wurde innerhalb der Soziologie in den 70er Jahren durch die Teildisziplin der Wissenschaftssoziologie aufgegriffen.[6] Für die Abgrenzung handlungstheoretischer Paradigmen sind vor allem zwei Entwicklungen interessant. Zum einen hat Merton seinen Begriff des Paradigmas weiter präzisiert, indem er vier Funktionen der Paradigmenbildung in der Soziologie hervorhebt (Merton 1968a: 70-1):

1. Entwicklung einheitlicher Begriffe für die kompakte Darstellung der zentralen Konzepte.
2. Identifikation der verborgenen theoretischen Annahmen in der wissenschaftlichen Arbeitsweise.
3. Weiterentwicklung der wissenschaftlichen Interpretationen, indem neue Konzepte einbezogen werden und auf Konsistenz mit den bereits anerkannten Elementen des Paradigmas überprüft werden.
4. Durch Kombination der Elemente des Paradigmas werden neue Konzepte zur Lösung konkreter Probleme der Soziologie entwickelt.

Die andere Entwicklungslinie des Paradigmabegriffs versucht, Kriterien für den Vergleich unterschiedlicher Paradigmen zu finden (Ritzer 1979). Der Gegenstand dieser "Metatheo-

---

6 Eine knappe Zusammenfassung dieser Debatte findet sich in Esser/Klenovits/Zehnpfennig 1977. Vgl. auch die Darstellung aus Sicht der empirischen Sozialforschung in Dieckmann 1999.

rie" besteht nicht aus soziologischen Theorien selbst, deren Begriffe, Modelle und Instrumente voneinander abgegrenzt werden. Ein Vergleichskriterium bildet z.B. die methodische Unterscheidung, ob ein Forscher eine "subjektive" oder eine "objektive" Position bezieht. Ein weiteres Kriterium ist die Unterscheidung in einen "kollektivistischen" oder "individualistischen" Standpunkt. Damit ist nicht die methodische Sichtweise, sondern der Gegenstandsbereich gemeint. Die individualistische Betrachtungsweise geht von dem Akteur als Handlungseinheit aus, während sich die kollektivistische Soziologie mit Mechanismen und Strukturen befasst, die nur aus dem Zusammenspiel einer Vielzahl von Akteuren entschlüsselt werden können und häufig für den einzelnen Handelnden weder einsehbar, noch beeinflussbar sind.

Der Begriff Paradigma hat in den vorangegangenen Jahrzehnten eine zweite Karriere außerhalb der Wissenschaftstheorie absolviert, indem die Managementwelt das Modewort "Paradigmenwechsel" gekürt hat. Damit ist ein grundlegender Wechsel im Denken und damit ein neuer Problemlösungsansatz gemeint, der durch äußere Zwänge (z.B. Machtveränderung, Fusionen) oder durch eine neue "Strategie" angestoßen wird. In Abbildung 2 wird das normative und interpretative Paradigma grob gegenübergestellt.

Komponenten des Paradigmas	Bezeichnung des Paradigmas			
	Normatives Paradigma	Interpretatives Paradigma		
Theoretischer Ansatz	Allgemeines Handlungssystem (Parsons)	Theorie der Rollenübernahme (Mead)	Phänomenologische Soziologie (Schütz)	Dramaturgische Soziologie (Goffman)
Methodisches Vorgehen	Strukturelle Analyse (Merton)	Symbolischer Interaktionismus (Blumer)	Ethnomethodologie (Garfinkel)	Qualitative Fallanalysen (Goffman)

Abbildung 2: Normatives und interpretatives Paradigma

1.4 System und Lebenswelt

Talcott Parsons hat zwischen 1945 und 1960 die soziologische Theorie dominiert und sich zusammen mit Merton in den Diskussionen mit seinen Kollegen und Schülern behauptet. In den 60er Jahren des 20. Jahrhunderts gelang es den Gegnern, Parsons von seinem Sockel zu stürzen. Die in Deutschland als "68er" bezeichnete Protestbewegung, die in den USA bereits 1963 begann, beschleunigte die Demontage Parsons', der mit dem mittelständischen Konservatismus identifiziert wurde. Schließlich war Parsons in den 70er Jahren in der akademischen Welt völlig isoliert, wie Luhmann in einem Interview berichtet (Hagen 2004: 62).

In der soziologischen Theoriediskussion erlebte Parsons in den 80er Jahren eine Renaissance durch eine gründliche Aufarbeitung seiner Theorie und Einordnung seines Beitrages zur Geschichte der Soziologie (z.B. Münch 1982, Habermas 1981a,b, Luhmann 1984). Richard Münch knüpft an das Parsonssche Frühwerk "The Structure of Social Action" an und entwickelt mit der "voluntaristischen Handlungstheorie" ein moderne Version des normativen Paradigmas.

Niklas Luhmann, der bei Parsons in Harvard 1960/61 studiert hat, ist eine entscheidende Weiterentwicklung der soziologischen Systemtheorie gelungen, die innerhalb und außerhalb der Soziologie rezipiert worden ist. Bereits in der Anfangsphase seiner Theoriekarriere verbindet Luhmann den Parsonsschen Systembegriff mit der phänomenologischen Tradition und stellt den Sinnbegriff in das Zentrum seiner Theorie sozialer Systeme (1974). In späteren Phasen integriert Luhmann den biologischen Begriff der *Autopoiesis* in sein Denkgebäude (1984). Soziale Systeme sind operativ geschlossen in dem Sinne, dass sie ihre Operationen selbst steuern und sich von der Umwelt "irritieren" lassen an Stelle von Fremdbestimmtheit. Dieses Modell erfreut sich in der Organisationsberatung wachsender Beliebtheit, indem sich dort der "Respekt" vor der Eigenständigkeit des sozialen Systems (Probst 1987: 114) verstärkt durchgesetzt hat. Weil Organisationseinheiten Veränderungsprozesse selbst ausführen müssen, wird Organisationsberatung als Prozessberatung verstanden, die das Klientensystem bei Wandlungsprozessen unterstützt (Schein 2000, Königswieser/Exner 2002).

Habermas bringt mit dem Begriffspaar "System und Lebenswelt" Bewegung in die Kontroverse zwischen normativem und interpretativem Paradigma. "System" umfasst die anonymen systemischen Mechanismen (z.B. das Geldmedium), die von den Individuen in ihrer Lebenswelt nicht mehr durchschaut und kontrolliert werden können. In der Lebenswelt findet verständigungsorientierte Kommunikation statt, die auf normativem Konsens der beteiligten Akteure und Überschaubarkeit beruht. Der Unterschied zwischen System und Lebenswelt veranschaulicht Habermas an der Form der Integration von Individuen in die Gesellschaft, indem er System- und Sozialintegration unterscheidet (1981b). Die Positionierung von soziologischen Theoretikern nach normativem und interpretativem Paradigma wird in Abbildung 3 schematisch zusammengefasst.

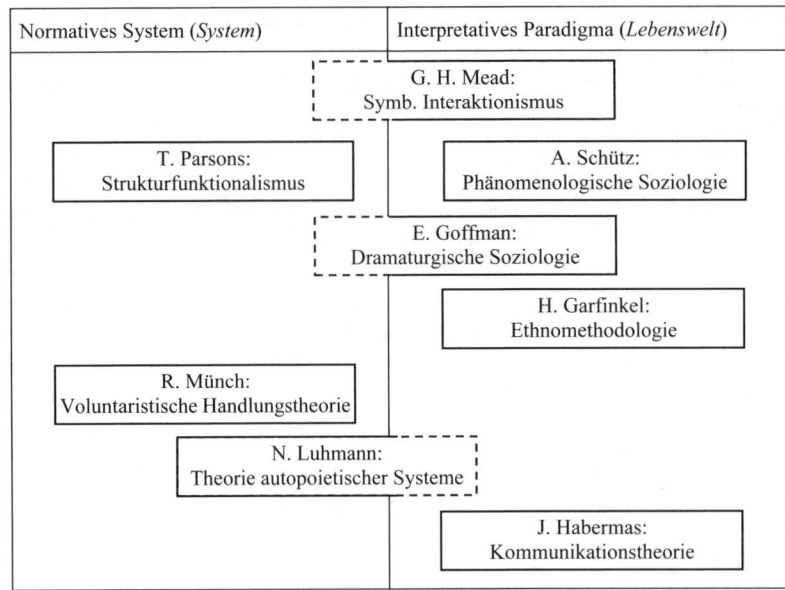

Abbildung 3: System und Lebenswelt

1.5 Homo sociologicus und Homo oeconomicus

Während Habermas (1981a,b), Münch (1982) und Luhmann (1984) damit beschäftigt waren, das normative und interpretative Paradigma zu einem umfassenden Theoriegebäude zu integrieren, hat sich parallel die *Rational-Choice Theorie* als konkurrierendes Paradigma erfolgreich weiterentwickelt und sich schließlich ab den 90er Jahren des 20. Jahrhunderts als dominierendes Paradigma der soziologischen Theorie gegenüber Systemtheorie und Interaktionismus durchgesetzt, das *"Rational-Choice Theorie"*, *"Methodologischer Individualismus"* oder *"Handlungstheorie"* genannt wird.

Dieses Paradigma umfasst unterschiedliche Theorietraditionen. In der europäischen Soziologie hat Siegwart Lindenberg einen individualistischen Theorieansatz entwickelt, der "kollektive Tatbestände" mit Hilfe von "Transformationsregeln" auf "individuelle Tatbestände" zurückführt (1977). Die individuellen Tatbestände werden von Lindenberg inhaltlich ausgefüllt mit den aus der Ökonomie übernommenem Modell des rationalen Akteurs, der in sozialen Situationen seine verfügbaren Mittel optimal zur Erreichung seiner Ziele einsetzt und auf diese Weise seinen subjektiven Nutzen steigert. Dieses Idealbild des "Homo oeconomicus" wird von Lindenberg mit der Abkürzung "RREEMM" für "*R*esourceful" (auf Ressourcen zurückgreifend), "*R*estricted" (mit sozial vorgegebenen Handlungseinschränkungen), "*E*valuating" (die Handlungsalternativen nach dem erwarteten Nutzen bewertend), "*E*xpecting" (die Folgen von alternativen Handlungsentscheidungen nach deren Wahrscheinlichkeit bewertend) und "*M*aximizing" (die Entscheidung mit dem größten zu erwartenden Nutzen treffend). Das letzte "*M*" steht für "Man".

Das RREEMM-Modell eignet sich nicht nur zur Charakterisierung des individualistischen Ansatzes, sondern auch zur Abgrenzung vom normativen und interpretativen Paradigma (Esser 1996: 231-250). Das normative Paradigma wird als SRSM-Modell charakterisiert: "*S*ocialized" (durch internalisierte Normen sozialisiert) "*R*ole-Playing" (rollenkonform), "*S*anctioned" (bei Normabweichungen bestraft und bei Normerfüllung belohnt) "*M*an" (Esser 1996: 232).

Die Buchstabenfolge "SSSM" beschreibt das interpretative Paradigma: "*Symbols Interpreting*" (symbolisch kommunizierend), "*Situations Defining*" (sich in sozialen Situationen orientierend), "*Strategic Acting*" (sinnorientiert im Hinblick auf bestimmte Zwecke handelnd), "*Man*" (Esser 1996: 234). Abbildung 4 fasst diese Gegenüberstellung des individualistischen Paradigmas gegenüber dem normativen und interpretativen Paradigma zusammen. Trotz der Eingängigkeit hat sich das Schema "RREEMM" in der soziologischen Theoriediskussion nicht durchsetzen können. Stattdessen dominiert der Begriff "Rational-Choice Theorie", der aus der Ökonomie stammt und das Merkmal der rationalen Handlungsentscheidung betont.

Paradigma		
normativ	interpretativ	individualistisch
S R S M	*S S S M*	*R R E E M M*
• *S*ocialized	• *Symbols Interpreting*	• *R*essourceful
• *R*ole-Playing	• *Situations Defining*	• *R*estricted
• *S*anctioned	• *Strategic Acting*	• *E*valuating
*M*an	*M*an	• *E*xpecting
		• *M*aximizing
		*M*an

Abbildung 4: Homo sociologicus und homo oeconomicus

Die Rational-Choice Theorie beschränkt sich nicht auf das individuelle Handeln von Akteuren, sondern bezieht auch den sozialen Kontext des Akteurs in die Handlungsanalyse ein. Ein weiterer Schwerpunkt bildet die Erklärung sozialer Strukturen aus Handlungskombinationen individueller Akteure, für die unterschiedliche Begriffe, wie z.B. Transintentionalität und Transformation (Gresshoff u. a. 2003), Akteurkonstellationen (Schimank 2000) und Interaktionsformen (Scharpf 2000), verwendet werden.

Die Rational-Choice Theoretiker haben rasch entdeckt, dass Akteure in bestimmten Situationen kooperieren, obwohl sie unter der Prämisse der subjektiven Nutzenoptimierung nicht kooperieren dürften. Es hat sich als erfolgreich erwiesen, diese Dilemmasituation mit spieltheoretischen Modellen (Holler/Illing 2003) zu formalisieren und daran die unterschiedlichen Lösungsansätze für kooperatives Handeln, z.B. gemeinsame Normen, Sanktionsmacht der Gruppe oder soziale Integration, zu diskutieren (Schneider 2002: 83-183; Braun 1999). Diese Lösungsansätze müssen - im Gegensatz zum normativen Paradigma - grundsätzlich auf individuelles rationales Handeln rückbezogen werden. So wird z.B. die Sanktionsmacht darauf zurückgeführt, dass für jeden einzelnen Teilnehmer einer Gruppe nur geringe Kosten anfallen, wenn die Gruppe einen Abweichler bestraft. Das bestrafte

Gruppenmitglied hat demgegenüber einen großen Schaden, wenn die geballte Sanktionsmacht zuschlägt (Schneider 2002: 92).

Einen alternativen Lösungsweg geht James Coleman (1926-1995), der "korporative Akteure" (1991) einführt, um kollektive Handlungslogiken in seiner Sozialtheorie berücksichtigen zu können.

Wie den Begriff des "Handelns" hat Max Weber auch den Begriff des "rationalen Handelns" geprägt. Handeln wird von Weber als sinnhaft und damit für die Mitmenschen verstehbares Verhalten definiert. Wenn das Sinnverstehen vollständig logisch stattfindet, spricht Weber von "rationaler Evidenz" (1972: 12). Darüber hinaus räumt Weber auch soziale Phänomene ein, die nur "einfühlend nacherlebend" (1972: 2) erfasst werden können. Weber unterscheidet insgesamt vier *Handlungstypen*, von denen die ersten beiden Unterkategorien von Rationalität bilden:

> 1. zweckrational: durch Erwartungen des Verhaltens von Gegenständen der Außenwelt und von anderen Menschen und unter Benutzung dieser Erwartungen als "Bedingungen" oder als "Mittel" für rational, als Erfolg, erstrebte und abgewogene eigne Zwecke,
> 2. wertrational: durch bewußten Glauben an den - ethischen, ästhetischen, religiösen oder wie immer sonst zu deutenden - unbedingten Eigenwert eines bestimmten Sichverhaltens rein als solchen und unabhängig vom Erfolg,
> 3. affektuell, insbesondere emotional; durch aktuelle Affekte und Gefühlslagen,
> 4. traditional; durch eingelebte Gewohnheit. (Weber 1972: 12)

Weber konzentriert sich auf das zweckrationale Handeln und betrachtet die anderen Handlungstypen als "Ablenkungen". Diese Analysestrategie ist für Weber besonders zweckmäßig, weil die Entschlüsselung zweckrationales Handeln zur rationalen Evidenz führt. Diese "rationalistische" Ausrichtung der verstehenden Soziologie ist eine Forschungsstrategie und darf nicht als Bewertung der sozialen Phänomene durch den Soziologen missverstanden werden:

> Dies Verfahren darf aber natürlich nicht als ein rationalistisches Vorurteil der Soziologie, sondern nur als methodisches Mittel verstanden und also nicht etwa zu dem Glauben an die tatsächliche Vorherrschaft des Rationalen über das Leben umgedeutet werden. (Weber 1972: 3)

Die Festlegung Webers auf die Forschungsstrategie des "Rational-Choice" wird von den strengen Rational-Choice Theoretikern auch heute noch vertreten, während eine liberalere Gruppe sich mit nicht-rationalem Handeln beschäftigt, wie z.B. Altruismus oder Emotionalität (Elster 1999). In einer wesentlichen Prämisse sind sich die Rational-Choice Theoretiker nach wie vor einig: Alle soziologischen Analysen müssen letztlich auf individuelle Handlungen zurückführbar sein. Wie nicht anders zu erwarten, hat bereits Weber diesen methodischen Grundsatz aufgestellt. Kollektivbegriffe wie "Staat", "Aktionsgesellschaft" oder "Familie" sind für die Soziologie notwendig, müssen aber in der verstehenden Analyse auf das Handeln von einzelnen Akteuren erklärend zurückgeführt werden:

> Für die verstehende Deutung des Handelns durch die Soziologie sind dagegen diese Gebilde lediglich Abläufe und Zusammenhänge spezifischen Handelns einzelner Menschen, da diese allein für uns verständliche Träger von sinnhaft orientiertem Handeln sind. (Weber 1972: 6)

James Coleman bezeichnet diesen methodologischen Standpunkt Webers als "M*ethodologischen Individualismus*" und entwickelt mit seinem berühmten "Mikro-Makro Modell" eine Systematisierung der Rational-Choice Ansätze (Coleman 1991: 6-13). Dieses Modell wird in Kap. 6 ausführlich dargestellt werden. Coleman (1991: 7) führt den Begriff des Methodologischen Individualismus auf den Wissenschaftsphilosophen Karl Popper zurück. Esser, der das Mikro-Makro Modell in einer sechsbändigen soziologischen Monographie weiter ausgearbeitet hat, verwendet den Begriff des "Methodologischen Individualismus" als Sammelbegriff für das individualistische Paradigma, wie in Abbildung 5 dargestellt wird (Esser 1996).

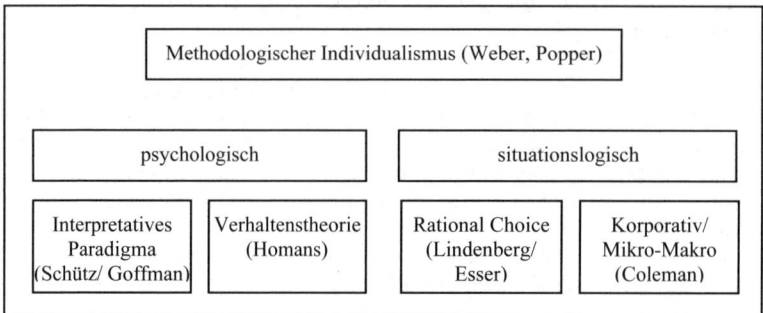

Abbildung 5: Methodologischer Individualismus

Obwohl Esser im weiteren Sinne dem Methodologischen Individualismus[7] auch den Verhaltenstheoretiker Homans und mit Schütz und Goffman auch Vertreter des interpretativen Paradigmas zuordnet, konzentriert er sich auf den "situationslogischen" Ansatz.

Fasst man das normative und interpretative Paradigma unter dem Begriff "homo sociologicus" zusammen, so kann man das ökonomisch begründete individualistische Paradigma als "homo oeconomicus" bezeichnen. Die wesentlichen Merkmale dieses ökonomischen Ansatzes in der Soziologie werden von Michael Baurmann zusammengefasst:

> 1. Explanative Zielsetzung: Soziale Tatsachen sollen empirisch erklärt werden.
> 2. Methodologischer Individualismus: Soziale Tatsachen sollen durch Zurückführung auf individuelles Verhalten erklärt werden.
> 3. Rationalmodell des Verhaltens: Individuelles Verhalten soll erklärt werden als Ergebnis rationaler Entscheidung, die auf einer Bewertung zu erwartender Handlungsfolgen beruht.
> 4. Nutzenmaximierung: Die Bewertung zu erwartender Handlungsfolgen soll mit dem Prinzip subjektiver Nutzenmaximierung erklärt werden. (Baurmann 1996: 130)

Mit dieser Festlegung ergibt sich das in Abbildung 6 dargestellte "Navigationssystem" zur Orientierung innerhalb der soziologischen Handlungstheorie.

---

[7] Ein Überblick über die historische Entwicklung und die unterschiedlichen Ansätze des Methodologischen Individualismus findet sich in Udehn 2002.

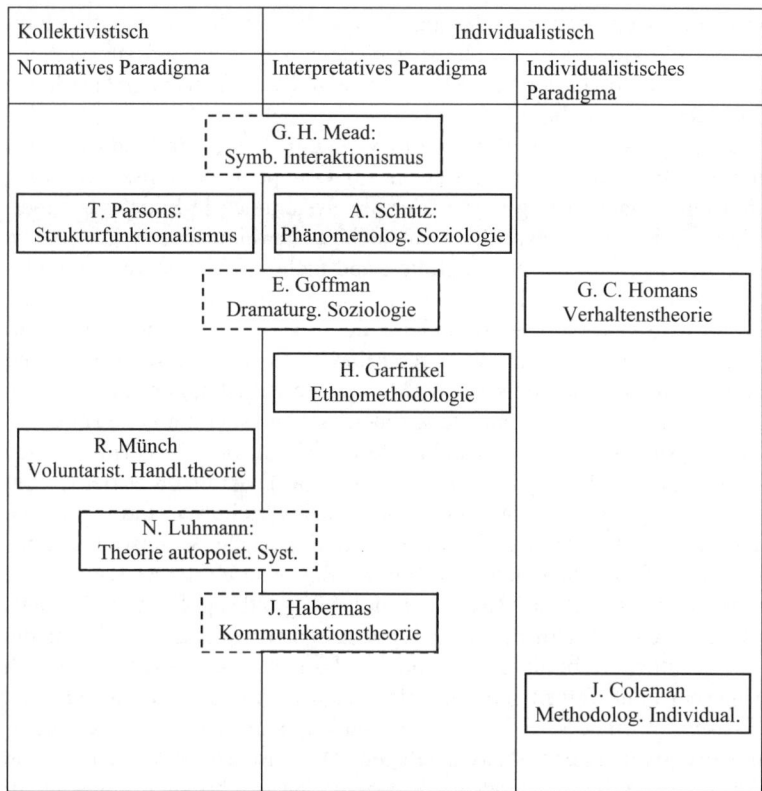

Abbildung 6: Homo sociologicus und homo oeconomicus

Die Abgrenzung des individualistischen vom normativen Paradigma hat eine lange Tradition, die bis zu dem weiter oben dargestellten Konflikt zwischen Homans und Parsons zurückgeht. Die dieser Abgrenzung zugrunde liegenden Konfliktlinie zwischen kollektivistischen und individualistischen Erklärungsmodellen geht bis in die Ideengeschichte der Soziologie zurück. Von den beiden Gründungsvätern der Soziologie als akademischer Disziplin repräsentiert Max Weber die individualistische, während Emile Durkheim die kollektivistische Methodik begründet hat. Im Gegensatz zu Webers Postulat der Rückführung kollektiver Begriffe auf das individuelle Handeln (Weber 1972: 6) betrachtet Durkheim soziale Strukturen als "soziale Tatsachen" mit eigener Logik, die der Soziologe erforscht.

Die Logik des kollektiven Lebens bestimmt nach Durkheim das Handeln der Individuen und nicht umgekehrt. Die kollektive Ebene des Handelns, also soziale Strukturen und Gemeinschaften, kann nur auf dieser Ebene erklärt werden ohne Rückgriff auf die individuelle Ebene (1996: 416). Auch die Anhänger des individualistischen Paradigmas räumen ein, dass soziale Gruppen ein Leistungsniveau erreichen können, das höher ist als die Summe der Einzelleistungen von isolierten Individuen. Dieser Effekt wurde in der Kleingruppenforschung empirisch belegt (Schneider 1985: 221). Sie sind aber nicht einverstanden, dieses Ergebnis aus der Eigenlogik der Gruppe zu erklären. Stattdessen lassen sie nur gelten, dass sich die Gruppenleistung aus dem Zusammenwirken der Individuen (z.B. als Transintentionalität oder Transformation) begründen lässt. Während - wie dargestellt - der Konflikt zwischen Kollektivisten und Individualisten so alt ist wie die Soziologie, sind substantielle Theorievergleiche zwischen dem interpretativen und dem individualistischen Paradigma jüngeren Datums (Esser 2001; Lindenberg 1996).

Emergenz bedeutet in der Soziologie, dass es eine von dem Handeln individueller Akteure unabhängige Ebene von Prozessen und Regeln auf Gruppen-, Organisations- oder Gesellschaftsebene mit einer eigenen Logik gibt. Für die Systemtheorie bildet das Emergenztheorem eine axiomatische Ausgangsposition, die nicht weiter hinterfragt wird. Soziale Systeme werden als *Menge von Interaktionen* definiert und nicht als Menge von Individuen. Diese Definition ist einleuchtend, weil jedes Individuum sich in einem sozialen System nur partiell einbringt. So wird sich ein Vertriebsmitarbeiter einer Technologiefirma in seinem Verhalten beim Kunden weitgehend an die durch seine Firma festgelegten Regeln und Argumentationslogiken orientieren und persönliche Meinungen zurückhalten, falls sie von der vorgegebenen Linie abweichen. Die Elemente sozialer Systeme sind konkrete Handlungen von Individuen: Ein System kann nicht handeln. Wesentlich ist, dass diese Handlungen einer Systemlogik folgen und aus dem System ihre Impulse und Dynamiken beziehen. Ein Gedankenexperiment zu dieser Fragestellung bilden moralische Urteile von Individuen bei politischen Skandalen. Ein politischer Skandal - wie z.B. die finanzielle Begünstigung eines Politikers durch ein Wirtschaftsunternehmen - wird in der Regel durch die Massenmedien dem Individuum vermittelt. Jetzt kann der Zuschauer in der Logik des politischen Systems denken und den Fall bewerten. Er wird dabei in Betracht ziehen, welche Regeln für die Politiker moralisch und rechtlich verbindlich sind und wie das konkrete Verhalten demnach zu beurteilen ist. In diesem Falle folgen seine Überlegungen dem politischen System. Ist diese Sichtweite realistisch? Wird der Zuschauer nicht stattdessen seine persönlichen moralischen Maßstäbe an das Verhalten des Politikers anlegen? Diese Maßstäbe hat er im Laufe seiner Biographie schrittweise erworben und durch persönliche Erfahrungen gefestigt. In diesem Falle folgt er der Logik seines Persönlichkeitssystems.

Der zentrale Punkt der Argumentation ist also nicht, in welchem System das Individuum jeweils handelt, sondern die Annahme, dass er jeweils der Logik eines Systems folgt. Die Systemtheorie ist mit Durkheim der Auffassung, dass aus der Logik des Persönlichkeitssystems kollektives Verhalten nicht vollständig erklärt werden kann. Stattdessen muss die Eigenlogik des jeweiligen Systems rekonstruiert werden. Nach Durkheim resultieren die Prozesse auf der kollektiven Ebene aus der gegenseitigen Beeinflussung der Individuen und nicht aus ihren Bewusstseinszuständen.

> Der größte Teil unserer Bewußtseinszustände hätte nicht bei isolierten Wesen entstehen können und hätte sich ganz anders bei Wesen entwickelt, die in anderer Weise gruppiert wären. Sie fließen also nicht aus der psychologischen Natur der Menschen im allgemeinen, sondern aus der Art, wie sich die Menschen, nachdem sie sich einmal vereint haben, gegenseitig beeinflußen, je nachdem sie mehr oder weniger zahlreich sind oder mehr oder weniger angenähert haben. (Durkheim 1996: 416).

Vertreter des individualistischen Paradigmas wissen, dass sich Akteure in konkreten Situationen am sozialen Kontext orientieren und ihr Handeln von dieser *Logik der Situation* (Esser 2000) beeinflusst wird. Esser (2001) hat durch Rückgriff auf das interpretative Paradigma und auf sozialpsychologische Modelle diesen Prozess der Beeinflussung durch den sozialen Kontext als Framing-Prozess rekonstruiert (vgl. Kap. 6.). Der Begriff "Frame" (=Rahmen) wurde von Goffman (1977) in die Soziologie eingeführt.

1.6 Handeln und Struktur

Häufig wird die Konfliktlinie zwischen dem kollektivistischen und dem individualistischen Ansatz mit dem Gegensatz von Handlung und Struktur identifiziert. Nach Parsons' Fundamentaltheorem der Handlungstheorie bestehen Strukturen aus "institutionalisierten (in sozialen und kulturellen Systemen) und/oder internalisierten (in Persönlichkeiten und Organismen) Mustern kultureller Bedeutungen" (Parsons 1976b: 342; Übersetzung vom Verf., B.M.). Konkret bestehen Strukturen aus Rollen, Normen und Werten (vgl. Kap. 2.3.2), die durch Sanktionen (Belohnungen oder Bestrafungen), durch gemeinsame Wertorientierungen und die Interessen der Akteure abgesichert sind (Parsons/Platt 1990: 52).

Auch das individualistische Paradigma kennt Strukturen. Sie beeinflussen als sozialer Kontext die Situationsdefinition des Akteurs, und sie entstehen aus Akteurkonstellation intendiert oder unintendiert. Schimank unterscheidet als Ergebnis von Transintentionalität und Transformation "Erwartungs-", "Deutungs-" und "Konstellationsstrukturen" (2000: 176-9). Worin liegt also der Unterschied? Dem normativen Paradigma wird unterstellt, dass Strukturen das Handeln bestimmen und damit die Dynamik der Handlungsprozesse nicht erklärt werden kann. Das interpretative und individualistische Paradigma dagegen verfügen über Analyseinstrumente, um die Reproduktion und die Veränderung von sozialen Strukturen aus individuellen Handlungen zu erklären.

So plausibel diese Unterscheidungsformel auf den ersten Blick erscheint, so wenig trifft sie den Kern. Luhmann hat mehrfach betont, dass Strukturen "vorläufige" Arrangements sind, die durch konkrete Systemprozesse immer wieder auf den Prüfstand gestellt werden.

> Strukturen werden durch Operationen für Gebrauch in Operationen erzeugt und reproduziert und eventuell variiert oder einfach vergessen. (Luhmann 2000: 50)

Parsons - wie bereits dargestellt - argumentiert "konservativer": Je nach Bezugspunkt der Analyse werden Strukturen für das konkrete Handeln als in sozialen Situationen vorgegeben oder im historischen Verlauf der Gesellschaftsentwicklung als evolutionär veränderbar angesehen. Für Luhmann sind die Strukturen auch unter dem ersten Bezugspunkt der konkreten Systemoperationen (=Handlungen) variabel.

Der Soziologie Anthony Giddens geht theorietechnisch einen Schritt weiter, indem er die Dualität von Handeln und Strukturen in das Zentrum seiner *Theorie der Strukturation* stellt:

> Konstitution von Handelnden und Strukturen betrifft nicht zwei unabhängig voneinander gegebene Mengen von Phänomenen - einen Dualismus -, sondern beide Momente stellen eine Dualität dar. Gemäß dem Begriff der Dualität von Struktur sind die Strukturmomente sozialer Systeme sowohl Medium wie Ergebnis der Praktiken, die sie rekursiv organisieren. (Giddens 1997: 77)

Auf diese Weise werden Strukturen und Handlungen permanent aufeinander bezogen und entwickeln aus dieser Dualität die Dynamik sozialer Prozesse. Dieser Ansatz ist nicht als ein definitorischer Trick zu verstehen, sondern verbessert die Erklärungskraft der Theorie. Die Definition von Strukturmomenten als Grundeinheit der Analyse lenkt den Fokus gezielt auf die Wechselbeziehung von Struktur und Handeln und ist daher - anders als die bislang dargestellten Paradigmen - in der Lage, die Dynamik von Struktur und Handlung intensiver zu erforschen.

Peter Berger und Thomas Luckmann haben mit dem Buch "Die gesellschaftliche Konstruktion der Wirklichkeit" bereits 1966 ein explizites Modell für die Entstehung sozialer Strukturen aus der Interaktion von Individuen und Gruppen entwickelt. Die von Giddens beschriebene Dualität nennen Berger und Luckmann "*Verwirklichung*" (1982: 71). Den Prozess der Verfestigung vom subjektiven Sinn der Akteure zu sozialen Strukturen, die sich von den Urhebern ablösen, nennen Berger und Luckmann "Objektivation" (1982: 20). Damit haben Berger/Luckmann mehr als zwei Jahrzehnte vor Coleman und Esser den Schritt von der Mikro- zur Makroebene modelliert.

1.7 Alter und neuer Institutionalismus

Kaum ein Soziologe wendet das Allgemeine Handlungssystem von Parsons heute noch unverändert zur Erklärung von sozialen Phänomenen an. Trotzdem bilden die Parsonsschen Begriffe und Modelle einen integralen Bestandteil der Soziologie. Besonders auf den Begriff der Institution und das damit von Parsons verfolgte Erklärungsprogramm der Verschränkung von unterschiedlichen Systemebenen durch normative Elemente wird in der heutigen Forschung weiter zurückgegriffen. Den bekanntesten Ansatz bildet der *Neo-Institutionalismus* der sich sowohl in der Soziologie (Scott 2001) als auch in der Politikwissenschaft (March/Olsen 1989) durchgesetzt hat.

Innerhalb der Organisationssoziologie wurde der Neo-Institutionalismus schlagartig bekannt durch einen 1977 veröffentlichten Artikel von J. W. Meyer und B. Rowan mit dem Titel "Institutional Organizations: Formal Structure as Myth and Ceremony" (1991). Die Autoren argumentieren, dass Wirtschaftsorganisationen dazu neigen, sich stärker an institutionellen Vorgaben und Modeströmungen zu orientieren als an der technischen und wirtschaftlichen Effizienz. Dieses Verhalten ist für den einzelnen Manager durchaus rational, da er für sich und für sein Unternehmen mit negativen Sanktionen rechnen muss, wenn er z.B. gesetzliche Auflagen oder Forderungen der Banken nicht erfüllt (1991: 44).

Die Rationalität dieses *Isomorphismus* (1991: 49) von Unternehmen und externen Institutionen wird im System nicht weiter hinterfragt und damit zum "Mythos" (1991: 48). Einerseits sichert dieser Rationalitätsmythos das Überleben des Unternehmens, weil Gesetzesorgane und Geldgeber in der Regel die Macht haben, bei Abweichung von Ihren Vorgaben die Existenz des Unternehmens zu bedrohen. Andererseits ist es plausibel, dass Produkt- und Markterfordernisse konträr zu den institutionellen Isomorphismen stehen. In diesem Fall entwickeln sich abweichende Prozesse und Regelungen, die gegenüber der institutionellen Umwelt - und häufig auch gegenüber dem eigenen Management - verborgen gehalten werden. Mit diesem "Decoupling" (1991: 57) entwickelt sich ein nicht steuerbares Unternehmen im Unternehmen. Ausgehend von diesem Erfolgsartikel von Meyer und Rowan (1991) entwickelte sich in relativ kurzer Zeit der Neo-Institutionalismus zu einer eigenständigen Organisationstheorie (Kieser 2001: 319-53).

Von dem alten Institutionalismus Parsons' unterscheidet sich der Institutionalismus auf der Begriffs- und Modellebene in einigen Punkten (DiMaggio/Powell 1991: 18; Scott 2001: 16), die wir in Kap. 2.3 genauer darstellen werden. Allerdings sind diese Unterschiede nicht der wesentliche Grund für die Renaissance des Institutionalismus in der Soziologie. Der entscheidende Unterschied liegt eher in der pragmatischen Forschungsorientierung des Neo-Institutionalismus. Anstatt abstrakte Modelle zu entwickeln und mit aufwendigen empirischen Methoden zu überprüfen, analysieren die Neo-Institutionalisten abgegrenzte Fragestellungen mit überschaubaren Modellen, die sie auf empirische Fallstudien anwenden.

Damit gehen die Neo-Institutionalisten den Weg der Theorien "mittlerer Reichweite", die Merton seinem Lehrer Parsons schon vor dessen Sturz vom Theorieolymp vorgeschlagen hatte. Parsons hielt seinen eingeschlagenen Kurs bei und scheiterte schließlich an der Starrheit seines komplexen Theoriegebäudes, wie Luhmann in einem Interview berichtet:

> Plötzlich, 1967, war es zu Ende und zwar brach es zusammen, ohne dass man eigentlich wusste weshalb, ohne Argument, ohne Kontrolle der Aussagen der Theorie. Es hing mit dem Marxismus zusammen, mit verschiedenen Formen der Kritik. Aber im Grunde war die Theorie in ihrer Entwicklung zu langsam, um den Modeströmungen der Zeit folgen zu können. (Hagen 2004: 62)

Die Neo-Institutionalisten haben aus der Parsons-Lektion gelernt und konzentrieren sich auf Analysen mit interessanten Themen und haben somit gute Chancen, sich neben dem individualistischen Paradigma dauerhaft zu etablieren.

2 Soziales Handeln in Rollen und Institutionen

Einleitung

Der Begriff "soziale Rolle" wurde als Grundbegriff erst relativ spät in die Soziologie aufgenommen, hat dann allerdings eine ungewöhnliche Karriere durchlaufen. Am Rollenkonzept entzündete sich Anfang der 60er Jahre ein grundlegender Streit zwischen "Funktionalisten" und "Interaktionisten", der auch für die heutige Diskussion der soziologischen Handlungstheorie bedeutsam ist. Anfang der 70er Jahre wurden an den meisten Universitäten regelmäßige Lehrveranstaltungen zum Thema Rollentheorie angeboten. Mittlerweile hat der Rollenbegriff seine exponierte Stellung in der soziologischen Theoriediskussion an Begriffe wie Frame und Organisation abgetreten, wird aber weiterhin als Standardinstrument in konkreten soziologischen Studien verwendet. Diese Selbstverständlichkeit in der Anwendung ist ein Hinweis darauf, dass sich *Rolle* als Grundbegriff der Soziologie etabliert hat.

Für die im Einleitungskapitel erwähnte Kontroverse zwischen dem normativen und dem interpretativen Paradigma hat die Rollentheorie eine doppelte Bedeutung. Einerseits entzündete sich - wissenschafts-historisch betrachtet - der Streit dieser beiden Paradigmen am Rollenbegriff und andererseits bildet die Rollentheorie ein konkretes Beispiel, an dem sich die unterschiedlichen Perspektiven aufzeigen lassen.

Um in den nachfolgenden Kapiteln dem Leser die Übersicht zu erleichtern, werden wir zu jedem Ansatz die Grundidee, den Bezugsrahmen, explizite Modelle und Musterbeispiele darstellen. Der "Bezugsrahmen" besteht aus den Grundbegriffen sowie deren logischen Beziehungen zueinander. Kombiniert man Elemente des Bezugsrahmens, um bestimmte soziale Strukturen und Prozesse zu beschreiben und die zugrunde liegenden Mechanismen zu erklären, so ergeben sich explizite Modelle. Nach Kuhn gehören der begriffliche Rahmen und die Modelle zur ersten Bedeutung des Begriffs Paradigma. Zusätzlich umfasst der Paradigmabegriff die Kenntnis der konkreten Vorgehensweise einer wissenschaftlichen Disziplin, die sich nach Kuhn an Musterbeispielen demonstrieren lässt. Daher werden die einzelnen Handlungstheorien auf Beispiele angewendet, um die Argumentationsweise exemplarisch vorzuführen.[8]

2.1 Rolle als Kategorie der Sozialstruktur

Der Rollenbegriff als soziologische Kategorie wurde von Linton eingeführt und dann von den Vertretern der "strukturell-funktionalen" Theorie, Parsons und Merton, in die soziolo-

---

8   Das zugrunde liegende Schema von Bezugsrahmen, expliziten Modellen und Musterbeispielen ist eine verein-fachte Version der "strukturalistischen" Wissenschaftstheorie, die der Philosoph W. Stegmüller entwickelt hat, um die Ideen Kuhns zu systematisieren. Eine Zusammenfassung dieses Wissenschaftsmodells und eine Anwendung auf die Methodologie T. Parsons' findet sich in Miebach 1984, Kapitel 2.

gische Theorie integriert. Neben der Definition grundlegender Begriffe wie Status, Position, Rolle und Rollenkonflikt entwickeln diese Autoren bereits explizite Modelle zur Rollenanalyse im Rahmen des normativen Paradigmas. Vor allem Mertons Studie zu den strukturellen Mechanismen der Verhinderung und Lösung von Intrarollenkonflikten stellt eine exemplarische Anwendung der strukturtheoretischen Denkweise auf eine soziologische Fragestellung dar. Durch den Vergleich des Mertonschen Rollen-Sets mit alternativen Arbeiten zum Rollenkonflikt, in denen die Strategien und Initiativen des Rollenhandelnden und nicht der strukturelle Rahmen betrachtet wird, lässt sich die unterschiedliche Argumentation der strukturellen und interaktionistischen Rollentheoretiker exemplarisch verdeutlichen. Im ersten Teil des nachfolgenden Abschnitts werden die klassischen Definitionen des Rollenbegriffs durch Linton und Parsons dargestellt, im zweiten Teil das Mertonsche Modell des Rollen-Sets vorgeführt und im dritten Teil die interaktionistische Erweiterung diskutiert.

2.1.1 Rolle und Position

Ralph Linton (1893-1953) führt in seinem Buch "The Study of Man" (1936) den soziologischen Rollenbegriff ein und entwickelt ihn in dem Werk "The Cultural Background of Personality" (1947) zu einer sozialstrukturellen Kategorie weiter, die dann von den Vertretern des normativen Paradigmas aufgegriffen wurde.[9] Mead, einer der Begründer des interpretativen Paradigmas, verwendet den Rollenbegriff bereits früher als Linton im Rahmen seiner Vorlesungen,[10] in denen er die Identitätsentwicklung des Individuums als Prozess der Rollenübernahme interpretiert (1978). Die *Grundidee* des Rollenkonzepts besteht darin, dass an die Mitglieder einer Gesellschaft in bestimmten sozialen Situationen Verhaltenserwartungen gerichtet werden, die jeder Rollenhandelnde auf etwa gleiche Weise erfüllt.

Somit bezieht sich der *Rollenbegriff* auf ein regelmäßig ablaufendes Verhalten, das in bestimmten Situationen von den Mitgliedern einer Gesellschaft erwartet wird. Diese Definition reicht allerdings nicht aus, wie man sich am Beispiel des Händeschüttelns verdeutlichen kann. Obwohl das Händeschütteln in der Situation der Begrüßung allgemein erwartet wird, spricht man nicht von der Rolle des Händeschüttlers. Um solche Fälle auszuschließen, muss der Rollenbegriff weiter eingegrenzt werden, indem man zusätzlich voraussetzt, dass der Rollenträger einen bestimmten Platz in der gesellschaftlichen Ordnung einnimmt. Dieser Platz kann zum einen durch eine bestimmte Funktion der Rolle für die Gesellschaft definiert werden, wie bei Lehrern die Funktion der Erziehung von Schulkindern. Zum anderen kann sich der Platz des Rollenträgers aus der Mitgliedschaft in einer Gruppe ergeben. Dies trifft z.B. auf die Rolle des Kindes in der Familie zu. In beiden Fällen ist der Platz in der Gesellschaft mit Rechten und Pflichten ausgestattet, die das Rollenhandeln in bestimmte Bahnen lenkt.

Es war Lintons Idee, den Platz eines Individuums zu einer bestimmten Zeit in einem bestimmten System als *Status* bzw. *Position* zu definieren (1973: 311). Während Linton beide Begriffe als gleichbedeutend auffasst, bevorzugt die neuere Rollentheorie den Begriff Position für den Platz des Rollenträgers in der Gesellschaft. Status wird dagegen mit Presti-

---

9 Zur Geschichte der Rollentheorie vgl. Wiswede 1977. Wir werden uns im nachfolgenden Text auf einen Auszug aus Lintons "The Cultural Background of Personality" beziehen: Linton 1973.
10 Vorlesungsmitschriften von 1927 und 1930 wurden 1934 nach dem Tode Meads von dessen Schüler C.W. Morris publiziert: Mead 1978.

ge in Verbindung gebracht und als Ort eines Individuums auf einer Rangskala der Wertschätzung definiert (Dahrendorf 1974: 68). Nach Linton soll der Begriff Rolle "die Gesamtheit der kulturellen Muster bezeichnen, die mit einem bestimmten Status verbunden sind." (1973: 311). Diese kulturellen Muster umfassen Verhaltensweisen, Einstellungen und Wertvorstellungen des Statusinhabers (1973: 311). Den Kern der Rolle bilden allerdings die Verhaltensweisen, so dass sich die Rolle als *dynamischer* Aspekt eines Status ergibt (1973: 312).

Linton geht von der Annahme aus, dass das Rollenhandeln eines Statusinhabers von allen Systemmitgliedern in gleicher Weise erwartet wird und dass ein Individuum mehr als einen Status innehat (1973: 312). Dadurch kann es - wie wir heute sagen - zu *Interrollenkonflikten* zwischen den unterschiedlichen Rollen eines Individuums kommen. Man denke etwa an den Konflikt eines parteipolitisch engagierten Lehrers, im Politikunterricht ein ausgewogenes Meinungsbild zu vermitteln. In modernen Gesellschaften werden häufig unterschiedliche Erwartungen an einen Positionsinhaber gerichtet. So steht ein Industriemeister im Spannungsfeld von Erwartungen der Unternehmensleitung und der ihm unterstellten Facharbeiter. Dieser Interrollenkonflikt wird in Lintons Rollendefinition nicht berücksichtigt, da alle Gesellschaftsmitglieder dieselben Verhaltensweisen erwarten.

Rollen können nach Linton *zugeschrieben* oder *erworben* sein (1973: 310). So ist die Rolle des Kindes in der Familie nicht von bestimmten Vorleistungen abhängig, so dass die Kinderrolle als zugeschrieben bzw. askriptiv gilt, wogegen die Berufsrolle durch bestimmte Leistungen erworben wird. In traditionellen Gesellschaften, wie der mittelalterlichen Ständegesellschaft, wurden auch Berufsrollen durch Geburt zugeschrieben, während der Erwerb von Rollen durch individuelle Leistungen ein Merkmal moderner Industriegesellschaften ist. Wegen der Betonung des Leistungsaspekts spricht man von einer *meritokratischen* Gesellschaftsform. Allerdings hat der Erwerb der Berufsrolle in modernen Industriegesellschaften auch askriptive Züge, wenn z.B. beim Berufseintritt von Jugendlichen nicht die Qualifikation des Bewerbers, sondern die guten Beziehungen der Eltern den Ausschlag geben. Der französische Soziologe Raymond Boudon bezeichnet diesen Einfluss des elterlichen Sozialstatus auf den Berufsstatus der Jugendlichen als *Dominanzeffekt* (1979: 77) im Gegensatz zum meritokratischen Effekt.[11]

Mit der Unterscheidung von zugeschriebenen und erworbenen Rollen führt Linton ein Merkmal zur *Klassifikation* von Rollen ein. Da dieses Merkmal zwei Ausprägungen hat, sprechen wir von einer dichotomen Variablen. Die Idee, dichotome Merkmale zur Beschreibung von Rollen zu verwenden, hat vor allem Parsons innerhalb der Soziologie weiterentwickelt. Die akademische Profession, für die besonders die Rollen des Wissenschaftlers und des Arztes typisch sind, beschreibt Parsons 1939 als "rational", "funktional spezifisch" und "universalistisch" (1973b). Damit klassifiziert Parsons eine bestimmte Rolle durch eine Kombination von Ausprägungen der drei dichotomen Variablen "rational versus nicht-rational", "spezifisch versus diffus" und "universalistisch versus partikularistisch".[12]

---

11 In seiner Auswertung von Daten zum französischen Bildungssystem zeigt Boudon folgenden "paradoxen Effekt" auf: Selbst unter der Annahme einer rein meritokratischen Gesellschaftsform führt die Zunahme von höheren Bildungsabschlüssen nicht dazu, dass mehr Kinder aus unteren sozialen Schichten in höhere Positionen aufsteigen (Boudon 1979: 85). Der Grund hierfür liegt in der Tatsache, dass die Zunahme von höheren Ausbildungsabschlüssen nicht mit einer Vermehrung höherer Berufspositionen einherging.

12 Diese Merkmale werden später von Parsons zu den "Pattern Variables" weiterentwickelt: "diffus versus spezifisch", "affektiv versus affektiv neutral", "partikularistisch versus universalistisch", "qualitativ versus performativ" und "selbstorientiert versus kollektivorientiert", vgl. Miebach 1984: 172-84

Während Linton in seiner Definition der Rolle den sozial-kulturellen Aspekt gleichförmiger Einstellungen, Wertvorstellungen und Verhaltensweisen betont, die mit einer Position verbunden sind - lenkt Parsons mit seiner Rollendefinition die Aufmerksamkeit auf die Wechselbeziehung zwischen der Sozialstruktur und der Persönlichkeit der Akteure. Individuen nehmen am gesellschaftlichen Leben teil, indem sie vorgegebene soziale Rollen *spielen*. Entscheidend ist dabei, dass Rollen jeweils nur einen bestimmten *Ausschnitt* (Parsons 1973c: 55) der Persönlichkeit aktivieren. So wird in den meisten Berufsrollen die Privatsphäre des Rollenträgers weitgehend ausgeblendet. Die Grenzen des Ausschnitts aus der Persönlichkeit in Berufsrollen können aber sehr unterschiedlich abgesteckt sein. Während in *Professionen*, wie z.B. Ärzte oder Juristen, die individuelle Gestaltung und das Einbringen der Gesamtpersönlichkeit als Maßstab für die Qualität der Ausfüllung der Rolle gelten kann, wird bei untergeordneten mechanischen Tätigkeiten ein eng umgrenztes Verhaltensrepertoire gefordert, das nur einen kleinen Ausschnitt der Persönlichkeit anspricht (vgl. Osterland 1975). Im Falle der Reduktion des persönlichen Engagements auf ein Minimum wird dem Rolleninhaber kaum Gelegenheit gegeben, sich mit seiner Tätigkeit zu identifizieren und sein Bedürfnis nach beruflicher Verwirklichung zu befriedigen. Die Folge ist mangelnde Arbeitsmotivation und das Gefühl der Entfremdung von der Berufsrolle.

Nach Parsons haben Berufsrollen aber gerade die Funktion, dass Individuen sich mit Rollen identifizieren können und auf diese Weise in die soziale Struktur integriert werden. Neben der Identifikation mit der Rolle und der damit verbundenen Motivation des Positionsinhabers, die Rolle auszufüllen, wird die Einhaltung von Rollenpflichten durch *Sanktionen* abgesichert, die aus Belohnungen wie finanziellen Anreizen oder Bestrafungen wie Degradierung bestehen können.[13] Damit kann nach Parsons die soziale Rolle sowohl einen Zwang auf das Individuum ausüben als auch ihm Gelegenheit geben, sich persönlich zu engagieren und damit die soziale Ordnung zu gestalten. Falls Rollen diese Funktion in der Gesellschaft erfüllen, spricht Parsons von *institutionalisierten* Rollen oder von *Institutionen* (1973c: 56).

Institutionalisierte Rollen sind Mechanismen (1973c: 56), durch die soziales Handeln auf eine bestimmte Weise abgestimmt wird. Kommen ein Dozent und eine Gruppe von Studenten zur ersten Sitzung eines Seminars am Anfang des Semesters zusammen, so sind durch die beiden Rollen Student und Dozent eine Reihe von Verhaltensregeln bereits definiert, ohne dass sie explizit ausgehandelt oder ausdiskutiert werden müssten. So ergreift der Dozent das Wort und erläutert den Semesterplan, auf den Studenten mit kommentarloser Zustimmung oder mit kritischen Einwänden und Gegenvorschlägen reagieren. Der Ablauf dieser Interaktionssequenz ist also durch die Rollenmuster in einem gewissen Umfang geregelt, ohne dass sich die Beteiligten auf diese Regelung vorher explizit geeinigt hätten. Ein solcher Regelmechanismus, der nicht auf einer konkreten Verständigungsleistung der beteiligten Akteure in Form verbaler oder nicht-verbaler Kommunikation beruht, nennen wir eine *soziale Struktur*. In diesem Sinne definieren Parsons und Linton den Rollenbegriff als Strukturkategorie. Nach Parsons haben Rollenstrukturen bestimmte Funktionen in der Gesellschaft zu erfüllen, indem sie einerseits die Auswahl eines bestimmten Verhaltens in einer Situation steuern und andererseits den Individuen Gelegenheit zum engagierten sozialen Handeln geben. Die erste Funktion wird *Selektions-* und die zweite *Motivationsfunktion* genannt (Parsons 1973c: 56). Diese Verbindung der Rollenstruktur mit bestimmten Funkti-

---

13 Nach Dahrendorf beruht die Verbindlichkeit der Rollenerwartungen auf der Art der Sanktionen, die bei der Verletzung der Rollenerwartungen zu befürchten sind (1974: 35-42).

onen im sozialen System bildet ein Beispiel der *strukturell-funktionalen* Theorie, die Parsons zusammen mit Merton seit Mitte der 40er Jahre entwickelt hat (1973c).

Erinnern wir uns an das im Einführungskapitel zitierte Fundamentaltheorem der Handlungstheorie, nach dem soziales Handeln von institutionalisierten und internalisierten kulturellen Mustern bestimmt wird, dann lässt sich die Rollentheorie als eine Spezialisierung dieses Theorems auffassen. Im Hinblick auf die Persönlichkeit geht Parsons davon aus, dass das Individuum Verhaltensmaßstäbe von Gruppen sowie Werte und Normen in sich aufnimmt, also internalisiert.

> Auf diese Weise werden sie, unabhängig von äußeren Sanktionen, zu wirksamen Motivierungskräften für sein eigenes Verhalten. (Parsons 1973c: 55)

Durch Verweis auf kulturelle Werte kann der Rollenhandelnde sich auch gegen die geltenden Rollenvorschriften stellen. So können Frauen am Arbeitsplatz gegen die ungleiche Bezahlung im Verhältnis zu männlichen Kollegen sich auf den Wert der Gleichheit berufen, um die Rechte und Pflichten ihrer Arbeitsrolle in Frage zu stellen. Institutionalisierte Rollen sind situationsspezifische Verhaltensvorschriften und somit Spezifikationen von Normen, die für einen weiteren Bereich von Verhaltensweisen gelten. So lernt - um das Beispiel des vorangehenden Kapitels nochmals aufzugreifen - der Lehrer auf der Rollenebene bestimmte Techniken der Belohnung und Bestrafung, die Normen, wie z.B. die individuelle Förderung von Schülern und gewaltfreie Motivation, konkretisieren. Diese Normen sind wiederum im Wertmuster der demokratischen Erziehung, also letztlich kulturell, verankert.

In der Literatur hat sich der Ausdruck "funktionalistische" Rollentheorie eingebürgert, obwohl - wie wir gesehen haben - die Funktion der Rollen in dem Parsonsschen Modell nur eine untergeordnete Bedeutung einnimmt. Entscheidend sind dagegen institutionalisierte und internalisierte kulturelle Muster, die durch Rollen in der Sozial- und Persönlichkeitsstruktur verankert werden. Aus diesem Grunde sollte man dem Vorschlag Tenbrucks folgen und von Strukturtheorie (1961: 1) oder strukturtheoretischem Rollenkonzept sprechen. Die Anbindung an die allgemeine Theorie über das Fundamentaltheorem verleiht der Rollentheorie zwar einen hohen Abstraktionsgrad, entfernt sie nach Merton aber zu weit von der Analyse der sozialen Mechanismen, die Rollenhandeln konkret steuern. Daher schlägt Merton in Abgrenzung zu Parsons die Entwicklung von "Theorien mittlerer Reichweite" (1973b: 319) vor.

2.1.2 Das Modell des Rollen-Sets

Was unter einer solchen Theorie zu verstehen ist, zeigt Merton in seiner Studie von Intrarollenkonflikten auf, die - wie bereits erwähnt wurde - mit Lintons Rollenbegriff nicht erklärt werden können. Zunächst ist der Begriff der Rolle so zu definieren, dass unterschiedliche Verhaltenserwartungen auf einen Positionsinhaber gerichtet sind. Merton nennt diese unterschiedlichen Verhaltenserwartungen jeweils Rollen und die Menge der mit einer Position verbundenen Rollen das *Rollen-Set* (Merton 1973b: 322). Abweichend von Merton halten die nachfolgenden Rollentheoretiker daran fest, dass nur eine Rolle mit je einer Position verbunden ist. Diese Rolle zerfällt in die von unterschiedlichen Bezugsgruppen oder Bezugspersonen erwarteten Verhaltensweisen, die *Rollensegmente* genannt werden (Dahrendorf 1974: 33).

Um nicht in den definitorischen Streit zu geraten, ob Rollen aus *Erwartungen* an das Verhalten oder aus erwartetem *Verhalten* bestehen, werden wir uns Popitz anschließen und von *Verhaltensnormen* sprechen:

> Als soziale Rolle bezeichnen wir Bündel von *Verhaltensnormen*, die eine bestimmte Kategorie von Gesellschafts- bzw. Gruppenmitgliedern im *Unterschied* zu anderen Kategorien zu erfüllen hat. (Popitz 1967: 21)

Verhaltensnormen bestehen nach Popitz aus "tatsächlich ablaufendem Verhalten", das in einer gegebenen Gesellschaft regelmäßig stattfindet. Falls jemand von der Norm abweicht, so nimmt Popitz wie Parsons an, dass Sanktionen zur Korrektur des abweichenden Verhaltens eingesetzt werden (Popitz 1967: 22). Um das *Rollen-Set* zu einer gegebenen Position konkret zu untersuchen, sind demnach die Bezugspersonen und -gruppen sowie die Verhaltensnormen zu bestimmen. Falls man die unterschiedlichen Verhaltensnormen jeweils bestimmten Bezugsgruppen oder -personen zurechnet, lässt sich das Rollen-Set grafisch vereinfacht darstellen, wie Abbildung 7 für die Rolle des Studenten zeigt.

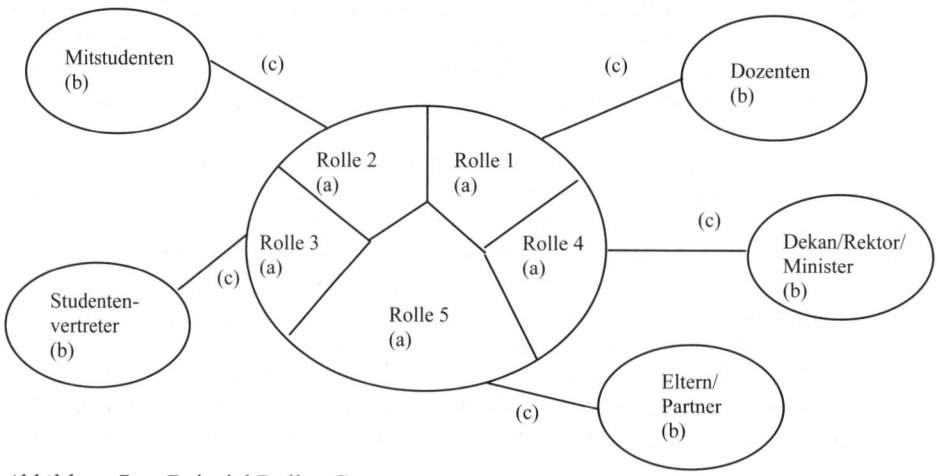

Abbildung 7: Beispiel Rollen-Set

Neben Verhaltensnormen und Bezugsgruppen wäre für unser Beispiel auch die *Position* des Studenten im Universitätssystem zu bestimmen. Im Gegensatz zu den Dozenten, die lehren und forschen, soll der Student primär den Stoff der Wissenschaft lernen und einüben sowie ihn eigenständig auf kleinere wissenschaftliche Probleme anwenden. Damit wird der Position des Studenten eine bestimmte Aufgabe oder Funktion im Universitätssystem zugewiesen. Außerdem lassen sich Rechte und Pflichten angeben, die einen normativen Rahmen für die Rolle des Studenten festlegen. Studenten wird z.B. durch Prüfungsordnungen vorgegeben, welche Pflichtveranstaltungen sie erfolgreich besuchen müssen, um zu bestimmten Prüfungen zugelassen zu werden. Umgekehrt besitzen sie einen Anspruch darauf, dass Pflichtveranstaltungen in regelmäßigen Abständen im Lehrplan angeboten werden. Die allgemeinen Pflichten und Rechte stecken also einen Rahmen ab, der durch unterschiedliche Verhaltensweisen ausgefüllt werden muss. Diese Verhaltensweisen selbst ergeben sich aus Verhaltensnormen, die Bestandteil der Rolle des Studenten sind.

Ein im Grundstudium häufig auftretender Intrarollenkonflikt ergibt sich, wenn ein Student sich einerseits der Erwartung der Dozenten gegenübersieht, eine besonders gute Leistung zu erbringen, und andererseits bei seinen Mitstudenten nicht als Streber gelten möchte. Merton vertritt in seinem Aufsatz zum Rollen-Set die These, dass bestimmte Beziehungsmuster innerhalb eines Rollen-Sets bestehen, die zu einer Konfliktlösung führen oder Konflikte bereits im Vorfeld verhindern. Wie Parsons spricht Merton von sozialen *Mechanismen*, durch die Handlungsprozesse innerhalb des Rollen-Sets koordiniert werden (Merton 1973b: 325). Im Einzelnen unterscheidet er sechs Mechanismen zur Verschränkung des Rollen-Sets, die sich am Beispiel der Studentenrolle illustrieren lassen.

(1) Relative Bedeutsamkeit
Die Bezugsgruppen haben unterschiedlich starkes Interesse an der Durchsetzung ihrer Rollenerwartungen. Während sowohl die Dozenten als auch die Mitstudenten ein relativ großes Interesse an dem Leistungsniveau in einem konkreten Seminar haben, werden die Eltern der Studenten oder die Vertreter des Wissenschaftsministeriums sich nicht besonders engagieren, um ihre Erwartungen durchzusetzen.

(2) Machtunterschiede
Beschwert sich ein Student über die Benotung seiner Prüfungsleistung bei dem zuständigen Dekan oder Fachbereichsleiter, so wird dessen Interesse an der betreffenden Prüfung zwangsläufig geweckt. In diesem Fall würde allerdings der Konflikt zwischen Professor und Dekan durch eine vorgegebene Machtstruktur geregelt, die dem Dekan die Möglichkeit gibt, nach einem genau vorgeschriebenen Verfahren die Berechtigung der Notenentscheidung zu überprüfen.

(3) Abschirmung
In der Regel sind die Prüfungen gegenüber dem Dekan abgeschirmt, der nur bei vorliegenden Beschwerden eingreift. Durch die Abschirmung des Rollenhandelns haben die einzelnen Bezugsgruppen unterschiedliche Chancen, ihre Rollenerwartungen durchzusetzen. Merton betont in diesem Zusammenhang,

> daß wir es hier mit strukturellen Anordnungen für solch eine Abschirmung zu tun haben, und nicht mit der Tatsache, daß dieser oder jener zufällig sein Rollen-Verhalten teilweise vor anderen verbirgt. (Merton 1973b: 327).

Die Möglichkeit, das Rollenverhalten gegenüber dem Dekan oder Fachbereichsleiter abzuschirmen, hängt demnach nicht von persönlichen Merkmalen wie Neugier oder Machthunger des Positionsinhabers ab, sondern von den in der Universitätsverfassung festgelegten Rechten und Pflichten. Diese institutionelle Ordnung stellt für alle Beteiligten eine soziale Tatsache dar, die vom einzelnen Individuum nur bedingt zu beeinflussen ist. In seiner klassischen Definition betont Emile Durkheim (1858-1917), der Begründer der Strukturtheorie innerhalb der Soziologie, besonders den zwingenden Charakter dieser *soziologischen Tatbestände*:

Hier liegt also eine Klasse von Tatbeständen von sehr speziellem Charakter vor: sie bestehen in besonderen Arten des Handelns, Denkens und Fühlens, die außerhalb der Einzelnen stehen und mit zwingender Gewalt ausgestattet sind, kraft deren sie sich ihnen aufdrängen. (Durkheim 1980: 107)

(4) Übersehbarkeit
Auch den vierten Mechanismus der Übersehbarkeit unterschiedlicher Rollenerwartungen durch die Bezugsgruppen definiert Merton auf der strukturellen Ebene. Dozenten müssen ihre Leistungsanforderungen in Seminaren allen beteiligten Studenten offen legen. Auf diese Weise sind für die Mitstudenten die Rollenerwartungen des Dozenten übersehbar, während der Dozent von den gegenseitigen Erwartungen der Studenten an ihre Mitstudenten häufig nichts erfährt. Es existiert keine Regelung, die Studenten zur Offenlegung ihrer Leistungserwartungen zwingen könnte.

(5) Gegenseitige Unterstützung
Studenten können sich zusammenschließen, um gegen den Dozenten ihre Erwartungen durchzusetzen. Dies kann z.B. durch Störung oder Boykott von Lehrveranstaltungen oder Einschaltung der gewählten Studentenvertreter geschehen. Merton würde in diesem Beispiel wiederum die strukturell bedingten Chancen der Studenten interessieren, ihre Vorstellungen durchzusetzen. Die möglichen negativen Folgen eines Boykotts für die beteiligten Studenten hängen z.B. von dem strukturellen Merkmal ab, ob der Besuch der Lehrveranstaltung den Studenten laut Studienordnung freisteht.

(6) Abbruch von Rollenbeziehungen
Der letzte von Merton aufgeführte Mechanismus bezieht sich auf die Möglichkeit, die Beziehung zu bestimmten Bezugspersonen oder -gruppen abzubrechen. Besteht in einem Fachbereich eine große Auswahl von Professoren, bei denen Studenten ihre Examen ablegen können, so wird es in der Regel für die Studenten relativ folgenlos sein, wenn sie die Rollenbeziehung zu einem Hochschullehrer abbrechen, während dies in einem sehr kleinen Fachbereich strukturell erschwert wird.

Die Mertonschen Mechanismen steuern in gewissem Umfang das Entstehen und den Ablauf von Rollenkonflikten. Trotzdem müssen sie die Handlungsfreiheit des Rollenhandelnden nicht in jedem Falle einschränken, sondern können ihm auch Handlungsspielräume eröffnen. So gewinnt ein Student durch eine Machtkoalition mit seinen Mitstudenten einen Handlungsspielraum gegenüber den Dozenten, wogegen seine Handlungsfreiheit gegenüber den Mitstudenten durch das Gebot der Solidarität eingeschränkt wird. Die Möglichkeit der Abschirmung eröffnet dem Rollenhandelnden Handlungsfreiheit gegenüber den Gruppen, die sein Verhalten nicht einsehen können. Dieser Handlungsspielraum wird aber möglicherweise durch die verstärkte Kontrolle der nicht abgeschirmten Bezugsgruppen kompensiert. Somit liegen die Mechanismen des Rollen-Sets zwar nicht in der Hand des einzelnen Akteurs, sie eröffnen ihm aber bestimmte Handlungsmöglichkeiten zur Lösung von Intrarollenkonflikten.

Holm hat diese Handlungsmöglichkeiten in Form von Strategien zur Bewältigung von Rollenkonflikten systematisiert und am Beispiel der Rolle des Werkmeisters demonstriert (zitiert nach Claessens 1974: 86-7).
(1) Handlungsverzögerung
(2) Handlungsverschleierung

(3) Alternierende Erwartungstreue
(4) Handlung nach Legitimitätsgesichtspunkten
(5) Handlung nach Sanktionskalkül

Ein Student in einem Seminar für Studienanfänger kann z.B. auf die Anfertigung eines Referats verzichten, um nicht in einen möglichen Konflikt zwischen den Mitstudenten und dem Dozenten Stellung beziehen zu müssen. Die Strategie der Handlungsverschleierung würde ein Student dann wählen, wenn er seine Leistungsfähigkeit in den Einzelsprechstunden dem Dozenten vorführt, wo die Mitstudenten keine Einsicht haben. Eine alternierende Erwartungstreue liegt dann vor, wenn Studenten in Veranstaltungen, wo sie mehrere Hausaufgaben abgeben müssen, sich abwechselnd nach den Maßstäben der Mitstudenten und des Dozenten richten. Als Handlung nach Legitimitätsgesichtspunkten würde gelten, wenn ein Student gegenüber seinen Mitstudenten seine überdurchschnittliche Leistungsbereitschaft damit begründet, dass in der Universität höhere Leistungsanforderungen berechtigt sind, um das Niveau der akademischen Ausbildung nicht absinken zu lassen. Die Handlung nach dem Sanktionskalkül richtet sich dagegen nicht nach "guten Gründen", sondern nach dem "Recht des Stärkeren". Ein Student orientiert sich in seinem Handeln an der Bezugsgruppe, die über die größte Sanktionsmacht verfügt. Bei den meisten Studenten sind dies die Professoren, denen sie in Prüfungen gegenüberstehen werden. Allerdings ist es auch denkbar, dass Studenten den Verlust der Gruppensympathie mehr fürchten als eine schlechte Note in Prüfungen. Dies bedeutet, dass die Sanktionsmacht davon abhängt, wie wichtig dem Einzelnen das Erreichen der positiven Belohnung bzw. das Vermeiden negativer Sanktionen ist.

Im Hinblick auf das vorangestellte Schema Bezugsrahmen, explizite Modelle, und Musterbeispiele wird durch die Definition der Begriffe Position, Bezugsgruppe, Verhaltensnorm, Rolle und Rollen-Set ein *Bezugsrahmen* für die Analyse von Intrarollenkonflikten eingeführt. Die strukturellen Mechanismen Mertons, die Rollenkonflikte lösen oder mildern, ohne dass der Rollenhandelnde sich direkt mit den Konflikten auseinandersetzen muss, und die Strategien Holms zur Bewältigung der dann noch verbleibenden Rollenkonflikte bilden ein *explizites Modell* zur Erklärung von Handlungsprozessen in der sozialen Situation von Intrarollenkonflikten. Schließlich haben wir dieses Modell auf die Rolle von Studenten angewendet, die mit unterschiedlichen Verhaltenserwartungen der Mitstudenten und der Dozenten konfrontiert werden. Diese Anwendung des expliziten Modells auf eine konkrete soziale Situation bildet somit ein *Musterbeispiel*.

2.1.3 Struktur- und Handlungsaspekt von Rollen

Die einflussreichste empirische Rollenstudie bildet die von N. Gross, W.S. Mason und A.W. McEachern[14] (1958) durchgeführte Untersuchung der Rolle des amerikanischen Schul-Superinterdanten, der mit dem deutschen Schulrat vergleichbar ist. Die Autoren untersuchen die Struktur des Rollen-Sets, indem sie erstens die institutionellen Rechte und Pflichten des Schulrats innerhalb des Schulsystems und zweitens die Sanktionsmacht der Bezugsgruppen untersuchen. Aufgrund der institutionellen Rechte und Pflichten kann der Schulrat die Berechtigung oder Legitimität von Erwartungen bewerten. Sein konkretes Verhalten wird der Schulrat dann an der Bezugsgruppe orientieren, deren Erwartung einen

---

14   Zusammenfassungen dieser Studie finden sich in Wiswede 1977 und Claessens 1974.

höheren Grad an Legitimität aufweist oder mit größerer Sanktionsmacht verbunden ist. Je nach der Gewichtung dieser Kriterien ergeben sich zwei unterschiedliche Typen von Rollenhandelnden: der "Moralist" bewertet den Legitimitätsgesichtspunkt tendenziell höher, während sich der "Berechnende" eher der größeren Sanktionsmacht beugt. Gross, Mason und McEachern untersuchen somit Rollenkonflikte, indem sie primär die Beziehungsmuster und die institutionellen Regeln des Rollen-Sets erforschen und daraus das Rollenverhalten prognostizieren. Wie bei Merton liegt der Schwerpunkt ihres Interesses auf der strukturellen Ebene. Nach Merton wirken die Mechanismen des Rollen-Sets, ohne dass der Rollenhandelnde selbst Lösungsstrategien entwickelt. Diese Strategien werden lediglich auf die verbleibenden - Merton spricht von "residualen" - Rollenkonflikte angewendet, so dass in diesem expliziten Modell die strukturellen Mechanismen und die Handlungsstrategien hierarchisch angeordnet sind. Konkretes Rollenhandeln ist somit erstens auf die strukturellen Bedingungen und die sich daraus ergebenden Handlungsspielräume des Rollenhandelns und zweitens auf die Strategien und Ziele des Rollenhandelnden zu untersuchen.

Beide Rollen-Komponenten bedingen sich gegenseitig, wobei die funktionalistische oder strukturtheoretische Rollenanalyse im Sinne Mertons dem strukturellen Aspekt Priorität einräumt und die interaktionistische Rollentheorie die Möglichkeiten der Rollengestaltung durch die Individuen stärker betont. Entsprechend untersuchen interaktionistische Rollentheoretiker, wie Rollenhandelnde die strukturellen Bedingungen beeinflussen, verändern und gestalten können. Eine empirische Arbeit in dieser Tradition bildet die von Hall durchgeführte Rollenanalyse berufstätiger Hausfrauen, die zur Bewältigung ihrer Rollenüberlastung bestimmte Strategien des "role-coping", also der Rollenbewältigung, entwickeln (1972). Neben den Handlungsstrategien der "persönlichen Rollendefinition" und des "reaktiven Rollenverhaltens" kann der Rollenhandelnde versuchen, die strukturellen Bedingungen zu verändern. Diese Strategie bezeichnet Hall als "strukturelle Rollen-Neudefinition" (1972: 474). Im Zentrum der Analyse steht der Rollenhandelnde, der zusammen mit den Bezugspersonen und -gruppen die Rolle in einem kommunikativen Prozess konstruiert. Dabei bilden die Strukturen des Rollen-Sets Bedingungen des Handelns, die einerseits als vorgegebener Rahmen und andererseits als veränderbar betrachtet werden.

Ullrich und Claessens (1981: 23-9) unterscheiden zwischen Struktur- und Handlungsaspekt von Rollen und lehnen sich dabei an die Lintonsche Vorstellung der Position als Struktur- und der Rolle als Handlungsaspekt an. Mit Merton können wir den Strukturaspekt aufteilen in die institutionell verankerten Rechte und Pflichten des Positionsinhabers und die Mechanismen zur Vermeidung bzw. Verminderung von Intrarollenkonflikten. Zum Handlungsaspekt rechnen wir die Holmschen Strategien zur Lösung von Rollenkonflikten durch den Rolleninhaber und die "coping"-Strategien zur Bewältigung von Rollenüberlastung nach Hall. Die Verteilung der Ansätze auf die beiden Aspekte vermittelt ein harmonisches Bild, nach dem die strukturtheoretische und die interaktionistische Rollenanalyse sich gegenseitig ergänzen. Betrachtet man die expliziten Modelle zur Untersuchung von Rollenhandeln in Konfliktsituationen, so verbinden die Vertreter beider Ansätze die strukturelle und interaktionistische Ebene auf genau umgekehrte Weise und kommen zu teilweise entgegengesetzten Ergebnissen.

Strukturtheoretiker beschäftigen sich häufig mit der Verbesserung der institutionellen Rahmenbedingungen wie Studien- und Prüfungsordnungen, während Interaktionstheoretiker sich eher auf Konflikte zwischen rivalisierenden Gruppen und die Beziehung der Individuen zu ihren Rollen konzentrieren. In der Universität wird dann z.B. untersucht, wie

Dozenten ihre Fachkompetenz gegenüber Studenten als Machtmittel einsetzen. Ein anderes Thema wären die Auswirkungen der "Bluff"-Strukturen in geisteswissenschaftlichen Seminaren auf die Möglichkeit der Rollenidentifikation von Studenten. Uni-Bluff entsteht nach Wagner (1984) durch die Erwartung an Studenten, schon als Studienanfänger als vollwertiges Mitglied an der wissenschaftlichen Diskussion teilzunehmen. Die mangelnden Fachkenntnisse werden dann durch eine hochgestochene Sprache und bestimmte Argumentationsfiguren überspielt. Dieses Bluffen führt zu einer ständigen Angst, erwischt zu werden, und schließlich zu einer Entfremdung gegenüber der Studentenrolle. Natürlich müssen sich Strukturtheoretiker nicht ausschließlich mit institutionellen Strukturen beschäftigen, sondern können ebenso die Ausschöpfung der sich ergebenden Handlungsspielräume und die Veränderung der strukturellen Bedingungen durch die Rollenhandelnden erforschen. Entsprechend sind die Interaktionstheoretiker in der Lage, die strukturellen Bedingungen der jeweiligen Handlungsprozesse zu analysieren. Entscheidend für die Qualität einer Rollenstudie ist also letztlich, wie beide Aspekte in der konkreten Analyse verbunden werden.

In der interaktionstheoretischen Diskussion der Studentenrolle wurde deutlich, dass das Verhältnis des Individuums zu seiner Rolle innerhalb der funktionalistischen Rollentheorie vernachlässigt wurde. Auf dieses Defizit reagierten Anfang der 60er Jahre die amerikanischen Soziologen Ralph Turner und Ervin Goffman, indem sie neue Begriffe in die Rollentheorie einführten und mit diesen Begriffen explizite Modelle zur Erklärung des Rollenhandelns entwickelten, die noch heute zum Kernbestand der interaktionistischen Rollentheorie gehören (Turner 1962; Goffman 1973a). Den Angelpunkt der Wechselbeziehung zwischen Individuum und Rollenstruktur bildet in diesen Ansätzen der Begriff *Identität*, mit dem wir uns im nachfolgenden Abschnitt eingehender beschäftigen werden.

2.2 Rolle und Identität (Mead)

Für die deutsche Soziologie hat Ralf Dahrendorf 1958 mit seinen Artikeln zum *homo sociologicus* die amerikanische Rollentheorie einerseits aufgearbeitet und andererseits in strukturtheoretischer Richtung stark überspitzt. Obwohl sich einige seiner Kritikpunkte als nicht haltbar erwiesen haben, bildet die Dahrendorfsche Arbeit einen wichtigen Meilenstein in der Entwicklung der Rollentheorie; denn sie hat die strukturtheoretische Position auf den Punkt gebracht und so zu einer Klärung der Standpunkte beigetragen. Tenbruck weist in seiner Kritik des homo sociologicus zum einen nach, dass Dahrendorf wesentliche Aspekte der amerikanischen Rollentheorie ausgeblendet hat. Zum anderen bezieht Tenbruck die anthropologische Rollentheorie in seine Überlegungen zum Rollenkonzept mit ein und stellt damit die interaktionistische Rollenanalyse auf ein theoretisches Fundament. Mit den Arbeiten Dahrendorfs und Tenbrucks werden wir uns im ersten Teil des nachfolgenden Abschnitts beschäftigen. Anschließend wird Meads Beitrag zur Rollentheorie dargestellt, auf dem die neuere interaktionistische Rollentheorie aufbaut. Zur besseren Übersicht werden wir das *Sozialisationsmodell* der Rollenübernahme von dem *Interaktionsmodell* der Theorie symbolvermittelter Interaktion trennen und nacheinander diskutieren, obwohl Mead diese Differenzierung der beiden Modelle nicht vornimmt.

2.2.1 Rolle als Grundkategorie der Soziologie

In seiner Aufarbeitung der strukturellen Rollentheorie im Sinne von Parsons, Merton und Gross/Mason/McEachern hat Ralf Dahrendorf (geb. 1929) eine strikte Gegenüberstellung von Rolle und Individuum vertreten, die zu einer längeren Kontroverse innerhalb der deutschen Soziologie geführt hat.

> Am Schnittpunkt des Einzelnen und der Gesellschaft steht *homo sociologicus*, der Mensch als Träger sozial vorgeformter Rollen. Der Einzelne *ist* seine sozialen Rollen, aber diese Rollen *sind* ihrerseits die ärgerliche Tatsache der Gesellschaft. (Dahrendorf 1974: 20)

Mit dem Begriff "homo sociologicus" in Analogie zu "homo oeconomicus" und "psychological man" erklärt Dahrendorf das Rollenhandeln zum zentralen Gegenstand der Soziologie. Die spezifisch soziologische Perspektive bezieht sich nicht auf das individuelle Handeln in seiner Gesamtheit, sondern auf den durch die jeweilige Rolle definierten Ausschnitt. Um sozial zu handeln, muss sich der Einzelne vorgegebener Rollenmuster bedienen und ist damit in der Interaktion mit seinen Mitmenschen nur als Rollenträger präsent. Da es keine andere Form des sozialen Handelns nach Dahrendorf gibt, kann das Individuum den Rollenzumutungen nicht entweichen, wodurch die Gesellschaft zu einer "ärgerlichen Tatsache" (1974: 27) wird.

Im Gegensatz zu Linton und Popitz definiert Dahrendorf Rollen nicht als tatsächliches Verhalten von Positionsinhabern, sondern als "Bündel von Erwartungen, die sich in einer gegebenen Gesellschaft an das Verhalten der Träger von Positionen knüpfen." (1974: 33). Diese Verhaltenserwartungen üben einen Zwang auf das Individuum aus, indem der Gesellschaft *Sanktionen* zur Verfügung stehen, um die Erwartungen durchzusetzen. Konformes Verhalten wird belohnt und damit positiv sanktioniert, und abweichendes Verhalten bestraft, also mit negativen Sanktionen belegt.[15] Neben der Kontrolle des Rollenverhaltens durch Sanktionen werden Rollen verinnerlicht, so dass die äußere Kontrolle durch eine innere ergänzt wird. Nach Dahrendorfs unversöhnlicher Gegenüberstellung von Individuum und Gesellschaft entfremdet die Internalisierung von Rollenmustern das Individuum von seinem eigentlichen Kern.

> Für Gesellschaft und Soziologie ist der Prozeß der Sozialisierung stets ein Prozeß der Entpersönlichung, indem die absolute Individualität und Freiheit des Einzelnen in der Kontrolle und Allgemeinheit sozialer Rollen aufgehoben ist. (Dahrendorf 1974: 58)

Die von Dahrendorf herausgehobenen Aspekte der Verbindlichkeit von Rollen - Kontrolle durch Sanktionen und Internalisierung von Verhaltensnormen - haben wir bereits bei Parsons unter dem Begriff der "Institutionalisierung" kennen gelernt. Parsons fasst das Rollenhandeln allerdings als Chance für das Individuum auf, sich in der Gesellschaft zu verwirklichen. Auf diese Weise verbindet der Einzelne seine Interessen mit denen der Gesellschaft und füllt freiwillig die gesellschaftlich vorgegebenen Rollen aus. In seinem Frühwerk nennt Parsons daher sein Paradigma "voluntaristische" Handlungstheorie (1968a: 11). Dahrendorf stellt sich auf den entgegengesetzten Standpunkt, indem er dem Individuum einen von der

---

15 Die Art der Sanktionen entscheidet über den Grad der Verbindlichkeit, wonach sich "Kann-", "Soll-" und "Muss-Erwartungen" unterscheiden lassen (vgl. Dahrendorf 1974: 39).

Gesellschaft unabhängigen Kern unterstellt. Durch den Zwang zum Rollenhandeln entfernt sich das Individuum von sich selbst und verliert seine Freiheit. Worin dieser individuelle Kern besteht, lässt Dahrendorf offen, da nach seiner Vorstellung sich die Soziologie auf den Aspekt des Rollenhandelns, also auf die Abstraktion des homo sociologicus zu beschränken hat.

Friedrich Tenbruck hat Dahrendorfs Rezeption der Rollentheorie in einem einflussreichen Artikel (1961) kritisiert und Wege aufgezeigt, die strikte Gegenüberstellung von Individuum und Gesellschaft in einem weiter gefassten Ansatz zu überwinden. Im Hinblick auf die Tradition der Rollentheorie innerhalb der amerikanischen Soziologie[16] wirft er Dahrendorf eine doppelte Verengung der Sichtweise vor. Erstens vernachlässigt Dahrendorf Kultur und Persönlichkeit als unabhängige Dimensionen zur Erklärung sozialen Handelns. Rollenhandeln ist nicht verstehbar ohne Bezug auf gemeinsame Sinn- und Bedeutungsstrukturen, die in der kulturellen Tradition verankert sind (1961: 6). Auf diese kulturellen Ideen und Werte sind der Rollenhandelnde ebenso wie die Bezugsgruppen verpflichtet. Ein Student kann sich z.B. auf die Norm der herrschaftsfreien wissenschaftlichen Diskussion berufen, wenn ein Dozent versucht, ein nicht plausibles Argument mit dem Hinweis auf seine überlegene Kompetenz durchzusetzen. Die Persönlichkeit des Positionsinhabers lässt sich nach Tenbruck nicht auf internalisierte Verhaltensnormen reduzieren. Jede Rolle ist eine grobe Verhaltensvorschrift, die erst durch die Gestaltung des Rolleninhabers zu sozialem Handeln wird. Das individuelle Rollenspiel lässt sich nicht aus äußeren Sanktionen oder verinnerlichten Normen erklären, sondern basiert auf der Identifikation des Trägers mit seiner Rolle (1961: 14). Dieses Engagement eröffnet dem Rollenträger neue Handlungsmöglichkeiten, so dass in jeder sozialen Rolle notwendig ein Element der Spontaneität steckt (1961: 14).

Die zweite Verengung, die Tenbruck an der Konstruktion des homo sociologicus aufzeigt, bezieht sich auf die Rolle als Kategorie der Sozialstruktur. Dahrendorf unterstellt - zumindest implizit -, dass Rollenhandeln durch mehr oder weniger verbindliche Verhaltenserwartungen der Bezugsgruppen bestimmt wird (1961: 11). Diesem Kausalitätsdenken, das die Erwartungen als Ursache und das Rollenhandeln als Wirkung annimmt, stellt Tenbruck die These der "Komplementarität" von Erwartungen und Handeln gegenüber (1961: 9, 21). Ebenso wie sich ein Rollenhandelnder an den Erwartungen bestimmter Bezugsgruppen orientiert, können sich deren Erwartungen dadurch aufbauen, dass sie sich ein konkretes Rollenhandeln zum Vorbild nehmen. So orientieren sich die Studenten nicht allein an einer Gruppennorm innerhalb der Studentenschaft, sondern werden auch durch das Rollenhandeln von Lehrern oder Dozenten beeinflusst. Von dieser allgemeinen Ebene der Rollenkomplementarität als wechselseitige Beeinflussung von Rollenhandeln und Erwartungen ist eine konkretere Ebene der Komplementarität zu unterscheiden, die auch dem Kausalitätsdenken Dahrendorfs widerspricht. Die Rolle des Studenten als Lernender lässt sich z.B. nicht definieren, ohne sich die Rolle des Dozenten als Lehrenden vorzustellen. Umgekehrt kann ein Dozent seine Rolle nicht ohne Studenten spielen. Hier werden Rollen also nicht allein durch gesellschaftliche Erwartungen bestimmt, die über Bezugsgruppen an den Positionsinhaber herangetragen werden. Stattdessen sind sie in Bezug auf eine be-

---

16 Wie Joas herausstellt, beruft sich Tenbruck in seiner Argumentation primär auf Parsons. Der Vorwurf, dass Tenbrucks Position "ein orthodoxer Parsonianismus" (Joas 1981: 151) sei, ist allerdings übertrieben, da Tenbruck bereits wichtige Elemente der sich später entwickelnden interaktionistischen Rollentheorie vorwegnimmt.

stimmte Komplementärrolle definiert, also durch die strukturelle Verschränkung zweier Rollen.

Beide Ebenen der Komplementarität ermöglichen dem Positionsinhaber, durch seine Rollengestaltung und die Interaktion mit seinen Rollenpartnern und Bezugsgruppen in bestimmten Situationen das Rollenverhalten gemeinsam zu gestalten und langfristig die Definition der Rolle in der Gesellschaft zu beeinflussen. Auf diesen Prozess der Rollengenese werden wir im Zusammenhang mit der Wissenssoziologie noch genauer eingehen. Tenbruck kritisiert Dahrendorf nicht allein wegen dessen Verengung der amerikanischen Rollentheorie, sondern begründet seine Argumentation durch Verweis auf den anthropologischen Rollenbegriff (1961: 31). Dieser Ansatz betrachtet die Rollenhaftigkeit sozialen Handelns nicht - wie Dahrendorf - als etwas dem Menschen äußerliches, sondern als Bestandteil der Identität. Als instinktarmes und weltoffenes Wesen wird der Mensch gezwungen, seine Identität im Prozess der Sozialisation erst zu entwickeln (Dreitzel 1980: 51-6). Den Prozess der Identitätsbildung hat G.H. Mead (1978) innerhalb der Soziologie als erster systematisch erforscht, so dass eine Rezeption des Meadschen Werkes im Rahmen der Rollentheorie nahe lag. Vor allem R. Turner (1962) und H. Blumer (1981) haben diese Aufarbeitung in Gang gesetzt und zu der raschen Entwicklung des interpretativen Paradigmas in der Rollentheorie (vgl. Joas 1981) beigetragen. Bevor wir uns mit dieser Entwicklung eingehender beschäftigen, sollen zunächst die grundlegenden Konzepte Meads dargestellt werden, auf die sich die neueren Arbeiten zur interaktionistischen Rollentheorie berufen.

2.2.2 Identitätsbildung durch Rollenübernahme

Soziologische Klassiker zeichnen sich dadurch aus, dass jede Generation von Soziologen sie auf ihre Weise versteht. Ähnlich wie Historiker verschiedener Epochen die Geschichte jeweils anders nachzeichnen, so ist auch die Interpretation der Werke von Klassikern wie Weber, Durkheim, Mead oder Parsons auf der Basis des zur Verfügung stehenden Wissens immer wieder neu zu leisten. Wir sind - wenn wir der modernen Wissenschaftstheorie folgen - nicht in der Lage, die gesamte soziale Realität zu erfassen und versuchen stattdessen, nur bestimmte Aspekte der Wirklichkeit mit Begriffen und Modellen abzubilden. Entsprechend können wir klassische Werke nicht vollständig verstehen, sondern lesen sie durch eine bestimmte Brille, die von zwei Faktoren abhängt.

Erstens gehen wir von dem aktuellen Diskussionsstand aus, über den der Klassiker selbst nicht verfügte. So können wir Meads Rollenbegriff mit Lintons oder Parsons' Rollenkonzepten vergleichen und so Probleme sehen, die Mead selbst nicht aufgefallen sind. Wir wissen z.B. aus der Kritik an Parsons, dass die Annahme einheitlicher Werte innerhalb der Gesellschaft umstritten ist, und werden uns daher fragen, auf welche Weise Mead dieses Problem zu lösen versucht hat. Auch der Meadsche Identitätsbegriff ist auf der Basis des heutigen Wissens zu überprüfen, indem wir ihn z.B. dem Eriksonschen Begriff der "Ich-Identität" gegenüberstellen.

Neben diesem Vergleich der Arbeiten von Klassikern mit neueren Konzepten und Modellen ergibt sich zweitens eine spezielle Perspektive aus der Fragestellung, mit der wir an den Text herangehen. Luhmann verwendet den Ausdruck "Leitdifferenz" für "Unterscheidungen, die die Informationsverarbeitungsmöglichkeiten der Theorie steuern." (1984:

19). Ein solches Begriffspaar wäre in der Systemtheorie die Unterscheidung von System und Umwelt.

In dem Abschnitt zur Rolle als Sozialstruktur wurde die Leitdifferenz[17] von Struktur- und Handlungsaspekt herausgearbeitet, die wir in diesem Abschnitt als Grundfragestellung auch an Meads Werk anlegen werden. Fragt man bei Mead nach normativen Strukturen, die unabhängig vom Individuum als soziale Tatbestände in der Gesellschaft bestehen, so stößt man auf Regeln der Gruppe, der ganzen Gesellschaft sowie auf moralische Prinzipien, die das Individuum im Verlauf seiner Kindheit als Haltungen anderer übernimmt. Diesen Prozess des Hineinwachsens in die Erwachsenengesellschaft bezeichnet man als Sozialisation. Neben dem Sozialisations- entwickelt Mead ein Interaktionsmodell, das die Grundlage des symbolischen Interaktionismus bildet. Im Zentrum dieses Modells steht die Wechselbeziehung von Handlung und Reflexion in sozialen Situationen. Als Klammer beider Modelle erweist sich der Begriff *Identität (Self*[18]*)*, den Mead im Sozialisationsmodell strukturell und im Interaktionsmodell als fortlaufenden Prozess definiert.

Beginnen wir die Darstellung Meads mit der Definition von Identität im Rahmen des Sozialisationsmodells.

> Diese Identität (Self), die für sich selbst Objekt werden kann, ist im Grunde eine *gesellschaftliche Struktur* und erwächst aus der gesellschaftlichen Erfahrung. (Mead 1978: 182; Hervorhebung und Klammereinschub vom Verfasser, B.M.)

Mead setzt voraus, dass Individuen ihre Identität nicht direkt erfahren können, sondern die Haltungen anderer übernehmen und sie dann sich selbst gegenüber einnehmen.

> ... er (der Einzelne) wird für sich selbst nur zum Objekt, indem er die Haltungen anderer Individuen gegenüber sich selbst innerhalb einer gesellschaftlichen Umwelt oder eines Erfahrungs- und Verhaltenskontextes einnimmt, in den er ebenso wie die anderen eingeschaltet ist. (Mead 1978: 180; Klammereinschub vom Verfasser, B.M.)

Die Haltungen anderer, die eine Person auf sich selbst bezieht und auf diese Weise seine Identität bestimmt, sind nicht diffus und ungeordnet, sondern spiegeln die Stufen gesellschaftlicher Ordnung wider. Zunächst übernimmt das Kind von einer Bezugsperson Haltungen, die es sich im Spiel aneignet, indem es die Person nachahmt. Für die Erwachsenen kann dieses "nachahmende Spiel" (1978: 192) der Kinder sehr vergnüglich sein, weil ihnen die eigenen Verhaltensbesonderheiten und "Macken" wie in einem Spiegel vorgeführt werden.

Während sich das Kind in dieser Stufe der Sozialisation die Verhaltensnormen einer bestimmten Rolle aneignet, muss es in der zweiten Stufe das Zusammenspiel mehrerer Rollen erfassen. Um erfolgreich in einer Fußballmannschaft mitzuspielen, reicht es nicht aus, sich in die Rolle nur eines Spielers zu versetzen. Stattdessen muss man verstehen, dass unterschiedliche Positionen wie "Verteidiger" und "Stürmer" zusammenwirken, um das

---

17 Der Begriff Leitdifferenz wird hier nicht wie bei Luhmann als Unterscheidung innerhalb einer Theorie, sondern als zentrales Unterscheidungskriterium zur Darstellung unterschiedlicher Handlungstheorien verwendet. Die Informationen, die durch die Leitdifferenz gesteuert werden, beziehen sich nicht auf soziale Objekte, sondern auf unterschiedliche soziologische Modelle. Damit handelt es sich um eine Leitdifferenz auf der Ebene der Metatheorie.

18 In Klammern werden die englischen Originalbegriffe aus Mead 1962 angegeben, weil in den deutschen Texten die Originalbegriffe unterschiedlich übersetzt werden.

gemeinsame Ziel zu erreichen, mehr Tore als der Gegner zu erzielen. Im Gegensatz zum nachahmenden Spiel (play) muss das Kind im Wettkampf (game) das Beziehungsgeflecht mehrerer Rollen erfassen. Dies geschieht nicht durch abstrakte Modelle, sondern durch das Lernen von *Regeln*, die das Zusammenspiel steuern.

> Diese Organisation ist in Form von Spielregeln niedergelegt. Kinder interessieren sich sehr für Regeln. Sie schaffen sich spontan ihre eigenen Regeln, um Schwierigkeiten zu vermeiden. Ein Teil der Freude am Wettspiel besteht dann, diese Regeln zu begreifen. (Mead 1978: 194)

Für Mead bilden die Spielregeln den sozialen Kern des Wettkampfes, indem sie die Einheit der Gruppe ausdrücken, die über das Individuum hinausgeht. Um die Haltung der Gemeinschaft zu erfassen und im Prozess der Identitätsbildung auf sich selbst anzuwenden, muss der Einzelne mehrere Rollen zu einer größeren Einheit verallgemeinern.

> Die vom Teilnehmer angenommen Haltungen der Mitspieler organisieren sich zu einer gewissen Einheit, und diese Organisation kontrolliert wiederum die Reaktion des Einzelnen. (Mead 1978: 196)

Die Gemeinschaft besteht somit nicht aus der einfachen Summe von einzelnen; sondern es entsteht durch die regelhafte Organisation der Teile zu einem Ganzen eine höhere Stufe gesellschaftlicher Organisation. Indem sich das Individuum die Regeln der organisierten Gemeinschaft anzeigt und auf sich selbst anwendet, übernimmt es die Haltung des generalisierten Anderen (generalized other).

> Die organisierte Gemeinschaft oder gesellschaftliche Gruppe, die dem Einzelnen seine einheitliche Identität gibt, kann 'der (das) verallgemeinerte Andere' genannt werden. Die Haltung dieses verallgemeinerten Anderen ist die der ganzen Gemeinschaft. (Mead 1978: 196)

Mit der Annahme von unterschiedlichen Stufen der gesellschaftlichen Organisation knüpft Mead an eine lange Tradition innerhalb der Soziologie an, nach der sich die soziale Ordnung analog zum biologischen Organismus[19] in unterschiedliche Ebenen der strukturellen Verfestigung oder Emergenzstufen aufteilen lässt. Parsons konzipiert die Ebenen sozialer Ordnung als "Systeme" und unterstellt ihnen damit ein Eigenleben außerhalb des Bewusstseins der Individuen (vgl. Miebach 1984: 50-62). Als eine Anwendung dieses Denkens haben wir Mertons Rollenmechanismen kennen gelernt, die Rollenkonflikte abschwächen, ohne von den Akteuren bewusst als Strategien der Konfliktlösung eingesetzt zu werden. Mead interessieren nicht die systemischen Mechanismen selbst, sondern deren Niederschlag im Bewusstsein der Individuen als verallgemeinertes Andere.

Damit können wir drei Komponenten des verallgemeinerten Anderen unterscheiden:
- den *Träger* der Regeln in Form einer Gruppe oder der gesamten Gesellschaft
- die *Regeln* selbst und
- das *Bewusstsein* des Individuums von diesen Regeln.

---

19 Der wichtigste Vertreter der Analogie zwischen biologischem Organismus und Gesellschaft ist Herbert Spencer (1820-1906). Ein kurzer Überblick über Spencers Werk findet sich z.B. in Kiss 1977: 253-94.

Wie Joas aus einer Fülle von - teilweise unveröffentlichten - Texten herausgearbeitet hat, ist für Mead die Gesellschaft "ein objektiver Handlungszusammenhang und nicht ein Zusammenhang der subjektiven Vorstellungen der Gesellschaftsmitglieder voneinander" (1980: 111). Identität als Struktur besteht dann in der Übernahme dieses objektiven Handlungszusammenhanges durch den Einzelnen, der sich selbst aus der Perspektive des verallgemeinerten Anderen sehen und auf diese Weise zum Objekt machen kann. Durch die Übernahme der Gemeinschaftshaltung gegenüber sich selbst erlangt der Mensch im Gegensatz zum Tier ein Bewusstsein seiner Identität, das Mead als Identitätsbewusstsein (self-consciousness) bezeichnet (1978: 205).

Die im verallgemeinerten Anderen festgelegten Regeln können sich auf einzelne Gruppen oder auf größere Gemeinschaften beziehen, so dass sich unterschiedliche Grade der Universalität ergeben. Die erste Stufe besteht aus den Regeln der Gruppe, die zweite aus gesamtgesellschaftlichen Institutionen und die dritte aus moralischen Prinzipien. Institutionen unterscheiden sich von Gruppenregeln dadurch, dass sie für die gesamte Gesellschaft gültig sind und damit in allen Mitgliedern einer Gemeinschaft dieselbe Reaktion auslösen (1978: 308). Als Beispiel für eine Institution diskutiert Mead die Eigentumsordnung.

> Wir können ein Beispiel für unsere grundlegende Auffassung geben, indem wir auf den Begriff des Eigentums verweisen. Sagen wir 'das ist mein Eigentum, ich werde darüber verfügen', so ruft diese Bekräftigung eine bestimmte Reaktion hervor, die in allen Gemeinschaften gleich sein muß, in denen es Eigentum gibt. (Mead 1978: 204)

Die Institution Eigentum besteht aus relativ abstrakten Regeln, wie sich an Kleinkindern beobachten lässt. Sie schenken sich gegenseitig Spielzeug, das sie einige Stunden später zurückhaben möchten. Wenn der Beschenkte sich darauf nicht einlassen will, reagiert das Kind mit Aggression oder Trauer, weil es das Spielzeug weiterhin als sein Eigentum betrachtet. Dass sich mit dem Schenken oder Tauschen die Besitzverhältnisse ändern, ist eine relativ abstrakte Regel, die sich aus der Institution des Eigentums ergibt und die Kinder erst lernen müssen. Ein Hilfsmittel, um die Eigentumsordnung der Gesellschaft zu lernen, ist nach Mead das Spielen mit Geld. Indem das Kind Geld abgibt, stellt es sich die Haltung der Geld empfangenden Person vor: Sie gibt ein Gut her, um Geld zu erhalten und anderweitig verwenden zu können (1978: 203). Auf diese Weise erfährt das Kind, dass der Wechsel von Besitzrechten in der Regel mit einem Tausch verbunden ist, bei dem alle Beteiligten gleichzeitig etwas verlieren und gewinnen. Um allerdings die Institution Eigentum als Haltung zu übernehmen, muss das Kind zusätzlich zu dieser Reziprozitätsnorm lernen, dass der Wechsel der Besitzrechte nur im beiderseitigen Einverständnis rückgängig gemacht werden kann. Diese Regel wird genau dann zu einer Institution, wenn alle Mitglieder der Gemeinschaft auf dieselbe Weise im Falle einer Eigentumsverletzung handeln (1978: 210, 308). Durch die Erfahrung dieser identischen Reaktion baut sich im Einzelnen das Bewusstsein der Eigentumsregel allmählich auf und wird zum Bestandteil des verallgemeinerten Anderen auf der Stufe der Gesamtgemeinschaft.

Die Institutionen der Gemeinschaft können auf der dritten Stufe des verallgemeinerten Anderen durch moralische Prinzipien einer "höheren Gemeinschaft" (1978: 210) durchbrochen werden, wie Mead an den religiösen Genies Jesus und Buddha verdeutlicht, die in ihren Ideen und ethischen Vorstellungen die "Haltung des Lebens im Hinblick auf eine größere Gesellschaft einnehmen." (1978: 262). Diese "Stimme der Vernunft" eröffnet dem Individuum die Möglichkeit, die Gesellschaft zu beeinflussen.

> Wir können die Dinge verändern; wir können darauf bestehen, die Normen der Gemeinschaft zu verbessern. Wir sind durch die Gemeinschaft nicht einfach gebunden. Wir stehen in einem Dialog, in dem unsere Meinung von der Gemeinschaft angehört wird; ihre Reaktion wird davon beeinflußt. (Mead 1978: 211)

Insgesamt ergibt sich mit dieser dritten Stufe des verallgemeinerten Anderen das gesamte Sozialisationsmodell Meads, das wir in Abbildung 8 schematisch zusammenfassen.

Träger der Haltungen	Organisation der Haltungen		Mechnismen der Vermittlung
Bezugspersonen	Rollennormen		Nachahmendes Spiel
Gruppen	Gruppenregeln	Verallgemeinerter Anderer	Wettkampf
Gesamtgemeinschaft	Institutionen		Medien wie Geld für die Institution Eigentum
Höhere Gesellschaft	Prinzipien		Dialog des Einzelnen mit der Gemeinschaft

Abbildung 8: Sozialisationsmodell Meads

Um Missverständnissen an dieser Stelle vorzubeugen, müssen wir uns vor Augen halten, dass erstens die moralischen Prinzipien, auf die sich ein religiöser Erneuerer beruft, schon in der Gesellschaft als Haltung angelegt sein müssen (Mead 1978: 262). Zweitens geht der Impuls des Einzelnen nur über den Umweg der gesellschaftlichen Reaktion in seine Identität ein, weil das eigene Handeln für das Individuum ausschließlich über die dadurch ausgelösten Haltungen der anderen erfahrbar ist. Um es noch deutlicher zu sagen: der Einzelne hat keinen direkten Zugang zu seinem individuellen Kern, sondern muss seine Identität *indirekt* bestimmen, indem er die Haltungen anderer sich selbst gegenüber einnimmt.

Die anthropologische Rollentheorie nennt diese Grundbedingung der menschlichen Identitätsbildung "exzentrische Positionalität" (Dreitzel 1980: 105), die den Menschen zwingt, sein Zentrum durch Rollenübernahme zu bestimmen. Damit erweist sich der Dahrendorfsche Dualismus von Individuum und Rolle als unhaltbar, weil ein individueller Kern gerade durch Rollen aufgebaut wird. Auch wenn diese anthropologische Position einleuchtet, so gibt sie keine Antwort auf die zentrale Frage, wodurch sich das Individuum von der Summe seiner Rollen unterscheidet. Die jüngeren Vertreter der interaktionistischen Rollentheorie (Habermas 1976; Krappmann 1978; Dreitzel 1980; Joas 1980) bevorzugen daher den von Erik H. Erikson geprägten psychoanalytischen Begriff der "Ich-Identität", um neben der Rollenhaftigkeit das dauernde innere "Sich-Selbst-Gleichsein" (Erikson 1973: 124) der Handlungen von Individuen zu betonen. Erikson definiert den Begriff der Ich-Identität als einen Prozess, in dem das Individuum durch Identifikation mit sozialen Objekten und dem Entwurf von "Selbst-Images" dieses "Sich-Selbst-Gleichsein" zu reproduzieren versucht (1973: 189).

Ein Beispiel zum Identitätsbegriff ist das Wiedertreffen einer bekannten Person, zu der man längere Zeit keinen Kontakt hatte. Die Person kommt uns zwar bekannt vor, aber die Details sind im Augenblick des Wiedersehens im Bewusstsein nicht präsent. Dann beginnt die Kommunikation und man erzählt sich gegenseitig, wie man die letzten Jahre oder Jahrzehnte erlebt hat, erinnert sich an gemeinsame Erlebnisse oder fragt nach gemeinsamen Bekannten. Vielleicht erzählt man dem anderen auch von Dingen, mit denen man sich im Augenblick beschäftigt, was einen mit Freude erfüllt oder über was man traurig ist. Bei diesem Gespräch hat man plötzlich "aha"-Effekte, in dem man bestimmte Gesten oder sprachliche Wendungen des anderen als besonders typisch wiedererkennt. Auch Reaktionen, wie z.B. ein vorsichtig-ängstliches Verhalten oder eine temperamentvolle Reaktion, Prahlen oder Bescheidenheit können einen Wiedererkennungseffekt auslösen. Entwickelt der andere einen besonderen Charme, der beim Gesprächspartner Wohlbefinden auslöst, oder ist er eher abweisend und weicht einer intensiveren Kommunikation aus? Man erkennt die Identität genau an diesen Reaktionen und Verhaltensweisen, mit denen der andere sich selbst gleich geblieben ist. Diese typischen Reaktionen und Verhaltensweisen fallen auch nach sehr vielen Jahren wieder ins Auge, obwohl sich der andere äußerlich und innerlich stark verändert hat.

Auch Mead betont in seiner *interaktionistischen* Definition von Identität den Prozesscharakter.

> Wir wollen die Identität als einen bestimmten strukturellen *Prozeß* im Verhalten eines Individuums von dem unterscheiden, was wir das Bewußtsein von erfahrenen Objekten nennen. (Mead 1978: 208; Hervorhebung vom Verfasser, B.M.)

Um diese Definition genauer zu verstehen, müssen wir uns zunächst mit Meads Theorie der *symbolvermittelten Interaktion* (Joas 1980) vertraut machen.

2.2.3 Theorie symbolvermittelter Interaktion

Beginnen wir mit dem Begriff *signifikantes Symbol*, der einen zentralen Baustein der Meadschen Interaktionstheorie bildet. Mead definiert zunächst den allgemeinen Begriff der *Geste* (gesture) als einen körperabhängigen Reiz, der Reaktionen beim anderen auslöst. Diese Reaktion des Gegenüber bildet wiederum einen Reiz, der beim Sender des ersten Reizes zu Anpassungsreaktionen führt (1978: 83). Auf diese Weise entsteht elementares soziales Verhalten. Zu sozialem Handeln wird eine Reiz-Reaktions-Kette allerdings erst dann, wenn beide Akteure mit dem jeweiligen Reiz eine bestimmte *Idee* verbinden (1978: 85). In diesem Fall spricht Mead von signifikanten Gesten oder Symbolen. Den Übergang von Gesten zu signifikanten Symbolen illustriert Mead am Beispiel der geballten Faust (1978: 93). Das Auftauchen einer geballten Faust vor meinem Gesicht löst eine unmittelbare Reaktion aus, wie z.B. das Zurücknehmen des Kopfes. Diese Reaktion kann ablaufen, ohne die Handlung des anderen zu interpretieren. In diesem Falle handelt es sich nach unserer obigen Definition zwar um elementares soziales Verhalten, aber nicht um soziales Handeln. Der andere kann mit dem Erheben der geballten Faust eine direkte Angriffsabsicht verbinden. Er könnte allerdings auch lediglich damit drohen, Gewalt anzuwenden, ohne es direkt zu beabsichtigen. Im Kontext einer freundlichen Diskussionsrunde kann das Erheben der geballten Faust ein ironisch gemeintes Zeichen sein und keine Androhung von Gewalt bedeuten; wenn etwa gemeint ist: "Na warte, beim nächsten Mal wische ich dir auch eins aus!". An diesen Beispielen wird deutlich, dass das Zeichen nicht mit der Bedeutung identisch ist, die es anzeigt.

Ein signifikantes Symbol ist somit ein Zeichen, das eine bestimmte Bedeutung ausdrückt. Es gibt nun unterschiedliche Grade der Ablösbarkeit[20] des Zeichens von dem, für das es steht. Eine geballte Faust als Drohung mit körperlicher Gewalt drückt die Intention des Gegners unmittelbar aus, während der ironische Verweis auf eine spätere verbale Revanche in einer Diskussion nur im Kontext der Situation verstanden werden kann. Die größte Ablösung von der Bedeutung weisen vokale Gesten auf, also Wörter oder Sätze. Die Lautkombination "Stuhl" löst zwar die Vorstellung einer speziellen Sitzgelegenheit aus, das Wort selbst kann aber nicht zum Sitzen verwendet werden; während sich mit der Faust die angezeigte Bedrohung auch in die Tat umsetzen lässt. Falls Symbole vom Sender und Empfänger mit derselben Bedeutung verbunden werden, handelt es sich nach Mead um signifikante Symbole.

Im Untertitel des Buches "Geist, Identität und Gesellschaft" findet sich der Hinweis, dass Mead sich dem Sozialbehaviorismus[21] verpflichtet fühlt. In seiner Theorie symbolvermittelter Interaktion drückt sich diese Tradition dadurch aus, dass Mead sich nicht für Ideen oder Bedeutungen selbst, sondern für die damit verbundenen Reaktionen der Akteure interessiert. Diese Betonung des konkreten Verhaltens gegenüber Bewusstseinszuständen zeigt sich deutlich in folgender Definition signifikanter Symbole:

> Gesten werden zu signifikanten Symbolen, wenn sie im Gesten setzenden Wesen die gleichen Reaktionen implizit auslösen, die sie explizit bei anderen Individuen auslösen oder auslösen sollen - bei jenen Wesen, an die sie gerichtet sind. (Mead 1978: 86)

Wer die geballte Faust erhebt, muss sich also die Furcht desjenigen vorstellen können, gegen den die Faust gerichtet ist. Der Grund für diese Definition liegt allerdings nicht allein in Meads Nähe zum Behaviorismus, sondern in seiner Absicht, die Entstehung gemeinsamer Bedeutungen von Symbolen zu erklären. Um Interaktionsprozesse zu erklären, reicht es aus, die Funktion von signifikanten Symbolen in der Kommunikation zu betrachten. Die fragwürdige Annahme des Sozialbehaviorismus, dass der Sender eines Symbols die beim Empfänger stattfindende Reaktion zumindest indirekt in sich erzeugt, muss dazu nicht vorausgesetzt werden.

Wegen der Ablösbarkeit des Zeichens von der damit ausgedrückten Bedeutung haben vokale Gesten eine Sonderstellung in der symbolvermittelten Interaktion. Sind vokale Gesten in der Sprache organisiert, so verbinden alle Mitglieder einer Gesellschaft dieselbe Bedeutung mit ihnen (1978: 94, 191). Sprachliche Symbole ermöglichen dem Einzelnen, den mit ihnen verbundenen Sinn nach innen in das Denken hineinzunehmen (1978: 87) und auf diese Weise einen Reflexionsprozess auszulösen.

Bei Mead hat der Begriff *Sinn* eine relativ spezielle Bedeutung, indem er sich auf die Handlungs*intention* bezieht. In der Sprache des Sozialbehaviorismus besteht der Sinn eines

---

20 Der Ausdruck "Ablösbarkeit" wird von Berger/Luckmann (1982: 39) übernommen, wo er zusammen mit dem Begriff der "Objektivation" einen wichtigen Stellenwert in dem Paradigma der Wissenssoziologie einnimmt; vgl. Kapitel 5.1
21 Die Theorie des "Behaviorismus" ist eine Verallgemeinerung des elementaren Reiz-Reaktions-Schemas; vgl. Skinner 1978. Meads "Sozialbehaviorismus" unterscheidet sich vom Behaviorismus vor allem durch den Einbezug von handlungsleitendem Sinn, der auf der Übernahme der Haltungen anderer beruht.

signifikanten Symbols darin, beim anderen eine bestimmte Reaktion auszulösen, an die dann der Sender des Symbols in seinem weiteren Handeln anknüpfen kann.

> ...Sinn impliziert einen Bezug der Geste eines Organismus zur Resultante der gesellschaftlichen Handlung, auf die sie hinweist oder die sie auslöste, da ein anderer Organismus in diesem Bezug anpassend auf sie reagiert. Die anpassende Reaktion des anderen Organismus macht den Sinn der Geste aus. (Mead 1978: 120)

Sinnhaftes Verhalten setzt somit die Fähigkeit voraus, die Reaktionen anderer auf die eigenen Gesten vorauszusagen. Diese Fähigkeit ergibt sich wiederum daraus, dass sich Individuen die Haltungen anderer in einem Denkvorgang anzeigen können. Der Geist des Menschen zeichnet sich durch eine "reflektive Intelligenz" aus, die es dem Individuum ermöglicht, sich vor einer konkreten Handlung die Reaktionen der anderen auf unterschiedliche signifikante Symbole vorzustellen und dann das Symbol zu setzen, dessen potentielle Wirkung den eigenen Intentionen für das weitere Handeln entspricht (1978: 158-9).

Bislang haben wir erstens im Sozialisationsmodell die *Organisation der Haltungen* anderer kennen gelernt, durch die ein Individuum seine Identität aufbaut. Zweitens wurde mit den *signifikanten Symbolen* und deren Organisation als Sprache das wichtigste Medium zur Übernahme der Haltungen anderer eingeführt. Schließlich bildet die *reflektive Intelligenz* die organische Basis für die menschliche Identitätsentwicklung. Offen geblieben ist die Frage, auf welche Weise Mead die Identität eines Individuums von den vorgegebenen Rollen abgrenzt und damit zu einem Identitätsbegriff gelangt, der auch für die heutige Interaktionsforschung interessant ist.

Mead unterscheidet zwischen dem Ich (I) und dem Mich bzw. ICH (Me), um die Spontaneität des individuellen Handelns von den übernommenen Haltungen anderer abzugrenzen. Das "Me" umfasst sowohl die Haltungen von Bezugspersonen als auch der verallgemeinerten Anderen. Dies ist allerdings keine ausreichende Rechtfertigung für die Einführung des Begriffs. Die zentrale Bedeutung für Meads Theorie symbolvermittelter Interaktion ergibt sich aus dem *Interaktionsmodell*,[22] das Mead als Wechselspiel von "I" und "Me" in sozialen Situationen konzipiert. Stellen wir uns als Beispiel einen Studenten in einem Seminar vor. Der Student hat zu einem bestimmten Zeitpunkt die Absicht, sich zu Wort zu melden, wobei der Anlass zu diesem Wunsch eine Frage des Dozenten sein kann oder dadurch motiviert wird, dass der Student mit den Ausführungen des Dozenten oder anderer Studenten nicht einverstanden ist. In dieser Handlungssituation überlegt sich der Student möglicherweise, ob sein Beitrag dem Niveau der Diskussion angemessen ist, ob er in den Gang der Diskussion hineinpasst und schließlich, welche Reaktion dieser Beitrag bei dem Dozenten und den anderen Studenten auslösen könnte und welche Folgen diese Reaktionen für ihn haben könnten. In diesem Reflexionsprozess, der sehr rasch ablaufen kann, verdeutlicht sich der Student die Haltungen der anderen und wendet diese Haltungen auf sich an, indem er sein mögliches Handeln mit Hilfe der Handlungserwartungen der anderen be-

---

22 Dieses Modell könnte auch als Handlungsmodell bezeichnet werden, da es soziales Handeln in Situationen beschreibt. In der Tradition Webers ist der Begriff im strengen Sinne auf Modelle bezogen, die sich nur auf den Akteur und nicht auf Handlungsketten eines Akteurs mit anderen beziehen. Daher bevorzugen wir hier den Begriff der Interaktion. Wie Joas betont, verfügt Mead über ein Handlungsmodell im strengen Sinne, das sich aus den folgenden vier Komponenten zusammensetzt: "Handlung besteht demnach aus den Stadien des Handlungsimpulses, der Wahrnehmung, der Manipulation und der bedürfnisbefriedigenden Handlungsvollendung ('consummation')". (Joas 1980: 146).

stimmt. Diese Festlegung von Handlungsmöglichkeiten durch Rollenübernahme nennt Mead "Me".

> Die Übernahme aller dieser organisierten Haltungen gibt ihm sein 'ICH' ('Me'), das heißt die I-
> dentität, deren er sich bewußt wird. (Mead 1978; Klammereinschub vom Verfasser, B.M.)

Erinnern wir uns an die Möglichkeit widersprüchlicher Verhaltenserwartungen durch Bezugspersonen und -gruppen, also an Intrarollenkonflikte, so können sich in einer bestimmten Situation auch mehrere "Me's" ausbilden, die miteinander in Widerspruch geraten. So kann die Übernahme der Haltung des Dozenten zu einem anderen Handlungsentwurf beim Studenten führen, als wenn er sich an den Haltungen der Mitstudenten orientiert. Mead selbst diskutiert die Widersprüchlichkeit des "Me" am Beispiel eines Wissenschaftlers, der unterschiedlichen Daten gegenübersteht (1978:280). Die Daten "verlangen" die Anwendung jeweils anderer Gesetze, woraus sich unterschiedliche Handlungsvorschläge für den Wissenschaftler ergeben, wenn er ein bestimmtes Problem lösen möchte.[23] Um *konkret* zu handeln, müssen in diesen Beispielen sowohl der Student als auch der Wissenschaftler eine Entscheidung treffen, die über die durch das "Me" festgelegte Identität hinausgeht. Dieses in jeder konkreten Handlung liegende *spontane* Element nennt Mead "I".

> Das 'Ich' ('I') reagiert auf die Identität, die sich durch die Übernahme der Haltungen anderer
> entwickelt. Indem wir diese Haltungen übernehmen, führen wir das 'ICH' ('Me') ein und reagie-
> ren darauf als ein 'Ich' ('I'). (Mead 1978: 217; Klammereinschübe vom Verfasser, B.M.)

Der Student wird sich also ungefähr das zurechtlegen, was er sagen sollte. Sobald ihm das Wort erteilt wird, muss er spontan entscheiden, wie er sein Argument aufbaut und welche Formulierungen er dazu verwendet. Handeln ist nach Mead von anderer Qualität als die vorangehende Reflexion, da in ihr stets etwas Unvorhersehbares steckt, das dem Handeln "Freiheit" und "Initiative" verleiht (1978: 221). Schon während die Handlung abläuft, kann das Individuum sowohl seine eigene Handlung als auch die Reaktionen der anderen beobachten und sich die Reaktion des "I" auf die durch das "Me" festgelegte situationsspezifische Identität bewusst machen. Dieser Reflexionsprozess führt zu einer neuen Erfahrung der eigenen Identität, die sich in der nächsten Handlungssituation auf die Bildung des "Me" auswirken wird. Im Falle des Studenten kann eine verwunderte Reaktion des Dozenten oder ein Raunen der Mitstudenten ihn noch während seines Beitrags zu einer Neubestimmung des "Me" veranlassen, was dann als Reaktion des "I" eine Kurskorrektur während des Beitrags zur Folge hätte. Eine andere Möglichkeit wäre, dass der Student seinen Beitrag unbe-

---

23 Dieses Beispiel ist gemäß der obigen Definition kein Intrarollenkonflikt, da nicht widersprüchliche Erwartungen, sondern Daten vorliegen. Für jede Datenlage sind die Erwartungen der Fachwissenschaftler jeweils eindeutig; es ist nur nicht klar zu sehen, welche Daten für die Problemlösung entscheidend sind.

irrt zu Ende führt und die verbalen Reaktionen des Dozenten und der Mitstudenten abwartet, um dann über seinen Beitrag zu reflektieren.

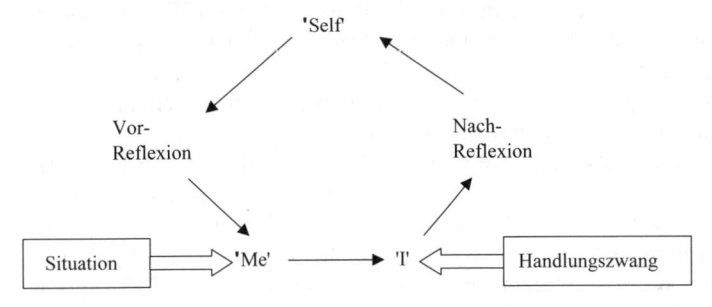

```
                    'Self'
                   ↗      ↖
                  ↙        ↘
            Vor-            Nach-
         Reflexion         Reflexion

                    ↑           ↑
                    ↓           
  ┌──────────┐                       ┌──────────────┐
  │ Situation│ ⇨ 'Me' ──→ 'I' ⇦      │ Handlungszwang│
  └──────────┘                       └──────────────┘
```

Abbildung 9:   Interaktionsmodell nach Mead

Wie Abbildung 9 schematisch zeigt, ergibt sich ein Kreislauf der Identitätsbildung durch soziales Handeln. Ein Individuum wird erstens mit einer sozialen Situation konfrontiert, die eine Handlung herausfordert. In einer Phase der Vor-Reflexion entnimmt es zweitens aus seiner Identität als der Menge aller im Laufe seiner Biographie übernommen Haltungen ganz bestimmte Haltungen und legt damit die Handlungsmöglichkeiten für diese Situation fest. Das so gebildete "Me" muss drittens in konkretes Handeln übersetzt werden, was durch die Reaktion des "I" geschieht. Auf der Grundlage der erfolgten Handlung und der Reaktion der anderen setzt viertens ein Reflexionsprozess ein, der zu einem Erfahrungszuwachs und damit zu einer Erweiterung der Identität (self) führt.

Identität im Sinne dieses Interaktionsmodells beschränkt sich nicht auf die im Sozialisationsprozess übernommenen Haltungen in Form von Rollen, Gruppenregeln, Institutionen und moralischen Prinzipien, sondern reorganisiert sich auch im Erwachsenenalter fortlaufend durch soziale Interaktion. Unter dieser Voraussetzung definiert Mead den interaktionistischen Identitätsbegriff als Ergebnis des "Self"-"Me"-"I"-"Self" Kreislaufs.

> Die Identität ('Self') ist unter diesen Voraussetzungen die Handlung des 'Ich' ('I') in Übereinstimmung mit der Übernahme der Rolle anderer im 'ICH' ('Me'). Die Identität ('Self') besteht sowohl aus dem 'Ich' ('I') wie aus dem 'ICH' ('Me'), wobei letzteres die Situation bestimmt, auf die das 'Ich' ('I') reagiert. (Mead 1978: 324; Klammereinschübe vom Verfasser, B.M.)

An anderer Stelle spricht Mead von *Persönlichkeit* (personality), wenn er auf diesen Begriff der Identität als fortlaufenden Prozess abzielt (1978: 225). Es ist nahe liegend, die während der Sozialisation übernommenen Haltungen anderer als "Identität" und das Ergebnis des "Self"-"Me"-"I"-"Self" Prozesses als "Ich-Identität" (vgl Erikson 1973; Habermas 1976; Krappmann 1978; Dreitzel 1980; Joas 1980) zu bezeichnen. Dann stellt sich aber erneut die Frage nach dem "Sich-Selbst-Gleichsein" der so definierten Identität. Mead erkennt das Problem, dass der einzelne neben der "gesellschaftlichen Ausstattung" noch etwas besitzt, "was ihn von jedem anderen Menschen unterscheidet, ihn zu dem macht, was er ist" (Mead 1978:373). Die Struktur dieses Individuellen untersucht Mead allerdings nicht weiter. Wenn man von dem in Abbildung 9 dargestellten Interaktionsmodell ausgeht, so müsste sich das "Sich-Selbst-Gleichsein" an drei Punkten festmachen lassen. Erstens wird ein Individuum auf eine bestimmte Weise in sozialen Situationen das "Me" aus der Menge der übernommenen Haltungen bilden. Man kann sich vorstellen, dass z.B. eine durchgehend konservative oder progressive Einstellung ein Indikator für eine solche Selektionsstruktur des Individuums sein könnte. Zweitens ist auch in der Reaktionsweise des "I" eine gewisse Konstanz zu erwarten, die sich in einem durchgehend "passiven" oder "aktiven" Handlungsmodus niederschlagen kann. Drittens verläuft der Prozess der Erfahrungsverarbeitung nicht zufällig, sondern unterliegt bestimmten biographisch bedingten Regelmäßigkeiten, wie z.B. die Fähigkeit, Kritik aufzugreifen und zu verarbeiten.

Als Beispiel für diesen Identitätsbegriff kann man sich die Situation eines Klassentreffens 20 Jahre nach Schulabschluss vorstellen. Einige der ehemaligen Mitschüler erkennt man sofort, obwohl man sie seit dem Abschluss nicht mehr gesehen hat. Sie haben sich praktisch nicht verändert. Bei anderen kann man sich gar nicht oder nur schwach erinnern, wenn man sie begrüßt. Erst wenn sie anfangen zu kommunizieren und auf ihre typische Weise reagieren, erkennt man sie an diesen Reaktionen wieder.

Da Mead eine Handlungstheorie entwickeln wollte, interessiert ihn, auf welche Weise das Individuum die gesellschaftlich vorgegebenen Rollen im Handeln ausfüllt, ohne dabei zu einem Roboter zu werden, der sich den Erwartungen total anpasst. Der Begriff des "I" würde allerdings zu sehr strapaziert, wenn man ihn als Ausdruck eines von den gesellschaftlichen Haltungen unabhängigen Kerns interpretierte. Wegen der unterschiedlichen Qualität von Reflexion und Handlung existiert zwar keine gesetzesmäßige Abhängigkeit zwischen "Me" und "I", aber es besteht eine "moralische Notwendigkeit" (1978: 221), die gesellschaftlich vorgegebene Handlungsmöglichkeit zu realisieren. In diesem Punkt gehen die neueren Interaktionstheoretiker über Mead hinaus, indem sie den individuellen Beitrag des Handelnden deutlicher herausarbeiten. Dabei interessieren sie sich besonders für die Fähigkeit des Rollenhandelnden, sowohl das "Sich-Selbst-Gleichsein" als auch die Offenheit gegenüber den Rollenerwartungen anderer im Handeln zu realisieren (Erikson 1973). Das Individuum gewinnt dann seine Einheit nicht aus der Gleichförmigkeit gesellschaftlicher Haltungen, die Mead wie Linton voraussetzt (vgl. Haferkamp 1985), und aus der die Einheitlichkeit der Identität (Self) resultiert, sondern aus einer *Balance* zwischen biographischer Konstanz und flexiblem Rollenspiel (Krappmann 1978: 52), die in Kap. 3.1.2 genauer dargestellt wird.

Die zentrale Frage dieses Abschnitts bezog sich auf die Relation von Individuum und Rolle. In Abgrenzung von Dahrendorfs übertriebener Trennung von individuellem Kern und Rollen wurde die Grundidee der anthropologischen Rollentheorie dargestellt, nach der ein Mensch wegen seiner exzentrischen Positionalität seine Identität durch Rollenübernahme entwickeln muss. Als Bezugsrahmen wurden die Meadschen Kernbegriffe Rollenübernahme, verallgemeinerter Andere, signifikantes Symbol, Reflexion, Identität sowie "I" und "Me" eingeführt. Mit Hilfe dieser Begriffe wurden aus dem Mead-Text zwei explizite Modelle extrahiert.

(1) Sozialisationsmodell: Übernahme von gesellschaftlichen Haltungen, die sich einerseits auf Bezugspersonen beziehen und andererseits auf emergenten Interaktionsregeln unterschiedlicher Allgemeinheitsstufen beruhen (vgl. Abbildung 8).
(2) Interaktionsmodell: Handlungsprozess, in dem ein Individuum in einer sozialen Situation aus den im Verlauf seiner Biographie übernommenen gesellschaftlichen Haltungen eine bewusste Auswahl trifft ("Me"), diese durch eine konkrete Handlung realisiert

("I"), so dass die gewonnenen Erfahrungen zum Bestandteil seiner Identität (Self) werden (vgl. Abbildung 9).

Mit der Unterscheidung der beiden expliziten Modelle haben wir Meads Theorie symbolvermittelter Interaktion in einer Weise dargestellt, wie sie im Text so nicht explizit zu finden ist. Diese Lesart resultiert aus der vorherigen Festlegung der Leitdifferenz von Struktur- und Handlungsaspekt. Nach den Erfahrungen in verschiedenen Lehrveranstaltungen fällt es Universitätsstudenten am Anfang des Studiums schwer, den Mead-Text ohne Hilfestellung zu lesen. Der Sinn dieser Darstellung liegt einerseits darin, das Verständnis durch eine schematisierte Darstellung zu erleichtern. Andererseits sollte Meads Beitrag zum Problem der Verbindung von Struktur- und Handlungsaspekt im konkreten Rollenhandeln herausgestellt werden. Der Angelpunkt der Meadschen Argumentation bildet der Identitätsbegriff, in dem das gesellschaftlich Vorgegebene wie das Kreative des sozialen Handelns vereinigt ist. Als Grundtheorem der Meadschen Identitätstheorie können wir festhalten, dass *Identität* sich durch konkrete Interaktionen von Individuen aufbaut und sich nicht auf einen Reflexionsprozess im Bewusstsein der Individuen reduzieren lässt.

> In der reflektiven Intelligenz denkt man, um zu handeln, und zwar ausschließlich so zu handeln, daß diese Handlung ein Teil eines gesellschaftlichen Prozesses bleibt. (Mead 1978: 184)

Durch dieses Interaktionstheorem unterscheidet sich Meads Theorie symbolvermittelter Kommunikation grundlegend von der phänomenologischen Soziologie, die sich auf Wissens- und Relevanzstrukturen sowie auf Typisierungen *im* Bewusstsein des Akteurs konzentriert.[24] Individuum und Rolle sind im sozialen Handeln nicht als zwei getrennte Objekte zu verstehen, sondern als zwei Perspektiven, mit denen wir soziales Handeln betrachten. Diesen Zusammenhang hat bereits Georg Simmel (1858-1919), der Vorläufer des Interaktionismus innerhalb der deutschen Soziologie, in einer klassischen Formulierung auf den Punkt gebracht.

> Der gesamte Lebensunterhalt, so restlos er aus den sozialen Antezedentien und Wechselbeziehungen erklärbar sein mag, ist doch zugleich unter der Kategorie des Einzellebens zu betrachten, als Erlebnis des Individuums und völlig auf dieses hin orientiert. Beides sind nur verschiedene Kategorien, unter die der gleiche Inhalt tritt,... (Simmel 1974: 264)

Meads Theorie symbolvermittelter Interaktion hat eine deutliche "Schlagseite" zur Gesellschaft. Der individuell-kreative Beitrag des Individuums beschränkt sich darauf, durch die Reflexion auf die Reaktionen des "I" eine Art Feintuning der Rollenansammlung im "Self" laufend vorzunehmen. Eine über die Rollenübernahme hinausgehende Identität konzipiert Mead noch nicht explizit. Daher stellt sich seinen Nachfolgern die Aufgabe, diese Einseitigkeit zugunsten der Persönlichkeit auszugleichen, deren Identität nach Mead weitgehend aus übernommenen gesellschaftlichen Rollen besteht.

---

24 Eine genauere Darstellung der Schützschen phänomenologischen Soziologie sowie deren methodischer Umsetzung durch die Ethnomethodologie findet sich in Kapitel 3.2.

2.2.4 Kreativität des Handelns

Hans Joas diskutiert in dem Buch "Die Kreativität des Handelns" (1996) die unterschiedlichen Aspekte der Kreativität, die in Meads Begriff des spontanen "I" zwar angelegt, von Mead selbst allerdings nicht ausgearbeitet wurden. Die theoretische Diskussion der Kreativität führt Joas auf die Tradition des amerikanischen Pragmatismus (Münch 2002: 329) zurück und klopft diese Theorietradition auf den Begriff der Kreativität ab. Nach Joas muss sich eine soziologische Reflexion der Kreativität von bestimmten Annahmen lösen, die in den Theorien rationalen Handelns vorausgesetzt werden (1996: 217):

(1) Fähigkeit zu zielgerichtetem Handeln
(2) Beherrschung des eigenen Körpers
(3) Autonomie gegenüber Mitmenschen

Wie lassen sich diese Einschränkungen überwinden, um die Kreativität soziologisch besser erklären zu können?

Zu (1): Intentionaler Charakter menschlichen Handelns

Nach Joas begehen die klassischen Handlungstheorien den Fehler, dem Handeln eine Phase der intentionalen Orientierung und Planung zeitlich voranzustellen. Nach dieser (für Joas fehlerhaften) Sichtweise legt sich der Handelnde vor der Handlung die Zwecke zurecht und versucht diese, mit der Handlung zu realisieren.

Angemessener ist es nach Joas, diese Orientierung und Zwecksetzung in den Handlungsprozess hineinzuverlegen und damit der Spontaneität und Kreativität mehr Raum zu geben, indem die vorläufig aufgenommenen Handlungsziele durch Reflexion revidiert werden können. Auf diese Weise wird die Intentionalität nicht zu einer statischen Zielvorgabe, sondern zu einer dynamischen Handlungssteuerung auf der Basis laufender Reflexion.

> Die Intentionalität selbst besteht dann in einer selbstreflexiven Steuerung unseres laufenden Verhaltens. (Joas 1996: 232)

Zu (2): Spezifische Körperlichkeit

Die klassischen Handlungstheorien unterstellen, dass der Handelnde seinen Körper als ein Werkzeug zur Erreichung seiner Handlungsziele benutzt. Joas spricht hier von der "Instrumentalisierung des eigenen Körpers" (1996: 257) und schlägt vor, die Begriffe "Körperschema" und "Körperbild" zu verwenden.

> Die Begriffe "Körperschema" und "Körperbild" zielen auf die subjektive Gegebenheit des eigenen Körpers für das Handeln. (Joas 1996: 257)

Der Körper wird durch das Körperschema und das Körperbild zum Bestandteil der Identität des Handelnden. Daraus folgt, dass der Handelnde im Handlungsentwurf und -prozess darauf zugreifen kann. Auch hier wird ein ursprünglich passiver Aspekt in den Handlungsprozess verlagert und damit als dynamische Handlungsdimension verstanden.

Zu (3): Ursprüngliche Sozialität der menschlichen Handlungsfähigkeit

In diesem Punkt greift Joas auf das Meadsche Identitätsmodell zurück. Auf der einen Seite repräsentiert die Identität (Self) die Rollenübernahme (z.B. Bezugspersonen, generalisierter Anderer) und zum anderen wird in Interaktionen die Identität durch die Reflexion konkreter Aktionen ständig verändert.

> Das so entstehende "self" ist dann eine Instanz zur einheitlichen Selbstbewertung und Handlungsorientierung. (Joas 1996: 275)

Die im Verlauf der kindlichen Sozialisation entstandene Identität ist keine feste Größe im menschlichen Handeln, sondern entwickelt sich ständig weiter und trägt zur Freisetzung von Kreativität des Handelns bei.

```
                    Statisches Modell rationalen Handelns
        ↓                        ↓                        ↓
 Fähigkeit zu            Beherrschung des          Autonomie
 zielgerichtetem         eigenen Körpers           gegenüber
 Handeln                                           Mitmenschen
        ↓                        ↓                        ↓
 Intentionalität als     Körperschema/            Handlungsdynamik als
 selbstreflexive         -bild als aktive         Resultat der
 Steuerung des           Repräsentation des       Rollenübernahme und
 Identitätsprozesses     Körpers im "Self"        des spontanen Ichs
                                                   ("I")
        ↓                        ↓                        ↓
              Dynamisches Modell kreativen Handelns im Interaktionismus
```

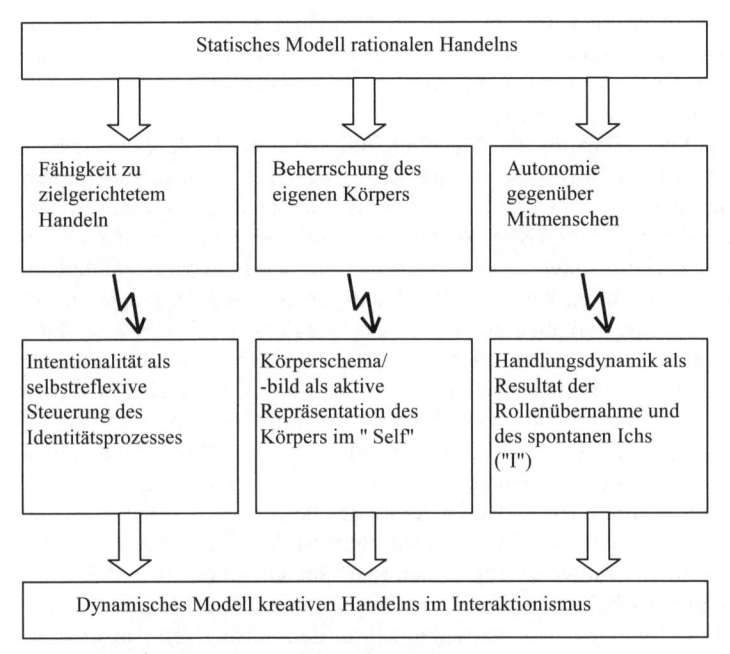

Abbildung 10: Interaktionistisches Modell kreativen Handelns

Wer von Joas Rezepte erwartet, wie Kreativität zu fördern oder gar zu trainieren sei, wird von dem Buch enttäuscht sein. Stattdessen erweitert Joas die Handlungstheorie um dynamische Dimensionen, die der Kreativität im Handeln mehr Raum bieten.

Nach Joas besteht die Identität "nicht in einem unbeweglichen Sichselbstgleichbleiben" (1996: 366), sondern muss als Prozess im Sinne von Mead verstanden werden. Das Individuum steht im konkreten Handeln "Widerfahrnissen und ich-fremden Regungen" gegenüber, die Kreativität freisetzen. Diese Kreativität entfaltet sich dann im Prozess der Interaktion mit anderen Individuen (1996: 366).

Die Handlungstheorie von Joas überwindet die kausale Erklärung des Handelns. Im normativen Paradigma sind internalisierte Werte, Normen und Rollenmuster die "Ursache" für das konkrete Handeln, während der Rational-Choice Ansatz die Nutzenpräferenzen und die Einschätzung der sozialen Situation durch den Handelnden als erklärende Variablen betrachten, aus denen dann die Handlungsentscheidung resultiert. Diesem Ursache-Wirkung-Denken stellt Joas als Vertreter des interpretativen Paradigmas die dynamische Identitätsdefinition entgegen, in der das kausale Schema durch einen von Reflexion begleiteten laufenden Veränderungsprozess der Identität ersetzt wird.

2.3 Institutionalismus

2.3.1 Begriff der Institution

Der Begriff der Institutionalisierung wurde in Kapitel 1 im Zusammenhang mit Parsons Fundamentaltheorem eingeführt, wonach kulturelle Muster durch soziale Rollen institutionalisiert und auf der Ebene der Persönlichkeit als Wert- und Orientierungsmuster internalisiert werden (Parsons 1976b: 342; vgl. Kap. 1).

Soziale Strukturen sind nach Parsons und Mead institutionalisierte Rollen, die wesentliche Elemente der im Verlauf der Biographie aufgebauten Identität bilden. Beide Autoren gehen davon aus, dass sich das konkrete Handeln von Individuen an den sozialen Strukturen ausrichtet. Strukturen sind zwar langfristig von Gruppen und/oder einzelnen Individuen beeinflussbar, bilden für den Handelnden in konkreten Interaktionen aber unveränderbare soziale Gegebenheiten. Auf Strukturen kann der Handelnde unterschiedlich reagieren, indem er sich mit ihnen identifiziert und anpasst, sich zwar anpasst, aber seine Entfremdung durch Rollendistanz ausdrückt, oder schließlich das strukturelle Muster variiert oder sprengt. Diese Formen des Umgangs mit sozialen Regeln und Normen durch Individuen bilden das durchgängige Thema des normativen und interpretativen Paradigmas.

Ein Hauptkritikpunkt gegenüber dem normativen Paradigma ist die Unterstellung, dass die Individuen wie Roboter beschrieben werden, die vorgegebene Rollenmuster verinnerlichen und sich im Handeln konform dazu verhalten. Trotz des berechtigten Unbehagens an Parsons' Affinität zur amerikanischen Mittelstandsgesellschaft ist der Vorwurf auf Theorieebene so nicht haltbar. In seinem Frühwerk "The Structure of Social Action" betont Parsons die aktive Rolle des Individuums bei der Verwirklichung von normativen Mustern und die Notwendigkeit, dass sich die Interessen des Individuums mit den normativen Anforderungen an sein Verhalten überlappen müssen. Der Begriff "Voluntarismus", den Parsons für seine Theorie wählte, soll den aktiven Beitrag des Individuums hervorheben.

Es lässt sich auch hier einwenden, dass das Individuum zwar aktiv die soziale Ordnung verwirklicht, sie aber nicht verändert und sich damit doch konform zu den gesellschaftlichen Normen verhält. Dieser Einwand ist grundsätzlich richtig, trifft allerdings auf alle Paradigmen zu, die gesellschaftliche Institutionen analysieren. Der Unterschied der alternativen Paradigmen zum normativen Paradigma liegt erstens in genaueren Analysen, wie Individuen institutionelle Rahmenbedingungen in konkretes Handeln situativ transformieren und zweitens in der Erklärung des Wandels von Institutionen aus individuellem Handeln heraus.

Parsons bevorzugt in seinen späteren Werken den Begriff Institutionalisierung bzw. das Adjektiv "institutionalisiert" gegenüber dem Begriff "Institution". Der Begriff "Institution" hat neben der soziologischen Bedeutung des normativen Musters für einen bestimmten Handlungskomplex die umgangssprachliche Bedeutung einer konkreten sozialen Einrichtung. So versteht Parsons unter der Institution der Schule die Rollen, Normen und Regeln der Schule, während im weiteren Sinne darunter die konkrete Schule mit Gebäude, Lehrern, Schülern, Lehrplan usw. verstanden wird. Daher ist es nützlich, im Parsonsschen Sinne von "Institutionalisierung" anstelle von "Institution" zu sprechen.

Wie bereits dargestellt wurde, verwendet auch Mead mit dem Beispiel des Eigentums den Begriff der Institution als normatives Regelwerk (vgl. Kap. 2.2.2). Im Rational-Choice Ansatz hat sich als eine der Hauptströungen der "Rational-Choice Institutionalismus" etabliert. Einer der Hauptvertreter, der Ökonom und Historiker Douglass C. North, definiert den Begriff der Institution wie Parsons normativ, allerdings mit direktem Bezug zur Handlungsebene.

> Institutionen sind Spielregeln in der Gesellschaft oder, formaler ausgedrückt, sind die von Menschen ersonnenen Einschränkungen, die menschliche Interaktionen formen (North 1990: 3; Übersetzung vom Verf., B.M.)

Nach North nehmen Institutionen die für das menschliche Handeln notwendige Orientierungsfunktion wahr, indem sie Unsicherheit reduzieren und das Alltagsleben strukturieren (1990: 3). Entsprechend der Rational-Choice Denkweise lässt sich diese Orientierungsfunktion als Kostenreduktion operationalisieren.

> Unter den Bedingungen von begrenzter Information und begrenzter Rechenkapazität reduzieren die Einschränkungen (constraints) die Kosten menschlicher Interaktion, verglichen mit einer Welt ohne Institutionen. (North 1990: 36; Übersetzung und Klammereinschub vom Verf., B.M.)

Nach den in Kap. 1 dargestellten Konfliktlinien zwischen normativem, interpretativem und individualistischem Paradigma ergeben sich trotz der begrifflichen Übereinstimmung grundlegende Unterschiede, wie Institutionen in der jeweiligen soziologischen Erklärung verwendet werden. Während das normative Paradigma sich auf unterschiedliche Ebenen der Institutionalisierung konzentriert, werden sie im interpretativen Paradigma als Wissensbestandteile im Bewusstsein des Individuums aufgefasst. Der Rational-Choice Institutionalismus untersucht die Institutionen im Hinblick auf Kostenreduzierungen bzw. auf Folgekosten für die Akteure (Braun 1999: 235-8).

In den nachfolgenden Kapiteln wird der alte[25] und neue Institutionalismus genauer dargestellt. Das Erklärungsmuster beider Ansätze lässt sich an dem Beispiel der Organisation anschaulich darstellen. Daher wird die Organisation als explizites Modell und als Musterbeispiel für den alten und neuen Institutionalismus verwendet.

In der Darstellung des alten Institutionalismus beschränken wir uns auf das Parsonssche Frühwerk bis Ende der 40er Jahre des 20. Jahrhunderts, auf dem der Neo-Institutionalismus aufsetzt. Auf die Systemtheorie, die Parsons seit 1950 bis zu seinem Tod im Jahr 1979 kontinuierlich weiterentwickelt hat, werden wir in Kap. 4.1 genauer eingehen.

---

25 Der Begriff des "alten" Institutionalismus wurde erst durch den Neo-Institutionalismus kreiert. Parsons verwendete den Begriff "Institutionalismus" zur Bezeichnung seiner Theorie nicht. Stattdessen spricht er von strukturell-funktionaler Theorie und funktionaler Analyse.

2.3.2 Alter Institutionalismus

Talcott Parsons

Die Modelle und Theorien des Amerikaners Talcott Parsons haben eine wechselvolle Bewertung innerhalb der Soziologie erfahren. In den 50er Jahren wurde die "strukturell-funktionale Theorie" von Parsons und dessen Schüler Merton als Höhepunkt der soziologischen Theorieentwicklung angesehen und in zahlreichen Studien und Modellen von anderen Autoren übernommen. Sogar auf Nachbargebiete wie die Politikwissenschaft griff dieser Theorieansatz über (Buxton 1985). Den wichtigsten Gegenpol zu Parsons bildete die Gruppe um Paul F. Lazarsfeld an der Columbia Universität in New York, wo die Methoden der empirischen Sozialforschung erprobt und weiterentwickelt wurden (Lazarsfeld 1975). Die vor dem Zweiten Weltkrieg in den USA dominierende Chicago-Schule, die auf empirische Feldstudien vor allem im Bereich der Stadt- und Gemeindesoziologie spezialisiert war, trat gegenüber dem Harvard-Columbia Wettkampf in den Hintergrund. Die Überschätzung der Parsonsschen Theorie in den 50er Jahren wurde in den 60er Jahren durch eine Ernüchterung über die Fruchtbarkeit der strukturalistischen Handlungstheorie in der konkreten Forschung abgelöst. Diese in der Theoriegeschichte nicht ungewöhnliche Relativierung eines neuen Paradigmas wurde durch das politische Klima vor allem in der jungen Generation der 60er Jahre verstärkt. Die studentische Protestgeneration in den USA sah Parsons als Vertreter der etablierten Generation an. Es fanden sich eine Reihe von Soziologen - allen voran Dahrendorf -, die dem Werk von Parsons einen konservativen Grundtenor und eine statische Theoriestruktur nachzuweisen versuchten. Besonders die amerikanischen Soziologen, denen der komplizierte und abstrakte Sprach- und Denkstil Parsons' ein Dorn im Auge waren, wendeten sich von der strukturalistischen Handlungstheorie ab und beschäftigten sich seitdem vorwiegend mit interaktionistischen Ansätzen. In den 80er Jahren hatte sich der Rauch wieder gelegt und es begann eine Renaissance der allgemeinen Handlungstheorie, so dass heute Parsons neben Mead, Schütz und Goffman als moderner Klassiker anerkannt wird.

Talcott Parsons' erstes Werk "The Structure of Social Action" wurde 1937 veröffentlicht und gilt noch heute als Meilenstein in der Geschichte der soziologischen Theorie, weil hier erstmals die Gemeinsamkeiten der unterschiedlichen Denktraditionen des Franzosen Emile Durkheim, des Engländers Alfred Marshall, des Italieners Vilfredo Pareto und des Deutschen Max Weber herausgearbeitet werden (Parsons 1968a). Die von Parsons nachgewiesene Konvergenz der vier soziologischen Klassiker im Hinblick auf die Annahme sozialer Normen als wichtige Komponente im sozialen Handeln bildet den Kern der allgemeinen Handlungstheorie, die Parsons konsequent weiterentwickelt hat. Im Verlauf dieser mehr als 40jährigen Tätigkeit als Soziologe erstellte Parsons eine Fülle von Artikeln und Monographien - allein oder mit anderen Autoren zusammen -, in denen er mit Hilfe einer komplexen Sprache abstrakte Modelle und Theorien entwickelt hat. Die verwendeten Grundbegriffe wandeln sich mit den theoretischen Konzepten im Verlauf der Werkentwicklung, so dass kein Buch existiert, in dem alle Begriffe und Modelle seiner Handlungstheorie zusammengefasst werden. Trotzdem reicht zunächst die Lektüre von einigen Übersichtsartikeln aus, um die wichtigsten Ansätze kennen zu lernen. Als hilfreich erweist sich Parsons' Systematisierungsdrang und sein Bestreben, ein zentrales Analyseinstrument zu entwickeln, das sich zur Untersuchung unterschiedlichster sozialer Strukturen und Prozesse eignet.

Den Zugang erleichtern außerdem die Rekonstruktionen des Parsonsschen Werkes, z.B. von Bershady (1973), Menzies (1977), Adriaansens (1980), Habermas (1981), Alexander (1982), Münch (1982, 2004) oder Schmid (1998). Diese Werke beschreiben die Geschichte der Parsonsschen Soziologie als eine Abfolge von Werkphasen, in denen unterschiedliche Modelle und Theorien entwickelt werden. Im Hinblick auf diese werkhistorische Vorgehensweise sind sich die Autoren weitgehend einig, kommen allerdings zu völlig widersprüchlichen Urteilen über die Kontinuität oder Diskontinuität des Parsonsschen Werkes. Während eine Gruppe sämtliche Werke als konsequente Weiterentwicklung des in "The Structure of Social Action" eingeführten normativen Paradigmas interpretiert, weist die andere Gruppe fundamentale Brüche und Unvereinbarkeiten in der Werkentwicklung nach, die zur Ablehnung der gesamten oder eines Teils der Parsonsschen Soziologie führen. Die Vertreter der Diskontinuitätsthese sehen den entscheidenden Bruch zwischen dem Voluntarismus und der Systemtheorie.

Neben der "großen Theorie" hat Parsons eine Reihe von Fallstudien zu einzelnen Gegenstandsbereichen wie Rollentheorie, Sozialisationstheorie, politische Soziologie, Wirtschaftssoziologie, Evolutionstheorie oder Gesellschaftstheorie verfasst. Die dort entwickelten Begriffe und Modelle sind in das Grundrepertoire dieser Teildisziplinen eingegangen und gehören entweder zum Handwerkszeug der jeweiligen Disziplin oder werden als negative Beispiele dargestellt, gegen die man sich abgrenzt.

Das Parsonssche Werk lässt sich grob in vier Phasen einteilen, von denen für den Institutionalismus die erste und zweite relevant sind.
(1) Voluntaristische Handlungstheorie (1935-1944)
(2) Strukturell-funktionale Theorie (1945-1949)
(3) Theorie sozialer Systeme (1950-1959)
(4) Allgemeines Handlungssystem (1960-1979)

Voluntaristische Handlungstheorie

Kein Buch von Parsons wurde so häufig in Artikeln und Büchern nacherzählt wie "The Structure of Social Action". Dies ist erstaunlich, weil in diesem Werk die soziologischen Denkmodelle von vier anderen Autoren - Emile Durkheim, Alfred Marshall, Vilfredo Pareto und Max Weber - zusammengefasst werden. Parsons versieht diese Rekonstruktion mit einer Einleitung und einem Nachwort, in denen er seinen Theorieansatz der *voluntaristischen Handlungstheorie* darlegt. Außerdem entwickelt er mit dem *analytischen Realismus* ein methodisches Programm, wie die theoretischen Modelle mit empirischer Forschung verbunden werden können. Die eigentliche Umsetzung dieses theoretischen und methodischen Programms erfolgt nicht in "The Structure of Social Action", sondern erst in den 40er Jahren im Rahmen der "strukturell-funktionalen Theorie".

Im Einleitungskapitel wurden die von Thomas Kuhn eingeführten wissenschaftstheoretischen Bedeutungen des Begriffs Paradigma dargestellt:
(1) Ein in sich abgeschlossenes System von wissenschaftlichen Begriffen und Modellen wie die Newtonsche Mechanik in der Physik oder die Rollentheorie in der Soziologie.
(2) Musterbeispiele der Vorgehensweise von Wissenschaftlern bzw. charakteristische Problemlösungen, wie z.B. die Goffmansche Analyse des Karussellfahrens.

Parsons verwendet den Paradigmabegriff wie Kuhn, um einen gesamten Theorieansatz wie das "Paradigma für die Analyse des Sozialsystems" (1976a: 166) zu charakterisieren. Diese Begriffsverwendung bildet allerdings eher die Ausnahme. Stattdessen reserviert Parsons den Ausdruck Paradigma für die grundlegenden Analyseinstrumente der strukturalistischen Handlungstheorie (1977a: 249, 243):
(1) Vier-Funktionen-Paradigma
(2) Austausch-Paradigma.

Diese Paradigmen sind - wie noch genauer gezeigt werden wird - Methoden zur Analyse von sozialen Strukturen und Prozessen und lassen sich somit mit den Kuhnschen Musterbeispielen vergleichen. Zur begrifflichen Präzisierung sollte man allerdings das methodische Konzept als "paradigmatisches Instrument" von den konkreten Beispielen unterscheiden. Falls diese Beispiele charakteristisch für die angewandte Analysemethode sind, werden wir sie als "paradigmatische Beispiele" bezeichnen.

In "The Structure of Social Action" definiert Parsons einen *Bezugsrahmen* für die Analyse sozialen Handelns, der aus folgenden vier Begriffen besteht (1968a: 732):
(1) Kondition (condition)
(2) Mittel (means)
(3) Ziel (end)
(4) Norm (norm).

Die klassische ökonomisch-orientierte Theorie unterstellt, dass ein Handelnder stets bemüht ist, seine Ziele unter den gegebenen Umständen durch optimalen Einsatz der ihm zur Verfügung stehenden Mittel zu erreichen. Parsons schließt sich diesem rationalen Erklärungsmuster zwar an, ergänzt es aber um die Komponente der Normen.

> Ein Ziel ist die logische Formulierung der Erwartung eines erwünschten zukünftigen Zustandes, sofern dieser Zustand durch das Handeln des Akteurs erreicht werden kann. (1935: 306; Übersetzung vom Verf., B.M.)

Die Mittel stehen in einer "intrinsischen" Beziehung zu den Zielen, indem nur eine ganz bestimmte Kombination von Mitteln ein Ziel hervorbringt. Wenn Handelnde diese Ursache-Wirkung-Relation zwischen Mitteln und Zielen kennen und geeignete Mittel zur Verfolgung ihrer Ziele einsetzen, so handeln sie *rational* (1935: 292). Neben diesen konkreten "empirischen" Zielen orientieren sich Handelnde an einem System von Werten, die Parsons in seinem Frühwerk "ultimate ends" nennt (1935: 293). Werte werden durch Normen konkretisiert, die als allgemeine Verhaltensvorschriften definiert sind (1935: 295).

Neben dem System letzter Ziele oder Werte ist eine zweite Komponente für die voluntaristische Handlungstheorie entscheidend: Die Werte und Normen verwirklichen sich im Handeln nicht von selbst, sondern müssen durch die Anstrengung des Individuums im Handeln zur Geltung gebracht werden (1935: 287). Der Begriff "Voluntarismus" betont genau diese Willensanstrengung der Handelnden zur Verwirklichung von Normen und Werten.

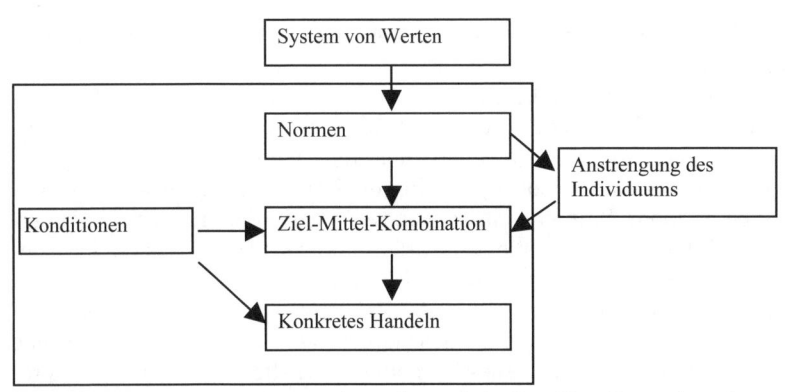

Abbildung 11: Komponenten der voluntaristischen Handlungstheorie

In Abbildung 11 bilden Normen einen Knotenpunkt. Dies entspricht ihrer Sonderstellung innerhalb der voluntaristischen Handlungstheorie. Normen regulieren (1935: 299):
(1) die Auswahl konkreter Ziele,
(2) den Einsatz von Mitteln zur Zielerreichung und
(3) die Standardisierung der sozial akzeptablen Anstrengung von Individuen.

Stellen wir uns als Beispiel vor, in einem Unternehmen muss in einer bestimmten Organisationseinheit die Stelle des Abteilungsleiters neu besetzt werden, weil der bisherige Stelleninhaber aus Altersgründen ausscheidet. Die Neubesetzung sei den Mitarbeitern der Abteilung seit längerem bekannt. Wie werden sich die Mitarbeiter verhalten? Beginnen wir mit der Annahme einiger Rahmenbedingungen oder Konditionen. Damit sich die Mitarbeiter Hoffnung auf die Stelle machen können, muss das Unternehmen wirtschaftlich ausreichend erfolgreich sein, um die Stelle neu zu besetzen. Außerdem ist bedeutend, ob die Arbeit der Abteilung innerhalb des Unternehmens in Zukunft weiter benötigt wird oder durch Rationalisierungsmaßnahmen fortfallen wird. Nehmen wir an, die Stelle soll wieder besetzt werden und die Funktion der Abteilung innerhalb des Unternehmens sei gesichert. In diesem Fall kommen Unternehmensregeln ins Spiel, die festlegen, ob Stellen eher durch interne Mitarbeiter der jeweiligen Abteilung, durch Mitarbeiter anderer Unternehmensbereiche oder durch Bewerber von außen besetzt werden. Diese Norm bildet einen Handlungsrahmen, weil eine Bewerbung nur sinnvoll ist, wenn die Unternehmensregeln eine interne Besetzung zulassen. Nicht alle Mitarbeiter der Abteilung werden sich Hoffnungen auf eine Beförderung machen; denn auch hier wirken Normen und Regeln. Innerhalb der Abteilung muss sich ein neuer Mitarbeiter längere Zeit einarbeiten, bevor er Aussicht auf Beförderung hat. Erfahrene Mitarbeiter werden in der Regel bevorzugt, während neue Mitarbeiter sich erst bewähren müssen. Diese Regel kann durchbrochen werden, wenn z.B. ein relativ neuer Mitarbeiter vorhanden ist, dessen fachliche Qualifikation deutlich über dem Niveau der anderen liegt. Die Entscheidung für den höher qualifizierten Bewerber würde in den meisten Unternehmen als "sachlich notwendig" bezeichnet werden und nicht als normative Entscheidung. Hinter diesem Hinweis auf den Sachzwang, die Unternehmensfunktionen optimal zu besetzen, steht allerdings die Norm, dass Qualifikation einen höheren Stellenwert als Seniorität innehat.

Nehmen wir an, es gäbe zwei Bewerber innerhalb der Abteilung, die begründete Aussicht auf die Stellenbesetzung haben. Jeder wird sich anstrengen, die ihm zur Verfügung stehenden Mittel optimal einzusetzen, um zum Erfolg zu gelangen. Ein Mittel wäre, durch besonders hohen Einsatz die eigene Leistung zu steigern, neue Ideen zu entwickeln und praktische Vorschläge zu deren Verwirklichung auszuarbeiten. Entscheidend für den Erfolg dieses Handelns ist allerdings, dass die Personen, die über die Neubesetzung entscheiden, von diesen Leistungen auch erfahren. Während eine Leistungssteigerung in den meisten Unternehmen als zulässiges Mittel gilt, könnte ein allzu offensichtliches Herausstellen der eigenen Leistung beim ausscheidenden Vorgesetzten oder bei der nächst höheren Entscheidungsebene als unfaires Mittel im Wettbewerb um die Beförderung angesehen werden. Die Bewertung hängt wiederum von den Unternehmensnormen ab. Wenn die Leistung eine extrem hohe Bedeutung hat, könnte ein offenes Konkurrenzverhalten als "normal" angesehen werden. In den meisten Fällen wäre allerdings die Grenze des zulässigen überschritten, wenn ein Bewerber die Leistung des anderen öffentlich vor den anderen Mitarbeitern oder Vorgesetzten herabsetzt oder "schmutzige Tricks" hinter dem Rücken des Mitbewerbers einsetzt. Sofern die Normen des Unternehmens dieses Verhalten verbieten und falls der Regelverstoß von den Vorgesetzten wahrgenommen wird, müsste sich dies negativ auf die Chancen des Bewerbers auswirken, da die Einhaltung der Unternehmensregeln - auch das ist wieder eine Norm - eine unabdingbare Voraussetzung für die Übernahme einer verantwortungsvollen Position ist.

Die Norm der Loyalität gegenüber den Unternehmensregeln kann im Konflikt mit anderen Normen stehen, wie z.B. Kreativität und Innovationsfähigkeit. In Unternehmen, deren Markterfolg von diesen Merkmalen bestimmt wird, werden Mitarbeiter mit solchen Fähigkeiten größere Beförderungschancen haben. In diesem Beispiel zeigt sich eine gewisse Wechselbeziehung zwischen Normen und Konditionen. Die jeweiligen Marktbedingungen als Konditionen können die Gewichtung der Unternehmensnormen beeinflussen. Umgekehrt kann sich die Verwirklichung bestimmter normativer Orientierungen durch die Mitarbeiter positiv auf den Unternehmenserfolg auswirken. Sowohl die beschriebenen Marktchancen als auch die Unternehmensnormen hängen von gesellschaftlichen und technischen Rahmenbedingungen ab. So wird in diesem Beispiel eine bestimmte Form der Marktwirtschaft vorausgesetzt, die in der Wertordnung der Gesellschaft verankert ist. Die Bewertung des Konkurrenzverhaltens hängt von der Bedeutung gesellschaftlicher Werte wie Solidarität und Leistungsstreben ab. Die Marktchancen hängen nicht allein von der Marktordnung, sondern auch von technischen Bedingungen ab. So hat die rasche Entwicklung der Mikrocomputer eine Vielzahl von Produkten - wie z.B. maschinelle Uhren und Rechenmaschinen - vom Markt verdrängt. Stattdessen haben sich andere Produkte durchgesetzt, die von innovationsfähigen Firmen angeboten werden. Je stärker ein Unternehmen auf die schnelle praktische Umsetzung von Innovationen angewiesen ist, um so eher werden die entsprechenden Werthaltungen der Kreativität und Innovationsfähigkeit im Arbeitsalltag belohnt werden. Dagegen ist in Dienstleistungsfunktionen, die auf Seriosität und Kontinuität ausgerichtet sind, die Förderung von Normen wie Zuverlässigkeit und Konsistenz zu erwarten.

Vergleicht man den Bezugsrahmen der voluntaristischen Handlungstheorie mit dem weiter oben zitierten Fundamentaltheorem der Handlungstheorie sowie mit dem Parssonsschen Rollenbegriff, so fällt auf, dass alle Elemente der funktionalistischen Systemtheorie bereits als Idee vorhanden sind. Der Begriff der Institutionalisierung wird relativ vollständig entwickelt, indem die Verankerung im Wertsystem, die Praktizierung der Normen im konkreten Handeln sowie die Motivation und Energie des Handelnden zur Verwirklichung der Normen und Werte berücksichtigt sind. Dagegen bleibt die Kategorie der Internalisierung und des Persönlichkeitssystems völlig unbestimmt und anstelle des allgemeinen Rollenbegriffs ist Parsons noch der ökonomischen Vorstellung des rationalen Handelns verhaftet. Dass die normative Komponente im Voluntarismus so deutlich herausgearbeitet wird, ist kein Zufall, sondern eine programmatische Entscheidung. Dieses Theorieprogramm hält Parsons in allen nachfolgenden Phasen seines Werkes konsequent durch, obwohl er die konkreten Begriffe und Modelle verändert. Das Etikett "normatives Paradigma" ist somit für die gesamte Parsonssche Soziologie zutreffend.

Parallel zu dem *Theorieprogramm* der voluntaristischen Handlungstheorie entwickelt Parsons ein methodologisches Konzept, wie die theoretischen Begriffe mit der empirischen Forschung verbunden werden können. In diesem Programm des "analytischen Realismus" wird grundsätzlich zwischen der Analyse von "Elementen" und "Einheiten" unterschieden (1968a: 748). Die Untersuchung von Einheiten besteht aus der Definition von "Typen-Einheiten" und "empirischen Generalisierungen", mit deren Hilfe konkrete soziale Strukturen und Prozesse beschrieben werden. Die Vorstellung eines ehrgeizigen Mitarbeiters in einem Unternehmen, der sich an Solidaritäts- und Leistungsnormen zu halten versucht, wäre eine Typen-Einheit, während der beschriebene Zusammenhang zwischen der Marktsituation des Unternehmens und der Bevorzugung bestimmter Auswahlkriterien bei Stellenbesetzungen eine empirische Generalisierung bildet. Im Rahmen der Elementanalyse unterscheidet Parsons zwischen "analytischen Elementen", die Variablen oder Dimensionen darstellen, und "analytischen Gesetzen", die universelle Beziehungen zwischen diesen Variablen erfassen. Als Vorbild der Elementanalyse standen naturwissenschaftliche Gesetze Pate, in denen die Relation zwischen messbaren Variablen durch mathematische Gleichungen dargestellt werden. Beispiele dieses Aussagentyps innerhalb der Soziologie bilden die Verhaltensgesetze von Homans (siehe Kap. 6.10).

Parsons selbst verfolgt die Suche nach sozialen Gesetzen im naturwissenschaftlichen Sinne nur halbherzig, relativiert den Anspruch im Rahmen der strukturell-funktionalen Theorie Mitte der 40er Jahre (1973c: 39) und löst sich 1960 endgültig von dem Anspruch, soziale Gesetze in Form von Gleichungen oder Funktionen aufzustellen und empirisch anzuwenden (Miebach 1984: 124-5). Um so konsequenter hält Parsons aber an dem Anspruch fest, abstrakte Begriffe und universelle Analyseinstrumente zur soziologischen Forschung zu entwickeln und diese Konzepte in einem möglichst geschlossenen Theoriegebäude zu integrieren. Die voluntaristische Handlungstheorie (Abbildung 11) ist ein erster Versuch, einen universell verwendbaren begrifflichen Rahmen mit bestimmten Relationen zwischen den Begriffen zu entwickeln, der die Richtung der Analyse sozialer Situationen vorgibt, wie in dem Beispiel der Stellenbesetzung dargestellt wurde. Die amerikanische Soziologie vor Parsons war pragmatisch auf empirische Beschreibungen und begrenzte Problemlösungen ausgerichtet. Es ist Parsons' Verdienst, abstrakte Modelle und Theorien in die akademische Soziologie der USA eingeführt zu haben. Trotz dieser theoretischen[26] Orientierung war Parsons im amerikanischen Pragmatismus verwurzelt. Mit dem Anspruch

---

26 Parsons' theoretische Orientierung und sein komplizierter Sprachstil haben ihm bei seinen amerikanischen Kollegen den Ruf eingebracht, weniger ein amerikanischer als ein europäischer Soziologe zu sein. Hinzu kam, dass Parsons nach seinem Deutschlandaufenthalt in Heidelberg 1927 promoviert hat, wodurch er seine Nähe zur europäischen Theorietradition auch biographisch dokumentiert hat (Schluchter 1980: 9).

des *Realismus* bringt er diese Verpflichtung zum Ausdruck und wendet sich gegen die idealistische Haltung, die er besonders mit der Soziologie Max Webers identifiziert.

> Im Gegensatz zu der Fiktions-Sichtweise wird daran festgehalten, dass zumindest einige der generellsten wissenschaftlichen Konzepte nicht fiktiv sind, sondern Aspekte der objektiven externen Welt adäquat 'erfassen'. (1968a: 730; Übersetzung vom Verf., B.M.)

Der Anspruch, mit analytischen Begriffen bestimmte Aspekte der sozialen Wirklichkeit einzufangen, bedeutet aber keine Identifikation zwischen Modell und wirklichen sozialen Prozessen. Eine solche Gleichsetzung hätte - wie bereits im Zusammenhang mit dem Systembegriff dargestellt wurde - einen Reifikationsfehler zur Folge (1968a: 730). Konsequenterweise unterscheidet Parsons im Rahmen der strukturell-funktionalen Analyse "theoretische" und "empirische" Systeme.

> Ein theoretisches System, so wie es hier verstanden wird, ist eine Gesamtheit allgemeiner Begriffe, die logisch interdependent sind und einen empirischen Bezug haben. (1973c: 31)

Die real ablaufenden Prozesse, die mit Hilfe dieser theoretischen oder analytischen Systeme beschrieben werden, bezeichnet Parsons dagegen als "empirische" Systeme (1973c: 32). Der Wissenschaftler beobachtet reale Prozesse, die er mit Hilfe eines theoretischen Systems interpretiert. Falls diese Interpretation zu den beobachteten Phänomenen passt und plausible Prognosen zulässt, wird er annehmen, dass die Prozesse einen "systemischen" Charakter haben, ohne dies im strengen Sinne beweisen zu können. Wie weiter oben argumentiert wurde, müssen wir auch bei technischen Systemen zwischen dem Systemplan und den wirklich ablaufenden Prozessen unterscheiden. Da aber z.B. das Heizsystem nach dem Schaltplan konstruiert wird, ist die Unterscheidung zwischen empirischen und analytischen Systemen nicht so bedeutsam wie in den Gesellschaftswissenschaften.

Nach der Veröffentlichung seines theoretischen und methodischen Konzepts in "The Structure of Social Action" setzt sich Parsons zum Ziel, dieses Programm in der konkreten Forschung zu erproben. Sein erster Forschungsgegenstand wird die Medizinsoziologie, indem er die Rollen von Ärzten und Patienten sowie die sozialen Mechanismen untersucht, die die Arzt-Patienten-Interaktion steuern. Parsons hält sich für einige Zeit in einem Bostoner Krankenhaus auf und nimmt als Beobachter an Visiten teil. Anfang der 40er Jahre verfasst er eine Reihe von Essays zu aktuellen politischen Problemen wie die Mechanismen der Propaganda in demokratischen Staaten. Erst 1945 meldet sich der Theoretiker Parsons mit der "strukturell-funktionalen Theorie" (1973c: 52-64) wieder zu Wort und löst damit eine mehrjährige Debatte innerhalb der amerikanischen soziologischen Gesellschaft aus. Anfang der 50er Jahre vermeidet Parsons den Begriff "strukturell-funktionale Theorie" und spricht von "Theorie sozialer Systeme" oder "funktionaler Analyse". In dieser Theoriephase entwickelt Parsons das "Vier-Funktionen-Paradigma", das dem Gegenstand von Kapitel 4.1 bildet.

In dem 1945 veröffentlichten Artikel "Systematische Theorie in der Soziologie. Gegenwärtiger Stand und Ausblick" (1973c) führt Parsons die "strukturell-funktionale Theorie" als Forschungsprogramm für die systematische Soziologie ein. Das wissenschaftliche Ideal zur Analyse sozialer Prozesse sieht Parsons in den Differentialgleichungssystemen (1973c: 36). Da die Soziologie noch nicht reif ist für diese strenge Formalisierung, bietet sich nur die strukturell-funktionale Theorie als systematische soziologische Theorie an (1973c: 39).

Der Bezugsrahmen stützt sich auf die Begriffe *Struktur* und *Funktion*. Der Strukturbegriff beinhaltet - wie bereits dargestellt - die relativ stabilen normativen Beziehungsmuster (1973c: 54). Das wichtigste Strukturelement ist die Rolle (vgl. Kap. 2.2) als "differenzierten 'Ausschnitt'" des gesamten Handelns von Individuen (1973c: 55). Daraus ergibt sich als Kernaussage der strukturell-funktionalen Theorie:

> Die soziale Struktur ist ein System von Beziehungsmustern zwischen Handelnden in ihrer Eigenschaft als Rollenträger. (Parsons 1973c: 55)

Zu "Institutionen"[27] werden nach Parsons die durch Rollen definierten Erwartungsmuster an das Verhalten von Rolleninhabern, wenn sie "so fest in das Handeln eingegangen sind, dass sie ganz selbstverständlich als legitim[28] betrachtet werden" (Parsons 1973c: 56)

Als Voraussetzung für die Institutionalisierung nennt Parsons
a) die positiven Motive gegenüber den Erwartungsmustern
b) die Durchsetzung der Erwartungsmuster durch die Sanktionen der anderen (1973c: 56).

Damit ergeben sich die drei Merkmale der institutionalisierten Rolle, die in Abbildung 12 zusammengefasst werden.

---

(1) Rolle ist getragen von positiven Motiven des Rollenträgers
(2) Rolle wird durch Sanktionen anderer durchgesetzt
(3) Rollenerwartung wird als legitim angesehen und ist somit normativ verankert

Abbildung 12: Institutionalisierte Rolle

Der Strukturbegriff der "Institution" lässt sich noch weitgehend ohne Rückgriff auf die Theorie sozialer Systeme erläutern, die Parsons in dem Grundsatzartikel von 1945 programmatisch einführt.

Der zweite zentrale Begriff der Funktion setzt ein Bezugssystem voraus, auf das sich die Funktion bezieht. So erfüllt die Familie in der modernen Gesellschaft trotz des "Funktionsverlustes" im Hinblick auf Schulbildung und Altersvorsorge weiterhin entscheidende Funktionen für die Gesellschaft, wie z.B. die Sozialisation von Kindern, die emotionale Sicherheit der Familienmitglieder oder der Gestaltungsraum für die Freizeit[29].

Damit werden in der strukturell-funktionalen Theorie die sozialen Strukturen in ihrer Funktion für ein übergeordnetes soziales System analysiert. Das allgemeinste soziale System ist nach Parsons die Gesellschaft. Die Elemente von sozialen Systemen sind Handlungen von Individuen. Wie in Kap. 1 dargestellt, wird die Logik dieser Handlungen auf der Kollektivebene, z.B. Gruppe, Organisation oder Gesellschaft, analysiert und nicht aus dem

---

27 Parsons verwendet in diesem Artikel noch den Begriff "Institutionen", den er später durch "Institutionalisierung" ersetzt.
28 Der Begriff "legitim" bedeutet eine allgemeine Akzeptanz des normativen Musters als gerechtfertigte soziale Ordnung.
29 In welchem Ausmaß die Bevölkerung von der Familie solche Funktionen erwartet und wie die Familie sie ausfüllt, ist Gegenstand der Familiensoziologie (Hill/Kopp 1995)

Zusammenspiel von an Zielen und Interessen (rational) orientierten Individuen abgeleitet wie im Rational-Choice Ansatz.

In der strukturell-funktionalen Theorie grenzt Parsons das soziale System des Rollenhandelns von dem "Kultursystem" ab, das aus allgemeinen Orientierungsmustern von Handelnden, wie z.B. Einstellung zu Grundwerten, und Symbolsystemen, wie z.B. das Grundgesetz oder Religionen, besteht (1973c: 53). Das Kultursystem bildet wie die Persönlichkeit (1973: 53) ein Umweltsystem für das soziale System. Durch die Rollen werden kulturelle Muster im sozialen System verankert. Außerdem verschränkt die Rolle das soziale System mit der Persönlichkeit: Das Rollenhandeln wird von Individuen ausgeführt, die kulturelle Muster verinnerlicht haben.

In den vorangegangenen Darstellungen wurden Werte und Normen als *Strukturkategorien* beschrieben. Nach der Einführung des Rollenbegriffs wird es notwendig, diese Begriffe genauer voneinander abzugrenzen. Parsons (1976a: 177-84) unterscheidet insgesamt vier Strukturkategorien in sozialen Systemen.
- Wert
- Norm
- Kollektiv
- Rolle.

Im Zusammenhang mit der Parsonsschen Rollentheorie wurden die Begriffe Rolle, Norm und Wert auf die Lehrerrolle angewendet und gezeigt, dass Werte allgemeinere Orientierungen als Normen sind und dass Normen sich auf eine Vielzahl von Rollen beziehen können. Wert bildet also den abstraktesten und Rolle den konkretesten Begriff.

Zur Veranschaulichung kann man sich die Rolle eines Angestellten in einer bestimmten Abteilung eines Wirtschaftsunternehmens vorstellen. Die Rolle des Angestellten wird durch seine Stelle bestimmt. In der Regel liegt eine Stellenbeschreibung vor, in der die Aufgaben und Entscheidungskompetenzen festgelegt werden. Neben den in der Stellenbeschreibung dokumentierten Rechten und Pflichten kann der Vorgesetzte weitere Anforderungen definieren, und der Stelleninhaber muss allgemeine Verhaltensregeln - wie z.B. die Einhaltung des Datenschutzes - als verbindlich anerkennen. Insgesamt wird also ein Rahmen für das Verhalten in unterschiedlichen Arbeitssituationen vorgegeben. Neben diesem Strukturaspekt der Rolle wird der Mitarbeiter die Ausfüllung dieses Rahmens durch konkretes Handeln erst nach einer gewissen Einarbeitungszeit erlernen. Das konkrete Handeln des Rolleninhabers lässt sich nicht vollständig in Regeln beschreiben, sondern muss im konkreten Rollenhandeln erlernt werden.

Auf derselben Ebene der situationsgebundenen Handlungsregulierung wie die Rolle siedelt Parsons Kollektive oder Gruppen an. Der Mitarbeiter wird in der Regel in eine Gruppe von Kollegen mit ähnlichen Aufgaben eingebunden sein. Diese Gruppe erwartet von ihm andere Verhaltensweisen als der Vorgesetzte, z.B. sich an Albernheiten zu beteiligen, ein bestimmtes Arbeitstempo einzuhalten oder fachlich schwächere Kollegen zu unterstützen. Auch hier werden situationsspezifische Verhaltensweisen erwartet, die aber nicht formal durch Rechte und Pflichten verankert sind. Normen sind im Gegensatz zu Rollen und Kollektiven nicht situationsgebunden, beziehen sich aber auf bestimmte Funktionen. So gilt für Programmierer die Norm, fehlerfreie Programme zu erstellen und die Anwender der Programme im Sinne seiner Dienstleistungsfunktion kompetent zu unterstützen. Die

Qualitäts- und Dienstleistungsnorm gelten für die meisten Unternehmensbereiche, so dass sie funktional auf der Ebene des ökonomischen Systems verortet werden können.

Das Anstreben einer hohen Qualität bei Tätigkeiten kann aber auch ein Wert sein, der außerhalb des ökonomischen Kontextes in der Gesellschaft gilt. Dieser Wert äußert sich in einem Drang nach Perfektionismus in allen Lebensbereichen wie Schule, Freizeit oder Familie. Während hier eine Norm der Arbeitswelt sich auf andere Lebensbereiche ausdehnt, lassen sich auch Beispiele von gesellschaftlichen Werten aufzählen, die in das Arbeitsleben eingedrungen sind. So wird die Forderung nach dem Gleichheitsprinzip im Hinblick auf die Entlohnung von Männern und Frauen im Berufsleben stärker gefordert. Die Werthaltung der Solidarität gegenüber der Gruppe der Arbeitslosen veranlasst die Gewerkschaftsmitglieder, für eine Arbeitszeitverkürzung einzutreten. Der Wert der Gesundheitsfürsorge spielt in der Arbeitswelt eine große Rolle bei der Gestaltung des Arbeitsplatzes, und die Manager-Zeitschriften propagieren zunehmend, dass Unternehmen dem gesellschaftlichen Wertwandel Rechnung tragen sollen, indem sie z.B. auf die veränderten Freizeitbedürfnisse der Mitarbeiter durch flexible Arbeitszeitgestaltung reagieren.

Kategorie	situationsspezifisch	funktionsspezifisch
Wert	-	-
Norm	-	+
Rolle, Kollektiv	+	+

Abbildung 13: Strukturkategorien des Sozialsystems
Zeichenerklärung: + = trifft zu; - = trifft nicht zu

Um konkrete *Institutionen* zu untersuchen, muss man nach Parsons die Rollen, Normen und Werte beschreiben. Der Begriff "Kollektiv" als Beziehungsmuster zwischen bestimmten Rollen hat sich im Gegensatz zu Wert, Norm und Rolle nicht durchgesetzt. Stattdessen gehören die in Kap. 2.2.1 dargestellten Begriffe "Rollenkomplementarität", "Rollen-Set" und "Bezugsgruppen" zum Inventar der soziologischen Grundbegriffe, um die Beziehungsmuster von Rollen zu beschreiben.

Strukturen bzw. Institutionen bilden aus der Perspektive der konkreten Handlungssituation eine statische Komponente, weil sie als soziale Tatsachen im Sinne Durkheims verbindlich sind. Die dynamische Komponente sozialer Systeme bilden *Funktion*. Parsons stellt mit der strukturell-funktionalen Theorie die These auf, dass der Funktionsbegriff ein dynamisches Gegengewicht zu dem statischen Strukturbegriff bildet. In diesem Sinne ist die strukturell-funktionale Theorie die soziologische Version der dynamischen Theorie der Mechanik.

> Die funktionale Beziehung jeder einzelnen Bedingung und jeden Prozesses auf den Zustand des Gesamtsystems stellt also das logische Äquivalent für die Simultangleichungen in einem voll entwickelten System der analytischen Theorie dar. (Parsons 1973c: 38)

Die soziologischen Theoretiker haben diesen Optimismus mehrheitlich nicht geteilt. Stattdessen wird die Parsonssche Theorie als *statisch* angesehen.

Heute wird die soziologische Systemtheorie wesentlich durch Luhmanns *Theorie autopoietischer Systeme*[30] (1984) repräsentiert. Luhmann vermeidet allerdings eine mathematische Formalisierung, wie sie Parsons ursprünglich vorgeschwebt ist. Stattdessen entwickelt er ein sprachlich-konstruktivistisches Theoriegebäude, das in Kap. 4.2 ausführlich dargestellt wird.

Im Gegensatz zu dieser Theoriekonstruktion hat Volker Müller-Benedict unter dem Be-griff der *Selbstorganisation* (2000) ein formales Modell zur Beschreibung von makrosoziologischen Prozessen mit Hilfe von Differenzengleichungen entwickelt. Diese Gleichungen hat Müller-Benedict aus einer Tradition von interdisziplinären Forschungsprogrammen übernommen, die unter Titeln wie "Chaostheorie", "Katastrophentheorie", "Selbstorganisation" oder "Systemtheorie 2. Ordnung" in den Sozialwissenschaften bekannt geworden ist (an der Heiden 1992).

Müller-Benedict verwendet als theoretischen Bezugsrahmen das Mikro-Makro Modell des Methodologischen Individualismus (Esser 1996). Sollte sich der Parsonssche Traum von der formalisierten dynamischen Theorie in dem konkurrierenden Paradigma verwirklichen? Da es sich bei Müller-Benedicts Modellen um erste Anwendungsbeispiele mit sehr restriktiven Annahmen handelt, ist nicht abzusehen, ob dieser Ansatz zum Erfolg führen wird.

Organisationsmodell des alten Institutionalismus

Die Parsonssche Organisationstheorie findet in den Monographien zur Geschichte der Organisationstheorien (z.B. Kieser 1978, 2001; Bea/Göbel 1999, Schreyögg 1998) keine Beachtung, obwohl Parsons und Platt (1974) ein umfassendes Organisationsmodell der amerikanischen Universität entwickelt haben. Es ist daher überraschend, dass sich die Neo-Institutionalisten innerhalb der Organisationssoziologie auf die Tradition des Parsonsschen Institutionalismus berufen (Powell/DiMaggio 1991). Parsons (1960; 1968d) konzipiert Organisation als *3-Ebenen-Modell*:
(1) Managerial Level
(2) Institutional Level
(3) Societal Level

Die operative Ebene ("managerial level") beschreibt die konkreten Strukturen und Prozesse der Organisation. Als Institutionalist betont Parsons neben den operativen Prozessen, wie Verkauf, Produktion oder Logistik, vor allem die Ausdifferenzierung von beruflichen Rollen auf der operativen Ebene (1960: 11). Die beruflichen Rollen teilen sich in die drei Gruppen der leitenden Rolle, der professionellen Rolle und der Arbeiterrolle auf.

Die zweite Ebene der Aufsichtsgremien ("institutional level") befasst sich mit Strategien und grundlegenden Zielen der Organisation sowie ihres Selbstverständnisses (heute sagt man "Corporate Identity") und bildet auf diese Weise eine normative Instanz. Daher handelt es sich um die Institutionalisierung von Aufsichtsgremien (1959: 14).

---

[30] In der amerikanischen Soziologie hat Kenneth D. Bailey (1994) mit der "Social Entropy Theory" eine alternative soziologische Systemtheorie entwickelt, die auf der "Living Systems Theory" des Psychologen James G. Miller aufbaut. Trotz des unterschiedlichen theoretischen Bezugsrahmens stellt nach Bailey die Theorie autopoietischer Systeme Luhmanns eine wertvolle und hochentwickelte ("valuable and sophisticated") Theorie sozialer Autopoiesis dar (1994: 317).

Die Gesellschaftsebene ("societal level") gehört zwar nicht direkt zur Organisation, wird aber als dritte Ebene in das Organisationsmodell integriert, weil die Gesellschaft rechtliche und normative Rahmenbedingungen für Organisationen bestimmt (1959: 15).

Obwohl Parsons im konkreten Organisationshandeln fließende Übergänge sieht, vertritt er den Standpunkt, dass zwischen den Emergenzebenen der Organisation eine Diskontinuität (Parsons 1959: 16) besteht. Die Handlungslogiken der unterschiedlichen Organisationsebenen lassen sich analytisch voneinander unterscheiden und sind nicht aufeinander reduzierbar. Diese grundsätzliche Position haben wir in Kap. 1 bereits als Emergenztheorem kennen gelernt, das ein Kernelement des Bezugsrahmens im alten Institutionalismus bildet.

Gesellschaft (societal level)
Rechtliche und normative Rahmenbedingungen der Gesellschaft

⇕

Aufsichtsgremien (institutional level)
Normative Instanz für Strategie und Identität

⇕

Operative Ebene (managerial level)
Konkrete Strukturen und Prozesse zur Leistungserbringung in der Organisation

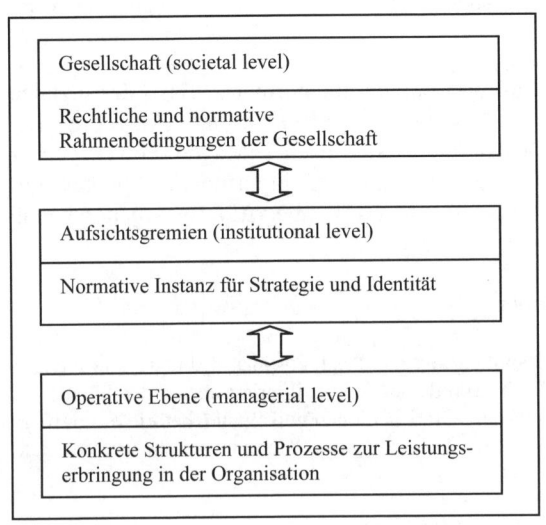

Abbildung 14: Organisationsmodell Parsons'

Der Neo-Institutionalismus greift von Parsons die Kernaussage der Abhängigkeit von institutionellen Rahmenbedingungen auf. Die institutionelle Abhängigkeit kann die Effektivität der operativen Prozesse beeinträchtigen. Trotzdem muss die Organisation sich den institutionellen Rahmenbedingungen anpassen, um langfristig zu überleben. Diese These entspricht im Wesentlichen noch dem Modell des alten Institutionalismus, wird aber im Neo-Institutionalismus erweitert, indem die Folgeprozesse dieses Konfliktes genauer analysiert werden.

Kritik des neuen am alten Institutionalismus

Die Standardkritik an Parsons, die aufgrund ihrer schematischen Wiederholung als "Parsons-Folklore" bezeichnet wurde (Turner/Beeghley 1974), zielt auf das statische Element der strukturell-funktionalen Theorie. Die Strukturen (Rolle, Norm, Wert) werden als *Ursache* für das Handeln der Individuen betrachtet, so dass der Beitrag der Persönlichkeit zu kurz kommt. Zusätzlich werden die Strukturen von Parsons gerechtfertigt, in dem er ihnen gesellschaftliche Funktionen zuweist. Mit dieser Funktion der Strukturen für das Überleben des jeweiligen Systems wird ihr Bestehen gerechtfertigt. Wir werden in Kap. 4.1 noch eingehender auf die Kritik an dem Strukturfunktionalismus eingehen.

Die Neo-Institutionalisten unterscheiden sich qualitativ von der "Parsons-Folklore", indem sie den alten Institutionalismus nicht pauschal kritisieren. Stattdessen zeigen sie differenziert die Schwachstellen des alten Institutionalismus auf. Diese Schwachstellen sollen mit dem neuen Institutionalismus überwunden werden. Aus der Sichtweise des Neo-Institutionalismus war Parsons' Lösung aus drei Gründen unvollständig.

a) Überbetonung der normativen Strukturen

> Er fokussierte auf evaluative fast bis zum Ausschluss kognitiver oder kathektischer Aspekte der Kultur- und Handlungsorientierung. (DiMaggio/Powell 1991: 18; Übersetzung vom Verf., B.M.)

Der Begriff "evaluativ" bedeutet "bewertend" und zielt auf die normative Basis des sozialen Handelns. Die Aspekte des "Kognitiven" als Ausdruck für gedanklich-intellektuelle Aktivitäten und des "Kathektischen" als emotionaler Aspekt sind nach DiMaggio/Powell gegenüber der normativen Dimension im alten Institutionalismus[31] nicht ausreichend berücksichtigt. Eine ähnliche Kritik hat Tenbruck am Parsonsschen Rollenbegriff ausgearbeitet, wie in Kap. 2.1 dargestellt wurde.

b) Reduzierung auf zweckrationales Handeln

> Er (Parsons) betrachtete implizit eine Handlung als das Produkt eines diskursiv abwägenden Agenten (discursively reasoning agent): Er reproduziert den utilitaristischen "als-ob"-Stil der Abwägung (reasoning) und dessen Rhetorik von Gratifikationen und Wahl (rhetoric of gratifications and choice). (DiMaggio/Powell 1991: 18; Übersetzung und Klammereinschübe vom Verf., B.M.)

Diese Kritik unterstellt Parsons' Voluntarismus (1937), die Rolle des Akteurs auf eine einfache Zweck-Mittel Kalkulation zu reduzieren und die persönlich-individuellen Dimensionen und die kulturellen Orientierungen im Handeln auszublenden. Es ist ungewöhnlich, Parsons vorzuwerfen, er verfolge ein zu einfaches Rational-Choice Modell. Allerdings treffen DiMaggio/Powell damit ein entscheidendes Defizit der Parsonsschen Handlungstheorie, die die Rolle des Persönlichkeitssystems im Handlungskontext als zu passiv konzipiert.

c) Restriktives Persönlichkeitsmodell

> Er (Parsons) setzt viel stringentere Anforderungen (stringent requirements) für intra- und intersubjektive Konsistenz voraus als neuere Forschungen in Psychologie in diesem Fall ergeben haben. (DiMaggio/Powell 1991: 18; Übersetzung und Klammereinschübe vom Verf., B.M.)

---

31 Parsons hat 1951 zusammen mit seinem Kollegen Edward Shils eine "generelle Handlungstheorie" entworfen, wo beide Autoren mit den Dimensionen "kognitiv", "kathektisch" und "evaluativ" die motivationalen Orientierungen der Akteure klassifizieren (Parsons/Shils 1976: 67-71; Miebach 1984: 176-7). Es ist Parsons allerdings nicht gelungen, sich mit diesem allgemeinen Theorieansatz durchzusetzen. Stattdessen wurde (und wird) seine Theorie mit dem systemtheoretischen "Vier-Funktionen-Paradigma" identifiziert.

Dieses Argument führt den zweiten Kritikpunkt der Rational-Choice Vereinfachung fort und verweist auf psychologische Forschungsergebnisse, die das homogene Bild der einzelnen Persönlichkeit erschüttern und die These von gemeinsamen Persönlichkeitsmerkmalen der Individuen infrage stellen[32].

Scott kritisiert Parsons, dass das Wechselspiel des Instrumentellen und Normativen im sozialen Handeln nicht ausreichend analysiert wird (2001: 16). Damit greift er das Argument von DiMaggio und Powell auf, Parsons habe im Voluntarismus das Akteurhandeln zu einfach auf die zweckrationale Dimension reduziert. Zusätzlich regt Scott an, die komplexe Problematik der gegenseitigen Beeinflussung von instrumentell-rationaler und normativ-kollektivistischer Ebene eingehender zu betrachten[33].

Die dargestellten Kritikpunkte am alten Institutionalismus sind zutreffend und heben sich von der stereotypen "Parsons-Folklore" ab. Allerdings ergibt sich aus den Werken der Neo-Institutionalisten noch kein klares Bild, ob die Kritikpunkte in dem neuen Paradigma tatsächlich überwunden werden. Der Neo-Institutionalismus präsentiert sich als ein empirisch ausgerichtetes Forschungsprogramm, das je nach Fragestellung auf bestimmte Theoriemodule zurückgreift. Eine geschlossene soziologische Theorie des Neo-Institutionalismus ist - trotz des integrativen Versuchs von Scott - noch nicht entstanden. Wahrscheinlich streben die Neo-Institutionalisten die "große" Theorie gar nicht an, weil sie dann - wie Parsons - Gefahr liefen, zu erstarren und ihre Originalität zu verlieren.

2.3.3 Neo-Institutionalismus

Der neue Institutionalismus wurde durch den Artikel von John W. Meyer (Stanford University) und Brian Rowan (Michigan State University) mit dem Titel "Institutionalized Organizations: Formal Structure as Myth and Ceremony" (1991) begründet. Meyer und Rowan müssen mit ihrem Modell ein wichtiges Phänomen getroffen haben, das Organisationstheoretiker und -praktiker zwar beobachtet, aber noch nicht organisationssoziologisch analysiert hatten. Nur dadurch lässt sich der spektakuläre Erfolg des Artikels und die schnelle Ausbreitung des Neo-Institutionalismus innerhalb der Organisationsforschung erklären (Hasse/Krücken 2005).

Der Titel des Artikels von Meyer und Rowan greift die in der Organisationssoziologie gängige Rationalitätsannahme an. Der bekannte Wirtschaftswissenschaftler Herbert A. Simon relativiert bereits 1948 die Rationalitätsannahme durch das Modell der *begrenzten Rationalität* (bounded rationality), ohne allerdings die Organisationsrationalität grundsätzlich infrage zu stellen. Für Meyer und Rowan ist die Rationalitätsannahme ein von den Organisationsmitgliedern inszenierter Mythos und entspricht damit nicht der wirklichen Handlungslogik von Wirtschaftsorganisationen.

> Formale Strukturen vieler Organisationen in der postindustriellen Gesellschaft richten sich dramatisch nach den Mythen ihrer institutionellen Umwelt anstelle nach den Erfordernissen ihrer Arbeitsaktivitäten. (Meyer/Rowan 1991: 41; Übersetzung vom Verf., B.M.)

---

32 Die Kritik an dem Persönlichkeitsmodell wird in Kap. 4.1 im Zusammenhang mit dem rollentheoretischen Sozialisationsmodell genauer dargestellt.
33 In Kap. 1 wurde bereits dargestellt, dass der Methodologische Individualismus dieses Thema intensiv behandelt (vgl. Kap. 6).

Damit bezieht der Neo-Institutionalismus eine Gegenposition zu den gängigen Rational-Choice Theorien. Der Neo-Institutionalismus kritisiert zusätzlich die Rationalitätsannahme der Systemtheorie, dass das Organisationsverhalten als Anpassung an die Anforderungen der Umweltsysteme erklärt.

> Im Gegensatz zu den Umweltbeziehungen, die durch die Theorien offener Systeme suggeriert werden, definiert die Theorie des Neuen Institutionalismus: Organisationen als dramatische Gestaltung von Rationalitätsmythen der durchdringenden modernen Gesellschaft anstelle von Einheiten, die im Austausch (wie komplex auch immer) mit ihrer Umwelt stehen. (Meyer/Rowan 1991: 41; Übersetzung vom Verf., B.M.)

Meyer und Rowan haben sich mit dieser Gegenposition Gehör verschafft, indem sie ein empirisch plausibles und theoretisch stringentes Modell erarbeitet haben. Das Modell lässt sich mit drei Thesen beschreiben, die zur besseren Übersicht "Rationalitätsnorm", "Rationalitätsmythen" und "Entkoppelungsthese" genannt werden.

Die *Rationalitätsnorm* besagt, dass in Organisationen formale Strukturen entstehen, die institutionellen Rationalitätskonzepten entsprechen und daher die Legitimität und Überlebensfähigkeit der Organisation erhöhen. Diese formalen Strukturen werden zu machtvollen *Rationalitätsmythen*, die zeremoniell angewendet werden, obwohl sie häufig im Widerspruch zu operativen Effizienzkriterien stehen. Um die zeremonielle Konformität zu bewahren und trotzdem operativ handlungsfähig zu bleiben, sind Organisationen gezwungen, ihre operativen Prozesse von den formalen Regeln der Organisation zu *entkoppeln*, so dass eine Lücke zwischen formaler Struktur und aktuellen Arbeitsaktivitäten entsteht (Meyer/Rowan 1991: 41). Auf der Grundlage dieser Grundhypothesen formulieren Meyer und Rowan zwei Aussagen über die sozialen Mechanismen, wie institutionelle Quellen die formale Struktur beeinflussen.

> Aussage 1:
> Wenn rationalisierte institutionelle Regeln in bestimmten Bereichen von Arbeitsaktivitäten entstehen, werden sich formale Organisationen formen und durch Übernahme dieser Regeln als strukturelle Elemente weiterentwickeln. (Meyer/Rowan 1991: 45; Übersetzung vom Verf., B.M.)

> Aussage 2:
> Je modernisierter die Gesellschaft ist, um so ausgedehnter ist die rationalisierte Struktur in bestimmten Bereichen und desto größer ist die Anzahl von Bereichen, die rationalisierte Institutionen umfassen. (Meyer/Rowan 1991: 46; Übersetzung vom Verf., B.M.)

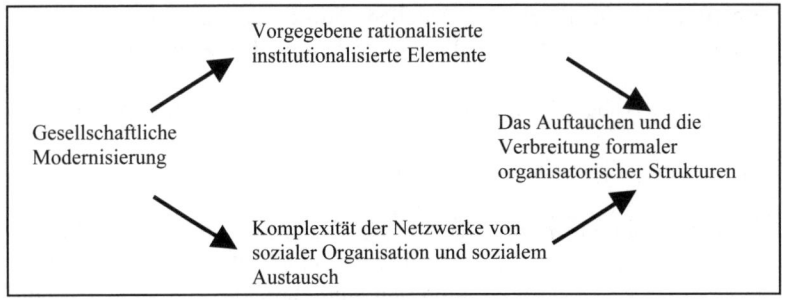

```
                    Vorgegebene rationalisierte
                    institutionalisierte Elemente
                  ↗                          ↘
                                              Das Auftauchen und die
    Gesellschaftliche                         Verbreitung formaler
    Modernisierung                            organisatorischer Strukturen
                  ↘                          ↗
                    Komplexität der Netzwerke von
                    sozialer Organisation und sozialem
                    Austausch
```

Abbildung 15: Institutionelle Quellen der formalen Organisation
(Meyer/Rowan 1991: 46; Übersetzung vom Verf., B.M.)

Die auf diese Weise institutionell generierte formale Struktur sichert - so die weitere Aussage - den Erfolg und das Überleben der Organisation.

Aussage 3:
Organisationen, die gesellschaftlich legitimierte rationalisierte Elemente in ihrer formalen Struktur übernehmen, maximieren ihre Legitimität und vergrößern ihre Ressourcen und ihre Überlebenskapazität. (Meyer/Rowan 1991: 53, Übersetzung vom Verf., B.M.)

```
    Entstehung elaborierter           Organisationale Konformität mit
    rationalisierter institutionali- →  institutionellen Mythen
    sierter Mythen
                                              ↘
       ↑ ↓                                    Legitimation
                                              und Ressourcen
                                      ↗              ↘
    Organisations-                                    Überleben
    effizienz
```

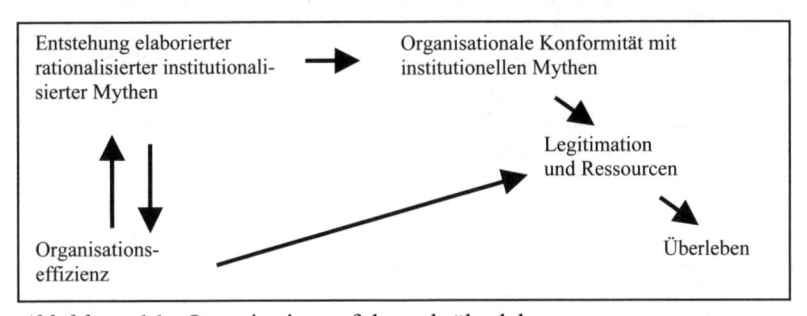

Abbildung 16: Organisationserfolg und -überleben
(Meyer/Rowan 1991: 53; Übersetzung vom Verf., B.M.)

Die Kopplung von institutionellen Quellen und formalen organisatorischen Strukturen bezeichnen Meyer/Rowan (1991: 55) als *Isomorphismus*[34], der zu zwei organisatorischen Inkonsistenzen führt:
- Konflikt zwischen technischen Aktivitäten/Effektivitätsanforderungen und der institutionalisierten Konformität der Organisation mit zeremoniellen Regeln
- Konflikte innerhalb der institutionalisierten Regeln, z.B. Personalabbau und Marktexpansion

Organisationen entwickeln bestimmte Anpassungsstrategien[35], um mit diesem Dilemma fertig zu werden (Meyer/Rowan: 56-7):

---

34 Der Begriff Isomorphismus wird in der Mathematik als eineindeutige Abbildung definiert.

- Resistenz der Organisation gegenüber zeremoniellen Anforderungen
- Rigide Konformität gegenüber zeremoniellen Vorgaben und Abschneiden externer Beziehungen
- Zynische Feststellung, dass die Organisationsstruktur inkonsistent mit den Arbeitserfordernissen ist
- Versprechen von Reformen durch die Organisation

Der Neo-Institutionalismus baut einen grundsätzlichen Gegensatz zwischen technisch-operativer Rationalität und institutionell bestimmten Strukturen auf. Die institutionellen Strukturen sichern das Überleben der Organisation und sind zumindest funktional. Natürlich handelt ein Manager, der diese Abhängigkeit kennt, in gewissem Sinne rational, wenn er die Logik der institutionellen Abhängigkeit beachtet. Hier liegt der "blinde Fleck" des Artikels von Meyer und Rowan, indem sie der technisch-operativen Ebene Rationalität zuschreiben, weil sich dort die Akteure an Effektivitätskriterien orientieren[36]. Damit schaffen Meyer/Rowan in Bezug auf die technisch-operative Rationalität einen eigenen Mythos, der empirisch nicht haltbar ist. Als Kunde von Serviceorganisationen in Konzernen wird man z.B. mit der mangelnden Effektivität und Rationalität der Auftragsbearbeitungs- und Logistikprozesse konfrontiert. Die Ursache liegt in der Prozessorganisation und in der Arbeitshaltung der ausführenden Personen und weniger an den institutionellen Rahmenbedingungen.

Ungeachtet dieser Schwachstelle im Hinblick auf die Mystifizierung der technisch-operativen Effektivität ist die Analyse der institutionellen Einschränkungen und der durch sie ausgelösten Anpassungsprozesse bei Meyer und Rowan zutreffend. Hier stellen sie drei weitere Hypothesen zur Beschreibung der supoptimalen Folgestrukturen und -prozesse der institutionellen Abhängigkeit auf und fassen den Argumentationszusammenhang in dem im Abbildung 17 dargestellten Pfadmodell zusammen.

Aussage 4:
Weil Kontroll- und Koordinationsversuche der Aktivitäten in institutionalisierten Organisationen zu Konflikten und Legitimitätsverlust führen, werden strukturelle Elemente einerseits voneinander entkoppelt und andererseits von Aktivitäten entkoppelt. (Meyer/Rowan 1991: 57, Übersetzung vom Verf., B.M.)

Aussage 5:
Je mehr die Organisationsstruktur von institutionalisierten Mythen abgeleitet ist, um so mehr entwickelt sie ausgeprägte interne und externe Formen von Vertrauen, Gratifikation und Zuversicht.(Meyer/Rowan 1991: 59, Übersetzung vom Verf., B.M.)

Aussage 6:
Institutionalisierte Organisationen versuchen, den Einblick und die Bewertung durch interne Manager und externe Beauftragte zu minimieren. (Meyer/Rowan 1991: 59, Übersetzung vom Verf., B.M.)

---

35 Diese Anpassungsstrategien weisen eine gewisse Ähnlichkeit mit den Anpassungsstrategien, die Rational-Choice Theoretiker als Reaktion auf "begrenzte Rationalität" konzipiert haben (Kieser 2001: 133-68). Auf diesen Ansatz werden wir in Kap. 6 genauer eingehen
36 Walgenbach stellt 25 Jahre nach Erscheinen des Artikels von Meyer und Rowan fest, dass die Entkopplung des technisch-operativen Bereichs von den institutionellen Elementen "ein bisher wenig untersuchter Bereich" ist, der weiterhin "konzeptionelle Probleme" aufweist (2002: 193).

```
┌─────────────────────────────────────────────────────────────────┐
│                             ──▶  Entkopplung der strukturellen Einheiten │
│                                   voneinander und von den       │
│   Isomorphismus mit einer         operativ-technischen Aktivitäten │
│   ausgeprägten                                                   │
│   institutionellen Umwelt   ──▶  Vertrauens- und Zuversichtsrituale │
│                                                                  │
│                             ──▶  Vermeidung von Einblick und effektiver │
│                                   Bewertung                      │
└─────────────────────────────────────────────────────────────────┘
```

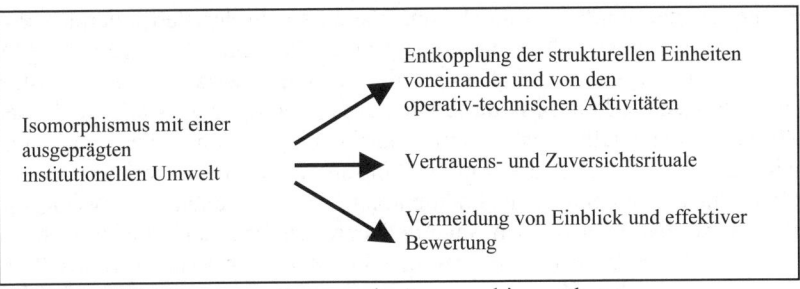

Abbildung 17: Zusammenfassung der Isomorphismusthese
(Meyer/Rowan 1991: 60; Übersetzung vom Verf., B.M.)

In der Industrie stößt man auf eine Reihe von Anwendungsbeispielen des Neo-Institutionalismus. Ein Beispiel bildet die Qualitätsnorm "ISO 9000ff.", die sich in unterschiedlichen Branchen durchgesetzt hat (Hasse/Krücken 2005). Diese Norm schreibt vor, dass die wesentlichen Unternehmensprozesse präzise dokumentiert, einheitlich angewendet und den Mitarbeitern durchgehend bekannt sind. Es handelt sich also um eine Dokumentationsnorm und nicht - wie in anderen technischen Normvorschriften - um die Vorgabe der konkreten Ausführung. So müsste der Zertifizierer, der die Anwendung der ISO-Norm in einem Unternehmen prüft und mit einem Dokument bestätigt, auch akzeptieren, wenn der Pförtner eines Werkgeländes die Eingangskontrolle der gelieferten Waren vornimmt anstelle der Wareneingangsstelle mit entsprechenden Qualitätsprüfungen. Dieses häufig zitierte Beispiel zeigt zwar die Logik der ISO-Norm als Dokumentationssystem, ist allerdings auch nicht ganz zutreffend. Ein kompetenter Zertifizierer wird in seinem "Audit" auch prüfen, ob die dokumentierte Regelung zur Erreichung der Prozessqualität grundsätzlich plausibel ist. Der Pförtner könnte im Einzelfall in seiner früheren Tätigkeit im Wareneingang Kontrollfunktionen ausgeübt haben und jetzt die Aufgabe mit übernehmen, weil sich das Unternehmen eine personelle Aufteilung der Funktionen kostenmäßig nicht leisten kann. In diesem Fall wäre die Funktionszuordnung plausibel. In der Regel wird der Zertifizierer aber das Prüfsiegel verweigern, wenn die dokumentierten Prozesse nicht plausibel zur Erreichung der dokumentierten Qualitätsziele sind.

Die ISO-Norm ist eine "Managementmode" und (noch) keine gesetzliche Vorgabe. Trotz dieser rechtlichen "Freiwilligkeit" kann es für ein Unternehmen geschäftsschädigend sein, wenn es sich der ISO-Norm verweigert, obwohl die Wettbewerbsunternehmen bereits zertifiziert sind und die Kunden die Zertifizierung gemäß ISO als Auswahlkriterium für Lieferanten verwenden. Wie Walgenbach und Beck (2000) belegen, ist die ISO-Norm Teil der umfassenden Institutionalisierung eines Qualitätsmanagements (vgl. auch Scott 2000: xvi).

Für die Anwendung der Isomorphismusthese (siehe Abbildung 17) ist es nicht entscheidend, dass die institutionell vorgegebene Struktur rechtlich verbindlich ist. Auch auf eine normative Struktur wie die ISO-Norm sollten die Thesen nach Meyer und Rowan anwendbar sein, wie nachfolgend dargestellt wird.

These Nr. 1: Entkopplung der strukturellen Einheiten voneinander und von den operativ-technischen Aktivitäten

In den meisten Unternehmen wird die ISO-Dokumentation sowie der Zertifizierungsprozess von einer eigenständigen Abteilung organisiert, die mit den Kürzeln QA (Qualitätsanalyse) oder QS (Qualitätssysteme) belegt wird. Die meisten Zertifizierungseinrichtungen fordern, dass diese Qualitätsabteilung bzw. -stelle direkt der Unternehmensführung unterstellt ist, um unabhängig von den anderen Organisationseinheiten zu sein. Mit der Entkopplungsthese ist diese organisatorische Trennung allerdings nicht gemeint. Die Entkopplung tritt erst dann ein, wenn die Aktivitäten der Qualitätsabteilung keinen unmittelbaren Einfluss auf die tatsächlich ablaufenden Prozesse, z.B. in Verkauf, Logistik und Produktion, haben. In vielen ISO-zertifizierten Unternehmen ist die ISO-Dokumentation reine "Schrankware". Sie steht also in einem Schrank (oder ist auf dem Server abgelegt) und wird in den operativ-technischen Prozessen nicht gelebt. Selbst die in der ISO-Dokumentation vorgeschriebenen Formulare (z.B. für die Dokumentation der Qualitätsprüfung im Wareneingang) werden häufig nicht genutzt und durch andere Formulare in den operativen Bereichen ersetzt. Nicht nur die operativen Prozesse werden von der ISO-Welt entkoppelt. In Restrukturierungsprojekten, in denen das Management die Unternehmensprozesse zusammen mit internen oder externen Organisationsexperten auf den Prüfstand stellt, wird nur selten auf die ISO-Prozessdokumentation zurückgegriffen. Als Argumente wird dann z.B. auf die mangelnde Aktualität oder auf die hohe Komplexität der ISO-Dokumente verwiesen.

These Nr. 2: Vertrauens- und Zuversichtsrituale

Die Entkopplung der ISO-Welt von den Unternehmensprozessen hindert die meisten zertifizierten Unternehmen nicht daran, die Zertifikate an exponierter Stelle in dem Empfangsbereich des Gebäudes aufzuhängen und werbetechnisch geschickt in Prospekten und Angeboten zu positionieren. Häufig werden zusätzlich wohlklingende Qualitätsleitsätze formuliert und - von der kompletten Unternehmensleitung handschriftlich unterschrieben - ausgehängt. Damit wird die Geltung der Qualitätsprinzipien symbolisiert, obwohl alle Mitarbeiter von der tatsächlichen Entkopplung wissen.

These Nr. 3: Vermeidung von Einblick und effektiver Bewertung

Im Falle der ISO-Norm bezieht sich die Abschirmung zunächst auf die Zertifizierer, die einmal pro Jahr erscheinen, um die Realisierung der ISO-Dokumentation zu überprüfen. Sie prüfen dabei die ISO-Dokumentation auf Vollständigkeit und fragen einzelne Mitarbeiter, ob sie die Dokumente kennen und nutzen. Welcher Mitarbeiter, der seinen Job behalten möchte, wird das Gegenteil behaupten? Natürlich setzt dies voraus, dass die Qualitätsabteilung vor der Zertifizierung die Mitarbeiter kurz einweist, damit sie sich gegenüber dem Zertifizierer an die für sie relevanten Regelungen und Dokumente erinnern. Zusätzlich führen viele Unternehmen vor der eigentlichen Zertifizierung ein "Vor-Audit" durch, wo die gröbsten Entkopplungen auffallen und noch rechtzeitig repariert werden können. Nach der erfolgreichen Zertifizierung können sich alle Beteiligten entspannt zurücklehnen und ihre von der ISO-Dokumentation entkoppelten Prozesse weiter praktizieren.

Mit dieser Darstellung soll nicht behauptet werden, dass alle Unternehmen die eigene ISO-Dokumentation nicht ernst nehmen. Es erfordert allerdings eine fortlaufende Anstrengung aller Führungs- und Fachkräfte, die Entkopplung zu verhindern. Die Ursache für die

Entkopplung der ISO-Dokumentation von den Unternehmensprozessen liegt nicht nur - wie der Neo-Institutionalismus annimmt - in dem institutionellen Ursprung der ISO-Norm. Häufig steht die Unternehmensleitung glaubhaft hinter der Einführung des Qualitätssystems und die Mitarbeiter sind durchgängig der Meinung, dass sie ein solches Regelwerk dringend benötigen, um ihre Produkte und Dienstleistungen qualitätsgerecht - und damit langfristig erfolgreich auf dem Markt - zu erbringen. Aber auch in diesem Fall, wo die ISO-Dokumentation als integraler Bestandteil der technisch-operativen Prozesse betrachtet wird, ereignet sich in vielen Fällen die Entkopplung.

Die Ursachen liegen hier tiefer als in der bloßen Ablehnung institutioneller Auflagen. Grundsätzlich ist es eher unwahrscheinlich, dass sich die Handelnden an der Logik eines Regelwerkes durchgehend orientieren. Das liegt erstens daran, dass der einzelne konkrete Fall sich nicht vollständig in das Schema des Regelwerks einordnen lässt und somit einen Spielraum für Improvisation und Interpretation eröffnet, der sich zu einer vom Regelwerk abweichenden Handlungsroutine weiterentwickeln kann. Diesen Bruch zwischen der Regelebene und der konkreten Handlungsausführung hat - wie in Kap. 2.2.2 dargestellt - bereits Mead mit der Unterscheidung zwischen "Me" und "I" herausgearbeitet.

Ein zweiter Grund für die Entkopplung - ohne Rückgriff auf die Ablehnung von institutionellen Auflagen - liegt in der Schwierigkeit, eine Menge von Akteuren dauerhaft auf eine bestimmte Handlungslogik zu verpflichten. Im systemtheoretischen Paradigma lässt sich dieses Phänomen damit begründen, dass neben der aktuellen Systemlogik eine Reihe alternativer Systembezüge in den Köpfen der Akteure "schlummern" und auf eine Gelegenheit warten, die aktuelle Systemlogik zu ersetzen.

Auf das ISO-Beispiel lässt sich das explizite Modell der Isomorphismusthese anwenden und führt zur Erklärung der beobachteten Phänomene. Gleichzeitig stößt das Modell an seine Grenzen, die im Rahmen der Kritik an dem Aufsatz von Meyer und Rowan bereits dargestellt wurden. Die ISO-Mode hat sich - wie die meisten Managementmoden - nicht auf Wirtschaftsorganisationen beschränkt, sondern hat auch andere Organisationen wie öffentliche Verwaltungen und Bildungseinrichtungen erfasst (Hasse/Krücken 2005: 136). Nach der *Isomorphismusthese* werden sich auch in diesen Einrichtungen die Qualitätsregelungen und -aktivitäten von den anderen Prozessen entkoppeln und die beschriebenen rituellen Handlungen und Abschirmungen auftreten.

Der Neo-Institutionalismus wäre nicht so erfolgreich, wenn es nicht eine Fülle von Anwendungsfällen institutioneller formaler Strukturen in den Organisationen gäbe. Ein Beispiel für eine rechtlich verbindliche institutionelle Auflage ist das KonTrag-Gesetz, das bestimmten Wirtschaftsunternehmen die Einrichtung eines Risikomanagements vorschreibt. Die durch Umwelt- und Sicherheitsvorschriften vorgegebenen "Beauftragten"-Organisationen in deutschen Unternehmen ist ein weiteres Beispiel. In Abbildung 14 werden einige gängige Anwendungsgebiete für institutionell generierte Strukturen zusammengefasst. Bereits Meyer und Rowan betonen die Unterscheidung in rechtlich verbindliche Regelungen und Modeströmungen mit Konformitätsdruck (1991: 48), nach der sich auch die Beispiele in Abbildung 18 sortieren lassen.

1. Institutionelle Vorgaben, z.B.
   - Bilanzen/Wirtschaftsprüfer
   - Beauftragte für Umweltschutz
   - Arbeitsschutz/-sicherheit
   - KonTrag
   - EDV-technische Unterstützung von Finanzamtprüfern
   - Anti-Diskriminierungsgesetz
2. Institutionalisierte Branchenstandards, z.B.
   - Technische Normen (DIN)
   - Qualitätssysteme (ISO)
3. Managementmoden, z.B.
   - Benchmarks
   - Business Reengineering
   - Balanced Scorecard
   - Corporate Government
4. Börsenstories für Analysten

Abbildung 18: Anwendungsfelder des institutionellen Isomo*rphismus*

Anhand dieser Beispielliste wird deutlich, welches Forschungspotential in der Anwendung des Neo-Institutionalismus noch steckt. Dabei ist es nicht entscheidend, das Modell des Institutionalismus anzuwenden. Auch mit Hilfe der alternativen Paradigmen lassen sich die Phänomene präzise analysieren. Der Verdienst des Neo-Institutionalismus ist, den Fokus der Analyse auf diese Phänomene gelenkt zu haben.

DiMaggio und Powell (1991) entwickeln auf der Modellebene die Isomorphismusthese weiter. Mit ihrer *Homogenitätsannahme* verweisen sie auf die Mechanismen, wie sich ein homogenes institutionelles Handeln entwickelt. Zusätzlich analysieren sie die *Mechanismen* der *isomorphen Veränderung*, die zusätzlich zu dem von Meyer und Rowan analysierten *normativen* Isomorphismus auch die Machtdimensionen als Isomorphismus durch *Zwang* und die elementare Anpassungsreaktion des *mimetischen* Isomorphismus berücksichtigt, die in Abbildung 19 zusammengefasst dargestellt wird.

(1) Isomorphismus durch Zwang (coercive isomorphism), der aus politischem Einfluss und Legitimationsproblemen resultiert

(2) Mimetischer (mimetic) Isomorphismus, der aus Standardreaktionen auf Unsicherheit resultiert

(3) Normativer Isomorphismus, der mit Professionalisierung assoziiert ist

Abbildung 19: Mechanismen der isomorphen Veränderung
(DiMaggio/Powell 1991: 64, 67; Übersetzung vom Verf., B.M.)

Die bereits dargestellte Schwachstelle bei Meyer und Rowan, dass den technisch-operativen Prozessen Effektivität zugesprochen wird, versuchen Scott und Meyer mit der These der

Parallelität von technischer und institutioneller Umwelt zu überwinden. In den unterschiedlichen gesellschaftlichen Sektoren bilden sich evolutionär bestimmte Einflusskonstellationen der technischen und institutionellen Umwelt heraus (1991: 108). Mit diesem Modell lässt sich erstens die technisch-operative Welt mit den Methoden des Neo-Institutionalismus analysieren und zweitens wird erklärt, wieso die verschiedenen gesellschaftlichen Faktoren in unterschiedlichem Ausmaß von der technischen bzw. institutionellen Umwelt geprägt sind, wie Abbildung 20 zeigt[37].

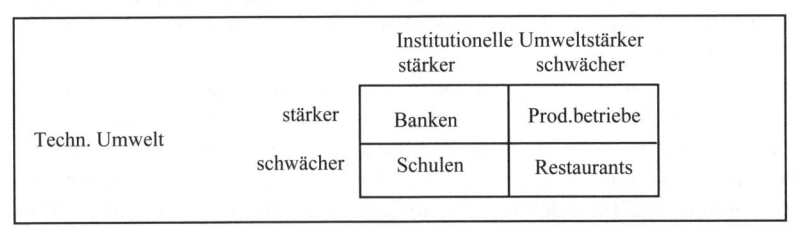

		Institutionelle Umweltstärker	
		stärker	schwächer
Techn. Umwelt	stärker	Banken	Prod.betriebe
	schwächer	Schulen	Restaurants

Abbildung 20: Parallelität von technischer und institutioneller Umwelt (Scott/Meyer 1991: 124, Übersetzung vom Verf., B.M.)

Der Neo-Institutionalismus hat - wie zu erwarten - nicht die anderen Modelle der Organisationssoziologie verdrängt, sondern hat sich in die bereits bestehenden Organisationstheorien eingereiht. Damit ist der Neo-Institutionalismus zwangsläufig zum Gegenstand der Kritik aus den anderen organisationstheoretischen Lagern geworden. Als Beispiel zitieren wir den deutschen Organisationssoziologen Klaus Türk, der dem Neo-Institutionalismus vorwirft, die durch Organisationen ausgeübten *Herrschaftsinteressen* zu ignorieren (Türk 2000: 160). Peter Walgenbach betont, dass der alte und neue Institutionalismus die Dimensionen der *Interessen, Konflikte* und *Macht* ausblenden und damit Organisationswirklichkeit nicht erklären können (2001: 348-52). Als Lösungsweg schließt sich Walgenbach dem Vorschlag von DiMaggio an, der im Rahmen des individualistischen Paradigmas die Erklärung der Institutionalisierung aus den Handlungen von Akteuren mit einem besonderen Fokus auf Machtprozesse vorschlägt.

2.3.4 Institutioneller und organisatorischer Wandel

Eine Einführung in die soziologische Handlungstheorie kann keinen umfassenden Überblick über die Veränderungsmodelle enthalten, die von Organisations- und Gesellschaftstheoretikern entwickelt worden sind. Dazu existieren bereits umfassende Monographien und ein Ende der Publikationswelle ist nicht absehbar. Trotz dieser Veröffentlichungen fällt auf, dass die Veränderungstheorien der Organisations- und Gesellschaftstheorie sich relativ getrennt voneinander entwickelt haben. Insbesondere die Modelle des organisationalen Lernens haben nur geringen Eingang in die soziologische Handlungstheorie gefunden. Wir beschränken uns in diesem Abschnitt auf die Modelle des Rational-Choice-Institutionalisten North und des Neo-Institutionalisten Scott. Die Erklärung von Wand-

---

[37] Mit diesem Modell wird die Divergenz zwischen technischer und institutioneller Welt in die Umwelt verlagert. Damit wird aber nicht das Problem gelöst, dass die Abkopplung des technisch-operativen Bereichs von den institutionellen Komponenten nicht plausibel ist.

lungsprozessen im Rahmen von Systemtheorie, Konstruktivismus und Methodologischen Individualismus wird in dem jeweiligen Kapitel dargestellt.

Institutioneller Wandel im Modell des Rational-Choice Institutionalismus (D.C. North)

Douglass C. North hat in seinem Buch "Institutions, Institutional Change and Economic Performance" ein Modell des institutionellen Wandels aus ökonomischer Perspektive entwickelt. Seine Definition der Institution als Spielregeln, die das menschliche Handeln regulieren und durch stabile Interaktionsstrukturen Unsicherheit reduzieren (1990: 3, 6) wurde bereits im Abschnitt 2.3.1 dargestellt. Institutioneller Wandel vollzieht sich nach North eher in inkrementellen kleinen Schritten als in diskontinuierlichen Sprüngen. Selbst typische diskontinuierliche Veränderungen, wie Revolutionen oder Eroberungen, sind nach North nicht vollständig diskontinuierlich, weil auch sie das Resultat einer Einbettung in informelle gesellschaftliche Einschränkungen ("constraints") sind (1990: 6). Gerade die informellen institutionellen Bedingungen eröffnen den Organisationen Chancen, die sie zu ihrem Vorteil nutzen und auf diese Weise einen stetigen institutionellen Wandel bewirken (1990: 7). Genauer lässt sich der Pfad des institutionellen Wandels in zwei Aspekte aufteilen (1990: 7):
(1) das Einloggen ("lock-in") der Organisationen in die Institutionen, die Anreizstrukturen für die Organisationen bereitstellen, und
(2) der Rückkopplungsprozess ("feedback process"), durch den Individuen die veränderten Chancen ("changes in the opportunity set") wahrnehmen und darauf reagieren.

Dieses Grundmodell des Wandels setzt wie im Neo-Institutionalismus voraus, dass Institutionen das Organisationshandeln beeinflussen. Aus ökonomischer Sicht darf diese institutionelle Beeinflussung der Handelnden nicht normativ, sondern als situative Bedingung für das Handeln von Akteuren verstanden werden, die gegebene Chancen nutzen, um ihre Ziele zu erreichen. Die Beweggründe des Handelns liegen also in der *Zielstruktur des Individuums* und nicht in den Institutionen selbst. Die Institutionen bilden lediglich *Rahmenbedingungen*, die Handlungsspielräume vorgeben.

Der erste Schritt des Modellaufbaus besteht in der Unterscheidung von *formalen* und *informellen* Einschränkungen *(*constraints*)*. Anstelle des Begriffs Einschränkungen verwendet North auch den Begriff Regeln (rules) oder Rahmenbedingung (framework). Informelle constraints bestehen aus Ausführungscodes, Verhaltensnormen und Konventionen (1990: 36) sowie Routinen, Gewohnheiten oder Traditionen (1999: 83). Die Quelle von informellen constraints liegt in der Kultur der jeweiligen Gesellschaft. Daher sind die informellen constraints besonders resistent gegenüber Wandel. Anstelle sprunghafter Veränderungen ist bei informellen constraints ein inkrementeller Wandel zu erwarten (1990: 83).

Formale constraints sind explizite Regeln (rules), die das Handeln regulieren. Die explizitesten Regeln sind Gesetze, so dass das Rechtssystem formale constraints generiert. Die juristischen Regeln bilden nach North eine Unterkategorie von politischen Regeln, die durch ökonomische Regeln und durch Verträge als gesellschaftliche Formen von formalen constraints ergänzt werden. Die Entstehung von formalen constraints führt North auf die steigende Komplexität der Gesellschaft zurück (1990: 46), die einerseits die erwähnte Ausdifferenzierung des Rechtssystems zur Folge hat. Andererseits ergeben sich aus der Institutionalisierung formaler constraints Vorteile für die Handelnden, weil constraints die Kosten für Informationen sowie Abstimmungs- und Durchsetzungsprozesse reduzieren (1990: 46).

Neue formale Regeln können zur Modifikation der informellen Regeln führen. Aus diesem Zusammenhang kann man allerdings nicht folgern, dass der Wandel formaler constraints zwangsläufig zu institutionellem Wandel führt. Die Ebene der informellen constraints hat erstens ihre eigene Logik und ist zweitens die entscheidende Instanz für institutionellen Wandel. Die Änderungen formaler Regeln kann den Wandel informeller Regeln - und damit den institutionellen Wandel - nur anstoßen.

```
                    Institutionelle constraints

        Informelle constraints          Formale constraints

            Kultur              Steigende Komplexität der
                                      Gesellschaft

                                 ↙              ↘
                           Kostenvorteile    Formales
                           aus formalen    Rechtssystem
                              Regeln
                                 ↘              ↙
        Informelle constraints  ⇐  Formale constraints
            ↙       ↘         Modifikation
     Kontinuität in  Möglichkeiten für
     gesellschaftlichem komplexere
         Wandel      Austauschprozesse
```

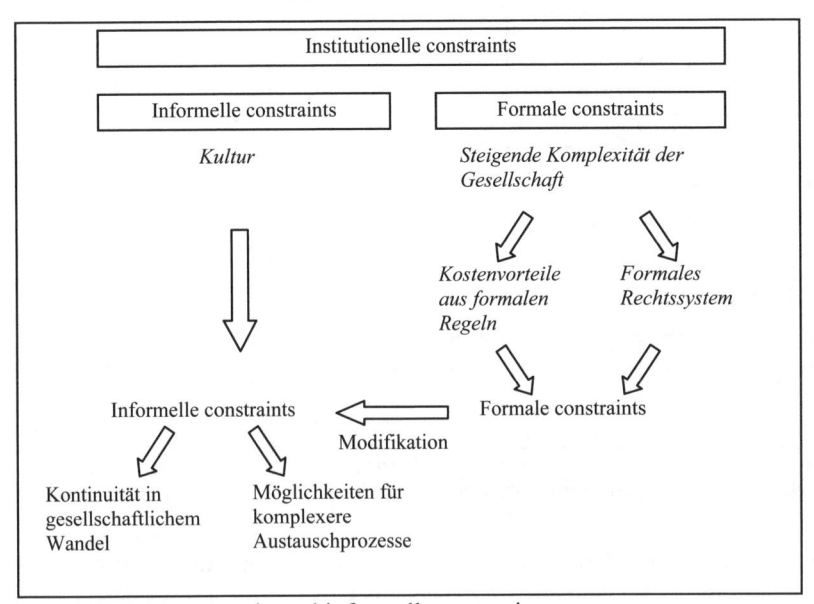

Abbildung 21: Formale und informelle constraints

Institutioneller Wandel wird nach North in *Organisationen* als zielorientiere Einheiten ausgelöst, deren Strukturen dem Handelnden Chancen bieten (1990: 73). In der Verfolgung der Organisationsziele ändern sich - so die Grundthese von North - inkrementell die institutionellen Strukturen (1990: 73). Dies erfolgt in drei Schritten:

(1) Kostenoptimierung durch Entwicklung und Nutzung von *Wissen*, wobei North in der Tradition des Wissensmanagements zwischen Organisationswissen und implizit genutztem Wissen unterscheidet.
(2) Organisationales Handeln als das Ergebnis des permanenten Wechselspiels von organisierten ökonomischen Aktivitäten, Wissensbestand und institutionellen Rahmenbedingungen.
(3) Stetiger Wandel der informellen constraints und damit dauerhafter institutioneller Wandel als Nebenprodukt der sich aus (2) ergebenden kostenmaximierenden ökonomischen Aktivitäten.

```
┌─────────────────────────────────────────────────────────────┐
│   ┌──────────────┐              ┌──────────────┐            │
│   │ Institutionen│              │Organisationen│            │
│   └──────┬───────┘              └──────┬───────┘            │
│          ▼                             ▼                    │
│   ┌──────────────┐              ┌──────────────┐            │
│   │Institutionelle│◄────────────►│Nachfrage nach│           │
│   │Rahmenbedingungen│           │   Wissen     │            │
│   └──────────────┘              └──────────────┘            │
│             ↘                    ↙                          │
│              ┌──────────────┐                               │
│              │  Ökonomische │                               │
│              │  Aktivitäten │                               │
│              └──────────────┘                               │
│                      ⇩                                      │
│   ┌─────────────────────────────────────────┐              │
│   │ Kostenmaximierende ökonomische Aktivitäten│            │
│   └─────────────────────────────────────────┘              │
│                      ⇩                                      │
│   ┌─────────────────────────────────────────┐              │
│   │ Stetiger Wandel der informellen constraints│           │
│   └─────────────────────────────────────────┘              │
│                      ⇩                                      │
│   ┌─────────────────────────────────────────┐              │
│   │    Dauerhafter institutioneller Wandel  │              │
│   └─────────────────────────────────────────┘              │
└─────────────────────────────────────────────────────────────┘
```

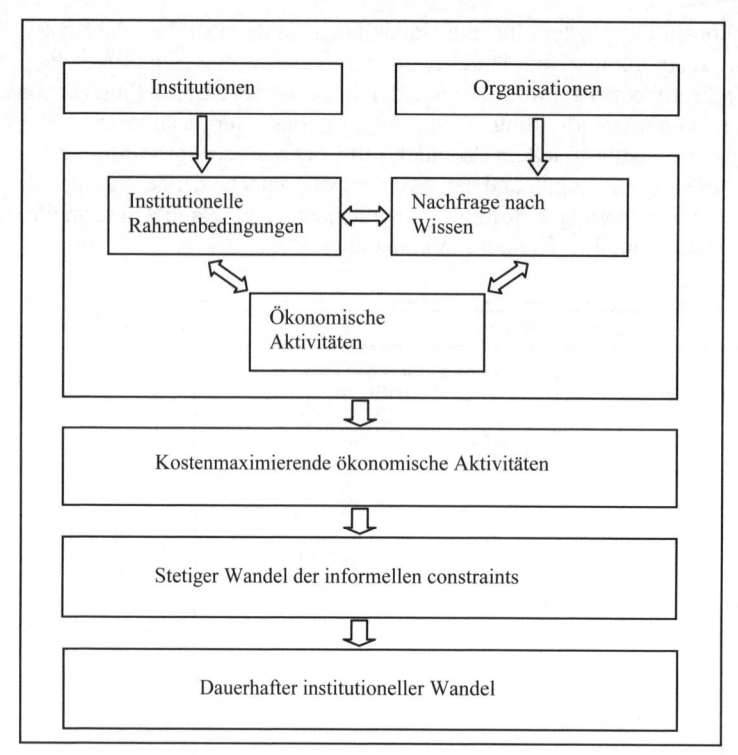

Abbildung 22: Modell des institutionellen Wandels

Mit diesem Modell des institutionellen Wandels liefert North eine Erklärung für permanente Veränderungen im Bezugsrahmen des Rational-Choice Ansatzes. Entscheidend sind erstens die Verortung des Wandelns in kulturell verankerten informellen Regeln und zweitens das Interesse der Handelnden an der optimalen Erreichung ihrer Ziele, die North als Kostenziele operationalisiert.

Akzeptiert man dieses Modell des stetigen Wandels, so stellt sich die Frage, wie diskontinuierlicher Wandel, z.B. Revolutionen, zu erklären ist. Hier hat North eine einfache Lösung: Falls die Organisationen nicht in der Lage sind, einvernehmliche Lösungen zur Erreichung der Kostenziele zu realisieren, wird sich die aufgebaute Spannung in diskontinuierlichem Wandel sprunghaft entladen (1990: 88). Gründe für die Unfähigkeit der Organisation zur stetigen Veränderung sind typischerweise Mangel an konfliktlösenden Institutionen und fehlende Möglichkeiten für Unternehmer, ihren Verhandlungsspielraum auszuschöpfen und gleichzeitig die Loyalität der wichtigsten Gruppen der Organisation zu sichern (1990: 90).

Aus evolutionärer Sichtweise entsteht nach North gesellschaftlicher Wandel aus technologischen und institutionellem Wandel. Der technologische Wandel generiert laufend neue Möglichkeiten zur optimierten Zielerreichung durch die Handelnden und ist damit der Hauptauslöser für die im Abbildung 23 beschriebenen institutionellen Veränderungsprozesse (1990: 103).

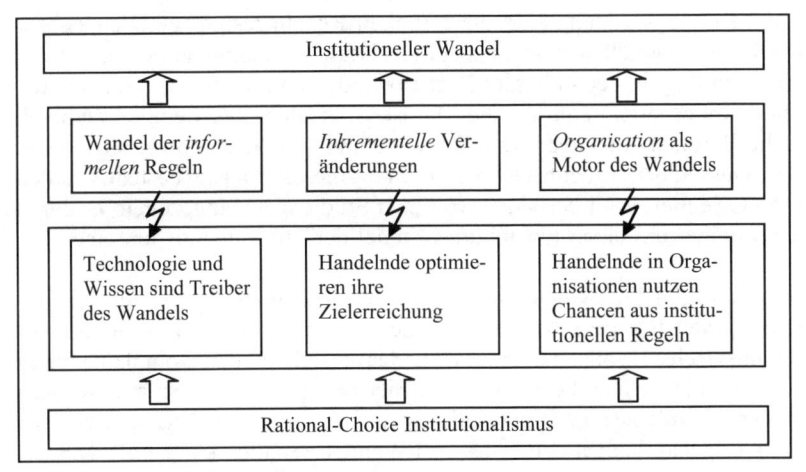

```
┌─────────────────────────────────────────────────────────────┐
│                    Institutioneller Wandel                   │
│   ⇧                    ⇧                    ⇧                │
│  ┌──────────────┐  ┌──────────────┐  ┌──────────────┐       │
│  │ Wandel der   │  │ Inkrementelle│  │ Organisation │       │
│  │ informellen  │  │ Veränderungen│  │ als Motor    │       │
│  │ Regeln       │  │              │  │ des Wandels  │       │
│  └──────────────┘  └──────────────┘  └──────────────┘       │
│        ↯                ↯                ↯                   │
│  ┌──────────────┐  ┌──────────────┐  ┌──────────────┐       │
│  │ Technologie  │  │ Handelnde    │  │ Handelnde in │       │
│  │ und Wissen   │  │ optimieren   │  │ Organisatio- │       │
│  │ sind Treiber │  │ ihre Ziel-   │  │ nen nutzen   │       │
│  │ des Wandels  │  │ erreichung   │  │ Chancen aus  │       │
│  │              │  │              │  │ institutio-  │       │
│  │              │  │              │  │ nellen Regeln│       │
│  └──────────────┘  └──────────────┘  └──────────────┘       │
│   ⇧                    ⇧                    ⇧                │
│         Rational-Choice Institutionalismus                   │
└─────────────────────────────────────────────────────────────┘
```

Abbildung 23: Theoretische Erklärung institutionellen Wandels

Der Bezugsrahmen für das explizite Modell des institutionellen Wandels ist - wie in Abbildung 23 dargestellt - der Rational-Choice Institutionalismus. Allerdings begründet North nicht theoretisch zwingend, warum erstens die Veränderung der informellen Regeln entscheidend für den institutionellen Wandel sind, warum zweitens der Wandel inkrementell verläuft und warum drittens Wandel in Organisationen stattfindet. Diese Modellannahmen werden zwar von North plausibel dargestellt, aber nicht schlüssig theoretisch abgeleitet.

Trotz dieser theoretischen Einschränkung beschreibt North den institutionellen Wandel realistisch, wie die Organisationsforschung belegt. Die Annahme des inkrementellen Wandels wird von der evolutionären Theorie (Hannan/Freeman 1984) bestätigt, während die Bedeutung der informellen Ebene den Kern des handlungstheoretischen Organisationsmodells (Crozier/Friedberg 1993) bildet. Die Bedeutung von Organisationen für den institutionellen Wandel hat in dem Begriff der "Organisationsgesellschaft" (Jäger/Schimank 2005) ihre Bestätigung gefunden. North ist nicht interessiert an "großer" Theorie. Stattdessen nutzt er den ökonomischen Bezugsrahmen, um seine fundierten historischen Kenntnisse theoretisch zu untermauern.

Ein Anwendungsbeispiel für das Northsche Modell der institutionellen Veränderung bildet die Ablösung des Magisterstudiums durch das Bachelorstudium. In deutschen Universitäten sind seit Anfang des 21. Jahrhunderts die traditionellen Studiengänge, z.B. Magister durch Bachelor- und Masterstudiengänge nach dem Muster der angelsächsischen Universitäten abgelöst worden. Im Bereich der Gesellschaftswissenschaften führte das Sozialwissenschaftliche Institut der Heinrich-Heine-Universität in Düsseldorf als eine der ersten Universitäten das Bachelorstudium mit den Fächern Medienwissenschaft, Politikwissenschaft und Soziologie im Wintersemester 2000/2001 ein. Dieser Bachelor-Studiengang grenzte sich deutlich von dem Magisterstudium ab durch straffen Studienverlauf über sechs Semester, den Praxisbezug über verbindliche Praktika in Berufsfeldern und den internationalen Charakter des Studiums. Diese strategische Wende gegenüber dem alten Magisterstudiengang wurde durch einen gut dotierten Preis des Stifterverbandes und durch eine erfolgreiche Zertifizierung belohnt.

Mit der Studien- und Prüfungsordnung sind die formalen Regeln festgelegt. Wenden wir das Northsche Modell institutionellen Wandelns auf das Bachelorstudium an, so sollten die formalen die informellen Regeln beeinflussen: Bachelorstudenten müssten sich an anderen Werten, Normen und Rollen orientieren als die Magisterstudenten, zielstrebiger studieren und sich früher in die Berufspraxis integrieren. Diese Veränderung der informellen Regeln waren tatsächlich in Düsseldorf zu beobachten. Da ein Numerus Clausus besteht, werden Studenten mit diesen Orientierungen besonders von dem Studiengang angezogen. Dadurch handelt es sich hier weniger um einen Einstellungswandel der Studenten als um einen Selektionseffekt.

Die Wirkung ist ein schneller Wandel der informellen Regeln. Auf der Seite der Dozenten und Professoren war dieser Selektionseffekt nicht zu erwarten, so dass sie tatsächlich einen Einstellungswechsel vollziehen mussten, damit sich in den komplementären Rollen von Studenten und Dozenten die Veränderung der informellen Regeln manifestiert. Am einfachsten ändern Handelnde in Organisationen ihre informellen Regeln, wenn sie noch keine Tradition aufgebaut haben und selbst den Wandel gestalten können. In Düsseldorf hatte sich vor der Einführung des Bachelorstudiengangs ein Wechsel der Professoren in den drei Fächern vollzogen. Die neuen Stelleninhaber waren bereit, einen neuen Studiengang zu etablieren und neben den formalen auch veränderte informelle Regeln zu etablieren. Da sie allerdings bereits an anderen Universitäten gelehrt hatten, war eher inkrementeller Wandel der Einstellungen zu erwarten. Dies hat sich in der Praxis auch gezeigt, wodurch einige nachträgliche Korrekturen, z.B. im Hinblick auf die Internationalisierung in der Studienorganisation, notwendig wurden.

Nach North bieten die formalen und informellen institutionellen Rahmenbedingungen den Handelnden in der Organisation Gelegenheiten, ihre Ziele zu maximieren. Auf Seiten der Studenten ist das einfach nachzuvollziehen. Sie haben die Chancen der kurzen Studiendauer, der Praktikumsphasen mit Kontaktmöglichkeiten zur Berufswelt und die Qualifizierungsmöglichkeit durch Auslandsaufenthalte genutzt. Diese Vorteile bieten ihnen die Möglichkeit, mit weniger Aufwand ihren Berufszielen näher zu kommen als durch den Magisterstudiengang. Die Dozenten mit ihrer Orientierung an Forschung und wissenschaftlicher Ausbildung haben keine greifbaren Vorteile durch das Bachelorstudium. Sie wussten aber, dass die Politik den Bachelor durchsetzen wird und haben daher rational gehandelt, das Heft selbst in die Hand zu nehmen. Dieses Handlungsmotiv ist zwar plausibel, für den Handelnden aber relativ abstrakt. An anderen Universitäten haben daher die Professoren erst einmal abgewartet und dann versucht, die alten Studiengänge in die neue Form des Bachelorstudiums zu gießen.

Die Verzögerungstaktik hat den Vorteil, dass sich die Regeln und Standards nicht ändern und der wissenschaftliche Anspruch des Studiums nicht untergraben wird. Dem steht entgegen, dass ein frühes Aufspringen auf den Bachelorzug der Universität mehr Handlungsspielraum durch verstärkten Mittelzufluss und durch den Zufluss von motivierten Studenten eröffnet, was letztlich eine Zielmaximierung erleichtert. Das Problem ist hier allerdings, dass dieser Nutzen sich erst später einstellt und die Professoren und Dozenten zunächst investieren müssen. Dies tun Akteure in der Regel aus zwei Antrieben. Erstens können sie *strategisch* denken, d.h. ein Ziel anstreben und in mehreren Schritten realisieren. Zweitens können sie *idealistisch* die Ziele des Bachelorstudiums vertreten und sich dafür einsetzen, auch wenn sich keine Nutzensteigerung ergibt. Das strategisch orientierte Handeln lässt sich mit der Rational-Choice Theorie erklären, wenn man annimmt, dass die langfristigen strategischen Ziele für die Handelnden die höchste Präferenz besitzen. Schwieriger ist es zu erklären, warum diese strategischen Orientierungen von diesen Akteuren so hoch bewertet werden. Mit dem strengen Rational-Choice Ansatz ist es nicht möglich, ein idealistisches Handlungsmotiv zu erklären. Wie in Kap. 6 dargestellt wird, haben Rational-Choice Theoretiker die Beschränkung auf das Kosten-Nutzen-Kriterium verlassen, um normatives Handeln erklären zu können.

Das Modell des institutionellen Wandels von North hat sich an dem Beispiel des Bachelorstudiums als insgesamt erklärungskräftig erwiesen. Allerdings wird die Erklärungskraft des Modells erstens durch das ausschließliche Handlungsmotiv der Nutzenmaximierung eingeschränkt. Zweitens lassen sich sprunghafte Veränderungen, die durch externe Einflüsse (z.B. der Selektionseffekt durch den Numerus Clausus) verursacht werden, mit dem Modell nur unzureichend erklären.

Neo-Institutionelles Modell des institutionellen Wandels

W. Richard Scott, ehemaliger Soziologie-Professor an der renommierten Stanford-University, baut in seinem Buch "Institutions and Organizations" (2001) den Neo-Institutionalismus zu einer Handlungstheorie aus. Nach Scott sind Institutionen "vielschichtige und dauerhafte soziale Strukturen, die aus symbolischen Elementen, sozialen Aktivitäten und materiellen Ressourcen bestehen" (2001: 49; Übersetzung vom Verf., B.M.). Um der Kritik, dass der Neo-Institutionalismus Machtstrukturen ausblendet, zuvorzukommen, weist Scott darauf hin, dass Regeln und Normen durch sanktionierende Macht abgesichert sein müssen. Umgekehrt suchen Machthaber nach Legitimation für ihre Machtausübung (2001: 50). Zusätzlich betont Scott die Verknüpfung der kulturellen Symbolsysteme (2001: 50) mit der materiellen Basis der Ressourcen, die durch Institutionen kontrolliert werden. Anstelle der Parsonsschen Strukturkategorien - Rolle, Norm, Wert - verwendet Scott die allgemeinen Kategorien der regulativen, normativen und kulturell-kognitiven Systeme als Eckpfeiler von Institutionen (2001: 51-58).

Den Begriff Wandel (Change) definiert Scott als "die Herausbildung neuer institutioneller Formen und damit verbundener Veränderungen in organisatorischen Feldern und Populationen sowie individuellen Organisationen, soweit diese Einheiten auf den Anpassungsdruck an neue Strukturen und Praktiken reagieren" (Scott 2001: 181; Übersetzung vom Verf., B.M.). Da sich in Organisationen vor dem Veränderungsprozess in der Regel bereits institutionelle Strukturen verfestigt haben, besteht nach Scott der erste Veränderungsschritt in dem Prozess der *Deinstitutionalisierung*.[38] Nach Scotts Institutionenverständnis werden Symbolsysteme, konkretes Verhalten, Handlungsschemas und Ressourcen deinstitutionalisiert (Scott 2001: 182).

Als Ursachen für Deinstitutionalisierung und die Ausbildung neuer institutioneller Strukturen identifiziert Scott erstens externe Faktoren, z.B. neue Technologien, Management-Innovationen und übergreifende Veränderungen der politischen Rahmenbedingungen. Die zweite Faktorgruppe besteht aus endogenen Aspekten des Wandels: das Spannungsverhältnis von Mikro- und Makroebene und die multiplen institutionellen Systeme, die sich überlappen und dadurch weiteres Konfliktpotential in der Organisation erzeugen.

---

38 Diesen wichtigen Aspekt des organisationalen Lernens hat als erster Hedberg (1981) mit der Betonung des Verlernens ("unlearn") herausgearbeitet.

Mit dieser Nennung der Ursachen für den Wandel sind die konkreten Veränderungsprozesse allerdings noch nicht beschrieben. Hier greift Scott auf die Studien zum Machtspiel und auf die Agenturtheorie zurück (2001: 193) und entwickelt auf dieser Grundlage das Mehrebenenmodell des institutionellen Wandels, das in Abbildung 24 dargestellt wird (2001: 125; Übersetzung vom Verf., B.M.). Die Ebenen interagieren wechselseitig, indem sie Neuerungen von den unteren in die oberen Ebenen hineintragen und institutionelle Regelungen von den oberen den unteren Ebenen auferlegt werden.

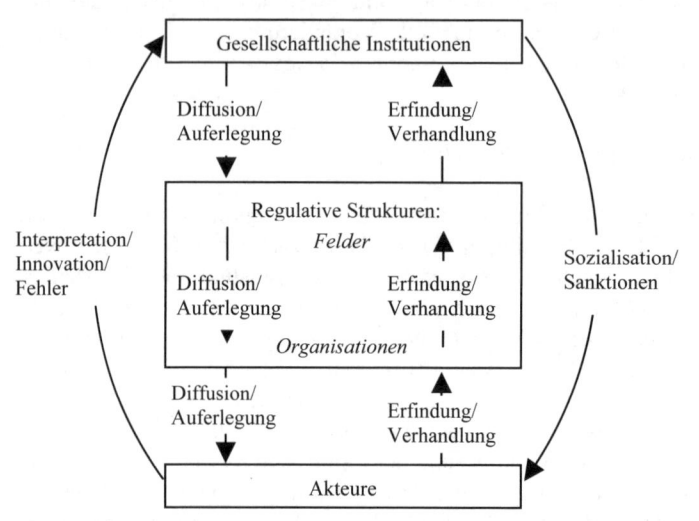

Abbildung 24: Mehrebenenmodell des institutionellen Wandels

Das Beispiel des Übergangs vom Magister- zum Bachelorstudium lässt sich entlang dieser Ebenen beschreiben. Die Ebene der gesellschaftlichen Institutionen wird durch gesetzgebende Instanzen repräsentiert. Auf der mittleren Ebene werden die regulativen Strukturen der Felder durch die Vorgaben der Wissenschaftsministerien für die Universitäten vertreten und die Studien- und Prüfungsordnungen sind regulative Strukturen auf der Organisationsebene. Studenten und Dozenten sowie Gremienvertreter bilden die Ebene der Akteure.

Bei genauer Analyse erweist sich diese Zuordnung eher als eine Beschreibung mit den Begriffen des Bezugsrahmens als ein explizites Modell des konkreten institutionellen Wandels. Hier verweist dann Scott auf die Theorie der Strukturation von A. Giddens[39], mit deren Hilfe der Mechanismus des Wandels genauer zu erklären sei (2001: 200-203). Dieses Modell der Strukturation ist durch die eingebaute Dualität von Struktur und Handeln geeignet, Wandlungsprozesse zu beschreiben, kommt allerdings in seiner allgemeinen Fassung wie das Mehrebenenmodell Scotts nicht über die Ebene des Bezugsrahmens hinaus (vgl. Kap. 5.2). Damit setzt sich Scott dem Vorwurf aus, dass er die Veränderungsmechanismen nicht präzise genug in seinem Modell erfasst. Anders als der alte Institutionalismus, dem diese Kritik anhaftet, bezieht sich Scott allerdings auf eine große Anzahl empirischer Studien, die seine allgemeinen Ausführungen konkretisieren.

---

39 Die Strukturationstheorie von A. Giddens wird in Kap. 5.2 dargestellt.

Institution und Organisation

Der Begriff der Institution wird in dem nachfolgend dargestellten Modell des institutionellen Wandels sowohl auf den Wandel der institutionellen Rahmenbedingungen für Organisationen als auch auf institutionelle Elemente innerhalb von Organisationen angewendet. Die Ethnomethodologin Lynne Zucker[40] innerhalb des Neo-Institutionalismus unterscheidet daher *Umwelt* als Institution (1987: 444-446) von *Organisation* als Institution (1987: 446-447). Die erste Kategorie wird von DiMaggio und Powell in ihrem Artikel zu den Rationalitätsmythen (vgl. Kap. 2.3.3) als Systeme von Normen und Regeln beschrieben, die auf die Organisation Einfluss nehmen, z.B. Gesetze oder Branchentrends. Die zweite Kategorie besteht nach Zucker (1987: 446) aus institutionellen Elementen innerhalb der Organisation wie Strukturen, Handlungen und Normen. Die institutionellen Elemente haben die Doppelfunktion innerhalb der Organisation, dass sie einerseits für hohe Stabilität sorgen und andererseits die Entwicklung neuer institutioneller Elemente (1987: 446) antreiben.

Nach Meyer und Rowan (1991) ist der institutionelle Druck der Umwelt unausweichbar für die Organisation, so dass sich die Organisation - zumindest nach außen - anpasst. Abgeschirmt von der institutionellen Umwelt existiert eine Welt technisch-operativer Prozesse, die nicht konform mit dem Rationalitätsmythos des institutionellen Isomorphismus sind.

Wenden wir die Unterscheidung der institutionellen Elemente außerhalb und innerhalb von Organisationen auf das Thema des institutionellen Wandels an, so ergeben sich vier Typen von Statik und Dynamik, die in Abbildung 25 dargestellt sind.

	Institutionelle Umwelt von Organisationen	
Institutionelle Elemente in Organisationen	Stabilität	Wandel
Stabilität	(I) Institutioneller Isomorphismus zwischen Umwelt und Organisation	(II) Veränderungsdruck auf Organisation
Wandel	(III) Veränderungsimpuls von Organisation auf die Umwelt	(IV) Turbulenzen durch wechselseitige Beeinflussung von Wandlungsprozessen

Abbildung 25: Typen institutionellen Wandels

Das Modell von North ist wegen der Betonung informeller Veränderungen als Auslöser für institutionellen Wandel dem Typ III zuzuordnen, während Meyer und Rowan den Auslöser für Veränderungen in der institutionellen Umwelt sehen und daher Typ II zuzurechnen sind. Hat sich der Isomorphismus stabilisiert, so ergibt sich der Zustand des Typ I. Zucker vertritt den Standpunkt, dass der Wandel der formalen institutionellen Elemente innerhalb der Organisation entscheidend für die Veränderung der Organisation ist. Die informellen Prozesse haben nach den Grundannahmen der Ethnomethodologie keine vergleichbare Veränderungsdynamik für die Organisation.

---

40 Die ethnomethodologische Organisationsstudie Zuckers wird in Kap. 3.2.4 genauer dargestellt.

Anknüpfend an die Ethnomethodologie (...) lässt sich argumentieren, dass in Organisationen eingebettete Handlungen und Strukturen (indem "Routinen" und Rollen stark formalisiert sind und Kontinuität über Zeit besitzen) schneller institutionalisiert sind als alternative informelle soziale Koordinationsstrukturen (....). Auf diese Weise sind Organisationen wichtige Quellen der Institutionalisierung neuer Handlungen. (Zucker 1997: 446; Übersetzung vom Verf., B.M.)

In Bezug auf die in Abbildung 25 dargestellten Dynamiken ist Zuckers Ansatz somit wie North dem Typ III des organisations-endogenen Wandels zuzuordnen. North versteht unter informellen Regeln (constraints) Verhaltensnormen, Konventionen sowie Routinen und Gewohnheiten. Für die Ethnomethodologin Zucker sind dies genau die formalen institutionellen Elemente.

Wenn man von der unterschiedlichen Verwendung des Begriffs "informell" absieht, argumentieren North und Zucker übereinstimmend, dass sich aus der Veränderung der *institutionellen Elemente der Organisation* die Dynamik des institutionellen Wandels ergibt. Der zugrunde liegende Bezugsrahmen und die expliziten Modelle des Wandels unterscheiden sich allerdings grundlegend. Im Northschen Modell sind die Akteure die Auslöser von Veränderungen, indem sie den Spielraum der offiziellen Strukturen (z.B. Gesetze, Organisationsanweisungen, Richtlinien) ausnutzen, um neue Verhaltensweisen zu erproben und bei Bewährung im Sinne der Kostenoptimierung etablieren. Nach Zucker können sich um so mehr institutionelle Elemente ändern, je weniger die Regeln und Verhaltensroutinen verfestigt und organisatorisch verankert sind. Die institutionalisierten Elemente - so können wir aus der Ethnomethodologie Garfinkels folgern - sind nur in Interaktionsprozessen veränderbar, wenn neue Verhaltensweisen von den Akteuren erklärt werden und sich die anderen Akteure dieser Erklärung (accounting) anschließen. Obwohl in beiden Modellen die Veränderung aus Akteurhandlungen resultiert, unterscheidet sich das ökonomische Erklärungsmodell grundsätzlich von dem interpretativ-interaktionistischen Modell der Ethnomethodologie.

Das Mehrebenenmodell Scotts entspricht formal dem Typ IV, weil Elemente aller Ebenen Veränderungen auslösen können. Allerdings entwickelt Scott keine expliziten Modelle der Veränderungen zwischen den verschiedenen Ebenen.

Die bereits erwähnte unterschiedliche Verwendung des Begriffs "informell" zieht sich durch die Organisationssoziologie und führt zu einigen Missverständnissen. In der Human-Relations Bewegung der Organisationssoziologie der 40er Jahre des 20. Jahrhunderts wird empirisch festgestellt, dass neben den formalen Strukturen und Prozessen auch die nicht formalisierten sozialen Beziehungen einen großen Effekt auf die organisatorische Effizienz haben (Kieser 2001: 101-131). G.C. Homans hat die Funktion von informellen Kontakten und Gesprächen, z.B. in der Kantine, zur Vermeidung von Machtunterlegenheit in Organisation analysiert (Homans 1972a). Mit dem Ansprechen eines Problemfalles in der Kantine, auf das ein Experte argumentativ einsteigt, vermeidet der Nicht-Wissende, dass er im Arbeitskontext den Experten um Hilfe bitten muss und ihm auf diese Weise einen höheren Status einräumt.

Die organisationssoziologische Analyse informeller Prozesse und Verhaltensweisen hat sich auf die *Mikropolitik* in Organisationen spezialisiert, worunter Kontakt- und Unterstützungsprozesse verstanden werden, die quer zur Organisationsstruktur der Fachabteilungen und Hierarchien liegen und nur teilweise transparent sind (Neuberger 1995; Alt 2001). Häufig spricht man von Seilschaften, um diese informellen Netzwerke zu charakterisieren.

Mit dem Begriff Mikropolitik ist konsequenterweise dann gemeint, dass formale Organisationsentscheidungen von verdeckten Abstimm- und Entscheidungsprozessen und damit von formal nicht legitimierten Interessenkonstellationen abhängen. Schimank weist darauf hin, dass in der organisatorischen Mikropolitik sehr häufig eingespielte persönliche Beziehungen und Vertrauen in bestimmte Personen eine zentrale Rolle (2002: 42) spielen. Aus diesem Grund sind nach Schimank akteurorientierte Handlungstheorien (z.B. Rational-Choice Ansätze) besser zur Erklärung von mikropolitischen Prozessen geeignet als systemtheoretische[41].

Gegen den negativen Unterton bei dem Thema Mikropolitik richten sich Managementmodelle, nach denen es eine besondere Kunst der Unternehmensführung ist, die informellen Netzwerke zu kennen, sie zu beeinflussen oder gar für die Ziele der Organisation einzuspannen. Insbesondere bei Veränderungsprozessen ist die Berücksichtigung und Beeinflussung der informellen Ebene unabdingbar für den Erfolg (Schreyögg 1998: 489-532).

Formelle Strukturen und Prozesse bilden immer nur Rahmenbedingungen für konkrete Handlungen. Diese Lektion hat die soziologische Handlungstheorie von Mead gelernt, der mit dem "I" die Spontaneität des konkreten Handelns begrifflich abgebildet hat (vgl. Kap. 2.2.3). Konkretes Handeln erfordert eine situative Interpretation der formalen Rollen, wobei die formalen Rollen erstens allgemeiner als das situative Handeln und zweitens in der Regel nicht widerspruchsfrei sind. Das zwingt die Handelnden zur Interpretation und auch zu Abweichungen von den formellen Strukturen. Die Organisationspsychologen C. Argyris und D. Schön unterscheiden das formalen Regeln entsprechende Handeln (Expoused Theory) von den tatsächlich gelebten Handlungsregeln (Theory-in-Use). Da die Theory-in-Use in den meisten Organisationen nicht in Organisationsrichtlinien und -anweisungen beschrieben ist, ist eine vertiefte Organisationsanalyse erforderlich, um die gelebte soziale Ordnung präzise zu erfassen. Der Organisationsberater gibt den Organisationsmitgliedern bestimmte Methoden an die Hand, um selbst die gelebten Regeln und Handlungsroutinen zu erkennen, z.B. die Gegenüberstellung eines tatsächlichen Interaktionsverlaufs mit den damit verbundenen Gedanken und Gefühlen des Organisationsmitgliedes, das die Dokumentation anfertigt (Argyris/Schön 1999: 115; 135-149). Die Theory-in-Use sollte nicht mit der informellen Organisation verwechselt werden, weil die Theory-in-Use das praktizierte organisatorische Handeln beschreibt, das sich auf formelle *und* informelle Prozesse beziehen kann.

Luhmann hat im Rahmen der Systemtheorie den Begriff *Mikrodiversität* (2000: 255) für die massenhaft vorkommenden Interaktionen vorgeschlagen, die nicht aus Organisationszielen und -strukturen abgeleitet werden können (vgl. Kap. 4.2.8).

Damit werden wir in diesem Einführungsbuch davon ausgehen, dass zu allen institutionellen Elementen eine Konkretisierungsebene von Handlungen in Organisationen existiert, die nicht durch die Regeln erschöpfend beschrieben werden kann. Die Theory-in-Use kann sich auf die Ausführung von Regeln in den unterschiedlichsten Situationen beziehen. In der Organisationslehre spricht man z.B. von konkreten Geschäftsvorfällen im Gegensatz zu den formalen Geschäftsprozessmodellen. Dabei handelt es sich um praktisches Wissen, das man sich durch learning by doing, also Erfahrungslernen, in der Organisationspraxis aneignet. Auf der Ebene der Theory-in-Use können sich Verhaltensmuster entwickeln, die von der formalen Organisation abweichen. Dies lässt sich in ehemals öffentlichen Instituti-

---

41 Diese Argumentation ist konträr zu Luhmanns These, dass persönliche Beziehungen und Vertrauen besser im Bezugsrahmen der Systemtheorie zu erklären sind als mit der Rational-Choice Theorie; vgl. Kap. 4.2.6.

onen beobachten, die schrittweise privatisiert werden. Hier bleiben die alten Strukturen und Prozesse noch eine längere Zeit erhalten, obwohl in Projekten, Workshops und Seminaren die Mitarbeiter auf die neuen Regeln und Prozesse der Privatwirtschaft eingeschworen werden.

Dieses Unterleben der Organisation - um Goffmans Begriff aus der totalen Institution aufzugreifen - kann durch bestimmte Seilschaften aus der Zeit des öffentlichen Betriebes gesteuert sein. In diesem Fall fällt die abweichende Theory-in-Use mit informellen Strukturen zusammen. Es wäre allerdings begrifflich wenig fruchtbar, alle von der formalen Organisation abweichenden Verhaltensmuster als informell zu bezeichnen. In diesem Fall würde man eine Vielzahl von Prozessen und Verhaltensmustern, die formal nicht kodifiziert sind, aber trotzdem von allen Akteuren als geltend betrachtet werden, aus der Theory-in-Use ausgrenzen.

Kehren wir zu Abbildung 25 zurück, so werden mit den dargestellten Modellen des Neo-Institutionalismus grundsätzlich alle Typen abgedeckt. Allerdings haben nur North und Zucker explizite Modelle des institutionellen Wandels entwickelt, die beide dem Typ III zuzuordnen sind. Meyer und Rowan konzentrieren sich in ihren expliziten Hypothesen auf Typ I. Scott entwirft sein Modell vom Typ IV lediglich auf der Ebene des Bezugsrahmens. Hier ist aufgrund zu hoher Komplexität zu erwarten, dass sich Hypothesen zwar für Fallbeispiele aufstellen lassen, die Verallgemeinerung durch explizite Modelle allerdings ausgesprochen schwierig wird.

3 Soziales Handeln im Alltag

Die interaktionistische Rollentheorie wurde bislang unter zwei Aspekten dargestellt: erstens als eigenständiges Modell zur Erklärung sozialen Handelns und zweitens als ein Forschungsprogramm, an dem sich die unterschiedlichen Perspektiven von Struktur- und Interaktionstheorien verdeutlichen lassen. Das Rollenkonzept unterliegt allerdings - gemessen an den Ansprüchen der soziologischen Handlungstheorie - zwei wesentlichen Einschränkungen. Zum einen erfasst es nur den *Aspekt* der Gleichförmigkeit der Handlungen unterschiedlicher Individuen und nicht die Variation zwischen Personen. Zum anderen bezieht sich der Rollenbegriff auf die eingegrenzte *Klasse* des normenregulierten sozialen Handelns, das mit institutionell verankerten Rechten und Pflichten verbunden ist und durch Sanktionen für den einzelnen Verbindlichkeit erlangt.

Wie diese Beschränkungen im Rahmen allgemeiner handlungstheoretischer Ansätze überwunden werden können, soll im nachfolgenden Kapitel anhand von Goffmans Studien zur Dramaturgie des Alltagshandelns und der phänomenologischen Ansätze von Schütz und Garfinkel dargestellt werden. Gemeinsam ist diesen Handlungstheoretikern, dass sie die Mechanismen der Konstruktion und Produktion von sozialer Realität in Handlungsprozessen erforschen und ihre Untersuchungen nicht auf vorgegebene soziale, personelle oder kulturelle Strukturen beschränken. Diese Analysestrategie versetzt sie in die Lage, die Wechselbeziehung zwischen Anpassung und individueller Variation vorgegebener sozialer Regeln genauer zu beschreiben als die Strukturtheoretiker und auf diese Weise neue Dimensionen des Handlungsaspekts zu erschließen. Der Preis für diese Sensibilität der handlungstheoretischen Analyse besteht in der mangelnden Systematik und dem bislang ungelösten Problem der kontrollierten empirischen Überprüfung einzelner Modelle. Wir werden in der nachfolgenden Darstellung daher erstens versuchen, die Ansätze stärker zu systematisieren, als dies von den Autoren selbst vorgenommen wurde. Zweitens soll das Problem der empirischen Anwendung diskutiert werden, indem einerseits die methodologische Fundierung der verstehenden Soziologie im Frühwerk von Schütz mit den Arbeiten Max Webers zur idealtypischen Methode verglichen wird. Andererseits werden wir an mehreren Beispielen aufzeigen, wie diese Modelle mit Hilfe von qualitativen und quantitativen Methoden empirisch umgesetzt werden können.

3.1 Dramaturgie des sozialen Handelns (Goffman)

Die interaktionistische Rollentheorie wurde zwar von Mead und Simmel vorbereitet, ihre eigentliche Entwicklungsphase beginnt allerdings erst Anfang der 60er Jahre mit den Arbeiten der amerikanischen Soziologen Ralph Turner und Erving Goffman. Turner fasst mit dem Begriff des "role-making" die Grundidee des Interaktionismus zusammen, dass soziales Handeln nicht als ein Abspulen vorgegebener Rollenmuster, sondern als "tentativer" Prozess zu verstehen ist, in dem die beteiligten Individuen die Rollen zunächst vorläufig abstecken und dann im gemeinsamen Handeln festlegen (1962). Dieses Programm der interaktionistischen Rollentheorie wird durch die Fallanalysen Goffmans zum Verhalten in Krankenhäusern und psychiatrischen Kliniken und zum Alltagshandeln in der Öffentlichkeit mit Leben gefüllt. Goffman interessiert sich für die vielfältigen Ausdrucksformen von Individuen in sozialen Interaktionen und für die sozialen Regeln, auf die Individuen zurückgreifen, wenn sie ihre Identität gegenüber den vorgegebenen Rollen abgrenzen. Dabei beschränkt sich Goffman nicht auf soziales Handeln in Institutionen und Berufssystemen, sondern bezieht das Alltagshandeln in öffentlichen Einrichtungen wie Restaurants, Fahrstühlen oder Jahrmärkten in seine Analysen ein. Obwohl Goffman mit dem Begriff der "Rollendistanz" die Rollentheorie und mit dem Terminus der "sekundären Anpassung" die Interaktionstheorie erweitert, erweisen sich diese Modelle als zu eng für die genauere Untersuchung der Dramaturgie des sozialen Handelns, so dass er schließlich mit der Theorie der Alltagsrituale ein neues Paradigma entwirft.

Im ersten Abschnitt werden wir die Grundidee Goffmans darstellen, das Individuum zum Bezugssystem der Analyse zu wählen. Anschließend konzentrieren wir uns zunächst auf Goffmans Beschreibungen des Rollenverhaltens von Individuum in "situierten" Handlungssystemen sowie in "totalen" Institutionen und werden dann den Begriff der Ich-Identität erneut aufgreifen. Der dritte Abschnitt wird sich auf die Theorie der Alltagsrituale beziehen. Im vierten Abschnitt erfolgt die Darstellung der Rahmen-Analyse, die als Reframing in der Organisationssoziologie Eingang gefunden hat.

3.1.1 Das Individuum als Bezugssystem

Typische Rolle

Mit Popitz haben wir Rollen als "Bündel von *Verhaltensnormen*" (1967: 21) definiert und damit auf *"tatsächlich ablaufendes Verhalten"* (1967: 22) bezogen. Solange man allgemein von dem Positionsinhaber spricht und sich nicht eine konkrete Person vorstellt, ist der Begriff der Verhaltensnorm unproblematisch. Beobachtet man dagegen die Handlungen konkreter Personen in einer bestimmten Rolle, so wird man auf eine Fülle von Variationen der Rollengestaltung stoßen. Stellen wir uns vor, von einer Lehrveranstaltung in der Universität oder Erwachsenenbildung würde eine Videoaufnahme angefertigt und im Hinblick auf das Rollenhandeln ausgewertet. Greifen wir dann eine spezielle Verhaltenssequenz heraus, wie z.B. die Frage eines Studenten nach der Definition eines bestimmten Begriffes. Diese Frage würde man als typisches Rollenverhalten interpretieren, da es unter die Verhaltensnorm des "Lernens durch Fragenstellen" fällt. Der Dozent hätte dann mehrere Handlungsmöglichkeiten offen, um die an ihn gerichtete Verhaltensnorm zu erfüllen. So könnte er beispielsweise

(a) den Begriff definieren;
(b) die Frage an die anderen Studenten weiterleiten und nur dann beantworten, wenn kein Student in der Lage ist, den Begriff zu definieren;
(c) die Frage mit dem Hinweis zurückweisen, dass das Nachschlagen von Begriffsdefinitionen zur selbstverständlichen Vorbereitung aller Teilnehmer gehört;
(d) die Beantwortung der Frage auf einen späteren Zeitpunkt verschieben.

Obwohl sich Verhaltensnormen nach Popitz auf tatsächliches Verhalten und nicht auf normative Erwartungen beziehen, können sie durch *unterschiedliche* konkrete Handlungen erfüllt werden. Die Rolle beruht damit auf einer Typisierung[42] von Verhaltensweisen, indem konkretes Handeln lediglich bestimmte Merkmale aufweisen muss, um einer Verhaltensnorm zu entsprechen. So würde das Ignorieren der Frage des Studenten nicht zur Dozentenrolle passen. Zumindest müsste der Dozent zu verstehen geben, dass er die Verhaltensvorschrift zwar grundsätzlich akzeptiert, sie aber im Augenblick nicht anwenden kann (d); oder er müsste begründen, warum diese Frage nicht unter die Verhaltensnorm fällt (c). Bei dem Studenten wird man die Art der Fragestellung genauer beschreiben können; so kann er sich für seine "simple Frage" im voraus entschuldigen oder durch einen gereizten Unterton signalisieren, dass eine solche Begriffsdefinition von dem Dozenten auch ohne Aufforderung gegeben werden müsste. Eine Frage kann "charmant" oder "plump" formuliert, die Ausdrucksweise "hochgestochen" oder "schnodderig" und die Sprache reines Hochdeutsch oder durch einen Dialekt gefärbt sein. Auch lässt sich in den meisten Fällen herausfinden, ob der Fragesteller ruhig oder aufgeregt war. Diese und eine Reihe weiterer Merkmale beschreiben nicht das typische Rollenverhalten, sondern die individuelle Ausgestaltung der Rolle durch eine bestimmte Person. Natürlich wird auch die Reaktion des Dozenten auf die Frage - gleichgültig welche Handlungsmöglichkeit er auswählt - individuell gefärbt sein.

Somit hat der Rollenträger grundsätzlich zwei Optionen offen: er muss erstens aus den als typisch für die Rolle geltenden Handlungsmöglichkeiten eine auswählen und zweitens das Rollenhandeln individuell gestalten. Die erste Option lässt sich mit Meads Interaktionsmodell beschreiben. Der Rollenhandelnde legt mit dem "Me" alle Handlungsmöglichkeiten fest, die in einer bestimmten Situation als typisch für diese Rolle angesehen werden und entscheidet sich in der Reaktion des "I" für eine bestimmte Handlungsweise. Die individuelle Gestaltung des Rollenhandelns ließe sich formal zwar auch dem "I" zuordnen, allerdings hat sich Mead - wie oben gezeigt wurde - mit diesem Aspekt nicht genauer beschäftigt.

Rollenspiel

Diese Lücke füllt Goffman mit dem Begriff des *Rollenspiels* aus, das aus dem "tatsächlichen Verhalten eines besonderen Individuums" (1973a: 95) besteht und somit von dem typischen Rollenhandeln im Sinne der Verhaltensnormen zu unterscheiden ist (1973a: 104). Neben der typischen Rolle, die sich auf das tatsächlich ablaufende Verhalten bezieht, werden in einer Gesellschaft mit Rollen normative Vorstellungen verbunden. Während man in Bezug auf die typische Rolle fragt, welches Verhalten regelmäßig auftritt, legen Normen fest, was ein Rolleninhaber tun *sollte*.

> Wo es für eine gegebene Rolle einen normativen Rahmen gibt, können wir erwarten, daß die komplexen Kräfte, die auf Individuen in den relevanten Positionen einwirken, dafür sorgen, daß die typische Rolle in einem gewissen Grad vom normativen Modell abweicht ... (Goffman 1973a: 105)

---

42 Die Begriffe "Typus", "Typik" und "Typisierung" haben einen besonderen Stellenwert in der soziolgischen Methodenlehre. Wir werden daher im Zusammenhang mit der Darstellung der phänomenologischen Soziologie (A. Schütz) und der allgemeinen Handlungstheorie (T. Parsons) genauer auf diese Begriffe eingehen.

In der Umfrageforschung stellt man häufig "Soll"- und "Ist"- Fragen, um den normativen Aspekt von dem zu trennen, was faktisch gilt. So wurden in einer Befragung von Studenten und Dozenten im Jahre 1980 an bundesdeutschen Universitäten[43] beiden Gruppen eine Liste mit Einzelstatements zu den Fähigkeiten vorgelegt, die durch das Studium gefördert werden sollten. Zur Illustration seien die Fragestellung und zwei ausgewählte Statements zitiert:

> Für wie wichtig halten Sie persönlich die Vermittlung dieser Fähigkeiten durch Ihr Fachstudium?
> - Fähigkeit, Kritik aufzugreifen und zu verarbeiten.
> - Fähigkeit, komplizierte Arbeitsvorgänge zu strukturieren.
> (Miebach 1986a: 229)

Die Befragten konnten ihre Stellungnahme auf einer fünfstufigen Skala von "Nicht wichtig (1)" bis "Sehr wichtig (5)" einordnen.[44] Nach der Bewertung dieser Statements wurde dann gefragt, in welchem Ausmaß diese Fähigkeiten in dem jeweiligen Fachstudium tatsächlich gefördert werden. Zu diesem Zweck sollten Studenten und Dozenten dieselben Fähigkeiten mit Hilfe einer Skala bewerten, die von "Nicht ausreichend (1)" bis "Völlig ausreichend (5)" reichte. In der Auswertung der Fragen zeigt sich, dass die Studenten und Dozenten erstens in hohem Maße die Förderung beider Fähigkeiten für wünschenswert halten und sich entsprechend fast ausschließlich für die Skalenwerte 4 und 5 entscheiden. Im Gegensatz zu den Soll-Fragen fällt in beiden Gruppen die Bewertung der Ist-Fragen deutlich ungünstiger aus, indem die mittleren Werte unter dem dritten Skalenwert liegen. Studenten und Dozenten sehen damit eine deutliche Diskrepanz zwischen Anspruch und Wirklichkeit (Miebach 1986a: 218).

Man kann in Umfragen auch speziellere Fragen zur typischen Rolle stellen als in diesen Statements zu Zielen der Hochschulausbildung. So wurden in der erwähnten Befragung den Studenten die folgenden Statements zur Bewertung vorgelegt.

> Wie häufig greifen Dozenten in Diskussionen mit Studenten auf folgende Verhaltensweisen zurück?
> - Dozenten weichen Diskussionen mit Studenten aus, indem sie z.B. vorgeben, das Stoffsoll nicht erfüllen zu können.
> - Dozenten weisen kritische Fragen zurück, indem sie z.B. behaupten, daß sie nicht zum Thema gehören.
> - Dozenten machen deutlich, daß sie die Studenten nicht für kompetent halten, über bestimmte Fragen zu diskutieren.
> (Miebach 1986a: 231)

---

43 Dieses Projekt führte eine Forschungsgruppe des Sozialwissenschaftlichen Instituts der Universität Düsseldorf von 1979 bis 1981 durch. Es wurden drei Universitäten (Hamburg, Bochum, Frankfurt) und sechs Fächer (Biologie, Germanistik, Jura, Mathematik, Medizin, Soziologie) ausgewählt, um aus den dort Studierenden und Lehrenden eine Stichprobe zu ziehen. Insgesamt unterzogen sich 1078 Studenten und 447 Dozenten einem Interview von durchschnittlich 45 Minuten. Eine Auswahl aus den Ergebnissen dieser Studie findet sich in Miebach 1986a.

44 Den Befragten wurden während des Interviews Listen mit Statements ausgehändigt, so dass sie die Formulierungen vor Augen hatten. Die Antworten auf den vorgegebenen Skalen wurden dann vom Interviewer in den Fragebogen eingetragen.

Obwohl die meisten Studenten diese Verhaltensweisen als nicht vereinbar mit der Dozentenrolle im normativen Sinne halten, so greifen Hochschullehrer in einigen Fächern häufiger zu diesen Machtmitteln, wie die Ergebnisse belegen. Allerdings liegen die mittleren Werte in den meisten Fächern zwischen "Selten" und "Manchmal", so dass diese Handlungen im allgemeinen nicht zur typischen Rolle gehören.

Wenn Fragen mit vorgegebenen Antwortkategorien in Fragebögen verwendet werden, spricht man von *standardisierten* Erhebungsinstrumenten. Viele Vertreter des interpretativen Paradigmas lehnen standardisierte Instrumente und die damit verbundenen statistischen Auswertungsverfahren ab (vgl. Blumer 1981; Bogumil/Immerfall 1985). Stattdessen werden qualitative Methoden wie "teilnehmende Beobachtung"[45] (Goffman 1973b; Glaser/Strauss 1979) oder "narrative" Interviews (Schütze 1976; Gerhardt 1985) bevorzugt, in denen die Befragten zum Erzählen von Geschichten ermuntert werden, die dann aufgezeichnet und später in eine schriftliche Form gebracht werden. Ohne auf die Verästelungen des Streits zwischen den Vertretern qualitativer und quantitativer Methoden an dieser Stelle einzugehen, können wir für die Rollenanalyse aus den obigen Beispielen folgende Schlüsse ziehen.

Falls man z.B. die Rolle des Chirurgen in einer Klinik beobachtet, so kann man nicht sicher sein, ob die normativen Vorstellungen und typischen Verhaltensweisen, die in diesem Krankenhaus gelten, auch für die anderen Krankenhäuser zutreffen. Um ein repräsentatives Bild zu erhalten, wird man eine Stichprobe[46] von Chirurgengruppen untersuchen müssen. Außerdem ist es notwendig, in allen Gruppen dieselben Erhebungsinstrumente zu verwenden, wenn man aus den Antworten globale Werte ermitteln möchte. Damit sind für diese Aspekte von Rollen standardisierte Instrumente unvermeidlich. Will man stattdessen das Rollenspiel untersuchen, so wird man mit standardisierten Methoden keinen Erfolg haben, da sich die Vielfalt und die Variationsbreite des Rollenspiels nicht in vorgegebene Schablonen pressen lässt.

Bei der teilnehmenden Beobachtung ergibt sich allerdings die Gefahr, dass man nur flüchtige und einmalige Eindrücke sammelt und die Auswertung "romanhaft" und nicht wissenschaftlich klingt. Dieser Eindruck wird dann verstärkt, wenn auf der einen Seite der Bezugsrahmen und die Modelle während der Analyse gewechselt oder überhaupt nicht explizit angegeben werden und auf der anderen Seite die Beobachtungen nicht exakt beschrieben, sondern gleich mit theoretischen Begriffen interpretiert werden.[47]

Aaron Cicourel, selbst ein prominenter Vertreter des interpretativen Paradigmas, wirft Goffman beide Fehler vor (Cicourel 1981: 163). Obwohl wir sehen werden, dass Cicourel zumindest teilweise recht hat, sollte man nicht vorschnell urteilen, indem man Goffmans Arbeiten gänzlich ablehnt. Zum einen gewinnt man aus Goffmans Werken eine sensible Analysetechnik für Interaktionen "von Angesicht zu Angesicht" in sozialen Organisationen

---

45 In der teilnehmenden Beobachtung geht der Forscher ins Feld und beobachtet soziale Prozesse an Ort und Stelle, z.B. in Betrieben und Krankenhäusern oder in Jugendbanden. Der Beobachter kann sich als Forscher zu erkennen geben oder auch unerkannt als Mitglied teilnehmen, und er kann das Beobachtete außerhalb seiner Feldarbeit als Gedächtnisprotokolle dokumentieren oder im Feld aufzeichnen, z.B. mit Tonband oder Videogerät; vgl. Friedrichs 1985.

46 Wie Stichproben konstruiert werden, um die Repräsentativität einer Befragung zu sichern, wird in Lehrbüchern zu Methoden der empirischen Sozialforschung dargestellt; vgl. Friedrichs 1985; Kromrey 1980.

47 Nach den Erkenntnissen der Wissenschaftstheorie gibt es grundsätzlich keine wissenschaftliche Verarbeitung von Beobachtungsdaten, ohne auf vorgängige Begriffe zurückzugreifen. Es gibt allerdings Unterschiede, in welchem Ausmaß man sich bemüht, die Wirklichkeit so exakt wie möglich zu beschreiben, bevor man sie mit theoretischen Begriffen und Konzepten interpretiert. Vgl. Esser/Klenovits/Zehnpfennig 1977.

und im Alltagshandeln, die sich für Soziologen in der praktischen Arbeit als sehr hilfreich erweist. Zum anderen kann man von dem Gründer eines neuen Paradigmas nicht erwarten, dass er alle offenen Fragen beantwortet. Stattdessen ist es Aufgabe der Schüler und Nachfolger, explizite Modelle zu formulieren und sie mit geeigneten Methoden auf die soziale Realität anzuwenden. Falls diese Phase der "Normalwissenschaft" nach Goffmans wissenschaftlicher "Revolution" (Kuhn 1979) erfolgreich verläuft, wird man Goffman seinen Platz unter den soziologischen Klassikern nicht streitig machen können.

Während sich die strukturtheoretische Rollenanalyse im Sinne von Linton, Parsons, Merton und Dahrendorf weitgehend auf den *normativen* Aspekt und auf die *typische Rolle* beschränkt, stehen bei Goffman die Bedingungen, Formen und Funktionen des Rollenspiels im Zentrum der Betrachtung. Zu diesem Zweck muss man zwei Annahmen einführen, durch die sich Goffmans Rollentheorie grundlegend von der strukturellen Rollenanalyse unterscheidet. Erstens beschränkt sich Goffman auf "situierte Aktivitätssysteme", unter denen "ein geschlossener, sich selbstkompensierender und sich selbstbeendender Kreislauf voneinander abhängigen Aktionen" (1973a: 108) zu verstehen ist. So bilden z.B. das Karussellfahren oder eine Operation im Krankenhaus jeweils situierte Aktivitätssysteme, in denen die Kooperation von mehreren "situierten" Rollen in einem räumlich und zeitlich abgegrenzten Handlungsprozess beobachtet werden kann.

Die Beschränkung auf situierte Rollen eröffnet die Möglichkeit, ein konkretes Rollenspiel mit der nötigen Genauigkeit zu analysieren und erweist sich somit als eine *methodisch* begründete Prämisse. Die zweite Annahme bezieht sich auf den Bezugsrahmen der *Theorie* und hat daher weitgehende Konsequenzen für die expliziten Modelle. Goffmans Grundidee besteht darin, nicht länger die Rollenstruktur als Grundeinheit zu betrachten und auf diese Weise das Individuum als einen Aspekt der Analyse aufzufassen. Stattdessen soll das *Individuum* das Bezugssystem der Rollentheorie und damit die Grundeinheit der Rollenuntersuchungen bilden (1974a: 25; 72). Zur Betrachtung von situierten Aktivitätssystemen wird man als Bezugssystem das "Individuum als Partizipationseinheit" (1974a: 43-52) auswählen. Individuen nehmen in diesem Falle als "Parteien" an einem Interaktionssystem teil, wobei sie als "Einzelne" oder in einem "Miteinander" auftreten.

> Ein einzelner ist eine Partei, die nur aus einer Person besteht, einer Person, die allein gekommen ist, einer "selbständigen" Person ...Ein Miteinander ist eine aus mehreren bestehende Partei, deren Mitglieder als zusammengehörig wahrgenommen werden. (Goffman 1974a: 43)

Im Tagesverlauf ergeben sich für ein Individuum vielfältige Gelegenheiten, als Partizipationseinheit an Aktivitätssystemen teilzunehmen. Nimmt man alle diese Gelegenheiten zusammen, so ergibt sich eine "Skizze der Bahn des einzelnen oder des Miteinanders, zu dem er gehört, und der Situationen, in denen sich sein Partizipationsstatus verändert" (1974a: 52). Mit Hilfe dieser Bahn lässt sich ein Bild von der Identität der betreffenden Person entwerfen.

Ein anderes Bezugssystem des Individuums ergibt sich aus den "Territorien des Selbst" (1974a: 54-96), zu denen z.B. der um den Körper angeordnete "persönliche Raum" gehört, in denen andere Personen nur unter besonderen Bedingungen eindringen dürfen, oder bestimmte räumliche Reservate, die sich ein Individuum ausschließlich zu seinem eigenen Gebrauch vorbehält. Wir werden später sehen, dass mit Hilfe dieses Bezugssystems wichtige Aspekte des Austauschhandelns im Alltag beschrieben werden können. Keines dieser beiden Bezugssysteme erfasst das Individuum vollständig, sondern bildet lediglich einen bestimmten Aspekt einer Person ab. Dies trifft auch auf die Zuschreibung einer "persönlichen Identität" durch Interaktionspartner aufgrund von Merkmalen wie Name, äußere Erscheinung oder biographische Daten (1974a: 256) zu.[48]

Mit Mead teilt Goffman die anthropologische Annahme, dass eine Person ihre Identität nur in Interaktion mit anderen Personen entwickeln und darstellen kann. Mead versucht durch das Modell der Rollenübernahme eine Struktur der Identität zu definieren, von der das konkrete Handeln im moralischen Sinne abhängt. Goffman erhebt nicht einen solchen Anspruch, sondern beschränkt sich auf die jeweilige Präsentation eines Individuums in der Interaktion.

> Es geht nicht eigentlich darum, was denn ein Beteiligter 'wirklich ist'. Seine Partner werden das kaum herausfinden, sofern es überhaupt erkannt werden kann. Wichtig ist das durch sein Verhalten gegenüber den anderen vermittelte Gefühl, was für eine Person hinter der gerade gespielten Rolle steht. (Goffman 1977: 329)

Wenn nach Goffman Personen erstens nicht durch das Bündel ihrer Rollen bestimmbar sind, zweitens aber ihre Identität durch das jeweilige Rollenverhalten den anderen mitteilen, so muss es zumindest ein universales Merkmal der Individualität geben: *die fortlaufende Abgrenzung gegen die durch das Rollenhandeln angezeigte Identität* (1973a: 149). Für den Begriff der Ich-Identität folgt daraus nach Krappmann, dass sie nicht als feststehende Struktur definiert werden kann, sondern auf einer Balance zwischen dem Engagement in Rollen und dem ständigen Hinausgehen über die durch die Rollen festgelegten Verhaltensnormen beruht (1978: 52; 70-84).

Aus dieser Definition ergeben sich mehrere Problembereiche, die eingehender zu untersuchen sind. Erstens ist zu fragen, woher das Individuum die Impulse nimmt, sich gegenüber dem jeweiligen Rollenhandeln abzugrenzen. Die Meadsche Konstruktion des "I" weist zwar auf die Existenz solcher Impulse hin, klärt aber nicht ihre Quellen. Ein zweiter Problembereich ergibt sich aus der Vermutung, dass die Abgrenzung des Individuums von seinen Rollen nicht völlig spontan und chaotisch verläuft, sondern dass in der Gesellschaft auch für diesen Bereich Regeln definiert sind, die Soziologen zu erforschen haben. Schließlich kann man sich drittens vorstellen, dass diese Regeln keine zufälligen Konventionen bilden, sondern bestimmte Funktionen in situierten Aktivitätssystemen erfüllen. Definieren wir mit Goffman die Abgrenzung des Individuums von der gespielten Rolle als *Rollendistanz* (1973a: 121), so stellt sich nach diesen drei Problembereichen die Aufgabe, die *Quellen, Formen* und *Funktionen* der Rollendistanz in situierten Aktivitätssystemen zu studieren.

---

48 Goffman stellt die "persönliche Identität" der "sozialen Identität" gegenüber, die er wie folgt definiert: "... die umfassenden sozialen Kategorien (und die wie Kategorien funktionierenden Organisationen und Gruppen), zu denen ein Individuum gehören bzw. als zu denen gehörig es angesehen werden kann: Altersstufe, Geschlecht, Schicht usw." (1974a: 255-6). Eine ausführliche Darstellung der beiden Identitätsbegriffe findet sich in Goffman 1975a: 67-94.

3.1.2 Individuum und Rolle

Formen der Rollendistanz

Die Rollendistanz drückt die Relation eines Individuums zu seiner Rolle aus, wobei der Grad der Abgrenzung auf einer Skala variiert. Falls überhaupt keine Rollendistanz auftritt, so befinden wir uns am Nullpunkt der Skala, den Goffman mit dem Begriff *Erfassung* der Rolle kennzeichnet. Wer eine Rolle erfasst, hat erstens eine starke innere *Bindung* an die Rolle, demonstriert zweitens seine *Fähigkeit* zur souveränen Durchführung und zeichnet sich drittens durch aktiven "*Einsatz* und spontanes Einbezogensein in das Rollenhandeln" (1973a: 120) aus. Als Beispiel für die Erfassung einer Rolle beschreibt Goffman drei- bis vierjährige Kinder beim Karussellpferdreiten.

> Der Reiter wirft sich mit vollem Ernst in die Rolle. Er spielt sie mit Verve und anerkanntem Einsatz all seiner Fähigkeiten. Wenn er in jeder Runde an seinen Eltern vorbeikommt, läßt er vorsichtig eine Hand los, winkt grimmig lächelnd oder wirft ihnen eine Kusshand zu ... (Goffman 1973a: 119-20)

Das Kind in diesem Alter erfasst die Rolle und wird von der Rolle vollständig erfasst; es verschwindet in dem Selbst, das durch die Rolle angezeigt wird. Im Alter von 5 Jahren genügt es nicht mehr, nur Karussellpferdreiter zu sein; und dies wird demonstriert, indem z.B. das Kind die Kette verschmäht, ein Reiter den Takt zur Musik schlägt oder sich vorsichtig in den Sattel stellt und zum nächsten Pferd überwechselt. Diese Verhaltensweisen signalisieren nach Goffman die erste Stufe der Rollendistanz.

> Das Bild seiner selbst, das für ihn durch die Routine als Folge seiner bloßen Teilnahme erzeugt wird - sein faktisches Selbst in dem Kontext -, ist ein Bild, von dem er sich offensichtlich zurückzieht, indem er die Situation aktiv beeinflußt. (Goffman 1973a: 121)

Im Alter von 7 oder 8 Jahren kann sich ein Kind nicht mehr mit der Rolle identifizieren und beginnt, allerlei "Unsinn" anzustellen, der den Zorn des Aufsichtspersonals heraufbeschwören kann. Mit 11 und 12 Jahren reicht es dann nicht mehr aus, die Kluft zwischen Individuum und Rolle auf irgendeine Weise auszudrücken. Jetzt muss die Rollendistanz für die Zuschauer inszeniert werden, indem z.B. ein Junge das "Holzpferd im Scherz so behandelt, als ob es ein Rennpferd sei" (1973a: 122-3).

Betrachtet man diese drei Grade der Rollendistanz genauer, so lassen sich zwei Dimensionen trennen, die Dreitzel als "*Distanzierung vom Zwang der Positionspflichten*" und "die *expressive Seite der* zu den Rollenerwartungen gehörigen *Ich-Leistungen*" (1980: 188) definiert. Während die Fünfjährigen durch ihre aktive Beeinflussung ihre Ich-Leistung darstellen und auf diese Weise die "Differenz zwischen dem eigenen Selbstbild und der implizierten Rollenidentität ausdrücken" (Joas 1981: 152), zeigen die älteren Kinder eine Distanzierung von den durch die Benutzerordnung festgelegten Regeln. Die 7 oder 8 Jahre alten Kinder können sich auf die Demonstration ihrer Distanzierung von den Pflichten beschränken, wogegen von Elf- oder Zwölfjährigen erwartet wird, dass sie die Rollendistanz für die Zuschauer aktiv gestalten. Da für die älteste Gruppe die Rollendistanz zur Verhaltensnorm wird, grenzen sie sich durch die aktive Gestaltung davon ab, um anzuzeigen, dass sich ihre Identität nicht in der Erfüllung dieser Verhaltensnorm erschöpft.

Bei den in Tabelle 1 zusammengefassten Stufen der Rollendistanz handelt es sich um Rollennormen im Sinne von Popitz und damit um regelmäßig ablaufendes tatsächliches Verhalten. Nach der Goffmanschen Unterscheidung in normativen Aspekt, typische Rolle und Rollenspiel ist damit die Rollendistanz der *typischen Rolle* zuzuordnen (Goffman 1973a: 130).

Stufen der Rollendistanz	Altersstufe von Karussellpferdreitern	Expressive Ich-Leistung	Distanzierung von Verhaltensnormen	Aktive Gestaltung der Distanzierung
Stufe 0: Erfassen der Rolle	3-4 Jahre	-	-	-
Stufe 1: Abgrenzung der eigenen von der durch die Rolle angezeigten Identität	5 Jahre	+	-	-
Stufe 2: Distanzierung von Verhaltensnormen der Rolle	7-8 Jahre	+	+	-
Stufe 3: Expressive Gestaltung der Distanzierung von Verhaltensnormen	11-12 Jahre	+	+	+

Tabelle 1: Formen der Rollendistanz[49]

Quellen und Funktionen der Rollendistanz

Fragt man sich, woher der Rollenhandelnde die Ideen zur Gestaltung der Rollendistanz bezieht, so müssen wir die Quellen der Ich-Leistung genauer untersuchen. Goffman geht dieser Frage am Beispiel der Chirurgie als Aktivitätssystem nach und stellt die These auf, dass die Rollendistanz aus anderen Rollenverpflichtungen oder aus Erfordernissen des situierten Aktivitätssystems erwächst, also eine *soziale* Komponente aufweist (1973a: 136).

Ein Grund für Rollendistanz kann darin liegen, dass jemand einer anderen Rolle zu stark verpflichtet ist. Einem Chirurgen ist es nicht gestattet, seine Ehefrau zu operieren, weil angenommen wird, dass die emotionale Bindung ihn daran hindert, in der Rolle des Chirurgen einen kühlen Kopf zu bewahren. Eine weitere Ursache von Rollendistanz ergibt sich, wenn ein Positionsinhaber darunter leidet, dass seine Fähigkeiten und Kenntnisse in der Rolle nicht ausreichend zur Geltung kommen. So berichtet Goffman von jungen Medizinern, dass sie die untergeordnete Rolle, die ihnen während der Operation zugewiesen wird, nicht mit dem allgemein hohen Status als Arzt in Einklang bringen können und ihre Rolle in dem chirurgischen Aktivitätssystem als demütigend empfinden.[50] Entsprechend

---

49 Ein "+" Zeichen bedeutet, dass dieses Merkmal zutrifft; und ein "-" Zeichen, dass es nicht zutrifft.
50 Diese Diskrepanz zwischen dem Prestige einer Person in unterschiedlichen Positionen wird "Statusinkonsistenz" genannt. Der Begriff lässt sich nicht nur auf unterschiedliche Positionen, sondern auch auf unterschiedliche Belohnungen, wie Einkommen, Macht oder soziales Ansehen, innerhalb einer Berufsposition

demonstriert diese Gruppe ihre Rollendistanz mit Clownerien, die zuweilen die Grenzen des guten Geschmacks überschreiten (1973a: 133-4).

Während auch hier die Quelle der Rollendistanz in der durch Rollen erworbenen Identität liegt, beobachtet Goffman beim Chefchirurgen Formen der Rollendistanz, die sich auf die Funktionserfordernisse des chirurgischen Aktivitätssystem zurückführen lassen. Als Leiter des Operationsteams ist der Chefchirurg gezwungen, Fehler der anderen Ärzte und der Operationsschwestern zu korrigieren. Dies geschieht häufig in scherzhafter Weise, so dass die "chirurgische Etikette" verletzt wird (1973a: 138). Der Grund für diese Form der Rollendistanz liegt nach Goffman in der Notwendigkeit, das chirurgische Aktivitätssystem im Gleichgewicht zu halten: Ein strenger Verweis könnte den Betroffenen derart aus der Fassung bringen, dass der Erfolg der gesamten Operation in Frage gestellt würde. Ganz auf eine Korrektur des Fehlers kann der Chefchirurg nicht verzichten, da entweder sofortige negative Folgen zu erwarten wären oder sich solche Fehler in das Operationsteam auf Dauer einschleichen könnten. Somit bildet diese Form der Rollendistanz eine Möglichkeit, das Funktionieren des Aktivitätssystems auf Dauer zu garantieren.

In dieser Argumentation erklärt Goffman eine spezielle Form der Rollendistanz durch ihre *Funktion* innerhalb eines situierten Aktivitätssystems. Diese "funktionale Analyse" geht auf Parsons und Merton zurück und wurde im Rahmen der strukturell-funktionalen Theorie entwickelt (Merton 1973a; Parsons 1973c), die dem normativen Paradigma zuzurechnen ist.[51] Damit Überschneiden sich im Modell der Rollendistanz das interpretative und das normative Paradigma. Indem Goffman mit der Untersuchung von Rollendistanz als Form der Abweichung von normativ verankerten Strukturen den *Handlungsaspekt* genauer ausleuchtet, stößt er auf neue soziale Regeln und funktionale Erfordernisse von Aktivitätssystemen, die für die Rollenhandelnden ebenso soziale Tatbestände darstellen wie die offiziellen Rollenstrukturen. Nicht die individuellen Variationen des Rollenspiels, sondern die zugrunde liegenden sozialen Regeln und Handlungsroutinen bilden also den Schwerpunkt von Goffmans Rollenanalyse. Zu diesen Regeln, die in der traditionellen Rollentheorie nicht beachtet wurden, gelangt Goffman allerdings nur, indem er von dem Handlungsaspekt ausgeht und das Individuum als Grundeinheit der Untersuchung betrachtet.

Diese Wahl des Individuums als *Bezugssystem* hatten wir weiter oben als Grundidee der Goffmanschen Rollenanalyse bezeichnet. Mit dieser Annahme ist die methodische Entscheidung Goffmans verknüpft, das Rollenspiel des Einzelnen als *Beobachtungseinheit* festzulegen. Aus diesen beiden Grundannahmen sowie den drei Elementen von Rollen - normativer Aspekt, typische Rolle und Rollenspiel - ergibt sich der *Bezugsrahmen* der interaktionistischen Rollentheorie. Goffman entwickelt eine Skala der Rollendistanz, deren Abstufungen sich durch Kombination von zwei Mitteln der Distanzierung ergeben: erstens die Expression von Identität durch aktive Gestaltung und zweitens die Distanzierung von den Rollenpflichten. Als Quellen für die Rollendistanz verweist Goffman nicht auf einen individuellen Kern, sondern benennt soziale Gründe für Rollendistanz, wie z.B. die Identifikation mit anderen Rollen oder Funktionserfordernisse des situierten Aktivitätssystems. Damit setzt sich das *explizite Modell* aus den Quellen, Regeln und Funktionen der Rollendistanz zusammen. Die Kombinationsregel dieser Modellelemente ergibt sich aus Goff-

---

anwenden; vgl. Zingg/Zipp 1983: 46-55. Eine theoretische Erklärung der Tendenz zur Statuskonsistenz in sozialen Systemen leistet die Homanssche Verhaltenstheorie; vgl. Homans 1972a: 209-11; 1972b: 17. In Kap. 6.10 wird das Prinzip Statuskonsistenz anhand eines Beispiels wieder aufgegriffen.

51 Die funktionale Analyse wird in Kapitel 4.1 ausführlicher dargestellt werden.

mans Konzept des Individuums, das seine Identität durch die Übernahme von Rollen festlegt und gleichzeitig nach Mitteln und Wegen sucht, sich von dieser Festlegung zu distanzieren und auf diese Weise dem Interaktionspartner deutlich zu machen, dass sich seine Identität nicht in dem augenblicklichen Rollenhandeln erschöpft. Diese Mittel und Wege, die das Individuum zur Abgrenzung verwendet, basieren auf bestimmten sozialen Regeln und Mechanismen, die den Kern des expliziten Modells der Rollendistanz bilden und die Goffman an den *Musterbeispielen* des Karussellpferdreitens und des chirurgischen Aktivitätssystems illustriert.

Totale Institution

Im gleichen Jahr wie die Rollenstudie veröffentlicht Goffman in dem Buch "Asylum" (1973a) seine Untersuchung der Verhaltensweisen von Insassen "totaler Institutionen", worunter er geschlossene Anstalten, wie z.B. psychiatrische Krankenhäuser oder Gefängnisse, versteht. Als Hauptmerkmal totaler Institutionen nennt Goffman, "dass der Insasse alle Bereiche seines Lebens im Anstaltsgebäude, in unmittelbarer Gesellschaft mit anderen, die ähnlich wie er von der Umwelt abgeschnitten sind, verbringt." (1973b: 198). Im Hinblick auf die Relation zwischen Individuum und Rolle ergibt sich in Anstalten die Besonderheit, dass die Insassen in eine Rolle hineingedrängt werden, mit der sie ihre Identität nicht ausdrücken können. Goffman beschreibt sehr anschaulich eine Fülle von Techniken des Anstaltspersonals, die das Individuum systematisch von seiner vor Anstaltseintritt erworbenen Identität abschneiden. Der Insasse wird einem Prozess der "Diskulturation" (1973b: 24) unterworfen, der durch "Trimmen" und "Programmierung" (1973b: 27) und durch "Degradierungen, Demütigungen und Entwürdigungen seines Ich" (1973b: 25) gekennzeichnet ist.

Durch diese Abtrennung von seiner biographisch bedingten Identität sowie von anderen Rollen wie Beruf oder Familienmitglied wird dem Individuum eine wesentliche Quelle der Rollendistanz entzogen. Auch das situierte Aktivitätssystem des Tagesablaufs in der Anstalt eröffnet keine Chancen für Rollendistanz, weil die aktive Rollengestaltung das Funktionieren der Anstalt eher stört als fördert: der beste Insasse ist der total angepasste Insasse. Schließlich sichern die Anstaltsregeln, dass auftretende Rollendistanz jederzeit abgeblockt werden kann. Ein solcher Unterdrückungsmechanismus bildet nach Goffman der "Looping-Effekt". Falls Personen im normalen bürgerlichen Leben Tätigkeiten durchführen müssen, die ihrem Selbstbild widersprechen, so stehen ihnen mehrere Ausdrucksmöglichkeiten der inneren Distanz zur Verfügung. So können sie z.B. die Anordnung mit der militärischen Zeremonie "Jawoll, Sir!" in Empfang nehmen, sie können sich weiterhin im Laufschritt auf den Weg machen, obwohl dies nicht erwartet wird, während der Tätigkeit Clownerien aufführen oder mit Ironie und Spott "Dampf ablassen". Die Looping-Technik besteht nun darin, mit negativen Sanktionen diese Ausdrucksformen der Distanz zu unterdrücken. Wenn z.B. ein Insasse für eine Regelverletzung bestraft wird, achten die Aufsichtführenden nicht allein darauf, dass der Insasse die ihm auferlegte Strafmaßnahme korrekt ausführt, sondern sie reagieren auch auf jede Ausdrucksform von Auflehnung der Insassen mit neuen Bestrafungen (1973b: 43).

Solche Looping-Effekte sind nicht nur in totalen Institutionen anzutreffen. Kleinkinder reagieren auf Anordnungen ihrer Eltern mit demonstrativem Trotz, indem sie sich zu Boden werfen, mit den Füßen auf dem Boden stampfen oder ihre Wut herausbrüllen. Im Rahmen der modernen Pädagogik wird den Kindern ein Recht auf diese Trotzreaktion zugestanden und den Eltern wird empfohlen, das Kind diese Reaktion ausleben zu lassen. In der traditionellen Erziehung wurden gerade diese Wutausbrüche zum Anlass von Bestrafungen genommen, um dem Kind den Elternwillen aufzuzwingen. In welchem Umfang die moderne oder die traditionelle Erziehungsmethode von Eltern praktiziert wird, ist eine empirische Frage. Es ist zu erwarten, dass einige Eltern besonders in Stresssituationen auf die bekannten Verhaltensmuster ihrer Eltern zurückgreifen.

Die Insassen werden also einerseits von den Quellen der Rollendistanz abgeschnitten und andererseits bestehen spezielle Techniken, um den Ausdruck der Distanz zu unterbinden. Welche Möglichkeiten haben unter diesen Umständen Individuen, um ihre Identität vor Zerstörung zu bewahren? Eine Möglichkeit besteht darin, die Insassenrolle als Ausdruck der eigenen Identität zu akzeptieren, was zu einer Reduktion von Individualität und damit zu einer teilweisen Zerstörung der Identität führt. Erfolgreicher zur Verteidigung des Individuums gegenüber der Bedrohung durch die totale Institution ist allerdings eine Doppelstrategie, nach der sich die Insassen einerseits äußerlich der Anstaltsrolle anpassen und "ruhig Blut" bewahren (1973b: 68) und andererseits Formen der "sekundären Anpassung"[52] entwickeln, die Goffman mit dem Begriff "Unterleben" der Anstalt bezeichnet. Es handelt sich dabei um halboffizielle Verhaltensweisen oder um räumliche Reservate und um Einrichtungen, die es dem Insassen gestatten, sich einen Rest von Individualität zu bewahren.

So können sich Insassen "Notbehelfe" anfertigen wie z.B. Kopfkissen aus mit Papier gefüllten Plastikbeuteln; sie können das System "ausbeuten", indem sie z.B. am Gottesdienst teilnehmen, um ein zusätzliches Frühstück zu erhalten, oder einen "ausbeutbaren" Posten in der Anstalt erwerben (1973b: 204-20). Eine besondere Bedeutung haben in Anstalten räumliche Reservate, in denen sich die Insassen für eine gewisse Zeit dem Zugriff des Personals entziehen können. Goffman unterteilt diese Reservate in "Freiräume", "Gruppenterritorien" und "persönliche Territorien" (1973b: 234). Freiräume, wie Toiletten oder unbeaufsichtigte Nischen, können von allen Patienten genutzt werden, während Gruppenterritorien nur einer kleinen Zahl von Insassen offen steht. So berichtet Goffman von einer Gruppe von Insassen, die sich in den Gemeinschaftsräumen des Personals regelmäßig zum Pokerspiel einfanden (1973b: 231). Der Besitz eines persönlichen Territoriums, wie ein eigenes Schlafzimmer oder Sitzplätze in Gemeinschaftsräumen der Insassen, bedeutet in totalen Institutionen ein besonderes Privileg und bleibt nur wenigen vorbehalten.

Kommen wir zu unserer Grundfragestellung der Beziehung zwischen Individuum und Rolle zurück, so ergeben sich aus Goffmans Studie zu totalen Institutionen zwei Schlussfolgerungen. Erstens können Rollen so restriktiv sein, dass sie dem Individuum weder durch Erfüllung der Verhaltensnorm noch durch Gestaltung oder Distanzierung die Möglichkeit bieten, die eigene Identität auszudrücken. Zweitens schaffen sich die Individuen auch unter solchen Bedingungen Freiräume, um ihre Identität gegenüber der Bedrohung durch die Institution zu schützen. Die Formen des "Unterlebens" der totalen Institution lassen sich nicht in den Bezugsrahmen der Rollentheorie einordnen. Goffmans Vorschlag, sie als Ausdruck sekundärer Anpassung aufzufassen, liefert zwar einen theoretischen Begriff, aber weder einen Bezugsrahmen noch ein explizites Modell. Daher ist es konsequent, dass Goffman ein neues Paradigma der Handlungstheorie entwirft, mit dem sich die Dramaturgie des sozialen Handelns umfassender erklären lässt. Bevor wir diese "Theorie der Alltagsrituale" genauer darstellen und auf diese Weise den rollentheoretischen Rahmen

---

52 Heinze findet in der Schule als Institution Formen "gemäßigter sekundärer Anpassung" (1981: 46-55).

verlassen, soll abschließend zum Thema "Rolle und Identität" noch einmal der Begriff der Ich-Identität diskutiert werden.

Rollendistanz und Ich-Identität

Wie bereits im Zusammenhang mit Meads Identitätskonzept erwähnt wurde, definiert Erikson Identität als "genetisches Kontinuum" (1973: 198), worunter er den *Prozess* der Identitätsentwicklung versteht, in dem das Ich sich mit unterschiedlichen sozialen Objekten identifiziert und Selbstkonzepte entwirft.

> Es gibt keine andere innere Distanz, die die akzentsetzende Auswahl wichtiger Identifikationen während der Kindheit vollbringen könnte, noch auch die allmähliche Integrierung der Selbst-Images als Vorstufen einer Identität. Aus diesem Grund sprach ich von der Identität als einer Ich-Identität. (Erikson: 1973: 189)

Auch Mead versteht - zumindest in seinem Interaktionsmodell - Identität als einen Prozess des sozialen Handelns und der Reflexion, verlegt aber die Struktur der Identität in die soziale Ordnung der Gesellschaft. Goffman wählt einen interessanten Mittelweg zwischen der psychologischen und der soziologischen Definition. Ein Individuum entwickelt seine Identität, indem es sich einerseits vorgegebener Rollen bedient und andererseits gleichzeitig von der durch diese Rollen angezeigten Identität distanziert und auf diese Weise auf ein durchgängiges Sich-Selbst-Gleichsein verweist. Während nach Erikson das Ich diese Identität mit Hilfe von Identifikationen und Selbstkonzepten entwickelt, greift nach Goffman das Individuum auf einen sozialen Pool zurück, wo es Rollenbindungen, funktionale Erfordernisse oder alltägliche Handlungsroutinen vorfindet (Goffman: 1973a: 136).

Die Wechselbeziehung zwischen dem persönlichen "Sich-Selbst-Gleichsein" und der Offenheit gegenüber den Erwartungen und Bedürfnissen der Interaktionspartner definiert Lothar Krappmann als "balancierende Identität".

> Es (das Individuum) soll divergierende Erwartungen in seinem Auftreten berücksichtigen und dennoch Konsistenz und Kontinuität bewahren. (1978: 56; Klammereinschub des Verf., B.M.)

Stellen wir uns das Beispiel eines Vortrags vor, wobei der Vortrag das Referat eines Studenten oder eine Präsentation eines Mitarbeiters in einer Organisation sein kann. Vorausgesetzt, dass Zwischenfragen der Zuhörer erlaubt sind, wird sich bald eine Zwischenfrage einstellen, die den Ablauf des Vortrags stört, weil das Thema der Frage erst zu einem späteren Zeitpunkt im Vortrag behandelt werden sollte. Die Antwort des Vortragenden könnte sein: "Das ist eine völlig berechtigte Frage. Auf dieses Thema werde ich im späteren Verlauf meines Vortrags genauer eingehen. Darf ich Sie daher noch um etwas Geduld bitten?"

Verfügt der Vortragende über eine balancierende Identität? Vorausgesetzt, die Antwort klingt für die Zuschauer authentisch und nicht vorgetäuscht oder als ein trainiertes Gesprächsritual, dann ist die Antwort: ja. Der Vortragende nimmt mit dem Lob, dass es sich um eine berechtigte Frage handelt, den Fragesteller ernst, und er überlässt dem Fragesteller die Entscheidung mit der in Frageform vorgetragenen Bitte um Geduld. Gleichzeitig geht der Vortragende nicht von seinem Vortragskonzept ab und verlässt nicht seinen "roten Faden".

Falls bei den Zuhörern Konsens herrscht, dass der Vortragende sein Vortragskonzept nicht verlassen muss, wäre die Zwischenfrage mit balancierender Identität bewältigt. Es kommt in der Universität und in Organisationen allerdings vor, dass ein Teilnehmer einer hohen hierarchischen Position - der Professor in der Universität oder der Vorstand einer Organisation - mit Macht durchsetzt, dass seine Zwischenfrage ausführlich behandelt und damit das Vortragskonzept umgeworfen wird. Souveränen Vortragenden kann es durchaus gelingen, den späteren Teil des Vortrags vorzuziehen und nach einer begrenzten Zeit wieder zum nächsten Punkt seines Vortrags überzuleiten. Auf diese Weise behält er das Heft in der Hand und hat sich gleichzeitig offen gegenüber dem Machthaber verhalten.

Falls ihm dies nicht gelingt und sein Vortrag wird im schlimmsten Fall solange unterbrochen, bis die verfügbare Vortragszeit abgelaufen ist, war er nicht erfolgreich und hat seine Konsistenz und Kontinuität nicht bewahrt. Die andere Schlagseite balancierender Identität wäre, wenn der Vortragende eindringlich darauf besteht, den Vortrag nicht zu unterbrechen und dabei unfreundlich oder gar "patzig" wird. Auch hier ist die Balance gescheitert, weil sich die Zuhörer abgewiesen oder sogar beleidigt fühlen. Wenn dann ein Machtinhaber die Unterbrechung trotzdem durchsetzt und dem Vortragenden einen "Rüffel" wegen seines ungebührlichen Verhaltens verpasst, hat der Vortragende doppelt verloren.

An dem Beispiel wird deutlich, dass der Vortragende über spezielle Fähigkeiten verfügen muss, um in sozialen Situationen seine balancierende Identität zu bewahren. Krappmann systematisiert die Bedingungen für die Stabilität der Ich-Identität zu vier identitätsfördernden Fähigkeiten (1978: 132-73).[53]

(1) Rollendistanz
Die Fähigkeit zur Rollendistanz wird in einer Gesellschaft notwendig, wo ein Individuum in vielfältigen sozialen Situationen unterschiedliche - und zum Teil widersprüchliche - Rollen spielt. In diesem Fall muss es sich von den Pflichten der Rolle lösen können, um sich das notwendige Maß an Flexibilität zu bewahren.

(2) Role taking und Empathie
Unter Empathie ist die Fähigkeit zu verstehen, sich in den anderen hineinzuversetzen und dessen Motive und Intentionen zu erkennen. Diese gedankliche Komponente sowie die Fähigkeit des Einfühlens durch "role-taking" eröffnen dem Individuum die nach Mead zentrale Quelle der Identität: die Haltungen der anderen. Andererseits braucht das Individuum bereits eine stabilisierte Ich-Identität, um sich nicht in den Motiven, Intentionen und Gefühlen der anderen zu verlieren.

(3) Ambiguitätstoleranz und Abwehrmechanismen
Rollendistanz und Empathie helfen dem Individuum, "neue und auch zur aktuellen Situation im Widerspruch stehende Daten und Mitteilungen wahrzunehmen und selber zum Ausdruck zu bringen" (1978: 150). Trotzdem bleibt in einer modernen Gesellschaft wegen der Rollenvielfalt und des ständigen sozialen Wandels stets ein Rest von Widersprüchlichkeit, Konfliktpotential und Unbefriedigtheit bestehen, mit dem sich das Individuum abzufinden hat. Da Abwehrstrategien wie Problemverdrängung oder Ignoranz auf Dauer die Hand-

---

53 Habermas greift in seiner Kritik der Parsonsschen Rollen- und Sozialisationstheorie die identitätsfördernden Fähigkeit Krappmanns auf und erweitert die Fähigkeit der reflexiven Anwendung von verinnerlichten Normen (1973: 113).

lungsfähigkeit des Individuums einschränken, ist die Ambiguitätstoleranz als die Fähigkeit, Konflikte und Unbefriedigtheit zu ertragen, identitätsfördernd.

(4) Identitätsdarstellung
Wahrend Krappmann mit der unter Punkt (1) aufgeführten Rollendistanz die Distanzierung von den Pflichten der Rolle versteht, bezieht sich die Identitätsdarstellung auf die Fähigkeit, in sozialen Situationen möglichst viele Aspekte der eigenen Identität zum Ausdruck zu bringen:

> Das Individuum kokettiert mit Rollen, spielt mit ihnen, überdramatisiert sie und bringt auf all diesen Wegen ein Element der Fragwürdigkeit, von Ambivalenz und Distanz in sein Handeln, das dem Beobachter Anlaß ist zu prüfen, wie das, was sein Gegenüber tut, zu verstehen ist. (Krappmann 1978: 170)

Mit dieser Definition der Identitätsdarstellung gelingt Krappmann eine genauere Charakterisierung des zweiten Aspekts von Goffmans Rollendistanz, den wir in Abbildung 3.1 "expressive Ich-Leistung" genannt haben. Erinnern wir uns an Tenbrucks Idee der Rollenkomplementarität, nach der sich die Erwartungen der Bezugspersonen durch Vorbilder von Rollenhandelnden aufbauen. Dann können wir diese Idee auch auf die Identitätsdarstellung anwenden: Je intensiver ein Individuum in sozialen Interaktionen seine Identität ausdrücken kann, desto eher werden die anderen diese Identität als Faktum wahrnehmen und ihre Erwartungen darauf einstellen.

Der Sozialisations- und Jugendforscher Klaus Hurrelmann hat mit dem Modell der *"produktiven Realitätsverarbeitung"* (1995: 63-81) den Identitätsbegriff um die Handlungsdimension erweitert. Mead hatte zwar mit der Abgrenzung des "I" vom "Me" die Eigenständigkeit des konkreten Handeln konstatiert, diese Handlungsebene aber nicht weiter analysiert. Dieses Versäumnis holt Hurrelmann mit seinem in Abbildung 26 dargestellten Identitätsmodell nach.

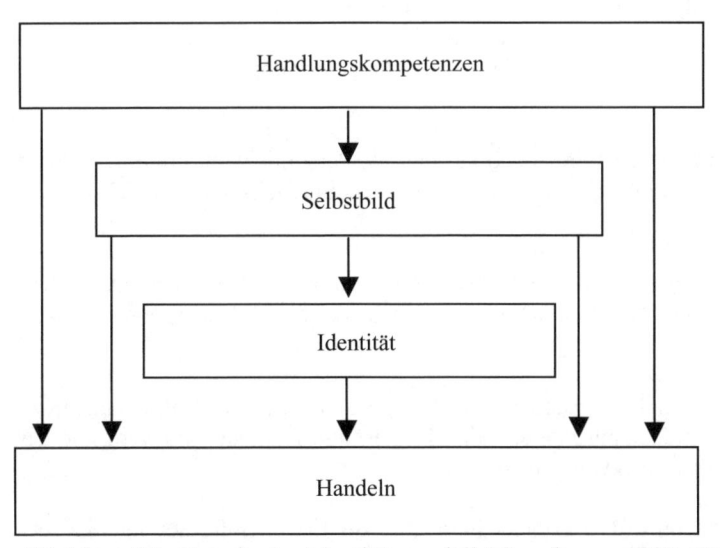

Abbildung 26: Erweitertes Identitätsmodell (Hurrelmann 1995: 171)

Handeln *definiert Hurrelmann*

> als bewußtes autonom steuerbares, auf ein Ziel gerichtetes, geplantes und beabsichtigtes Verhalten. (Hurrelmann 1995: 171)

Die Grundlage für das intentionale Handeln bildet die *Identität* der Persönlichkeit

> als bewusst reflektierte situations- und lebensgeschichtliche Kontinuität des Selbsterlebens auf der Grundlage des Selbstbildes. (Hurrelmann 1995: 171).

Beide Definitionen entsprechen der Meadschen Vorstellung von sinnhaftem Handeln und Identität (vgl. Kap. 2.2.2). Die Identität ist in Hurrelmanns Modell verankert in dem *Selbstbild*

> als strukturiertes Gefüge von Ergebnissen der Selbstwahrnehmung, Selbstbewertung und Selbstreflexion der Handlungskompetenzen. (Hurrelmann 1995: 171)

Als neue Dimension führt Hurrelmann das Konzept der *Handlungskompetenzen* ein

> als Zustand der individuellen Verfügbarkeit von Fertigkeiten und Fähigkeiten zur Auseinandersetzung mit der äußeren und der inneren Realität. (Hurrelmann 1995: 171)

Dieses Konzept betont die Fähigkeit zur aktiven Gestaltung von Individuen, die Hurrelmann programmatisch "produktive Realitätsverarbeitung" nennt.

Die *Handlungskompetenzen* stehen "sachlogisch" am Anfang, gefolgt von dem *Selbstbild*, das nach Goffman den Kern der Ich-Identität bildet. Die *Identität* ergibt sich dann als das *Sich-Selbst-Gleichsein* im Sinne von Erikson (vgl. Kap. 2.2.2). Aus Identität und Handlungskompetenz generiert das Individuum dann konkretes *Handeln*.

Wenn man die dargestellten Ansätze zur Identitätstheorie von Mead, Erikson, Goffman, Krappmann und Hurrelmann miteinander vergleicht, so kommt man zu den folgenden Ergebnissen.

(1) Im *interpretativen Paradigma* wird Identität nicht als Persönlichkeitsstruktur, sondern als fortlaufender Entwicklungsprozess aufgefasst, der ein Sich-Selbst-Gleichsein andeutet.

(2) *Ich*-Identität hängt einerseits von sozialen Strukturen ab, wie z.B. Formen der Rollendistanz; andererseits beeinflusst sie aber auch den Verlauf und das Ergebnis sozialer Prozesse.

(3) Das Aufbrechen der sozial vorgegebenen Rollennormen durch *Rollenspiel* und *Rollendistanz* führt zur Entdeckung von sozialen Regeln und Handlungsmustern, die der traditionellen Rollentheorie entgangen sind.

(4) Die Wahl des Individuums als Bezugseinheit führt zur Erweiterung des Identitätsbegriffs um identitätsfördernde Fähigkeiten und Handlungskompetenzen.

3.1.3 Das Individuum im öffentlichen Austausch

Alltagsrituale

Goffman erklärt die Vielfalt des sozialen Handelns durch die Fähigkeit von Individuen, ihr Verhalten aktiv zu gestalten. Dazu greifen sie auf unterschiedliche soziale Regeln und Handlungsmuster zurück, um ihre Identität auszudrücken. Betrachtet man Individuen in bestimmten sozialen Kontexten wie situierten Aktivitätssystemen oder Organisationen, so lassen sich typische Rollen angeben, die von ihnen ausgefüllt werden. Um sich gegen die von den Rollen angezeigte Identität abzugrenzen, stehen dem Individuum in solchen Kontexten spezielle Regeln zur Verfügung, wie z.B. die Formen der Rollendistanz oder das Unterleben einer totalen Institution. Diese speziellen Formen der Rollengestaltung und der sekundären Anpassung gehören zu einer allgemeinen Klasse von Regeln, Routinen und Strategien des Alltagshandelns, die Goffman in mehreren Studien detailliert analysiert hat (1974a; 1975b; 1977). Nach R. Turner besagt das Grundtheorem der interaktionistischen Rollentheorie, dass Rollenhandeln aus einem Prozess besteht, in dessen Verlauf die beteiligten Individuen Erwartungen und Vorstellungen entwickeln und aufeinander abstimmen (1962: 23). Einen solchen Abstimmungsprozess löst z.B. die Identitätsdarstellung aus, indem die am Anfang einer Interaktion angezeigte Identität eines Individuums dadurch stabilisiert wird, dass die Interaktionspartner aus diesen Informationen ein Bild der gesamten Identität entwerfen und daran während des weiteren Handlungsverlaufs festhalten. Diese beiden Komponenten, das Anzeigen von Identität im Rollenspiel und das nachfolgende Festhalten an der daraus entstandenen Rollenzuschreibung, bilden nach Goffman zwei Grundbedingungen des Rollenhandelns (1973a: 116).

Die Tendenz zur Verfestigung von Identitätszuschreibungen hat auf der einen Seite den Vorteil, dass sie die Handlungskoordination in der Interaktion erleichtert. Auf der anderen Seite ergibt sich die Möglichkeit, dass die zugeschriebene Identität nicht dem Selbstbild des Individuums entspricht. Diese Differenz zwischen Selbst- und Fremdzuschreibung entsteht nach Goffman durch unkontrollierte Informationen, die ein Individuum auf "Nebenkanälen" (1977: 327) seinen Interaktionspartnern vermittelt. Das Individuum muss sich mit den so entstandenen Zuschreibungen nicht abfinden, sondern kann versuchen, sie durch Erklärungen, Entschuldigungen und Scherze zu korrigieren.

> Erklärungen, Entschuldigungen und Scherze sind alles Methoden, durch die das Individuum bittet, einige der bezeichnenden Merkmale der Situation als Quellen zur Definition seiner Person zu streichen. (Goffman 1973a: 118)

Diese Methoden sind universell im Alltagshandeln einsetzbar und nicht auf bestimmte Rollensysteme beschränkt. Für jede Methode existieren bestimmte Formen und Regeln, die ein Individuum beachten muss, wenn sein Korrekturversuch Aussicht auf Erfolg haben soll. Eine Person, die sich entschuldigt, muss beispielsweise mit bestimmten Gesten, Handlungen und verbalen Äußerungen anzeigen, dass ihr das Vorgefallene leid tut. Zu diesem Zweck können die Individuen auf routinisierte Verhaltensweisen zurückgreifen, die Goffman als *Rituale* definiert. Dieser Begriff stammt aus der Religionssoziologie und wird dort im Zusammenhang mit genau vorgeschriebenen Handlungen zur Verehrung höherer Wesen verwendet (1974a: 97). Im Alltagshandeln lassen sich eine Vielzahl von "interpersonellen Ritualen", wie Entschuldigungen und Erklärungen, Begrüßungs- und Abschiedsszenen oder körpergebundene Gesten, beobachten, die weniger zeremoniell und bedeutend als die religiösen Riten sind. Die verweltlichten Alltagsrituale in modernen Gesellschaften sind eher kurzlebig und werden spontan von den Individuen eingesetzt; sie sind aber in allen sozialen Kontexten zu finden und spielen eine zentrale Rolle in der Inszenierung des Verhaltens von Individuen.

Goffmans Kritiker fragen häufig, ob man sich überhaupt innerhalb der soziologischen Handlungstheorie mit dieser Klasse von Handlungsroutinen beschäftigen sollte. Die Lektüre von Goffmans Werken sei zwar durchaus unterhaltsam, weil eine Fülle von Beobachtungen und Alltagserlebnissen ausführlich beschrieben und interpretiert werden; es fehle aber die wissenschaftliche Systematik. Diesen Vorwurf versucht Goffman zu entkräften, indem er in seinen Analysen an traditionelle soziologische Ansätze wie Rollentheorie, Organisationssoziologie,[54] Theorie abweichenden Verhaltens[55] oder Ethnosoziologie[56] anknüpft. Goffman zeigt die Lücken dieser Erklärungsansätze auf und versucht, sie mit eigenen Begriffen und Modellen zu schließen, um so eine genauere Beschreibung des konkreten Verhaltens von Individuen zu erreichen. Seine Forschungsziele bestehen erstens in der Beschreibung von Regeln, Ritualen und Strategien, die das interaktionistische Grundtheorem der Konstruierbarkeit der sozialen Realität empirisch ausfüllen und zweitens in der Erklärung der sozialen Mechanismen, durch die soziale Interaktionen einerseits koordiniert und andererseits für Korrekturen und Modifikationen offen gehalten werden.

Territorien des Selbst

Goffmans Methode der Erklärung von Alltagsritualen lässt sich an seinem Modell der Organisation von *Austauschhandlungen*[57] demonstrieren (1974a). Den Bezugsrahmen dieser Studie bilden die bereits erwähnten "Territorien des Selbst". Als Musterbeispiele werden wir einerseits auf die Interaktion zwischen Studenten und Dozenten in Lehrveranstaltungen zurückkommen und zusätzlich ein "Krisenexperiment" Garfinkels[58] einführen.

Mit dem Bezugsrahmen der *Territorien des Selbst* greift Goffman auf Ideen und Konzepte der Theorie des Verhaltens von Tieren (1974a: 92) zurück und verbindet sie mit dem klassischen soziologischen Ansatz der Untersuchung sozialer Regeln und Normen.[59] Menschen beanspruchen Territorien und schützen sie vor Verletzungen durch andere. Die entscheidenden Unterschiede zur Tierwelt sieht Goffman darin, dass es erstens neben den räumlichen auch symbolische Territorien gibt und zweitens die Benutzerordnung der Territorien moralisch festgelegt ist und damit wie alle sozialen Regeln situationsspezifisch vari-

---

54 Zur Einführung in die Organisationssoziologie vgl. Etzioni 1978; Kieser/Kubicek 1978; Kieser 2001.
55 Goffman bezieht sich in seiner Arbeit zu Prozessen der Stigmatisierung in der Gesellschaft auf die Problematik abweichenden Verhaltens; vgl. 1975. Eine Einführung in die Theorien abweichenden Verhaltens gibt Lamnek 1983.
56 Goffman bezieht sich vor allem auf die Arbeiten von M. Mauss. Eine Einführung in die Ethnosoziologie bieten Goetze/Mühlfeld 1984.
57 Im Einleitungskapitel haben wir im Zusammenhang mit den Arbeiten von G.C. Homans eine Theorie des sozialen Austausches kennen gelernt, die sich dem Wissenschaftsideal der Naturwissenschaften verpflichtet fühlt. Homans erhebt den Anspruch, mit Hilfe von allgemeinen Gesetzen den Austausch von Belohnungen und Leistungen im elementaren Verhalten von Individuen zu erklären; vgl. 1972a und 1972b.
58 Garfinkel hat einen eigenen Ansatz innerhalb der Handlungstheorie entwickelt, den er mit dem Begriff "Ethnomethodologie" bezeichnet. Wir werden in Kapitel 3.2.3 ausführlicher auf diese Methode eingehen.
59 Als Begründer dieses "soziologistischen" Standpunkts gilt in der Soziologie E. Durkheim (1980). Auch Goffman beruft sich ausdrücklich auf die durch Durkheim begründete Denkrichtung in der Soziologie, vgl. Goffman 1974a: 92.

iert und sogar verletzt werden kann, ohne dass mechanisch - bei Tieren würde man besser sagen: instinkthaft - eine bestimmte Reaktion erfolgt.

Als räumliche Territorien betrachtet Goffman den persönlichen Raum und die Box. Der *persönliche Raum* ergibt sich als das Territorium, das den Körper eines Individuums umgibt und in das andere Personen nur in bestimmten Situationen eindringen dürfen (1974a: 58-9). So halten Gesprächspartner in der Regel den Abstand einer Armlänge voneinander und empfinden es als unangenehm, wenn jemand die Abstandsregel verletzt, indem er sich mit seinem Gesicht dem Gesicht des Gesprächspartners bis auf wenige Zentimeter Abstand nähert. Von dieser Regel können natürlich bestimmte Personen wie Intimpartner ausgenommen sein; und der persönliche Raum variiert in unterschiedlichen Situationen, indem er z.B. in überfüllten Fahrstühlen oder Verkehrsmitteln enger gefasst wird.

Während der persönliche Raum den Körper umgibt und sich in den Abgrenzungen verändern kann, existiert die *Box* unabhängig vom Körper als ein Territorium, auf das ein Individuum den Anspruch erhebt, sich allein darin aufhalten zu dürfen (1974a: 59-62). Die Box kann z.B. ein Hotelzimmer, ein reservierter Stuhl oder auch ein leerer Sitzplatz auf einer Zweierbank in einem öffentlichen Verkehrsmittel sein, auf den ein Fahrgast solange Anspruch erhebt, wie ausreichend freie Bänke für die anderen Fahrgäste vorhanden sind. Solche Boxen werden häufig durch Taschen oder andere Gegenstände "markiert" (1974a: 71-4).

Der *Benutzungsraum* ist ein Territorium, das jemand nur zeitweise für einen bestimmten Zweck beansprucht, wie z.B. der Raum im Blickwinkel eines Museumsbesuchers bei der Betrachtung eines Bildes (1974a: 62). Eine Reihenposition definiert die Anordnung mehrerer Individuen im Verhältnis zu einem begehrten Gut und kann räumlich als Warteschlange oder symbolisch als Warteliste angeordnet sein (1974a: 63-6). Die Hülle ist die engste Umhüllung des Körpers, die nicht wie der persönliche Raum variiert. Allerdings gibt es kulturelle Unterschiede, welche Körperteile vor Berührung besonders geschützt sind (1974a: 67). So legen Südeuropäer im Gespräch mit Fremden häufig den Arm um die Schulter des Gesprächspartners, ohne dass damit eine intime Annäherung beabsichtigt ist. Als *Besitzterritorien* bezeichnet Goffman Gegenstände, auf die ein Individuum einen exklusiven Benutzungsanspruch erhebt, wie z.B. die persönliche Habe (1974a: 67-8). Ein Beispiel ist die Zahnbürste, die kaum jemand zu teilen bereit ist.

Rein symbolische Territorien sind das Informations- und das Gesprächsreservat (1974a: 68-71). *Informationsreservate* betreffen z.B. den Inhalt von Hosentaschen, Handtaschen oder das Display des persönlichen Mobiltelefons. Für den Schutz des Inhalts von Briefen als Informationsreservat bestehen sogar gesetzliche Regelungen. In der Kommunikationssoftware "Outlook" von Microsoft mit Terminkalender und Mailfunktionen lassen sich differenzierte Benutzerrechte festlegen, um für Einzelpersonen und Gruppen dem Informationszugang zu regeln. Als *Gesprächsreservat* definiert Goffman "das Recht eines Individuums, ein gewisses Maß an Kontrolle darüber auszuüben, wer es wann zu einem Gespräch auffordern kann; ferner das Recht einer im Gespräch befindlichen Gruppe von Individuen, nicht durch die Einmischung oder das Mithören anderer Personen behelligt zu werden." (1974a: 69). Auch hier hat das Sozialsystem sich bereits der Internet-Technologie bemächtigt, indem sich z.B. ein Regelkanon für den "Chat-Room" ausgebildet hat. In Aufzügen ist z.B. zu beobachten, dass Gruppen von Individuen ihr Gespräch während der Fahrt unterbrechen, weil sie ihr Gesprächsreservat auf diesem engen Raum nicht schützen können.

Die Territorien des Selbst sind keine Korrelate der Rollenstruktur, können aber damit zusammenhängen. So wechseln Personen im Verlauf des Tages ihre Rollen, verändern aber deshalb nicht unbedingt ihren persönlichen Raum. Umgekehrt wird man Angehörigen höherer Berufspositionen in einem überfüllten Fahrstuhl nicht mehr Platz als anderen Personen zugestehen. Die Territorien des Selbst und die Rollenstrukturen können somit prinzipiell unabhängig voneinander variieren und sind nicht gesetzmäßig miteinander verbunden, wie z.B. die physikalischen Variablen Stromstärke und Spannung durch das Ohmsche Gesetz.

Trotz dieser *analytischen* Unabhängigkeit können die Territorien des Selbst und die Rollenstruktur in einem konkreten sozialen Kontext auf bestimmte Weise zusammenhängen. In Universitäten verfügen die unterschiedlichen Statusgruppen - Studenten, Mittelbau[60] und Professoren - über verschiedene Boxen, auf deren Nutzung sie exklusiven Anspruch erheben. Professoren haben eigene Dienstzimmer, wogegen sich mehrere Angehörige des Mittelbaus häufig einen Raum teilen und die Studenten in der Regel über keinen festen Arbeitsplatz in der Universität verfügen. Allerdings bestehen vor allem in den Bibliotheken der Institute sowie in der Universitätsbibliothek Arbeitsplätze, die Studenten für einen Tag belegen können. Wenn sie dann beispielsweise zum Mittagessen in die Mensa gehen, lassen sie ihre Unterlagen und entliehenen Bücher auf dem Tisch liegen und markieren damit ihre Box.

Auch Gesprächsreservate hängen von der Rollenstruktur ab. In allen Universitäten sind Dozenten darauf bedacht, die Termine ihrer Sprechstunden den Studenten mitzuteilen. So werden Zettel an die Tür geheftet und die Zeiten im Vorlesungsverzeichnis und im Internet abgedruckt. Nach Goffman besteht eine allgemeine Abhängigkeit zwischen Rollenstruktur und den Territorien des Selbst, indem deren Umfang mit dem Status einer Person wächst (1974a: 70). In unserem Beispiel müsste - falls dieser Zusammenhang zutrifft - mit wachsendem Status der Dozenten deren Ansprechbarkeit außerhalb der Sprechstunden abnehmen.

An vielen Universitätsinstituten sind Stellen für studentische Hilfskräfte eingerichtet, die z.B. Literatur beschaffen, Kopien anfertigen und Manuskripte tippen oder im Rahmen von Tutorien ihre jüngeren Mitstudenten bei Studienproblemen unterstützen. Diese Stellen sind bei Studenten nicht allein wegen der regelmäßigen Bezahlung begehrt, sondern weil damit ein fester Arbeitsplatz in einem Dienstraum verbunden sein kann und die Aussicht besteht, stärker in das Informationsreservat des Institutes einbezogen zu werden. In der Rolle als studentische Hilfskraft lässt sich somit der Umfang der Territorien des Selbst innerhalb der Universität erweitern. Dies trifft allerdings nicht auf alle Elemente der Territorien des Selbst zu; denn es ist z.B. nicht zu erwarten, dass sich mit dem Hilfskraftstatus auch der persönliche Raum verändert.

Die einzelnen Komponenten der Territorien des Selbst sind voneinander unabhängig im analytischen Sinne. Trotzdem können sie - wie das Beispiel der studentischen Hilfskräfte zeigt - in einem konkreten sozialen Kontext auf eine bestimmte Weise miteinander verknüpft sein. In diesem Fall sprechen wir von *empirischer Interdependenz* der analytisch unabhängigen Merkmale. Nach Parsons trifft die Gleichzeitigkeit von Unabhängigkeit und Interdependenz auf jedes Handlungssystem zu, obwohl es zunächst paradox klingt.

---

60 Zum Mittelbau gehören wissenschaftliche Mitarbeiter, Hochschulassistenten und akademische Räte, die zwar an der Universität in Forschung und Lehre tätig sind, aber nicht zur Statusgruppe der Professoren gehören.

Die Variablen in einem System stehen in funktionalen Relationen zueinander. Somit wird - gemäß den Systemgesetzen - eine Veränderung in einer Variablen Rückwirkungen auf die anderen haben. Aber sie sind nicht einfach 'zusammengebunden'; sie sind gleichzeitig unabhängig und interdependent. (Parsons 1968a: 624; Übersetzung vom Verf.; B.M.)

Das scheinbar Paradoxe an dieser Feststellung löst sich auf, wenn man sich verdeutlicht, dass die analytische Unabhängigkeit eine Relation zwischen theoretischen Begriffen charakterisiert, während die empirische Interdependenz einen Zusammenhang von Merkmalen in einem konkreten sozialen Kontext beschreibt.[61] Die Interdependenzbeziehungen innerhalb unterschiedlicher Kontexte können jeweils verschieden sein, während die Beschreibungsmerkmale als theoretische Begriffe konstant bleiben.

In dem bislang diskutierten Beispiel ist eine *Dependenz*relation und keine Interdependenzbeziehung zwischen der Rollenstruktur und den Territorien des Selbst beschrieben worden: der Umfang der Territorien des Selbst hängt vom Status des Individuums ab und nicht umgekehrt. Wenn man sich die Beispiele genauer vor Augen führt, so ist allerdings auch eine wechselseitige Abhängigkeit denkbar. Ein Institutsmitarbeiter kann beispielsweise das räumliche Reservat seines Arbeitsplatzes ausdehnen, Spezialkenntnisse in der Bedienung von Computern erwerben oder ein besonderes Geschick im Umgang mit vorgesetzten Dienstbehörden entwickeln und sich auf diese Weise ein persönliches Informationsreservat aufbauen, durch das sein Status am Institut aufgewertet wird. Aus diesem Grunde können wir von der *Interdependenz* zwischen der Rollenstruktur und den Territorien des Selbst sprechen.

Da nach der anthropologischen Grundannahme der Rollentheorie die Identität von Personen nicht von deren Rollenrepertoire getrennt werden kann, ist zu vermuten, dass auch eine Interdependenz zwischen der Identität und den Territorien des Selbst besteht. Nach Goffman hängt es "vom Willen und von der Selbstbestimmung" (1974a: 95) einer Person ab, dass ein bestehendes Reservat einerseits von anderen nicht verletzt wird und andererseits von dem Individuum durch Engagement stabilisiert oder auch ausgedehnt werden kann. Umgekehrt hängt die Identität eines Individuums davon ab, dass die Mitmenschen seine Territorien des Selbst respektieren und ihm die Möglichkeit einräumen, sie aktiv zu gestalten. So werden in totalen Institutionen die Territorien des Selbst der eingelieferten Insassen von den Aufsichtführenden systematisch zerstört, und die neue Rolle als Insasse bietet keine Gelegenheit, stabile Territorien des Selbst aufzubauen. Um ihre Identität gegen diese Bedrohung zu schützen, versuchen die Insassen mit den Methoden des Unterlebens, sich geheime oder halb-offizielle Reservate zu sichern. Insgesamt ergibt sich also - wie Abbildung 27 schematisch zeigt - auf der empirischen Ebene eine Interdependenz zwischen Rollenstruktur, Identität und den Territorien des Selbst. Die konkrete Ausprägung dieser Interdependenz hängt vom jeweils untersuchten sozialen Kontext ab.

---

61 Betrachtet man in der Mathematik eine Funktion, so liegt eine funktionale Interdependenz zwischen unabhängigen Variablen vor. Eine ausführlichere Diskussion dieses Beispiels von gleichzeitiger Unabhängigkeit und Interdependenz findet sich in Miebach 1984: 67-9.

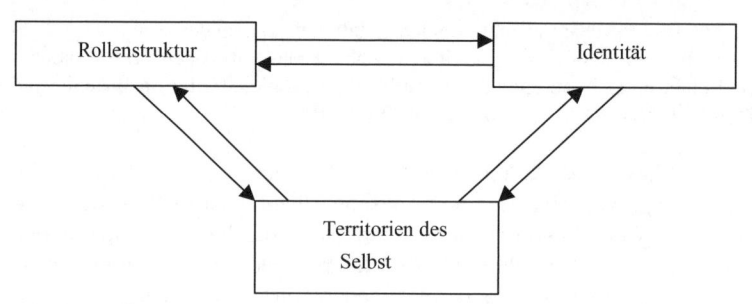

Abbildung 27: Interdependenz von Rolle, Identität und Territorien des Selbst

Überdetermination von Alltagsritualen

Während Insassen totaler Institutionen um ein Minimum der Territorien des Selbst kämpfen, können Personen im normalen bürgerlichen Leben die Territorien des Selbst und die mit ihnen verbundenen sozialen Regeln zur aktiven Gestaltung ihres sozialen Handelns verwenden und auf diese Weise einerseits den Variationsbereich der sozialen Interaktionen erweitern und andererseits neue Ausdrucksformen ihrer Identität entwickeln. Dies wird ihnen allerdings nur dann gelingen, wenn sie die Regeln für das Spiel mit den Territorien des Selbst kennen und die sozialen Mechanismen abschätzen können, die durch eine Verletzung ausgelöst werden. Einen solchen Mechanismus beschreibt Goffman als *überdeterminierten* Gebrauch einer Interaktionsordnung am Beispiel des intensiven Blickkontakts.

> Da es eine Regel gibt, die es verbietet, einem Fremden tief in die Augen zu blicken, kann eben diese Handlung als Mittel dienen, Bekanntschaften zu schließen oder sich jemandem zu erkennen zu geben, mit dem man verabredet ist, den man aber nicht kennt. (Goffman 1974a: 95)

Ein anderes Beispiel der Überdetermination beobachtet Goffman an den Formen des Unterlebens totaler Institutionen, wenn die zentrale Bedeutung von verbotenen Praktiken nicht in ihrem unmittelbaren Nutzen für das Individuum liegt, sondern in der Sensation, etwas Verbotenes zu tun (1973b: 297). Der Effekt der Überdetermination besteht in beiden Beispielen darin, dass ein Individuum aus einer Regelverletzung einen doppelten Nutzen zieht: Einerseits erreicht es das angestrebte Gut - im ersten Beispiel den Blickkontakt und im zweiten Beispiel eine Vergünstigung - und andererseits fällt ihm ein zusätzlicher Bonus zu. Dieser Zusatznutzen besteht im ersten Beispiel in der besonderen Aufmerksamkeit durch die andere Person, die sich auf den intensiven Blickkontakt eingelassen hat, und im Falle des Unterlebens in der Genugtuung, der Institution ein Schnippchen geschlagen zu haben. Der Mechanismus der Überdetermination von Alltagsritualen basiert somit, umgangssprachlich ausgedrückt, auf der Formel "Wer wagt, der gewinnt."[62] Allerdings führt nicht jedes Wagnis zum Gewinn; denn die Regelverletzung muss sich erstens in einem bestimmten Rahmen halten und zweitens der jeweiligen Situation angepasst sein. Somit ergibt sich zum Grundtheorem der interaktionistischen Rollentheorie das folgende Korollar der Überdetermination.

---

62 Die jüngere Generation würde sagen: "No risk, no fun".

Im allgemeinen, so läßt sich zusammenfassend sagen, macht eine Regel eine Reihe von nicht unmittelbar mit ihr übereinstimmenden Verhaltensweisen möglich, von denen nur eine eine Regelverletzung darstellt, während die anderen Funktionen sind, die von unserer Fähigkeit abhängen, zwischen verschiedenen Arten nicht unmittelbarer Übereinstimmung zu unterscheiden (unter Voraussetzung derselben Fähigkeit auf seiten des anderen). (Goffman 1974a: 95)

Neben den primären Regeln der typischen Rolle und der Rollendistanz führt Goffman also sekundäre Regeln des Rollenhandelns ein, die er an der Überdetermination der Rollenabweichung demonstriert. Auch in der Analyse von Alltagsritualen können wir nach Goffman zwei Klassen von Regeln unterscheiden. Die primären Regeln steuern dann das typische Austauschhandeln, und die sekundären Regeln erlauben dem Individuum, die Alltagsrituale anders als allgemein üblich einzusetzen. Auf diese Weise eröffnen die sekundären Regeln dem Individuum die Möglichkeit zur Variation und Veränderung des typischen Alltagshandelns und bilden somit eine zentrale Dimension des Handlungsaspekts.

Primäre Regeln von Alltagsritualen

Goffman unterscheidet mit dem "bestätigenden" und dem "korrektiven" Austausch grundsätzlich zwei Klassen von Alltagsritualen. Zum *bestätigenden* Austausch gehören erstens "Ratifizierungsrituale", mit denen ein Individuum auf eine Veränderung im Leben eines Mitmenschen reagiert. Dem anderen wird mit diesen Ritualen zum Ausdruck gebracht, dass die eingetretene Veränderung kein Problem für die beiderseitige Beziehung aufwirft und sich "trotz der anerkannten Veränderung nichts zwischen ihnen geändert hat" (1974a: 103). Fällt eine Person durch eine Prüfung, so werden ihre Freunde sie mit "Beruhigungskundgaben" wie z.B. Scherzen oder der Angabe spezieller Gründe, warum gerade diese Prüfung ungünstig verlief, aufzumuntern versuchen und ihr auf diese Weise versichern, dass sich weder die Freundschaft noch der Lebensweg der betreffenden Person durch dieses einmalige Ereignis entscheidend verändert hat. Die zweite Klasse von bestätigenden Ritualen bilden Begrüßungs- und Abschiedszeremonien, die Goffman unter dem Begriff "Zugänglichkeitsrituale" zusammenfasst, weil durch sie jeweils eine "Periode des erhöhten Zugangs zueinander" begonnen oder beendet wird (1974a: 113-9).

Der *korrektive* Austausch beruht erstens auf den Strategien des "korrektiven Handelns", die Goffman in *Erklärungen, Entschuldigungen* und *Ersuchen* einteilt. Wahrend ein Individuum mit Erklärungen und Entschuldigungen einen durch Regelverletzung verursachten negativen Eindruck zu korrigieren versucht, bittet es mit dem Ersuchen vorher um Erlaubnis, eine Regel verletzen zu dürfen (1974a: 163). Eine zweite Gruppe korrektiver Rituale bilden *leibgebundene Kundgaben*, mit denen Individuen mit Gesten, wie z.B. ein bestimmter Gesichtsausdruck oder Körperbewegungen, einen durch andere Handlungen entstandenen ungünstigen Eindruck bei den Interaktionspartnern positiv beeinflussen möchten.

Die leibgebundenen Kundgaben lassen sich nach Goffman in die Untergruppen der Orientierungskundgaben, Rücksichtsbekundungen und Übertreibungskundgaben einteilen (1974a: 184-93). Durch eine *Orientierungskundgabe* vermittelt ein Individuum seinen Interaktionspartnern bestimmte Informationen über die eigenen Ziele und Absichten, um den anderen die Orientierung zu erleichtern und auf diese Weise falsche Eindrücke zu verhindern. *Rücksichtsbekundungen* werden eingesetzt, wenn ein Individuum sich in einer ungünstigen Position befindet und sein Interaktionspartner ihm deutlich macht, dass er diese Situation nicht ausnutzen wird. Schließlich definiert Goffman *Übertreibungskundgaben* als Gesten, die begangene Fehler durch Übertreibung relativieren sollen.

In den vorangegangenen Abschnitten wurden bereits einige Beispiele für korrektives Handeln und leibgebundene Kundgaben erwähnt, ohne sie mit diesen Begriffen zu interpretieren. Wenn sich Personen in sozialen Organisationen gegenüber Anordnungen zu distanzieren versuchen, indem sie mit "Jawoll, Sir!" antworten oder einen "Scheinlauf" (1974a: 193) aufführen, so verwenden sie Übertreibungskundgaben. In dem Seminarbeispiel werden vier Möglichkeiten angegeben, wie der Dozent auf die Frage des Studenten nach einer Begriffsdefinition antworten könnte. Wählt der Dozent die erste Möglichkeit (a) und definiert den Begriff sofort, so kann er sicher sein, dass kein Seminarteilnehmer sein Verhalten als Verletzung von Rollenpflichten interpretiert. Falls der Dozent die Frage an die anderen Studenten weitergibt (b), setzt er sich bei einigen Studenten dem Verdacht aus, sein Unwissen hinter einem didaktischen Trick verstecken zu wollen. Trotzdem kann er auf korrektives Handeln wie Erklärungen und Entschuldigungen im Prinzip verzichten; denn es steht den Studenten offen, das Wissen des Dozenten zu testen, indem sie den Ball zurückwerfen und die Beantwortung der Frage verweigern. Lehnt der Dozent die Definition des Begriffs gänzlich ab (c), so wird er durch *Erklärungen* oder *Orientierungsgesten* den Anwesenden zu verstehen geben, dass der Fragesteller und nicht er selbst die Seminarregeln verletzt hat. Wählt der Dozent schließlich die vierte Handlungsmöglichkeit (d), so könnte er sie mit dem *Ersuchen* an die Studenten verbinden, die Antwortverschiebung nicht als Verletzung zu bewerten. Dieses Ersuchen wird er möglicherweise mit der Erklärung verbinden, dass ihm im Augenblick die Antwort auf die Frage entfallen sei.

Aus der Diskussion dieses Beispiels ist einerseits zu ersehen, wie vielfältig das Rollenspiel durch die Verwendung von Alltagsritualen gestaltet werden kann. Andererseits ergibt sich die methodische Konsequenz, dass eine Interaktionssequenz sehr genau dokumentiert sein muss, um sie mit Goffmans Begriffen zu interpretieren. Die nachfolgend zitierte Beschreibung einer Restaurantszene auf dem Gelände des "California Institute of Technology" entspricht diesem Genauigkeitsstandard. Sie hat zusätzlich den Vorteil, dass sie von Garfinkel zur Illustration der Ethnomethodologie verwendet wird (1963). Auf diese Weise können wir die handlungstheoretischen Modelle von Goffman und Garfinkel an diesem Beispiel miteinander vergleichen. In diesem Abschnitt beschränken wir uns zunächst darauf, die Restaurantszene mit Goffmans Theorie der Alltagsrituale zu interpretieren. Auf den Vergleich mit Garfinkel werden wir später im Zusammenhang mit der Darstellung der Ethnomethodologie eingehen.

Garfinkel lässt in dieser Szene ein *Krisenexperiment* durchführen, das in seiner Struktur an die Episoden im Fernsehen erinnert, wo mit versteckter Kamera die Reaktionen ahnungsloser Bürger auf ungewöhnliche Ereignisse gefilmt werden, die von dem Fernsehteam inszeniert worden sind. In Garfinkels Experiment übernimmt eine Studentin als Versuchsleiterin (Vl) die Aufgabe, einen Professor (Vp) beim Eintritt in das Universitätsrestaurant so zu behandeln, als hielte sie ihn für den Kellner. Dieser Professor ist mit einem Kollegen zum Essen verabredet, mit dem die Studentin (Vl) befreundet ist und dem sie vor Eintritt des Professors (Vp) in das Restaurant von dem Krisenexperiment des "jemand-für-einen-Kellner-Haltens" erzählt hat. Die Studentin ist laut Versuchsanordnung angewiesen, dem Professor möglichst keine Chance zu geben, sich aus der ihm aufgedrängten Rolle zu befreien.

1 Vl: 'Ich hätte gerne einen Tisch an der Westseite, einen ruhigen
       Platz, wenn es möglich ist. Und wie sieht die Speisekarte
       aus?'
   Vp: (wandte sich der Vl zu und schaute an ihr vorbei in
5   Richtung Eingangshalle) sagte, 'Äh, äh, gnädige Frau,
       sicherlich.'
   Vl: 'Sicherlich gibt es noch etwas zu essen. Was empfehlen Sie
       mir denn heute?'
   Vp: 'Ich weiß nicht, Sie sehen, ich warte ...'
10 Vl: (unterbricht ihn) 'Bitte lassen Sie mich nicht hier stehen,
       während Sie warten. Sind Sie doch so nett und führen mich
       an einen Tisch!'
   Vp: 'Aber gnädige Frau, --' (Er begann sich von der Tür wegzu-
       drücken und in einem leicht gekrümmten Bogen um die Vl
15   herumzukurven);
   Vl: 'Mein lieber Mann --' (hierauf errötete die Vp; die Augen des
       Herrn rollten und öffneten sich weit).
   Vp: Aber--sie--ich--o je!' (Er schien die Fassung
       zu verlieren).
20 Vl: (nahm den Herrn am Arm und ging mit ihm, ihn leicht vor
       sich her schiebend, in Richtung zur Tür des
       Speiseraums).
   Vp: (ging langsam, blieb jedoch plötzlich mitten im Raum
       stehen, drehte sich um und schaute zum erstenmal die Vl
25   direkt und sehr taxierend an, nahm seine Taschenuhr
       heraus, warf einen Blick darauf, hielt sie an sein Ohr,
       steckte sie zurück und murmelte) 'O je'.
   Vl: 'Es kostet Sie nur einen Augenblick, mich an einen Tisch
       zu führen und meine Bestellung aufzunehmen. Dann kön-
30   nen Sie zurückgehen und auf ihre Kunden warten.
       Schließlich bin ich auch ein Gast und ein Kunde!'
   Vp: (stutzte, ging steif zum nächsten leeren Tisch, hielt einen
       Stuhl bereit, damit sich die Vl setzen konnte, verbeugte
       sich leicht, murmelte 'ganz zu Ihren Diensten', eilte zur
35   Tür, hielt an, drehte sich um und blickte mit verwirrtem
       Gesichtsausdruck auf die Vl zurück).

(Zitiert nach Mehan/Wood 1979: 51; die Zeilenziffern wurden vom Verfasser hinzugefügt, B.M.)

Mit Goffmans Begriffen können wir die Idee des Experiments als den Versuch beschreiben, gezielt einen korrektiven Austausch zwischen dem Professor und der Studentin zu verhindern. Die Verwirrung des Professors in dieser Szene zeigt auf der einen Seite die Selbstverständlichkeit von Alltagsritualen und auf der anderen Seite die Hilflosigkeit von Personen, denen man die Basis für die Verwendung dieser Rituale entzieht.[63] Auf der Ebene der di-

---

63 Selbst wenn man die Glaubwürdigkeit dieser Restaurantszene in Zweifel zieht oder sie zumindest nicht für verallgemeinerbar hält (wie eine Studentin, die spontan meinte, dies könne nur einem Professor passieren),

rekten Kommunikation finden sich eine Reihe von Verletzungen der Territorien des Selbst durch die Studentin und Versuche des Professors, einen korrektiven Austausch in Gang zu setzen. Nachdem die Studentin dem Professor zu verstehen gegeben hat, dass sie ihn für den Kellner hält (Zeilen 1-3), reagiert dieser mit einer *Orientierungskundgabe*, indem er an ihr vorbei in die Eingangshalle schaut (Zeilen 4-5). Wahrscheinlich hofft er, seinen Kollegen zu entdecken und sich mit geringem Aufwand aus der peinlichen Situation zu befreien. Verbal lässt er sich auf die Situationsdefinition ein, ohne sie ausdrücklich zu bestätigen (Zeilen 5-6). Mit Goffman könnte man diese Äußerung als *Beruhigungskundgabe* (1974a: 103) interpretieren, da sie die Situation durch Zeitgewinn entspannen soll.

Nachdem die Studentin ihn erneut bedrängt, versucht der Professor mit seiner *Erklärung*, dass er warte, einen expliziten korrektiven Austausch in Gang zu setzen (Zeilen 7-9). Anstatt sich auf diesen Versuch einzulassen, dringt die Studentin in das *Gesprächsreservat* des Professors ein, indem sie ihm ins Wort fällt (Zeilen 10-12). Der Professor reagiert auf diese Unhöflichkeit leicht empört mit "Aber gnädige Frau, --" und versucht gleichzeitig, sich von der Eingangstür zu entfernen (Zeilen 13-15). Die Studentin reagiert mit einer noch massiveren Verletzung der Territorien des Selbst, indem sie mit dem Ausdruck "Mein lieber Mann --" zumindest symbolisch in den *persönlichen Raum* des Professors eindringt (Zeile 16).

Im weiteren Verlauf der Szene, die wir hier nicht in ganzer Länge zitiert haben, setzen sich der mit der Studentin befreundete Gastgeber, die Studentin (Vl) und der Professor (Vp) gemeinsam an einen Tisch zum Essen. Nachdem die Studentin dem Professor das Experiment erklärt hat, berichtet dieser über seine Gedanken während der peinlichen Situation.

> Eine verdammt hartnäckige Frau. Ich bin nicht ihr 'lieber Mann'. Ich bin Dr. ...und nicht jemand, mit dem man Schindluder treiben kann. (zitiert nach Mehan/Wood 1979: 52)

Somit reagiert der Professor zumindest in Gedanken auf die Reservatsverletzung durch die Anrede "Mein lieber Mann --", kann diese Reaktion aber nicht in korrektives Handeln umsetzen. Auch auf das dann folgende physische Eindringen in den persönlichen Raum durch die Studentin, indem sie den Professor am Arm nimmt, reagiert dieser nicht durch verbales korrektives Handeln, sondern lediglich mit korrektiven Gesten (Zeilen 20-27). Zunächst schaut er die Studentin taxierend an und dringt auf diese Weise in ihr persönliches Territorium ein (1974a: 95). Dann lässt er von diesem Versuch ab und holt seine Taschenuhr heraus, um mit Hilfe dieser *Orientierungskundgabe* der Studentin erneut zu vermitteln, dass er auf jemanden warte und nicht der Kellner sei. Die Studentin reagiert darauf mit korrektivem Handeln, indem sie ihrem Gesprächspartner darstellt, dass es ihn nur einen kurzen Augenblick kosten werde, sie zum Tisch zu begleiten, und er dann weiter auf seine Gäste warten könne (Zeilen 28-31). Die Studentin gibt auf diese Weise vor, das Warten des Professors auf andere Gäste zu respektieren und *erklärt* ihm, dass es keine Regelverletzung bedeutet, wenn er kurz seine Warteposition verlässt.

In der Schlusssequenz nimmt der Handlungsverlauf eine etwas überraschende Wende, indem der Professor den Versuch des korrektiven Handelns aufgibt und die Rolle des Kellners übernimmt (Zeilen 32-37). Dies geschieht durch vier aufeinander folgende Einzelhandlungen - zum Tisch gehen, Stuhl bereithalten, leicht verbeugen, 'ganz zu Ihren Diensten'

---

so sind die einzelnen darin vorkommenden Alltagsrituale auch in anderen sozialen Kontexten vorstellbar, so dass die Interpretation dieser Szene als fiktives Beispiel lohnend ist.

murmeln - und den dazu passenden Verhaltensweisen der Studentin, die allerdings in Garfinkels Text nicht dokumentiert sind. Solche Zeremonien bilden nach Goffman keine echte Kommunikation in dem Sinne, dass Informationen übermittelt werden. Die verbalen Äußerungen zielen nicht auf Verständigung, sondern sollen die nächste Runde des rituellen Austauschs in Gang setzen. Goffman nennt sie daher *performative* Äußerungen.

> Es werden Standpunkte eingenommen, Bewegungen gemacht, Kundgaben vollzogen und Anordnungen hergestellt. Wo Äußerungen involviert sind, sind sie 'performativ'. Es kommt zu wechselseitig aufeinander bezogenen Rollen. Das Resultat ist eine Zeremonie, die eher einem Menuett als einer Unterhaltung gleicht. (Goffman 1974a: 170)

Sekundäre Regeln von Alltagsritualen

Nehmen wir an, der Professor sei ein richtiger Kellner und die Studentin ein echter Gast des Restaurants; dann wird vermutlich die gesamte Interaktionsszene als ein solches Menuett abgewickelt werden. Oder stellen wir uns vor, die Studentin sei ein echter Gast, die den Professor irrtümlich für den Kellner hält. In diesem Fall wird die Studentin wahrscheinlich auf die korrektiven Gesten und Äußerungen positiv reagieren, so dass ein korrektiver Austausch zustande kommt, den dann beide Interaktionspartner mit einem Menuett des Abgebens und Akzeptierens von Entschuldigungen beenden werden. Beide Interaktionsverläufe sind für die jeweiligen Situationen als *typisch* vorprogrammiert. Die Handlungssequenz verläuft nicht typisch, weil die Studentin dies durch den Einsatz von zwei Handlungsstrategien verhindert. Erstens gibt sie während der gesamten Szene vor, sie hielte den Professor für den Kellner. Zweitens interpretiert sie die korrektiven Gesten und Äußerungen ihres Gesprächspartners bewusst falsch und verhindert auf diese Weise den korrektiven Austausch. So geht die Studentin an zwei Stellen auf die Äußerung des Professors ein, dass er warte. In beiden Fällen (Zeilen 10-11 und 29-30) stellt sie das Warten aber in einen anderen Zusammenhang. Sie gibt nämlich vor, die Äußerung so zu verstehen, als würde der Professor als *Kellner* auf seine anderen Gäste warten.

Während die beiden fiktiven Menuette - Gast und Kellner sind echt; Gast hält Professor irrtümlich für Kellner - auf primären Regeln des Alltagshandelns beruhen, handelt es sich in der durch Garfinkel dokumentierten Szene um *sekundäre Regeln* der Überdetermination von Ritualen. Die Studentin verwendet die Gesten und Äußerungen einer Restaurantbesucherin, um mit dem Professor ein Krisenexperiment durchzuführen. Der Begriff Überdetermination drückt allerdings nicht das Charakteristische dieser Mittel aus, dem Individuum Möglichkeiten zur Variation und Veränderung von Interaktionsverläufen zu eröffnen. Dieser spezielle Handlungsaspekt der Öffnung ritualisierter Interaktionssequenzen bringt der Begriff Modul besser zum Ausdruck, den Goffman in dem erweiterten Bezugssystem der Rahmen-Analyse folgendermaßen definiert:

> Darunter verstehe ich das System von Konventionen, wodurch eine bestimmte Tätigkeit, die bereits im Rahmen eines primären Rahmens sinnvoll ist, in etwas transformiert wird, das dieser Tätigkeit nachgebildet ist, von den Beteiligten aber als etwas ganz anderes gesehen wird. Den entsprechenden Vorgang nennen wir Modulation. (Goffman 1977; 55-6)

In der Kellner-Szene haben wir zwei Formen der Modulation aufgezeigt; erstens das "So-Tun-als-ob" (1977: 60-9) der Studentin während der gesamten Szene und des Professors in der Schlussszene und zweitens das zweimalige "In-anderen-Zusammenhang-Stellen" (1977: 87-91) der Äußerung "ich warte ..." durch die Studentin.

Mit der Darstellung der Modulation von Alltagsritualen entwickelt Goffman also ein explizites Modell von Interaktionsprozessen. In diesem Modell wird die Offenheit sozialer Handlungsabläufe nicht nur proklamiert, wie in dem Grundtheorem des Interaktionismus, sondern es werden Regeln und Mechanismen angegeben, mit deren Hilfe Individuen typische Handlungsverläufe variieren und verändern können.

Wie aus der Übersicht in Tabelle 2 zu ersehen ist, lässt sich die Unterscheidung zwischen primären und sekundären Regeln nicht allein auf die Theorie der Alltagsrituale, sondern auch auf die Goffmansche Rollentheorie anwenden. Als primäre Regeln weisen Handlungsroutinen, die als typisches Rollenhandeln angesehen werden, Parallelen zu bestätigenden Ritualen auf, indem sie die Geltung der Verhaltensvorschriften bekräftigen.

	Rollentheorie	Theorie der Alltagsrituale/Rahmen-Analyse
Bezugssystem	Individuum als Partizipationseinheit	Territorien des Selbst

Primäre Regeln	(1) Typische Rolle: Handlungsroutinen unter der Bedingung von Rollenkomplementarität
	(2) Rollendistanz
	(2.1) Expressive Ich-Leistung
	(2.2) Distanzierung von Pflichten
	(2.3) Expression der Distanz
		(1) Bestätigender Austausch
		(1.1) Ratifizierungsrituale
		(1.2) Zugänglichkeitsrituale
		(2) Korrektiver Austausch
		(2.1) Korrektives Handeln
		    - Erklärung
		    - Entschuldigung
		    - Ersuchen
		(2.2) Leibgebundene Kundgaben
		    - Orientierungskundgaben
		    - Rücksichtsbekundungen
		    - Übertreibungskundgaben

Sekundäre Regeln	Überdetermination: Doppelnutzen der Verletzung von Rollennormen	(1) Überdetermination: Gezielte Verletzung der Regeln von Alltagsritualen (2) Modulation[64] (1977: 60-97) (2.1) So-Tun-als-ob (2.2) Wettkampf (2.3) Zeremonie (2.4) Sonderaufführung (2.5) In-anderen-Zusammenhang-Stellen

Tabelle 2: Regeln des Alltagshandelns

Die Formen der Rollendistanz bilden dagegen Spezialfälle korrektiven Handelns, indem das Individuum sich von der durch die Rolle angezeigten Identität distanziert. Will man innerhalb des Bezugsrahmens der Rollentheorie die Verwendung sekundärer Regeln be-

---

[64] Die Modulationen "Wettkampf", "Zeremonie" und "Sonderaufführung" werden in nachfolgendem Abschnitt 3.1.4 erläutert.

obachten, so wird man sich das Rollenspiel der Individuen genauer ansehen müssen. So lassen sich die Verhaltensweisen der Studentin und des Professors als Rollenspiel interpretieren. Die Studentin übernimmt die Rolle der Versuchsleiterin, indem sie die Rolle des Gastes vortäuscht; und der Professor versucht verzweifelt, sich von den Pflichten der zugeschriebenen Kellner-Rolle zu distanzieren, bis er schließlich diese Strategie aufgibt und in der Schlussszene diese Rolle vortäuscht.

Das Rollenhandeln in situierten Aktivitätssystemen (1973a), in totalen Institutionen (1973b) sowie in Außenseiterpositionen, denen ein bestimmtes "Stigma" anhaftet (1975a), wird durch institutionalisierte Rechte und Pflichten reguliert, die wir dem Strukturaspekt zugeordnet haben. Im öffentlichen Austausch existieren rechtliche Normen, die bestimmte Verletzungen der Territorien des Selbst wie Körperverletzung, sexuelle Belästigung oder öffentliche Beleidigungen verbieten. Zusätzlich sind Verfahren festgelegt, wie solche Übergriffe bestraft und welche Leistungen erbracht werden müssen, um das Opfer zu entschädigen. Goffman interessiert dieser strukturelle Rahmen der Alltagsrituale nur am Rande; stattdessen möchte er einerseits das tatsächlich ablaufende typische Verhalten untersuchen und andererseits die Regeln herausfinden, mit denen Individuen ihre Rollen und ihre Alltagsmenuette gestalten und verändern können. Die typische Rolle lässt nur wenige Handlungsmöglichkeiten zu, während die korrektiven Handlungen den sozialen Interaktionen eine neue Dynamik eröffnen. Eine weitere Stufe ergibt sich, wenn mit den sekundären Regeln der Modulation auch die korrektiven Rituale transformiert werden können. Somit bilden der korrektive Austausch und die Modulation den Kern des Handlungsaspekts, während das typische Handeln eher als zweite Dimension dem Strukturaspekt zuzuordnen ist. Eine entsprechende Aufteilung lässt sich auch für Goffmans Rollentheorie vornehmen, wie Tabelle 3 zeigt.

	Strukturaspekt		Handlungsaspekt	
Rollentheorie	Normativer Aspekt von Rollen	Typische Rolle (Verhaltensnormen)	Expressiver Aspekt der Rollendistanz	Überdetermination von Rollenverletzung
Theorie der Alltagsrituale/ Rahmen-Analyse	Rechtsnormen des öffentlichen Lebens	Typischer Austausch ("Menuette")	Korrektiver Austausch	Modulation

Tabelle 3: Struktur- und Handlungsaspekt

Goffman stellt soziale Interaktionen als regelbestimmt und offen für individuelle Gestaltung dar. Das Individuum vermittelt seinen Interaktionspartnern, dass es die Rolle ausfüllt und gleichzeitig nicht mit der Rolle identisch ist. Ohne diese Darstellungsmöglichkeit des Individuums wäre das Individuum als Bezugseinheit reduziert auf eine Roboterfunktion und soziale Interaktion auf ritualisierte Menuette ohne Leben.

Der französische Schriftsteller Albert Camus hat dieses Grundanliegen des "Goffmenschen"[65] in dem Roman "Der Fall" aus dem Jahre 1956 präzise beschrieben:

---

65 Der Begriff "Goffmensch" ist von Hitzler 1992 übernommen.

> Was meinen Sie übrigens, wenn jedermann Farbe bekennen und seinen wahren Beruf, sein wahres Sein herauskehren wollte! Man geriete ja völlig aus dem Häuschen! Stellen Sie sich die Visitenkarten vor: Meier, hasenherziger Philosoph oder christlicher Hausbesitzer oder ehebrecherischer Humanist - die Auswahl ist wahrhaftig groß. Aber es wäre die Hölle! Ja, so muss die Hölle sein: Straßen voller Aushängeschilder und keine Möglichkeit, Erklärungen dazu abzugeben. Man ist ein für allemal festgenagelt und eingereiht. (Camus 1956: 41)

Wie Goffman herausarbeitet, findet die dramatische Gestaltung von Interaktionsprozessen nicht auf der individuellen Ebene statt, sondern wird von dem sozialen Kontext mit sekundären Regeln belegt und von den Interaktionspartnern als Rollenspiel erwartet. Diese soziale Einbettung reglementiert das Verhalten der Individuen und eröffnet gleichzeitig neue Gestaltungsoptionen, z.B. als Überdetermination.

Es ist Goffmans Verdienst, eine bislang in der Soziologie nicht ausreichend erkannte Dimension sozialen Handelns erschlossen zu haben. Goffman entwickelt allerdings seine Beschreibungskategorien "ad hoc" an Beispielen des Alltagslebens, ohne einerseits diese Kategorien in ein systematisches Theoriegebäude zu integrieren und ohne andererseits exakte Methoden zur empirischen Überprüfung seiner Hypothesen über die Mechanismen von Alltagsritualen anzugeben. Dies war auch nicht die Absicht Goffmans, der die theoretische und methodische Systematisierung nicht für soziologisch interessant hält.

3.1.4 Rahmen-Analyse

Begriff des Rahmens[66]

Zur Interpretation der Kellner-Szene haben wir die beiden Modulationen "So-Tun-als-ob" und "In-anderen-Zusammenhang-stellen" als sekundäre Anpassungsmechanismen herangezogen, die Bestandteile der Rahmen-Analyse sind. Das gleichnamige Spätwerk Goffmans wird von Münch (2002: 283-288) seinem Überblick über Goffmans Werk vorangestellt, weil er die Rahmen-Analyse als grundlegend zum Verständnis der vorher veröffentlichten Werke betrachtet.

Der Grund für diesen hohen Stellenwert liegt in der Doppelfunktion des Rahmens: Das Individuum verwendet erstens den sozial vorgegebenen Rahmen zur Orientierung in einer sozialen Situation. Dieser Aspekt wird in der interaktionistischen Tradition "Definition der Situation" genannt. Mit der Definition der Situation auf Basis einer sozial vorgegebenen Interpretationsfolie wird das Individuum zweitens selbst aktiv und konstruiert soziale Wirklichkeit; denn nur die Rahmung durch ein konkretes Individuum erzeugt soziale Realität. Mit dieser Situationsdefinition hat das Individuum die Möglichkeit, der Rahmung eine persönliche Note zu verleihen und damit die anderen Interaktionsteilnehmer zu reizen, darauf zu reagieren. Die sich eröffnende Interaktionssequenz hat ein dynamisches Potenzial im Gegensatz zur rituellen Interaktionsabfolge wie im Beispiel des Menuetts.

Bezogen auf das Individuum als Bezugseinheit definiert die handelnde Person mit der Rahmung ihre Stellung im sozialen Gefüge für sich selbst und für die anderen Interaktionsteilnehmer. Es ist leicht zu erkennen, dass Goffman mit dem Rahmen-Begriff die Grundfragestellung von Struktur und Handeln dynamisch interpretiert und deshalb für die weitere

---

66 Der englische Begriff "frame" wird in den letzten Jahren auch in deutschen Publikationen verwendet (z.B. Esser 2001)

Entwicklung der soziologischen Handlungstheorie Pionierarbeit geleistet hat. Die ausführlichste Rezeption der Rahmen-Analyse hat H. Esser innerhalb des Methodologischen Individualismus vorgenommen (vgl. Kap. 6). Auch Luhmann (2002b: 86) baut den Rahmen-Begriff in die Theorie autopoietischer Systeme ein, ohne ihn allerdings wie Esser als Kernbegriff zu verwenden.

Der Rahmenbegriff hat es auch außerhalb der Handlungstheorie zu beachtlicher Prominenz gebracht. So ist innerhalb der Organisations- und Managementtheorien das Reframing als grundlegender Veränderungsmechanismus zum Modebegriff geworden (vgl. Kap. 3.1.5). Kehren wir zurück zu Goffmans Begriff des *Rahmens*:

> Ich gehe davon aus, daß wir gemäß gewissen Organisationsprinzipien für Ereignisse - zumindest für soziale - und für unsere persönliche Anteilnahme an ihnen Definitionen einer Situation aufstellen; diese Elemente, soweit mir ihre Herausarbeitung gelingt, nenne ich "Rahmen". (Goffman 1977: 19)

Man stelle sich als Beispiel vor, ein Student betritt zu der ersten Semestersitzung einen Seminarraum. Er sieht fremde junge Menschen, die sich unterschiedlich beschäftigen. Einige reden miteinander, andere sitzen und blättern in Unterlagen. Der Eintretende wird von einigen der Anwesenden bemerkt und freundlich, gleichgültig oder ablehnend taxiert.

In diesem Augenblick stellt sich der eintretende Student die Frage "Was geht hier eigentlich vor?" (Goffman 1977: 35). Warten die Anwesenden auf den Start einer Party, einer politischen Versammlung, einer Marketingveranstaltung? Die Antwort auf die Frage - und damit die Definition der Situation - fällt den meisten Studenten leicht, weil sie im Studium und in der Schule schon mit einer ähnlichen Situation konfrontiert wurden und den sozialen Rahmen bereits kennen. Also wird der Eintretende auf diese ihm bekannte Situationsdefinition schematisch zurückgreifen. In der Lebenswelt des Alltags stoßen Individuen allerdings nicht selten auf Situationen, in denen sich mehrere Rahmen zur Interpretation der Situation anbieten oder dem Individuum keine Rahmen verfügbar sind, die der Situation angemessen wären. Solche Situationen liefern den Stoff für unzählige Filme und Romane, indem aus der Unsicherheit der Handelnden und den möglichen Verwicklungen aus fehlerhaften Situationsdefinitionen reizvolle und häufig auch spannende Geschichten entwickelt werden.

Goffman geht in der Einleitung zur Rahmen-Analyse zwar auf die phänomenologische Soziologie ein, kommt aber zu dem Schluss, dass Schütz "in der Beschreibung konstitutiver Regeln des Alltagslebens nicht sehr erfolgreich" (1977:14) war. Von Husserl als Begründer der Phänomenologie übernimmt Goffman den Begriff der Klammer, den er zur Abgrenzung von Episoden verwendet (1977: 278-279). Bei Goffman spielt der Begriff der "Klammer" bzw. des "Einklammerns" (Schütz/Luckmann 1979: 197) im Gegensatz zur Ethnomethodologie (vgl. Kap. 3.2) keine zentrale Rolle.

Stattdessen beruft sich Goffman auf den Psychologen Gregory Bateson als Quelle für den Rahmen-Begriff (Goffman 1977: 15). Bateson (1996) definiert den "psychologischen Begriff" des Rahmens als kognitive Kategorie. Das bedeutet, dass Rahmen gedankliche Operationen von Individuen sind. In dieser kognitiven Operation greift das Individuum auf real existierende Rahmen zurück, die in der Regel bereits mit Begriffen belegt sind, wie z.B. "Spiel", "Film", "Interview", "Beruf", "Sprache" (1996: 253). Es kann auch vorkommen, dass für den Rahmen "kein ausdrücklicher sprachlicher Bezug" (1996: 253) vorhanden ist und es sich eher um eine schemenhafte Vorstellung handelt.

Ein Rahmen ist gleichzeitig exklusiv und inklusiv, indem er bestimmte Mitteilungen oder Handlungen als zugehörig (Inklusion) und andere als nicht zugehörig ausschließt (Exklusion). In diesem Sinne übernimmt der Rahmen in sozialen Situationen eine Selektionsfunktion und beantwortet die Goffmansche Frage: "Was geht hier eigentlich vor?" Aufgrund dieser Selektionsfunktion ist der Rahmen eine Prämisse des Handelns.

> Der Bilderrahmen sagt dem Betrachter, dass er bei der Interpretation des Bildes nicht dieselbe Art des Denkens anwenden soll, die er bei der Interpretation der Tapete außerhalb des Rahmens einsetzen könnte. (Bateson 1996: 254)

Der Vergleich des psychologischen Rahmens mit einem Bilderrahmen veranschaulicht die kognitive Operation, wie ein Individuum durch den Rahmen auf die Wirklichkeit sieht und verweist sowohl auf die Vorgegebenheit des Rahmens als auch auf die aktive Verwendung des Rahmens zur Situationsdefinition durch den Handelnden.

Als drittes Merkmal neben Inklusivität/Exklusivität und Prämisse/Bilderrahmen betont Bateson, dass der Rahmen *metakommunikativ*[67] ist (1996: 254/255). Metakommunikativ bedeutet, dass der Rahmen eine Formel für die Inklusion oder Exklusion von Mitteilungen enthält. So markiert der Begriff "Seminar" bzw. "Seminarraum" für den eintretenden Studenten, welche Mitteilungen und Handlungen dort angebracht und welche unangebracht sind. Die Regel für die Inklusion bzw. Exklusion von möglichen Handlungen nimmt eine Metaposition gegenüber den konkreten Interaktionen ein, indem der Handelnde aus der Regelperspektive wie ein Schiedsrichter auf das Spielfeld schaut und die Aktionen als regelkonform bzw. regelwidrig klassifiziert. Der Schiedsrichter ist nicht Element des Spiels, sondern nimmt eine übergeordnete Position ein.

In seiner Rahmendefinition bezieht sich Goffman auf das Batesonsche Merkmal der Prämissen, wonach das Individuum einen sozial vorgegebenen Rahmen wählt und auf diese Weise die Selektion bestimmter Handlungen erfolgt, die dann deren Inklusivität oder Exklusivität bestimmt. Der Rahmen ist nach Goffman als Regelsystem im Sinne einer *Interaktionsordnung* (Hitzler 1992: 452). Dies entspricht dem Begriff der Metakommunikation von Bateson. Goffman (1977: 31-142) unterscheidet *primäre Rahmen* von *Transformationen*, wie in Abbildung 28 dargestellt ist.

---

[67] Der Begriff "Metakommunikation" ist durch die Popularität der kommunikationstheoretischen Axiome von Watzlawick, Beavin und Jackson (1990) zum Bestandteil der Alltagssprache geworden. Bateson gilt als Begründer der von Watzlawick weiter entwickelten systemtheoretischen Kommunikationstheorie.

Primäre Rahmen		Transformation	
natürliche	soziale	Modulation	Täuschung
1. *Komplex des Erstaunlichen*	1. *So-Tun-als-ob*	1. *Harmlose Täuschung*	
2. *Vorführungen von Kunststücken*	2. *Wettkampf*	1.1 Scherzhafte Täuschung	
	3. *Zeremonie*	1.2 Etwas-Vormachen zu experimentellen Zwecken	
3. *Schnitzer*	4. *Sonderausführung*	1.3 Täuschung zu Ausbildungszwecken	
4. *Zufall*	5. *In-anderen-Zusammenhang stellen*	1.4 Lebensechte Prüfungen	
5. *Anspannung/Witzemachen*		1.5 Paternalistische Konstruktionen	
		1.6 Strategische Täuschungen	
		2. *Schädigende Täuschung*	
		2.1 Schwindelmanöver	
		2.2 Täuschungs-Koalition	
		2.3 Indirekte Täuschungsmanöver	
		3. *Selbsttäuschung*	

Abbildung 28: Primäre Rahmen und Transformationen

Primärer Rahmen

Primäre Rahmen sind nach Goffman elementare Situationsdefinition, die sich in natürliche und soziale Rahmen unterteilen lassen. Ein *natürlicher* Rahmen ist eine von der Natur auferlegte Rahmung, z.B. das Erstaunen über einen Regenbogen. Der Betrachter wird von diesem Eindruck gefangen und es entsteht ein Bild im Bewusstsein mit dem sprachlichen Etikett "Regenbogen". *Soziale* primäre Rahmen sind unmittelbare Reaktionen auf andere Menschen. So kann man in öffentlichen Bereichen, wie z.B. Flughäfen, Restaurants oder Konzerten, beobachten, dass besonders schöne Menschen die Aufmerksamkeit der anderen magnetisch anziehen. Der Dichter Goethe beschreibt in dem Roman "Die Wahlverwandtschaften" die Wirkung seiner weiblichen Romanfigur Ottilie auf die Männer und gießt auf diese Weise den Effekt der menschlichen Schönheit in eine sprachliche Form:

> Dadurch war sie den Männern, wie von Anfang so immer mehr, daß wir es nur mit dem rechten Namen nennen, ein wahrer Augentrost. Denn wenn der Smaragd durch seine herrliche Farbe dem Gesicht wohltut, ja sogar einige Heilkraft an diesem edlen Sinn ausübt, so wirkt die menschliche Schönheit noch mit weit größerer Gewalt auf den äußeren und inneren Sinn. Wer sie erblickt, den kann nichts Übles anwehen; er fühlt sich mit sich selbst und mit der Welt in Übereinstimmung. (Goethe 1958: 50)

In der Sprache Goffmans drängt sich auch hier - wie im Beispiel des Regenbogens - der Rahmen unmittelbar auf. Abstrakter definiert Goffman den primären Rahmen als elementare Situationsdefinition; denn "ein primärer Rahmen wird eben so gesehen, dass er einen sonst sinnlosen Aspekt zu etwas Sinnvollem macht." (1977: 31). Goffman unterscheidet fünf Grundformen primärer Rahmen. Der "Komplex des Erstaunlichen" ist z.B. ein Naturereignis, wie der bereits erwähnte Regenbogen. Die "Vorführung von Kunststücken" hat auf den Zuschauer eine überraschende Wirkung, wie z.B. im Zirkus. "Schnitzer" sind Missgeschicke, die in Interaktionen plötzlich die Aufmerksamkeit erregen und zu offenen Reaktionen oder taktvollem Nicht-Reagieren führen. Der "Zufall" drängt sich in Situationen auf, die nicht durch Ursachen erklärbar sind. "Anspannung" als Rahmen resultiert aus einer legitimen Handlung, die bestimmte Konventionen verletzen muss. Goffman beschreibt die Untersuchung eines Arztes am nackten Körper des Patienten als Beispiel für eine solche angespannte Situation.

Transformationen

Transformationen sind Rahmen, die ursprünglich als primäre Rahmen verwendet wurden und jetzt in einem anderen Kontext eingesetzt werden. Goffman unterscheidet Modulationen und Täuschungen als die beiden Formen von Transformationen. Auf diese Weise beschreibt Goffman mit dem Transformationsbegriff Alltagsrituale, die Individuen zur Gestaltung von Interaktionen einsetzen. Wie in Kap. 6.4 dargestellt wird, wendet der Methodologische Individualismus - abweichend von Goffman - den Begriff der Transformation auf den Übergang von der Mikro- zur Makroebene an.

Modulationen

Ein Beispiel für eine Modulation ist der Boxkampf. Als primärer Rahmen schlagen zwei Männer spontan aufeinander ein, weil sie in Streit geraten sind. Ihre Absicht ist, den anderen zu verletzen und zum Aufgeben zu zwingen. Der Boxwettkampf transformiert diesen primären Rahmen in einen sozial genormten Kontext, der bestimmte Regeln und Rollen festlegt. Wird der Boxwettkampf in einem Kinofilm gezeigt, so geht man als Zuschauer davon aus, dass die Schauspieler nicht wirklich kämpfen, sondern dass der Wettkampf vorgetäuscht wird. Da der Zuschauer keinen Schaden nimmt, wäre dies eine harmlose Täuschung.

In Modulationen ändert sich der ursprüngliche Sinn, den die jeweilige Handlung vorher im primären Rahmen hatte. In der Kellner-Szene wurden "So-tun-als-ob" und "In-anderen-Zusammenhang-stellen" erläutert und der Boxkampf bildet ein Beispiel für "Wettkampf". Eine Zeremonie entspricht der rituellen Handlung, die in der Kellner-Szene als Menuett bezeichnet wurde. "Sonderausführungen" sind Probeläufe, mit denen ein Interaktionsverlauf trainiert wird, bevor er zum ersten Einsatz kommt.

Täuschungen

Täuschungen unterscheiden sich von Modulationen durch eine Differenzierung zwischen Täuschenden und Getäuschten. Der Täuschende weiß von der Transformation, während der Getäuschte die Situation als primären Rahmen erlebt (Goffman 1977: 99). Unter Täuschung versteht Goffman allgemein das intendierte Handeln, einen anderen Menschen hinters Licht zu führen.

> Ich meine das bewußte Bemühen eines oder mehrerer Menschen, das Handeln so zu lenken, daß einer oder mehrere andere zu einer falschen Vorstellung von dem gebracht werden, was vor sich geht. (1977: 98)

Falls die Täuschung nicht spontan, wie z.B. im Falle einer Notlüge erfolgt, sondern in mehreren Schritten geplant verläuft, spricht Goffman von einem *Täuschungsmanöver* (1977: 124).

In der Gruppe der *harmlosen* Täuschungen, die den Getäuschten keinen Schaden zufügen sollen, unterscheidet Goffman "Scherzhafte Täuschungen" wie das im Zusammenhang mit Rollendistanz dargestellte Beispiel des scherzhaften Drohens mit der Faust. Die nächsten drei Täuschungsarten, "Etwas-Vormachen zu experimentellen Zwecken", "Täuschung zu Ausbildungszwecken" und "Lebensechte Prüfungen" haben eine bestimmte Funktion in einem Forschungs- bzw. Ausbildungskontext und werden von den Beteiligten als notwendige Mittel angesehen. "Paternalistische Konstruktionen" geschehen "im Interesse des Getäuschten", um vor Kummer oder Überforderung zu bewahren. Hier nennt Goffman als bekannteste Transformation das Taktgefühl. Das "Strategische Täuschungsmanöver" besteht aus einer bewussten Täuschung, die nach den jeweiligen Regeln erlaubt ist, wie Täuschungsmanöver beim Schachspiel.

Das erste der *schädigenden* Täuschungen, in denen ein Interaktionspartner seine Interessen zum Schaden des anderen durchsetzt, ist die klassische Täuschung in Form eines Schwindelmanövers. Die Täuschungskoalition verlangt die Mitwirkung eines Dritten, der das Täuschungsmanöver unterstützt. Eine spezielle Form des Komplotts ist die Intrige, mit der falsche Informationen über einen nicht anwesenden Dritten verbreitet werden, ohne dass der Diffamierte selbst getäuscht wird. Nach Goffman handelt es sich hier um eine indirekte Täuschung.

Als dritte Gruppe von Täuschungen führt Goffman die *Selbsttäuschung* ein, durch die ein Individuum den Realitätsbezug verliert, wie z.B. Träume oder hysterische Symptome. Alltägliche Wahrnehmungsverzerrungen und Einbildungen betrachtet Goffman in diesem Zusammenhang nicht.

Aufbauend auf diesen Klassifikationen von primären Rahmen und von Transformationen analysiert Goffman eine Vielzahl von Situationen, in denen Rahmungen als Einzelereignisse oder als Ereignisketten auftreten. Im Grundtenor bleibt Goffman seiner soziologischen Mission treu, die Dynamik von Interaktionsordnungen im Wechselspiel mit der Identitätsformation von Individuen in möglichst vielen Facetten zu analysieren.

3.1.5 Reframing[68], Frame-Breaking und Frame-Bending

Im Hinblick auf organisatorischen Wandel stellt sich die Frage, wie verfestigte Rahmen aufgebrochen und neu strukturiert werden können. Für diese Problematik haben L.G. Bolman und T.E. Deal[69] (1997: 17) dem Begriff Reframing gegenüber den konkurrierenden Begriffen "Schemata", "Repräsentationen", "kognitive Landkarten", "Paradigma", "soziale Kategorisierungen" und "mentale Modelle" den Vorzug gegeben.

Die Autoren beziehen sich mit dem Begriff Reframing auf Goffmans Rahmen-Analyse und charakterisieren Rahmen in der Tradition von Goffman und Bateson mit folgenden vier Merkmalen:

---

68 Dieser Begriff wird in der deutschen Literatur durchgehend in der englischen Originalversion verwendet, z.B.: Müller-Stewens/Lechner 2003: 570-571
69 T.E. Deal ist in der Organisationsforschung durch das mit A.A. Kennedy veröffentlichte Standardwerk zur Unternehmenskultur (1982) bekannt geworden; vgl. Kap. 4.2.9.

- Rahmen sind gleichzeitig Fenster auf die Welt und Linsen, die die Welt fokussieren.
- Rahmen filtern einige Dinge aus, während sie andere leicht passieren lassen.
- Rahmen helfen uns, Erfahrungen zu ordnen und zu entscheiden, was zu tun ist.
- Jeder Manager, Berater oder Politiker verlässt sich auf einen persönlichen Rahmen bzw. Image, um Informationen zu sammeln, Urteile zu fällen und festzulegen, wie die Dinge am besten zu tun sind.

(Bolman/Deal 1997: 12; Übersetzung vom Verf., B.M.)

In Organisationen sind multiple Rahmen zu unterscheiden, die Bolman und Deal (1997: 15) als *Vier-Rahmen-Modell* (Four-Frame-Model) zusammenfasst:

- Struktureller Rahmen mit Regeln, Rollen, Zielen, politischer Taktik, Technologie und Umwelt
- Personale Rahmen mit Bedürfnissen, Fertigkeiten und Beziehungen
- Politische Rahmen mit Macht, Konflikt, Wettbewerb und Organisationspolitik
- Symbolische Rahmen mit Kultur, Sinn, Metaphern, Ritualen, Zeremonien, Geschichten, Helden

Rahmen übernehmen nach Bolman und Deal die Funktion der Sinnstiftung und Orientierung für die Mitglieder innerhalb einer komplizierten und mehrdeutigen Welt (1997: 28). Gemäß dem Rahmen-Modell ergeben sich für Veränderungen vier Bereiche, in denen sich die jeweiligen Prozesse und Konflikte abspielen. Bolman und Deal argumentieren, dass alle Rahmen zu verändern sind, wenn ein substantieller organisatorischer Wandel stattfinden soll (1997: 279).

Das Reframing erfordert die Überwindung von Widerständen (Barriers) gegen Veränderungen in allen vier Funktionen. Dazu schlagen Bolman und Deal spezifische Techniken vor, die zusammen mit der Beschreibung der Widerstände in Abbildung 29 dargestellt werden (1997: 321; Übersetzung vom Verf., B.M.).

Rahmen	Widerstände gegen Wandel	Wichtigste Strategien
Personell (Human Resource)	Angst, Unsicherheit, Gefühle der Inkompetenz, Bedürftigkeit	Training von neuen Fertigkeiten, Partizipation und Einbeziehung der Mitglieder, psychologische Unterstützung
Strukturell (Structural)	Verlust von Klarheit und Stabilität, Konfusion, Chaos	Kommunikation, Neuausrichtung und Neuverhandlung formaler Muster und politischen Strategien
Politisch (Political)	Machtverlust, Konflikt zwischen Gewinnern und Verlierern	Entwicklung von Arenen, wo Themen neu verhandelt und neue Koalitionen geformt werden können
Symbolisch (Symbolic)	Sinn- und Zweckverlust, Festklammern an der Vergangenheit	Entwicklung von transitorischen Ritualen: Betrauern der Vergangenheit und Feiern der Zukunft

Abbildung 29: Organisationaler Wandel durch Reframing

Als Beispiel für die unterschiedlichen Optionen zur Überwindung der Widerstände stellen Bolman und Deal (1997: 371) ein Reframing-Projekt an einer High School dar. Die persönlichen Widerstände werden mit Sicherheitsmaßnahmen, Kommunikationstraining, Konfliktmanagement, Partizipation und Teambildung überwunden. Strukturelle Probleme lassen sich mit klarer Verantwortungszuordnung und der Einrichtung einer Gruppe (Task force) zur Verbesserung von Strukturen lösen. Im politischen Bereich werden Verhandlungsarenen eingerichtet, Kontrollen abgebaut, eine Einheit gegenüber externen Bedrohungen aufgebaut sowie Netzwerke und Koalitionen gefördert. Als Maßnahmen zur Veränderung des symbolischen Rahmens bieten sich die Verwendung gemeinsamer Symbole, Zeremonien, Geschichten und Geschenke an.

Betrachtet man das Reframing-Modell von Bolman und Deal aus handlungstheoretischer Perspektive, so unterscheiden wir eine kollektivistische und eine individualistische Sichtweise. Aus kollektivistischer Perspektive wird der Rahmen als ein sozialer Kontext beschrieben, an dem sich die Akteure orientieren. Diese sozialen Kontexte werden mit Reframing-Methoden verändert. Die individualistische Perspektive entspricht dem Standpunkt des Konstruktivismus, dass die Akteure die soziale Situation definieren und damit den Rahmen für das jeweilige Handeln konstruieren. Bolman und Deal tendieren zu der kollektivistischen Sicht des Rahmens als sozialen Kontext. Um den Rahmen zu verändern, entwickeln die Organisationsmitglieder neue Vorstellungen und Regeln mit den in Abbildung 29 dargestellten Methoden.

Der konstruktivistische Ansatz wird von Amir Levy und Uri Merry in ihrem Lehrbuch zur organisationalen Transformation explizit vertreten:

> Durch Reframing entsteht ein radikaler, abrupter Wandel der Wahrnehmung und des Verhaltens, ein Sprung auf ein neues logisches Niveau, während die Situation selbst (die "Fakten") unverändert - ja sogar unveränderbar - sein kann. (Levy/Merry 1986: 103; Übersetzung vom Verf., B.M.)

Der dargestellte Reframing-Ansatz ist sozio-kulturell verankert, indem grundlegende Veränderungen der Orientierungs- und Sinnmuster beschrieben werden. In Kap. 6.6 wird das sozialpsychologische Modell der Veränderung von Wahrnehmungsmustern dargestellt, das Esser in den Methodologischen Individualismus integriert. Eine dritte Variante von Reframing bildet das Modell des Frame-Breakings. Synonym wird auch der Begriff Frame-Bending verwendet.

Den theoretischen Hintergrund des *Frame-Breakings* bilden Evolutionsmodelle, die von einer Abfolge inkrementeller (evolutionärer) und diskontinuierlicher (revolutionärer) Veränderungen ausgehen (Gersick 1991, Pettigrew 1987). Dieser Ansatz ist in der Transformationsforschung unter dem Begriff "Punctuated Equilibrium Paradigm" bekannt geworden. Das Modell des "Frame-Breaking Change" bezieht sich auf die disruptiven (nichtkontinuierlichen) Veränderungen, die nach Phasen inkrementellen Wandels eine grundlegende Veränderung auslösen: "Diskontinuierlicher oder 'Frame-Breaking' Wandel besteht aus simultanen und tiefgreifenden Veränderungssprüngen in Strategie, Macht, Struktur und Kontrolle" (Tushman/Newman/Romanelli 1986: 31; Übersetzung vom Verf., B.M.). Dieses Transformationsmodell beziehen die Autoren auf industrielle Diskontinuitäten, Sprüngen im Produkt-Lebenszyklus und internen Unternehmensdynamiken (Tushman/Newman/Romanelli 1986: 36-37). Die wesentlichen Merkmale von Frame-Breaking Prozessen sind nach Tushman, Newman und Romanelli (1986: 37-38):
- Reformierte Leitziele und Kernwerte
- Veränderte Macht und Status

- Reorganisation
- Veränderte Interaktionsmuster
- Neue Führungskräfte

Da Frame-Breaking die Unsicherheit verstärkt, können zu lange Phasen von Frame-Breaking die Organisation schädigen, so dass die Autoren nach längeren konvergenten Phasen jeweils kurze Frame-Breaking Phasen empfehlen, wenn entsprechender Veränderungsbedarf besteht.

> Weil Reorientierungen so disruptiv und mit Unsicherheit verbunden sind, können Organisationen desto schneller die Vorteile der nachfolgenden konvergenten Periode nutzen, je kürzer die disruptive Veränderung realisiert wurde. (Tushman/Newman/Romanelli 1986: 39. Übersetzung vom Verf., B.M.)

Anhand der untersuchten Fallbeispiele kommen die Autoren zu dem Schluss, dass in einer turbulenten Umwelt radikale Veränderungen im Sinne des Frame-Breaking unvermeidlich sind. Erfolgreiche Organisationen sind in der Lage, den disruptiven Veränderungsprozess schnell und gründlich durchzuziehen und anschließend in einer längeren Phase der Kontinuität die Früchte der Veränderung zu ernten. Entscheidend für Frame-Breaking ist die grundlegende Veränderung von Strategie, Strukturen und Systemen (Tushman/Newman/Romanelli 1986: 43).

Das Frame-Breaking Modell bezieht sich primär auf Organisationsstrukturen und blendet die interpretativ-interaktionistische Perspektive des Goffmanschen Rahmenbegriffs weitgehend aus. Dieses Defizit versuchen Nadler und Tushman (1989) mit dem Modell des organisationalen *Frame Bending* auszugleichen, indem sie für das Management des *Frame-Bending* die folgenden drei Themen als zentral ansehen (Nadler/Tushman 1989: 195. Übersetzung vom Verf., B.M.):

(1) Managen der mit diesen Veränderungen verbundenen politischen Dynamik
(2) Motivierung von konstruktivem Verhalten angesichts der Angst vor Veränderungen
(3) Aktives Managen der Veränderungsphase

In diesem Veränderungsmodell werden neben Strategien und Strukturen auch Führungsstrukturen, Werte und Kultur verändert (Nadler/Tushman 1989: 196). Trotz dieser Erweiterung bleiben die Modelle des Frame-Breaking und des Frame-Bending pragmatische Leitfäden zur Veränderung von Wirtschaftsorganisationen ohne handlungstheoretische Fundierung.

Gegenüber den dargestellten Modellen des Reframing, Frame-Breaking und Frame-Bending lässt sich mit dem Mikro-Makro Modell von Coleman und Esser diese Dualität kollektivistischer und individualistischer Perspektive handlungstheoretisch präziser fassen, wie in Kap. 6 dargestellt wird. Die Organisationsexperten Bolman und Deal, Levy und Merry wie auch die Autorengruppe um Tushman sind eher pragmatisch orientiert und überlassen die handlungstheoretischen Modelle den Theoretikern.

3.2 Strukturen des Alltagshandelns (Schütz, Garfinkel)

Soziales Handeln kann weder aus institutionell verankerten Strukturen abgeleitet, noch als spontanes Verhalten von Individuen verstanden werden, das zufällig und unberechenbar verläuft. Beide Extrempositionen beschränken sich auf jeweils einen Aspekt sozialer Interaktionen und liefern auf diese Weise keine vollständige soziologische Erklärung. Soziales Handeln weist einerseits Merkmale auf, die durch soziale Strukturen festgelegt sind, andererseits lässt es sich aber aus diesen Strukturen nicht eindeutig vorhersagen. Diese prinzipielle *Offenheit* der Ergebnisse sozialer Interaktionen, die wir als das Grundtheorem des Interaktionismus bezeichnet haben, hat nach den bislang dargestellten handlungstheoretischen Ansätzen vor allem drei Ursachen.

Erstens sind die strukturellen Vorgaben in modernen Gesellschaften nicht eindeutig definiert; stattdessen steht das Individuum im Spannungsfeld unterschiedlicher und teilweise widersprüchlicher struktureller Komplexe. Das einfachste Beispiel bildet der Intrarollenkonflikt, wo ein Positionsinhaber mit unterschiedlichen Erwartungen von Bezugspersonen konfrontiert wird. Ein komplexeres Beispiel ergibt sich nach Goffman, wenn die Rollenpartner dem Individuum Identitätsmerkmale zuschreiben, die seinem Selbstbild widersprechen. In diesem Falle handelt es sich um Unverträglichkeiten zwischen Sozial- und Persönlichkeitsstrukturen.

Ein weiterer Grund für die Offenheit von Interaktionen hat Mead mit der Unterscheidung von "I" und "Me" ins Blickfeld der soziologischen Betrachtung gerückt. Demnach besteht ein qualitativer Unterschied zwischen übernommenen Haltungen anderer und dem tatsächlichen Handeln in sozialen Interaktionen. Das Individuum hat immer einen mehr oder weniger großen Handlungsspielraum zur Gestaltung des sozialen Handelns. Schließlich ergibt sich drittens die Handlungsvielfalt aus den Möglichkeiten der Variation und Veränderung sozialer Regeln, wodurch - wie an Goffmans Begriff der Überdetermination gezeigt wurde - die Dynamik des Handelns gesteigert wird.

Mead und Goffman konzentrieren sich auf die Wechselbeziehung zwischen *sozialen* Strukturen und *persönlicher* Identität. Im Rahmen des Interaktionsmodells geht Mead darüber hinaus, indem er zur Erklärung der Identitätsentwicklung von Individuen mit der "Stimme der Vernunft" kulturell verankerte Prinzipien einbezieht. Goffman dagegen stellt mit dem Bezugssystem des Individuums die Person ins Zentrum seines handlungstheoretischen Ansatzes und fragt dann nach den sozialen Regeln der Dramaturgie sozialer Interaktionen. Obwohl Goffman den Begriff des interpersonellen Rituals aus der Kulturanthropologie übernimmt, beschäftigt er sich - ebenso wie Mead - nicht systematisch mit dem *kulturellen* Aspekt des Handelns.

Einen wichtigen Beitrag zur Schließung dieser Lücke leistet Alfred Schütz mit seiner Untersuchung der Strukturen des lebensweltlichen Wissensvorrats. Schütz geht von dem "egologischen" Bewusstsein des Handelnden aus, das auf einen kulturell verankerten Wissensvorrat zurückgreift. Damit führt Schütz die "kulturalistische" Perspektive in die Handlungstheorie ein[70]. Parallel zu dieser theoretischen Grundentscheidung entwickelt Schütz eine spezielle Methodologie, die er in der Tradition Webers als Grundlegung der "verstehenden Soziologie" auffasst. Im ersten Teil des nachfolgenden Abschnitts werden wir uns mit dieser methodologischen Position beschäftigen, indem wir die Unterscheidung von

---

70 Die Begriffe "egologisches Bewusstsein" und "kulturalistisch" sind von Habermas übernommen; vgl. 1981b: 196, 205. In Kap. 3.3 wird die Theorie des kommunikativen Handelns von Habermas dargestellt.

"Verstehen" und "Erklären" als methodische Leitdifferenz einführen. Anschließend wird das explizite Modell der "Strukturen der Lebenswelt" an einem Musterbeispiel dargestellt. Im dritten Teil stellen wir die "dokumentarische Methode der Interpretation" vor, mit der Garfinkel ein Verfahren zur empirischen Anwendung des handlungstheoretischen Ansatzes von Schütz entwickelt hat.

3.2.1 Konstitution sinnhaften Handelns

Erklärung und Verstehen

Die Definition des Begriffs der *Erklärung* wurde für die Sozialwissenschaften von Max Weber in dem Anfangskapitel des Buches "Wirtschaft und Gesellschaft" vorgenommen (1972: 4). Im Gegensatz zu dem aktuellen Verstehen einer Handlung bedeutet erklärendes Verstehen, dass der Beobachter das Handeln motivationsmäßig interpretiert und es auf diese Weise in einen größeren Sinnzusammenhang stellt.

> 'Erklären' bedeutet also für eine mit dem Sinn des Handelns befaßte Wissenschaft soviel wie: Erfassung des Sinnzusammenhangs, in den, seinem subjektiv gemeinten Sinn nach, ein aktuell verständliches Handeln hineingehört. (Weber 1972: 4)

Schütz setzt an dieser bekannten Definition des Begriffs Erklären seine kritische Diskussion der Methodologie Webers an.[71] Als Prämisse zu seiner Untersuchung weist Schütz auf das Postulat der verstehenden Soziologie hin, wonach der Beobachter keinen direkten Zugang zu dem *subjektiven* Sinnzusammenhang finden kann, in den der Handelnde sein Handeln stellt. Stattdessen erfasst der Beobachter "die objektive Gegenständlichkeit des Handlungsablaufs, welche durch einen Akt der Deutung - etwa der Benennung - von mir und für mich in einen Sinnzusammenhang eingestellt wird, ..." (1974: 36). Diese Konstruktion des Beobachters nennt Schütz zur Abgrenzung von dem subjektiv gemeinten Sinn den *objektiven* Sinnzusammenhang. Die prinzipielle Unzugänglichkeit des subjektiven Sinns gilt für einen Beobachter, der mit dem Handelnden in seinem Alltag zusammenlebt, ebenso wie für den Soziologen, obwohl das Verstehen des objektiven Sinnes in diesen beiden Fällen unterschiedlichen Bedingungen unterliegt. Wie Abbildung 30 zeigt, unterscheidet sich der subjektive Sinn S, den der Handelnde A mit seiner Handlung H verbindet, erstens von dem objektiven Sinn S', den ein Mitglied B der Alltagswelt dem Handelnden als Sinn des Handelns zuschreibt. Zweitens wird der Soziologe C als wissenschaftlicher Beobachter auf einen davon abweichenden Sinn S" stoßen, wenn er sich bemüht, den subjektiven Sinn der Handlung zu rekonstruieren (1974: 42).

---

71 Wir werden uns in der nachfolgenden Darstellung von Webers Methodologie ebenso wie Schütz auf die methodologischen Schriften Webers (1972: Kapitel I; 1973: 146-224) beziehen.

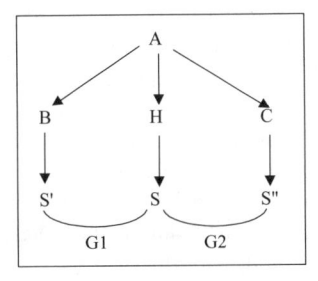

Abbildung 30: Sinnkonstruktionen des Handelnden und der Beobachter

Die Begründung der Gültigkeit (G1) des objektiven Sinnes S', den das Mitglied der Alltagswelt der Handlung unterstellt, entwickelt Schütz in seiner "Theorie des Fremdverstehens", die auf der "Konstitutionsanalyse" des subjektiven Sinnes aufbaut. Dagegen bildet das Problem der Gültigkeit (G2) der wissenschaftlichen Rekonstruktion S" ein methodologisches Problem, das Schütz auf die Webersche Methode der Idealtypenbildung zurückführt.

Beginnen wir mit der Darstellung der Konstitution von subjektivem Sinn im egologischen Bewusstsein des Handelnden. Im Gegensatz zu der in dem Einleitungskapitel zitierten Weberschen Auffassung *verbindet* nach Schütz ein Handelnder mit seinem Handeln nicht direkt einen Sinn, sondern er *erlebt* das Handeln als einen Strom von Ereignissen. Erst wenn ein Handeln bereits abgelaufen ist, kann sich der Handelnde diesem Handeln durch Reflexion zuwenden und auf diese Weise eine *Handlung* konstituieren (1974: 54). Das besondere "Wie" dieser reflexiven Zuwendung definiert Schütz als den *Sinn* des Handelns, durch den ein Erlebnis in eine Handlung transformiert wird (1974: 54, 307}.

> Der 'Sinn' eines Erlebnisses ist in die spezifische Zuwendung zu einem abgelaufenen Erlebnis auflösbar, durch welche dieses aus dem Dauerablauf herausgehoben und zu einem 'solchen', nämlich einem so-und-nicht-anders-beschaffenen Erlebnis wird. (Schütz 1974: 307)

Nicht jedes erlebte Handeln wird durch die Zuwendung des Handelnden mit Sinn versehen und auf diese Weise zu einer Handlung. Der Handelnde greift aus dem Strom des erlebten Handelns bestimmte Elemente heraus und ordnet diese Erlebnisse in den "vorgegebenen Gesamtzusammenhang der Erfahrung" ein, woraus sich der "gemeinte Sinn" als "eine Selbstauslegung des Erlebnisses von einem neuen Erleben her" ergibt (Schütz 1974: 104).

Wir können uns diese abstrakten Definitionen durch einen Vergleich mit Meads Interaktionsmodell verdeutlichen. Das erlebte Handeln bei Schütz ist mit der Reaktion des "I" bei Mead vergleichbar, die spontan verläuft und die der Akteur erst in der nachfolgenden Reflexion mit den Erfahrungen vergleicht, die er während der Identitätsentwicklung erworben hat. Dieser Rückbezug auf die Identität verleiht der Reaktion des "I" im nachhinein einen Sinn, der zur Erweiterung der Erfahrungen des Individuums und damit zur Veränderung der Identität führt. Mit dem Begriff der Identität geht Mead von einem vorgegebenen Bezugssystem der Erfahrungsverarbeitung aus und führt die Sinnkonstitution damit letztlich auf die im Sozialisationsprozess übernommenen Haltungen anderer zurück, die wiederum in der Sozialstruktur verankert sind. Dieser Rückbezug auf emergente Ordnungsstrukturen vermeidet Schütz sorgfältig im Rahmen der Konstitutionsanalyse und entwickelt damit ein allgemeineres Modell als Mead. In diesem Sinne ist es dann konsequent, wenn Schütz den *Sinnzusammenhang* als eine Folge von "sinnvollen Erlebnissen" definiert, aus denen der Handelnde, falls er seinen "Blickstrahl" auf sie richtet, eine "Synthesis höherer Ordnung" bildet (1974: 101). Diese Synthese ist - und das zeigt den Unterschied zu Meads Auffassung - nicht von vornherein durch eine sozial verankerte Struktur eingegrenzt.

Nach Schütz wird das Handeln "durch einen Entwurf, der ihm zeitlich vorausgeht, bestimmt" (1977: 49). Dieser Entwurf, aus dem nach Schütz der "primäre und fundamentale Sinn einer Handlung" (1977: 79) besteht, lässt sich durch die Unterscheidung zwischen *"Um-zu-Motiven"* und *"Weil-Motiven"* weiter aufgliedern:

> Die ersteren beziehen sich auf die Zukunft und sind identisch mit dem Ziel oder dem Zweck, für deren Verwirklichung die Handlung selbst das Mittel darstellt; ...Die letzteren beziehen sich auf die Vergangenheit, und man könnte sie die Gründe oder Ursachen des Handelns nennen. (Schütz 1977: 49)

Diese Motive sind Elemente der Biographie des Handelnden.

> Die Um-zu-Motive sind zu subjektiven Plansystemen integriert, in einen Lebensplan, in Pläne für Arbeit und Muße, Pläne für das, was 'jetzt getan werden muß', Terminpläne für heute, die Aufgabe der Stunde usf. (Schütz 1977: 51)

Im Zusammenhang mit den Weil-Motiven beruft sich Schütz zunächst auf den Begriff der "sozialen Persönlichkeit", wie er von Mead geprägt wurde (1977: 51) und integriert dann die Weil-Motive in Syndrome von "Einstellungen" (Schütz/Luckmann 1979: 264). Mit dieser Konstruktion werden wir uns im nachfolgenden Abschnitt 3.2.2 genauer beschäftigen.

Formen des Fremdverstehens

Nach Luckmann besteht das Grundproblem der verstehenden Soziologie darin, "dass die *objektiven* Eigenschaften historischer sozialer Wirklichkeiten auf den universalen Strukturen *subjektiver Orientierung* in der Welt beruhen." (1979: 200). Die *subjektive Perspektive* der phänomenologischen Soziologie besteht daher in dem Versuch, die beobachtbaren objektiven Eigenschaften der sozialen Wirklichkeit auf den subjektiven Konstitutionsprozess zurückzuführen. Falls individuelle Handlungen betrachtet werden, handelt es sich um das Problem der Rekonstruktion des objektiven Sinnzusammenhangs durch ein Mitglied der Alltagswelt, des Handelnden oder durch einen Wissenschaftler, der das Handeln beobachtet. Die subjektive Perspektive der verstehenden Soziologie bedeutet aber nicht, dass der subjektiv gemeinte Sinn des Handelnden erfasst wird - dies ist ja prinzipiell unmöglich -, sondern die Verpflichtung der soziologischen Analyse auf die objektive Rekonstruktion des gemeinten Sinnes.

Ein Mitglied der Alltagswelt des Handelnden hat als Beobachter den Vorteil, dass sich seine Umwelt mit der des Handelnden überschneidet und dass ihm sowohl die früheren Erlebnisse des Handelnden als auch die durch den Lebensplan vorgezeichneten Handlungsziele zumindest teilweise bekannt sind. Im Fremdverstehen stellt sich dieser Beobachter auf den Standpunkt des Handelnden, indem er sich vorstellt, er hätte dieselben Handlungsziele bzw. Um-zu-Motive. Dann interpretiert er die Handlungen so, als hätte er sie als Handelnder selbst vollzogen (1974: 160). In diesem Augenblick unterstellt er die *Kongruenz* seiner Perspektive mit der des Handelnden. Diese Annahme, die Schütz als "Generalthesis des alter ego" (1974: 146) bezeichnet, ist natürlich nur teilweise zutreffend, da die Erlebnisströme von Beobachter und Handelndem nicht identisch sind. Während der Beobachter sein eigenes Handeln als einen kontinuierlichen Strom erlebt, erfasst er von seinem Gegenüber lediglich "diskontinuierliche Segmente" (1974: 146).

Die Schützsche Auffassung, "dass also alles echte Fremdverstehen auf Akten der Selbstauslegung des Verstehenden fundiert ist" (1974: 156), entspricht dem Gedanken Meads, dass ein Akteur die Haltungen anderer übernimmt, indem er in sich dieselben Reaktionen erzeugt wie der andere. Schütz drückt diesen Gedanken in der Sprache der Phänomenologie Husserls aus, während sich Mead der Terminologie des Behaviorismus bedient. Eine weitere Übereinstimmung zwischen beiden Autoren besteht in der besonderen Bedeutung, die sie der symbolischen Kommunikation beimessen. Der Soziologe als Beobachter kennt die Alltagswelt des Handelnden nur bruchstückhaft, selbst wenn er als teilnehmender Beobachter eine Weile in dieser Alltagswelt lebt. Daher kann er nicht von der Generalthesis des alter ego ausgehen wie ein Mitglied der Alltagswelt. Im Hinblick auf die Interpretation von Zeichen und Symbolen ist die Situation dagegen für den Wissenschaftler günstiger, weil ihm durch die Sprache ein universeller Schlüssel zur Interpretation zur Verfügung steht.

Aus der Universalität von Sprache folgt allerdings nicht, dass die Deutung der Zeichen, die ein anderer verwendet, zutreffend sein muss. Insgesamt sind nach Schütz sechs Komponenten des Zeichensetzens zu berücksichtigen, um zu einer vollständigen Interpretation zu gelangen. Gehen wir zunächst davon aus, dass Zeichen für Erlebnisse stehen. Dann stellt erstens der Zeichensetzende die Erlebnisse in einen bestimmten *Sinnzusammenhang* und zweitens bildet das Zeichen selbst ein Element eines *Zeichensystems*. Der Beobachter muss somit einerseits den *Sinnzusammenhang* rekonstruieren und andererseits das System berücksichtigen, in dem das Zeichen steht. Dies kann aus der Hochsprache, einem Dialekt oder Slang bestehen oder auch wie die Computersprache ein formalisiertes Zeichensystem darstellen. Zusammengefasst stellt sich auf dieser Ebene der Interpretation für den Beobachter die Aufgabe, den Gegenstand, für das Zeichen steht, richtig zu erfassen.

Auf der zweiten Ebene der Interpretation ist zu berücksichtigen, dass das Zeichensetzen eine *Handlung* ist, durch die ein Handelnder etwas kundgibt. Schütz unterteilt dieses Kundgeben einerseits in reines *Ausdruckshandeln*. Ein Beispiel bilden die Orientierungskundgaben in der Restaurantszene, mit denen der Professor der Studentin gestisch mitzuteilen versucht, dass er auf jemanden wartet. Andererseits kann das Kundgeben in den übergeordneten Sinnzusammenhang "Zeichensetzung als *Kundgabehandlung*" (1974: 185) gestellt werden. Dies bedeutet für eine Orientierungskundgabe, dass der Interpret die zugrunde liegende Regel erkennt. Eine dritte Ebene der Zeichensetzung ergibt sich, wenn der Adressat dieser Handlung berücksichtigt wird. Auch hier sind nach Schütz wieder zwei Stufen zu unterscheiden. Zum einen kann der Adressat in den Sinnzusammenhang des Kundgebens einbezogen werden. So ist die Orientierungskundgabe des Professors nur zu verstehen, wenn man sich die Studentin als *Adressatin* vorstellt. Zum anderen verbindet der Zeichensetzende mit seinem Zeichen gegenüber dem Adressaten eine bestimmte Absicht. Dieses *Um-zu-Motiv* bestünde im Falle des Professors darin, die Studentin zur Korrektur ihrer Rollenzuschreibung zu veranlassen.

Auf der ersten Ebene wird somit das Zeichen als *Aussage*, auf der zweiten als *Handlung* und auf der dritten als *auf einen Adressaten gerichtete Handlung* interpretiert. Diese drei Ebenen der Zeichensetzung weisen eine deutliche Parallele zu der Einteilung von Sprechakten auf, die Habermas aus der Sprachwissenschaft in seine Theorie des kommunikativen Handelns übernimmt.[72]

> Mit lokutionären Akten drückt der Sprecher Sachverhalte aus; er sagt etwas. Mit illokutionären Akten vollzieht der Sprecher eine Handlung, indem er etwas sagt... Mit perlukotionären Akten erzielt der Sprecher schließlich einen Effekt beim Hörer. (Habermas 1981a: 389)

Die nachfolgende Zusammenfassung, die Habermas in Bezug auf die Sprechakte formuliert, kann auch als Kurzformel zur Unterscheidung der von Schütz beschriebenen drei Ebenen der Zeichensetzung verwendet werden,

> ... etwas sagen; handeln, indem man etwas sagt; etwas bewirken, dadurch daß man handelt, indem man etwas sagt. (Habermas 1981a: 389)

Die einzelnen Elemente der Zeichensetzung sind zur Übersicht in Tabelle 4 zusammengestellt.

Stufe der Zeichensetzung	Ebene
(1.1) Sinnzusammenhang der Erlebnisse, für die das Zeichen steht	Zeichen als Aussage
(1.2) Zeichensystem, in das die Zeichen eingebettet sind	
(2.1) Zeichen als Ausdruckshandeln	Zeichen als Handlung
(2.2) Regel der Kundgabehandlung durch Zeichensetzung	
(3.1) Zeichensetzung unter Einbeziehung des Adressaten	Zeichen als Absichtshandeln
(3.2) Zeichensetzung als Ausdruck eines Um-zu-Motivs	

Tabelle 4: Stufen der Zeichensetzung

Typisierung

Im Fremdverstehen und im wissenschaftlichen Verstehen erfasst der Beobachter den subjektiven Sinnzusammenhang der Handlung nur ausschnitthaft. Diese Bruchstücke werden dann zu einem Bild zusammengesetzt, das eine Idealisierung des gemeinten Sinnes darstellt. Der Beobachter greift aus der Fülle der Erlebnisse eine Auswahl heraus und hält sie für eine Weile konstant. Diese Invariantsetzung bestimmter Merkmale nennt Schütz "Typisierung", und das Ergebnis dieses Vorgangs bezeichnet er in Anlehnung an Max Weber als "Idealtyp" (1974: 257). Die durch Typisierung konstant gehaltenen Erlebnisse werden in einem Akt der Reflexion mit früheren Erlebnissen verglichen und somit auf dem Hinter-

---

[72] In Kap. 3.3 wird die kommunikative Handlungstheorie genauer dargestellt.

grund der Erfahrung mit Sinn belegt. Die einzelnen Merkmale oder "Indizes", die eine Handlung unverwechselbar erscheinen lassen, werden dabei außer Acht gelassen, um das Typische herauszuziehen. Diese "Unterdrückung von Indizes" (Natanson 1979: 82) führt zu der Idealisierung, dass der als typisch erkannte Vorgang immer wieder nach dem gleichen Grundmuster ablaufen könnte.

Um eine Handlung als Beobachter nicht nur zu verstehen, sondern auch zu *erklären*, müssen die Weil-Motive und die Um-zu-Motive des Handelnden ebenso wie der gemeinte Sinn typisiert werden. Diese idealtypischen Konstrukte, die sich nicht auf die Handlung selbst, sondern auf die zugrunde liegenden Motive des Handelnden beziehen, nennt Schütz "personale Idealtypen".

> Indem die gedeutete Handlung als iterierbar und deshalb als typisch angesetzt wird, wird auch das Um-zu-Motiv des Handelns, in dessen schrittweisen Vollzug sie sich konstituieren, als invariant, nämlich als typisch angesetzt. Diesem so gewonnenen typischen Handeln wird nun ein Bewußtsein zugeordnet, für welches dieses Handeln in einem subjektiven Sinnzusammenhang stehen kann ...kurz ein Bewußtsein eines personalen Idealtypus. (Schütz 1974: 264)

Je größer die "Erfahrungsfülle" (1974: 321) ist, auf die der Beobachter im Hinblick auf den Handelnden zurückgreifen kann, desto mehr Details und Einzelinformationen werden in die Konstruktion des personalen Idealtyps einfließen. Falls umgekehrt der Beobachter aus einem für ihn "anonymen Handlungsablauf" einen personalen Idealtyp bilden muss, so wird diese Konstruktion allgemeiner im Sinne der im Einleitungskapitel definierten Ab-straktion von Konkretheit sein. Jeder Handelnde ist gegenüber seiner Umwelt ein Beobachter und orientiert sich gegenüber den anderen Handelnden durch fortlaufende Typisierungen. Sofern er sich auf seine unmittelbare Umwelt bezieht, wird der Handelnde detailreiche und konkrete Idealtypen bilden. Außerhalb der unmittelbaren Umwelt, in der der Handelnde ständig lebt, ergibt sich ein "Abnehmen der Symptomfülle" und eine "Verkleinerung des Spielraums der Auffassungsperspektiven" (1974: 246) und damit eine fortschreitende Anonymisierung der Idealtypen. Schütz nennt diese Zone außerhalb der direkten Umwelt die "soziale Mitwelt" und unterscheidet auf dieser Basis die "mitweltliche" soziale Beziehung von der "umweltlichen" (1974: 282).

In der mitweltlichen Beziehung gehen die Handelnden nicht so weit aufeinander ein, wie dies möglich wäre. Stattdessen bilden sie relativ anonyme Idealtypen und erfassen auf diese Weise den anderen nur ausschnitthaft. Diese Art der sozialen Beziehung haben wir mit Parsons Rollenbeziehung genannt.[73] Schütz verweist in diesem Zusammenhang auf das Beispiel einer Zugfahrt, wo die Fahrgäste das Zugpersonal als "Eisenbahnbeamte" typisieren und umgekehrt selbst als Idealtyp des "Reisenden" betrachtet werden (1974: 283). In diesem Fall der wechselseitigen Typisierung sind die Handelnden nicht daran interessiert, möglichst viele Merkmale der Person ihres Rollenpartners zu erfassen. Der Eisenbahnbeamte wird nur so weit auf die Person des Reisenden eingehen, wie es seine Aufgaben erfordern, und der Fahrgast wird den Eisenbahnbeamten als jemanden typisieren, der die Fahrkarten kontrolliert, Auskünfte über den Reiseverlauf und Anschlusszüge erteilt und in Not-

---

[73] Schütz verwendet in dem 1932 erstmals veröffentlichten Werk "Der sinnhafte Aufbau der sozialen Welt" (1974) den Begriff der Rolle noch nicht. Später übernimmt er ihn z.B. in seiner Kritik an Parsons, wobei er unter Rolle das Selbstbild des Handelnden versteht (1977: 59). Obwohl Schütz dem Ausdruck "Rolle" keinen besonderen Stellenwert beimisst, nimmt er - wie wir an späterer Stelle zeigen werden - wichtige Erkenntnisse der Rollentheorie bereits in seinem Frühwerk (1974) vorweg.

situationen Hilfe leistet. Schütz bezeichnet diese Form der gegenseitigen Typisierung als "mitweltliche Ihrbeziehung" (1974: 283). Zwei Handelnde treten genau dann in eine Ihrbeziehung, wenn sie sich erstens gegenseitig als personale Idealtypen betrachten und zweitens den Idealtyp des anderen mit dem Idealtyp in Beziehung setzen, den sie für den anderen darstellen. Auf dieser Basis können die Handelnden drittens über die Relation der beiden Idealtypen reflektieren und sie unter ein gemeinsames Konzept fassen.

> An die Stelle der vielfältigen Spiegelung einander fundierenden Blickwendungen auf die Erlebnisse des alter ego in der umweltlichen Sozialbeziehung tritt daher in der mitweltlichen Sozialbeziehung die Reflexion auf das den beiden Partnern gemeinsame Schema der Typisierung. (Schütz 1974: 284)

Falls dieses Schema der gegenseitigen Typisierungen an gesellschaftliche Positionen gebunden ist und normative Verbindlichkeit besitzt, dann können wir die Ihrbeziehung als Rollenkomplementarität im Sinne von Tenbruck auffassen. Diese Bedingung der Institutionalisierung muss in der mitweltlichen Sozialbeziehung aber nicht erfüllt sein, so dass dieses Konzept allgemeiner als der Rollenbegriff ist. Die Entstehung von kongruenten gegenseitigen Typisierungen ist nach Schütz um so wahrscheinlicher, je mehr das von beiden Partnern verwendete Deutungsschema "standardisiert" ist. Eine solche Standardisierung kann einerseits darauf beruhen, dass durch Recht, Staat oder andere Ordnungsstrukturen "genormte" Deutungsschemata vorgegeben werden, auf die die Handelnden zur Typisierung zurückgreifen. Andererseits können sich die Handelnden an dem Idealtyp des rationalen Handelns orientieren, der nach Max Weber auf der Anwendung der "Zweck-Mittel-Relation" beruht (Schütz 1974: 284).

Max Webers Methode der Idealtypenbildung

Nach Max Weber beruhen Idealtypen auf der Leistung, aus einer Fülle von Einzelerscheinungen bestimmte Aspekte herauszugreifen und zu einem "Gedankenbilde" zusammenzufügen.

> Er (der Idealtyp) wird gewonnen durch einseitige Steigerung eines oder einiger Gesichtspunkte und durch Zusammenschluß einer Fülle von diffus und diskret, hier mehr, dort weniger, stellenweise gar nicht, vorhandenen Einzelerscheinungen, die sich jenen einseitig herausgehobenen Gesichtspunkten fügen, zu einem in sich einheitlichen Gedankenbilde. (Weber 1973: 191; Klammereinschub vom Verf., B.M.)

Dieses Gedankenbilde unterscheidet sich von analytischen Konstrukten dadurch, dass es in Form "historischer Individuen" gedacht ist. Ein solches "Individuum" kann der Beamte im *bürokratischen Verwaltungshandeln* darstellen, das Weber durch die Merkmale Kompetenz, Amtshierarchie, Schriftlichkeit, Fachschulung, Vollberuf und Regelhaftigkeit beschreibt (1972: 551-2). Während sich mit diesem Idealtyp des bürokratischen Verwaltungsstabes der personale Idealtyp des bürokratischen Beamten verbinden lässt, ist dies für ein historisches Individuum wie die *mittelalterliche Stadt* nicht möglich. Aus den denkbaren Definitionskriterien von Städten, wie z.B. Dichte der Bevölkerung oder Urbanität der Lebensweise, greift Weber das Merkmal des *Markttausches* heraus und konstruiert auf diese Weise den Idealtyp der Stadt als Marktansiedlung im ökonomischen Sinne (1972: 728-30).

Die Auswahl der Merkmale erfolgt selektiv, indem nur solche ausgewählt werden, die für die historische Entwicklung von besonderer Bedeutung sind. So nimmt Weber an, dass die bürokratische Herrschaft einen für die Entwicklung der modernen Gesellschaft zentralen Typ rationalen Handelns darstellt; und entsprechend beruht die Entwicklung der Städte zwischen dem Mittelalter und dem Anfang des 20. Jahrhunderts wesentlich auf der Organisation eines Markttausches. Wegen dieser besonderen Bedeutung für die historische Entwicklung stellt die Idealtypenbildung den Versuch dar, "historische Individuen oder deren Einzelbestandteile in *genetische* Begriffe zu fassen" (1973: 194).

Auch Schütz konstruiert personale Idealtypen als genetische Begriffe, indem er Weil-Motive und Um-zu-Motive berücksichtigt und das Handeln auf diese Weise in einen biographischen Entwicklungsprozess stellt. Allerdings nimmt Schütz konsequenter den Standpunkt des Handelnden ein und interessiert sich vorwiegend für die konstitutiven Merkmale der Idealtypenbildung im Selbst- und Fremdverstehen. Damit schließt er die idealtypische Betrachtung von kollektiven Gebilden wie Städten nicht grundsätzlich aus. Mit Weber (1972: 6-7) vertritt er allerdings die Auffassung, dass das kollektive Handeln prinzipiell auf das Handeln einzelner zurückgeführt werden kann, auch wenn dieser Reduktionsschritt[74] in der konkreten Untersuchung von sozialen Aggregaten wie Staaten oder Institutionen aus Gründen der Arbeitsökonomie nicht immer durchgeführt werden muss (1974: 179-80). Ebenso wie der Forscher steht der einzelne Handelnde Kulturobjekten gegenüber, deren Entstehungsgeschichte er nicht kennt und die er daher nicht auf einzelne Handlungen zurückführen kann.[75] Der Handelnde ist in diesem Falle darauf verwiesen, einen "in hohem Maß inhaltsleeren und in hohem Maß anonymen Idealtypus" von dem möglichen Erzeuger des Kulturobjekts zu entwerfen (1974: 281).

Neben ihrer *genetischen* Funktion weisen die Idealtypen die beiden weiteren Charakteristika auf, dass sie erstens auf unterschiedlicher Abstraktionsstufe stehen und sich zweitens sowohl auf historische Individuen als auch auf *Entwicklungsprozesse* anwenden lassen. Im Zusammenhang mit bürokratischem Verwaltungshandeln definiert Weber auf der niedrigsten Stufe der Abstraktion die *"persönliche* Stellung" des Beamten idealtypisch durch die Merkmale soziale Schätzung, Ernennung durch eine höhere Instanz, lebenslängliche Berufsstellung und Geldentlohnung (1972: 553-6). Auf der zweiten Abstraktionsebene bildet er den oben beschriebenen Idealtyp des bürokratischen Verwaltungshandelns und auf der dritten Stufe ordnet Weber das Handeln des bürokratischen Verwaltungsstabes dem allgemeineren Typ der *rationalen Herrschaft* unter, deren Geltung "auf dem Glauben an die Legalität gesatzter Ordnungen und des Anweisungsrechts der durch sie zur Ausübung der Herrschaft Berufenen" (1972: 124) beruht. Ein Beispiel für einen idealtypischen *Entwicklungsprozess* bildet die von Weber beschriebene Ausdehnung der Bürokratie im Zuge der Demokratisierung einer Gesellschaft (1972: 572). Zusammenfassend können wir nach Weber *Idealtypen* als begriffliche Konstrukte definieren, die genetische Bedeutung haben,

---

74 Die Verankerung kollektiver Zusammenhänge auf der individuellen Handlungsebene bildet ein Hauptelement des Mikro-Makro Modells von Coleman und Esser, das in Kap. 6.1 dargestellt wird.
75 Berger und Luckmann bezeichnen diese Kulturobjekte als "Objektivationen" bzw. "Vergegenständlichung" menschlichen Handelns; vgl.1982: 49-72. Wir werden in Kapitel 5.1 die wissenssoziologische Weiterentwicklung der Phänomenologischen Soziologie durch Berger und Luckmann genauer darstellen.

mehr oder weniger von der Wirklichkeit abstrahieren und sich sowohl auf historische Gebilde als auch auf Prozesse beziehen können.[76]

Mit der Bildung von Idealtypen besteht die Möglichkeit des Irrtums, indem unwesentliche oder für die Mehrzahl der zu beschreibenden Fälle unzutreffende Eigenschaften zusammengefasst werden. Um die Fehlerwahrscheinlichkeit zu reduzieren, fordert Weber zu der verstehenden Deutung durch Idealtypenkonstruktion zusätzlich, dass Idealtypen nicht von statistisch erfassbaren Verhaltensregelmäßigkeiten abweichen dürfen. Damit verpflichtet Weber die soziologische Erklärung auf den methodologischen Dualismus von *sinnhafter* und *kausaler* Adäquatheit.

> 'Sinnhaft adäquat' soll ein zusammenhängend ablaufendes Verhalten in dem Grade heißen, als die Beziehung seiner Bestandteile von uns nach den durchschnittlichen Denk- und Gefühlsgewohnheiten als typischer (wir pflegen zu sagen: 'richtiger') Sinnzusammenhang bejaht wird. 'Kausal adäquat' soll dagegen ein Aufeinanderfolgen von Vorgängen in dem Grade heißen, als nach den Regeln der Erfahrung eine Chance besteht: daß sie stets in gleicher Art tatsächlich abläuft. (Weber 1972: 5)

Eine soziologische Erklärung, die beiden Kriterien genügt, nennt Weber "eine richtige kausale Deutung *typischen* Handelns" (1972: 5). Schütz stimmt Weber zu, dass die Idealtypenbildung die grundlegende Methode der verstehenden Soziologie sei. Er hält aber die Unterscheidung der beiden Adäquatheitskriterien für überflüssig; denn ein Beobachter rekonstruiert den subjektiv gemeinten Sinn aufgrund der früheren Erfahrungen und ist bestrebt, dass der idealtypisch konstruierte objektive Sinnzusammenhang dem subjektiv gemeinten Sinn des Handelnden so genau wie möglich entspricht. Aus diesem Grund bildet nach Schütz die Kausaladäquanz nur einen "Spezialfall" (1974: 330) der Sinnadäquanz, so dass es ausreicht, sich auf den Begriff der "Adäquanz" (1974: 333) zu beschränken. Dieses Argument ist innerhalb der phänomenologischen Perspektive plausibel, wo die Erfahrung im egologischen Bewusstsein des Beobachters verankert ist. Weber dagegen bezieht den Begriff der kausalen Adäquatheit auf eine "Wahrscheinlichkeitsregel", die im Idealfall zahlenmäßig bestimmbar ist (1972: 5). Falls diese Wahrscheinlichkeit vom Beobachter nur geschätzt wird, so hat Schütz Recht mit seiner Unterordnung der kausalen unter die sinnhafte Adäquanz. Im Sinne von Weber wäre es allerdings angemessener, die Wahrscheinlichkeit aufgrund von Daten zu bestimmen, die auf Messoperationen beruhen. Für die empirisch orientierte Sozialforschung ist die Unterscheidung von kausaler und sinnhafter Adäquanz durchaus sinnvoll, so dass sich Webers Argument in diesem Fall als tragfähiger erwiesen hat.

Die besondere Leistung von Schütz liegt in der begrifflichen Differenzierung zwischen Selbst- und Fremdverstehens sowie der Abgrenzung dieser beiden Formen des Verstehens von der wissenschaftlichen Erklärung. Nach Schütz ist prinzipiell zwischen der *Gültigkeit* der Rekonstruktion des Sinnzusammenhangs einer Handlung im Fremdverstehen und in der wissenschaftlichen Erklärung zu unterscheiden. Der Beobachter im Fremdverstehen teilt mit dem Handelnden sowohl die Umwelt als auch die soziale Mitwelt und steht mit ihm in einer wenig anonymisierten sozialen Beziehung. Er kann somit auf der Basis der Gene-

---

76 Eine grundsätzliche Darstellung von Max Webers Methode der Idealtypenbildung findet sich in Janoska-Bendl 1965. Zur Weiterführung des Konzepts der Idealtypen in der sozialwissenschaftlichen Methodologie vgl. den grundlegenden Artikel von Ziegler 1973 und die Ausführungen in Miebach 1984: 310-5.

ralthesis des alter ego sich in den Handelnden hineinversetzen und dann das Handeln so deuten, als würde er selbst auf diese Weise unter den gegebenen Umständen handeln.

Dem wissenschaftlichen Beobachter fehlt der Erfahrungszusammenhang des Mitglieds der Alltagswelt, so dass er die Generalthesis des alter ego durch *methodische Regeln* ersetzen muss, die ein "Maximum expliziter Deutlichkeit und Klarheit" (1974: 315) garantieren sollen. Für die Idealtypenbildung stellt Schütz daher die vier Postulate der *Relevanz, Adäquanz, logischen Konsistenz* und *Vereinbarkeit* auf. Mit dem Postulat der Relevanz soll sichergestellt werden, dass das ausgewählte Bezugsschema der Typenbildung der empirischen Problemstellung angemessen ist. Die Adäquanz bezieht sich auf eine möglichst große Übereinstimmung der idealtypischen Konstruktion mit der sozialen Wirklichkeit. Die beiden anderen Kriterien beziehen sich auf die Konsistenz der Idealtypen untereinander und auf die Vereinbarkeit des Systems der Idealtypen mit dem gesamten System des wissenschaftlichen Wissens (1977: 75).

Diese Regeln sind vor allem für die Anwendung der Idealtypen in der qualitativen Sozialforschung[77] von Bedeutung; sie ersetzen allerdings nicht die empirische Absicherung durch Messmethoden im Sinne der kausalen Adäquatheit sowie deren sinnhafte Interpretation.

3.2.2 Strukturen der Lebenswelt

Nach Natanson lassen sich in der phänomenologischen Soziologie von Alfred Schütz eine horizontale und eine vertikale Struktur unterscheiden (1979: 86). Die horizontale Struktur bezieht sich auf die soziale Um- und Mitwelt, die Schütz in der Konstitutionsanalyse und in der Untersuchung der Bedingungen des Fremdverstehens als fraglos gegeben voraussetzt. In der Analyse der Genese des subjektiven Sinnzusammenhangs und des intersubjektiven Verstehens werden dagegen die vertikalen Strukturen betrachtet. Die Entstehung beider Strukturen kann nicht gleichzeitig analysiert werden; stattdessen ist jeweils eine Struktur als konstant zu betrachten. Auch ist die Frage nach dem Vorrang einer der beiden Strukturen nicht zu klären, da eine solche Prioritätensetzung von der Perspektive des Forschers abhängt (1979: 86-7). Auf ein ähnliches Problem sind wir in Meads Werk gestoßen, wo sich zeigte, dass das Sozialisationsmodell und das Interaktionsmodell nicht gleichzeitig angewendet werden können. Während das Meadsche Interaktionsmodell deutliche Parallelen zu dem "vertikalen" Strukturmodell des Selbst- und Fremdverstehens aufweist, beschäftigt sich Schütz in dem "horizontalen" Modell nicht wie Mead mit internalisierten Normen und Werten, sondern mit den Strukturen des alltagsweltlichen Wissensvorrats. Diese Wissensstrukturen werden gemäß der subjektiven Perspektive von Schütz auf ihre biographische Bedingtheit und auf ihre Relevanz für das soziale Handeln untersucht.

---

77 Eine Anwendung der idealtypischen Methodologie stellt Uta Gerhardts Arbeit zur " Typenkonstruktion bei Patientenkarrieren" dar, in der sie die typischen Verlaufsformen aufzeigt, wie Familien mit der chronischen Nierenerkrankung des Mannes fertigwerden; vgl. Gerhardt 1984. Eine klassische Studie mit idealtypischer Methodik bildet die von Jahoda, Lazarsfeld und Zeisel durchgeführte Untersuchung der Arbeitslosen von Marienthal, die 1933 gleich nach ihrem Erscheinen verboten wurde. Die Autoren entwickeln vier "Handlungstypen" der Bewältigung von Langzeitarbeitslosigkeit und setzen sie in Beziehung zum durchschnittlichen Einkommen und zum biographischen Hintergrund der Arbeitslosen; vgl. Jahoda/Lazarsfeld/Zeisel 1975. Eine Diskussion dieser Studie unter dem Weberschen Blickwinkel "richtiger kausaler Deutung typischen Handelns" findet sich in Hopf 1985.

Jeder Handelnde verfügt nach Schütz über ein System mehr oder weniger anonymer Typisierungen seines eigenen Handelns, der Mitmenschen in der Alltagswelt und der Erzeuger von Kulturobjekten. Dieses System hat sich im Verlauf der Biographie aufgebaut und ist durch neue Erfahrungen veränderbar. Zwischen unterschiedlichen Personen kann es in der Alltagswelt zu einer - zumindest teilweisen - Übereinstimmung der Typensysteme kommen und somit zu einer Verständigungsmöglichkeit, die durch Zeichensysteme gesteigert wird. Somit können wir zusammenfassend feststellen, dass der Handelnde zu jedem Zeitpunkt einen bestimmten Ausschnitt der sozialen Wirklichkeit in seiner Vorstellungswelt konstruiert hat und diesen Ausschnitt bis zu einem gewissen Maß mit seinen Mitmenschen teilt. Diese Wirklichkeit erlebt der Handelnde einerseits als durch die Umwelt und soziale Mitwelt vorgegeben und andererseits als Produkt seiner Biographie. Die als Wirklichkeit erfahrene Zone des Alltagshandelns definieren Schütz und Luckmann als "alltägliche Lebenswelt" oder "Lebenswelt des Alltags". Als "Wirklichkeitsregion, in die der Mensch eingreifen und die er verändern kann" (1979: 25) bildet die Lebenswelt des Alltags den Raum der Gestaltung des Handelns.

Soziale Struktur und biographische Artikulation der Lebenswelt

Neben dem so definierten Handlungsaspekt besitzt die Lebenswelt eine durch Typisierung erzeugte Invariabilität, so dass sie der Handelnde in seiner "natürlichen Einstellung" als fraglos gegebene Wirklichkeit erfährt. Die strukturelle Konstanz ergibt sich aus der Vorstellung des Handelnden, dass sich die zu einem bestimmten Zeitpunkt erlebte Wirklichkeit auf dieselbe Weise in Zukunft fortsetzen wird. Trotz dieser Fiktion des "und-so-weiter" ist die Lebenswelt einem ständigen Wandel unterworfen, der aus ihrer *Offenheit* in mehreren Dimensionen resultiert. Erstens steckt die Lebenswelt eine bestimmte Reichweite von Gegenständen ab, die im Wirkungsfeld des Handelnden liegen. Diese *räumliche* Begrenzung der Lebenswelt kann symbolisch z.B. durch Reisen überschritten werden. Die Lebenswelt ist außer in der Raum- auch in der *Zeitdimension* offen, indem die Weltzeit unabhängig von der subjektiv erlebten Zeit fortschreitet und der Lebenswelt Veränderungen aufzwingt. Drittens ist die Lebenswelt nach Schütz in unterschiedliche *Realitätsebenen* aufgeschichtet: "die Wirkwelt, die Welt der Einbildung, des Traumes und alle anderen Zwischengebiete, die sich aus den mannigfachen Bewusstseinsspannungen ergeben, und zwar in der aktuellen Erfahrung wie in der mir potentiell zugänglichen" (1971: 181). Durch die Möglichkeit, die Realitätsebenen zu wechseln und die unmittelbare Wirkzone zu überschreiten, ergibt sich eine dritte Dimension der Offenheit. Viertens ist die Lebenswelt offen in der Dimension der *Gesellschaft,* indem sie die Lebenswelten der Mitmenschen sowie der Vor- und Nachfahren in bestimmten Ausschnitten mit einschließt (1971: 181). Der Handelnde kann in diese Lebenswelten tiefer eindringen und auf diese Weise seine eigene Lebenswelt erweitern.

Die dem Handelnden in natürlicher Einstellung gegebene Lebenswelt legt also eine räumliche Reichweite fest, gibt eine Zeitperspektive vor, ist auf einer Realitätsebene angesiedelt und schließt Typisierungen der Lebenswelten von anderen Menschen ein. Somit lässt sich die Lebenswelt durch bestimmte Ausprägungen dieser vier Dimensionen beschreiben. Die jeweiligen Ausprägungen stellen eine Selektion aus dem Variationsbereich der Dimensionen dar, wobei die nicht aktualisierten Ausprägungen als "Verweisungszusammenhänge" (Habermas 1981b: 190) bestehen bleiben. Stellt sich dem Handelnden ein neues Problem, das er im Rahmen der aktuell verfügbaren Lebenswelt nicht lösen kann, so wird er in einer oder in mehreren Dimensionen den lebensweltlichen Rahmen Überschreiten und Verweisungszusammenhänge aktualisieren, die vorher latent außerhalb seiner Wirkzone vorhanden waren.

Wie im vorangegangenen Abschnitt dargestellt wurde, definiert Schütz den Begriff *Sinn* als das Ergebnis der reflexiven Zuwendung des Handelnden zu seinem erlebten Handeln. Diese Zuwendung - so lässt sich nun ergänzen - kann der Handelnde im Rahmen der aktuell vorgegebenen Lebenswelt vornehmen oder er kann den lebensweltlichen Horizont überschreiten und den Sinn des Handelns durch vorher nicht realisierte Verweisungszusammenhänge bestimmen. Sobald die Handlung festgelegt wird, gehört sie zur aktuellen Lebenswelt, bis sie durch Vergessen oder Verdrängen wieder in den Bereich der Verweisungszusammenhänge verbannt wird. Durch die Sinnkonstitution wird die Lebenswelt also sowohl reproduziert als auch neu gestaltet. Dabei bleiben die nicht aktualisierten Ausprägungen auf den vier Dimensionen der Offenheit als latente Möglichkeiten oder Verweisungszusammenhänge erhalten und können zu einem späteren Zeitpunkt wieder zum Bestandteil der alltäglichen Lebenswelt werden. Diese Eigenschaft, zugleich Möglichkeiten festzulegen und auf andere Möglichkeiten zu verweisen, bildet für Luhmann das zentrale Definitionskriterium für den Sinnbegriff.

> Unausweichlich bleibt daher das Problem, die Aktualität des Erlebens mit der Transzendenz seiner anderen Möglichkeiten zu integrieren, und unausweichlich auch die Form der Erlebnisverarbeitung, die dies leistet. Sie nennen wir Sinn. (Luhmann 1974: 31)

Der so definierte Sinnbegriff muss nach Luhmann nicht auf das egologische Bewusstsein des Handelnden beschränkt sein, sondern lässt sich auch auf emergente Komplexe wie soziale Systeme ausdehnen und erlangt auf diese Weise den Status einer Grundkategorie der Theorie sozialer Systeme, wie wir in Kap. 4.2 genauer darstellen werden. Die von Schütz bezogene phänomenologische Position verbietet diesen Schritt der Sinnanalyse auf Systemebene. Stattdessen führt Schütz die Konstitution von lebensweltlichen Strukturen, die über den Handelnden hinausgehen und somit zur "horizontalen" Struktur der Lebenswelt gehören, auf die "vertikalen" Strukturen der Sinnkonstitution und des Fremdverstehens zurück.

In der natürlichen Einstellung setzt der Handelnde die *Intersubjektivität* der Lebenswelt, also die Überschneidung der Lebenswelten unterschiedlicher Individuen, als fraglos gegeben voraus.

> Die Grundaxiome der sozialisierten natürlichen Einstellung sind erstens die Existenz intelligenter (mit Bewußtsein ausgestatteter) Mitmenschen und zweitens die - prinzipiell meiner Erfahrung ähnliche -Erfahrbarkeit der Gegenstände der Lebenswelt für meine Mitmenschen. (Schütz/Luckmann 1979: 88)

Wegen der unterschiedlichen Biographien, Lebenspläne und Orientierungsweisen der Individuen können diese Axiome allerdings handlungstheoretisch nicht als selbstverständlich vorausgesetzt werden. Stattdessen nimmt Schütz an, dass die Handelnden in sozialen Situationen diese Unterschiede und Modifikationen durch zwei "Grundkonstruktionen bzw. Idealisierungen" (1979: 88) aufheben: *Vertauschbarkeit der Standpunkte* und *Kongruenz der Relevanzsysteme*. Die Vertauschbarkeit der Standpunkte geht auf die früher diskutierte Generalthesis des alter ego zurück. Demnach kann ein Handelnder den subjektiv gemeinten

Sinn eines anderen dadurch rekonstruieren, dass er sich auf dessen Standpunkt stellt und sich vorstellt, wie er dann handeln würde. Die Kongruenz der Relevanzsysteme ergibt sich aus der Abstimmung der wechselseitigen Typisierungen von Handelnden, die wir für den Fall institutionalisierter Typisierungen als Rollenkomplementarität interpretiert haben. Beide Idealisierungen zusammen bilden die *Generalthese der wechselseitigen Perspektive*. Die Bedeutung dieser Generalthese für soziales Handeln geht allerdings über die einzelnen Idealisierungen hinaus, indem sie die gesamte gedankliche Erfassung der Umwelt und Mitwelt betrifft. Im Falle der Wechselseitigkeit von Perspektiven existiert zwischen den Handelnden eine Gemeinsamkeit im Hinblick auf die "soziale Ausbildung und sprachliche Fixierung von Denkobjekten" (1979: 89).

Nach Garfinkel nimmt der Handelnde nicht nur diese Idealisierungen in sozialen Situationen vor, sondern erwartet auch - bewusst oder unbewusst - dass er sich in sozialen Interaktionen auf ihre Gültigkeit verlassen kann. Dieses Vertrauen[78] in die Wechselseitigkeit der Perspektiven und die Zuverlässigkeit des gemeinsam geteilten Wissensvorrats bilden die Basis des gemeinschaftlichen Handelns (1963: 217; 1967: 172-3). Eine Enttäuschung des Vertrauens führt zum Zusammenbruch der sozialen Ordnung in Interaktionen und zu Konfusion bei den Beteiligten. Empirisch belegt hat Garfinkel diese These mit seinen Krisenexperimenten, in denen gezielt die Vertrauensbasis zerstört wird. Die Studentin in der Restaurantszene verletzt z.B. die Annahme der "Vertauschbarkeit der Standpunkte" (1963: 223-6), indem sie dem Professor die Kellnerrolle aufzwingt. Der Professor geht von seinem Standpunkt aus, dass ein Verhalten wie die Bitte der Studentin um die Anweisung eines Tisches nur auf einem Irrtum beruhen kann, und er vertraut darauf, dass die Studentin seinen Standpunkt teilt und keinen "Schindluder" mit ihm treibt.

Die Generalthesis der Wechselseitigkeit der Perspektiven und das damit verbundene Vertrauen in die Gültigkeit dieser Annahme stellen eine zentrale *soziale* Struktur der Lebenswelt dar. Neben dieser phänomenologisch begründeten Struktur bezieht Schütz in die Lebensweltanalyse auch die soziale *Schichtung* ein, die innerhalb der Soziologie traditionell den Theorien sozialer Ungleichheit zugeordnet wird. Als Folge fortschreitender Arbeitsteilung ergeben sich für bestimmte Gruppen von Menschen ähnliche "biographische Kategorien der subjektiven Erfahrung", aus denen sich gemeinsame "Auffassungsperspektiven" und "Relevanzstrukturen" entwickeln (Schütz/Luckmann 1979: 373). Schütz greift in dieser Argumentation die *Arbeitsteilung* als Quelle der Schichtenbildung aus den Theorien sozialer Ungleichheit heraus, wo neben der *Arbeitsteilung* weitere Faktoren wie Eigentum, funktionale Erfordernisse und Herrschaft zur Erklärung sozialer Schichtung diskutiert werden (Zingg/Zipp 1983). Die Entwicklung der sozialen Schichten begründet Schütz dann wieder phänomenologisch, indem er sie auf die ähnlichen subjektiven Erfahrungen von Mitgliedern der jeweiligen Schicht zurückführt.

Der Einzelne erfährt die Strukturen der Lebenswelt nicht unmittelbar, sondern biographisch vermittelt. Vom egologischen Standpunkt aus gesehen, erwirbt der Handelnde seine natürliche Einstellung zur Umwelt und Mitwelt, sowie sein konkretes Wissen über die Strukturen der Lebenswelt durch eine individuelle biographische Geschichte, so dass jeder Handelnde auf eine ganz spezifische Weise an der Lebenswelt teilhat. Die früher aufgestell-

---

78 Eine systematische Untersuchung von Vertrauen findet sich in Luhmann 1973. In der amerikanischen Soziologie hat Bernhard Barber, ein bekannter Parsons-Schüler, den Begriff des Vertrauens auf dem Hintergrund von Luhmanns und Garfinkels Arbeiten neu diskutiert; vgl. Barber 1983. Luhmanns Analyse von Vertrauen wird in Kap. 4.2.2 ausführlicher dargestellt werden.

te These, dass die Lebenswelt den Raum der aktiven Gestaltung des Handelns bildet, lässt sich nun dahingehend präzisieren, dass nicht die Lebenswelt selbst, sondern deren biographische Artikulation dem Individuum die Ausgestaltung seines Handeln ermöglicht (1979: 126). Das Individuum kann nur in der Form der biographischen Artikulation an der Lebenswelt teilhaben und ist daher gezwungen, die Kategorien der biographischen Artikulation auszufüllen und auf diese Weise Möglichkeiten der Lebensführung innerhalb der Lebenswelt zu erschließen.

Während diese Auffassung der biographischen Artikulation als etwas "in der Lebenswelt zu Bewältigendes" (1979: 126) dem Handlungsaspekt zuzuordnen ist, besteht der Strukturaspekt in der sozialen Struktur des *Lebenslaufs*. In dieser Sichtweise werden Biographien nicht nur selbst typisiert, sondern sind in ein übergeordnetes System von Typisierungen eingeordnet, aus dem sich die soziale Bewertung des jeweiligen Lebenslaufs ergibt (1979: 126-7). Wir können uns diesen Gedankengang an der Bedeutung der Berufswelt für den biographischen Verlauf verdeutlichen. Die moderne Gesellschaft wird von Soziologen häufig als "Arbeitsgesellschaft" charakterisiert, um die zentrale Stellung des Berufslebens für die Lebenschancen der Individuen hervorzuheben. Die Berufsposition bildet einen entscheidenden Faktor im Hinblick auf das Ansehen und die erreichbare Lebensqualität des einzelnen. Sie hängt von askriptiven Merkmalen wie "guten Beziehungen" und von den im Sozialisationsprozess erworbenen Fähigkeiten und Kenntnissen ab, worauf sich die hohe Bewertung der Leistungsbereitschaft in "meritokratischen" Gesellschaften gründet. Der biographische Verlauf wird von diesen sozialen Strukturen beeinflusst, indem Kinder in Familie, Schule und Berufsausbildung mit bestimmten Leistungsanforderungen konfrontiert werden und ihnen vermittelt wird, dass die Möglichkeiten der späteren Selbstverwirklichung in der Gesellschaft von der Bewältigung dieser Anforderungen abhängen. Ob nun der Einzelne auf diese gesellschaftliche Wertung ablehnend oder konform reagiert: seine Biographie wird von der Auseinandersetzung mit den Leistungsnormen geprägt.

Neben diesen sozialen Rahmenbedingungen des biographischen Verlaufs stellt nach Schütz die Sozialstruktur eine Reihe "typischer Biographien" bereit, an denen sich die Individuen orientieren können oder in die sie während des Sozialisationsprozesses gedrängt werden (1979: 127-30). So wurden Mädchen in traditionellen Gesellschaften von Berufsbiographien weitgehend ausgeschlossen und auf die Rolle von Hausfrau und Mutter festgelegt. Auf der nächsten Stufe der gesellschaftlichen Entwicklung standen ihnen dann bestimmte "Frauenberufe" offen, die sie in der Regel mit der Heirat aufgaben. In der heutigen Gesellschaft scheint sich allmählich die Ansicht durchzusetzen, dass zumindest die Erlernung eines den Fähigkeiten entsprechenden Berufs auch zur "Normalbiographie" von Frauen gehört.[79] Aus der biographischen Artikulation der Lebenswelt ergeben sich insgesamt somit globale Lebenspläne oder "Planhierarchien", die in sozialen Situationen als Prioritätsstrukturen oder - wie Schütz formuliert - "planbestimmte Interessen" konkretisiert werden (1979: 127, 149). Indem diese Planstrukturen die Um-zu-Motive des Handelnden beeinflussen, bildet die biographische Artikulation der Lebenswelt eine wichtige Kategorie der *Erklärung* sozialen Handelns.

---

79 Zumindest vertreten die Mädchen eindeutig diese Position, wie die empirische Studie von Klaus Allerbeck und Wendy Hoag belegt, vgl. 1985: Kapitel 6.

Komponenten des Wissensvorrats

Trotz dieser Bedeutung der sozialen Strukturen und deren biographischer Artikulation räumt Schütz ihnen innerhalb der Lebenswelt eine sekundäre Rolle ein. Die zentralen Strukturen bestehen in der phänomenologischen Soziologie aus den *Wissens-* und *Relevanzstrukturen*, die innerhalb der Soziologie als *kulturelle* Kategorien betrachtet werden. Im Hinblick auf den lebensweltlichen Wissensvorrat unterscheidet Schütz grundsätzlich die *allgemeinen Komponenten* von dem *System spezifischer Teilinhalte*, das er auch als *Wissensvorrat im engeren Sinne* bezeichnet. Die allgemeinen Komponenten lassen sich weiter in die *Grundelemente* des Wissensvorrats und das *Gewohnheitswissen* aufteilen.

Die Grundelemente des Wissensvorrats sind in jeder Situation unabdingbar vorgegeben und bilden auf diese Weise keinen Teil des vom Handelnden abrufbaren Wissensvorrats, sondern können eher als Rahmenbedingungen des Wissensvorrats angesehen werden. Das erste Grundelement ergibt sich aus der *Begrenztheit der Situation* (1979: 133-6) für den Handelnden durch die *Weltzeit*, die unabhängig von der subjektiv empfundenen Zeit abläuft und auf diese zurückwirkt, und durch den *Körper*, der als "Koordinatenzentrum" den Handelnden und dessen Um- und Mitwelt räumlich verortet. Als zweites Grundelement führt Schütz die allgemeine *Struktur der subjektiven Erfahrung* der Lebenswelt auf, deren räumliche, zeitliche und soziale Dimensionen ein Koordinatensystem zur Erfassung der Lebenswelt aufspannen (1979: 137). Auf diese Grundstrukturen sind wir bereits im Zusammenhang mit der Offenheit der Lebenswelt eingegangen. Dort wurde neben der räumlichen, zeitlichen und sozialen bzw. gesellschaftlichen zusätzlich die vierte Dimension der Realitätsebenen eingeführt. In der Analyse der Grundelemente des Wissensvorrats beschränkt sich Schütz auf die Ebene der *Wirkwelt* und hält auf diese Weise die vierte Dimension konstant, so dass lediglich die räumlichen, zeitlichen und sozialen Strukturen der subjektiven Erfahrung der Lebenswelt variieren können. Während das Gewohnheitswissen und die Teilinhalte des Wissensvorrats durch den Handelnden gestaltet und verändert werden können, bilden die Grundelemente einen festen Rahmen der Erfahrung der Lebenswelt (1979: 138).

Das Gewohnheitswissen nimmt eine Mittelstellung zwischen den Grundelementen und dem Wissensvorrat im engeren Sinne ein und kann in "Fertigkeiten", "Gebrauchswissen" und "Rezeptwissen" weiter unterteilt werden. Fertigkeiten bestehen aus "Funktionseinheiten der Körperbewegung" (1979: 140) wie Gehen oder Schreiben. Unter Gebrauchswissen versteht Schütz automatisierte Handlungsabläufe, die als Mittel zu bestimmten Zwecken dienen, ohne dass der Handelnde ihnen Aufmerksamkeit entgegenbringen muss (1979: 140). Eine solche Handlungsroutine bildet z.B. das Schalten beim Autofahren oder die Handgriffe des Öffnens einer Dose oder einer Flasche. Das Rezeptwissen ist zwar auch standardisiert, wird aber gezielter als das Gewohnheitswissen eingesetzt, um ein bestimmtes Problem zu lösen. Gerät z.B. ein Fahrzeug auf glatter Straße ins Rutschen, so werden geübte Fahrer ihr spezielles Rezeptwissen einsetzen, um das Fahrzeug wieder zu stabilisieren. Lässt sich eine Flasche nicht auf normalem Wege öffnen, so stehen bestimmte Lösungsrezepte zur Verfügung. Eine Flasche mit Vakuumverschluss wird z.B. erwärmt, während sich ein Verschluss mit Kindersicherung durch gleichzeitiges Eindrücken und Drehen öffnen lässt. Gewohnheitswissen ist in allen Situationen "griffbereit" und auf diese Weise ähnlich wie die Grundelemente ständig präsent. Im Unterschied zu den Grundelementen ist es aber nicht grundsätzlich in der Erfahrung der Lebenswelt mitgegeben, sondern muss vom Handelnden eingesetzt werden. Dies geschieht bei Fertigkeiten automatisch und häufig unbewusst, während Rezeptwissen gezielt eingesetzt wird und das Gebrauchswissen eine Mittelstellung einnimmt. Das Rezeptwissen kommt den spezifischen Teilinhalten des Wissensvorrats am nächsten, unterscheidet sich allerdings "vom Wissensvorrat im engeren Sinne insofern, als es nicht explizit thematisiert, sondern in Situationen und Handlungen automatisch mit einbezogen wird" (1979: 142).

Neben der Verfügbarkeit in Situationen lassen sich die Komponenten des Wissensvorrats nach dem Merkmal der Ungleichheit der Verteilung voneinander abgrenzen. Eine Gleichverteilung des Wissensvorrats würde nach der Bedingung der biographischen Artikulation voraussetzen, dass alle Individuen die gleichen Erfahrungen in gleicher Abfolge machen, über gleichlange Bewusstseinsströme verfügen und die gleiche Erlebnistiefe und -nähe aufweisen (1979: 146). Da diese Bedingungen nicht erfüllt sind, kommt es zu einer ungleichen Verteilung des Wissensvorrats zwischen Personen, die beim Gewohnheitswissen leicht und beim Wissensvorrat im engeren Sinne stärker ausgeprägt ist. Nicht nur die biographische Bedingtheit des Wissensvorrats, sondern auch die soziale Struktur erzeugt Ungleichmäßigkeiten der Wissensverteilung. Differenziert man den Wissensvorrat in "Allgemein-" und "Sonderwissen", so ergibt sich die Ungleichmäßigkeit des Allgemeinwissens aus der sozialen Schichtung, indem z.B. Kindern unterschiedlicher Schichtzugehörigkeit nicht dieselben Chancen offen stehen, durch Reisen ihren Erfahrungshorizont zu erweitern. In Bezug auf Sonderwissen bestehen in der Gesellschaft institutionelle Zugangschancen, wie z.B. der Numerus Clausus für Medizinstudenten.

Die Hauptmerkmale einer komplexen sozialen Verteilung des Wissens sind demnach 'Ungleichmäßigkeit' in der Verteilung des Allgemeinwissens, weitere Aufgliederung und Spezialisierung des Sonderwissens in verschiedene mehr oder minder 'autonome' Bereiche und entsprechende institutionelle Spezialisierung der Vermittlung des Sonderwissens. (Schütz/Luckmann 1979: 375)

Zur Übersicht werden die verschiedenen Komponenten des Wissensvorrats und die bislang dargestellten Unterscheidungsmerkmale in Tabelle 5 zusammengefasst.

Elemente des Wissensvorrats	Verfügbarkeit in Situationen	Verteilung zwischen Personen (biographische Bedingtheit)	Gesellschaftliche Verteilung (soziale Struktur)
Grundelemente - Begrenztheit der Situation - Struktur der subjektiven Erfahrung der Lebenswelt	In allen Situationen mitvorhanden	Bei allen Personen vorhanden, aber ungleich ausgeprägt	Gleiche Verteilung, da nicht sozial bedingt
Gewohnheitswissen - Fertigkeiten - Gebrauchswissen - Rezeptwissen	Ständig griffbereit, aber nicht mitvorhanden	Für jedermann verfügbar, aber ungleichmäßig verteilt	Gruppen- und schichtenspezifische Verteilung
Wissensvorrat im engeren Sinne (spezielle Teilinhalte)	Einbezug in Situation durch Thematisierung und nicht automatisch	Ungleichmäßige Verteilung in Verfügung und Ausprägung	Ungleiche Verteilung durch institutionelle Zugangsschranken

Tabelle 5: Komponenten des Wissensvorrats

Das gesellschaftlich vorgegebene Allgemein- und Sonderwissen kann der Handelnde nur durch *Typisierungen* in seinen lebensweltlichen Wissensvorrat übernehmen. Eine neue Typenbildung in der Lebenswelt des Alltags wird erforderlich, wenn in einer sozialen Situation der bevorstehende Vorrat an Typisierungen nicht ausreicht, um die Situation angemessen auszulegen. In diesem Falle müssen neue Bedeutungsrelationen entwickelt werden, die die Problemlage genauer bestimmen und eine adäquate Situationsbewältigung ermöglichen (1979: 279). Typisierungen des lebensweltlichen Wissensvorrats können mit Hilfe der Dimensionen der "Vertrautheit", "Bestimmtheit", "Glaubwürdigkeit" und "Widerspruchslosigkeit" beschrieben werden. Unter *Vertrautheit* versteht Schütz, dass die bestehenden Typisierungen zur Situationsbewältigung ausreichen und die Handelnden den Eindruck haben, mit der Situation problemlos fertig zu werden (1979: 184). Unvertrautheit ergibt sich entsprechend, wenn erstens die Situationen dem Versuch "widerstehen", sie mit den vertrauten Wissenselementen zu bestimmen, wenn zweitens die Lebenswelt aufgrund übergroßer Komplexität grundsätzlich undurchsichtig wird und wenn drittens die Auslegung der Situation unterbrochen wird (1979: 179).

Der Eindruck von Vertrautheit kann sowohl bei inhaltsreichen als auch bei anonymen Typisierungen der Wissenselemente entstehen, weil er von dem jeweiligen Bedürfnis nach Genauigkeit der Situationsauslegung abhängt. Der *Bestimmtheitsgrad* beruht dagegen nicht auf der subjektiven Bewertung, sondern ist ein objektives Maß für die Genauigkeit und Detailliertheit von Typisierungen (1979: 189). Der Ausdruck "objektiv" bedeutet, dass der Bestimmtheitsgrad nicht von dem Bedürfnis des Handelnden nach Genauigkeit der Situationsauslegung abhängt; trotzdem ist die Festlegung des Bestimmtheitsgrades von der jeweiligen Gesellschaft abhängig und somit "'historisch' und relativ" (1979: 189).

Typisierungen von Wissenselementen werden aufgrund früherer Erfahrungen vorgenommen und jede Anwendung in sozialen Situationen führt zu neuen Erfahrungen. Falls sich eine Typisierung über längere Zeit in verschiedenen Situationen bewährt hat, steigt ihre *Glaubwürdigkeit*. Umgekehrt verlieren Typisierungen an Glaubwürdigkeit, wenn sie nicht ausreichen, um eine bestimmte Situation zu bewältigen. Damit können Typisierungen des lebensweltlichen Wissensvorrats immer nur als "glaubwürdig bis auf weiteres" (1979: 199) gelten. Während die Dimensionen der Vertrautheit und Bestimmtheit auf der subjektiven Einschätzung bzw. objektiven Festlegung des Anonymitätsgrades beruhen und die Dimension der Glaubwürdigkeit die Typisierung von Wissenselementen in einen Erfahrungszusammenhang stellt, bezieht sich die Kategorie der *Widerspruchslosigkeit* auf den Zusammenhang der Wissenselemente untereinander. Die Wahrscheinlichkeit der Entdeckung und der Aufhebung von Widersprüchen zwischen den Elementen des lebensweltlichen Wissensvorrats wächst mit der Genauigkeit der Typisierung und sinkt bei ansteigendem Anonymitätsgrad (1979: 179).

Relevanz des lebensweltlichen Wissensvorrats

Nach der allgemeinen Untersuchung der Strukturen des lebensweltlichen Wissensvorrats stellt sich nun die Frage, wie der Handelnde diesen Wissensvorrat in einer gegebenen Situation einsetzt. Da wir davon ausgehen können, dass nur ein kleiner Teil des Wissensvorrats zur Bewältigung einer bestimmten Situation von Bedeutung ist, muss der Handelnde über Auswahlkriterien verfügen, welche Wissenselemente auf welcher Vertrautheits-, Bestimmtheits- und Glaubwürdigkeitsstufe in einer bestimmten Phase der Situationsbewältigung abzurufen sind. Diese Auswahlkriterien nennt Schütz *Relevanzen* und unterscheidet "thematische Relevanzen", "Interpretations-" und "Motivationsrelevanzen". Zusammen ergeben die in Abbildung 31 dargestellten *Relevanzen* einen Orientierungsrahmen für das Handeln in sozialen Situationen.

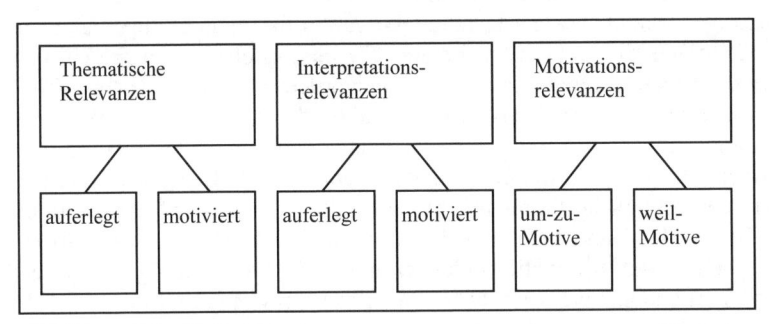

Abbildung 31: Relevanzen

Bevor wir die Einteilung der Relevanzen und deren Anwendung in der Konstitution des Handelns genauer darstellen, soll zunächst der Begriff der *Situation* phänomenologisch definiert werden. Ein Handelnder befindet sich in jeder Lebensphase in einem bestimmten situativen Kontext,[80] der ihm bestimmte Handlungsmöglichkeiten eröffnet und andere versagt. In der Diskussion von Goffmans Rollen- und Austauschtheorie haben wir Beispiele situativer Kontexte in Aktivitätssystemen, in totalen Institutionen und im öffentlichen Raum kennen gelernt. Der jeweilige Handlungsspielraum hängt nach Goffman einerseits von den sozial definierten Regeln bzw. den Möglichkeiten der Modulation und andererseits davon ab, welche Identitätszuschreibung durch die Interaktionspartner das Individuum bewirken möchte. Die *Situationsdefinition*[81] durch den Handelnden beruht einerseits auf der Erfassung des situativen Kontextes in der natürlichen Einstellung zur Um- und Mitwelt und andererseits auf der *Planhierarchie* des Lebenslaufs und den daraus im Hinblick auf den situativen Kontext abgeleiteten *planbestimmten Interessen* des Handelnden (1979: 149).

In diesem situativ und biographisch abgesteckten Rahmen definiert der Handelnde die Situation mit Hilfe des lebensweltlichen Wissensvorrats. In einer "Routine-Situation" (1979: 150) reicht das Gewohnheitswissen aus, um die Situation so zu bewältigen, dass dem planbestimmten Interesse genüge getan wird. Eine "problematische Situation" (1979: 150) lässt sich dagegen nicht mit Hilfe von Handlungsroutinen lösen, sondern erfordert den Einsatz von spezielleren Wissenselementen. Zunächst versucht der Handelnde, die bewährten Deutungsschemata und Typisierungen zur Situationsdefinition heranzuziehen, wird auf diese Weise aber nicht die Stufe der Vertrautheit, Bestimmtheit und Widerspruchslosigkeit erreichen, die sein planbestimmtes Interesse fordert. Im nächsten Schritt wird er dann mit

---

[80] Während Schütz generell von "Situation" spricht, verwenden wir den Ausdruck "situativer Kontext", um die situativen Gegebenheiten außerhalb des egologischen Bewusstseins von den Elementen zu trennen, die der Handelnde bereits wahrgenommen und interpretiert hat.

[81] Der Ausdruck "Definition der Situation" wurde von W.I. Thomas eingeführt, der als einer der Begründer des interaktionistischen Ansatzes in der Soziologie gilt; vgl. Thomas/Thomas 1973. Schütz verwendet den Begriff "Situationsbestimmung" (1979: 149), der sich allerdings innerhalb des interpretativen Paradigmas nicht durchgesetzt hat; vgl. z.B. die Rekonstruktion des Lebenswelt-Konzepts in Habermas 1981b: 185.

anderen Wissenselementen die offenen Elemente der Situation so weit auszulegen versuchen, bis er das angestrebte Niveau der Situationsbewältigung erreicht hat. An dieser Stelle der Argumentation stehen wir wieder vor dem Problem, die *Relevanzkriterien* zu bestimmen, nach denen der Handelnde erstens eine Situation überhaupt erkennt und sie zweitens im Hinblick auf seine Handlungsmöglichkeiten ausdeutet.

Das erste Problem des Erkennens einer Handlungssituation führt zu der allgemeineren Frage, wie in einem situativen Kontext ein bestimmtes *Thema* entsteht. Erst wenn ein bestimmtes Element des situativen Kontextes zum Thema geworden ist, kann es der Handelnde mit Bedeutung belegen und auf diese Weise als Bestandteil der Situation *interpretieren*. Wie wir bereits oben ausgeführt haben, erfolgt die Thematisierung und Interpretation von Elementen des situativen Kontextes im Rahmen der Planhierarchie des Lebenslauf und der planbestimmten Interessen, die zu bestimmten Motivkonstellationen führen. Somit ergibt sich die Situationsdefinition des Handelnden aus der Kombination von thematischen Relevanzen mit Interpretations- und Motivationsrelevanzen. Diese Orientierungskategorien sollen nun genauer erläutert und an einem Musterbeispiel illustriert werden.

Stellen wir uns vor, ein Student bereitet sich auf eine Lehrveranstaltung im Fach Soziologie an einer Universität vor, wo der Referenztext Mertons zum Rollen-Set (1973b) diskutiert werden soll. Als Aufgaben wurden dem Studenten das Durcharbeiten des Textes und die Bearbeitung der in Verbindung mit dem Referenztext formulierten Fragen gestellt. Um die Situation einzugrenzen, legen wir weiter fest, dass der Student an dem Tag vor der Lehrveranstaltung keine Veranstaltungen besucht, sich in seinem Arbeitszimmer an den Schreibtisch setzt und mit dem Lesen des Textes beginnt, den er sich bereits einige Tage vorher besorgt hat. Während des Lesens werden sich dem Studenten eine Reihe von Themen aufdrängen, die Schütz unter dem Oberbegriff der "auferlegten" thematischen Relevanz zusammenfasst und die vier Gründe haben können:

(1) "Unvertrautes zieht im Rahmen des Vertrauten die Aufmerksamkeit auf sich;"
(2) "im 'Sprung' von einem Wirklichkeitsbereich geschlossener Sinnstruktur zum anderen begegnet man neuen Themen;"
(3) "Veränderungen der Bewußtseinsspannung innerhalb des gleichen Wirklichkeitsbereiches können zu 'unmotiviertem' Themenwechsel führen;"
(4) "Aufmerksamkeit kann sozial erzwungen werden."
(Schütz/Luckmann 1979: 230)

Besonders in der Einleitung des Textes von Merton wird der Student auf unvertraute Namen stoßen, die seine Aufmerksamkeit auf sich ziehen (1). Gleich auf der ersten Seite bezieht sich Merton auf die Bevölkerungstheorie von Malthus, die nur wenigen Soziologiestudenten bekannt sein dürfte. Aber auch zentrale Begriffe wie "Theorien mittlerer Reichweite" (1973b: 319) oder "strukturell-funktionale Analyse" (1973b: 321) können dem Studenten ein Thema aufdrängen, über das er nachdenkt, zu dem er die Textstellen besonders gründlich liest oder zu dem er sich in einem soziologischen Begriffslexikon weitere Informationen beschafft. Einen Sprung von einem Wirklichkeitsbereich zum anderen (2) vollzieht der Student, wenn er sich bei Mertons Hinweisen auf die Theorien mittlerer Reichweite im Bereich der Physik und der Biologie an seinen Schulunterricht in diesen Fächern erinnert und auf diesem Wege zu neuen Themen gelangt, indem er z.B. den Schulunterricht mit dem Lehrbetrieb an der Universität vergleicht. Veränderungen in der Bewusstseinsspannung (3) ereignen sich praktisch beim Lesen jedes Textes: Die Aufmerksamkeit lässt für einen Augenblick nach und man erwischt sich plötzlich bei einem Thema, das nicht in diesen Kontext gehört. Häufig kann man sich nicht erinnern, wie man auf dieses Thema gekommen ist. Die Aufmerksamkeit des Studenten wird sozial erzwungen (4), wenn z.B. eine Freundin oder ein Freund das Zimmer betritt und mit ihm über ein bestimmtes Thema sprechen möchte.

Als zweite Form der thematischen Relevanz unterscheidet Schütz die freiwillige Zuwendung bzw. *motivierte* thematische Relevanz von der auferlegten. Wenn wir uns an das Beispiel erinnern, dass der Student auf ihm unbekannte Autorennamen oder Begriffe stößt, so könnte er sich auf die Informationen beschränken, die im Text enthalten sind, und entweder diese Namen oder Begriffe ignorieren oder anonyme Typisierungen dazu bilden. Das Nachlesen der Namen und Begriffe in speziellen Lexika bedeutet dagegen eine freiwillige Zuwendung zu dem Thema, das zunächst wegen seiner Unvertrautheit die Aufmerksamkeit auf sich zog. Ein weiteres Beispiel motivierter thematischer Relevanz ergäbe sich, wenn der Student sich an die Fragen zum Text erinnert und versucht, sie anhand des bislang gelesenen zu beantworten. An diesem Beispiel kann auch die dritte Untergruppe der thematischen Relevanzen erläutert werden, die Schütz *hypothetische* Relevanz nennt (1979: 240). Der Student kann die Fragen zum Text nach dem Verteilen in der Lehrveranstaltung kurz gelesen und seitdem nicht mehr angeschaut haben. Während des Lesens erinnert er sich an die Fragestellungen nur ungenau und behält sie als hypothetische Relevanzen im Hinterkopf, ohne sich explizit mit ihnen zu beschäftigen. An einem bestimmten Punkt der Vorbereitung wird er sich dann direkt mit einer der Fragen auseinandersetzen und herausfinden, ob er sie gemäß seinem planbestimmten Anspruchsniveau der Klarheit und Genauigkeit beantworten kann. In diesem Falle versucht er, eine hypothetische Relevanz in eine gültige zu überführen (1979: 240).

Beim Lesen wird der Student versuchen, den Text zu verstehen, indem er ihn mit Hilfe seiner Deutungsschemata interpretiert. So wird ihm, falls er den Text von Linton gelesen hat, die Mertonsche Kritik an Lintons Rollenbegriff (Merton 1973b: 322) unmittelbar einleuchten. Es entsteht auf diese Weise eine "routinemäßige Deckung zwischen Thema und Wissenselementen" (1979: 241), die Schütz *auferlegte Interpretationsrelevanz* nennt. Auch die Beschreibung der Mechanismen zur Verschränkung des Rollen-Sets durch Merton kann dem Studenten unmittelbar einleuchten. Überlegt er sich allerdings, ob Merton eher den Struktur- oder den Handlungsaspekt betont, dann ergeben sich möglicherweise Interpretationsprobleme. Falls er den Strukturaspekt auf die Rechte und Pflichten des Positionsinhabers beschränkt, fallen die Mechanismen nicht unter diese Kategorie. Definiert er den Strukturaspekt dagegen als Gegebenheiten, auf die der Handelnde nur begrenzten Einfluss hat, so lassen sich die Mechanismen darunter fassen. Dann ergibt sich allerdings die Komplikation, dass die Mechanismen nicht nur Handlungsmöglichkeiten begrenzen, sondern auch eröffnen. Solche Interpretationsversuche fasst Schütz unter die Begriffe *Problemauslegung* bzw. *motivierte Interpretationsrelevanz* zusammen (1979: 246).

Wahrscheinlich wird der Student bei der Problemauslegung auf neue Themen stoßen, indem er sich z.B. die von Holm definierten Handlungsstrategien vorstellt, die dem Positionsinhaber zur Lösung von Rollenkonflikten zur Verfügung stehen und vielleicht durch einen weiteren thematischen Sprung bei Goffmans Rollendistanz landen. Dann wird er auf diesem Hintergrund das Problem des Struktur- und Handlungsaspekts neu überdenken und auf diese Weise wieder zu Mertons Text zurückfinden. Es zeigt sich an diesem Beispiel einer Themenentwicklung, dass thematisierte Relevanzen und Interpretationsrelevanzen sich wechselseitig bedingen. Diese Aussage gilt ebenso, wenn neben den bislang dargestellten Relevanzstrukturen auch die Motivationsrelevanz in die Analyse einbezogen wird.

Unter dem Begriff der *Motivationsrelevanz* fasst Schütz die Um-zu-Motive und die Weil-Motive zusammen, auf die wir bereits im Zusammenhang mit dem methodologischen Problem der Erklärung und der biographischen Bedingtheit des lebensweltlichen Wissensvorrats eingegangen sind. Motivationen im "Um-zu-Zusammenhang" beziehen sich auf den Entwurf des Handelns, indem sie Handlungsziele und -intentionen vorgeben. Diese Zielstrukturen leiten sich aus der Planhierarchie des Lebenslaufs ab, und werden von planbestimmten Interessen bestimmt. Zur Erklärung intentionalen Verhaltens nimmt Schütz an, dass das so definierte Handlungsziel die "Handlung in ihren Ablaufphasen motiviert" (1979: 258). Der Student in unserem Beispiel hat sich möglicherweise im Rahmen seines Studienplans das Ziel gesetzt, in der Lehrveranstaltung einen Leistungsnachweis zu erwerben. Zu diesem Zweck muss er nach der Vorgabe des Dozenten die gestellten Fragen zu einem späteren Zeitpunkt schriftlich ausarbeiten. Um auf diese Aufgabe vorbereitet zu sein, möchte er sich schon vor der Lehrveranstaltung intensiv mit dem Text und den Fragen beschäftigen, so dass er sich während der Veranstaltung aktiv beteiligen und seinen Leistungsstand kontrollieren kann.

Neben diesem instrumentellen Um-zu-Motiv ist ebenso als Motiv denkbar, dass der Student Spaß an einer lebhaften Diskussion in den Lehrveranstaltungen hat und sich intensiv mit dem Text auseinandersetzt, um kompetent mitdiskutieren zu können. Solche Um-zu-Motive sind häufig mit Motiven im "Weil-Zusammenhang" verbunden. So kann der Student ein großes Interesse an der Soziologie haben, das bereits in der Schule geweckt und im biographischen Verlauf gefestigt wurde. Ihn treibt die Freude an der Sache zu immer neuen Themen und Interpretationsproblemen. Es kann auch ein spezielles Interesse an der strukturellen Rollentheorie Mertons vorliegen, wenn der Student bereits früher andere Texte dieses Autors gelesen hat, die ihn besonders beeindruckten, oder weil er mit Merton die methodologische Position der Theorie mittlerer Reichweite teilt.

Die einzelnen biographischen Gründe für seine Motive im Weil-Zusammenhang müssen dem Handelnden nicht bewusst sein, um sein Handeln zu entwerfen. Sie vermischen sich mit Zielen, aber auch mit dem Wissen, über das der Handelnde zu einem bestimmten Zeitpunkt verfügt. So müssen wir in dem Beispiel, in dem der Student sich für Theorien mittlerer Reichweite interessiert, voraussetzen, dass diese methodologische Position zu seinem lebensweltlichen Wissensvorrat gehört. Auch spielen "Gemütszustände" eine Rolle, wenn dem Studenten z.B. Strukturtheorien prinzipiell sympathisch oder unsympathisch sind. Insgesamt bündeln sich diese Einzelelemente des Weil-Zusammenhangs zu einem "Syndrom" (1979: 264), das Schütz mit dem Ausdruck "Einstellung" bezeichnet.

> Eine Einstellung kommt also der Bereitschaft gleich, unter typischen Umständen typische Verhaltensweisen, somit auch typische Um-zu-Motivationsketten, in Gang zu setzen. (Schütz/Luckmann 1979: 265)

Diese Einstellung bildet eine Ursache des Handelns im Sinne einer kausalen Erklärung. Da allerdings das Einstellungssyndrom weder in seine Einzelelemente zerlegbar, noch die Elemente direkt beobachtbar sind, handelt es sich nach Homans nicht um einen kausalen Erklärungstyp im strengen Sinne. Schütz ist sich des methodologischen Unterschieds zwischen Motivation im Weil-Zusammenhang und einer echten kausalen Erklärung durchaus bewusst und spricht daher von "quasi-kausalen Motivationszusammenhängen" (1979: 267).

Die drei Relevanzstrukturen können nicht von vornherein in eine bestimmte Anordnung gebracht werden, wie sie im Erfahrungsablauf wirksam sind. So kann das Um-zu-Motiv, die Fragen zum Text zu beantworten, dem Studenten bestimmte Themen aufzwingen. Zur Beantwortung der Fragen ist dann die Interpretation des Textes notwendig, die unproblematisch verlaufen oder von ihm eine erhebliche intellektuelle Anstrengung erfordern kann. Wenn der Student auf eine Schwierigkeit in der Beantwortung der Fragen stößt, kann ein Weil-Motiv oder eine bestimmte Einstellung abgerufen werden. Sein Interesse oder sein Ehrgeiz kann plötzlich geweckt werden, so dass er sich intensiv um die Lösung des Problems bemüht. Natürlich kann das planbestimmte Interesse des Studenten auch so beschaffen sein, dass er schnell aufgibt und sich anderen Dingen zuwendet. Wir können dieses Beispiel beliebig fortsetzen und werden auf immer neue Strukturen der Verflochtenheit von Relevanzen stoßen. Entscheidend ist die Schlussfolgerung, dass die drei Relevanzstrukturen *Aspekte von Erfahrungsverläufen* darstellen und keiner gegenüber den anderen "eine Priorität irgendwelcher Art zukommt" (1979: 276). Erst im reflexiven Zugriff auf den Handlungsverlauf werden die unterschiedlichen Relevanzstrukturen in eine bestimmte Anordnung gebracht, die allerdings von Situation zu Situation unterschiedlich ist.

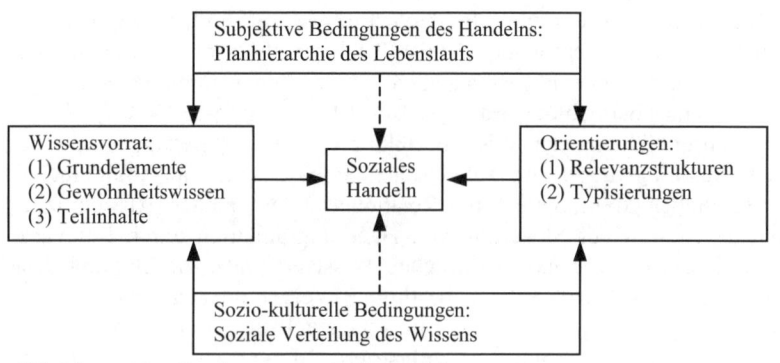

Abbildung 32: Strukturen der Lebenswelt

Diese Aussage lässt sich von den Relevanzstrukturen auf alle Strukturen der Lebenswelt des Alltags verallgemeinern. Die einzelnen Komponenten, die in Abbildung 32 schematisch zusammengefasst werden, stehen nicht von vornherein in einer festen Anordnung zueinander, sondern werden als Aspekte betrachtet, die in der Erklärung eines konkreten Handelns auf bestimmte Weise kombiniert werden. Allerdings lässt sich aus der Argumentation von Schütz herauslesen, dass der lebensweltliche Wissensvorrat, die Relevanzstrukturen und die Typisierungen die zentralen Erklärungskomponenten des sozialen Handelns darstellen. Die subjektiven Bedingungen der Planhierarchie des Lebenslaufs und die sozialen Strukturen wirken eher vermittelt über den Wissensvorrat und die Relevanzstrukturen auf das soziale Handeln ein. Der Grund für diese Art der Organisation der Strukturen der Lebenswelt liegt in Schütz' methodologischer Position, am egologischen Bewusstsein des Handelnden anzusetzen und die Strukturen der Lebenswelt aus dieser Perspektive zu betrachten. Nach Habermas berücksichtigt Schütz durch diese Festlegung in nicht ausreichendem Maße die Strukturen sozialer Kollektive sowie die Persönlichkeitsstrukturen von Individuen.

> Wenn aber die Solidaritäten der über Werte und Normen integrierten Gruppen und die Kompetenzen vergesellschafteter Individuen in ähnlicher Weise wie kulturelle Überlieferungen a tergo ins kommunikative Handeln einfließen, empfiehlt es sich, die kulturalistische Verkürzung des Konzepts der Lebenswelt zu korrigieren. (Habermas 1981b: 205)

Im Hinblick auf die normative Struktur der Gesellschaft geht von den bislang dargestellten handlungstheoretischen Ansätzen Meads Sozialisationsmodell am weitesten über Schütz hinaus; und von Goffman erfahren wir wesentlich mehr über die Identität von Individuen. Trotzdem leistet Schütz wichtige Beiträge zur soziologischen Handlungstheorie, indem er erstens die verstehende Soziologie methodologisch fundiert, zweitens die Konstitution des Handelns in der Lebenswelt konsequent aus der egologischen Perspektive des Handelnden analysiert und auf diese Weise die moderne Wissenssoziologie begründet, drittens die biographische Artikulation der Lebenswelt als Aspekt der Persönlichkeit in die Handlungstheorie integriert und somit die biographische Forschung auf eine theoretische Basis stellt, und viertens die Idealisierung der Wechselseitigkeit der Perspektive als eine soziale Struktur einführt, die dann in der Ethnomethodologie genauer untersucht wird. Mead hat innerhalb des interpretativen Paradigmas die Identitätstheorie und die Theorie des kommunikativen Handelns besonders beeinflusst, auf Schütz geht dagegen die Theorie des Alltagshandelns zurück. Während Mead also insgesamt einen breiteren Einfluss auf die theoretischen Ansätze hat, gehen von Schütz die wesentlichen Impulse für die methodische Umsetzung des interpretativen Paradigmas aus. Sowohl Mead als auch Schütz können somit als Begründer des interpretativen Paradigmas betrachtet werden (Wilson 1981).

Im Hinblick auf unser Schema der Wissensstruktur besteht der Bezugsrahmen der phänomenologischen Handlungstheorie im Schützschen Sinne aus den in Abbildung 32 zusammengefassten Grundbegriffen sowie deren Relationen untereinander. Als explizites Modell ergibt sich das Konzept der Steuerung von Handlungsabläufen durch Relevanzstrukturen, in das die Strukturen des lebensweltlichen Wissensvorrats, die biographische Artikulation und die sozialen Strukturen auf eine bestimmte Weise einbezogen sind.

Dieses explizite Modell wurde an dem Musterbeispiel der Vorbereitung einer Lehrveranstaltung durch einen Studenten illustriert. Eine solche empirische Veranschaulichung hat zwar den Vorteil, dass die Begriffe besser verstehbar werden, ist aber nach den Regeln der Methoden der empirischen Sozialforschung nicht abgesichert. Daher werden wir uns im nachfolgenden Abschnitt genauer mit einem Forschungsprogramm beschäftigen, das eine empirische Anwendung des Konzepts der Lebenswelt des Alltags ermöglichen soll.

3.2.3 Routinegrundlagen des Alltagshandelns

Mit Turner und Goffman wurden zwei Soziologen vorgestellt, die den amerikanischen Interaktionismus vertreten. Beide Autoren kritisierten die Starrheit des traditionellen Rollenkonzepts und betonen die Offenheit der Rollenbeziehung sowie die Notwendigkeit, in sozialen Interaktionen den durch die Rolle vorgegebenen Rahmen mit Leben zu füllen. Während Turner innerhalb des Rollenparadigmas seine Version der soziologischen Interaktionstheorie entwickelt, verlässt Goffman die Begriffswelt der Rollentheorie und wendet sich der Dramaturgie des Alltagshandelns im öffentlichen Rahmen zu, um die dort geltenden unterschiedlichen Ebenen sozialer Regeln zu erforschen. Parallel zu diesen beiden Autoren unternimmt der amerikanische Soziologe Garfinkel Anfang der 60er Jahre den Versuch, eine empirische Methode zur Interaktionsforschung zu entwickeln, die er *Ethno-*

methodologie nennt. Weder Garfinkel noch seinen zahlreichen Schülern ist es bislang gelungen, eine eindeutige Definition dieser soziologischen Theorie zu geben.

Die Vorsilbe "Ethno" bezieht sich nach Garfinkel auf das Wissen, das jedes Gesellschaftsmitglied ständig über seine eigene Gesellschaft verfügbar hat, ohne im soziologischen Denken trainiert zu sein.

> Irgendwie schien die Vorsilbe 'Ethno' darauf zu verweisen, daß ein Gesellschaftsmitglied das Alltagswissen seiner Gesellschaft als Alltagswissen über 'was auch immer' verfügbar hat. (zitiert nach Psathas 1979: 185)

Um sozial handeln zu können, muss nach Garfinkel jedes Gesellschaftsmitglied erstens eine Menge von Wissen über die Interaktionsregeln besitzen und zweitens dieses Wissen in sozialen Situationen ständig anwenden. Nach dieser Prämisse ergibt sich die Frage, warum sich der professionelle Soziologe nicht von dem Alltagshandelnden anleiten lassen soll, um Soziologie zu betreiben. So gesehen ist dann Ethnomethodologie "der Modus, in dem Gesellschaftsmitglieder Soziologie betreiben" (Psathas 1979: 186), und der professionelle Soziologe lässt sich von dem Alltagshandelnden die soziologischen Strukturen erklären.

Während sich die Grundidee, an das Ethno-Wissen der Gesellschaftsmitglieder über ihre Gesellschaft anzuknüpfen, einfach darstellen lässt, ist die methodische Umsetzung dieser Idee im Rahmen der Ethnomethodologie nur unzureichend dokumentiert. Dies liegt einerseits daran, dass Garfinkel keine umfassende Monographie verfasst und seine Methode ausschließlich in Einzelartikeln veröffentlicht hat. Andererseits ergibt sich aus Garfinkels Ansatz, dass er keine abgeschlossene Methode entwickeln wollte, die ein Forscher lernen und auf die soziale Wirklichkeit anwenden kann. Stattdessen soll der Forscher zu der Haltung erzogen werden, auf das Alltagswissen der Gesellschaftsmitglieder zu hören und gerade nicht mit methodisch vorgegebenen Instrumenten das Alltagshandeln zu analysieren. Diese Haltung des Hineinhörens erzeugt eine methodische Offenheit der Ethnomethodologie, die jeder Systematik entgegensteht. Trotz dieser Einschränkungen bemüht sich Garfinkel um die Entwicklung eines Verfahrens zur Erforschung sozialer Realität, das er die "dokumentarische Methode der Interpretation" nennt. Ausgehend von Krisenexperimenten in der Anfangsphase der Ethnomethodologie hat Garfinkel diese Methode im weiteren Verlauf seiner Arbeit zu einer auf jedes Textdokument anwendbaren Methode ausgebaut.

Krisenexperimente

In einem Krisenexperiment wird gezielt die Erwartung einer Versuchsperson verletzt, indem eine Reaktion nicht erfolgt, die normalerweise eintreten müsste. So sieht es der Professor in der bereits dargestellten Kellnerszene als selbstverständlich an, dass man ihn als Gast und nicht als Kellner behandelt. Diese Erwartung ist keine zufällige Erfindung des Professors, sondern durch soziale Mechanismen entstanden, die eine bestimmte Vorstellung von dem erzeugen, was als normal zu gelten hat. Im strukturalistischen Paradigma Parsons' besteht die Normalitätsvorstellung aus internalisierten Normen, die kulturell verankert sind und durch Sanktionen gestützt werden. Auf Seiten der Handelnden besteht eine Motivation, diese Normen im sozialen Handeln zu verwirklichen; so dass die Normen in die persönliche Zielstruktur des Individuums integriert sind. Garfinkel, der selbst ein Schüler von Parsons ist, übernimmt diese Annahme zur Erklärung des sozialen Handelns. Allerdings ist er –

angeregt durch Schütz - der Auffassung, dass die strukturelle Handlungstheorie einen entscheidenden Bereich sozialer Realität nicht ausreichend erfasst.

Dieser Bereich lässt sich nur erschließen, wenn soziale Ordnung nicht als institutionalisiert und internalisiert angesehen wird, sondern als ein Resultat von Handlungen, die Garfinkel "Normalisieren" nennt. Die Akteure sind permanent damit beschäftigt, normales Handeln zu definieren, zu bestätigen und Abweichungen zu korrigieren.

> Unter 'normalisiert' verstehe ich, dass wahrnehmbar normale Ausprägungen des Typischen, Vergleichbaren, Wahrscheinlichen, der kausalen Struktur, instrumentellen Wirksamkeit und moralischen Forderungen wieder hergestellt werden. (Garfinkel 1963: 188; Übersetzung vom Verf., B.M.)

Parsons hat sich einerseits damit beschäftigt, wie Normalisierung in sozialen Interaktionen durch den Einsatz von Sanktionen, z.B. Belohnungen und Bestrafungen, erfolgen und wie durch das Wechselspiel von emotionalen und kognitiven Komponenten die innere Bindung an die Regeln der Normalität im Prozess der Sozialisation erfolgt. Wie die soziale Ordnung im Alltagshandeln erzeugt wird, interessiert dagegen die Interaktionisten, zu denen Garfinkel zu rechnen ist.

Übernimmt man diese handlungstheoretische Perspektive, dann treten andere Strukturen sozialen Handelns als Rollen, Normen und Werte ins Blickfeld. Solche Strukturen des Alltagshandelns können konkrete Rituale und Interaktionsregeln sein - wie Goffman sie beschrieben hat - oder als allgemeinere Strukturen der Lebenswelt des Alltags im Sinne von Schütz aufgefasst werden. Schütz unterscheidet - wie oben dargestellt wurde - zwei grundlegende Betrachtungsweisen. Zum einen stellt er sich auf den Standpunkt eines Handelnden und untersucht die Bedingungen, die ein Fremdverstehen ermöglichen. Diese "vertikale" Betrachtungsweise bezieht sich auf den Prozess der Sinnentstehung und der gegenseitigen Abstimmung mehrerer Handelnder zu einem - wenn auch prinzipiell begrenzten - gegenseitigen Verstehen. Die so beim Handelnden aufgebauten Fähigkeiten zum Fremdverstehen sind biographisch geprägt und daher bei jedem Handelnden anders ausgebildet. Die biographische Prägung des Individuums geschieht nicht in einem sozialen Vakuum, sondern in vorgegebenen Wissens- und Relevanzstrukturen, die von Natanson (1979: 86) der horizontalen Dimension der Schützschen Soziologie zugeordnet werden. Nach dieser Perspektive geht der Handelnde von bestimmten Idealisierungen aus, die er unhinterfragt als Grundlage seines Handelns voraussetzt. Das Alltagshandeln beruht auf dem Vertrauen in bestimmte soziale Gegebenheiten, die dem Handelnden nicht bewusst sein müssen. Für den Soziologen sind sie aber Grundbedingungen sozialen Handelns. Nach Schütz und Luckmann sind die "Vertauschbarkeit der Standpunkte" und die "Kongruenz der Relevanzsysteme" (1979: 88; vgl. Kap. 3.2.2) zwei elementare Idealisierungen von Handelnden, ohne die soziale Interaktion nicht stattfinden kann.

Die "Vertauschbarkeit der Standpunkte" ist die Basis für das Fremdverstehen, indem sich ein Handelnder in die Motive und Ziele eines anderen versetzen kann. Die "Kongruenz der Relevanzsysteme" bezieht sich auf die Abstimmung der wechselseitigen Typisierungen - wie z. B. die Rollen von Studenten und Dozenten in Lehrveranstaltungen - so dass soziales Handeln nicht in allen Einzelheiten ausgehandelt werden muss, sondern durch Typisierungen vorstrukturiert ist. Fasst man den Begriff "Relevanzsysteme" strenger im Sinne der Wissenssoziologie, so bedeutet die "Kongruenz der Relevanzsysteme" eine gemeinsame Basis der Handelnden im Hinblick auf Motivations- und Interpretationsrelevanzen, so dass sich für die beteiligten Handelnden gemeinsame Themen ergeben, die in ähnlicher Weise interpretiert werden und auf für die anderen Handelnden nachvollziehbaren Motiven beruhen. Wir können aber die "Vertauschbarkeit der Standpunkte" und die "Kongruenz der Relevanzsysteme" der Ebene des Fremdverstehens zurechnen. Eine zweite Klasse von sozialen Gegebenheiten des Handelns bilden nach Schütz die Wissensstrukturen, die sich grob in Routinewissen und Spezialwissen unterscheiden lassen.

Für Schütz reicht die theoretische Analyse der Lebenswelt aus, um die Bedingungen sozialen Handelns herauszuarbeiten. Garfinkel übernimmt die Schützsche Klassifikation der Strukturen des Alltagshandelns als soziologische Ideen. Allerdings bilden diese theoretischen Vorstellungen lediglich den Anfang zur soziologischen Analyse und nicht den Endpunkt. Garfinkel fasst wie Parsons die Soziologie als eine "empirische" Wissenschaft auf, in deren Rahmen theoretische Konzepte und Hypothesen mit möglichst strengen statistischen Methoden an der empirischen Wirklichkeit überprüft werden müssen. Den Extrempunkt dieser Methodologie bildet das naturwissenschaftliche Experiment, das innerhalb der Psychologie und Sozialpsychologie auf menschliches Verhalten übertragen wird.

Eine abgeschwächte Version der strengen empirischen Überprüfung durch Experimente bildet die Überprüfung von Hypothesen durch statistische Verfahren, die in den „-metrie"-Disziplinen Ökonometrie, Biometrie und Psychometrie entwickelt und durch Theoreme der Mathematischen Statistik fundiert sind. So lässt sich z.B. im Rahmen der *kausalen Analyse* anhand von Umfragedaten ermitteln, in welchem Ausmaß sich bei Schülern deren Schichtzugehörigkeit auf die Schulleistungen, die Wahrscheinlichkeit einer Hochschulausbildung und die spätere berufliche Position auswirkt.

Das Interesse Garfinkels an der empirischen Umsetzung der Schützschen Konzepte entspricht einer normativen Erwartung innerhalb der amerikanischen Soziologie, die pragmatisch auf konkret nachprüfbare Ergebnisse ausgerichtet ist. Garfinkel verwendet zwar statistische Auswertungsmethoden, kritisiert aber auch deren Grenzen im Hinblick auf die Erklärung sozialen Handelns. Um die Schützschen Grundbedingungen des Handelns in der sozialen Wirklichkeit konkret nachzuweisen, muss man nach Garfinkel das strenge experimentelle Design der Sozialpsychologie durchbrechen und freie Experimente im sozialen Feld konzipieren. Die Grundidee der „Krisenexperimente" besteht in der Annahme, dass sich die Handelnden auf die oben dargestellten Grundbausteine sozialen Handelns verlassen und sie nicht weiter hinterfragen. Setzt man nun durch eine experimentelle Anordnung wie die Kellnerszene diese Strukturen außer Kraft, wird der Handelnde zunächst versuchen, die gewohnte soziale Realität durch Normalisierung - also durch Kundgaben, Erklärungen usw. - wiederherzustellen. Wird auch dieser Versuch unterbunden, fehlt dem Handelnden jede Basis für weitere Aktivitäten: die unhinterfragten Strukturen sozialen Handelns gelten nicht, und die Rekonstruktion der gewohnten Lebenswelt funktioniert ebenfalls nicht. In diesem Fall wird - so Garfinkels These - der Handelnde orientierungslos und im Extremfall die Fassung verlieren.

Das Außer-Kraft-Setzen des normalen Handlungskontextes nennt Garfinkel *breaching*, was sich als Brechen oder Erschüttern der Normalitätserwartung von Handelnden übersetzen lässt. Durch das breaching wird im Extremfall eine psychische Krise bei dem Handelnden ausgelöst, die allerdings im Verlauf des Experiments durch die Auflösung und Erklärung des Versuchsleiters aufgefangen wird. Garfinkel überprüft mit Hilfe der Krisenexperimente die folgende Hypothese:

> Je mehr sich Handelnde auf die Fakten der sozialen Realität der Lebenswelt verlassen und je mehr sie sich der legitimen sozialen Ordnung verpflichtet fühlen, desto heftiger wird die Disorganisation des Handelns in Form von Entsetzen, Unsicherheit, inneren Konflikten, massiver Verunsicherung, psychosozialer Isolation und akuten Angstzuständen ausfallen. (Garfinkel 1963: 189; Übersetzung vom Verf., B.M.)

Nicht jede Verunsicherung des Handelnden durch z.B. Veralberung oder vorgetäuschten Widerspruch kann als breaching-Experiment bezeichnet werden. Nach Garfinkel müssen die folgenden drei Bedingungen erfüllt sein, um einerseits die vermeintlichen sozialen Tatsachen in Frage zu stellen und andererseits der Versuchsperson keine Chancen zum Ausweichen und damit zur Normalisierung der sozialen Situation zu eröffnen (1964: 236, 238-9):
(a) Der Versuchsperson sollte es erschwert werden, die Situation als Spiel, Experiment oder Täuschung zu interpretieren (Ausweichverbot).
(b) Auf der einen Seite sollte durch die Manipulation der Situation die Versuchsperson gezwungen werden, die natürlichen sozialen Tatsachen zu rekonstruieren bzw. normalisieren, andererseits sollte die verfügbare Zeit zu kurz sein, um die Normalisierung erfolgreich beenden zu können (Zeitmangel).
(c) Der Versuchsperson darf bei dem Versuch der Normalisierung keine soziale Unterstützung oder Bestätigung angeboten werden, die ihr hilft, die Situation zu verlassen oder umzudeuten (Isolation).

Prüft man die Restaurantszene auf diese Kriterien, so ergibt sich, dass die Versuchsleiterin ihr Handwerk beherrscht hat. Sie setzt eine Reihe von Techniken ein, um das Ausweichen des Professors aus der für ihn peinlichen Situation zu verhindern. Diese Interventionen haben wir weiter oben mit den Begriffen Goffmans analysiert. Die Versuchsleiterin deutet den Sinn der Äußerung "Sie sehen, ich warte ..." um, indem sie vorschlägt, dass der Professor sie während seiner Wartezeit zu einem Tisch führen könnte. Der zweite Ausbruchversuch des Professors, die Taschenuhr herauszunehmen und zu demonstrieren, dass er verabredet ist, wird ebenso von der Versuchsleiterin umgedeutet: Sie weist ihn darauf hin, dass es ihn nur einen Augenblick kosten wird, sie an den Tisch zu führen. Neben diesen Mitteln, die das Ausweichen der Versuchsperson aus dem Experiment verhindern, setzt die Studentin den Professor unter Zeitdruck, damit er keine Chance bekommt, die Situation zu seinen Gunsten umzudeuten. Mit der Beruhigungskundgabe "Aber gnädige Frau ..." versucht der Professor, Zeit zu gewinnen, um sich in einem Bogen von der Studentin zu entfernen. Die Studentin reagiert sehr schnell, indem sie ihm mit dem Ausdruck "Mein lieber Mann ..." bedrängt. Auch die dann einsetzende Konfusion des Professors versucht die Studentin zu stoppen, indem sie ihn am Arm fasst und in die Richtung des Speiseraums schiebt. Die dritte Strategie - die Verhinderung sozialer Unterstützung - wird einerseits durch die Absprache zwischen der Versuchsleiterin und ihrem Gastgeber angewendet, indem sich der Gastgeber für die Dauer des Versuchs gegenüber der Versuchsperson verborgen hält. Hätte der Professor seinen Freund an einem Tisch erblickt und hätte dieser ihn beim Eintreten in den Speiseraum begrüßt und zu sich gewunken, wäre die Versuchsperson wahrscheinlich auch durch die massivsten Interventionen der Studentin nicht zu beeinflussen gewesen. Eine zweite Technik zur Verhinderung sozialer Unterstützung besteht in dem sicheren und glaubwürdigen Auftreten der Studentin, die sich in der Wahrnehmung der anderen Gäste völlig normal benimmt. Ein lautstarker oder gestisch pointierter Protest der Versuchsperson wäre möglicherweise von vielen Gästen bemerkt und als unangemessen interpretiert worden. Es gelingt der Versuchsleiterin, die Szene so zu ge-stalten, dass sie in der Wahrnehmung der Versuchsperson die Unterstützung der anderen Gäste auf ihrer Seite hat.

Während in Laborexperimenten der Versuchsleiter die Randbedingungen manipulieren und auf diese Weise das Ausbrechen aus der Situation relativ einfach verhindern kann, wird von Versuchsleitern in Krisenexperimenten außerhalb von Laborsituationen ein großes Geschick im Umgang mit Interaktionstechniken verlangt. Eine Klassifikation und Beschreibung der Wirkung dieser Interventionstechniken leistet Garfinkel nicht, so dass wir auf die Goffmanschen Begriffe zur Beschreibung von Alltagsritualen zurückgegriffen haben.

Garfinkels Interpretation der Krisenexperimente zielt in eine andere Richtung, indem er die einzelnen Experimente nach den Schützschen Kategorien der Alltagsstrukturen klassifiziert. In diesem Sinne lassen sich die Krisenexperimente danach unterscheiden, welche der vier Grundkategorien der Schützschen Lebensweltanalyse dem *breaching* unterworfen werden:

(1) Kongruenz der Relevanzen
(2) Vertauschbarkeit der Standpunkte
(3) Erwartung, dass das Wissen über ein Interaktionsmuster ein allgemein geteiltes Kommunikationsschema darstellt
(4) Vorstellung, dass das Allgemeinwissen - das jeder weiß - eine korrekte Grundlage für Handlungen in der sozialen Wirklichkeit bildet.

Um zu jeder dieser Grundannahmen von Handelnden in sozialen Situationen Krisenexperimente zu konstruieren, müssen diese Kategorien konkreter als bei Schütz definiert werden, so dass sie auf eine bestimmte soziale Situation anwendbar sind. In der Methodensprache wird dieser Konkretisierungsschritt "Operationalisierung" genannt.

Kongruenz der Relevanzen

> Die Person hat bestimmte Erwartungen; sie erwartet außerdem, dass die andere Person ebenso Erwartungen hat. Zusätzlich erwartet die Person, dass - ebenso wie sie Erwartungen an die andere Person hat - die andere Person Erwartungen an sie selbst richtet. Auf diese Weise werden die Unterschiede ihrer Perspektiven, die auf die jeweils individuellen Biographien zurückgehen, irrelevant für die augenblicklich interessierenden Ziele der beiden Personen. Außerdem hat die Erwartungskongruenz zur Folge, dass beide Personen die aktuell und potentiell gemeinsamen Objekte in einer 'empirisch identischen' Weise auswählen und interpretieren, so dass dies für die jeweils anstehenden Ziele ausreichend ist. (Garfinkel 1963: 220; Übersetzung vom Verf., B.M.)

Die in dem Zitat angegebene Definition der Kongruenz der Relevanzen als eine für die jeweiligen Handlungsziele ausreichende Erwartungsübereinstimmung von zwei Handlungspartnern liegt noch auf der theoretischen Ebene. Sie muss daher weiter konkretisiert werden, um ein dazu passendes Experiment zu konstruieren. Eine solche Operationalisierung bildet die Eingrenzung der Erwartungskongruenz darauf, dass der jeweilige Handlungspartner die eigenen Gesten und verbalen Äußerungen richtig verstehen kann.

> Der Sprecher erwartet, dass die andere Person seinen Bemerkungen denselben Sinn zuordnet wie er selbst intendiert hat, und dass auf diese Weise die andere Person dem Sprecher die Annahme zugesteht, dass beide ohne zusätzliche Abstimmungsanforderung wissen, worüber der Sprecher spricht. (Garfinkel 1963: 220;Übersetzung vom Verf., B.M.)

Die so definierte Erwartung des gemeinsamen Sprachverständnisses ist hinreichend konkret, um gezielt durch ein Krisenexperiment erschüttert zu werden.

> (Vp) Hallo, Ray. Wie geht es deiner Freundin?
> (E) Was meinst du mit 'Wie geht es ihr?' Physisch oder geistig?
> (Vp) Ich meine, wie geht es ihr? Was ist los mit dir? (Er schaut irritiert.)
> (E) Nichts. Ich möchte nur, daß du etwas genauer erklärst, was du meinst.
> (Vp) Vergiß es. Wie geht es mit deinen Bewerbungen für die Medical School?
> (E) Was meinst du mit 'Wie geht es?'
> (Vp) Du weißt, was ich meine.
> (E) Ich weiß wirklich nicht.
> (Vp) Was ist los mit dir? Bist du krank?
> (Garfinkel1973: 284)

In diesem Experiment wird die Floskel "Wie geht es deiner Freundin?" von dem Versuchsleiter bewusst missverstanden als eine konkrete Frage nach der körperlichen oder geistigen Verfassung, obwohl die Frage auf das allgemeine Befinden zielte. Die Antwort "gut" würde dieses Nachfrageritual normalerweise beenden, während ein Hinweis auf einen eher schlechten Zustand die Versuchsperson berechtigen könnte, genauer nachzufragen. Da die Versuchsperson auf diesen oder ähnlichen Interaktionsverlauf eingestellt ist, interpretiert er die Antwort des Versuchsleiters als ein Missverständnis und wiederholt die Frage "Ich meine, wie geht es ihr?" Die anschließende Frage "Was ist los mit dir?" und der irritierte Gesichtsausdruck zeigen an, dass die Versuchsperson keine normale Erklärung für das Missverständnis seines Freundes hat, wie z.B. Unaufmerksamkeit oder ein akustisches Missverständnis. Als der Versuchsleiter die Chance zur Normalisierung der Situation nicht aufgreift, bricht die Versuchsperson dieses Thema ab und erkundigt sich nach der Bewerbung für das Medizinstudium. Als der Versuchsleiter auch diesmal die Frage missversteht, interpretiert die Versuchsperson diese Reaktion als ein absichtliches Missverständnis und fragt nach dem Grund: "Was ist los mit dir?" Durch die Unterstellung "Bist du krank?" macht die Versuchsperson seinem Freund klar, dass er sich mit seinem Verhalten außerhalb der Normalität befindet und gibt ihm gleichzeitig die Chance, sich wieder in die Gruppe der "Gesunden" und "Normalen" einzureihen.

Dieses Experiment veranschaulicht die These, dass ein gemeinsames Sprachverständnis in Alltagssituationen als normal vorausgesetzt wird. Strengen methodischen Maßstäben hält diese Technik der Hypothesenprüfung im Feldexperiment nicht stand. Da sich die Randbedingungen des Experiments nicht wie im Labor kontrollieren lassen, können zufällige Einflüsse einwirken und das Ergebnis verfälschen, ohne dass die Effekte der Einflussfaktoren im einzelnen nachweisbar sind. Daher sind die Ergebnisse der Krisenexperimente grundsätzlich nur als empirische Tendenzen und nicht als Nachweise im strengen methodischen Sinn zu interpretieren, auch wenn erfolgreiche Experimente wie die Restaurantszene den prognostizierten Effekt erzeugen.

Vertauschbarkeit der Standpunkte

Die Vertauschbarkeit der Standpunkte als Grundelemente des sozialen Handelns bezieht sich nach Garfinkel auf eine soziale Selbstverständlichkeit.

> 'Was jeder weiß', z.B. ein vorgegebenes Muster von sozial verbindlichem Wissen. (1963: 215; Übersetzung vom Verf., B.M.)

In den meisten Alltagssituationen findet sich der Handelnde - quasi automatisch - zurecht, ohne dass er sich die Merkmale der Situation im einzelnen bewusst vor Augen führt. Die erwarteten Verhaltensweisen sind für jeden Beteiligten klar und bedürfen keiner gegenseitigen Bestätigung. Auch ist es nicht notwendig, dass jeder Beteiligte eine soziale Rolle mit fest umrissenen Rechten und Pflichten einnimmt. In der Restaurantszene wird diese Basis der gemeinsamen Situationsdefinition erschüttert, indem die Versuchsperson die ihr selbstverständliche Situationsdeutung als Gast des Restaurants, der unbehelligt seinen Freund zum Essen trifft, nicht durchhalten kann. Die Reaktion des Professors auf das *breaching* der Studentin ist als Erfolg im Sinne von Garfinkels Grundhypothese zu bewerten. Wie der Bericht der Versuchsperson über seine Gedanken während des Experiments zeigt, war er entsetzt und verunsichert, befand sich in inneren Konflikten und fühlte sich unwohl.

Geteiltes Wissen über Interaktionsmuster

Während sich die gemeinsame Situationsdeutung auf Alltagssituationen ohne feste Rollenmuster bezieht - also auf Goffmans Domäne der Alltagsrituale - konkretisiert Garfinkel die dritte Klasse der Grundpostulate sozialen Handelns als bestimmte Rollenmuster, die er durch Experimente breachen lässt. Studenten einer Lehrveranstaltung werden von Garfinkel aufgefordert, sich zu Hause bei ihren Eltern eine Stunde lang wie ein Gast zu verhalten. Sie sollen z.B. höflich fragen, ob sie sich etwas aus dem Kühlschrank holen dürfen und ihre Eltern förmlich wie Fremde anreden. Das Resultat lässt sich leicht erraten:

> Berichtet wurden Erstaunen, Entsetzen, Schock, Angst, Peinlichkeit und Wut ebenso wie die Reaktion von Familienmitgliedern, die jeweiligen Studenten als verrückt, unbesonnen, selbständig, gemein und unverschämt hinzustellen. (1963: 226; Übersetzung vom Verf., B.M.)

Dieses Ergebnis konnte in 80 % der Fälle beobachtet werden, ein Fünftel der Studenten hielt den Stress der Situation nicht durch und brach das Experiment ab. In fast allen Fällen, in denen das Experiment durchgehalten wurde, versuchten die Familienangehörigen, eine Erklärung für das merkwürdige Verhalten zu finden, so dass das gewohnte Rollenmuster nicht in Frage gestellt werden musste. Eine Interpretation bestand darin, der Student wolle der Familie etwas besonderes eröffnen, traue sich aber nicht, damit herauszurücken. Andere Begründungen, die das augenblickliche Verhalten als untypisch und vorübergehend darstellen sollten, waren vermutete Arbeitsüberlastung oder Krankheit der Studenten.

Garfinkel berichtet, dass sich die meisten Studenten während des Experiments unwohl fühlten und froh waren, als es zu Ende war. Die durch das sonderbare Verhalten verursachte Verärgerung der anderen Familienmitglieder löste sich in allen Fällen mit der Erklärung des Experiments auf. Trotzdem mussten einige Studenten Bemerkungen der folgenden Art einstecken:

Bitte keine weiteren Experimente dieser Art. Wir sind schließlich keine Ratten. (1963: 227; Übersetzung vom Verf., B.M.)

Aus diesen Hinweisen ist zu ersehen, dass die Krisenexperimente sowohl von den Opfern als auch von den Versuchsleitern in einigen Fällen als moralisch bedenklich und im Extremfall als menschenverachtend bewertet werden. Diese Entrüstung ist nicht allein in den USA zu beobachten.

In der Bundesrepublik Deutschland ereignete sich im Medienbereich ein ähnlicher Fall, als die Fernsehsendung "Vorsicht Kamera", in der Bürger Krisenexperimenten vor versteckter Kamera ausgesetzt werden, in das Kreuzfeuer der Kritik geriet und schließlich abgesetzt wurde. Später wurde die Sendung unter dem Titel "Verstehen Sie Spaß?" mit neuer Moderation und Aufmachung wieder neu ins Programm genommen. Die Versicherung, dass die Filmausschnitte nur mit dem ausdrücklichen Einverständnis der Versuchspersonen gesendet werden, sowie der Auftritt der "Opfer" in der Live-Show scheinen die Wogen der Entrüstung geglättet zu haben.

Garfinkel wendet sich Mitte der 60er Jahre von den Krisenexperimenten ab und baut die parallel entwickelte *Methode der dokumentarischen Interpretation* weiter aus, die ohne Experimente auskommt und darüber hinaus das Programm der Ethnomethodologie konsequenter als die Krisenexperimente empirisch umsetzt.

Allgemeinwissen als Handlungsgrundlage

Während das Experiment des "Zu-Hause-Gast-Spielens" auf gewohnte Rollenmuster zielt, die nach Schütz dem routinisierten Gewohnheitswissen zuzurechnen wären, bezieht sich die vierte Gruppe von Experimenten auf speziellere Wissensinhalte, also in der Schützschen Begriffswelt auf spezielle Teilinhalte des Wissensvorrats. Um diese Klasse von Handlungsgrundlagen zu erschüttern, wurden 28 Medizinstudenten im Grundstudium einem dreistündigen Experiment unterzogen. In einer "Aufwärmphase" wird mit den Versuchspersonen über die Aufnahmeprozeduren für Medizinstudenten an amerikanischen Hochschulen diskutiert, um ihre Motivation zur Durchführung des Experiments zu erhöhen. Dann wird ihnen ein Tonbandprotokoll eines Interviews zwischen einem Gutachter, der über die Zulassung zum Medizinstudium mitentscheidet, und einem Bewerber um einen Studienplatz vorgespielt. Der Bewerber stellt sich als ungehobelt und ungebildet dar und zeigt Verhaltensweisen, die nach dem gängigen Rollenbild von Medizinstudenten weit unter deren Niveau liegen.

Das Urteil der Studenten fällt entsprechend aus, indem sie den Bewerber als ungeeignet ablehnen. Daraufhin wird den Versuchspersonen eröffnet, dass der Bewerber ohne Bedenken zum Medizinstudium zugelassen werden konnte. Den Einwänden der Versuchspersonen hält der Versuchsleiter jeweils Fakten aus dem Lebenslauf entgegen. Wenn z.B. die Versuchsperson den Bewerber wegen seiner ungehobelten Sprache der Unterschicht zurechnet, so berichtet der Versuchsleiter, dass der Vater des Bewerbers Vizepräsident eines Industrieunternehmens ist. Die Unterstellung, der Bewerber sei ignorant und unsensibel, entkräftet der Versuchsleiter mit dem Bericht, dass der Bewerber durch exzellente Leistungen in Kursen zu Themen wie "Miltons Gedichte" oder "Dramen Shakespeares" aufgefallen sei.

Die meisten Versuchspersonen nehmen diese Fakten zur Kenntnis und versuchen, ihr ursprüngliches Urteil mit den neuen Informationen in Einklang zu bringen. So bestätigt z.B.

die Äußerung des Bewerbers, er hätte in den zurückliegenden Jahren arbeiten müssen, zunächst die Einstufung des Bewerbers in die Unterschicht. Die später gegebene Information zum Berufsleben des Vaters erklärt eine Versuchsperson damit, dass der Vater wahrscheinlich den Sohn als erzieherische Maßnahme zur Arbeit gezwungen habe. Garfinkel zählt eine Reihe solcher Anpassungen des ursprünglichen Urteils an die neue Informationslage auf, die eine einheitliche Reaktion der Versuchsperson belegen.

> Obwohl sie ihren Standpunkt änderten, ließen sie trotzdem nicht ihre ursprünglichen Ansichten fallen. (1963: 234; Übersetzung vom Verf., B.M.)

Die vom Versuchsleiter vorgebrachten Fakten und vor allem das sehr positive Gutachten der Aufnahmekommission führte bei den Versuchspersonen zunächst zu deutlicher Konfusion, die sich in Äußerungen wie "Hoppla" und "Oh" oder in kurzem Auflachen oder Pfeifen zeigte. Erst nach dieser Schrecksekunde fingen sich die Versuchspersonen wieder und versuchten - teils plausible und teils unlogische - Brücken zwischen ihrem Urteil und den entgegenstehenden Fakten zu schlagen.

Im Hinblick auf Garfinkels Grundhypothese wird in diesem Experiment bestätigt, dass die Erschütterung des Alltagswissens, das von den Handelnden unhinterfragt vorausgesetzt wird, zur Verwirrung und teilweise heftigen Reaktionen führt. Deutlicher als in den anderen Experimenten kommt hier zum Ausdruck, mit welchem Erfindungsreichtum die Versuchspersonen die aus den Fugen geratene soziale Realität wieder geradebiegen oder - in der Begriffswelt Garfinkels - normalisieren. Es besteht also ein heftiger Widerstand gegen das Brechen der als gültig angenommenen Strukturen und eine Kreativität im Erfinden von Erklärungen, um die frühere Situationsdefinition mit der neuen Lage in Einklang zu bringen.

Grundidee der dokumentarischen Methode

Betrachten wir das Geradebiegen der sozialen Realität genauer anhand einer Textsequenz zur Reaktion einer Versuchsperson auf die Eröffnung des Kommissionsgutachtens, in dem u.a. dem Bewerber Höflichkeit bescheinigt wird.

> 'Nicht höflich. Selbstbewusst war er wirklich. Aber nicht höflich. - Ich weiß nicht. Entweder war der Interviewer ein wenig verrückt oder ich bin es.' (Lange Pause) 'Dies ist ziemlich schockierend. Es lässt mich an meinem eigenen Denken zweifeln. Vielleicht sind meine Wertvorstellungen falsch, ich weiß nicht!' (1963: 232; Übersetzung vom Verf., B.M.)

In diesem Kommentar werden mehrere Deutungsversuche für den Widerspruch zwischen dem Gutachten und dem Urteil der Versuchsperson im Hinblick auf die Höflichkeit des Bewerbers unternommen. Zunächst stellt die Versuchsperson den Interviewer oder sich selbst als verrückt dar, womit eine einfache Erklärung für das abweichende Urteil gefunden wäre, weil in diesem Fall eines der beiden Urteile als inkompetent gelten könnte. Da aber die Versuchsperson im Grunde überzeugt ist, dass weder sie selbst noch die Gutachter verrückt sein können, wird der nächste Deutungsversuch unternommen. Jetzt wird die eigene Position nicht mehr als verrückt interpretiert, sondern die eigenen Wertvorstellungen als Basis für das Urteil über den Bewerber in Frage gestellt. Dieser Deutung liegt ein soziologisches Wissen einerseits über den Zusammenhang zwischen Werthaltungen und daraus resultierenden Bewertungen und andererseits über die Verschiedenheit von Werthaltungen in unterschiedlichen Bevölkerungsgruppen zugrunde.

Wenn die Versuchspersonen im Alltagshandeln also zu soziologischen Erklärungen fähig sind, dann liegt es nahe - so die Schlussfolgerung Garfinkels - das soziologische Wissen durch die genaue Beobachtung und Analyse von Erklärungen und Deutungen in Alltagssituationen zu erweitern. Auf diese Weise kann der Soziologe empirisch zu Erkenntnissen gelangen, die ihm innerhalb seiner akademisch vorgeformten Begriffs- und Denkwelt verschlossen geblieben wären. Der Soziologe betreibt dann *Ethnosoziologie*, indem er den "Modus" beobachtet, "in dem Gesellschaftsmitglieder Soziologie betreiben" - so die oben zitierte Definition von Psathas. Das Anknüpfen an das soziologische Wissen des Alltagsmenschen kann durch Experimente erfolgen oder durch die Interpretation einer nicht manipulierten Textsequenz, die mit Tonband oder nach Gedächtnis protokolliert wurde. Dieses empirische Vorgehen nennt Garfinkel in Anlehnung an den deutschen Wissenssoziologen Karl Mannheim die "dokumentarische Methode der Interpretation".

> Die Methode besteht in der Deutung einer konkreten Erscheinung als 'Dokument von', als 'Hinweis auf' oder als 'Ausdruck von' einem vorgegebenen zugrunde liegenden Muster. (1966: 692; Übersetzung vom Verf., B.M.)

Ein solches Muster kann z.B. aus den in den Krisenexperimenten erschütterten Grundpostulaten der Interaktion oder aus Interpretationsfolien der Handelnden wie Ideologien oder Vorurteilen bestehen. Mit Hilfe der dokumentarischen Methode der Interpretation sollen diese Muster ermittelt werden, ohne sich im Denken durch vorgegebene soziologische Kategorien einschränken zu lassen. Die Krisenexperimente bilden in diesem Sinne eine Untergruppe der dokumentarischen Methode. Allerdings ist die Aussagekraft der Grundhypothese begrenzt, weil die zugrunde gelegten Handlungspostulate (Kongruenz der Relevanzen, Vertauschbarkeit der Standpunkte, geteiltes Wissen über Interaktionsmuster, Allgemeinwissen als Handlungsgrundlage) der Schützschen Soziologie und nicht der Ethnosoziologie des Alltagshandelns entnommen sind.

Anhand des folgenden Experiments mit 10 Medizinstudenten wird die veränderte Zielsetzung der dokumentarischen Methode deutlich. Die Versuchspersonen werden aufgefordert, ein eigenes persönliches Problem darzustellen. So schildert ein jüdischer Student, dass er eine nicht-jüdische Freundin habe, die von seiner Familie abgelehnt werden könnte (1966: 693-7). Ein zweiter Student steht vor der Entscheidung, sein Hauptfach zu wechseln, weil er den Eindruck hat, dass ihm Mathematik besser als sein gegenwärtiges Hauptfach Physik liegen müsste (1966: 697-9). Als Besonderheit des Experiments sollen die Versuchspersonen zu ihrem Problem dem Versuchsleiter eine Frage stellen, die dieser nur mit "ja" oder "nein" beantworten kann. So berichtet der jüdische Student, dass er noch nicht weiß, ob sein Vater tatsächlich die Verabredungen mit seiner Freundin ablehnt und fragt den Versuchsleiter, ob er unter den gegebenen Umständen seine Verabredungen fortsetzen soll. Der zweite Student möchte von dem Versuchsleiter wissen, ob er ihm zum Studienfachwechsel rät. In beiden Fällen antwortet der Versuchsleiter, der sich zur größeren Standardisierung der Beratungssituation in einem Nebenraum aufhält, mit "nein". Diese Antwort wurde wie die nachfolgenden im Verlauf des Interviews vor dem Experiment nach dem Zufallsprinzip festgelegt, so dass bei allen Versuchspersonen die Abfolge von "ja"- bzw. "nein"-Antworten gleich ist und in keiner inhaltlichen Beziehung zur Fragestellung steht.

Die erste Antwort ist beiden Versuchspersonen unangenehm: Der jüdische Student hätte lieber gehört, dass er seine Freundin weiter treffen soll, und dem Physikstudenten wäre es vermutlich lieber gewesen, wenn man ihn in seiner Absicht bestärkt hätte, sein Hauptfach zu wechseln. Wie werden nun die Versuchspersonen nach Garfinkels Konzept der dokumentarischen Methode reagieren? Sie versuchen, durch Erklärungen eine Brücke zwischen ihrer bevorzugten Lösung und dem Ratschlag des Versuchsleiters zu schlagen, wie das folgende Zitat des jüdischen Studenten zeigt:

> VERSUCHSPERSON: Nein. Na ja, das ist interessant. Ich habe den Eindruck, dass wirklich keine große Verstimmung zwischen Vater und mir besteht und ich ... aber vielleicht sieht der Berater, dass größere Ablehnung daraus werden könnte. Ich nehme an, dass es für einen Außenstehenden leichter ist, Dinge zu sehen, für die ich zur Zeit blind bin. (1966: 693; Übersetzung vom Verf., B.M.)

Durch das Design des Experiments hat die Versuchsperson neben der Normalisierung durch Erklärungen und Deutungen eine zweite Möglichkeit der Situationsbewältigung, indem sie eine weitere Frage stellen kann. So möchte der Student von dem Berater wissen, ob er mit seinem Vater über sein Problem sprechen soll. Die Zufallsantwort "ja" leuchtet der Versuchsperson ein, so dass er sie als "vernünftig" kommentiert. Allerdings hilft ihm dies nicht wirklich weiter. Angenommen sein Vater stimmt weiteren Verabredungen zu, macht aber gleichzeitig durch seine Gestik deutlich, dass er die Verbindung ablehnt: Soll der Student sich dann weiter mit seiner Freundin verabreden? Die Antwort ist in diesem Fall - wieder zufällig - "ja" und steht damit im Widerspruch zur ersten Antwort, was die Versuchsperson auch bemerkt und - gemäß der Garfinkelschen Vermutung - mit Erklärungen und Deutungen versieht.

> Jetzt bin ich über die Antwort überrascht. Ich habe ein Nein als Antwort erwartet. Vielleicht ist dies so, weil sie meinen Vater nicht genug kennen und er mir als eine Person erscheint, die empfindsam ist und daher solche Dinge sehr vorsichtig angeht ... (1966: 694; Übersetzung vom Verf., B.M.)

In diesem Fall gibt die Versuchsperson dem Versuchsleiter Zusatzinformationen über die Persönlichkeit seines Vaters und versucht auf diese Weise, den Widerspruch aufzulösen. Hinter dieser Erklärung steht ein sozialpsychologisches Wissen der Versuchsperson über ambivalente Äußerungen von Erziehern, die verbal einem Verhalten zustimmen, weil sie es für vernünftig halten, das Kind selbst entscheiden zu lassen. Gleichzeitig verraten sie aber durch ihre Gestik, dass sie das Verhalten emotional ablehnen. Auf diese Weise deckt die Versuchsperson ein bestimmtes Interaktionsmuster zwischen Eltern und Kindern auf.

Neben solchen impliziten soziologischen Erklärungen ergeben sich im Verlauf der Interviews eine Vielzahl direkter Beschreibungen von Normen und Rollenmustern. So weiß der Physikstudent genau, in welchen Punkten er von der Rolle des Musterstudenten abweicht:

> Ich bin nicht so ein guter Theoretiker. Mein Studienverhalten ist entsetzlich. Meine Lesegeschwindigkeit ist schlecht und ich verbringe zu wenig Zeit mit dem Studium. (1966: 697; Übersetzung vom Verf., B.M.)

Diese Schilderung könnte aus einem Handbuch des erfolgreichen Studierens stammen. Der besondere Effekt der Versuchsanordnung besteht nur darin, dass die Versuchspersonen angeregt werden, die - häufig paradoxe - Reaktion des Beraters als Ausdruck normativer Orientierungen oder typischer Verhaltensmuster zu interpretieren, die Ausdruck einer "normativen Ordnung der sozialen Struktur" (1966: 704, Übersetzung vom Verf., B.M.) sind. Entscheidend ist nach Garfinkel, dass die Versuchspersonen nicht nur auf bestehende Strukturen verweisen, sondern aktiv durch ihre Erklärungen und Interpretationen die Widersprüche aufzuheben versuchen und auf diese Weise eine soziale Ordnung wieder herstellen.

Mit Hilfe der dokumentarischen Methode wird somit die zentrale Idee des soziologischen Interaktionismus empirisch dargestellt. Die soziale Ordnung ist keine statische Struktur außerhalb der Handelnden, sondern wird von den Handelnden durch permanente Normalisierungsarbeit erzeugt. Garfinkel betont den Handlungsaspekt innerhalb seiner soziologischen Analyse, indem er die Reaktionen und Interpretationen der Handelnden als Erzeugung und nicht allein als Ausdruck sozialer Ordnung betrachtet.

Technik des Einklammerns

Wenn die interaktionistische Grundannahme zutrifft, so müsste sich das Managen der sozialen Ordnung nicht allein durch Experimente empirisch nachweisen lassen, sondern aus jeder beliebigen Interaktionssequenz ablesbar sein. Zur Interpretation beliebiger Textsequenzen verwendet Garfinkel die Technik des Einklammerns. Es werden solche Textteile eingeklammert, in denen sich ein Handelnder als "Laien-Soziologe" betätigt und die soziale Ordnung durch Typisierungen von Verhaltensweisen, Erklärungen der Rollenmuster oder durch die Begründung von Handlungen durch bestimmte Wertvorstellungen "managt" (1966: 704).

Durchforsten wir die Restaurantszene auf Möglichkeiten zur Einklammerung, indem wir nach soziologischen Erklärungen der Interaktionspartner suchen, so stoßen wir auf die Textpassage in den Zeilen 28 bis 31, die mit folgender Bewertung der Versuchsleiterin endet: "Schließlich bin ich auch ein Gast und ein Kunde." Dieser Hinweis bezieht sich auf vorgegebene Rechte des Gastes sowie Pflichten des Kellners, die wiederum in eine bestimmte Wertvorstellung über Dienstleistungen eingebettet sind. Durch den Appell der Studentin soll ihrer Situationsdeutung Geltung verschafft werden, indem sie sich auf eine allgemein verbindliche soziale Ordnung für diese Klasse von Interaktionssituationen beruft. Eine zweite einklammerungswürdige Äußerung bildet der Satz "Das darf einfach nicht passieren" in dem später am Tisch wiedergegebenen Selbstgespräch der Versuchsperson während des Experiments. Der Professor versucht in Gedanken, seine eigene Situationsinterpretation wiederherzustellen, indem er sich einredet, dass das Verhalten der Versuchsleiterin ungehörig im Sinne der geltenden Verhaltensnormen sei. In der Fortsetzung des Zitats entwirft er dann einen Plan, mit dem er sich unter Ausnutzung der Regeln für das Kellnerverhalten aus der peinlichen Situation befreien kann: "Wenn ich sie zu dem verdammten Tisch führe, wie sie es will, kann ich mich entfernen und ich werde dann alles ganz leicht nehmen, wenn mir das gelungen ist." (Mehan/Wood 1979: 52).

Diese beiden Teilabschnitte der Textsequenz lassen sich unter dem Bezugspunkt "der Handelnde als Laien-Soziologe" eindeutig einklammern. Es stellt sich allerdings die Frage, ob die folgenden Einklammerungen von Textsegmenten gerechtfertigt sind.

Vp: Ich weiß nicht, (Sie sehen, ich warte ...) (Zeile 9)
Vl: (Es kostet Sie nur einen Augenblick, mich an einen Tisch zu führen und meine Bestellung aufzunehmen). (Zeilen 28, 29)

Legt man den Bezugspunkt des Laien-Soziologen an, so dürften diese Textpassagen nicht eingeklammert werden, weil sie keine expliziten soziologischen Erklärungen darstellen. Allerdings unterscheiden sie sich von dem übrigen Text dadurch, dass ein Interaktionspartner dem anderen durch diese Äußerungen sein Verhalten zu erklären oder zu der eigenen Situationsdeutung zu überreden versucht. Es handelt sich also um Steuerungsversuche der Interaktionssequenz durch jeweils einen Partner, die in der Begriffswelt Garfinkels Formen der Darstellung (*accounting*) bilden. Somit ergeben sich bislang zwei Ebenen: erstens die Darstellung des eigenen Standpunkts gegenüber dem Interaktionspartner und zweitens der Verweis auf allgemein geltende soziale Regeln, um die eigene Situationsdeutung gegenüber dem Handlungspartner durchzusetzen. Garfinkel selbst diskutiert mit der Situationsdeutung des Laien-Soziologen nur eine Ebene der Darstellung. Die accounting-Technik legt es aber nahe, weitere Darstellungsformen zu analysieren, die dann durch unterschiedliche Klammerformen symbolisiert werden könnten.

Ein wissenschaftlicher Text bildet ein Beispiel, an dem sich mehrere Ebenen des Einklammerns aufzeigen lassen. In diesem Einführungsbuch in die soziologische Handlungstheorie finden sich eine Vielzahl von Erklärungen und Kommentaren, um die Vorgehensweise und Intentionen des Autors darzustellen. Die allgemeinste Ebene bezieht sich auf die Grundintention, eine Einführung für Soziologiestudenten und Interessenten aus anderen Fächern zu verfassen. Das Herausstellen von "Grundideen", "Begriffen", "Hypothesen" und "Anwendungsbeispielen" soll dem Leser eine Orientierungshilfe bieten, um sich in den dargestellten Theorien besser zurechtzufinden. Die Darstellung des Gliederungsprinzips durch die gezielte Verwendung dieser Begriffe bildet eine Ebene des accounting. Neben der Gliederung des Textes wird als roter Faden auf die Unterscheidung von Handlungs- und Strukturaspekt bzw. Interaktionismus und Strukturtheorie hingewiesen. Diese Leitdifferenz markiert eine wichtige Schnittlinie innerhalb der soziologischen Theoriediskussion.

Eine weitere Ebene der Darstellung besteht aus der impliziten Argumentation, um die Auswahl des jeweils nächsten Argumentationsschritts zu begründen. Ein Beispiel bildet der Anfang dieses Abschnitts, wo der Übergang von zwei nach drei und mehr Ebenen des Einklammerns als logische Konsequenz der Einführung von zwei Ebenen dargestellt wird. Bei Garfinkel findet sich nur eine Ebene des Einklammerns, die sich auf die Erklärungen des Laien-Soziologen bezieht. Die Einführung weiterer Ebenen weicht somit von Garfinkels Ansatz ab.

Aufgrund der Wissenschaftsnorm, eigene Überlegungen von der Wiedergabe der Gedanken anderer zu trennen, muss die Abweichung von Garfinkel gekennzeichnet werden, woraus der Zwang zu einer Darstellung resultiert. Die einfachste explizite Abgrenzungsform besteht darin, die Abweichung von Garfinkel direkt zu beschreiben, indem - wie weiter oben dargestellt - klargestellt wird, dass Garfinkel nur eine Ebene der Darstellung verwendet und dass aber durch die Logik der Argumentation die Einführung weiterer Ebenen nahe gelegt wird.

Eine weitere Ebene der Darstellung bezieht sich auf die innere Logik des jeweils beschriebenen Ansatzes oder Modells, die in dieser Weise im Originaltext nicht zu finden ist und vom Autor zum besseren Verständnis "unterlegt" wird. Floskeln wie "in diesem Zusammenhang ...", "auf diese Weise ...", oder hypothetische Satzkonstruktionen wie "Wenn die Grundhypothese Garfinkels zutrifft, dann ..." stellen diesen ordnenden Eingriff des Autors in das vorgetragene Modell dar und können daher als eine Ebene des accounting aufgefasst werden. Zur Darstellung der Argumentationslogik gehören auch Wörter wie "daher", "somit", "aus diesem Grund", die eine logische Schlussfolgerung markieren, oder Satzanfänge wie "Insgesamt" oder "Zusammengefasst". Die in Tabelle 6 zusammengefassten Ebenen der Darstellung beziehen sich auf dieses Einführungsbuch, lassen sich aber prinzipiell aus jedem wissenschaftlichen Text im Bereich der Gesellschaftswissenschaften herausfiltern, wobei die Ausdrucksmittel von der Zielsetzung des Textes und von dem Stil des Autors abhängen.

Die durchgängige Unterscheidung und Kennzeichnung dieser Argumentationsebenen wird durch die Normen für die Abfassung wissenschaftlicher Texte vorgeschrieben. Die in diesem Zusammenhang wichtigste Norm bildet die "Innovation", ohne die kein wissenschaftlicher Fortschritt möglich ist. Wegen der besonderen Bedeutung dieser Norm muss an jeder Stelle deutlich werden, in welcher Beziehung der jeweilige Gedankengang zu den veröffentlichten Überlegungen anderer Autoren steht: Wird der Argumentationsschritt unverändert übernommen; oder wird er zwar übernommen, aber in eine neue Gesamtargumentation eingebettet? Oder handelt es sich um einen völlig neuen Gedankengang, von dem der Autor glaubt, dass ihn noch kein anderer Autor veröffentlicht hat?

Bezugspunkt der Ebene	Ausdrucksmittel (Beispiele)
Gliederungsprinzip des Gesamttextes	"Grundidee", "Modell", "Anwendungsbeispiel"
"Roter Faden" der Gesamtargumentation	"Handlungs-" und "Strukturaspekt"
Kennzeichnung der Quelle eines Gedankengangs bzw. Abgrenzung vom Originalautor	"nach Garfinkel" bzw. "abweichend von Schütz..."
Unterstellte Argumentationslogik des referierten Ansatzes	"in diesem Zusammenhang...", "daraus ergibt sich...", "somit", "daher", "aus diesem Grund"

Tabelle 6: Ebenen der Darstellung (accounting) in wissenschaftlichen Texten

Die Transparenz der Gliederung und des roten Fadens der Argumentation ermöglicht dem Leser, den jeweiligen Gedankengang in die Gesamtargumentation einzuordnen und auf diese Weise jeden einzelnen Argumentationsschritt kritisch zu überprüfen. Hier sind wissenschaftliche Normen wie "Kommunizierbarkeit" und "Kritikfähigkeit" betroffen. Die Darstellung der logischen Relation zwischen den einzelnen Textabschnitten dient schließlich der "Klarheit" und "logischen Korrektheit", ohne die kein wissenschaftlicher Text nachvollziehbar ist.

Die dokumentarische Methode der Interpretation kann somit als didaktisches Hilfsmittel im Soziologiestudium verwendet werden, indem Studenten die Argumentationsebenen durch unterschiedliche Klammertypen markieren. Der nächste Schritt würde dann darin bestehen, in eigenen Texten die Argumentationsebenen systematisch einzubauen und im Garfinkelschen Sinne darzustellen. Im Hinblick auf die Gliederung, die Hauptargumentation und die logischen Relationen zwischen den Textabschnitten wird dies den meisten Studienanfängern relativ leicht fallen, auch wenn es etwas Zeit kostet, die entsprechenden Ausdrucksmittel der Darstellung in einen fließenden Text zu integrieren. Der Forderung nach Innovation stehen dagegen Studenten am Anfang ihres Studiums etwas ratlos gegenüber. Schließlich möchten sie erst einmal das Fach kennen lernen und mit den wichtigsten Begriffen und Modellen umzugehen lernen, bevor sie neue Theorien oder Modelle entwickeln. Zur Beruhigung sollte man sich die beiden Standardtexte von Habermas (1981) und Münch (1982) genauer ansehen. Zunächst entsteht der Eindruck, die Bücher seien Nacherzählungen von Theorien und Modellen anderer Autoren wie Durkheim, Mead oder Parsons. Bei genauerem Hinsehen stellt man allerdings fest, dass es sich um "Rekonstruktionen" der klassischen Theorien handelt, indem ganz bestimmte Aspekte herausgegriffen und in einem neuen Zusammenhang gestellt werden. Habermas arbeitet aus den klassischen Theorien systematisch die Begriffe, Modelle und Argumentationsansätze heraus, die sich auf die Besonderheiten des kommunikativen Handelns beziehen. So hat nach Habermas bereits Durkheim entdeckt, dass das Wort "ich" einerseits eine Information vermittelt, indem es den Urheber der Äußerung identifiziert, und andererseits eine sozial bindende Funktion in Interaktionen besitzt. Die Interaktionspartner können den Sprecher für das, was er sagt, zur Verantwortung ziehen.

> Jeder, der in der kommunikativen Rolle der ersten Person an sozialen Interaktionen teilnimmt, muß als Aktor auftreten, der gleichzeitig eine ihm privilegiert zugängliche Innenwelt gegenüber Tatsachen und Normen abgrenzt und der gegenüber anderen Teilnehmern Initiativen ergreift, die ihm als eigene, zu 'verantwortende' Handlungen zugerechnet werden. (Habermas 1981b: 138)

Die wissenschaftliche Leistung liegt hier aber in der Auswahl - im Fachjargon: Selektion - von Elementen und Aspekten aus klassischen Theorien, die bei Habermas dann durch eigene Modelle erweitert und in eine übergreifende neue Theorie des kommunikativen Handelns eingebettet werden. Dieser zweite Schritt liegt für Anfängerstudenten natürlich noch in weiter Ferne. Mit dem ersten Schritt der Selektion von Begriffen, Modellen, Argumentationen aus vorgegebenen Texten wird man im Studium schon relativ früh konfrontiert. Entscheidend für die Qualität einer Arbeit ist in diesem Falle, dass die ausgewählten Bausteine zu einer erkennbaren Argumentationslinie verbunden werden, die zwar den Ursprungstext wiedergibt, aber nicht mit ihm identisch ist. Viele Studenten in der Anfangsphase des Studiums unterschätzen die Bedeutung der Selektionsarbeit beim Abfassen von Übungen und Referaten und stufen - gemessen an imponierenden Vorbildern - ihre eigene Leistung als nicht wissenschaftlich oder trivial ein. Die genaue Lektüre der Theoriebücher zeigt - falls man sich nicht von der häufig unnötig komplizierten Sprache abschrecken lässt -, dass die Hauptleistung genau in der Selektion von Gedanken, Begriffen und Argumentationsketten anderer Autoren liegt, die von jedem Studenten in den ersten Semestern bereits verlangt wird.

Die Selektion kann - im Sinne Garfinkels - explizit gekennzeichnet werden oder auch ohne Hinweis erfolgen, so dass der Leser nur durch den Vergleich mit dem Originaltext das jeweilige Auswahlprinzip entdecken wird. Stellt man die vorangegangene Beschreibung der Ethnomethodologie den Originaltexten gegenüber oder vergleicht den Text mit den Darstellungen anderer Autoren (z.B. Mehan und Wood 1979 oder Psathas 1979), so wird man erhebliche Abweichungen feststellen, die auf bestimmte Selektionsprinzipien zurückgehen. Das Gliederungsprinzip der Darstellung von Grundideen, Begriffen, Hypothesen und Anwendungsbeispielen wurde bereits ebenso erwähnt wie die Intention, die interaktionistische Komponente der Ethnomethodologie zu betonen. Ein für die jeweilige Textauswahl durchgreifendes Prinzip besteht in dieser Einführung darin, die praktische Umsetzung der Ethnomethodologie in der empirischen Forschung herauszuarbeiten. Aus diesem Grund wurden die Techniken des Experiments und der Einklammerung gegenüber anderen Themen - wie z.B. der theoretische Hintergrund und die Abgrenzungen gegenüber anderen soziologischen Ansätzen - deutlicher hervorgehoben. Hinter dieser Selektionsentscheidung steht die Auffassung, dass die Soziologie weder ein Teil der Philosophie noch eine historisch beschreibende Disziplin, sondern eine empirische Wissenschaft sein sollte, die mit den Techniken der empirischen Sozialforschung die soziale Realität untersucht. Dies hat nur Aussicht auf Erfolg, wenn vorher das Untersuchungsfeld theoretisch erkundet wird, indem Begriffe definiert, Aussagen formuliert, Hypothesen über Zusammenhänge zwischen Variablen aufgestellt und Operationalisierungen der Variablen vorgenommen werden. Die empirischen Ergebnisse werden - dies zeigt die Entwicklung der empirischen Sozialforschung - nicht allein dazu führen, Hypothesen bzw. Tendenzen zu bestätigen oder zu verwerfen. Die konkrete empirische Forschung führt auch dazu, dass neue Begriffe gebildet und Zusammenhangsstrukturen gesehen werden. Während diese Rückwirkung der empirischen Forschung auf die Theorie von Vertretern des *kritischen Rationalismus* (Kromrey 1980) als relativ geringfügig eingestuft werden, bildet sie bei Garfinkel einen gewollten Haupteffekt. Durch die Beobachtung der Handelnden als Laien-Soziologen soll der professionelle Soziologe zu neuen Begriffen und Aussagen über soziale Mechanismen und Handlungsstrukturen angeregt werden.

Kontextabhängigkeit von Äußerungen

Neben dem Grundbegriff der Darstellung (account) gehört nach Garfinkel der Ausdruck Indexikalität (indexicality) zum Grundrepertoire der dokumentarischen Methode. Mit *Indexikalität* von Äußerungen ist gemeint, dass die Bedeutung der Äußerung von dem Kontext abhängt, in den sie gestellt wird. Ein Beispiel bildet die Aussage "Sie sehen, ich warte ..." in der Restaurantszene, die der Professor in den Kontext seiner Rolle als Gast stellt. Somit bedeutet für ihn die Äußerung, dass er auf seinen Freund wartet, um mit ihm gemeinsam zu Tisch zu gehen. Die Studentin stellt die Aussage in den Kontext der Kellnerrolle und gibt vor, für sie bedeute seine Äußerung, dass er als Kellner auf einen Gast wartet. Im ersten Fall - Gast wartet auf Freund - dürfte nach den geltenden Höflichkeitsregeln die Studentin den Professor nicht weiter belästigen. Im zweiten Interpretationszusammenhang dagegen kann sie sich auf die normativen Vorstellungen über Dienstleistungsberufe stützen und fordern, dass der vermeintliche Kellner sie während seiner Wartepause zu einem Tisch führt.

Goffman bezeichnet die Interaktionstechnik des bewussten Kontextwechsels als "Modulation". Im Zusammenhang mit der Restaurantszene wurden die beiden Modulen "So-Tun-als-ob" und "In-anderen-Zusammenhang-stellen" als Beispiele für sekundäre Regeln des Alltagshandelns erläutert. Die Indexikalität von Äußerungen wie Wörtern, Satzpartikeln oder Satzaussagen bildet somit die Grundlage für die Anwendung der von Goffman beschriebenen sekundären Regeln des Alltagshandelns. Wie sich bereits häufiger gezeigt hat, ist Goffman auch hier in der Beschreibung von Interaktionsregeln genauer und näher an dem konkret beobachtbaren Ereignis als Garfinkel, der sich stärker - in der Tradition von Schütz - für die strukturellen Grundlagen der sozialen Interaktion interessiert und damit dem strukturtheoretischen Denken näher steht.

Um Indexikalität empirisch nachzuweisen, schlägt Garfinkel vor, dem Originaltext der Interaktionssequenz jeweils einen Kommentartext gegenüberzustellen, der den Kontext der jeweiligen Äußerung ausformuliert. Wie das nachfolgende Beispiel zeigt, fällt die Kontextbeschreibung erheblich länger als der Konversationstext aus. Dies zeigt, wie groß beim Sprechen in Alltagssituationen der Anteil des Hintergrundwissens ist, über das man als Mitglied der Lebenswelt selbstverständlich verfügt und das sich ein Beobachter nur mühsam durch Partizipation an der Lebenswelt aneignet.

Konversationstext:
Er: Dana hat es heute geschafft, eine Münze in die Parkuhr zu stecken, ohne daß er hochgehoben werden mußte. (1973: 281)

Erklärungstext:
Als ich heute nachmittag unseren vierjährigen Sohn Dana aus dem Kindergarten heimbrachte, schaffte er es, hoch genug aufzulangen, um eine Münze in die Parkuhr zu stecken, als wir bei einer parkten, während er bisher immer hochgehoben werden mußte, um so weit hinaufzureichen. (1973: 281)

Den Begriff der Indexikalität hat Garfinkel aus der Sprachwissenschaft entlehnt. Dort stellt die Kontextabhängigkeit ein besonderes Problem dar, wenn Regeln gesucht werden, um die Bedeutung eines Satzes ohne die Interpretation eines kompetenten Sprechers zu identifizieren. Diese Regeln werden z.B. im Rahmen von maschinellen Übersetzungen - also Übersetzungen von Texten von einer Sprache in eine andere per Computer - benötigt, da dem Computer die Fähigkeit des Verstehens fehlt. Bislang ist es noch nicht vollständig gelungen, mit Hilfe von maschinellen Übersetzungen Texte zu erzeugen, bei denen der übersetzte Text adäquat den Sinn des Ursprungstextes wiedergibt. Stattdessen haben sich bereits einige Übersetzer darauf spezialisiert, die sinnentstellten Übersetzungen des Computers zu korrigieren.

Innerhalb der Soziologie kommt vor allem Goffman der Verdienst zu, das Problem der Indexikalität präziser zu fassen und die Mechanismen zu beschreiben, wie Interaktionspartner die Kontextabhängigkeit von Äußerungen ausnutzen, um den Handlungskontext "umzumodeln". Wichtig im Sinne des Grundtheorems der Offenheit der Handlungssituation im Rahmen des interaktionistischen Ansatzes ist die doppelte Abhängigkeit von Kontext und Äußerung. Einerseits wird der Sinn einer konkreten Äußerung durch den zugrunde gelegten Kontext festgelegt, andererseits kann der Kontext auch durch eine konkrete Äußerung verändert und neu bestimmt werden. Ein Beispiel für die erste Richtung bildet die maschinelle Übersetzung, für die bislang dieses Problem der Sinnfestlegung aus dem Kontext heraus nicht vollständig gelöst ist. Weitere Beispiele ergeben sich, wenn Interaktionssequenzen protokolliert und anschließend interpretiert werden. So ist die Äußerung "bist du krank?" in dem oben dargestellten Krisenexperiment nur mit weiteren Kontextinformationen zu interpretieren, aus denen hervorgeht, ob es sich um eine echte Informationsfrage oder um eine Unmutsäußerung über das Verhalten des anderen handelt. Die zweite Richtung der Kontextänderung wird mit der Modultechnik relativ präzise beschrieben, indem eine Äußerung bewusst auf einen anderen Kontext bezogen und damit die Handlungssituation geöffnet wird. Es ergibt sich eine neue Dimension der möglichen Verlaufsformen der Interaktion und somit eine Dynamisierung der Situation. Die erste Richtung der Kontextabhängigkeit von Äußerungen können wir dem Strukturaspekt zuordnen, weil hier latente Sinnstrukturen konkrete Äußerungen bestimmen. Die umgekehrte Richtung der Kontextmodifikation fällt dagegen wegen des dynamisierenden Effekts eher unter die Kategorie des Handlungsaspekts.

Quantitative und qualitative Methoden

Am Anfang der Ethnomethodologie steht die Idee, dass mit Hilfe von empirischen Methoden grundlegende Handlungsstrukturen aufgezeigt werden sollen, die von Schütz theoretisch vorformuliert, aber nicht in der sozialen Wirklichkeit nachgewiesen wurden. Diese Gruppe von Handlungsstrukturen sind Bedingungen für Interaktionen und daher allgemeiner als Rollenmuster, durch die den Handelnden Rechte und Pflichten auferlegt werden. Während Rollenstrukturen mit Hilfe empirischer Methoden, wie z.B. Befragung oder Beobachtung bereits während der 50er Jahre des 20. Jahrhunderts gründlich erforscht wurden, waren zu dieser Zeit die Schützschen Kategorien weder in der amerikanischen Soziologie einem größeren Publikum bekannt noch im Rahmen von empirischen Forschungen überprüft worden. Mit der auf Mannheim zurückgehenden dokumentarischen Methode der Interpretation versucht Garfinkel, dieses Defizit innerhalb der soziologischen Handlungstheorie zu beseitigen. Wie die schematische Darstellung in Tabelle 7 zeigt, bilden die Krisenexperimente die erste Stufe der dokumentarischen Methode, indem sie die Schützschen Grundbedingungen sozialer Interaktionen als empirisch bedeutsam nachweisen: Erschüttert man mit Hilfe der breaching-Methode diese Handlungsvoraussetzungen, so entsteht bei den Beteiligten ein Zustand von Desorientierung, Verwirrung und im Extremfall Handlungsunfähigkeit.

Methode	Grundbegriffe	Technik
Krisenexperimente	Kongruenz der Relevanzen, Vertauschbarkeit der Standpunkte, geteiltes Wissen über Interaktionsmuster, Allgemeinwissen als Handlungsgrundlage	Erschüttern der sozialen Realität (breaching)
Dokumentation der Äußerungen von Handelnden als "Laien-Soziologen"	Darstellung (account)	Einklammern von Darstellungen
Dokumentation der Wechselbeziehung zwischen Kontext und Äußerung	Indexikalität (indexicality)	Gegenüberstellung von Äußerung und Hintergrundwissen

Tabelle 7: Dokumentarische Methode der Interpretation

Krisenexperimente sind für das interaktionistische Paradigma nur von begrenztem Nutzen. Einerseits gehen sie von vorformulierten Hypothesen über Handlungsstrukturen aus, anstatt diese Aussagen aus der sozialen Realität zu schöpfen, und zweitens ist die durch breaching provozierte Verwirrung und Handlungslähmung für den interaktionistischen Ansatz von untergeordnetem Interesse. Aussagekräftiger sind die Techniken und Verfahren, die Handelnde zur Herstellung der sozialen Ordnung - also zur Normalisierung -verwenden.

In diesem Sinne muss sich mit Hilfe der dokumentarischen Methode die Frage beantworten lassen, wie die Handelnden die soziale Wirklichkeit *konstruieren*. Aus diesem Grund rücken bei Garfinkel die beiden Begriffe "account" und "indexicality" ins Zentrum der Ethnosoziologie. Beide Begriffe beziehen sich auf die Relation von Äußerungen bzw. Darstellungen zu Tiefenstrukturen, die hinter diesen Oberflächenerscheinungen liegen. Im Falle des accounting kommentiert der Handelnde sein Verhalten durch Erklärungen, Deutungen und Begründungen, und verweist somit auf soziale Normen, Verhaltensmuster oder Deutungsschemata, die der Handelnde als Laien-Soziologe dem professionellen Soziologen vermitteln kann. Indexikalität beschreibt die Wechselbeziehung zwischen einer Äußerung und dem dahinter liegenden Kontext. Auf der einen Seite ist die Kenntnis des Kontextes notwendig, um den Sinn der Äußerung korrekt zu interpretieren. Umgekehrt kann durch Modulation der Äußerung der Kontext verändert und somit eine Öffnung der Interaktionssequenz erfolgen.

An dynamisierenden Handlungsmechanismen sind Goffman und Garfinkel gleichermaßen interessiert, gelangen aber zu unterschiedlichen Begriffen und Analysestrategien. Beide beginnen ihre soziologische Laufbahn, indem sie versuchen, die Parsonssche Struktursoziologie aufzubrechen: Goffman erweitert die Rollen- und Organisationsanalyse um Handlungsaspekte wie Rollendistanz oder Überdetermination und Garfinkel ergänzt das Parsonssche Konzept der Institutionalisierung um eine Methode, die allgemeinere Handlungsstrukturen im Schützschen Sinne empirisch aufzeigen kann. Goffman geht methodisch den Weg, sich auf die subtile Beschreibung von Alltagsritualen bzw. der Dramaturgie des Alltagshandelns zu beschränken und sich nicht weiter mit den normativen Vorgaben der Methoden der empirischen Sozialforschung auseinanderzusetzen. Garfinkel löst sich ebenso wie Goffman von den Regeln der quantitativen Sozialforschung, die auf Messmodellen und Hypothesentests beruhen. Als Alternative entwickelt Garfinkel mit der dokumentarischen Methode der Interpretation ein qualitatives Verfahren der Sozialforschung, in dem weder Messmodelle noch statistische Auswertungsmethoden verwendet werden.

Für Garfinkel steht der Aufwand an Messverfahren und statistischen Auswertungsmethoden im Rahmen der quantitativen Sozialforschung in einem deutlichen Missverhältnis zum Ergebnis: Anstelle einer genauen Beschreibung der sozialen Realität führt die methodische Strenge und statistische Raffinesse gerade umgekehrt zu relativ allgemeinen und trivialen Aussagen. Der Grund für diese Simplifizierung der Ergebnisse liegt darin, dass die Anwendung statistischer Verfahren eine Reihe von Bedingungen voraussetzt, wie z.B. eine Mindestanzahl von Untersuchungseinheiten und bestimmte Antwortverteilungen, um eine ausreichende Variation der Merkmalsausprägungen zu garantieren. Nun kann - so argumentiert der qualitative Forscher - ein theoretisch interessanter Fall aber nur einmal vorkommen und wird daher im Rahmen der quantitativen Analyse unter den Tisch fallen, obwohl gerade dieser Fall zur Entdeckung eines bislang unbekannten sozialen Mechanismus führen kann.

> Nun ist allgemein bekannt, dass bei der überwiegenden Anzahl von Forschern, die methodisch akzeptabel, und - paradoxerweise - präzise durch die Anwendung rigoroser Methoden sind, dramatische Diskrepanzen zwischen den theoretischen Eigenschaften der intendierten soziologischen Ergebnisse und den mathematischen Voraussetzungen sichtbar werden, die erfüllt sein müssen, falls die statistischen Messverfahren zur genauen Beschreibung der zu untersuchenden Ereignisse verwendet werden sollten. (Garfinkel 1966: 711; Übersetzung vom Verf., B.M.)

Dieses Urteil Garfinkels trifft aus den genannten Gründen voll zu. Worin besteht aber die Alternative? Im Kern führen die qualitativen Verfahren zu *Typisierungen* von Verhaltensmustern, Handlungsabläufen oder Zusammenhangsstrukturen zwischen Einflussfaktoren und Effekten. Diese Typisierungen sind in der Regel theoretisch gehaltvoller und daher besonders attraktiv für theoretisch orientierte Soziologen. Ihr Nachteil besteht darin, dass alle Typisierungen einem willkürlichen Selektionsschritt des Forschers unterliegen und nicht durch "neutrale" Mess- und Auswertungsmethoden überprüfbar sind. Für Forscher mit einem naturwissenschaftlichen Wissenschaftsverständnis ist diese Situation nicht akzeptabel. Dort müssen die theoretischen Begriffe von vornherein als messbare Variablen definiert werden, so dass die aufgestellten Hypothesen mit quantitativen Verfahren empirisch überprüfbar sind.

Diese Aussage trifft auf den - wie es in der Wissenschaftstheorie heißt - *Begründungszusammenhang* (Kromrey 1980: 35) zu, in dessen Rahmen Aussagen aufgestellt werden, die jeder andere Forscher mit den entsprechenden Forschungsinstrumenten reproduzieren kann. Natürlich verfügen auch Naturwissenschaftler über intuitive Vorstellungen und Vermutungen, die sie im Begründungszusammenhang nicht nachweisen können. Diese Vorstellungen gehören in den *Entdeckungszusammenhang* (1980: 36), an den keine strengen Regeln der Mess- und Replizierbarkeit angelegt werden. Hierunter fallen die teilweise kuriosen Geschichten, unter welchen äußeren Umständen oder durch welchen konkreten lebensweltlichen Anlass berühmte Entdeckungen entstanden sind. Auch wenn dieser "Wissenschaftsklatsch" zum Verständnis der formalen Theorien und Modelle sehr nützlich sein kann, ist der formale Nachweis im Rahmen des Begründungszusammenhangs unentbehrlich.

In den Sozialwissenschaften bestehen für den Begründungszusammenhang keine allgemein verbindlichen Vorschriften. Die Spannbreite der Soziologen reicht von völliger Ablehnung jeglicher quantitativer Mess- und Auswertungsverfahren bis zu einem rigiden Standpunkt, der den Naturwissenschaften im Hinblick auf methodische Strenge nicht nachsteht. In Ermangelung normativer Verbindlichkeit bleibt schließlich jedem Studenten der Soziologie die Entscheidung selbst überlassen, welche Kriterien an den Begründungszusammenhang zu legen sind. Der jeweilige Standpunkt ist biographisch bedingt und nicht durch soziale Normen determiniert. Eine Einschränkung dieses relativistischen Standpunktes ist allerdings zu beachten: Jede Methode - ob rein qualitativ, rein quantitativ oder als quantitativ-qualitative Mischung - hat ihre eigenen Forschungsregeln, die bei der Anwendung einzuhalten sind.

3.2.4 Ethnomethodologische Organisationsforschung

Die amerikanische Soziologieprofessorin Lynne Zucker gilt in der Organisationssoziologie als Vertreterin der Ethnomethodologie und wird gleichzeitig dem Neo-Institutionalismus zugerechnet. Ihr Artikel "The Role of Institutionalization and Cultural Persistence" aus dem Jahre 1977 hat eine vergleichbare Initialwirkung für den Neo-Institutionalismus wie der Artikel von Meyer und Rowan (vgl. Kap. 2.3.3). Das Studium der Entstehung und des Fortbestands von Kulturen bildet nach Zucker den Kern von institutionellen Analysen (1991: 106).

In ihrem Artikel erforscht die Autorin den Fortbestand von Institutionen und entwickelt dazu ein empirisch-experimentelles Design. Zum Verständnis ihres Vorgehens ist eine weitere Prämisse notwendig, mit der sich Zucker gegen den alten Institutionalismus abgrenzt.

> Es wird argumentiert, dass hier Internalisierung, Selbstschätzung oder andere intermediäre Prozesse nicht wirksam sein müssen, um kulturelle Fortdauer zu garantieren, weil institutionalisiertes Wissen als Teil der objektiven Realität direkt auf dieser Basis vermittelt werden kann. (Zucker 1991: 83, Übersetzung vom Verf., B.M.)

Mit dieser Aussage, nach der soziales Handeln sich aus dem institutionellen Kontext heraus entwickelt und nicht aus individuellen Dispositionen der Akteure erklärt werden muss, steht Zucker in der Schützschen Tradition der Wissenssoziologie, wonach der Handelnde sozial vorgeformte Wissens- und Relevanzstrukturen in seinem Handeln aktiviert.

In Übereinstimmung mit dem Schützschen Postulat der subjektiven Perspektive können für Zucker soziale Institutionen nur durch Handelnde realisiert werden und sind damit grundsätzlich durch die Wissens- und Relevanzstrukturen im Bewusstsein des Handelnden vermittelt. Nicht die individuell-biographischen Elemente des Handelnden, sondern die von mehreren Individuen geteilten Wissens- und Relevanzelemente interessieren Zucker. Damit stimmt sie mit Garfinkel überein, der den Handelnden als Interpreten von sozialen Konventionen im Alltag beschreibt.

Zucker setzt in ihrem empirischen Experiment insgesamt 180 weibliche Versuchspersonen ein, die sich in 4 Gruppen zu jeweils 45 aufteilen. Diese vier Gruppen werden unterschiedlichen Graden von sozialer Beeinflussung ausgesetzt, wie Abbildung 33 zeigt (1991: 90-92). Die vier Arten des Einflusses auf die Teilnehmerinnen werden jeweils durch eine vorangehende Instruktion und durch das Design des Experimentverlaufs erzeugt.

1. Gruppe:	2. Gruppe:	3. Gruppe:	4. Gruppe:
Kein Einfluss	Persönlicher Einfluss	Einfluss durch Organisationskontext	Einfluss durch Funktionsträger der Organisaton
(45)	(45)	(45)	(45)

Abbildung 33: Einteilung der Versuchspersonen nach dem Grad der institutionellen Beeinflussung

Das Experiment selbst misst den so genannten *autokinetischen Effekt*. Die Versuchspersonen befinden sich in einem dunklen Raum, in dem für einen kurzen Moment ein Lichtpunkt aufleuchtet. Es entsteht bei den Teilnehmern die optische Täuschung, dass sich der Lichtpunkt bewegt.

Die Versuchspersonen in den einzelnen Gruppen werden aufgefordert, die Strecke zu schätzen, auf der sich der Lichtpunkt bewegt hat. Dieses von Jacobs und Campbell bereits 1961 entwickelte Experiment (Zucker 1991: 90) wird von Zucker durch die unterschiedlichen Versuchsanordnungen der vier Gruppen erweitert, um die institutionelle Persistenz zu erforschen (1991: 90-92). Die Mitglieder der 1. Gruppe (kein Einfluss) werden informiert, dass sie in einen Raum gebracht werden, in dem ein Licht auftaucht, das sich bewegt. Die Teilnehmer sollen jeweils die Strecke der Bewegung schätzen und aufschreiben. Den Mitgliedern der 2. Gruppe (persönlicher Einfluss) wird mitgeteilt, dass sie an einem Experiment zur Problemlösung durch Gruppen teilnehmen werden. Wenn der Teilnehmer in den Raum eintritt, befindet sich dort bereits ein anderes Mitglied der Gruppe, das zuerst nach seiner Schätzung der Strecke gefragt wird. Anschließend gibt die neu eingetretene Versuchsperson ihre Schätzung bekannt. Nach einer Weile verlässt das erste Gruppenmitglied den Raum, ein neues Gruppenmitglied tritt ein und beide schätzen wieder die zurückgelegte Strecke des Lichtpunkts.

Das Experiment ist so aufgebaut, dass sich beim Eintreten des ersten Gruppenmitglieds in den Raum ein Mitarbeiter der Forschungsgruppe befindet, den das eintretende Gruppenmitglied für ein Mitglied seiner Gruppe hält. In der 1. Gruppe ohne Beeinflussung ergibt sich ein Mittelwert von 4.16 Zoll, was dem durchschnittlichen autokinetischen Effekt ohne Beeinflussung entspricht (Zucker 1991: 93).

Der 2., 3. und 4. Gruppe gibt der Mitarbeiter des Forschungsteams eine Schätzung der Strecke zwischen 9 bis 15 Zoll vor. Der Gruppe wird somit durch das Forscherteammitglied absichtlich ein viel zu großer Wert vorgegeben und es wird ermittelt, wie weit das erste eintretende Gruppenmitglied aufgrund seiner Wahrnehmung von dieser Vorgabe abweicht.

In einem Versuchsdurchlauf werden drei Gruppenmitglieder nacheinander beeinflusst, während jeweils die am längsten im Raum befindliche Versuchsperson den Raum verlässt. Es sind also zum Zeitpunkt der Schätzung jeweils zwei Personen anwesend. Daraus ergibt sich die in Abbildung 34 dargestellte Konstellation (Zucker 1991: 90).

	1. Antwort	2. Antwort
1. Runde	Mitarbeiter des Forscherteams	1. Versuchsperson
2. Runde	1. Versuchsperson	2. Versuchsperson
3. Runde	2. Versuchsperson	3. Versuchsperson

Abbildung 34: Erster Versuchsdurchlauf

Im Anschluss an diesen ersten Durchlauf wird das Experiment in derselben Form mit den nächsten drei Versuchspersonen (Nr. 4, 5, 6) durchgeführt. Da insgesamt 45 Versuchspersonen in der 2. Gruppe zur Verfügung stehen und jeweils drei an einem Versuchsdurchlauf teilnehmen, ergeben sich 15 Versuchsdurchläufe. Die jeweils dritte Versuchsperson pro Durchlauf wird aufgefordert, in der folgenden Woche an einem Wiederholungsexperiment teilzunehmen, so dass aus der 2. Gruppe 15 Versuchspersonen für das Wiederholungsexperiment ausgewählt werden.

Dieser Experimentaufbau ist für die 2., 3. und 4. Gruppe jeweils identisch. Die Versuchsanordnung unterscheidet sich lediglich durch die vorangehenden Instruktionen. Den Teilnehmern der 3. Gruppe (Einfluss durch Organisationskontext) wird mitgeteilt, dass sie als Mitarbeiter in einer Organisation mit der bereits anwesenden Kollegin zusammenarbeiten sollen. Die Einführung der 4. Gruppe unterscheidet sich von der 3. Gruppe, indem der jeweils zuerst anwesenden Versuchsperson die Funktion des Licht-Operators übertragen wird. In den anderen Gruppen wird die Lichtquelle von einem Techniker des Forscherteams bedient.

Auf die 2. bis 4. Gruppe wird jeweils durch die Versuchsanordnung ein unterschiedlich starker institutioneller Einfluss ausgeübt. Die 2. Gruppe unterliegt dem schwächsten

Einfluss der Teamarbeit. Die 3. Gruppe wird durch den Kontext der organisatorischen Zusammenarbeit etwas stärker und die 4. Gruppe durch die Anwesenheit eines Funktionsträgers der Organisation institutionell am stärksten beeinflusst.

Die empirischen Ergebnisse bestätigen die Hypothese Zuckers: Je größer der Grad der Institutionalisierung, desto größer ist die Anpassung der Gruppenmitglieder an den durch das Forschungsteammitglied vorgeschlagenen Schätzwert. Wie in Abbildung 35 dargestellt, ist die Abweichung der mittleren Schätzungen von dem vorgegebenen Wert von 12 Zoll (durch das Forscherteammitglied) am stärksten (6.53 bis 4.58) in der 2. Gruppe und am schwächsten in der 4. Gruppe (10.51 bis 9.79), während die Werte der 3. Gruppe (9.44 bis 8.25) erwartungsgemäß in der Mitte liegen (Zucker 1991: 95).

	Institutionalisierung		
	Persönlicher Einfluss	Einfluss durch Organisationskontext	Einfluss durch Funktionsträger der Organisation
1. Runde	6.53	9.44	10.51
2. Runde	5.31	8.77	10.00
3. Runde	4.58	8.25	9.79

Abbildung 35: Mittlere Streckenschätzung des Lichtpunkts in Zoll

Aus den Messwerten ist zusätzlich zu ersehen, dass die Abweichung zwischen der ersten und dritten Schätzung pro Versuchsdurchlauf in der ersten Gruppe (6.53 - 4.58 = 1.95) größer ist als in der 3. Gruppe (9.44 - 8.25 = 1.19). Die 4. Gruppe (10.51 - 9.79 = 0.72) weist geringere Differenzen auf als die 3. Gruppe. Somit hängt die mittlere Abweichung gegenüber dem Vorgabewert (= 12) und der Verlauf der Abweichung über die drei Runden pro Versuchsdurchlauf auch von dem Grad der Institutionalisierung ab: *Je stärker der Grad der Institutionalisierung, desto geringer ist die Varianz der Schätzungen.*

In dem Wiederholungsexperiment nach einer Woche werden die jeweils 15 Teilnehmer aus der 2., 3. und 4. Gruppe wie die 1. Gruppe in der vorangehenden Woche eingewiesen. Die Versuchsteilnehmer sollen demnach ihre Schätzung vornehmen, ohne sich mit einem anderen Gruppenmitglied abzustimmen. Erwartungsgemäß weichen die Mitglieder der 2. Gruppe nur gering von dem Urteil der Vorwoche ab, während die 3. Gruppe erheblich und die 4. Gruppe gravierend von den mittleren Schätzwerten der vorangegangenen Woche abweichen (Zucker 1991: 99).

Gleich nach den individuellen Schätzungen stößt das Mitglied des Forschungsteams wieder hinzu und das Experiment wird auf die gleiche Weise wie in der Vorwoche noch einmal durchgeführt. Anders als in der Vorwoche schlägt das Forschungsteammitglied sehr niedrige Werte von durchschnittlich 2.5 Zoll vor. Die Mitglieder der 4. Gruppe mit dem höchsten Instituionalisierungsgrad weichen von ihren vorangehenden (individuellen) Schätzungen nicht ab, während sich die Mitglieder der 3. und noch stärker der 2. Gruppe von dem Forschungsteammitglied beeinflussen lassen (Zucker 1991: 100).

Die stark institutionalisierten Gruppen betrachten ihre vorangehende Schätzung somit als das im institutionellem Kontext korrekt ermittelte Ergebnis, von dem sie auch unter dem Einfluss des Forschungsteammitglieds nicht mehr abweichen wollen. Die Hypothese eines starken Zusammenhangs zwischen dem Institutionalisierungsgrad und dem kulturellen Fortbestand (Persistence) wird durch das Experiment empirisch bestätigt.

Der Organisationssoziologe Klaus Türk schließt sich in seiner Analyse dieses Experiments dem Standpunkt von Zucker an, dass sich die *Dauerhaftigkeit* als einziges durchgehendes Merkmal der Institutionalisierung in den Sozialwissenschaften erwiesen hat (2000: 128). Das dargestellte Laborexperiment untersucht nach Türks Interpretation allerdings nicht, "inwieweit institutionalisierte Praktiken oder Interpretationen weitergegeben werden, sich stabilisieren und gegen Veränderungen resistent sind" (2000: 129). Stattdessen veranschaulicht das Experiment, "welche zurichtende Macht die gesellschaftlich institutionalisierte Organisationsform im Hinblick auf individuelle Verhaltensäußerungen, hier: Urteilsbildungen, hat" (2000: 129). Diese Analyse Türks widerspricht der von Zucker im Nachwort zum Originalaufsatz aufgestellten These, dass sich ihr *Mikroinstitutionalismus* im Gegensatz zum Makroinstitutionalismus der anderen Neo-Institutionalisten gerade auf die *Prozesse* der Entstehung und Reproduktion von Institutionalisierung konzentriert und Institutionalisierung nicht als statischen Zustand betrachtet (1991: 104).

Man sollte Zucker zugestehen, dass ihre *Forschungsintention* auf die Analyse der Prozesse institutioneller Verhaltensstabilisierung und Resistenz gegenüber Abweichungen ausgerichtet ist. Durch das Design des Experiments wird gemäß dieser Zielsetzung eine zeitliche Abfolge von Schätzungen der Versuchspersonen in jeweils unterschiedlichen institutionellen Kontexten ermittelt. Wie die Versuchsanordnung zeigt, ist die empirische Messung dieser Abfolge sehr aufwendig und erfordert hohe methodische Sorgfalt.

Die von Türk eingeforderte Fragestellung, wie die Verhaltensänderungen der Versuchspersonen im einzelnen zustande gekommen sind, hätte möglicherweise mit begleitenden Interviews der Versuchspersonen genauer untersucht werden können. Die Interpretation solcher Interviews setzt allerdings explizite Modelle über diese Prozesse voraus, auf die Zucker in der Dokumentation ihres Experiments nicht eingegangen ist.

Stattdessen hat das Experiment den Nachweis des Effekts von organisatorischen Kontexten auf das Handeln der Akteure geliefert, wie auch Türk (2000: 129) anerkennt. Nach dem im 1. Kapitel dargestellten Mikro-Makro Modell von Coleman und Esser handelt es sich bei dem Experiment Zuckers um eine empirische Analyse der Logik der Situation, ohne allerdings die Entscheidungsprozesse der Akteure im Einzelnen zu rekonstruieren. Wie in Kap. 6.6 dargestellt wird, versucht Esser mit dem Frame/Skript-Modell diese Lücke zu schließen.

3.3 Kommunikatives Handeln (Habermas, Lyotard)

Wenn es eine internationale Rangliste der bekanntesten deutschen Soziologen nach dem 2. Weltkrieg gäbe, so würde Jürgen Habermas die Liste anführen. Als Vertreter der "Frankfurter Schule" in der Tradition von M. Horkheimer und T.W. Adorno hat Habermas die *kritische Theorie* in Streitgesprächen und Diskussionen verteidigt und weiterentwickelt. Speziell mit der Parsonsschen Rollentheorie (Habermas 1973) und der Luhmannschen Systemtheorie (Habermas/Luhmann 1974) hat sich Habermas kritisch auseinandergesetzt.

In seinem zweibändigen Werk "Theorie des kommunikativen Handelns" (1981a, b) rekonstruiert Habermas die klassischen Handlungstheorien mit den Schwerpunkten der Weberschen Rationalitätsthese, der kollektivistisch-funktionalistischen Theorietradition von Durkheim und Parsons und der interaktionistisch-lebensweltlichen Soziologie von Mead und Schütz. Diese gründliche Auseinandersetzung mit den soziologischen Klassikern nutzt Habermas, um seine *kommunikative Handlungstheorie* weiterzuentwickeln. In einem zweiten Schritt greift Habermas das Begriffspaar der System- und Sozialintegration auf und entwickelt daraus die Dichotomie von *System und Lebenswelt*.

Kommunikative Handlungstheorie

In Kap. 3.2 (vgl. Tabelle 4) wurde die Einteilung der Sprachakte zur Gruppierung der Stufen der Zeichensetzung von Schütz verwendet. Habermas unterscheidet drei Dimensionen der Kommunikation (1981a: 389):
(1) Aussage ("etwas sagen")
(2) Handlung ("handeln, *indem* man etwas sagt")
(3) Absichtshandeln ("etwas bewirken, *dadurch daß* man handelt, indem man etwas sagt")

Wie in Abbildung 36 (Habermas 1981a: 414-415, 439, 448) dargestellt ist, verwendet Habermas unterschiedliche Begriffe, um diese drei Dimensionen des kommunikativen Handelns zu beschreiben.

Beschreibung	*Sprechakt*	*Geltungsanspruch*	*Form*	*Einstellung des Sprechers*	*Handlungstypen*
"etwas sagen"	lokutionär	konstativ (Konstativa)	elementare Aussagen	objektivierende Einstellung	Konversation
"handeln, *indem* man etwas sagt"	illokutionär	expressiv (Expressiva)	elementare Erlebnissätze (1. Person Präsens)	expressive Einstellung	dramaturgisches Handeln
"etwas bewirken, *dadurch daß* man handelt, indem man etwas sagt"	perlokutionär	regulativ (Regulativa)	elementare Aufforderungs-Absichtssätze	normenkonforme Einstellung	normenreguliertes Handeln

Abbildung 36: Dimensionen kommunikativen Handelns

Diese drei Dimensionen lassen sich an folgendem alltagsweltlichem Beispiel verdeutlichen. Stellen wir uns vor, ein Paar befindet sich in der gemeinsamen Wohnung und plant einen Spaziergang. Die Partnerin schaut zum Fenster hinaus und sagt zu ihrem Partner: "es regnet". Die *Aussage*dimension beinhaltet die reine Information, dass es draußen regnet, vergleichbar mit den Informationen des Wetterberichts. Zu einer *Handlung* wird dieser Satz, indem die Partnerin für den Wahrheitsgehalt einsteht und mit dieser Handlung im Weberschen Sinne einen Sinn verbindet. Häufig wird diese zweite Dimension mit dem Personalpronomen "ich" verbunden, um den Bezug zur eigenen Person und damit die persönliche Verbindlichkeit auszudrücken. Um zu beschreiben, welche Bedeutung die Partnerin genau mit diesem Satz verbindet, benötigen wir weitere Informationen über die Art ihrer Rede und den jeweiligen Kontext. So könnte die Aussage nur als Sachverhalt, also als Wetterbericht gemeint sein. Sie könnte aber auch ein subjektives Unbehagen ausdrücken, dass der schöne Spaziergang durch das schlechte Wetter beeinträchtigt wird. Schließlich könnte der Satz auch die Absicht ausdrücken, den Plan des Spaziergehens in Frage zu stellen.

Die dritte Dimension bezieht sich auf die Wirkung der Aussage auf einen sozialen Partner. Mit der Aussage "es regnet" könnte der Partner aufgefordert werden, durch Kleidung und Mitnahme eines Schirmes sich auf den Regen einzustellen; oder der geplante Spaziergang soll noch einmal diskutiert und vielleicht verschoben werden, bis der Regen aufhört.

Mit den in Abbildung 36 dargestellten Begriffen "Konstative", "Expressiva" und "Regulativa" bezeichnet Habermas die drei Dimensionen des kommunikativen Handelns. Auf der Ebene des Bezugsrahmens verankert Habermas diese kommunikativen Akte in der *objektiven Welt* (konstativ), *subjektiven Welt* des Individuums (expressiv) und in der *sozialen Welt* (regulativ). Je nach Dominanz einer dieser Dimensionen ergeben sich *Handlungstypen* mit entsprechenden *Einstellungen* des Individuums (vgl. Abbildung 36). Das dramaturgische Modell Goffmans ist besonders geeignet, die subjektive Welt im Verhältnis zur sozialen Situation der Kommunikation darzustellen. Die soziale Welt des normenregulierten Handeln lässt sich dagegen besser mit dem normativen Paradigma beschreiben. Habermas ergänzt den Bezugsrahmen um die "objektive Welt" der Sachaussagen mit dem zugeordneten Handlungstyp der *Konversation*.

Den so aufgespannten Bezugsrahmen spezifiziert Habermas mit dem in Abbildung 37 dargestellten expliziten Modell des kommunikativen Handelns (1981b: 193). Zwei Akteure A_1 und A_2 vollziehen in einer bestimmten sozialen Situation zwei aufeinander bezogene kommunikative Akte KA_1 und KA_2 und aktivieren dabei jeweils die subjektiven Welten von A_1 und A_2, die gemeinsame soziale Welt ($A_1 + A_2$) und die objektive Welt. Den Kern des Modells bildet die *Kommunikation* als elementare Handlungseinheit, die durch *Sprache* vermittelt und in eine gemeinsamen *Kultur* der Lebenswelt eingebettet ist.

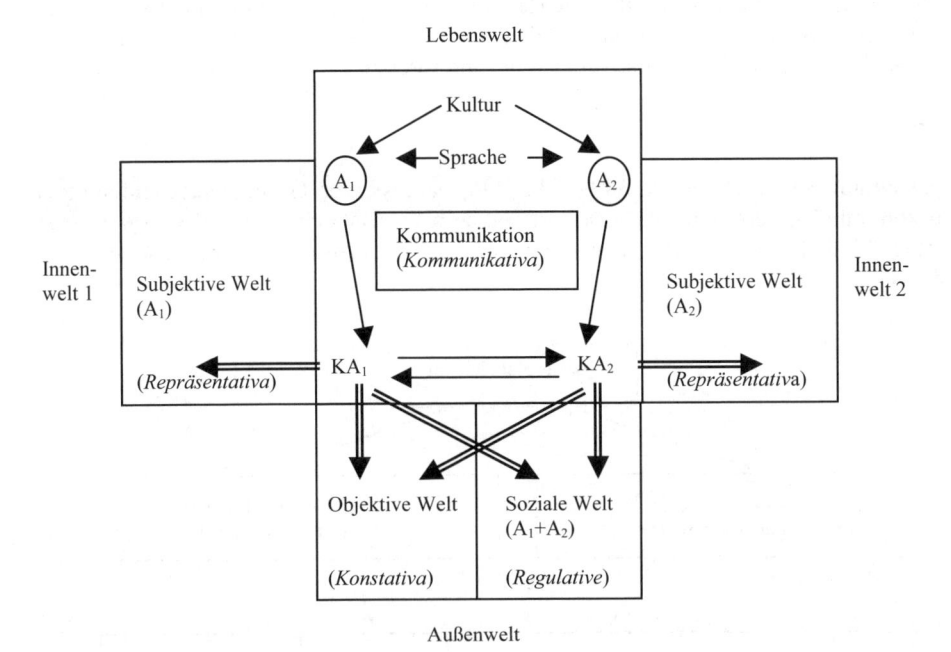

Abbildung 37: Modell des kommunikativen Handelns[82]

Mit diesem Modell des kommunikativen Handelns knüpft Habermas an seine Unterscheidung zwischen strategischem und verständigungsorientiertem Handeln an: In der Lebenswelt des Alltags ist noch verständigungsorientieres Handeln möglich, während die Welt der sozialen Systeme durch strategisches Handeln bestimmt wird. Das konkrete kommunikative Handeln lässt sich analytisch verorten, indem die Anteile der Konversation sowie der Dramaturgie und Normenreguliertheit gewichtet werden. Obwohl grundsätzlich alle drei Dimensionen vom Handelnden aktiviert werden, wird in den meisten lebensweltlichen Situationen eine Dimension dominieren.

In dem Beispiel des Spazierengehens wurde die Dimension der Konversation mit dem Stichwort "Wetterbericht" charakterisiert. Die Partnerin könnte auf die subjektive Welt verweisen, wenn sie zum Ausdruck bringt, dass sie keine Lust hat, im Regen spazieren zu gehen. Auf die soziale Welt im Sinne des normenregulierten Handelns würde sie Bezug nehmen, wenn sie ihre Absicht mit "im Regen geht man nicht spazieren" begründen würde. Eine andere Variante der normativen Dimensionen ergibt sich, wenn der Partner die subjektive Äußerung "ich habe keinen Spaß, im Regen spazieren zu gehen" zurückweist und die Partnerin dann normativ ihren Anspruch als legitim begründet. Dies könnte z.B. mit dem Hinweis geschehen, dass jeder Partner ein Recht hat, seine Bedürfnisse einzubringen und der andere Partner darauf Rücksicht nehmen sollte.

---

82 Die in Klammern gesetzten Dimensionen des Geltungsanspruchs (Repräsentativa, Konstativa und Regulativa) sind vom Verfasser, B.M., der Originalabbildung von Habermas hinzugefügt worden.

Wie dieses einfache Beispiel zeigt, geht Habermas im Modell des kommunikativen Handelns mit dem Bezug auf die soziale Welt über die Sprechakttheorie hinaus. Hier nutzt Habermas die Tradition des normativen und des interpretativen Paradigmas.

Diskurs

Aufbauend auf der in Abbildung 38 (1981a: 446) dargestellten Grundunterscheidung zwischen kommunikativem und strategischem Handeln hat Habermas die *Diskurstheorie* als explizites Modell des verständigungsorientierten im Gegensatz zum erfolgsorientierten Handelns entwickelt.

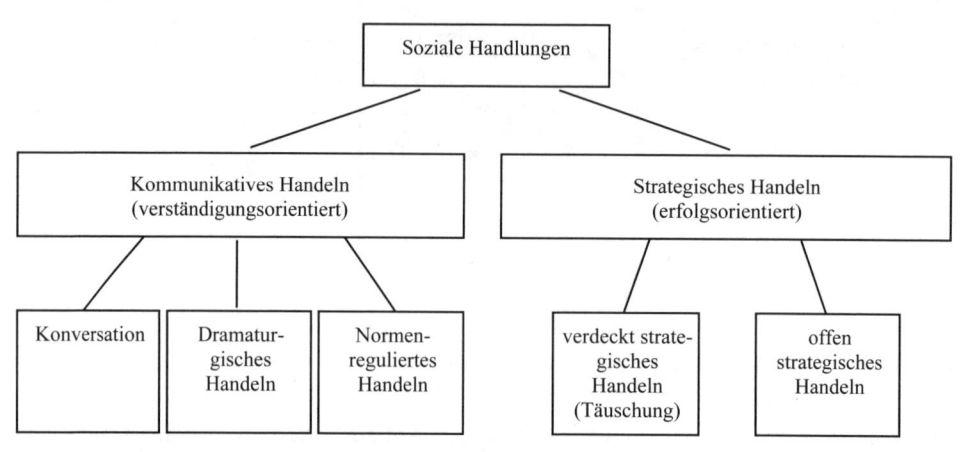

```
                        Soziale Handlungen
                       /                  \
        Kommunikatives Handeln      Strategisches Handeln
        (verständigungsorientiert)  (erfolgsorientiert)
         /       |       \            /              \
   Konversation  Dramatur-  Normen-    verdeckt strate-  offen
                 gisches    reguliertes gisches          strategisches
                 Handeln    Handeln     Handeln          Handeln
                                        (Täuschung)
```

Abbildung 38: Grundunterteilung des sozialen Handelns

Die Diskurstheorie ist im Rahmen der wissenschaftstheoretischen Position der "Konsenstheorie der Wahrheit" (Habermas 1984: 159) entwickelt worden, die sich sowohl gegen den Anspruch der absoluten Wahrheitssuche durch Wissenschaft als auch gegen die positivistische Position richtet, wissenschaftliche Hypothesen mit geeigneten Methoden widerlegen oder bestätigen zu können. Mit Hilfe des Diskurses lässt sich unter vernünftigen Diskussionsteilnehmern ein Konsens erreichen, der nach Habermas das einzige Kriterium für die Gültigkeit wissenschaftlicher Aussagen ist.

Der Diskurs lässt sich auch außerhalb des wissenschaftstheoretischen Kontextes als Gesprächsmodell anwenden. So lassen sich Workshops in Organisationen, in denen kreative Ideen und Lösungen erarbeitet werden sollen, nach den Regeln des Diskursmodells gestalten. Obwohl diese Anwendung nahe liegt, haben sich in der Organisationsentwicklung andere Modelle durchgesetzt, wie z.B. die "organisatorische Dialektik" von Argyris und Schön (1978: 42, 145) oder der Dialog (Isaacs 2002).

Der Diskurs als explizites Modell beruht auf den Bedingungen der *idealen Sprechsituation*, die in Abbildung 39 zusammengefasst sind (Habermas 1974: 136-41, 1984: 177-78).

```
┌─────────────────────────────────────────────────────────────────┐
│                      Ideale Sprechsituation                     │
└─────────────────────────────────────────────────────────────────┘
              ⇧                                  ⇧
┌──────────────────────────────┐   ┌──────────────────────────────┐
│ 1  Ausschluss systematischer │   │ 2  Ausschluss von Täuschungen│
│    Verzerrung, z.B. durch    │   │                              │
│    Zwang ("herrschaftsfrei") │   │                              │
└──────────────────────────────┘   └──────────────────────────────┘
              ⇧                                  ⇧
┌──────────────────────────────┐   ┌──────────────────────────────┐
│ Alle Gesprächsteilnehmer     │   │ Verständigungsorientiertes   │
│ haben die gleichen Chancen   │   │ Handeln (anstelle von        │
│ zur Verwendung von           │   │ strategischem Handeln)       │
│    1.1 Kommunikativa         │   │                              │
│    1.2 Konstativa            │   │                              │
│    1.3 Repräsentativa        │   │                              │
│    1.4 Regulativa            │   │                              │
└──────────────────────────────┘   └──────────────────────────────┘
```

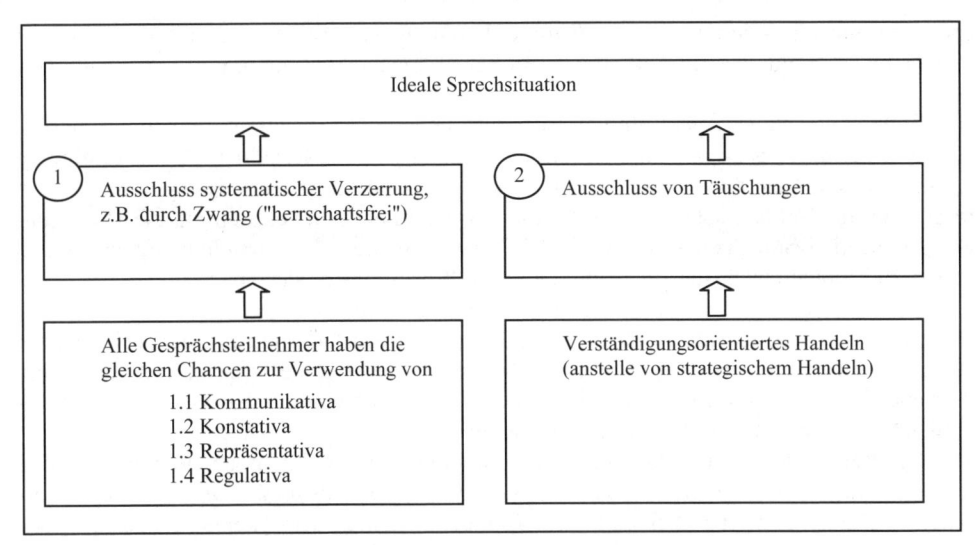

Abbildung 39: Ideale Sprechsituation

Mit den Bedingungen der Herrschaftsfreiheit greift Habermas auf das Modell des kommunikativen Handelns (vgl. Abbildung 36) zurück, indem alle Gesprächsteilnehmer die gleichen Chancen haben sollen, im Diskurs die Sprechakte Konstativa, Repräsentativa und Regulativa einzusetzen. Zusätzlich gilt diese Voraussetzung auch für "Kommunikativa", so dass die Akteure sich so verständigen, dass sie "den pragmatischen Sinn der intentionalen Beziehung ... intentional mitteilen und entsprechend auffassen können." (Habermas 1974: 197). Die freie Verwendung von *Kommunikativa* bedeutet, dass die Teilnehmer im Diskurs überhaupt zu Wort kommen und mit kommunizieren können. Diese Bedingung ist in vielen Gesprächskontexten nicht selbstverständlich. So kommen Kinder in Familiengesprächen häufig nicht zu Wort. In Organisationen können hierarchisch hochgestellte Personen ihre Definitionsmacht in Besprechungen dazu nutzen, bestimmten Teilnehmern das Wort zu entziehen. Verhindern lassen sich solche Herrschaftsstrukturen durch bestimmte Regeln des Umgangs in den entsprechenden Situationen, wie das Gebot der freien Verwendung von Kommunikativa durch jeden Teilnehmer.

Bleiben wir bei dem Beispiel der Besprechung in einer Organisation mit Teilnehmern aus unterschiedlichen Hierarchiestufen und mit unterschiedlichen Fachkenntnissen. Die freie Verwendung von *Konstativa* bedeutet, dass auch Aussagen von Teilnehmern ernst genommen werden, die auf dem jeweiligen Gebiet nicht als Fachleute gelten. Dies wird in Besprechungen ohne explizite Diskursregeln z.B. dadurch abgesichert, dass man Fachfremden gute Ideen zutraut, weil sie im Gegensatz zu den Experten nicht "betriebsblind" sind.

Der Einsatz von *Repräsentativa* ist in Organisationsbesprechungen durchaus prekär, weil den Teilnehmern persönliche Beiträge häufig nur eingeräumt werden, wenn sie über ausreichende Erfahrungen und Verdienste verfügen, um sich ein persönliches Urteil "erlauben" zu dürfen. Schließlich setzt sogar die Verwendung von Regulativa im Sinne des Verweises auf Normen und Regeln der Organisation voraus, dass man als Mitglied ernst genommen wird. So berufen sich neue Mitglieder in Organisationen z.B. auf Regeln, die sie z.B. in einem Organisationshandbuch gelesen haben. Dies löst bei den alten Hasen möglicherweise nur ein Schmunzeln aus, weil sie bereits gelernt haben, dass diese Regeln nur "Schrankware" sind, also als Dokumente im Schrank stehen und nicht wirklich gelebt werden.

Stellt man sich das Spektrum von Besprechungen in Organisation vor, so ist es plausibel, dass die *ideale Sprechsituation* eher die Ausnahme als die Regel ist. Da nur bestimmte Gesprächssituationen den Einsatz der Diskursregeln rechtfertigen, ist dies auch nicht überraschend. Für die klassische wissenschaftliche Diskussion bietet es sich an, die Bedingungen der idealen Sprechsituation als Regeln zu vereinbaren. In Wirtschaftsorganisationen sind dazu Problemlösungsgespräche und Kreativ-Workshops prädestiniert.

Es ist in der Praxis üblich, dass in bestimmten Besprechungen oder Workshops der Diskussionsleiter bzw. Moderator die Gesprächsregeln vor dem Start mit den Teilnehmern diskutiert, die festgelegten Regeln für alle Teilnehmer sichtbar aufschreibt und vorschlägt, dass alle Teilnehmer die Einhaltung der Regeln verbindlich vereinbaren. Solche Regelkataloge gehören zum Handwerkszeug von Moderatoren.

Die Regeln der idealen Sprechsituation garantieren nach Habermas einen herrschaftsfreien Diskurs, wobei er grundsätzlich den *theoretischen* und *praktischen* Diskurs unterscheidet. Der theoretische Diskurs ist auf kognitive Themen der Erkenntnis und fachliche Problemlösungen spezialisiert, während praktische Diskurse Bewertungs- und Urteilsfragen zum Gegenstand haben (1984: 164).

Stufen der Radikalisierung	theoretischer Diskurs	praktischer Diskurs
Handlungen	Behauptungen	Gebote/Verbote
Begründungen	theoretische Erklärungen	theoretische Rechtfertigungen
substantielle Sprachkritik	metatheoretische	methaethische/metapolitische
	Veränderung des Sprach- und Begriffssystems	
Selbstreflexion	Erkenntniskritik	erkenntnispolitische Willensbildung

Abbildung 40: Theoretischer und praktischer Diskurs

Die Regeln der idealen Sprechsituation liegen beiden Diskurstypen zugrunde. Die Unterschiede ergeben sich aus der Art der Handlungen und Begründungen, aus der Art der Metakommunikation in Form von substantieller Sprachkritik und aus der Art der Selbstreflexion. Im theoretischen Diskurs werden propositionale Aussagen mit theoretischen Begründungen erklärt, während im praktischen Diskurs Gebote/Verbote mit Hilfe des kulturell verankerten Wertesystems gerechtfertigt werden können. Ein Beispiel für den theoretischen Diskurs ist eine Produktentscheidung in einem Unternehmen mit Hilfe von technisch-ingenieurwissenschaftlichen oder kaufmännisch-betriebswirtschaftlichen Argumenten. Wird ein Produkt strategisch bewertet, kann dazu ein praktischer Diskurs geeigneter sein. Falls das Unternehmen eine in der Unternehmenskultur verwurzelte Identität besitzt und diese Identität in eine explizite Strategie gegossen hat, so wird diese Strategie in operativen Diskussionen als normative Prämisse vorausgesetzt. In diesem Fall wird die konkrete Produktentscheidung im Hinblick auf die strategische Ausrichtung begründet.

Diskurse müssen nach Habermas grundsätzlich Metakommunikation und Selbstreflexion als Ebenen der Radikalisierung der Diskussion zulassen. Beide Ebenen erlauben es den Teilnehmern, Geltungsansprüche zu problematisieren (Habermas 1974: 115). Damit ist gemeint, dass über die richtige Begründung diskutiert wird. Sollte in dem Beispiel die Produktentscheidung nach technisch-ingenieurmäßigen oder kaufmännisch-betriebswirtschaftlichen Kriterien erfolgen?

Dies ist eine Standardfrage in Wirtschaftsunternehmen. Aus den Regeln des Diskurses lässt sich keine Entscheidung für eines der beiden Kriterien ableiten. Stattdessen schreiben die Diskursregeln vor, dass es allen Teilnehmern erlaubt ist, über die Entscheidungskriterien offen zu diskutieren, wenn sich auf der Handlungs- und Begründungsebene kein Konsens einstellt. Im theoretischen Diskurs beziehen sich die beiden Metaebenen auf kognitive Systeme und auf Erkenntniskritik, während sich im praktischen Diskurs die Metakommunikation auf metaethische bzw. politische Begriffssysteme und die Selbstreflexion auf erkenntnispolitische Willensbildung konzentriert.

Wie in Abbildung 41 dargestellt ist, verlangt das Diskursmodell erstens die Respektierung einer idealen Sprechsituation und zweitens die Möglichkeit, Geltungsansprüche mit Hilfe von Metakommunikation und Selbstreflexion zu thematisieren.

```
┌─────────────────────────────────────────────────────────────┐
│              Diskurs (theoretischer oder praktischer)        │
└─────────────────────────────────────────────────────────────┘
                    ⇧                           ⇧
┌──────────────────────────────┐  ┌──────────────────────────────────┐
│ Ideale Sprechsituation       │  │ Problematisierung von Geltungsansprüchen │
│ • Verwendung von Kommunikation,│  │ • Metakommunikation            │
│   Konstativa, Repräsentativa und│  │ • Selbstreflexion              │
│   Regulativa                 │  │                                  │
│ • Ausschluss von strategischem │  │                                  │
│   Handeln                    │  │                                  │
└──────────────────────────────┘  └──────────────────────────────────┘
```

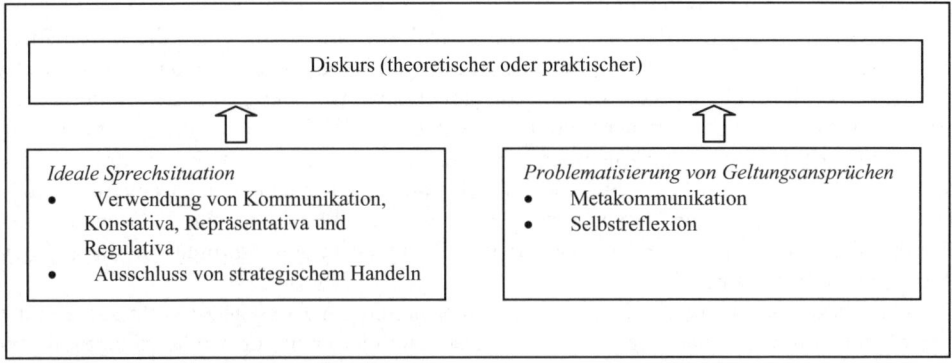

Abbildung 41: Diskursmodell

Dem Diskursmodell wird häufig entgegengehalten, dass konkrete Diskussionen dieses Ideal nicht erreichen können. Diese Kritik ist nicht haltbar, da ein Regelsystem grundsätzlich nicht vollständig in der Praxis umsetzbar ist. Trotzdem ist es sinnvoll, für bestimmte Gesprächssituationen einen solchen Regelkatalog zu vereinbaren, um das gemeinsame Ziel so weit wie möglich zu erreichen. Wie an dem Beispiel der Workshopmoderation deutlich geworden ist, handelt es sich bei diesem Vorgehen um eine praktikable Methode. Besonders beliebt ist die Verwendung von gelben und roten Kärtchen, um Regelverstöße einzelner Teilnehmer zu thematisieren und abzustellen. Hier kommt den Moderatoren der Bekanntheitsgrad des Fußballspiels zugute.

Die Vereinbarung und Umsetzung der Diskursregeln setzt voraus, dass sich die Teilnehmer von ihren sonstigen Rollen, z.B. als hierarchisch hochgestellte Personen oder als renommierte Experten lösen und bereit sind, bei Rückfällen in diskursfremde Rollen auf die Hinweise des Moderators oder der anderer Teilnehmer positiv zu reagieren und ihr Verhalten im Sinne der Diskursregeln zu korrigieren. Die Loslösung von anderen Rollen zugunsten der Diskursregeln nennt Habermas *Virtualisierung*. Dies umfasst die "Virtualisierung von Geltungsansprüchen" durch die Möglichkeit zur Metakommunikation und Selbstreflexion (1974: 117). Alternativ zu dem Begriff "Virtualisierung" verwendet Habermas den Ausdruck *kontrafaktisch* (1984: 181), um deutlich zu machen, dass der Diskurs ein Modell ist, aus dem sich einerseits ein Regelsystem für bestimmte Diskussionstypen und andererseits ein Kategoriensystem für empirische Analysen von Besprechungen ableiten lassen.

Sozial- und Systemintegration

Mit seiner elementaren Typologie "System und Lebenswelt" hat Habermas (1981a) eine entscheidende Trennungslinie innerhalb der soziologischen Theorie formuliert. Die beiden Kategorien charakterisieren unterschiedliche Lösungen der soziologischen Grundfrage, wie soziale Ordnung möglich ist. Im lebensweltlichen Kontext wird *Sozialintegration* geleistet durch "Mechanismen der Handlungskoordinierung, die die *Handlungsorientierungen* der Beteiligten aufeinander abstimmen" (1981b: 179). Nach Habermas ist die Sprache das wichtigste Medium, um einen normativ gesicherten Konsens herzustellen (1981b: 226). Diese Fähigkeit der Sprache, Sinnwelten von Individuen kommunikativ zu verschränken und normativen Regeln Geltung zu verleihen, stellt Habermas im Zusammenhang mit seiner Durkheim-Rekonstruktion dar.

Die Verwendung des Personalpronomens "ich" vermittelt zum einen die Information, dass sich eine Aussage auf den Sprecher und nicht auf eine andere Person bezieht. So ist der Aussage "Ich schlage vor, dass..." zu entnehmen, wer den Vorschlag unterbreitet. Gleichzeitig bezieht der Sprecher Stellung, indem er für den Vorschlag die Verantwortung übernimmt. Ist der Vorschlag fruchtbar, wird das Ergebnis seine Kompetenz stärken; führt der Vorschlag zu einem Fehlschlag, so fällt dies auf den Vorschlagenden negativ zurück. Im Extremfall wird er zur Verantwortung gezogen. Somit erfordert die Verwendung des Personalpronomens "ich" die Bereitschaft und Fähigkeit, Verantwortung für die eigenen Aussagen zu übernehmen.[83]

Auf dieser Basis sind die Interaktionspartner bereit, der Aussage zu vertrauen und die geforderten Anschlusshandlungen durchzuführen. Die Fähigkeit zur persönlichen Stellungnahme und Verantwortlichkeit basiert auf der Entwicklung von personaler Identität, die die Integrität des Individuums sicherstellt (1981b: 151). Die Entwicklung personaler Identität ist somit notwendig, und die Sprache nicht nur grammatisch richtig, sondern auch sozial kompetent zu verwenden. Habermas spricht in diesem Zusammenhang von dem in der Sprache angelegten "Zwang zur Individuierung" (1981b: 138). Das Pendant zum Zwang der Individuierung bildet im sozialen Kontext die Fähigkeit der Sprache, die Interaktionspartner zu bestimmten Handlungen zu motivieren.

Zur Entlastung der sprachlichen Konsensbildungsprozesse haben sich in modernen Gesellschaften "entsprachlichte Kommunikationsmedien" entwickelt. Habermas übernimmt weitgehend von Parsons die generalisierten Austauschmedien Geld, Macht, Einfluss und Wertbindung[84], die bei Parsons auf die gesellschaftlichen Subsysteme funktional spezialisiert sind. Während nach Parsons für alle Medien ein einheitliches theoretisches Modell (vgl. Kap. 4.1) gilt, ordnet Habermas Geld und Macht der Systemintegration und Einfluss und Wertbindung der Sozialintegration zu. Geld und Macht basieren auf "empirisch motivierten Bindungen" (1981b: 272). Dies bedeutet, dass die Akteure einer systemischen Lo-

---

83   Dies entspricht der in Abbildung 36 dargestellten expressiven Dimension des kommunikativen Handelns. Das entsprechende Habermas-Zitat ist in Kap. 3.2.3 im Zusammenhang mit dem Begriff der Darstellung von Garfinkel dokumentiert.
84   In der schematischen Übersicht verwendet Habermas (1981b: 271, Fig. 27) anstelle von Einfluss "Wissen: Vertrauen auf gültiges Wissen" und anstelle von Wertbindung "Zurechnungsfähigkeit: Vertrauen in Autonomie" als "Quellen generalisierter Annahmebereitschaft".

gik unterworfen sind, die sie zu bestimmten Handlungen ohne ausdrücklichen sprachlichen Konsens veranlasst.

Einfluss als "fachliche Reputation" und Wertbindung als "moralisch-praktische Führerschaft" basieren dagegen auf rational motiviertem Vertrauen, das die anderen Akteure den Inhabern von Einfluss oder Wertbindung entgegenbringen (Habermas 1981b: 272). Dieses Vertrauen wird durch sprachliche Konsensbildung in der Lebenswelt ständig reproduziert und wird gestützt durch Rechts- und Moralvorstellungen[85], die von den Akteuren im Verlauf ihrer Sozialisation verinnerlicht wurden (Habermas 1981b: 266-267).

Während die durch sprachliche Kommunikation und durch auf Vertrauen beruhenden Medien erzeugte Sozialintegration der Lebenswelt zuzurechnen ist, gesteht Habermas Systemen eine eigene Form der sozialen Ordnungsbildung zu, die er *Systemintegration* nennt. Es handelt sich in diesem Fall um Mechanismen, "die nicht-intendierte Handlungszusammenhänge über die funktionale Vernetzung von *Handlungsfolgen* stabilisieren" (1981b: 179). Systemintegration beruht auf aggregierten Handlungseffekten, z.B. in Organisationen oder Institutionen, die zum Systembestand oder zum Systemwandel beitragen, ohne dass die beteiligten Personen diesen Effekt bewusst herbeiführen müssen (1981b: 240).

Da Sozialintegration in der Lebenswelt verankert ist und die Systemintegration sich aus der Lebenswelt abgelöst und ein Eigenleben entwickelt hat, sind in modernen Gesellschaften System und Lebenswelt *entkoppelt* (1981b: 258). Die Entkopplungsthese wird in Abbildung 42 schematisch zusammengefasst.

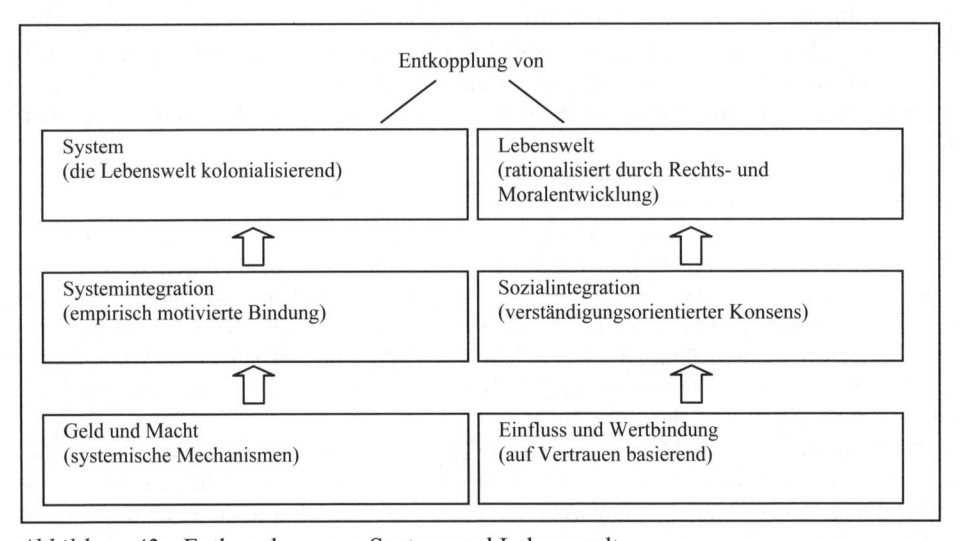

Abbildung 42: Entkopplung von System und Lebenswelt

Wie in Kap. 5.2 genauer dargestellt wird, baut Anthony Giddens (1997, 1996) die Entkopplung von Sozial- und Systemintegration in seine Theorie der Strukturation ein. Abweichend

---

85 Die Generalisierung der Rechts- und Moralvorstellung und die Entstehung von gesellschaftlichen Institutionen, die auf Recht und Moral spezialisiert sind, sind nach Habermas wesentliche Elemente der in modernen Gesellschaften fortschreitenden Lebensweltrationalisierung (1981b: 269).

von Habermas definiert er die Sozialintegration als Interaktion unter Anwesenden (face-to-face). Davon abgelöst sind die Mechanismen der Entbettung (disembedding), die mit der Systemintegration vergleichbar sind.

Ein Beispiel für die Entkopplung von systemischen Mechanismen von der durch normativen Konsens integrierten Lebenswelt bilden "Sachzwänge", die aus organisatorischen Normen und Regeln abgeleitet werden. Das Belohnungsmuster "publiziere oder gehe unter" des wissenschaftlichen Nachwuchses führt bei vielen der Betroffenen zur Vernachlässigung der Hochschullehre, auch wenn der einzelne Wissenschafter subjektiv andere Intentionen verfolgt. Als weiteres Beispiel bietet sich die Etatverwaltung innerhalb der Hochschule an, die den Kriterien der öffentlichen Verwaltung und nicht der Rationalität von Forschungsinstitutionen unterliegt. Der Gesamtetat für Material ist in einzelne Positionen zergliedert und den Instituten oder Lehrstühlen zugeordnet. Größere Anschaffungen, wie z.B. Personalcomputer, erfordern eine Anfangsinvestition, die den Einzeletat häufig übersteigt. Als mögliche Lösungen bieten sich die Zusammenlegung von Etats oder Leasinggeschäfte an. Beide Verfahren waren zu Anfang der 80er Jahre des 20. Jahrhunderts im Verwaltungsverfahren nicht vorgesehen, so dass nur wenige Hochschulinstitute den Studenten die Gelegenheit bieten konnten, dieses Arbeitsmittel kennen zu lernen. Solche Handlungseffekte treten auf, auch wenn sie von den beteiligten Hochschullehrern und Verwaltungsbeamten nicht intendiert werden.

Neben den Sachzwängen sind generalisierte Austauschmedien[86] wie Geld und Macht nach Habermas Mechanismen der Systemintegration, weil sie Handlungsketten erzeugen, ohne dass die betroffenen Personen ihr Handeln kommunikativ koordinieren müssen. Bei Geld können Konsumenten am Markt Produkte kaufen, ohne mit dem Produzenten oder den Zwischenhändlern direkt Kontakt aufzunehmen. Stattdessen unterliegt der Warentransfer den für den Käufer anonymen Marktgesetzen und wird durch das Medium Geld gesteuert.

Die Trennung von System- und Sozialintegration wird dann prekär, wenn die Lebenswelt des Alltags von systemischen Mechanismen bestimmt wird und ein kommunikativer Koordinationsbedarf nicht mehr befriedigt werden kann. Beispielsweise kann sich die Erstellung von Diagnosen mit Hilfe eines streng organisierten Durchlaufs durch verschiedene Apparaturen und Testverfahren in Arztpraxen der lebensweltlichen Einsicht des Patienten entziehen. In diesem Fall benötigt der Patient lebensweltlich verständliche Erklärungen für die geplanten Prozeduren. Trägt der behandelnde Arzt diesem Bedürfnis nach kommunikativer Abstimmung nicht Rechnung, fühlt sich der Patient ihm ausgeliefert und wird mit Protest oder Frustration reagieren.

Nach Habermas besteht in der modernen Gesellschaft eine Tendenz zur *Kolonialisierung* der Lebenswelt durch systemische Mechanismen, indem Systeme durch lebensweltliche Handlungszusammenhänge hindurchgreifen, obwohl Bedarf an kommunikativer Koordination besteht (1981b: 226).

> Am Ende verdrängen systemische Mechanismen Formen der sozialen Integration auch in jenen Bereichen, wo die konsensabhängige Handlungskoordinierung nicht substituiert werden kann: also dort, wo die symbolische Reproduktion der Lebenswelt auf dem Spiel steht. Dann nimmt

---

86 In Kap. 4 werden die generalisierten Austauschmedien von Parsons und die symbolisch generalisierten Kommunikationsmedien Luhmanns ausführlich dargestellt.

die *Mediatisierung* der Lebenswelt die Gestalt einer *Kolonialisierung* an. (Habermas 1981b: 293)

Die Kolonialisierungsthese ist eine anschauliche Formulierung für ein in modernen Gesellschaften verbreitetes Unbehagen der Individuen gegenüber systemischen Mechanismen, die sie nur unvollständig durchschauen können und denen sie trotzdem in der Lebenswelt des Alltags ausgeliefert sind. Ein Kristallisationsthema dieses Unbehagens sind die Umweltrisiken, die durch komplexe technische und ökologische Systeme verursacht werden und jederzeit über die betroffenen Menschen hereinbrechen können[87].

Globalisierung[88] ist am Anfang des 21. Jahrhunderts zu einem Thema weltweiter Protestbewegungen geworden. Ursprünglich bezieht sich Globalisierung auf die weltumspannenden Produktionsprozesse, die von multinationalen Unternehmen gesteuert werden. Als Konsequenz der Globalisierung ergibt sich die Verlagerung der Produktion und Dienstleistungserbringung auf Regionen mit niedrigem Lohnniveau und geringen Nebenkosten. Diese Internationalisierung der Produktionsprozesse hat die Industrialisierung laufend begleitet und ist daher kein neues Phänomen. Der Protest der Globalisierungsgegner richtet sich auf eine neue Qualität und Quantität von internationaler Vernetzung und multinationaler Systemsteuerung, die sich der jeweiligen staatlichen Rechtssprechung und der lebensweltlich nachvollziehbaren Sozialintegration entzieht.

Ein drittes Beispiel ist das im Jahr 2004 gekürte "Unwort des Jahres": *Humankapital*. Wie renommierte Ökonomen gleich nach der Bekanntgabe in den Medien öffentlich betont haben, handelt es sich um einen Fachbegriff des Human-Ressourcen Managements[89], einer der wichtigsten Disziplinen innerhalb der Organisationswissenschaft. Gemeint ist mit dem Begriff Humankapital die Verfügung von Individuen über Fähigkeiten und Fertigkeiten, die sie in der Ausbildung, in der beruflichen Weiterbildung und durch Berufserfahrung erworben haben. Viele Organisationen verfügen über Personalentwicklungsprogramme zur Förderung des Humankapitals, die in eine übergreifende Personalentwicklungsplanung für Mitarbeiter einfließen. Mit Hilfe des Humankapitals qualifiziert sich der Mitarbeiter innerhalb der Organisation und außerhalb für den Arbeitsmarkt. Die Förderung von Humankapital wird in den Organisationstheorien als etwas verstanden, das dem Mitarbeiter zugute kommt. Das von Philologen vergebene Unwort des Jahres verweist stattdessen darauf, dass die Fähigkeiten und Fertigkeiten der Mitarbeiter als rein ökonomische Ressourcen in Wirtschaftsorganisationen betrachtet werden und somit Mitarbeiter nach Effizienzkriterien und nicht nach humanen oder sozialen Maßstäben eingesetzt oder entlassen werden können. Auch wenn der Jury für die Auswahl des Unwortes des Jahres vielleicht die ökonomische Bedeutung des Begriffs Humankapital nicht klar war, scheint sie doch mit der Wahl ein Unbehagen in der Bevölkerung getroffen zu haben: Viele Menschen sind direkt oder indirekt von Fusionen und Restrukturierungen in Unternehmen und öffentlichen Institutionen betroffen, wo sie sich mit ihrem Humankapital als Spielball rein ökonomischer Effizienzkriterien sehen.

Analytisch kann die Unterscheidung von Sozial- und Systemintegration zu dem Missverständnis führen, dass die Lebenswelt mit dem interpretativen und die Systemwelt mit

---

87 In Kap. 5.3 wird der Begriff der "Risikogesellschaft" von Beck (1986) dargestellt.
88 Globalisierung ist ein zentrales Thema der soziologischen Gesellschaftsanalyse, vgl. Krücken 2005.
89 Zum Begriff "Human-Ressourcen Management" siehe: Schreyögg 1998: 286-289. Eine soziologische Diskussion des Begriffs "Humankapital" findet sich bei Coleman (1994: 304-305).

der Systemtheorie adäquat analysiert und erklärt werden könne. Dieser Verbannung der Systemtheorie aus der Lebenswelt des Alltags widerspricht der Systemtheoretiker Luhmann, wie in Kap. 4.2 dargestellt wird. Der Ausschluss des nutzenorientierten Entscheidungshandelns von Akteuren als strategisches im Gegensatz zu verständigungsorientierten Handeln aus der Lebenswelt des Alltags durch Habermas wird von dem alternativen Paradigma des Rational-Choice Ansatzes abgelehnt. Dies wird in Kap. 6 eingehender erläutert.

Habermas hat somit zur theoretischen Reflexion des interpretativen und des normativen Paradigmas einen interessanten Beitrag geleistet. Die Modelle der Kommunikationsdimensionen (vgl. Abbildung 36) und des theoretischen und praktischen Diskurses (vgl. Abbildungen 39-41) sind zu Bestandteilen des soziologischen Grundwissens geworden. Trotzdem ist es Habermas nicht gelungen, ein eigenständiges soziologisches Paradigma zu entwickeln.

Postmoderne Kommunikation

Die Rationalisierung der *Lebenswelt* durch sprachliche Konsensbildungsprozesse, durch Rechts- und Moralentwicklung und durch entsprachlichte Kommunikationsmedien wie Einfluss und Wertbindung einerseits und andererseits die Ausbreitung von *systemischen* Steuerungsmechanismen wie Geld und Macht, die als Systemintegration sprachlich-konsensuell in der Lebenswelt nicht verarbeitet werden können, sind für Habermas zentrale Merkmale moderner Industriegesellschaften.

Der französische Philosoph Jean-Francois Lyotard kritisiert in seinem Buch "Das postmoderne Wissen" (1999) die Habermassche Theorie des kommunikativen Handelns, weil sie die neuen Entwicklungen der Postmoderne[90] nicht angemessen berücksichtigt. Hauptmerkmal postmoderner Gesellschaften ist nach Lyotard das "Wissen in der informierten Gesellschaft" (1999: 19), das zunehmend "Automaten" anvertraut worden ist, woraus sich das Problem der Verfügbarkeit des gespeicherten Wissens ergibt, "damit die richtigen Entscheidungen getroffen werden." (1999: 52). Mit "Automaten" sind Computersysteme gemeint, die Wissen speichern und verarbeiten.

Mit der Verfügung über die Informationen als Wirtschafts- und Machtfaktor verändern sich die Herrschaftsstrukturen in der Gesellschaft, indem sich anstelle der traditionellen politischen Klassen eine neue herrschende Klasse von *Entscheidenden* bildet als einer "bunt aus Unternehmenschefs, hohen Funktionären, Leitern von großen beruflichen, gewerkschaftlichen, politischen und konfessionellen Verbänden zusammengewürfelten Schicht." (Lyotard 1999: 53).

Bezogen auf die Kommunikationstheorie betrachtet Lyotard den Diskurs als eine von vielen "Sprachspielen", die er als "Komplex von Regeln" definiert (1999: 39). Im Zusammenhang mit dem Diskursmodell wurden bereits Beispiele von Gesprächen beschrieben, auf die sich die Diskursregeln nicht anwenden lassen. So hat die Anweisung einer Aufgabe durch einen Vorgesetzten keine Diskursform. Auch Zielvereinbarungsgespräche (vgl. Breisig 1998) zwischen Vorgesetzten und Mitarbeitern, in denen die Gesprächspartner gemeinsam die Organisationsziele zu persönlichen Zielen für den Mitarbeiter herunterbrechen, verlaufen in der Mehrzahl nicht gemäß den Diskursregeln, weil die vorgegebenen Machtstrukturen keinen Spielraum für diskursive Konsensbildung zulassen.

---

90   Zum Begriff der Postmoderne vgl. die Übersichtsartikel von E. Weik (1996; 2003)

Ein Hauptmerkmal der Postmoderne ist die "Atomisierung des Sozialen in lockere Netze des Sprachspiels" (Lyotard 1999: 59). Für Institutionen bedeutet dies, dass sie dem "Potential der Sprache im 'Spielzug'" keine feste Grenze entgegensetzen können. Lyotard postuliert, dass die Sprachspiele ständig neue soziale Wirklichkeit schaffen. Sprachspiele werden in sozialen Situationen eingesetzt, verändert, abgebrochen und durch andere ersetzt, ohne dass sich Stabilität im Sinne einer durchgehenden Geschichte entwickelt, die wie ein roter Faden den Handelnden zur Orientierung dienen könnte. So kann ein Konsens über die weitere Produktentwicklung in einem Unternehmen, der durch Diskurs in einer Gruppe zustande kam, schon beim Verlassen des Raumes infrage gestellt werden, indem der Geschäftsführer dem Leiter der Forschung und Entwicklung zuraunt, dass die Mittel für die Entwicklung der vereinbarten neuen Produkte aber aus dem geplanten Budget entnommen werden müssen. Durch diese Bemerkung wird das neue Sprachspiel "Budgetfreigabe" angestoßen, dass zu völlig anderen Entscheidungen über die Produktentwicklung führen kann.

Akzeptiert man die Beschreibung der postmodernen Kommunikation als chaotische Abfolge von sich überlagernden Sprachspielen, so ist die Kritik an dem Diskursmodell von Habermas nachvollziehbar. Nach Lyotard setzt die ideale Sprechsituation voraus, dass die Teilnehmer dieses Sprachspiels den Diskurs als allein gültig zur Lösung kognitiver oder moralischer Probleme ansehen, ihm also den Status einer "Metapräskription" (Lyotard 1999: 189) einräumen. Die zweite Voraussetzung für den Diskurs ist, "dass die Finalität des Dialogs der Konsens ist." (Lyotard 1999: 189). Diese Prämisse ist aber nicht realistisch, weil ohne kulturell verankerte Konsensnorm die Erzielung des Konsenses nur eine von vielen möglichen Ergebnissen eines Diskurses sein kann. Warum sollte aus der Anwendung der Diskursregeln automatisch der Konsens folgen, wenn er nicht als "metapräskriptive" Norm vorgegeben ist? Für Lyotard ist die Annahme des diskursiven Konsenses nur plausibel, wenn man dem "aufklärerischen Aspekt" von Habermas folgt, "nämlich dass die Menschheit als kollektives (universelles) Subjekt ihre gemeinsame Emanzipation mittels der Regelung in allen Sprachspielen erlaubter "Spielzüge" anstrebt und dass die Legitimität einer beliebigen Aussage aus ihrem Beitrag zu dieser Emanzipation besteht" (1999: 190).

Dieser Einwand trifft zu auf den Diskurs im Kontext der Konsenstheorie der Wahrheit. Betrachtet man stattdessen das Diskursmodell als ein für eine bestimmte Situation angemessenes Sprachspiel, mit dem sich z.B. in Organisationen Kreativitäts-Workshops gestalten lassen, so verlagert sich die Kritik von der grundsätzlichen Ebene auf die konkrete Festlegung der Diskursregeln. Hier müsste demzufolge als weitere Regel festgelegt werden, ob ein Konsens notwendig ist. Falls ja: Welche Form muss dieser Konsens haben? Reicht es z.B., dass alle Teilnehmer "damit leben" können oder müssen alle Teilnehmer persönlich überzeugt sein?

Verzichtet man als Konsequenz der postmodernen Kommunikation auf die Annahme der Universalität der Sprachspiele und zieht daraus den Schluss, dass ein mit Spielzügen erreichter Konsens nur "lokal" sein kann, dann ergibt sich nach Lyotard als Lösung des Konsensproblems nur die Institution des "zeitweiligen Vertrages".

> Diese Orientierung entspricht der Evolution der sozialen Interaktion, wo der zeitweilige Vertrag die permanente Institution in beruflichen, affektiven, sexuellen, kulturellen, familiären und internationalen Bereichen wie in den politischen Angelegenheiten tatsächlich ersetzt. (Lyotard 1999: 191)

Der zeitweilige Vertrag ergibt sich als Konsequenz aus der fehlenden Finalität von Diskursen, gibt aber keine Antwort auf die Ausgangsfrage der begrenzten Verfügbarkeit von Wissen, das in Automaten gespeichert und nur von bestimmten Expertengruppen genutzt werden kann. Diese Frage beantwortet Lyotard mit seinem Vorschlag des freien Informationszugangs für alle gesellschaftlichen Gruppen.

> Die Öffentlichkeit müsste freien Zugang zu den Speichern und Datenbanken erhalten. Die Sprachspiele werden dann im betrachteten Moment Spiele mit vollständiger Information sein. (Lyotard 1999: 193)

Möglicherweise hat Lyotard mit diesem Hinweis eine der Hauptkonfliktlinien in der zukünftigen postmodernen Gesellschaft vorgezeichnet. Der gerichtliche Kampf der öffentlichen Institutionen in den USA und in der Europäischen Union mit dem Softwarehersteller MICROSOFT um die wettbewerbsfördernde Öffnung seines Betriebssystems ist möglicherweise einer der Vorboten für diese Entwicklung[91].

---

91 Empirisch findet der Verteilungskampf um Wissen bereits in großem Ausmaß statt. Falls sich dieser Konflikt als für postmoderne Gesellschaften entscheidend herausstellen sollte, ist zu erwarten, dass die zukünftige Handlungstheorie im Bezugsrahmen, in den expliziten Modellen und in den Musterbeispielen darauf stärker ausgerichtet sein wird.

4 Soziales Handeln in Systemen

4.1 Allgemeine Handlungstheorie (Parsons)

Im Rahmen des alten Institutionalismus (vgl. Kap. 2.3.2) wurden die wesentlichen Werkphasen der Parsonsschen Handlungstheorie bereits dargestellt, die in Abbildung 43 schematisch zusammengefasst werden.

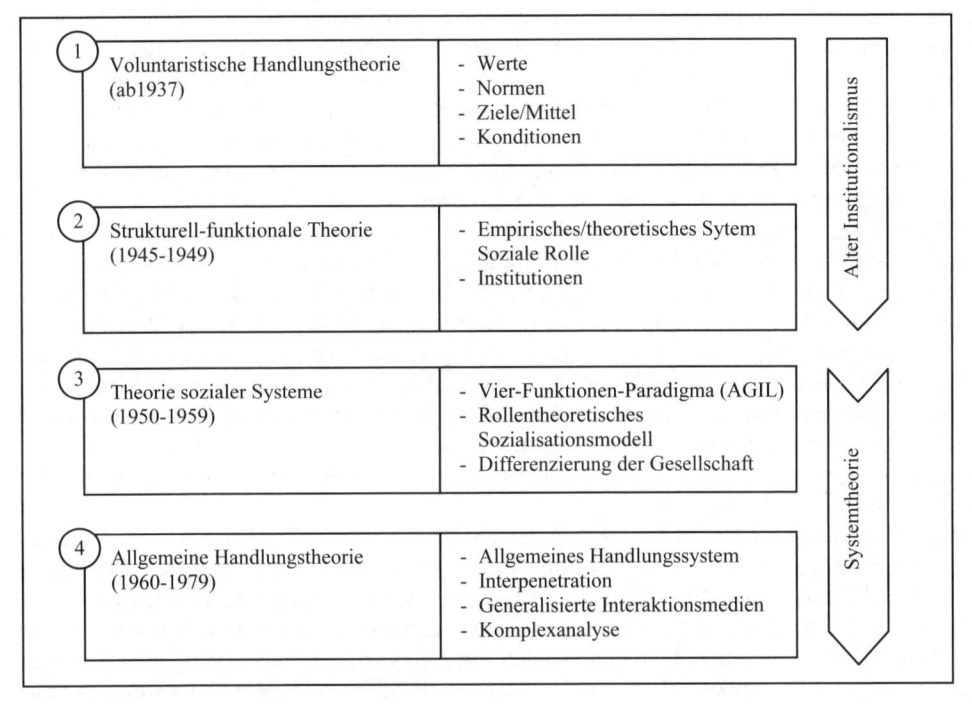

① Voluntaristische Handlungstheorie (ab 1937)	- Werte - Normen - Ziele/Mittel - Konditionen	Alter Institutionalismus
② Strukturell-funktionale Theorie (1945-1949)	- Empirisches/theoretisches Sytem Soziale Rolle - Institutionen	
③ Theorie sozialer Systeme (1950-1959)	- Vier-Funktionen-Paradigma (AGIL) - Rollentheoretisches Sozialisationsmodell - Differenzierung der Gesellschaft	Systemtheorie
④ Allgemeine Handlungstheorie (1960-1979)	- Allgemeines Handlungssystem - Interpenetration - Generalisierte Interaktionsmedien - Komplexanalyse	

Abbildung 43: Theoriephasen Parsons'

4.1.1 Funktionalistische Systemtheorie

Parsons verwendet in der strukturell-funktionalen Theoriephase die Begriffe empirisches, theoretisches und soziales System (1973c). Die soziologische *Systemtheorie* mit Bezugsrahmen, expliziten Modellen und paradigmatischen Beispielen startet allerdings erst mit der Entwicklung des Vier-Funktionen-Paradigmas, mit dem die Parsonssche Systemtheorie allgemein identifiziert wird.

Soziale Systeme

Systeme sind allgemein definiert als Konzepte, die sich auf relativ stabile Beziehungen zwischen den Elementen einer gegenüber der Umwelt abgegrenzten Menge beziehen. Als Menge von Elementen mit relativ *stabiler Beziehungsstruktur* lassen sich Systeme von der Umwelt abgrenzen, die wiederum aus Systemen besteht und zu denen das System bestimmte Beziehungen unterhält.

> Der Begriff 'System' bezeichnet *erstens* einen Komplex von Interdependenzen zwischen Teilen, Komponenten und Prozessen mit erkennbar regelmäßigen Beziehungen, und *zweitens* eine entsprechende Interdependenz zwischen einem solchen Komplex und seiner Umgebung. (1976a: 275)

Ist nach dieser Definition eine Lehrveranstaltung an der Universität ein System? Zunächst müsste festgelegt werden, was die Systemelemente sind. Nahe liegend wäre, die Studenten und den Dozenten als Systemelemente zu definieren. Aber dies führt zu Problemen, weil die Teilnehmer einer Lehrveranstaltung nicht unbedingt in einer festen Beziehungsstruktur zueinander stehen. Stattdessen zeigen die Studenten ein gemeinsames Rollenverhalten, das komplementär zur Rolle des Dozenten ist. Die studentischen Teilnehmer an einer Lernveranstaltung können Beziehungen zu anderen Gruppen unterhalten; aber auch dies wird die Ausnahme sein. Stattdessen wird die Art der Lehrveranstaltung - Einführungskurs, Proseminar, Praktikum oder Hauptseminar - im Rahmen des Studienplans in Beziehung zu anderen Lehrveranstaltungen gesetzt, indem z.B. der Besuch des Proseminars eine notwendige Voraussetzung für die Teilnahme an einem Hauptseminar bildet. Somit besteht das System der Lehrveranstaltung also nicht aus den zufällig teilnehmenden Personen, sondern aus charakteristischen Interaktionsprozessen zwischen Studenten und Dozenten sowie zwischen Studenten untereinander. Es ist daher konsequent, wenn Parsons nicht Personen, sondern *Interaktionen von Rollenpartnern* als Elemente sozialer Systeme definiert. Der Akteur als Träger des Rollenhandelns wird dann nicht als Element, sondern als Mitglied des Sozialsystems betrachtet (1976a: 278).

Während Mitglieder im System handeln, kann ein System als Ganzes nicht handeln, sondern in Beziehung zu seiner Umwelt *funktionieren* (1976a: 278). Eine stabile Beziehung zur Umwelt ist nicht selbstverständlich, weil soziale Systeme gegenüber ihrer Umwelt *offen* sind (1977a: 230). Der Grad der Offenheit variiert erheblich, wenn man relativ geschlossene Systeme wie abgeschottete Jugendbanden mit Lehrveranstaltungen vergleicht, die sich gegen Einflüsse von außen relativ wenig abschirmen. Aber auch Lehrveranstaltungen können einen unterschiedlichen Grad von Offenheit gegenüber der Umwelt aufweisen. Ein Proseminar mit bunt zusammengesetzten Teilnehmern - z.B. Haupt- und Nebenfachstudenten oder Studenten aus dem Grund- und Hauptstudium - wird sich gegenüber der Umwelt weniger abgrenzen können als eine Gruppe von Hauptfachstudenten, die im gleichen Jahrgang studieren und gemeinsam die dritte oder vierte Lehrveranstaltung hintereinander besuchen. Während Proseminare des ersten Typs in der Regel keine feste Interaktionsstruktur entwickeln, verfestigt sich das Verhalten von Studenten und Dozenten im zweiten Fall zu einer identifizierbaren Struktur, in der jeder Teilnehmer seine Rolle spielt. Es pendelt sich ein gewisses *Gleichgewicht* ein, das Parsons als ein Grundmerkmal von sozialen Systemen ansieht.

Wandel sozialer Systeme

Das Einpendeln des Systems auf ein Gleichgewicht ist für die Stabilität und Grenzerhaltung gegenüber der Umwelt notwendig. Allerdings nimmt Parsons nicht an, dass jedes soziale System ein stabiles Gleichgewicht erreichen muss. Erstens kann ein System bei Veränderung der Umweltanforderungen mit Anpassung unter Beibehaltung der eigenen Struktur reagieren. Zweitens ist ein Strukturwandel möglich, wobei Parsons auch den Grenzfall in Betracht zieht, dass ein System nicht weiter fortbesteht. Drittens können sich widersprüchliche Strukturen in Systemen etablieren, die Parsons als pathologische Strukturen bezeichnet (1976a: 169). Im Fall der homogenen Studentengruppe kann ein Dozentenwechsel während einer Veranstaltungsreihe das Gleichgewicht des sozialen Systems stören. Eine Reaktionsmöglichkeit wäre die äußerliche Anpassung der Studenten an die Anforderungen des neuen Dozenten, ohne das Verhalten entscheidend zu verändern. Die Diskussionen verliefen in diesem Falle weiter mit identischer Rollenverteilung unter den Studenten, und das Leistungsniveau bliebe erhalten, auch wenn sich die Studenten, z.B. in der Gestaltung der Hausarbeiten, den Wünschen des neuen Dozenten anpassen.

Ein Strukturwandel würde stattfinden, wenn nach dem Dozentenwechsel eine Teilgruppe von Studenten, die vorher eine untergeordnete Rolle gespielt hat, dominierend wird und völlig andere Verhaltensweisen der Studenten dem Dozenten gegenüber sowie untereinander durchsetzt. So kann ein Forschungspraktikum, das sich auf die Anwendung quantitativer Methoden geeinigt hat, nach einem Dozentenwechsel zur qualitativen Seite umschlagen, wenn sich eine vorher nicht einflussreiche Gruppe von Verfechtern qualitativer Forschungstechniken mit dem neuen Dozenten gegen die Vertreter quantitativer Methoden verbündet. Eine pathologische Struktur wäre, wenn sich nach dem Dozentenwechsel die Diskussion der Vor- und Nachteile von quantitativen und qualitativen Methoden zu einem Dauerstreit verfestigt und dabei das eigentliche Forschungsziel der Durchführung einer empirischen Studie aus dem Blickfeld gerät.

Der Gleichgewichtsbegriff, den Parsons aus der Physiologie übernommen hat, löste eine Welle von Kritik an dem statischen Grundtenor der strukturell-funktionalen Theorie aus. Obwohl Parsons immer wieder betonte, dass Systeme empirisch nicht zum Gleichgewicht tendieren müssen, konnte er die strukturell-funktionale Theorie nicht von dem Konservatismusverdacht befreien und zog es schließlich vor, den noch unverbrauchten Begriff *funktionale Analyse* zu verwenden. Dieser Begriffswechsel hatte nicht nur einen wissenschaftspolitischen Hintergrund, sondern sollte auch Missverständnissen vorbeugen, die durch die Kopplung der Begriffe Struktur und Funktion hervorgerufen wurden. Soziale *Strukturen* sind definiert als stabile Relationen zwischen Elementen sozialer Systeme oder als Beziehungen zwischen unterschiedlichen Systemen.

> Eine Struktur ist jedes beschreibbare Arrangement von Systemelementen, die voneinander abgrenzbar sind und deren Merkmale und Relationen für die Zwecke einer bestimmten Analyse als konstant angenommen werden können. (1977a: 236; Übersetzung vom Verf., B.M.)

So bildet die Rollenkomplementarität von Studenten und Dozenten mit den damit verbundenen Pflichten und Rechten einen Teil der Struktur von Lehrveranstaltungen. *Prozesse* sind Interaktionsabläufe innerhalb und zwischen sozialen Systemen, die von Strukturen reguliert werden. So werden eine Reihe der Interaktionsverläufe in Lehrveranstaltungen durch die Rollenkomplementarität bestimmt, indem der Dozent etwas erklärt und Aufgaben stellt, während Studenten Verständnisfragen formulieren und die gestellten Aufgaben zu lösen versuchen.

Kommt es zu Konflikten zwischen Studenten und Dozenten, z.B. über die Lehrmeinung des Dozenten oder seine Leistungsanforderungen, so wird der Prozess der Konfliktbewältigung nicht allein dadurch gesteuert werden, dass sich beide Gruppen auf ihre Rollenrechte und -pflichten zurückziehen. So halten es Studenten nach den Ergebnissen der Düsseldorfer Hochschulbefragung für nicht akzeptabel, wenn ein Dozent in wissenschaftlichen Diskussionen seine Rollenmacht anstelle von Argumenten einsetzt (Miebach 1986c). In diesem Fall müssten Strukturen greifen, die auf die Bewältigung von Konflikten spezialisiert sind. Parsons nennt solche Strukturen *Mechanismen* und entwickelt daraus das Paradigma der generalisierten Interaktionsmedien, kurz: Interaktions- oder Austauschparadigma. Für den Konflikt zwischen Studenten und Dozenten müsste nach Münch das Medium *Argumente* (1982: 123) als Mechanismus herangezogen werden, das auf die Regulation des Argumentaustauschs spezialisiert ist, während Parsons eher *Einfluss* (1976a: 292) als Medium der Überredung bevorzugen würde, auf das wir an späterer Stelle genauer eingehen werden.

Mit Hilfe von *Funktionen* lassen sich die Strukturen und Prozesse auf den Bezugspunkt der Systemstabilität bzw. des Systemwandels in einer gegebenen Umwelt beziehen. Der funktionale Bezugspunkt für das Beispiel des Forschungspraktikums wäre die erfolgreiche Durchführung einer empirischen Studie zu einem bestimmten Gegenstandsbereich. Wenn das System der Lehrveranstaltung dieses Ziel dauerhaft verletzt, ändert es seine Identität als Forschungspraktikum.

Vier-Funktionen-Paradigma

Komplexe Systeme wie die Abteilung in einem Unternehmen oder ein Universitätsinstitut entwickeln eine Reihe von Strukturen und Mechanismen, die sich nach vier grundlegenden Funktionen ordnen lassen. Diese vier Grundprobleme von Sozialsystemen bilden das Vier-Funktionen-Paradigma, das nach den Anfangsbuchstaben der einzelnen Funktionen "AGIL-Schema" genannt wird.

L-Funktion: Latent Pattern Maintenance (Strukturerhaltung)
Die L-Funktion bezieht sich auf die Identitätsbildung und -erhaltung von Systemen. Dies geschieht durch ein latentes Grundmuster - aufgefasst als definierende und kontrollierende Handlungskomponente -, das für die Kontinuität des Systems über Zeit sorgt.

I-Funktion: Integration (Integration)
Die I-Funktion ist auf Probleme spezialisiert, die durch Prozesse interner Differenzierung als Reaktion auf veränderte Umweltanforderungen entstehen. Um zu verhindern, dass unter den unterschiedlichen Umweltbelastungen die Systemteile auseinander fallen, müssen vermittelnde Mechanismen potentielle Konflikte abschwächen und die gegenseitige Verstärkung der Systemelemente im Sinne der im Grundmuster festgelegten Systemfunktion bewirken.

G-Funktion: Goal-Attainment (Zielerreichung)
Die G-Funktion bezieht sich auf das Grundbedürfnis von Handlungssystemen, relativ spezifische Umweltbeziehungen einzurichten. In diesem Sinne betrifft die G-Funktion Strukturen und Prozesse, die eine Abstimmung der Ziele und Bedürfnisse des Systems mit seiner Umwelt leisten.

A-Funktion: Adaptation (Anpassung)
Wie die G-Funktion zielt auch die A-Funktion auf den Aufbau von Kapazitäten, auf Umwelterfordernisse adäquat zu reagieren. Die A-Funktion ist aber allgemeiner angelegt, indem sie eine Fülle von Ressourcen und Fähigkeiten bereitstellt, um sich unterschiedlichen potentiellen Umweltanforderungen anzupassen.

Parsons ordnet graphisch die AGIL-Funktionen in einem Schema von vier Feldern an, wie in Abbildung 44 dargestellt ist.

	instrumentell	konsumatorisch
intern	L Strukturerhaltung (Lattent Pattern Maintenance)	I Integration (Integration)
extern	A Anpassung (Adaption)	G Zielerreichung (Goal Attainment)

Abbildung 44: Das Vier-Funktionen-Paradigma

Die Randbezeichnungen sollen als Interpretationshilfe dienen. So zielen die Funktionen der Strukturerhaltung und Integration auf *interne* Systemstrukturen und -prozesse und sind auf den Systemzusammenhalt spezialisiert. Die Strukturerhaltung betrifft das Grundmuster, das über einen längeren Zeitraum konstant bleibt und bei den unterschiedlichen Konflikten als Orientierungsmuster dient. Die Integrationsfunktion bezieht sich auf konkrete Konfliktlösungen, Gruppenbeziehungen und Gemeinschaftsstrukturen. Das Begriffspaar "instrumentell-konsumatorisch" ist aus dem "Mittel-Ziel"-Schema entstanden, wobei sich der Ausdruck "instrumentell" auf "Mittel" bezieht, die für unterschiedliche Situationen eingesetzt werden können. "Konsumatorisch" bedeutet dagegen die Festlegung auf bestimmte Gegebenheiten, wie die Lösung eines bestimmten Konfliktes. Bezogen auf die Zeitachse, bedeutet "instrumentell" eine langfristige und "konsumatorisch" eine kurzfristige Perspektive. Die Funktionen der Anpassung und Zielerreichung sind auf die Außenbeziehung des Systems spezialisiert. Die Anpassungsfunktion wird erreicht, indem das System über Ressourcen verfügt, die bei verschiedenen Umweltanforderungen einsetzbar sind. Dagegen erfordert die G-Funktion die Festlegung bestimmter Ziele sowie die Entwicklung von Strategien zur Zielerreichung gegenüber der Systemumwelt.

Zur Anwendung des Vier-Funktionen-Paradigmas auf konkrete soziale Systeme hat sich die so genannte "Achseninterpretation" als hilfreich erwiesen, bei der jeweils die L-G- und die I-A-Achse als zusammengehörig betrachtet werden. Wählen wir als Beispiel den Bereich eines Unternehmens, der für die Auswahl, Installation und Pflege von Informationssystemen verantwortlich ist. Traditionell nennt man diesen Bereich "EDV". Da neben der Datenverarbeitung auch Kommunikationssysteme zum Verantwortungsbereich gehören, hat die Bezeichnung "IT" (für Informations-Technik bzw. Informations-Technologie) den Begriff "EDV" weitgehend ersetzt. Jeder Informatikbereich benötigt bei der Fülle von konkurrierenden Informationssystemen auf dem Markt ein Grundkonzept. Darin werden erstens die Unternehmensfunktionen zusammengefasst, die durch Informationssysteme unterstützt werden sollen. Zweitens wird eine "Bereichsphilosophie" über die grundlegende Aufgabenstellung innerhalb des Unternehmens - z.B. die Dienstleistungsfunktion gegenüber den produzierenden Geschäftsbereichen - verankert. Diese Strukturen sowie die darauf bezogenen Interaktionsprozesse - wie Diskussionen mit den Anwendern der Informationssysteme über das Selbstverständnis des Informationsbereiches - lassen sich der L-Funktion zuordnen, weil sie dem Bereich eine grundlegende Orientierung für die konkrete Tagesarbeit geben.

Das Grundkonzept bzw. Programm für Informationssysteme sowie die Bereichsphilosophie müssen - wenn sie wirkungsvoll sein sollen - in die konkreten Ziele der Tagesarbeit umgesetzt werden. Dies findet seinen Niederschlag in kurz- und mittelfristigen Handlungsstrategien, für deren Durchsetzung nach innen und außen die Führungskräfte verantwortlich sind. So kann das Bereichsmanagement z.B. entscheiden, dass der Entwicklung und Installation eines Informationssystems für einen bestimmten Zeitraum Priorität vor anderen Aufgaben eingeräumt wird. Ein anderes Ziel könnte die komplette Ausstattung eines Geschäftsbereiches mit allen im Rahmenkonzept vorgesehenen Informationssystemen sein, um den Nutzen des Gesamtsystems an einem Beispiel nachzuweisen. Die Formulierung und Durchsetzung von Systemzielen in diesem Sinne rechnen wir nach Parsons der *G-Funktion* zu.

Ein Informatikbereich vereinigt eine Reihe von spezialisierten Fachkräften, die sich als Individualisten sehen. Auftretende Pannen und Fehler führen zu Konflikten zwischen den einzelnen Mitarbeitern, so dass das Arbeitsklima und damit auch der Erfolg des Bereiches beeinträchtigt werden. Aus diesem Grund müssen Strukturen und Mechanismen der Konfliktregulierung existieren. So bestehen in einigen Unternehmen spezielle Moderatorenstellen, die auf Konfliktausgleich spezialisiert sind. Weniger aufwendig ist die Einrichtung bestimmter Institutionen wie Gesprächskreise, um Konflikte zwischen Personen, Gruppen und Abteilungen zu lösen. Zur Förderung der mitmenschlichen Kontakte bestehen in fast allen Unternehmen gesellige Einrichtungen wie gemeinsames Kegeln, Messebesuche oder andere Formen des Gemeinschaftslebens. Diese Strukturen und Prozesse lassen sich der *Integrationsfunktion* zuordnen.

Ein Bereich, der auf die Installation und Pflege von Informationssystemen spezialisiert ist, wird ständig veränderten Umweltanforderungen ausgesetzt werden. Zum einen verändert sich der Markt der Hersteller von Informationssystemen in einem rasanten Tempo. Ein Produkt oder ein Hersteller kann innerhalb eines Jahres von der Marktführerschaft auf einen unbedeutenden Platz zurückfallen, woraus sich Konsequenzen für die Zukunftssicherheit seiner Produkte ergeben. Umgekehrt können Senkrechtstarter mit einer erfolgreichen Produktstrategie in kurzer Zeit den Markt erobern. Die Informatikbereiche innerhalb der

Unternehmen sind daher auf besondere Anpassungsstrukturen angewiesen, die ihnen eine schnelle Reaktion auf Marktveränderungen ermöglichen. Eine solche Struktur bildet z.B. die breit angelegte Ausbildung der Mitarbeiter, so dass sie sich flexibel von einem Produkt auf ein anderes umstellen können. Eine andere Struktur zur Unterstützung der *Anpassungsfunktion* besteht in der Einrichtung eines Entwicklungslabors, das neue Informationssysteme testet, bevor sie in Produktion genommen werden.

Die in dem Beispiel aufgeführten Strukturen und Prozesse sind funktional der Bezugsebene des gesamten Informatikbereichs zuzuordnen. Zumindest in einer größeren Organisation wird der Informatikbereich aus mehreren Abteilungen mit eigenständigen Aufgaben bestehen. Ein Beispiel wäre die interne Differenzierung in Basissysteme, Hardware und Netze, Officesysteme und unternehmensübergreifende Software (wie z.B. SAP). Die Strukturen und Prozesse innerhalb dieser Organisationseinheiten können nun wieder mit dem Vier-Funktionen-Paradigma analysiert werden. Auf diese Weise werden andere Strukturen und Prozesse ins Blickfeld gerückt als auf der allgemeinen Ebene des gesamten Informatikbereichs. Die Anwendung des AGIL-Schemas wird somit durch die ausgewählte Bezugsebene bestimmt.

Funktionale Differenzierung des Sozialsystems

Handlungssysteme sind allgemein charakterisiert durch ein identifizierbares Grundmuster, Strukturen zur Zielverfolgung gegenüber der Umwelt und integrative sowie adaptive Strukturen. Eine Unterklasse von Handlungssystemen bilden die Sozialsysteme.

> Ein Sozialsystem ist genau der Aspekt von generellen Handlungssystemen, der aus den Mustern der Interaktion von individuellen Aktoren besteht. (1977a: 238; Übersetzung vom Verf., B.M.)

Definiert man Rollen als Beziehungsaspekte zwischen Interaktionspartnern, so können wir vereinfacht ein Sozialsystem als ein System von Interaktionen in sozialen Rollen auffassen. Somit bilden die Goffmanschen Alltagsrituale wie Begrüßungsszenen keine Sozialsysteme. Allerdings können in Sozialsystemen wie Krankenhäusern, Unternehmen oder Universitätsinstituten, die jeweils eine feste Rollenstruktur besitzen, Alltagsrituale wie Kundgaben oder Moduln von den Interaktionspartnern eingesetzt werden. Der Begriff Sozialsystem erfasst in diesem Fall nicht diese Handlungsmuster und konzentriert sich stattdessen auf Rollenstrukturen und deren normative Verankerung sowie die durch die AGIL-Funktionen eingegrenzten Strukturen und Prozesse.

Das allgemeinste Sozialsystem ist nach Parsons die Gesellschaft, die sich nach dem Vier-Funktionen-Paradigma in vier Subsysteme aufteilen lässt, die in Abbildung 45 dargestellt sind (Parsons/Platt 1974: 428).

L	Gesellschaftliches Treuhandsystem (Fiduciary System)	Gesellschaftliche Gemeinschaft (Societal Community)	I
A	Ökonomisches System (Economy)	Politisches System (Polity)	G

Abbildung 45: Funktionale Differenzierung der Gesellschaft

Das gesellschaftliche Treuhandsystem - auch soziokulturelles System genannt - ist auf die kulturellen Werte der Gesellschaft spezialisiert. Hier lassen sich Sozialisationsagenturen wie Schulen oder Universitäten verorten, die die kulturellen Standards an die nächste Generation weitergeben. Meinungsbildende Zeitschriften sind dem Treuhandsystem zuzurechnen, sofern sie gesellschaftliche Werte auf Tagesereignisse anwenden und so zur Interpretation und Festlegung von Werten und Normen beitragen. Auch kirchliche Gemeinschaften, die zu Grundfragen der Gesellschaft Stellung nehmen, gehören zu den Institutionen, die eine Strukturerhaltungsfunktion für die Gesellschaft erfüllen.

Die gesellschaftliche Gemeinschaft als Integrations-Subsystem ist auf den Erhalt bzw. Schaffung von *Solidarität* spezialisiert.

> Solidarität kann einschließen: gegenseitige Respektierung der Rechte aus dem Mitgliedschaftsstatus unter den Systemeinheiten, Konformität mit den im Kollektiv institutionalisierten Werten und Normen oder positive Beiträge zum Erreichen kollektiver Ziele. (1976a: 282)

Eine integrative Funktion in diesem Sinne erfüllen nach Parsons kommunale Gemeinschaften, Vereine oder Nachbarschaftsgemeinschaften. Die Formulierung und Durchsetzung der gesellschaftlichen Ziele wird primär durch das politische System erfüllt, wogegen die Bereitstellung vielseitig verwendbarer Ressourcen zur flexiblen Umweltanpassung eine Funktion des Wirtschaftssystems darstellt.

Die Zielerreichungsfunktion wird in der Gesellschaft primär durch das *politische System* mit dem Herbeiführen und Durchsetzen kollektiv verbindlicher Entscheidungen ausgefüllt. Auf die Funktion der Bereitstellung von für die Gesellschaft wichtigen Ressourcen, wie Güter und Geld, ist in der Gesellschaft das *ökonomische System* spezialisiert.

Diese Zuordnungen von konkreten gesellschaftlichen Einrichtungen wie Bildungsinstitutionen, Gemeindestrukturen, Regierungssystemen oder Wirtschaftsunternehmen zu den Grundfunktionen des Sozialsystems geraten leicht in die Gefahr der "fallacy of misplaced concreteness", also des Reifikationsfehlers. Eine konkrete Institution hat selbst keine feste Funktion. Erst nach der Festlegung eines Bezugspunkts wird eine Funktionszuordnung möglich, die sich bei der Wahl eines anderen Bezugspunktes wieder verändern kann. Eine Schule z.B. kann innerhalb einer Gemeinde eine Integrationsfunktion erfüllen, indem sie Gemeindeveranstaltungen wie Theateraufführungen, Diskussionsabende, Sportveranstaltungen oder Feste organisiert. Aus dem Blickwinkel der Wirtschaft vermitteln Schulen dem jugendlichen Nachwuchs allgemeine Fähigkeiten und Fertigkeiten - so genannte Basisqualifikationen - wie logisches Denken, Entscheidungsfähigkeit und Problemlösungstechniken, die sich in unterschiedlichen beruflichen Situationen einsetzen lassen. Unter diesem Bezugspunkt erfüllen Schulen eine adaptive Funktion.

Eine konkrete gesellschaftliche Einrichtung oder Institution lässt sich grundsätzlich nicht mit einer bestimmten AGIL-Funktion identifizieren. Je nach Bezugspunkt kann dieselbe Institution unterschiedliche Funktionen erfüllen. Allerdings muss man sich nach der Festlegung eines bestimmten Bezugspunkts eindeutig entscheiden, welche Einrichtungen den vier Grundfunktionen zugeordnet werden. Das Wirtschaftssystem besteht somit nicht aus einer Menge von Unternehmen und Wirtschaftsinstitutionen wie Verbänden oder Gewerkschaften. Stattdessen ist das Wirtschaftssystem eine Klasse von Strukturen und Prozessen mit primär ökonomischer Funktion (1976a: 289). Entsprechend wird das politische System durch die politische Funktion bestimmt.

Eine Zentralbank kann durch die Senkung der Leitzinsen den Zufluss von Kapital in die Unternehmen erhöhen und auf diese Weise eine ökonomische Funktion erfüllen. Die Senkung der Zinsen kann aber auch politisch motiviert sein, um z.B. die Investitionsbereitschaft der Wirtschaft zu steigern. Auch Unternehmen beschränken sich nicht auf rein ökonomische Funktionen. Die Sicherung der Arbeitsplätze in einer Stadt durch den Erhalt eines Großunternehmens hat bei hoher Arbeitslosenquote eine wichtige Funktion im Hinblick auf die politische Stabilität. Der Abbau der Bergwerk- und Stahlunternehmen im Ruhrgebiet hat z.B. die politische Bedeutung der dort ansässigen Unternehmen der Öffentlichkeit vor Augen geführt.

Verlagert man den Bezugspunkt von der Gesamtgesellschaft auf eines der vier Subsysteme, so lassen sich auf dieser Ebene wieder vier Subsysteme nach den AGIL-Dimensionen unterscheiden. Dies wird in Abbildung 46 für das Wirtschaftssystem beispielhaft dargestellt (Parsons/Smelser 1956: 42-3).

L	Ökonomische Wertbindungen	Unternehmertum	I
A	Kapitalbeschaffung	Produktion und Distribution	G

Abbildung 46: Funktionale Differenzierung des ökonomischen Systems

Die bislang dargestellte funktionale Analyse beruht auf zwei Schritten. Erstens wird zu einem empirischen Bezugspunkt ein System ausgewählt, das durch eine bestimmte Funktion innerhalb eines übergeordneten Systems charakterisiert ist. So könnte als empirischer Bezugspunkt die Gesamtheit der deutschen Unternehmen einschließlich der zugeordneten Verbände, Gewerkschaften und wirtschaftsnahen Institutionen gewählt werden. Diesem empirischen System wird die A-Funktion innerhalb der Gesellschaft zugeordnet. In einem zweiten Schritt würde das Wirtschaftssystem in vier Subsysteme zerlegt, die jeweils auf eine der AGIL-Funktionen spezialisiert sind. So wären Fabriken als Produktionseinheiten der Zielerreichungsfunktion zugeordnet, während die Kapitalbeschaffung durch Kredite eine primär adaptive Funktion innehätte.

In den Abbildungen 45 und 46 wurde das Sozialsystem Gesellschaft in zwei Stufen entlang der AGIL-Dimensionen "heruntergebrochen". Die dritte Stufe der Differenzierung der Subsysteme des Wirtschaftssystems in jeweils vier Systeme ist natürlich mit etwas Phantasie durchführbar. Auf jeder Stufe der Ausdifferenzierung potenziert sich die Anzahl der resultierenden Subsysteme: Während auf der Ebene des Sozialsystems die vier in Abbildung 45 dargestellten Subsysteme unterschieden werden, erhält man insgesamt 16 ($=4^2$) Subsysteme, wenn jedes der vier Grundsysteme nach dem Vier-Funktionen-Paradigma ausdifferenziert wird. Auf der nächsten Ebene des Herunterbrechens ergeben sich bereits 64 ($=4^3$) Subsysteme, so dass man bald Gefahr läuft, die Übersicht zu verlieren. Außerdem wird die Benennung der einzelnen Kästchen immer willkürlicher, so dass dieses Klassifikationsprinzip spätestens auf der dritten Stufe im Sande verläuft. Der Grund ist einfach: Die soziale Wirklichkeit lässt sich nicht in Kästchen sperren! Auf den ersten Blick hat man den Eindruck, dass Parsons in einigen Schriften den "ontologischen" Fehlschluss begeht, die definierten Subsysteme für die Realität zu halten. Bei genauerer Lektüre zeigt sich allerdings, dass er die empirischen Komplexe von den theoretischen Systemen sorgfältig trennt.

Untersucht man die Strukturen von Unternehmen, so findet man z.B. eine Beförderungshierarchie von Sachbearbeitern, Gruppen-, Abteilungs- und Bereichsleitern, Prokuristen und Geschäftsführern. Je nach Größe und Tradition des Unternehmens variieren die Abstufungen, Bezeichnungen und Kompetenzen, die den jeweiligen Stufen zukommen. Weiterhin wird man formalisierte Entscheidungsprozesse beobachten, die nach bestimmten Regeln eine Reihe von Organisationseinheiten durchlaufen: Solche Strukturen lassen sich funktional interpretieren; denn sie bewirken, dass erstens möglichst viele Sachinformationen in den Entscheidungsprozess einfließen, zweitens eine verbindliche Entscheidung in begrenzter Zeit zustande kommt und drittens der Entscheidungsprozess nachvollziehbar ist. In diesem Falle wird man die Entscheidungsstruktur im Hinblick auf die G-Funktion interpretieren. Man sollte allerdings nicht versuchen, allen beteiligten Organisationseinheiten und -ebenen jeweils ein Kästchen des Vier-Funktionen-Paradigmas zuzuweisen. Parsons nennt solche empirischen Strukturen "Cluster" und empfiehlt, sie auf der empirischen Ebene zu beschreiben und dann theoretisch zu interpretieren.

Insgesamt sind somit in der funktionalen Analyse drei Komponenten zu unterscheiden:
(1) die *Strukturkategorien* Wert, Norm, Kollektiv und Rolle, durch die kulturelle Wertmuster funktional und situativ spezifiziert werden (vgl. Kap. 2.3.2),
(2) das *Vier-Funktionen-Paradigma*, das über die L-G-Achse die Balance zwischen Identitätsbewahrung und Abstimmung mit Umweltanforderungen und über die I-A-Achse die Balance zwischen generalisierter Anpassungsfähigkeit und interner Handlungskoordination steuert und
(3) die Annahme der Existenz *struktureller Verfestigungen*, die sich als Gefüge von Organisationsebenen anordnen lassen (vgl. Kap. 2.3.2)

4.1.2 Allgemeines Handlungssystem

Kultursystem

Während das Vier-Funktionen Paradigma als Analyseinstrument der funktionalen Differenzierung von Sozialsystemen erstmals 1956 in dem zusammen mit Neil Smelser verfassten Buch "Economy and Society" (Parsons/Smelser 1956) entwickelt wurde, verwendet Parsons bereits Anfang der 50er Jahre die Begriffe Kultur-, Sozial- und Persönlichkeitssystem.

> Das Kultursystem gewinnt seine Ordnung durch Sinnzusammenhänge, die - soweit sie stabil sind - ihrerseits generalisierte Komplexe konstitutiver Symbolismen enthalten. Diese geben dem Handlungssystem seinen eigentlichen 'Richtungssinn' und müssen als unabhängig von jedem partikularen System sozialer Interaktionen gelten. (1976a: 276)

Im Rahmen der strukturell-funktionalen Theorie betrachtet Parsons das Kultursystem nicht als Handlungssystem, sondern als ein System von Symbolen und Sinnzusammenhängen wie die Grundwerte der Gesellschaft oder wissenschaftliche Begriffe und Modelle (Parsons/Shils 1976: 7). Mit der Definition des allgemeinen Handlungssystems revidiert er diesen Standpunkt, indem er die Handlungen, die sich auf kulturelle Objekte beziehen, dem Kultursystem zuordnet. So unterscheidet er innerhalb des Kultursystems vier Subsysteme, die nach den AGIL-Dimensionen angeordnet werden.

A: *Kognitive Symbolisation*
System von wissenschaftlichen Interaktionen wie z.B. Diskussionen über Modelle und Theorien in Fachzeitschriften oder auf wissenschaftlichen Tagungen.
G: *Expressive Symbolisation*
System von Handlungen der expressiven Symbolisation wie die Schaffung von Kunstwerken sowie deren Interpretation.
I: *Moralisch-evaluative Symbolisation*
Handlungen der Entwicklung und Diskussion moralischer Standards für die Gesellschaft wie die öffentliche Diskussion über die Moral der Politik oder die Festlegung von Rechtsgrundlagen innerhalb der Rechtslehre.
L: *Konstitutive Symbolisation*
Beschäftigung mit ethischen und religiösen Grundfragen der menschlichen Existenz wie die philosophische Kritik an den Grundlagen der Leistungsgesellschaft oder religiöse Sinndeutungen.

L	Konstitutive Symbolisation	Moralisch-evaluative Symbolisation	I
A	Kognitive Symbolisation	Expressive Symbolisation	G

Abbildung 47: Subsysteme des Kultursystems (Parsons/Platt 1974: 17)

Im Rahmen der voluntaristischen Handlungstheorie spielt das System der "ultimate values" als Vorläufer des Kultursystems bereits eine zentrale Rolle im Theorieprogramm. Diese Bedeutung behält die Analyse kultureller Symbolsysteme in allen Werkphasen und unterstreicht die Gültigkeit der Bezeichnung "normatives Paradigma". Einige Kritiker werfen Parsons "Kulturdeterminismus" vor, weil kulturelle Normen und Werte eine Sonderstellung in der Erklärung sozialer Strukturen und Prozesse spielen. Dem hält Parsons entgegen, dass er zwar normative Orientierungen als wichtigen Erklärungsfaktor betrachtet, sie aber nicht als kausale Ursachen des Handelns interpretiert. Dies würde die Individuen zu Robotern degradieren, die programmierte Verhaltensregeln abspulen.

Persönlichkeitssystem

Das Gegengewicht zum Einflussfaktor Kultur bildet das Persönlichkeitssystem, das Parsons im Zusammenhang mit dem Rollenbegriff einführt. Rollen aktivieren nach Parsons bestimmte Ausschnitte der Persönlichkeit, die für die jeweiligen Interaktionen relevant sind. Trotzdem ergibt sich das Persönlichkeitssystem nicht als die Summe der Rollen, die ein Individuum innehat. Einen ersten anspruchsvollen Versuch, die Besonderheit der Persönlichkeit begrifflich zu fassen, stellt Meads Identitätsbegriff dar, nach dem sich die Persönlichkeit aus dem Wechselspiel von "self", "I" und "me" ergibt. Parsons interessiert dagegen die Persönlichkeit primär als ein integriertes System von Werthaltungen, normativen Orientierungen und Rollen, die ein Individuum im Prozess seiner Sozialisation er- lernt hat: „,Persönlichkeit' ist folglich der Aspekt des lebenden Individuums ('Aktor'), der von dem kulturellen und sozialen Inhalt der erlernten Muster seines Verhaltenssystems her begriffen werden *muß*" (1976a: 277).

Bereits im voluntaristischen Paradigma wurde angenommen, dass Handelnde Energie und Anstrengung einsetzen, um die Norm des rationalen Handelns zu verwirklichen. Engagement und Motivation des Individuums als eine der Grundbedingungen für soziales Handeln sind nach Parsons als Aspekte des Persönlichkeitssystems zu betrachten. Weiterhin entwickelt ein Individuum im Verlauf seiner Biographie neben Werthaltungen und Handlungsmotivationen bestimmte Ziele und Interessen, die auf sein Handeln ausgerichtet sind. Ordnet man die motivationale Energie der A-Funktion, die Ziel- und Interessensstruktur der G-Funktion und die normativen Orientierungen der I-Funktion zu, so wäre die Identität als Grundstruktur der Persönlichkeit mit der L-Funktion zu verknüpfen. Den Identitätsbegriff verwendet Parsons zwar in diesem Zusammenhang als konstantes Grundmuster der Persönlichkeit im Sinne des umgangssprachlichen Begriffs "Charakter", füllt ihn aber nicht wie Mead, Erikson oder Krappmann mit Leben. Wie in Abbildung 48 dargestellt ist, assoziiert Parsons die Freudschen Begriffe "Es", "Ich" und "Über-Ich" mit den A-, G-, I-Komponenten des Persönlichkeitssystems (Parsons 1977b: 80-3).

L	Identität	Werthaltungen und normative Orientierungen (Über-Ich)	I
A	Motivation (Es)	Ziele und Interessen (Ich)	G

Abbildung 48: Persönlichkeitssystem

Institutionalisierung

Entscheidend für die allgemeine Handlungstheorie ist die Kombination von Kultur-, Sozial- und Persönlichkeitssystem zur Erklärung sozialen Handelns. Im Zusammenhang mit der Rollentheorie wurde bereits auf den Begriff der *Institutionalisierung* verwiesen, der diese drei Aspekte verbindet. Kulturelle Werte und Normen werden innerhalb des Sozialsystems durch Rollen spezifiziert. Diese Rollen gelten aber erst dann als institutionalisiert, wenn die Rolleninhaber erstens bereit sind, die Gemeinschaftsinteressen durch ein System von Sanktionen durchzusetzen und zweitens motiviert sind, die Rollen im Sinne der normativen Muster auszuführen:

> Das Hauptkriterium der Institutionalisierung ist im idealen Fall, dass das Zielinteresse des Mitglieds mit der funktionalen Signifikanz seines Beitrags aus der Sichtweise des Subsystems identisch ist. (Parsons/Platt 1974: 34; Übersetzung vom Verf., B.M.)

Es reicht also nicht aus, wenn sich kulturelle Werte und Normen in den Köpfen der Systemmitglieder als Orientierungen befinden, sie müssen auch real durch Belohnung oder Bestrafung durchgesetzt und durch die persönlichen Ziele und Interessen der Systemmitglieder getragen werden.

Eine grundlegende Norm des Wissenschaftssystems ist die *Originalität*: Wissenschaftliche Leistungen sollen sich von den früher erbrachten durch etwas Neues abheben. Dieses Neue kann im günstigsten Fall im Auffinden unbekannter Gesetzmäßigkeiten bestehen. Aber auch die Entwicklung eines Modells, das soziale Phänomene umfassender und genauer erklärt als das alte, würde der Originalitätsnorm entsprechen. Etwas bescheidener im Sinne dieser Norm wäre das Auffinden von Zitaten im Werk eines soziologischen Klassikers, sofern diese Textstellen zum Nachweis bislang nicht bekannter Aspekte des Werkes herangezogen werden und sich daraus neue Fragestellungen für die weitere Forschung ergeben. Die zuletzt beschriebene Anforderung würde man etwa an eine soziologische Dissertation stellen. Als zentrale Bedingung für den Wissenschaftsfortschritt ist die Originalitätsnorm auf der Ebene des Kultursystems zu verorten. Welche Bedingungen müssten erfüllt sein, damit diese Norm im Sozialsystem Universität institutionalisiert[92] wäre?

Als erste Bedingung müsste sie in den normativen Orientierungen der Studenten und Dozenten verankert werden. Dies könnte dadurch geschehen, dass die Universitätsangehörigen eine kritische Haltung gegenüber den bestehenden Ergebnissen, Modellen und Theorien einnehmen. Diese Kritikbereitschaft bildet die Voraussetzung für die permanente Suche nach neuen Lösungen. Auf der Rollenebene sind bestimmte Verhaltensweisen des richtigen Zitierens einzuüben, die jeden Wissenschaftler dazu zwingen, alle von anderen übernommenen Ergebnisse kenntlich zu machen. Wegen der besonderen Bedeutung der Originalität wird das Plagiat - also die nicht gekennzeichnete Übernahme von Begriffen oder Aussagen - streng bestraft. Wissenschaftler verbauen sich ihre Karriere, wenn ein Plagiat aufgedeckt wird, und Doktortitel können nachträglich aberkannt werden, wenn sich herausstellt, dass in der Dissertation ohne Kennzeichnung Ideen oder Textpassagen von anderen Autoren enthalten sind. Studenten werden darauf trainiert, "richtig" zu zitieren. Somit ist - sofern dieses Sanktionssystem praktiziert wird - die zweite Bedingung für die Institutionalisierung der Originalitätsnorm erfüllt.

Die dritte Bedingung der Übereinstimmung von Verhaltensnormen mit den Interessen der Mitglieder des Universitätssystems setzt eine Sozialisationsphase voraus, in deren Verlauf die Normen des Wissenschaftssystems zum Bestandteil der persönlichen Werthaltungen geworden sind. Für den Wissenschaftler wird in diesem Fall die Suche nach neuen Erkenntnissen zu einem konkreten Ziel seines Handelns werden. Dies geschieht allerdings weder allein im Kopf durch das Erlernen von Normen noch durch die Angst vor möglichen Sanktionen. Stattdessen sind bestimmte Erlebnisse im Verlauf der persönlichen Biographie notwendig, wie die Erfahrung, selbst eine kleine Entdeckung gemacht und diese in der Diskussion mit anderen Wissenschaftlern erfolgreich vertreten zu haben.

Das Konzept der Institutionalisierung lässt sich nicht allein zur Interpretation bereits vorhandener Strukturen verwenden. Auch zur "Konstruktion" sozialer Strukturen könnte ein Soziologe auf diesen Begriff zurückgreifen. Nehmen wir an, in einem Wirtschaftsunternehmen soll ein Vorschlag ausgearbeitet werden, wie die Qualität der Arbeit in einer bestimmten Abteilung verbessert werden könnte. Zunächst würde der Soziologe als theoretische Basis ein Konzept entwickeln, welche Bedingungen zur Institutionalisierung der Qualitätsnorm erfüllt sein müssten. Zu jeder dieser Bedingungen wären dann konkrete Maßnahmen zur praktischen Verwirklichung vorzuschlagen. Nach dem Konzept der Institutionalisierung besteht der erste Schritt in der Überlegung, wie die Mitarbeiter stärker auf die Qualitätsnorm verpflichtet werden können. Eine Methode, dies zu erreichen, bildet die Durchführung eines "Qualitätsseminars" außerhalb des Tagesgeschäfts. Die Leitung würde ein geschulter Moderator übernehmen, der darauf trainiert ist, die Gruppe zur Entwicklung und Artikulation eigener Ideen anzuregen. Durch das Erlebnis, in der Gruppe den Qualitätsbegriff in seiner Bedeutung für das Unternehmen, die Abteilung und den individuellen Arbeitserfolg herausgearbeitet zu haben, kann die Qualitätsnorm für den einzelnen verbindlicher werden.

Im Sinne der faktischen Institutionalisierung würden die guten Vorsätze in der Tagesarbeit bald verpuffen, wenn nicht ein System von Sanktionen eingerichtet wird, das die Einhaltung der für die Abteilung gesetzten Qualitätsmaßstäbe sichert. Anstelle von Belohnungs- oder Bestrafungsmaßnahmen könnte der Soziologe die Einrichtung von *Qualitäts-*

---

92 Zu den drei Dimensionen des Begriffs Institutionalisierung vgl. Kap. 2.3.2, Abbildung 12.

zirkeln[93] vorschlagen. In diesen Arbeitskreisen treffen sich die operativ Tätigen regelmäßig - möglichst ohne Vorgesetzte -, um die Ursachen unzureichender Qualität zu untersuchen und Abhilfemaßnahmen zu erarbeiten.

Schließlich wäre drittens die Ebene der persönlichen Interessen und Ziele zu berücksichtigen. Da die meisten Mitarbeiter keine Jugendlichen sind, werden Sozialisationsmaßnahmen im klassischen Sinne nicht greifen. Daher wäre an die persönlichen Ziele der Mitarbeiter anzuknüpfen, um deren Interesse an einer Qualifikationsverbesserung zu wecken. Ein persönliches Ziel der meisten Mitarbeiter wird in dem Streben nach sozialer Anerkennung bestehen. Innerhalb der Qualitätszirkel werden in der Regel die Teilnehmer mit den konstruktivsten Vorschlägen zur Qualitätssteigerung auch die größte soziale Anerkennung erhalten. Ein weiteres Ziel der meisten Mitarbeiter bezieht sich auf eine möglichst hohe Entlohnung. Daher wäre es denkbar, für die Qualitätsverbesserung innerhalb der Abteilung eine Prämie auszusetzen.

Schließlich ist zumindest in Abteilungen mit fachlich interessanter und abwechslungsreicher Arbeit davon auszugehen, dass die Mitarbeiter Freude an ihrer Tätigkeit haben und ein persönliches Interesse an hoher Qualität entwickeln. In diesem Fall wäre vor Ort zu untersuchen, ob die Ausstattung des Arbeitsplatzes mit technischen Hilfsmitteln ausreicht, um ein optimales Arbeitsergebnis zu erzielen. Eine andere Maßnahme könnte in der speziellen Schulung und Ausbildung der Mitarbeiter bestehen, damit die Fachkenntnisse zur Erreichung eines bestimmten Qualitätsniveaus in ausreichendem Maß vorhanden sind.

Das Modell der Institutionalisierung lässt sich natürlich auch in anderen Arbeitsfeldern von Soziologen einsetzen. So könnte die Frage untersucht werden, wie bei den Gewerkschaftsmitgliedern der Wert der Solidarität mit arbeitslosen Kollegen zu institutionalisieren wäre. In Bildungseinrichtungen wie Schulen stellt die Institutionalisierung von Werten der demokratischen Erziehung ein Problem dar, auf das Soziologen Phantasie verwenden könnten. Während in den bislang dargestellten Beispielen der Begriff der Institutionalisierung eine zentrale Rolle einnimmt, wird man zur Analyse von Sozialisationsprozessen in Bildungseinrichtungen den Begriff der Internalisierung in das Zentrum der Betrachtung stellen. Internalisierung bedeutet die Verankerung von kulturellen Normen und Werten auf der Ebene des Persönlichkeitssystems, also in den persönlichen Werthaltungen, normativen Orientierungen und Zielen.

Rollentheoretisches Sozialisationsmodell

Die erste Anwendung des Vier-Funktionen-Paradigmas bezieht sich auf Handlungsabläufe und nicht auf die bereits dargestellte funktionale Differenzierung. Zusammen mit dem Sozialpsychologen Robert F. Bales entdeckte Parsons, dass der Prozess des Problemlösens in Gruppen nach einem bestimmten Schema abläuft, das sich mit den vier AGIL-Dimensionen beschreiben lässt. Eine Weiterentwicklung dieses Ansatzes bildet die Beschreibung der Entwicklungsphasen vom Kleinkind zum Jugendalter im Rahmen des Sozialisationsmodells, das schematisch in Abbildung 49 zusammengefasst ist (1968b: 35-54).

---

93 Qualitätszirkel als Instrument der Qualitätsverbesserung in Industrieunternehmen sind in großem Stil in Japan erprobt und von dort in die USA und Europa übernommen worden; vgl. Strombach und Johnson 1983. Populär wurde das Qualitätsthema in amerikanischen und europäischen Wirtschaftsunternehmen durch den Bestseller der beiden McKinsey Unternehmensberater Thomas J. Peters und Robert H. Waterman (1984).

Auf den ersten Blick weist das Phasenmodell eine große Ähnlichkeit zu der Theorie kleinkindlicher Entwicklung im Sinne von Sigmund Freud auf. Parsons übernimmt von Freud die Grundidee, dass die Sozialisation einen Prozess von Krisen und deren mehr oder weniger gelungener Bewältigung darstellt. Während dieser Krisen verliert das Kind die sichere Bindung an bestimmte Objekte und muss sich neu orientieren. Die bekannteste Übergangsphase stellt die ödipale Krise dar, in der der Junge wahrnimmt, dass der Vater ein Konkurrent um die Liebe der Mutter ist. Parsons interessieren die Krisen nicht wie Freud im Hinblick auf die Leidensarbeit, die mit dem Objektverlust einhergeht und den möglichen psychischen Folgen der Krisen, wie z.B. neurotische Krankheiten. Er definiert die Objekte als Rollenmuster, die das Kind übernimmt. Die Phasen der Sozialisation werden somit bestimmt von einer Folge immer komplexerer Rollenmuster, die jeweils mit bestimmten normativen Orientierungen verbunden sind.

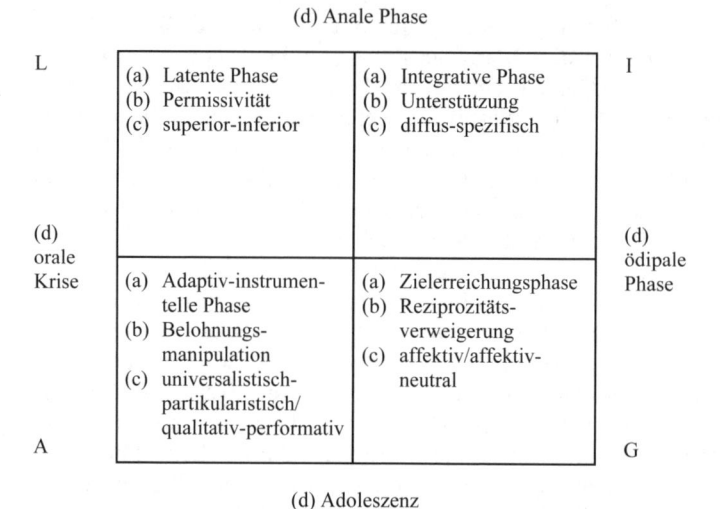

	(d) Anale Phase		
L	(a) Latente Phase (b) Permissivität (c) superior-inferior	(a) Integrative Phase (b) Unterstützung (c) diffus-spezifisch	I
(d) orale Krise	(a) Adaptiv-instrumentelle Phase (b) Belohnungsmanipulation (c) universalistisch-partikularistisch/ qualitativ-performativ	(a) Zielerreichungsphase (b) Reziprozitätsverweigerung (c) affektiv/affektiv-neutral	(d) ödipale Phase
A			G
	(d) Adoleszenz		

Abbildung 49: Phasen der Sozialisation von Kindern

In der latenten Phase besteht eine diffuse Abhängigkeit des Kindes von der Mutter, während erst in der integrativen Phase die Mutter als Gegenüber erkannt wird, die belohnen und bestrafen kann. In der ödipalen Krise lernt das Kind dann die Rolle des Vaters kennen, der nach dem idealtypischen Familienmodell die Anforderungen und Normen der Außenwelt in die Familie hineinträgt[94]. Die emotional ausschließliche Liebesbeziehung zur Mutter verwandelt sich in eine affektiv-neutralere Beziehung zu beiden Eltern. Schließlich lernt das Kind während der Schulzeit, dass seine Anerkennung in der Schülerrolle nicht zugeschrieben ist, sondern durch Leistung erworben werden muss. Parsons ersetzt den Lintonschen

---

94 Diese Rollenaufteilung zwischen erwerbstätigem Vater und der für Kindererziehung und Haushalt zuständigen Mutter entspricht der typischen amerikanischen Mittelstandsfamilie zu Anfang der 50er Jahre. Parsons macht in späteren Werken deutlich, dass es für die Sozialisationstheorie keine Rolle spielt, ob der Vater oder die Mutter berufstätig ist. Falls die Mutter erwerbstätig ist, wird sie es übernehmen, die Normen der Berufswelt in die Familie hineinzutragen (vgl. Miebach 1984: 257). Die analytische Unterscheidung wurde von den Parsons-Kritikern nicht akzeptiert, so dass es zu einem Ritual von Sozialisationstheoretikern geworden ist, sich gegen die konservative Familiensoziologie Parsons' abzugrenzen.

Begriff "zugeschrieben" durch "qualitativ" und "erworben" durch "performativ". Die Bindung an die Gruppe der Gleichaltrigen, "peer group" genannt, ist zunächst partikularistisch, indem nur die Ansichten und Normen dieser Gruppe zählen. Auf dem Weg zum Erwachsenenalter lernt der Jugendliche dann, über die eigene Gruppe hinauszuschauen und universalistischere Werte und Normen auf sein Verhalten zu beziehen.

Die zunehmende Rollendifferenzierung beschreibt Parsons mit vier Begriffspaaren, die er "Pattern Variables"[95] nennt. Wie die Anordnung in Abbildung 50 zeigt, bezieht sich jeweils ein Begriff des Paares auf die engere Gemeinschaft und der andere auf die Gesellschaft, deren Werte, Normen und Rollen das Kind und der Jugendliche schrittweise übernimmt.

Gemeinschaftstypologie	Gesellschaftstypologie
diffus	spezifisch
affektiv	affektiv-neutral
qualitativ	performativ
partikularistisch	universalistisch

Abbildung 50: Anordnung der Pattern Variables

Während Parsons und Bales beobachteten, in welchen Schritten Kleingruppen Aufgaben zu lösen versuchen, fiel ihnen eine Ähnlichkeit zu den Phasen der Psychotherapie auf. Diese Analogie wendet Parsons auf das Steuerungsverhalten des Erziehers während des Sozialisationsprozesses an. Ähnlich wie das Institutionalisierungsmodell lässt sich das Sozialisationsmodell zur Erklärung unterschiedlicher Erziehungsprozesse sowie zum Entwurf von Sozialisationskonzepten einsetzen.

Als paradigmatisches Beispiel eines Sozialisationsmodells haben Parsons und Platt (1974) in ihrer Hochschulstudie den Sozialisationsprozess von College-Studenten untersucht. Das amerikanische Hochschulwesen ist in zwei Stufen gegliedert. Nach dem High-School-Abschluss, der früher als das deutsche Abitur erfolgt, besuchen mindestens 40 % der Jugendlichen ein College. Das Niveau und die Ausrichtung der Colleges ist sehr unterschiedlich und reicht von zweijährigen allgemeinbildenden Schulen unterhalb des Niveaus der deutschen Oberstufe an Gymnasien über berufsbildende Colleges bis zum vierjährigen wissenschaftlichen Grundstudium an einer Universität. Vorwiegend diese Colleges an "vollen" Universitäten haben Parsons und Platt im Auge. Nach dem Bachelor-Abschluss des Colleges beginnt ein Teil der Absolventen ein Graduiertenstudium, indem sie sich wissenschaftlich spezialisieren und qualifizieren. Den Abschluss des Graduiertenstudiums bildet in der Regel der Master-Titel. Ein anderer Teil der Collegeabsolventen besucht eine so genannte "School" für Rechtswissenschaften, Medizin, Ingenieurwissenschaften oder Ökonomie, in der die Studenten eine Spezialausbildung erwerben, die ihnen einen Platz in der jeweiligen Profession sichert[96].

---

95 Die ausführliche Beschreibung der Pattern Variables findet sich in Parsons/Shils 1976. Eine Kurzfassung findet sich in Miebach 1984: 180.
96 Das Konzept der Bachelor- und Masterstudiengänge ist seit Anfang des 21. Jahrhunderts von den deutschen Universitäten schrittweise übernommen worden.

Die Anwendung des Sozialisationsmodells ist theoretisch nur gerechtfertigt, wenn mit dem Rollenlernen eine Internalisierung von Normen und Werten einhergeht, die eine Veränderung von Einstellungen und Orientierungen der Individuen bewirkt. Das Erlernen von Wissen und das Training von Fertigkeiten, wie z.B. mathematische Beweisverfahren oder Programmiertechniken, bezeichnet man allgemein als Ausbildung. Um Sozialisation handelt es sich nur dann, wenn außer dieser kognitiven Komponente auch Werthaltungen und normative Orientierungen einbezogen werden. Dies ist - wie das Beispiel der Institutionalisierung der Originalitätsnorm zeigt - in der wissenschaftlichen Ausbildung der Fall. Neben den Wissenschaftsnormen, z.B. der Originalität, der Kritikbereitschaft und der Verpflichtung zur Objektivität, sollen nach Parsons und Platt die College-Studenten die Rolle von verantwortungsvollen Staatsbürgern einüben, indem sie von einfachen Denkmustern zu differenzierten moralischen Bewertungen gesellschaftlicher Probleme und Konflikte übergehen und im Rahmen der Universität lernen, Verantwortung zu übernehmen.

In der Anfangsphase der College-Ausbildung wird der Dozent gegenüber Studienanfängern eine *permissive* Haltung einnehmen, indem er Grundbegriffe und elementare Argumentationsstrukturen des Faches zusammen mit den Studenten einübt. Die Diskussionsbeiträge der Studenten und die schriftlichen Übungen werden noch nicht bewertet. Stattdessen greift der Dozent die Beiträge auf und verarbeitet sie in der Diskussion weiter. Nach dieser Phase wird der Dozent beginnen, auf bestimmte Diskussionsbeiträge genauer einzugehen und Lernfortschritte gezielt zu *"unterstützen"*. Auch hier findet noch keine Bestrafung durch schlechte Noten statt, allerdings werden richtige Argumentationen hervorgehoben und modellhaft für die anderen Teilnehmer ausgearbeitet. Falls dann die anderen Studenten diese Fertigkeiten und die damit verbundenen normativen Orientierungen nicht übernehmen, wird der Dozent das Mittel der *Reziprozitätsverweigerung* einsetzen, indem bestimmte Diskussionsbeiträge als unkorrekt oder auf der falschen Linie liegend gekennzeichnet werden. In der vierten Phase geht der Dozent zu dem Standardrepertoire der gezielten Bewertung von Leistungen über, das im Sozialisationsmodell *Belohnungsmanipulation* genannt wird. Auch an amerikanischen Colleges wird dieses Modell einer Studieneinführung nicht immer praktiziert, obwohl es ernster genommen wird als an deutschen Hochschulen.

Ein Beispiel für eine relativ weitgehende Umsetzung dieses Modells in die Praxis bildet die Reform des deutschen Grundschulunterrichts im Verlauf der 70er Jahre. Durch die Einführung einer Orientierungsphase ohne Leistungsbewertung am Anfang der Schulzeit wird den Lehrerinnen und Lehrern Gelegenheit gegeben, die Phasen der Permissivität und Unterstützung zu praktizieren, um die Schulanfänger langsam an die Schülerrolle heranzuführen. Im Verlauf des zweiten und dritten Schuljahres lernen die Schüler durch Reziprozitätsverweigerung und Belohnungsmanipulation, dass bestimmte Rollenerwartungen für sie verbindlich sind.

In dem Beispiel der Qualitätssteigerung in Unternehmen sind Sozialisationsprozesse in dem Ausmaß zu berücksichtigen, wie die Stärkung des Qualitätsbewusstseins mit Veränderungen von Werthaltungen und normativen Orientierungen einhergehen muss. Um einen solchen Prozess in Gang zu setzen, könnten in der Anfangsphase ein Qualitätsseminar mit den Mitarbeitern unter Anleitung eines geschulten Moderators stattfinden. Der Moderator sollte darauf trainiert sein, das dargestellte Sozialisationsmodell in die Praxis der Erwachsenenbildung umzusetzen. Gerade "gestandene Praktiker" werden bei neuen Anforderungen skeptisch und reserviert reagieren, so dass eine längere Aufwärmphase notwendig sein wird, in der sich der Moderator permissiv und unterstützend verhält. Eine Technik zur praktischen Durchführung ist z.B. die Methode der Kartenabfrage[97]. Die Teilnehmer schreiben ihre Gedanken und Vorschläge auf farbige Kärtchen, die der Moderator auf Pinnwände heftet. Nach dieser permissiven Phase der Sammlung von Beiträgen wird der Moderator zusammen mit den Teilnehmern versuchen, die Einzeläußerungen thematisch zusammenzufassen. Auch in dieser Phase wird sich der Diskussionsleiter so weit wie möglich zurückhalten und nur Unterstützung leisten, wenn bestimmte Themenaspekte zu wenig berücksichtigt worden sind.

Das Qualitätsseminar wird nur erfolgreich sein, wenn die Teilnehmer die Thematik in Beziehung zu ihrer eigenen Arbeit und deren Bedingungen setzen können. Eine allgemeine Diskussion oder das Beklagen von nicht beeinflussbaren Umständen führt nicht zu einer Einstellungsänderung. Stattdessen sollten die Teilnehmer dazu angeleitet werden, im Verlauf des Seminars ihre eigenen Erfahrungen einzubringen. Dies erreicht der Moderator, indem er Beiträge in dieser Richtung stärker hervorhebt und die anderen Teilnehmer nach ähnlichen Erfahrungen fragt. Falls einzelne Teilnehmer sich gegen diese Art von persönlicher Betroffenheit sperren und die Diskussion wieder auf ein unverbindliches Niveau bringen wollen, reicht die Methode der Unterstützung nicht aus. Stattdessen müsste der Moderator diesen Teilnehmern gegenüber Reziprozitätsverweigerung praktizieren, indem er darstellt, dass diese Beiträge im Hinblick auf das Seminarziel nicht weiterführen. In der zweiten Hälfte der Veranstaltung wird der Moderator eine Diskussionsrunde einleiten, in der konkrete Maßnahmen aufgezeigt und Schritte zu deren praktischer Umsetzung entworfen werden. Die Moderation versucht, die Teilnehmer zu veranlassen, gute Beiträge mit Anerkennung zu belohnen und ungeeignete Vorschläge abzulehnen.

An diesem Beispiel wird deutlich, dass das Sozialisationsmodell in seiner Grundstruktur bei Jugendlichen und Erwachsenen angewendet werden kann. Die konkrete Ausgestaltung variiert aber erheblich in Abhängigkeit von dem Sozialisationsziel, der Adressatengruppe und dem organisatorischen Umfeld. Außerdem ist dem Modell nicht zu entnehmen, wie ein Hochschuldozent, ein Grundschullehrer oder ein Moderator seine Rolle konkret gestalten soll. Das jeweilige Rollenspiel muss gelernt und praktisch eingeübt werden. Durch das Sozialisationsmodell wird die Grundstruktur des Prozesses skizziert und ein Hilfsmittel zum besseren Verständnis der Wirkung bestimmter Sozialisationsmaßnahmen bereitgestellt.

Interpenetration

Die Konzepte der Institutionalisierung und Internalisierung bilden explizite Modelle zur Erklärung sozialen Handelns, die sich an den Musterbeispielen einer Lehrveranstaltung in der Universität oder eines Programms zur Qualitätssteigerung in Unternehmen veranschaulichen lassen. Das oben zitierte Fundamentaltheorem der Handlungstheorie besagt, dass die Struktur von Handlungssystemen aus im Sozialsystem institutionalisierten und im Persönlichkeitssystem internalisierten kulturellen Werten besteht. Damit wird mit diesen beiden expliziten Modellen die Grundidee des normativen Paradigmas konkretisiert: dass soziales Handeln *wertvermitteltes* Handeln ist.

Institutionalisierung und Internalisierung sind analytisch nicht genau einem System zuzuordnen, da durch Institutionalisierung kulturelle Werte als Rollen im Sozialsystem

---

[97] Diese in Wirtschaftsunternehmen häufig eingesetzte Methode wurde durch Fa. METAPLAN entwickelt.

verankert werden. Entsprechend verschränkt der Begriff der Internalisierung das Kultur- und Persönlichkeitssystem. Der systemtheoretische Fachausdruck für diese Art der Systemvernetzung lautet *Interpenetration*[98]. Im Rahmen der Systemtheorie bedeutet Interpenetration, dass sich Systeme überlappen, indem Teile des einen Systems als Teile des anderen interpretiert werden. In diesem Sinne lässt sich ein konkretes Rollenspiel nur erklären, wenn es einerseits als sozial erwartetes Verhaltensmuster dem Sozialsystem zugerechnet und andererseits im Hinblick auf die Rollengestaltung als Ausdruck der Persönlichkeit des Rollenspielers aufgefasst wird. Somit ist das Rollenspiel als Teil des Sozial- und des Persönlichkeitssystems anzusehen. Wie Goffman gezeigt hat, besitzt das Rollenspiel eine eigene Struktur, die aus Regeln der Distanzierung und expressiven Gestaltung besteht. Die Regel der Distanzierung lässt sich primär dem Sozialsystem zuordnen, während die expressive Gestaltung eher eine Komponente des Persönlichkeitssystems darstellt. Trotz dieser Zuordnung ist es nicht sinnvoll, das Rollenspiel ausschließlich in einzelne Aspekte zu zerlegen, weil in diesem Fall die Gesamtstruktur des Handlungsmusters nicht hinreichend erfasst wird. Aus diesem Grunde schlägt Parsons vor, solche Verhaltensmuster als *Interpenetrationszonen* zu beschreiben (Parsons/Platt 1974: 36). Auf diese Weise behält man einerseits die empirische Eigenart des untersuchten Handlungsmusters im Auge und wird andererseits durch das Modell angeleitet, die unterschiedlichen theoretischen Aspekte zu untersuchen. Forschungsökonomisch hat die Definition der Interpenetrationszonen den Vorteil, dass die Handlungstheorie mit relativ wenigen Grundsystemen auskommt.

Die oben zitierte Definition der Überlappung beliebiger Systeme soll "analytische" Interpenetration genannt werden. Institutionalisierung und Internalisierung sind dann zwei Fälle von Interpenetration, bei denen die jeweiligen Systeme durch kulturelle Normen vernetzt sind. Dieser Spezialfall von Interpenetration durch kulturelle Elemente soll durch den Begriff "normative" Interpenetration begrifflich von der analytischen Interpenetration unterschieden werden. Parsons versteht unter Interpenetration in der Regel die speziellere Form der normativen Vernetzung. Wie das folgende Zitat zeigt, ist er sich allerdings der beiden Ebenen der Interpenetration bewusst:

> ... (1) die Interpenetration von Systemen in demselben konkreten Verhaltensprozess, der als Teil von zwei oder mehr Handlungssystemen zu verstehen ist und (2) Integration von benachbarten Systemen durch 'Querverbindungen', die aus diffusen Sinnmustern und den hier diskutierten allgemeinen Werten bestehen. (Parsons/Smelser 1956: 115; Übersetzung vom Verf., B.M.)

Modell des Allgemeines Handlungssystems

Kultur-, Sozial- und Persönlichkeitssystem gehören zu den Subsystemen des allgemeinen Handlungssystems, das Parsons 1960 - also fast zehn Jahre nach der Definition dieser Grundsysteme - einführt. Zu diesem Zweck wird das Vier-Funktionen-Paradigma auf die Subsysteme angewendet. Es ist nahe liegend, dem Kultursystem die L- und dem Sozialsystem die I-Funktion im allgemeinen Handlungssystem zuzuordnen. Das Persönlichkeitssys-

---

[98] Den Begriff "Interpenetration" verwendet Parsons bereits im Rahmen der voluntaristischen Handlungstheorie (1935: 315), um die Vernetzung zweier wissenschaftlicher Systeme zu charakterisieren. Als Überlappungsprinzip von Handlungssystemen wird der Interpenetrationsbegriff während der strukturell-funktionalen Theoriephase zu einer zentralen theoretischen Kategorie von Parsons ausformuliert (vgl. Parsons/Smelser 1956: 115). Innerhalb der deutschen Soziologie haben Münch (1982) und Luhmann (1984) das Interpenetrationskonzept weiterentwickelt.

tem übernimmt die G-Funktion, weil ein Handlungssystem seine Durchsetzungsfähigkeit gegenüber anderen Systemen aus den Interessen und Zielen seiner Mitglieder schöpft. Das vierte Subsystem des allgemeinen Handlungssystems bildet das Verhaltenssystem, das von Parsons ursprünglich Verhaltensorganismus genannt wurde. (1976a: 293).

	Kultursystem	Sozialsystem	
L			I
A	Verhaltenssystem	Persönlichkeits-system	G

Abbildung 51: Allgemeines Handlungssystem

Unter Verhaltenssystem versteht Parsons nicht den biologischen Organismus, sondern die Gesamtheit der erlernten kulturellen Techniken wie Sprachkompetenz, logisches Denken, emotionale Bindungsfähigkeit, Fähigkeit zur Rollenübernahme sowie technische Grundfertigkeiten. Gemeint sind hier nicht die konkreten Ausprägungen der Tätigkeiten wie die Normen und Wissensbestandteile von Berufsrollen, sondern die im Verlauf des Sozialisationsprozesses entwickelte Kapazität des Individuums, Rollen auszuüben, soziale Bindungen einzugehen, technische Probleme zu lösen oder sich durch Gesten und Sprache auszudrücken. Im Verhaltenssystem sind die grundlegenden Handlungskapazitäten organisiert, die dem Handelnden die Möglichkeit geben, auf unterschiedliche Umweltbedingungen zu reagieren. Falls diese Fähigkeiten hinreichend generell angelegt sind, wird sich z.B. ein Mitarbeiter in einem Unternehmen schnell auf neue Arbeitsanforderungen einstellen können. In diesem Sinne ist es plausibel, dem Verhaltenssystem - wie in Abbildung 51 dargestellt - die A-Funktion zuzuordnen.

Aus der bisherigen Darstellung der Subsysteme des allgemeinen Handlungssystems konnte der Eindruck entstehen, das Kultursystem genieße im normativen Paradigma Priorität gegenüber den anderen Systemen. Im Hinblick auf die Erklärung der sozialen Ordnung trifft dies zu, indem die Rollen und Normen ebenso wie die Werthaltungen und normativen Orientierungen Spezifikationen von Elementen des Kultursystems sind. Dieser Dominanz des Kultursystems steht der Energiefluss entgegen, der vom Verhaltenssystem über das Persönlichkeitssystem zum Sozial- und Kultursystem verläuft. Bereits in der voluntaristischen Handlungstheorie wird dieser Zusammenhang durch die Annahme berücksichtigt, dass rationales Handeln auf der willentlichen Anstrengung des Individuums basiert, die normative Ordnung im Handeln umzusetzen. Im Konzept der Institutionalisierung wird angenommen, dass sich die Interessen des Individuums mit den Rollenzielen decken, damit sich das Individuum in der Ausführung der Rolle engagiert und auf diese Weise dem Handlungssystem Energie zuführt. Die Bündelung der Handlungsenergie geschieht auf der Ebene des Persönlichkeitssystems, während die Quelle des motivationalen Antriebs im Verhaltenssystem liegt. Das Ausmaß der im Verhaltenssystem organisierten emotionalen Bindungsfähigkeit, die Fähigkeit zur Rollenübernahme und die sprachliche sowie gestische Ausdruckskraft bilden die Basis für die Loyalität zu Bezugsgruppen, die Rollengestaltung sowie der Kommunikation im Sozialsystem.

Parsons nennt das gegenläufige Prinzip von Information und Energie "kybernetische Hierarchie" (1977a: 234). In dem oben diskutierten technischen Beispiel des Heizsystems leitet der Thermostat die Information über eine bestimmte Raumtemperatur an den Heizkessel weiter, während die Energie zum Aufheizen des Raumes im Heizkessel produziert wird. In Bezug auf soziales Handeln hat Münch (1982) die Begriffe Information und Energie durch "Steuerung" und "Dynamisierung" ersetzt (1982: 224-6), die den Zusammenhang für Sozialsysteme treffender zum Ausdruck bringen. Im allgemeinen Handlungssystem bilden somit Kultur- und Sozialsystem steuernde und das Verhaltens- und Persönlichkeitssystem dynamisierende Elemente.

4.1.3 Theorie generalisierter Austauschmedien

Austauschmedien des Sozialsystems

Kulturelle Wertmuster, die als Normen und Rollen im Sozialsystem institutionalisiert und als normative Orientierungen und Werthaltungen auf der Ebene der Persönlichkeit internalisiert sind, nennt Parsons die *Strukturen* des Sozial- bzw. Persönlichkeitssystems. Analog zur Definition des normativen Interpenetrationsbegriffs als Vernetzung von Handlungssystemen durch kulturelle Elemente bezieht er den Strukturbegriff vorwiegend auf normative Strukturen. Wegen der Durchgängigkeit des kulturell-*normativen* Faktors zur Erklärung sozialen Handelns bietet sich als Gesamtbezeichnung für das normative Paradigma der Begriff "strukturalistische Handlungstheorie" an.

Erinnern wir uns an die Theorie der Alltagsrituale, so konzentriert sich Goffman auf die Regeln, die Interaktionsabläufe im Alltagshandeln steuern. Ein Handlungsablauf, der durch Primärregeln eingegrenzt ist, kann durch Sekundärregeln geöffnet werden. Auf diese Weise versucht Goffman, die Dynamik von Interaktionssequenzen abzubilden. Die bislang dargestellten Begriffe und Modelle der strukturalistischen Handlungstheorie sind auf eine "Defizitanalyse" spezialisiert, in der ein gewünschter Soll-Zustand mit einem realen Ist-Zustand verglichen wird und Wege aufgezeigt werden, wie der Soll-Zustand zu erreichen ist. Alternativ dazu wird untersucht, wie sich das Handeln auf einen bestimmten Status quo einpendelt. Obwohl sich die Sozialisationstheorie auf Prozesse bezieht, besteht sie aus Stufen von Soll-Zuständen des Erlernens von Normen und Rollen. Somit wird die Dynamik von Handlungsprozessen innerhalb und zwischen Systemen mit den bislang dargestellten Konzepten nicht ausreichend erfasst.

Mit dem Paradigma der generalisierten Austauschmedien versucht Parsons, diese Theorielücke zu schließen. In dem Beispiel der Lehrveranstaltung wurde festgestellt, dass es zur Konfliktregulierung zwischen Studenten und Dozenten im Hinblick auf Leistungsanforderungen nicht ausreicht, wenn sich jede Partei auf ihre Rollenrechte beruft. Der Dozent würde sich auf seine Fachkompetenz und institutionellen Weisungsbefugnisse zurückziehen, während die Studenten auf ihren Mitbestimmungsrechten bestehen oder auf die gleichzeitige Beanspruchung durch andere Lehrveranstaltungen verweisen. Um zu einer Konfliktlösung zu gelangen, müssten soziale Mechanismen greifen, die auf die Handlungsabstimmung spezialisiert sind. Im Zusammenhang mit Mertons Rollen-Set wurden solche Mechanismen beschrieben, die potentielle Rollenkonflikte lösen, ohne dass die Interaktionspartner explizit Strategien zur Konfliktbewältigung einsetzen. Falls die Leistungsanforderungen des Dozenten deutlich von den Standards der anderen Lehrveranstaltungen des Instituts abweichen und die Institutsleitung bereit ist, ein bestimmtes Niveau gegenüber abweichenden Dozenten durchzusetzen, kann diese *Machtkonstellation* den Konflikt um die Leistungsanforderung verhindern: In diesem Fall würde sich der Dozent anpassen, um keinen Gesichtsverlust zu riskieren. Ein anderer Rollen-Set-Mechanismus könnte in der Möglichkeit des *Abbruchs der Rollenbeziehung* bestehen, wenn eine Alternativveranstaltung angeboten wird, die die Studenten besuchen können.

Die Mechanismen des Rollen-Sets bilden Strukturen, die Rollenkonflikte im Vorfeld regulieren. Die Austauschmedien sind zwar Mechanismen und keine Strukturen, sie basieren aber auf normativen Strukturen, die Parsons in Anlehnung an die Biogenetik "Codes" nennt. Die Medien selbst sind als eine *Kapazität* von Akteuren zu verstehen, eine Klasse von unterschiedlichen Verhaltensweisen des Interaktionspartners auszulösen.

Das prototypische Medium ist Geld. Mit ihm verfügt sein Besitzer über die Kapazität, unterschiedliche Güter zu erwerben. Wegen der Eigenschaft, gegen *alle* auf dem Markt verfügbaren Güter eintauschbar zu sein, nennt Parsons Geld ein *generalisiertes* Austauschmedium. Dieses Medium ist *symbolisch*, weil der Wert der Papierscheine oder der Wert der Metallstücke nur einen Bruchteil des gedruckten oder geprägten Geldbetrages ausmacht.

Geld kann als Austauschmedium nur funktionieren, wenn sich sein Besitzer darauf verlassen kann, dass er tatsächlich die entsprechende Ware als Gegenstück erhält. "Schwarzmarktwährungen" wie Zigaretten sind ein Zeichen, dass das Geld seine *faktische Geltung* als anerkanntes Zahlungsmittel eingebüßt hat. Voraussetzung für die Akzeptanz des Geldes als Zahlungsmittel ist das Vertrauen des Empfängers, dass er selbst das erhaltene Geld gegen andere Waren zum gleichen Wert eintauschen kann. Die faktische Geltung und das Vertrauen in den Wert des Geldes sind Formen der Institutionalisierung des Geldmediums.

Schließlich basiert die Verwendung des Geldes auf der normativen Struktur des Eigentums, wodurch sichergestellt wird, dass der Tausch des Geldes gegen Waren gültig ist und nicht einseitig durch einen der beiden Tauschpartner rückgängig gemacht werden kann. Der Eigentums-Code bildet eine relativ abstrakte moralische Regel, wie man an dem Verhalten von Kleinkindern ablesen kann. Bis zu einem bestimmten Alter können sie nicht verstehen, dass sie ein Spielzeug, das sie gegen ein anderes eingetauscht haben, später nicht zurückholen können. Die Institution des Eigentumswechsels, die durch den Tausch wirksam wird, überfordert ihr moralisches Verständnis bis zu einem bestimmten Alter[99]. Um ein Medium in Krisen abzusichern, existiert in der Regel ein gewisser Vorrat an Tauschmitteln mit intrinsischem Wert wie Gold. Allerdings deckt der Goldvorrat der Banken nicht die im Umlauf befindliche Geldmenge ab, so dass der Einsatz von Gold den Geldverkehr zwar kurzfristig stützen, aber nicht ersetzen kann.

---

99 Die klassische Studie von Piaget (1979) zur Moralentwicklung von Kindern wurde von Kohlberg (1977) erweitert. Veith (1996) enthält einen Überblick über den Stand der Sozialisiatonsforschung. Zu der Institution des Eigentums bei Mead und dem Beispiel des Spielzeugtauschs vgl. Kap. 2.2.2.

Medienmerkmale	Geld	Macht
Generalisierung der Verfügung über Ressourcen	Verfügung über nicht spezifizierte Güter oder Dienstleistungen	Verfügung über die Möglichkeit, nicht spezifizierte Entscheidungen bindend für ein Kollektiv zu fällen
Symbolisierung	Geld als Tauschmittel ohne Wert an sich	Macht wird gegen Verpflichtung zu kollektivem Handeln getauscht, ohne dass der Machtunterworfene eine konkrete Gegenleistung erhält, außer dem Versprechen, bei späterer Gelegenheit die Macht in Verpflichtung anderer einzutauschen
Spezifität der Wirkungsweise	Spezialisierung auf ökonomisches System	Spezialisierung auf politisches System
Faktische Institutionalisierung: (a) Generelle Akzeptanz des Mediums als Motivationsmittel (b) Vertrauen in die Konvertierbarkeit	(a) Akzeptanz v. Geld als Recht, Güter ohne Einsatz situationsspezifischer Anreize zu erwerben (b) Vertrauen in die Konvertierbarkeit des Geldes in Güter (Geldwert)	(a) Akzeptanz von Macht als Mittel, um ohne situationsspezifische Sanktionen Ziele durchzusetzen (b) Vertrauen, mit Macht ggf. selbst bindende Verpflichtungen für die Durchsetzung der eigenen Ziele zu erreichen
Strukturelle Absicherung: (a) Institutionalisierung eines normativen Codes (b) Monopolisierung von Mitteln mit intrinsischem Wert	(a) Eigentumsrechte (b) Gold	(a) Herrschaft (b) Gewalt, Zwang
Nicht-Nullsummen Charakter	Vermehrbarkeit durch Buchgeld	Machtanhäufung und Erhöhung Entscheidungsfähigkeit
Zirkulationsfähigkeit	Weitergabe von Geld	Weitergabe von politischen Mandanten

Abbildung 52: Modell generalisierter Austauschmedien

Parsons verallgemeinert die in Abbildung 52 dargestellten Eigenschaften des Geldes zu den Merkmalen generalisierter Austauschmedien und wendet dieses Modell auf das Medium *Macht* an, das Interaktionsprozesse innerhalb des politischen Systems sowie den Austausch zwischen dem politischen System und den anderen Subsystemen des Sozialsystems steuert.

Macht in diesem Sinne ist die Kapazität, innerhalb und außerhalb des politischen Systems eine nicht exakt festgelegte Klasse von bindenden Entscheidungen zu treffen und durchzusetzen. In demokratischen Gesellschaften wird diese Kapazität durch Wahlen auf bestimmte Inhaber von politischen Ämtern übertragen. Diese Ämter *symbolisieren* die politische Unterstützung, auf die die gewählten Politiker bei der Durchführung ihrer Arbeit rechnen können. Die Parteien treten mit einem Programm an, das im Falle ihrer Wahl zu einer Regierungserklärung konkretisiert wird. Trotzdem sind sie in Einzelentscheidungen an dieses Rahmenprogramm nicht gebunden und verfügen daher über ein *generalisiertes* Medium. Macht basiert auf dem Vertrauen der Bürger, dass die politische Unterstützung, die sie der Regierungspartei entgegenbringen, von dieser Partei in politisch bindende Entscheidungen umgesetzt wird. Dies setzt wiederum voraus, dass die Mehrheit der Bürger die

Realisierung der Entscheidungen unterstützt, auch wenn sie nicht ihren jeweiligen politischen Überzeugungen entsprechen.

Diese Bereitschaft, die politischen Entscheidungen als bindend aufzufassen, wird nach Parsons durch den normativen Code der *Herrschaft* strukturell abgesichert, der in Analogie zu Eigentum bei Geld zu sehen ist. Herrschaft bedeutet hier, dass die Mehrheit der Bürger die Autorität der gewählten Regierung anerkennt, bindende Entscheidungen für die Gesamtheit zu beschließen. Diese Entscheidungen werden als legitim akzeptiert, wenn sie erstens die Verfassung respektieren und wenn bestimmte parlamentarische und außerparlamentarische Verfahrensschritte[100] eingehalten werden. Die auf diese Weise legitimierte Autorität der Regierung ist eine komplexe Form der Herrschaft, die sich von einfacheren Herrschaftsformen wie Stammesherrschaft oder die charismatische Herrschaft[101] eines Volksführers durch einen höheren Grad der Generalisierung unterscheidet. Dies setzt bei den Bürgern ein entsprechend entwickeltes politisches Urteilsvermögen voraus.

Gewalt bzw. Zwang sind nach Parsons extreme Mittel der Durchsetzung politischer Entscheidungen. In Demokratien besitzt der Staat ein Monopol auf politische Gewaltanwendung, deren Ausübung durch Verfassung, Gesetze und Verordnungen reguliert wird. Gewalt kann nach Parsons nur ein letztes Mittel gegenüber einzelnen Bürgern oder Gruppen sein, da die eigentliche Macht darin besteht, dass die Entscheidungen der politischen Führung ohne Gewaltanwendung ausgeführt werden.

Generalisierte Austauschmedien sind *spezifisch*, indem ihr Code mit der normativen Struktur des jeweiligen Subsystems kompatibel sein muss und die Klasse der Leistungen, über die der Medienbesitzer verfügt, einen funktionellen Beitrag für das System leistet. Außerdem kann die Leistungsfähigkeit der Medien durch ein Prinzip gesteigert werden, das Parsons an der Kreditschöpfung in der Wirtschaft illustriert. Banken bewahren nur einen relativ kleinen Teil der Spareinlagen in ihrem Tresor auf. Der größte Teil befindet sich in Form von Krediten und Anlagen im Umlauf und ist nicht kurzfristig verfügbar. Außerdem wird ein erheblicher Teil von Geldtransaktionen nicht mit Geldscheinen abgewickelt, sondern lediglich verbucht, so dass das manipulierbare Geldvolumen den Wert der gedruckten Scheine und geprägten Münzen um ein Vielfaches übersteigt. Diese Leistungssteigerung des Geldes wird durch eine Reihe von staatlichen Gesetzen und Verordnungen gestützt, deren soziale Wirkung auf dem Medium Macht beruht.

So wird z.B. das Vertrauen in die Liquidität der Banken durch die gesetzlich vorgeschriebene Mindestreserve gefördert. Die Beschränkung der in Umlauf befindlichen Geldmenge durch das Fälschungsverbot sichert die Konvertierbarkeit des Geldes in Güter. Schließlich hat die Regierung eine bestimmte Vorstellung von der für die Volkswirtschaft günstigsten Inflationsrate und versucht z.B. durch Vergrößerung oder Verringerung der Staatsverschuldung die Inflationsrate zu beeinflussen. Eine direktere Form des Machteinsatzes praktizieren die Zentralbanken, indem sie Leitzinsen festlegen und auf diese Weise auf das Inflationsniveau einwirken.

Der Einsatz von Macht als generalisiertes Austauschmedium besteht in dem Beschluss und der Durchsetzung von Leitzinsen, wogegen die Beeinflussung der Inflationsrate einen Nebeneffekt darstellt. Gelingt es, durch politische Maßnahmen eine eskalierende Inflationsrate zu reduzieren, so wird sich das Vertrauen in die Konvertierbarkeit des Geldes wieder verstärken. Die Anwendung des Mediums Macht im Bereich der Geldwirtschaft stützt so-

---

100 Eine anschauliche Studie dieser "Legitimität durch Verfahren" findet sich in Luhmann 1969.
101 Die klassische soziologische Herrschaftstheorie wurde von Max Weber (1972: 122-76) begründet.

mit die oben beschriebene Leistungssteigerung des Geldmediums ab, indem Vertrauen in die Liquidität der Kreditinstitute und in die Stabilität des Geldwertes erzeugt wird. Umgekehrt wird die Wirkung des Machtmediums durch Geldmittel aus Steuern und Abgaben gesteigert, indem der Staat als Investor und Arbeitgeber fungiert. Ein anderes Beispiel bildet die Kapitalkonzentration in Unternehmen, durch die der Geschäftsleitung Macht zuwächst. Die Möglichkeit der Geschäftsleitung, bindende Entscheidungen für das Unternehmen zu treffen und durchzusetzen, wird zwar durch die Mittel der Kündigung und Stilllegung gestützt, kann aber nicht auf der Androhung dieser Maßnahmen beruhen. In der Mehrzahl der Entscheidungsfälle garantiert die Struktur der Entscheidungskompetenzen sowie die Mitbestimmungsregelung den Einsatz des Machtmediums. Die Effizienz des Machteinsatzes nach innen und gegenüber anderen Firmen hängt wesentlich von der Kapitalkraft des Unternehmens ab.

Das in den Beispielen beschriebene Prinzip der Leistungssteigerung durch die wechselseitige Unterstützung wird in der Medientheorie *Nicht-Nullsummen*-Eigenschaft genannt. In einem Nullsummensystem, wie z.B. ein Monopoly-Spiel hat die Vermehrung der Ressourcen eines Interaktionspartners eine Reduzierung an anderer Stelle zur Folge, so dass die Gesamtsumme konstant bleibt. Die Kreditschöpfung durch Buchgeld oder die Machtvermehrung durch Kapitalkonzentration sind dagegen Beispiele, in denen das Nullsummen-Prinzip durchbrochen wird.

Die Kapazität der Verfügung über eine Klasse von Leistungen oder Ressourcen, die den Besitz eines Austauschmediums ausmacht, kann innerhalb sozialer Systeme weitergegeben werden, was Parsons *Zirkulationsfähigkeit* nennt.

> Jedes Medium muß geeignet sein, die Übertragung der Kontrolle von einer handelnden Einheit auf eine andere in irgendeiner Transaktionsform zu ermöglichen. (1980: 231)

Diese Übertragung der Medienkontrolle ist wiederum institutionell geregelt, z.B. durch das Vertragsrecht für Geld oder durch Vorschriften der Mandatsweitergabe im politischen System.

Insgesamt besteht somit das Modell generalisierter Austauschmedien aus einer Liste von Merkmalen, die in Abbildung 53 dargestellt sind.

(1) Generalisierbarkeit
(2) Symbolcharakter
(3) Spezifität der Wirkungsweise
(4) Akzeptanz als Motivationsmittel zur Leistungserbringung
(5) Vertrauen in die Konvertierbarkeit
(6) Institutionalisierung eines Mediencodes
(7) Monopolisierung von Mitteln mit intrinsischem Wert
(8) Nicht-Nullsummen-Charakter
(9) Zirkulationsfähigkeit.

Abbildung 53: Merkmale generalisierter Austauschmedien

Das dritte generalisierte Austauschmedium, das Parsons Anfang der 60er Jahre parallel zur Entwicklung des allgemeinen Handlungssystems konzipiert, nennt er *Einfluss*.

> Damit meine ich ganz spezifisch die Fähigkeit, durch Überredung (persuasion) zu Konsensus mit anderen Mitgliedern einer Gruppe zu gelangen, ohne dabei voll adäquate Gründe angeben zu müssen. (1976a: 303)

Während bei Machtausübung der Interaktionspartner unmittelbar negative Konsequenzen zu befürchten hat und ihm bestimmte Handlungsalternativen vorgeschrieben und andere versperrt werden, wird bei dem Medium Einfluss der Interaktionspartner zu einem bestimmten Handeln motiviert, ohne Androhung negativer Folgen und ohne eine detaillierte Begründung des Ratschlags. Ein Beispiel für die Verwendung des Mediums Einfluss stellt nach Parsons die Arzt-Patienten-Beziehung dar. Idealtypisch übernimmt der Patient den Rat des Arztes, ohne dass der Arzt ihm mit negativen Konsequenzen droht oder die Therapie im Einzelnen medizinisch begründet. Der Patient vertraut in diesem Fall dem Arzt, dass dessen Therapievorschlag den besten Weg zur Verbesserung seines Gesundheitszustandes bildet. Dieses idealtypische Modell wird in vielen Fällen der empirisch vorfindbaren Arzt-Patienten-Beziehung entsprechen. Allerdings hat seit einigen Jahren bei einer Reihe von Patienten ein Vertrauensverlust stattgefunden. So werden die Therapievorschläge hinterfragt und der Arzt erläutert in einigen Fällen die medizinische Wirkung seiner Maßnahmen im Detail. Umgekehrt wendet der Arzt nicht immer Einfluss an, sondern kann auch Macht als Medium einsetzen, falls er z.B. die Verschreibung bestimmter Medikamente von konkreten Verhaltensweisen des Patienten abhängig macht.

Ein anderes Beispiel für die Verwendung des Einflussmediums bildet die Interaktion zwischen Studenten und Dozenten in der Hochschule. Ein Dozent setzt in Lehrveranstaltungen Einfluss ein, wenn er Studenten durch seine Vorschläge zu einem bestimmten Studienverhalten veranlasst. Gemäß dem Medienmodell wird er weder mit negativen Sanktionen, wie schlechten Noten, drohen noch im einzelnen wissenschaftlich oder didaktisch nachweisen, dass genau sein Vorschlag für das Erlernen der wissenschaftlichen Methoden zwingend erforderlich ist. Eine solche detaillierte Begründung wäre in den meisten Fällen auch nicht verständlich, weil sie bereits die genaue Kenntnis des Faches voraussetzt. Ein anderes konkretes Motivationsmittel wäre der Nachweis der Relevanz der jeweiligen Begriffe, Modelle und Methoden für die Forschungspraxis oder für bestimmte Berufsfelder.
Diese Form der Motivation kann exemplarisch zur Überredung herangezogen werden, würde aber das wissenschaftliche Lernen zum Stillstand bringen, wenn man sie auf jeden Baustein des Wissensstoffs anwendet. Erstens müssten die Studenten die Begründungen glau-

ben, weil sie selbst in der Regel weder über Forschungs- noch über Berufserfahrung verfügen. Zweitens ist es notwendig, sich die Begriffe und deren Relationen auf einer gewissen Abstraktionsebene anzueignen, um Modelle und Theorien zu verstehen. Dieses Einlassen auf eine intellektuelle Anstrengung kann weder durch Relevanzerlebnisse noch durch Anreize oder Androhung von Bestrafung motiviert werden. Im Kern ist das Vertrauen der Studenten in die fachliche Kompetenz des Dozenten notwendig, dass sein vorgeschlagener Weg zum Erlernen der wissenschaftlichen Methoden führt und die ausgewählten Modelle und Ansätze in der akademischen Profession als gültig anerkannt werden.

Das Einflussmodell setzt voraus, dass Studenten und Dozenten dieselben Ziele in der Hochschulausbildung verfolgen. So wird durch das Medium Einfluss auf Dauer keine motivierende Wirkung erzielt, wenn beide Gruppen völlig divergierende Zielvorstellungen mit der Ausbildung verbinden. Während der Dozent von der Vorstellung ausgeht, dass die Studenten zu kompetenten Wissenschaftlern ausgebildet werden sollten, könnten Studenten das Ziel haben, Wissen und Methoden zu lernen, die sie in bestimmten Berufsfeldern unmittelbar einsetzen können.

Nach dieser Veranschaulichung am Beispiel der Hochschullehre ist nun zu prüfen, ob die oben definierten neun Merkmale auf das Medium Einfluss zutreffen. Der Einfluss des Dozenten ist *generalisiert*, wenn sich das Medium zur Veranlassung unterschiedlicher Verhaltensweisen von Studenten einsetzen lässt. In seiner wissenschaftlichen Laufbahn hat sich der Dozent auf einige wenige Gebiete spezialisiert, in denen er sich genau auskennt. Trotzdem wird ihm ein Lehrauftrag für eine breite Palette von Wissensgebieten erteilt. In den Lehrveranstaltungen kann er mit den Studenten nicht in derselben Sprache wie mit seinen Fachkollegen diskutieren, sondern muss sich auf den jeweiligen Wissensstand einstellen und den Wissensstoff so aufbereiten, dass die Studenten ihn verstehen können. Er wird also Einfluss in einer Fülle von Situationen einsetzen, für die er nicht speziell ausgebildet oder trainiert worden ist.

Die *Symbolisierung* von Einfluss kann durch akademische Titel, durch Veröffentlichungen oder durch leitende Positionen in wissenschaftlichen Vereinigungen erfolgen, soweit sich daraus auf die wissenschaftliche Reputation schließen lässt. Die Wirkungsweise von Einfluss ist *spezifisch*, indem der Dozent seinen Einfluss nur in bestimmten Kontexten wie Lehrveranstaltungen und Tagungen geltend machen kann. Als Berater in bestimmten Praxisfeldern wird er das Medium Einfluss nur erfolgreich einsetzen können, wenn er neben der Forschungsqualifikation auch nachweisen kann, dass er die Problematik der Praxis kennt und über angemessene Methoden und Verfahren verfügt. Diese Kompetenz müsste zusätzlich symbolisiert werden, z.B. durch Referenzen erfolgreicher Beratungen in anderen Organisationen. Die Akzeptanz von Einfluss als *Motivationsmittel* bedeutet für Lehrveranstaltungen, dass nicht jeder Vorschlag des Dozenten ausgehandelt wird, indem den Studenten konkrete Anreize wie bessere Noten oder die Behandlung von Wunschthemen angeboten werden. Als Voraussetzung der Beeinflussung ohne "Tauschgeschäfte" müssen die Studenten darauf vertrauen können, dass der vom Dozenten vorgeschlagene Weg zum Erwerb des relevanten Wissens führt und den Studenten die Chance eröffnet, die erlernten Methoden kompetent auf konkrete Probleme der wissenschaftlichen Forschung oder in interessanten Berufsfeldern außerhalb der Forschung anzuwenden. Die auf diese Weise erworbene berufliche Position ermöglicht dem Studenten die *Konvertierung* seiner Kenntnisse in Einfluss.

Den institutionalisierten *Mediencode* von Einfluss bildet nach Parsons Prestige. Unter Prestige wird ein bestimmter Platz in einer sozialen Rangskala verstanden[102]. Die Wirkung von Prestige basiert auf der Anerkennung einer Rangabstufung durch die Interaktionspartner. Dies hat zur Folge, dass dem Ranghöheren besondere Rechte eingeräumt werden. Für das Medium Einfluss im Kontext der Hochschulausbildung bezieht sich die Rangskala auf die Fachkompetenz, aus der bestimmte Rechte des Dozenten, z.B. im Hinblick auf die Stoffauswahl, resultieren.

Die *Monopolisierung von Mitteln mit intrinsischen Wert* wäre für das Beispiel des Dozenten die Notengebung in Prüfungen und Abschlussarbeiten. Falls bei Studenten das Vertrauen in das Medium Einfluss einbricht, wird sich die Lehre möglicherweise auf einen "Handel" reduzieren, wo die Aufmerksamkeit der Studenten mit guten Noten erkauft werden muss. Im Forschungssystem wäre das Pendant die Verfügung über Forschungsgelder, mit denen die Konformität der Nachwuchswissenschaftler erzwungen wird, falls sie kein Vertrauen in die Reputation haben.

Die *Nicht-Summen-Eigenschaft* der wissenschaftlichen Reputation ist durch Merton (1968b) im Rahmen der Wissenschaftssoziologie als Matthäus-Effekt bezeichnet worden: "gebe, wem gegeben!" Einige Hochschullehrer haben eine Vielzahl von Stellen für wissenschaftliche Mitarbeiter und die entsprechende apparative und finanzielle Ausstattung angesammelt. Dadurch ist es ihnen möglich, bestimmte Forschungsfelder zu bearbeiten, die erhebliche personelle und materielle Ressourcen erfordern. Der erfolgreiche Abschluss dieser Arbeiten setzt die Bewilligung neuer Forschungsgelder aus öffentlichen oder privaten Quellen in Gang. Die Verfügung über große Forschungsmittel und deren erfolgreicher Einsatz hat in der Regel eine hohe Position innerhalb der wissenschaftlichen Gesellschaften zur Folge, was wiederum Türen zu potentiellen Förderern öffnet. Auch wenn der einzelne Fördertopf der Nullsummen-Bedingung unterworfen ist, wie die Forschungsetats des Bundes und der Länder, so trifft dies nicht auf die Gesamtheit aller Fördermittel zu. Die Mittelschöpfung ohne Nullsummen-Bedingung ist z.B. möglich, wenn bei potentiellen Förderern erst durch den Kontakt zu einem renommierten Wissenschaftler die Bereitschaft geweckt wird, Forschungsmittel oder -stellen für einen bestimmten Zweck zur Verfügung zu stellen. Außerdem kommt es auch bei öffentlichen Trägern vor, dass für aktuelle Problemlösungen oder Modethemen Zusatzmittel aus Nachtragshaushalten bewilligt werden.

Die *Zirkulationsfähigkeit* von Einfluss kann z.B. durch Examen geregelt sein, weil Einfluss durch akademische Titel vergeben wird. In diesem Fall gibt allerdings - und das entspricht nicht dem Modell - der Prüfer seine eigene Reputation nicht ab. Ein treffenderer Fall von Zirkulationsfähigkeit wäre daher die Übergabe der Leitung eines renommierten Forschungsinstituts an einen Nachfolger, weil ein Teil des auf dieser Forschungseinrichtung basierenden Einflusses mit übergeben wird.

Die Anwendung der Medienmerkmale auf Einfluss ist in Abbildung 54 zusammengefasst.

---

102 Der Prestigebegriff spielt in der empirischen Literatur zur sozialen Ungleichheit eine wichtige Rolle; vgl. Zingg/Zipp 1983: 42.

Medienmerkmale	Einfluss von Hochschullehrern
Generalisierung der Verfügung über Ressourcen	Einsatz von Einfluss für ein breites Feld von Lehr- bzw. Forschungstätigkeiten
Symbolisierung	Akademische Titel bzw. Leitungspositionen von renommierten Forschungseinrichtungen
Spezifität der Wirkungsweise	Spezialisierung auf Lehr- und Forschungsinstitutionen
Faktische Institutionalisierung: (a) Generelle Akzeptanz des Mediums als Motivationsmittel (b) Vertrauen in die Konvertierbarkeit	(a) Bereitschaft, die Lehr- und Forschungsinhalte zu übernehmen ohne jeweilige Nachweise der wissenschaftlichen Absicherung (b) Vertrauen in die spätere Verwendbarkeit der erworbenen Kenntnisse
Strukturelle Absicherung: (a) Institutionalisierung eines normativen Codes (b) Monopolisierung von Mitteln mit intrinsischem Wert	(a) Prestige als normativer Code der Wertschätzung (b) Noten oder Forschungsgelder als intrinsische Mittel
Nicht-Nullsummen Charakter	Vermehrung der Lehr- bzw. Forschungsreputation
Zirkulationsfähigkeit	Wert des Universitätsabschlusses für Stellensuche bzw. Weitergabe von Leitungspositionen renommierter Forschungseinrichtungen

Abbildung 54: Anwendung des Medienmodells auf Hochschullehrer

In der Hochschulrealität wird es - ähnlich wie in Arzt-Patienten-Beziehungen - Lehrveranstaltungen geben, in denen die Verwendung des Einflussmediums dem skizzierten Modell sehr nahe kommt. Die Regel wird dagegen sein, dass die Medienmerkmale in unterschiedlichem Maße zutreffen und dass Dozenten neben Einfluss auch Macht einsetzen. In welchem Verhältnis und in welcher Qualität Einfluss in der Hochschullehre verwendet wird, ist eine Frage der empirischen Forschung.

Eine solche Studie bildet die Düsseldorfer Hochschulbefragung, die im Jahr 1980 bei Studenten und Dozenten durchgeführt wurde[103]. Wie in Kap. 3.1.1 in Zusammenhang mit der Goffmanschen Rollentheorie dargestellt wurde, bestätigt die Düsseldorfer Hochschulbefragung auch für deutsche Universitäten die Parsonssche These, dass in der Lehre das Medium Einfluss gegenüber Macht dominiert.

Parsons hat nach seinen Studien der medizinischen Profession an Bostoner Krankenhäusern an zwei empirischen Forschungsprojekten verantwortlich mitgearbeitet. Anfang der 50er Jahre leitete er zusammen mit dem Sozialpsychologen Samuel Stouffer und der Anthropologin Florence Kluckhohn eine empirische Studie, in der Schüler und Eltern an Bostoner Schulen befragt wurden. Das Ziel dieses Projektes war die Erforschung der Bedingungsfaktoren für den späteren beruflichen Status der Schüler. Insbesondere wollte Parsons den Effekt der Variablen "Identifikation mit dem Lehrer" und "Besuch von College-Vorbereitungsklassen" neben den klassischen Bedingungsfaktoren wie sozioökonomischer Status des Elternhauses, Intelligenz oder Schulleistungen auf den Besuch des Colleges und die weitere berufliche Laufbahn herausfinden (Miebach 1984: 284-91).

---

103 Vgl. Kap. 3.1.1, Anmerkung 42

Da ebenso wie in der Medizinstudie kein Forschungsbericht vorgelegt wurde, spielt diese Studie in der Tradition der empirischen Mobilitätsforschung keine Rolle, obwohl einige ihrer theoretischen Ideen in einer späteren Phase aufgegriffen wurden (Miebach 1984: 294). Parsons' Vorstellung von empirischer Forschung wurde nachhaltig von dieser Studie geprägt. Er identifiziert seit dieser Zeit "harte" empirische Forschung mit Umfragen, in denen Einstellungen, Werthaltungen und soziale Tatbestände mit Hilfe von Fragebögen erforscht werden. Es ist daher konsequent, dass Parsons und Platt in ihrer Studie der akademischen Profession 1967 wieder einen Fragebogen entwickeln und ihn an eine Stichprobe von Colleges und Universitäten verschicken lassen (Miebach 1984: 317-18). Auch zu dieser Studie liegt kein Forschungsbericht der Befragungsergebnisse vor. Stattdessen verfassen Parsons und Platt eine theoretische Monographie zur amerikanischen Universität (1973), in der sie die Strukturen des amerikanischen Hochschulwesens im Rahmen der allgemeinen Handlungstheorie einer theoretisch anspruchsvollen Analyse unterziehen. In diesem Buch finden sich außerdem die umfassendsten Darstellungen des allgemeinen Handlungssystems und der Sozialisationstheorie.

Die bislang dargestellten Austauschmedien sind jeweils einem Subsystem der Gesellschaft zugeordnet, wie Abbildung 55 zeigt.

	Treuhandsystem	Gesellschaftliche Gemeinschaft	
L	Wertcommitments	Einfluss	I
A	Ökonomisches System	Politisches System	G
	Geld	Macht	

Abbildung 55: Medien des Sozialsystems

Das vierte Austauschmedium "Wertcommitments" spielt in der Parsonsschen Handlungstheorie keine besondere Rolle. Es wurde von Parsons entwickelt, um die leere Zelle im Vier-Funktionen-Paradigma zu füllen. Wie die anderen Austauschmedien wird auch Wert- commitments von Parsons in den Medienaufsätzen eingehend beschrieben, die in deutscher Übersetzung vorliegen (1980). Wertcommitments sind definiert als die Fähigkeit einer Person oder Institution, für die Gesellschaft bindende moralische Urteile zu fällen und davon abweichende Gesellschaftsmitglieder aus der Gemeinschaft zumindest symbolisch auszuschließen. Das klassische Beispiel bilden Priester, die ein bestimmtes Verhalten als "böse" oder "gut" qualifizieren und so die ausführenden Personen entweder als Vorbild oder schwarzes Schaf der Kirchengemeinde etikettieren können. In welchem Ausmaß Vertreter moderner Kirchen tatsächlich Wertcommitments einsetzen oder eher zu Einfluss übergehen, ist wieder eine Frage, die sich nur durch empirische Forschung entscheiden lässt.

Austauschmedien des Allgemeinen Handlungssystems

Einfluss bildet das nach Parsons zentrale Austauschmedium für den Prozess der Handlungskoordination innerhalb des Interaktionssystems der Hochschullehre. Das Modell der Austauschmedien des Sozialsystems ist zwar allgemeiner als das Konzept der Mechanismen im Rollen-Set, bezieht sich aber ebenso wie Mertons Modell auf Interaktionsprozesse zwischen Rolleninhabern auf der Ebene des Sozialsystems. Um die anderen Subsysteme des allgemeinen Handlungssystems in ihrer Eigengesetzlichkeit genauer zu beschreiben und die Interpenetrationsprozesse zwischen diesen Systemen präzise zu analysieren, ist die Rollenperspektive zu eingeschränkt. Zu diesem Zweck müssen im Hinblick auf einen bestimmten Bezugspunkt Aspekte des Kultur-, Sozial-, Persönlichkeits- und Verhaltenssystems zu einem "Komplex" zusammengefasst werden, der dann als Erklärungsmodell für einen empirischen Gegenstandsbereich dient.

Nach Parsons hat innerhalb der Gesellschaft ein evolutionärer Wandel stattgefunden, in dessen Verlauf sich komplexere Wert- und Handlungsmuster entwickelt haben. Um diese Strukturen soziologisch präzise zu erklären, reichen die paradigmatischen Instrumente auf der Ebene des Sozialsystems allein nicht aus und müssen durch Interpenetrationszonen und Interaktionsmedien ergänzt werden, die auch andere Subsysteme des allgemeinen Handlungssystems in die Analyse einbeziehen. Parsons und Platt demonstrieren diese Analysemethode an der normativen Struktur des akademischen Systems, die sie "kognitive Rationalität" nennen. Kognitive Rationalität ist das Wertmuster der angewandten Wissenschaft, das die Mobilisierung von systematischem Wissen zur Lösung konkreter Probleme in unterschiedlichen Lebensbereichen als Handlungsziel vorgibt (1974: 38).

Das systematische Wissen ist im Kultursystem durch wissenschaftliche Forschung abgesichert und beruht auf gültiger Beobachtung, begrifflich genauer Konzeptualisierung und logischer Geschlossenheit. Verwirklicht wird kognitive Rationalität in den Berufsrollen von Wissenschaftlern, Ärzten, Anwälten, Ingenieuren, Ökonomen oder anderen akademischen Spezialisten, die durch ihr Wissen und ihre Arbeitsmethodik in einem Anwendungsgebiet spezielle Kompetenzen erworben haben. Häufig genießen diese Angehörigen von Professionen Sonderrechte wie Ärzte, denen bestimmte Behandlungsmethoden vorbehalten sind. Mit diesen Rechten sind auch spezielle Verpflichtungen verbunden, die in einem Verhaltenskodex festgehalten und durch professionelle Vereinigungen sowie durch öffentliche Institutionen überwacht werden. Analytisch bildet die kognitive Rationalität die normative Struktur einer Interpenetrationszone des Kultur- und Sozialsystems, indem sich deren Subsysteme - wie in Abbildung 56 dargestellt - überlappen.

Das Wertmuster der kognitiven Rationalität ist nicht auf Forschungsinstitutionen beschränkt, sondern hat sich auf alle gesellschaftlichen Bereiche ausgedehnt. So werden die Spitzenpositionen in Wirtschaft und Politik in erheblichem Umfang mit Personen besetzt, die vor ihrer beruflichen Karriere eine Hochschulausbildung abgeschlossen haben. Bei diesem Personenkreis kann vorausgesetzt werden, dass sie zumindest am Anfang ihrer Berufslaufbahn dem Wertmuster der kognitiven Rationalität in einem gewissen Umfang verpflichtet waren.

Seit Mitte der 70er Jahre ist das Thema des Wertwandels ein Dauerbrenner in der soziologischen Diskussion[104]. Die Diskussion um die so genannten "postmaterialistischen"

---

104 Eine Bestandsaufnahme der Forschungen zum Wertwandel bieten der Sammelband von Klages/ Hippler/Herbert (1992) und der Handbuchartikel von Klages (1998).

Werthaltungen löste eine Reihe von empirischen und theoretischen Studien aus, die mittlerweile Eingang in die praktische Anwendung - z.B. der Personalentwicklung in Unternehmen (Staffelbach 1988) - gefunden haben. In der Untersuchung des Wertwandels ist die inhaltliche Veränderung des Wertgefüges einer Gesellschaft von dem strukturellen Wandel der Wertorientierungen zu unterscheiden[105] (Pankoke 1984). Eine Reihe von traditionellen Wertvorstellungen wie Gehorsam, Pflichterfüllung oder Autorität nehmen in der heutigen Gesellschaft einen geringeren Stellenwert ein als in den 50er Jahren oder etwa zu Anfang des 20. Jahrhunderts.

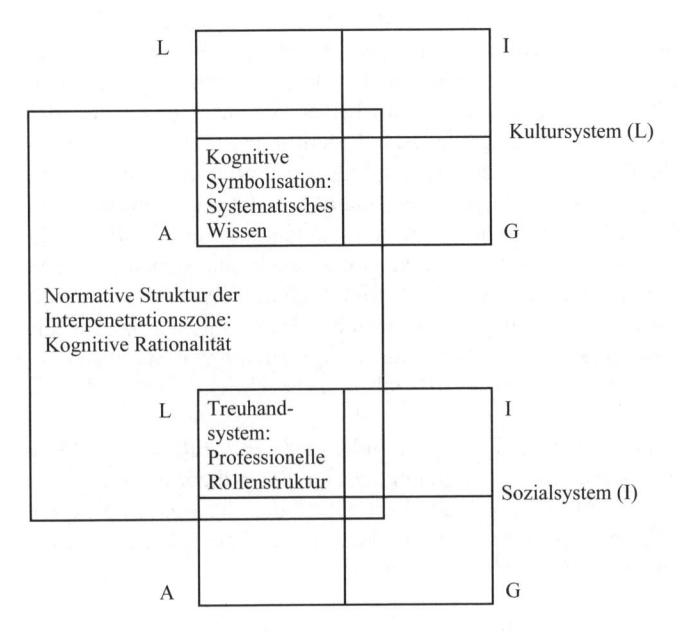

Abbildung 56: Kognitive Rationalität

Nicht nur der Rang, sondern auch die Bedeutung dieser Wertvorstellung hat sich gewandelt. So spielt Pflichterfüllung in der heutigen Arbeitsgesellschaft immer noch eine wesentliche Rolle, sie bezieht sich aber nicht auf den Status des Untergebenen oder den Diener des Staates bzw. des Unternehmens, sondern auf eine definierte Aufgabe. Gehorsam und Autorität sind zwar nicht verschwunden, müssen aber durch eine bestimmte Funktion oder Kompetenz begründet werden.

Klassische Werte wie Gerechtigkeit, Gleichheit oder Freiheit haben sich gewandelt, indem sie auf neue gesellschaftliche Problemfelder angewendet werden, in denen sie vorher keine Beachtung gefunden haben. Ein Beispiel für die Ausweitung des Inklusionsbereichs von Gleichheit ist die Forderung der Gleichstellung der Frau, die im Verlauf des 20. Jahrhunderts auf eine Reihe von Lebensbereichen wie Hochschule, Familie und Berufsleben

---

105 In seinem Studienbrief für die Fernuniversität Hagen entwickelt Pankoke (1984) die Idee des strukturellen Wandels der Wertorientierungen von Normenkonformität zu der sinnvermittelten Interpretation von Wertmustern.

ausgedehnt wurde. Empirische Belege für diesen Wandlungsprozess finden sich z.B. in einer Studie von Allerbeck und Hoag (1985), die auf einer Jugendbefragung aus dem Jahre 1983 beruht. Die meisten der Fragen wurden bereits 1962 der damaligen Generation von Jugendlichen im Alter von 16 bis 18 Jahren vorgelegt, so dass die Veränderungen in den Antworten im Verlauf der 21 Jahre Aufschluss über den Wandel von Wertvorstellungen geben. Neben veränderten Erwartungen an die Frauenrolle ergibt sich eine deutliche Aufwertung der Clique von Gleichaltrigen, was auf den größeren Freiraum von Jugendlichen in Familie und Beruf zurückgeführt werden kann.

Eine Reihe von Werten haben in den letzten Jahrzehnten an Bedeutung gewonnen, wie z.B. individuelle Autonomie und Selbstverantwortung. Im Berufsleben haben Effektivität, Professionalität und Innovationsfähigkeit Konjunktur, obwohl traditionelle Werte wie Zuverlässigkeit und Genauigkeit weiter ihren Platz behaupten. Selbstverwirklichung und Verantwortungsbereitschaft sind Werte, die heute sowohl im Privat- als auch im Berufsleben einen hohen Stellenwert besitzen. Dieser Wandel des gesellschaftlichen Wertgefüges erfordert auf der Ebene der Persönlichkeit eine veränderte Struktur der Wertorientierungen. Die Werte sind nicht mehr in konkrete Rollenpflichten als Beamter, Arbeiter oder Familienvater gegossen und durch ein rigides Sanktionssystem kontrolliert, sondern werden in die Struktur der Persönlichkeit integriert. Das Individuum übersetzt die gesellschaftlichen Werte in seine Lebenswelt, indem mit den Werten ein bestimmter Sinn verbunden wird. Dieses individuelle Verständnis und die Beurteilung von gesellschaftlichen Werten gehen dann in die individuelle Ziel- und Interessensstruktur ein. Man kann diese Struktur von Wertorientierungen mit Hilfe der wissenssoziologischen Begriffe als lebensweltliche Sinnstrukturen beschreiben.

Einen anderen Weg schlagen Parsons und Platt ein, indem sie den Strukturwandel von Wertorientierungen mit den Instrumenten der allgemeinen Handlungstheorie zu erfassen versuchen. Im Mittelpunkt ihrer Analyse steht das Wertmuster des "institutionalisierten Individualismus", das sie als Weiterentwicklung des bereits von Durkheim beschriebenen "Kult des Individuums" innerhalb der Gesellschaft verstehen.

> Es (das Wertmuster des institutionalisierten Individualismus) ist individualistisch im Sinne von Durkheims Kult des Individuums, wo individueller Autonomie und individuellem Wohlergehen ein hoher Wert beigemessen wird. Es ist pluralistisch im Sinne einer extensiven Arbeitsteilung: hoch differenziert im Hinblick auf die Ausübung unterschiedlicher Funktionen in der Gesellschaft, während gleichzeitig jedes Mitglied eine Vielzahl von Rollen in verschiedenen Gruppenaktivitäten ausfüllt, unter denen es affektive Bindungen und Loyalitäten aufteilen muss. (1974: 85-6; Übersetzung und Klammereinschub vom Verf., B.M.)

Wie aus dem Attribut "institutionalisiert" hervorgeht, gewährt dieses Wertmuster dem Individuum nicht nur Autonomie und Selbstbestimmung, sondern stellt auch komplexe Leistungs- und Loyalitätsanforderungen, die sich als Komponenten des allgemeinen Handlungssystems darstellen lassen. Beginnen wir mit dem Verhaltenssystem, in dem gemäß der analytischen Definition die Grundfähigkeiten des logischen Denkens, der kommunikativen Kompetenz sowie die Fähigkeit zu Gruppenloyalität und Rollenübernahme angesiedelt sind. Die kognitiven Fähigkeiten werden nach Parsons durch *Intelligenz* gebündelt, die im Gegensatz zur sozialpsychologischen Auffassung als generalisiertes Austauschmedium auf der Ebene des Handlungssystems verstanden wird. Die Grundlage für die Entwicklung einer bestimmten Stufe von Intelligenz bilden zwar angeborene mentale Strukturen, Parsons interessiert allerdings die im biographischen Prozess stattgefundene Ausfüllung mit kulturell verankerten Kenntnissen und Fähigkeiten, wie z.B. Wissen, Sprachkompetenz, technische und soziale Fertigkeiten, rationales Handeln oder Rollenspiel. Ein Individuum investiert sein Potential an Intelligenz in bestimmte Wissensgebiete und Fertigkeiten. So bindet ein Naturwissenschaftler, der sich schon als Jugendlicher intensiv mit Technik oder physikalischen Zusammenhängen beschäftigt hat, seine Intelligenz an diese Form der Denk- und Arbeitsmethodik. Er wird in Situationen, die - wie das beschriebene Qualitätsseminar - durch kommunikative Verständigung und soziologische oder psychologische Begriffe und Modelle bestimmt sind, zunächst versuchen, ein technisch-instrumentelles Interpretationsmuster anzulegen.

Umgekehrt sind einem geisteswissenschaftlich ausgebildeten Mitarbeiter in einer technisch orientierten Abteilung bestimmte Selbstverständlichkeiten des Denkens und Argumentierens seiner Kollegen ebenso wenig zugänglich wie deren Arbeitstechniken und die Art und Weise, wie sie praktische Probleme angehen. Wie der beschriebene Naturwissenschaftler sich im Qualitätsseminar auf die dort ablaufenden Prozesse nur bis zu einem bestimmten Punkt einzulassen bereit ist, so wird der Geisteswissenschaftler trotz vorausgesetzter Motivation und Fähigkeit zum Lernen eine Außenseiterrolle behalten, weil ihm der entsprechende "Habitus" fehlt. Dieser Begriff umfasst neben der Denk- und Arbeitsmethodik auch lebensweltliche Interessen und Geschmacksnormen der Kleidung und des Aussehens[106].

Die Investition von Intelligenz kann bei einer Person mehrfach erfolgen, indem sie z.B. in einer bestimmten Lebensphase beruflich umsattelt. Das Grundprinzip der Verausgabung bleibt trotzdem bestehen, weil in jedem biographischen Verlauf nur eine begrenzte Anzahl solcher grundlegenden Engagements möglich ist. Die im Verlauf von Ausbildung und Erfahrung erworbene Intelligenz wird im beruflichen oder privaten Bereich investiert und fließt angereichert durch Erfahrung an das Individuum zurück. Entscheidend ist auch hier wie bei wissenschaftlicher Reputation der Zugang zu bestimmten Erfahrungsbereichen, in denen spezielle Qualifikationen erworben oder interessante Fragestellungen praktisch erprobt werden können. Durch die Ausübung besonders qualifizierter Tätigkeitsfelder mit entsprechender Ressourcenausstattung ist eine Vermehrung von Intelligenz in Analogie zur Kreditschöpfung oder Reputationsvermehrung zu erwarten (Parsons 1980: 236).

Die in der oben zitierten Definition des "institutionalisiertem Individualismus" geforderte Fähigkeit zur Teilnahme an einer hoch differenzierten Arbeitsteilung erfordert auf der Seite des Individuums ein hohes Maß des generalisierten Mediums Intelligenz, das analytisch dem Verhaltenssystem zugeordnet wird, wie Abbildung 57 zeigt.

---

[106] Der französische Soziologe Pierre Bourdieu hat den Begriff "Habitus" als Kategorie der Schichtungstheorie entwickelt und mit Hilfe von empirischen Studien den Habitus verschiedener sozialer Klassen erforscht (1985).

	Kultursystem	Sozialsystem	
L	Definition der Situation (Definition of the Situation)	Affektive Bindung (Affect)	I
	Verhaltenssystem	Persönlichkeitssystem	
A	Intelligenz (Intelligence)	Handlungskapazität (Performance Capacity)	G

Abbildung 57: Austauschmedien des allgemeinen Handlungssystems

Auf der Ebene des Persönlichkeitssystems verlangt die durch das Wertmuster zugestandene Autonomie ein hohes Maß an Verantwortungsfähigkeit, die auf dem Medium *Handlungskapazität* basiert. Während dieses Medium ähnlich wie der Identitätsbegriff im Rahmen der allgemeinen Handlungstheorie unterentwickelt geblieben ist, hat sich Parsons intensiv mit dem Medium *Affektive Bindung* beschäftigt (erstmals 1977a: 247, 251-2). Die Verfügung über dieses Austauschmedium wird - wie im Falle von Intelligenz - durch das Wertmuster des institutionalisierten Individualismus dem Individuum abverlangt, indem es in der Lage sein muss, eine Vielzahl von affektiven Bindungen und Loyalitäten zu Personen, Gruppen und Institutionen zu pflegen. Das Pendant zu affektiver Bindung bildet auf der Rollenebene die Fähigkeit, mit Interrollenkonflikten umzugehen. Auf der Ebene des allgemeinen Handlungssystems ist die Form der Bindung variabler. So können sich Individuen an politische Parteien oder Gruppierungen emotional binden, ohne eine Mitgliedsrolle einzunehmen. Die Loyalität zu Vereinigungen oder Institutionen kann sich im aktiven Eintreten für deren Rechte und Ideen oder in materieller und ideeller Unterstützung ausdrücken.

Emotionale Bindungen können abgestuft sein: Das Engagement in Familien- oder Freundschaftsbeziehungen umfasst tendenziell ein breiteres Spektrum der Persönlichkeit als spezialisierte Berufsrollen. Aber auch im Berufsleben besteht eine gewisse Variationsbreite von affektiven Bindungen im Hinblick auf Arbeitsgruppen, Abteilung, Bereich, Gesamtunternehmen oder Branche. Das Austauschmedium affektive Bindung besteht in der Kapazität des Mitglieds eines Handlungssystems, ein solches komplexes Gefüge von affektiven Bindungen und Loyalitäten in unterschiedlichen Lebensbereichen und biographischen Phasen aufzubauen und zu organisieren. Im Hinblick auf das Wertmuster des institutionalisierten Individualismus deckt die Fähigkeit der affektiven Bindung den Aspekt der Institutionalisierung ab, indem das Individuum soziale Verantwortung übernimmt und sich in ein Netz sozialer Solidaritäten einbindet.

Während Parsons in seiner Handlungstheorie nicht an die Meadsche Theorie symbolvermittelter Interaktion anknüpft, übernimmt er den Begriff *Definition der Situation* (1977a: 248) des amerikanischen Interaktionstheoretikers William I. Thomas (1973). Mit diesem Medium verfügt der Akteur in einem Interaktionssystem über die Fähigkeit, eine soziale Situation richtig einzuschätzen und sich in seinem Verhalten darauf einzurichten. Die Situationsdefinition kann sich einerseits auf das Erkennen oder Einfühlen in bereits bestehende soziale Situationen wie Rollenbeziehungen oder Gruppenstrukturen beziehen, oder andererseits die Festlegung des Handlungskontextes in einer unstrukturierten sozialen Beziehung betreffen, die von den Interaktionspartnern zu definieren ist. Im Rahmen der Düsseldorfer Hochschulstudie wurde mit den oben dargestellten Ausbildungszielen erfragt, ob ein gemeinsames Grundverständnis im Hinblick auf den Sinn der Hochschulausbildung bei Studenten und Dozenten besteht. Somit können diese Variablen als Operationalisierung der Wirkung des Mediums *Definition der Situation* angesehen werden. Falls auf dieser Ebene keine Verständigungsbasis zwischen den Interaktionspartnern besteht, können Rollenerwartungen und Mechanismen wie Einfluss nicht greifen.

Nach dem Wertmuster des institutionalisierten Individualismus übernimmt das Individuum verantwortlich eine Vielzahl von Rollenverpflichtungen und Gruppenbindungen und bringt dort in unterschiedlichem Maß Loyalität auf. Gleichzeitig bewahrt sich die einzelne Persönlichkeit Autonomie und Distanz gegenüber Rollenerwartungen und Loyalitätsanforderungen, so dass insgesamt der Kern des Wertmusters in der Balance zwischen individueller Autonomie und sozialer Verantwortung besteht. Mit Hilfe der Austauschmedien des allgemeinen Handlungssystems gelingt es Parsons, dieses historisch gewachsene Wertmuster mit theoretischen Begriffen zu definieren. Damit übernehmen die generalisierten Austauschmedien des allgemeinen Handlungssystems eine Katalysator-Funktion zur Ausbildung von Wertmustern. Gleichzeitig bilden die Mediencodes als normative Regulationsmechanismen zentrale Bestandteile des Wertmusters der modernen Gesellschaften.

> Es besteht eine überaus wichtige Verbindung zwischen der Analyse der Medien und dem Paradigma der Phasen progressiven Wandels, indem die Medien Mechanismen ausbilden, durch die ein Handlungssystem in die Lage versetzt wird, eine neue Ebene der "werterweiterten" Kombination zu erreichen. Daraus resultiert einerseits Handlungsfreiheit für die individuellen Mitgliedschafts-Einheiten des Handlungssystems, aber andererseits ergeben sich neue Kontrollmechanismen, die ein Funktionieren dieser Freiheiten auf zunehmend generalisierten Ebenen ermöglichen. (Parsons 1977c: 125; Übersetzung vom Verf., B.M.)

Handlungstheoretisches Sozialisationsmodell

Im Verlauf des gesellschaftlichen Wertwandels haben sich nach Parsons kognitive Rationalität für professionelle Handlungssysteme und institutionalisierter Individualismus als lebensweltliches Wertmuster herausgebildet. Zur Verwirklichung dieser Wertmuster entwickelt das Individuum im Verlauf seines Sozialisationsprozesses generalisierte Fähigkeiten der Situationsdefinition, der affektiven Bindung, der Handlungskompetenz und der Wissensbeherrschung, die Parsons und Platt als generalisierte Austauschmedien des all- gemeinen Handlungssystems definieren. Die amerikanische Universität wird als Sozialisationsagentur betrachtet, die in besonderem Maße die Entwicklung dieser Fähigkeit fördern kann. Dazu müssen aber bestimmte strukturelle Bedingungen erfüllt sein.

Zunächst stellt die Universität eine geschützte Lernumwelt bereit, in der die Studenten die dargestellten Fähigkeiten stufenweise einüben können. "Geschützt" bedeutet, dass an die Studenten nur solche Leistungsanforderungen im Hinblick auf Intelligenz und Handlungskapazität gestellt werden, denen sie erstens auf der Grundlage ihres Ausbildungsstandes gerecht werden können und sie zweitens ermuntern, sich die Aufgaben und Problemstellungen der nächsten Schwierigkeitsstufe zu erarbeiten. Zu diesem Zweck muss die Universität im Rahmen des Lehrplans den Wissensstoff strukturieren und den Studenten

Gelegenheit geben, durch Übungsaufgaben und kleine Forschungsprojekte das erlernte Wissen anzuwenden und die Methodik des wissenschaftlichen Arbeitens an praktischen Beispielen einzuüben. Parallel zum Training kognitiver Fähigkeiten sowie verantwortungsvoller wissenschaftlicher Arbeit wird den Studenten an amerikanischen Universitäten angeboten, sich in Gruppen und Institutionen zu engagieren, die politische, soziale und gesellige Zielsetzungen verfolgen. Durch die Mitwirkung in verschiedenen Gruppierungen erschließt sich den Studenten ein Übungsfeld für den Umgang mit Loyalitätsverpflichtungen.

Analog zu der oben dargestellten gegenseitigen Unterstützung der Medien Geld und Macht mit dem Resultat der Kreditschöpfung und Leistungssteigerung stellen sich Parsons und Platt vor, dass die Organisation von abgestuften Loyalitätsbindungen durch Intelligenz gestützt werden kann. Auftretende Loyalitätskonflikte erfordern den bewussten Einsatz von Strategien sowie die Kenntnis der Mechanismen zur Konfliktregulierung. Somit investiert der Student seine Intelligenz nicht allein in kognitive Ziele, sondern auch in die Fähigkeit zur rationalen Steuerung von Affekteinlagen, die Parsons und Platt Affektökonomie nennen.

Umgekehrt unterstützt das Medium Affektive Bindung die Entwicklung von kognitiver Intelligenz. Dazu sind auf Seiten der Lehrstrukturen zwei Bedingungen erforderlich. Die erste Voraussetzung greift auf einen Gedanken der klassischen Parsonsschen Rollentheorie zurück. Parsons argumentiert, dass der Objektverlust beim Übergang von einem gewohnten Rollengefüge zu einem differenzierteren Rollen- und Wertmuster das Kind oder den Jugendlichen in eine Krise der Verunsicherung und Orientierungslosigkeit stürzt, die durch affektive Zuwendung der Eltern aufgefangen werden muss. Dazu ist ein gewisses Maß an Solidarität zwischen den Elternteilen erforderlich, da ein gespanntes Verhältnis die notwendige emotionale Stützung des Kindes erschwert. Elterliche Solidarität muss nicht völlige Harmonie bedeuten. Wie der deutsche Sozialisationsforscher Ulrich Oevermann (1972) belegt hat, ist ein gewisses Maß an Verhaltensambivalenz und Spannung zwischen den elterlichen Erziehungsstilen stimulierend und konstruktiv für die Entwicklung des Kindes, weil es dadurch angeregt wird, selbst Strategien und Verhaltensstile zu erproben.

Den Gedanken der elterlichen Solidarität übertragen Parsons und Platt auf die Hochschulsozialisation, in dem sie ein bestimmtes Maß an kollegialer Solidarität als notwendig betrachten. Diese Solidarität hilft zu verhindern, dass die Studenten während ihrer Studien- und Entwicklungskrisen die Orientierung verlieren oder in Drucksituationen die Dozenten gegeneinander ausspielen. Dies bedeutet allerdings nicht, dass den Studenten eine heile Welt von wissenschaftlicher Harmonie vorzuspielen wäre. Da die Wissenschaft von Kritik und kontroversen Standpunkten lebt, müssen sich Studenten mit dieser Seite ebenso auseinandersetzen wie mit abgeklärten Begriffen und Modellen.

Die zweite Form der affektiven Unterstützung des kognitiven Lernens besteht darin, dass Studenten im Rahmen der Hochschulausbildung zu bestimmten *Relevanzerlebnissen* angeregt werden. Parsons und Platt verwenden den Relevanzbegriff, wenn Studenten einen affektiven Bezug zum Wissensstoff oder zu einer Forschungsaufgabe herstellen können. Zu bestimmten Wissensgebieten im Soziologiestudium wird ein lebensweltlicher Bezug vorhanden sein, der mit negativen oder positiven Gefühlen besetzt sein kann. Zumindest bei den positiv besetzten Themen kann man von einer besonderen Motivation der Studenten ausgehen, dieses Gebiet wissenschaftlich zu durchdringen. Eine zweite Form von Relevanzerlebnissen eröffnen Themen, die an politische, soziale oder weltanschauliche Interessen der Studenten anknüpfen. Schließlich hat drittens jeder Student im Verlauf seiner Biographie in Schule, Familie, Peer-Gruppen oder Institutionen sich mit bestimmten Themen und Problemen intensiver beschäftigt und eine bestimmte Einstellung zu diesen Fragen erworben. Auch daran kann die Hochschullehre anknüpfen, um Relevanzerlebnisse zu fördern.

Falls die Universität geeignete Strukturen entwickelt hat, wird somit eine wechselseitige Unterstützung von Intelligenz und affektiver Bindung in Gang gesetzt, die bei Studenten eine Steigerung der kognitiven und affektiven Kompetenzen bewirken kann. Um diese Prozesse zu analysieren, erweitern Parsons und Platt das auf Rollendifferenzierung abgestellte Sozialisationsmodell im Rahmen ihrer Hochschulstudie um die generalisierten Austauschmedien des allgemeinen Handlungssystems. Auf diese Weise entwickeln sie ein Instrument zur Analyse von Sozialisationsprozessen, die die Internalisierung komplexer Wertmuster wie kognitive Rationalität und institutionalisierten Individualismus zum Ziel haben.

4.1.4 Modell der gesellschaftlichen Evolution

Die Ausbildung von kognitiver Rationalität als gesellschaftliches Wertmuster und die veränderten Anforderungen an die Sozialisation der jungen Generation als paradigmatisches Beispiel wird von Parsons in ein umfassenderes Paradigma evolutionärer Differenzierungsprozesse moderner Gesellschaften eingebettet. Dieses Evolutionsmodell besteht aus den vier Grundkategorien "Strukturelle Differenzierung", "Adaptive Höherentwicklung", "Inklusion" und "Wertgeneralisierung" (Parsons 1977c). Analog zu dem Phasenmodell des Vier-Funktionen Paradigmas stellt sich Parsons vor, dass diese Kategorien zu bestimmten Zeitperioden besonders problematisch sind. So ist Differenzierung vor allem im Zusammenhang mit der industriellen Revolution relevant, adaptive Erweiterung mit Rationalitätsprozessen, Inklusion mit der demokratischen Revolution und Wertgeneralisierung mit der Bildungsrevolution. Nach Parsons haben alle evolutionären Phasen das gemeinsame Strukturmerkmal, dass Probleme, die vorher auf der Ebene des Sozialsystems lösbar waren, weiterer Komponenten des allgemeinen Handlungssystems bedürfen, die im vorangegangenen Abschnitt dargestellt wurden. Das Evolutionsmodell wird in Tabelle 8 zusammengefasst.

Evolutionäre Differenzierungsprozesse	*Historische Anwendung*
Strukturelle Differenzierung	Industrielle Revolution
Adaptive Höherentwicklung	Rationalisierungen
Inklusion	Demokratische Revolution
Wertgeneralisierung	Bildungsrevolution

Tabelle 8: Evolutionsmodell

Für die Kategorie der *adaptiven Erweiterung* lässt sich dieses Argumentationsmuster an der Ablösung der ökonomischen Rationalität durch das normative Muster der *kognitiven Rationalität* verdeutlichen.

> Der Wechsel hat stattgefunden von einer adaptiven Ebene innerhalb des Sozialsystems - der Wirtschaft - zu der adaptiven Ebene innerhalb des allgemeinen Handlungssystems, wo die be-

sondere Betonung auf der kulturellen Ebene liegt. (Parsons 1974: 279; Übersetzung vom Verf., B.M.).

Analog zu diesem Prozess der Anpassungssteigerung analysiert Parsons den *Inklusionsprozess* als Übergang von der askriptiv begründeten gesellschaftlichen Solidarität auf der Ebene des Sozialsystems zur *affektiven Integration*, durch die im allgemeinen Handlungssystem Individuen solidarische Bindungen auf einem "Markt" von Assoziationen eingehen. Im Gegensatz zur Solidarität im Sozialsystem sind die affektiven Bindungen und Identifikationen nicht institutionell stabilisiert, wie z.B. in Rollenstrukturen. Die Kategorie der *Wertgeneralisierung* setzt die Steigerung der Inklusion und damit die Ausbildung affektiver Beziehungen voraus, erweitert diese aber um eine individualistische Komponente, die sich in der Steigerung von Autonomie und Verantwortung des Individuums niederschlägt. Daraus resultiert das Wertmuster des *institutionalisierten Individualismus*, das den Mitgliedern sozialer Kollektive als individualistische und pluralistische Ordnung vermittelt wird.

Das spezifische Wertmuster der kognitiven Rationalität ist auf der kulturellen Ebene in dem allgemeinen Wertmuster des instrumentellen Aktivismus verankert (Parsons/Platt 1974: 41). Parsons hält die Institutionalisierung des instrumentellen Aktivismus durch die Anerkennung kognitiver Rationalität als Bildungsziel der College Ausbildung im Zuge der Bildungsrevolution für weitgehend abgeschlossen. Dagegen vermutet er im institutionalisierten Individualismus ein Potential zu einer "expressiven" Revolution, die sich auf kultureller Ebene als Betonung der moralisch-expressiven Komponenten niederschlägt (Parsons 1973d: 140-141) und zu neuen Gemeinschaftsformen vom Typ religiöser Assoziationen führen kann (Parsons 1978: 320-322).

Mit dem Evolutionsmodell versucht Parsons, den Prozess der wachsenden Interpenetration von vorher getrennten Systemen zu erklären. Dazu ist es erforderlich, die Analyse auf der Bezugsebene des allgemeinen Handlungssystems aufzusetzen und auf diese Weise einerseits die generalisierten Austauschmedien Intelligenz, Handlungskapazität, affektive Bindung und Definition der Situation und andererseits die generalisierten Wertmuster der kognitiven Rationalität und des institutionalisierten Individualismus als Analyseinstrumente zu nutzen.

Das Evolutionsmodell ist ein grobes Schema auf der Ebene des Bezugsrahmens. Unterhalb der allgemeinen Begriffe hat Parsons dann explizite Modelle entwickelt, wie das Zusammenspiel der generalisierten Austauschmedien und die Herausbildung von kognitiver Rationalität als Interpenetrationszone zur *Analyse der Wertgeneralisierung*. So ist die Kritik des Soziologen Walter L. Bühl an dem Parsonsschen Evolutionsmodell berechtigt, dass es sich um eine Theorie "ohne Angabe eines (theoretisch modellierbaren und empirisch belegbaren) Evolutions-'Mechanismus' (oder besser: 'Prozessualismus')" (Bühl 1998: 371) handelt. Diese Kritik trifft allerdings nicht auf die expliziten Modelle zu, die Parsons zu den Kategorien des Evolutionsmodells entwickelt hat. Eine ernsthafte Kritik an Parsons' Evolutionsmodell setzt daher voraus, die expliziten Modelle und die empirische Studie von Parsons und Platt (1974) zur Wertgeneralisierung zu analysieren, anstatt sich auf das grobe Evolutionsschema zu beziehen[107]. Im Gegensatz zu Bühl erkennt Peter Kappelhoff, dass das Parsonssche Konzept des institutionalisierten Individuums die "handlungstheoretische Mikrokomponente" (2004: 25) in der evolutionstheoretischen Erklärung des Individuums

---

107 Damit reiht sich auch Bühl in die "Parsons-Folklore" ein. Bühls differenzierte Kritik an Luhmanns Evolutionstheorie wird in Kap. 4.2.7 dargestellt.

berücksichtigt. Damit hebt er sich gegen die ritualisierte Parsons-Kritik ab, die besonders die mangelnde Mikrofundierung hervorhebt.

4.1.5 Komplexanalyse als Methodologie des Allgemeinen Handlungssystems

Das Buch "The American University" wurde von Parsons und Platt (1974) als ein theoretisches Modell der Strukturen und Prozesse in amerikanischen Forschungsuniversitäten konzipiert, während die Darstellung und Interpretation der Befragungsergebnisse in einem eigenen Band veröffentlicht werden sollten. Dieser Forschungsbericht ist nicht fertig gestellt worden, so dass man Parsons' Versuche, "harte" empirische Methoden einzusetzen, insgesamt als gescheitert betrachten muss. Statt mit statistischen Modellen und Verfahren zu arbeiten, wenden sich Parsons und Platt der Methode der Idealtypen zu und entwickeln eine originelle Bereicherung dieser soziologischen Forschungstradition.

Die Grundidee der Komplexanalyse besteht darin, zwischen allgemeiner Handlungstheorie und empirischer Beschreibung sozialer Phänomene zwei Zwischenebenen der Analyse einzuziehen, wie in Abbildung 58 dargestellt wird.

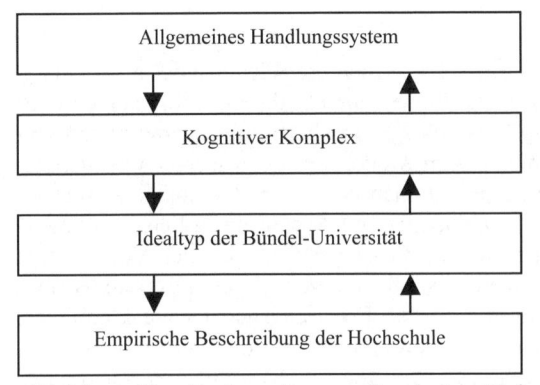

Abbildung 58: Analyse der amerikanischen Universität

Die Komponenten des allgemeinen Handlungssystems, die zur Analyse von Sozialisationsprozessen in der Hochschule notwendig sind, wurden bereits dargestellt. Der in Abbildung 59 dargestellte kognitive Komplex ergibt sich als Auswahl unterschiedlicher Elemente des allgemeinen Handlungssystems. Die Universität ist auf die Entdeckung, Weiterentwicklung und Vermittlung von *Wissen* spezialisiert, das analytisch der kognitiven Symbolisation - also dem A-Subsystem des Kultursystems - zuzuordnen ist. Rationales Handeln ist der Grundtyp des effektiven Mitteleinsatzes, um Ziele zu erreichen. Damit soziale Organisationen in modernen Gesellschaften ihre Ziele verwirklichen und Identität bewahren können, ist die Anwendung wissenschaftlicher Erkenntnisse unerlässlich und prägt somit das rationale Handeln auf der Ebene des Sozialsystems. Die Notwendigkeit, Intelligenz zu entwickeln und in bestimmten Spezialgebieten durch Erfahrung zu vermehren, wurde bereits dargestellt. Der analytische Ort des Austauschmediums Intelligenz ist das Verhaltenssystem. Schließlich bildet das Persönlichkeitssystem gemäß dem Wertmuster des institutionalisierten Individualismus die Basis für die Weiterentwicklung der Wissenschaft, indem

Individuen ihre Ziele und Interessen auf die Forschungstätigkeit richten und selbstverantwortlich ihr Handeln steuern.

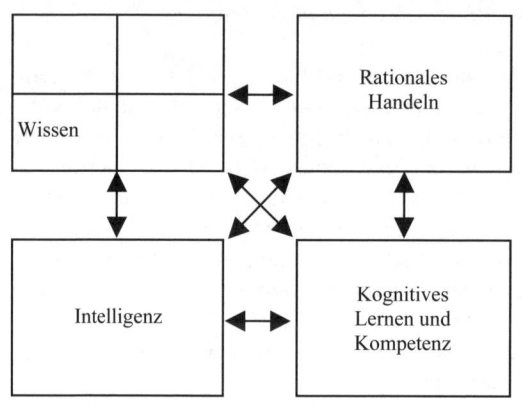

Abbildung 59: Kognitiver Komplex

Parsons und Platt gehen nicht so vor, dass sie eines oder mehrere Kästchen des allgemeinen Handlungssystems festlegen und das wissenschaftliche Handeln diesen Subsystemen oder Interpenetrationszonen zuordnen. Stattdessen stellen sie eine bestimmte Kombination von Elementen als Komplex zusammen, um mit diesem Modell der empirischen Wirklichkeit nahe zu kommen. Die einzelnen Komponenten stammen aus unterschiedlichen Bereichen des Theoriegebäudes, indem z.B. Strukturkomponenten und Austauschmedien zum kognitiven Komplex vereinigt werden. Diese unorthodoxe Vorgehensweise hat den Vorteil, dass man mit relativ wenigen Grundkomponenten des allgemeinen Handlungssystems auskommt, die jeweils im Hinblick auf einen empirischen Erklärungsgegenstand kombiniert werden. Bricht man dagegen das AGIL-Schema soweit herunter, bis die Universität hineinpasst, entwickelt sich das allgemeine Handlungssystem mit der Vielzahl von Subsystemebenen zu einem aufgeblähten Klassifikationsschema, das immer weniger plausibel und überschaubar wird. Dieser Dinosaurier-Effekt der AGIL-Technik soll mit Hilfe der Komplexbildung vermieden werden.

Der kognitive Komplex gibt Auskunft über die wichtigsten Aspekte des wissenschaftlichen Handelns. Allerdings legt er nicht fest, wie die Struktur einer modernen Universität konkret aussehen müsste, um die kognitive Funktion zu erfüllen. Ein zentrales Thema der amerikanischen Hochschuldiskussion ist die Frage nach der Differenzierung von Universitäten und Forschungseinrichtungen. Soll Ausbildung, Forschung und das Training der Professionsangehörigen in großen Universitäten zusammengefasst werden, wie es im Fall der amerikanischen Elitehochschulen und in den deutschen Universitäten verwirklicht ist? Oder ist es sinnvoller, die allgemeinen Ausbildungsstätten von spezialisierten Forschungseinrichtungen und anwendungsnahen Trainingszentren für die künftigen Angehörigen der Professionen zu trennen? Parsons und Platt entscheiden sich in dieser Frage mit dem Idealtyp der "Bündel-Universität" bzw. der "vollen" Universität (1974: 349-51) als empirisches Pendant zum kognitiven Komplex eindeutig für die Integration der unterschiedlichen Ausbildungs- und Forschungseinrichtungen auf einem Campus.

Ein Idealtyp wird durch bestimmte empirische Merkmale definiert und sollte charakteristisch für eine Klasse empirisch vorfindbarer Universitäten sein. Im Sinne von Webers generellem Idealtyp sollte er sich außerdem durch eine besondere Bedeutung im Hin- blick auf die gesellschaftliche Entwicklung auszeichnen. In der Bündel-Universität sind erstens alle wissenschaftlichen Disziplinen vertreten und zweitens wird Forschung und Lehre in der Institution des Graduiertenstudiums integriert, das auf der vierjährigen College-Ausbildung. Drittens sind die Fakultätsmitglieder auch in der College-Ausbildung engagiert und viertens sind die verschiedenen Ausbildungsstätten für Professionen, wie Ärzte, Ingenieure oder Anwälte, organisatorisch eingegliedert. Als fünftes Merkmal steht die Bündel-Universität im Austausch mit einer größeren Gruppe von Intellektuellen und ist zum anderen mit einem Netz nationaler und internationaler wissenschaftlicher Vereinigungen verbunden. Der durch diese Merkmale definierte Typ der Bündel-Universität trifft empirisch weitgehend auf die Elite-Universitäten wie Harvard oder Berkeley zu und ist nach Parsons richtungsweisend für die gesamte Hochschulentwicklung in den USA.

Zur *empirischen Beschreibung*, der vierten Komponente in Abbildung 58, gehören Merkmale der Universitäten, nach denen sich die unterschiedlichen Hochschulen in einzelne Gruppen einteilen lassen. So definieren Parsons und Platt einen Index der *institutionellen Differenzierung*, der sich aus den Variablen "Forschungsorientierung", "Lehrqualität" und "Größe" zusammensetzt. Die einzelnen Variablen werden durch die in Abbildung 60 dargestellten Indikatoren empirisch erhoben, so dass sich aus den Werten dieser Merkmale für jede Hochschule ein Rangwert der institutionellen Differenzierung ergibt.

Forschungs-Orientierung	*(Lehr-)Qualität*	*S: Anzahl der Fakultätsangehörigen (Size)*
F_1: Anteil der graduierten Studenten (ohne "Professionel Schools")	Q_1: Generelle Mittel pro Student	
	Q_2: Lehrmittel pro Student	
F_2: Ausmaß der Fördermittel pro Fakultätsmitglied	Q_3: Zahlenverhältnis von Studenten zu Dozenten	
F_3: Anzahl der Periodika in der Universitätsbibliothek pro Fakultätsmitglied	Q_4: Prozentsatz der Mitglieder des Lehrkörpers mit Doktortitel	

Abbildung 60: Index zur institutionellen Differenzierung

Analog zur Auswertung der Düsseldorfer Hochschulstudie lassen sich mit den Daten der von Parsons und Platt durchgeführten Akademikerbefragung[108] gezielte Analysen durch-

---

108 Die Studie der akademischen Profession wurde von Parsons und Platt 1967 durchgeführt. Insgesamt wurden 4598 Fragebögen an Fakultätsmitglieder aus 116 amerikanischen Colleges und Universitäten verschickt, von denen 3048 den zugesandten Fragebogen ausgefüllt zurückschickten. Ein Datenband wurde von Gerald Platt zur Verfügung gestellt, so dass die Daten im Rahmen eines von der DFG geförderten Forschungsprojekts auf der Rechenanlage der Universität Düsseldorf ausgewertet werden konnten. Gerald Platt und der Deutschen Forschungsgemeinschaft gilt unser Dank. Die Stichprobe wurde im ersten Schritt auf eine Fallzahl von 2568 reduziert, weil die restlichen Fragebögen eine zu große Anzahl von Antwortverweigerungen aufweisen. Mit dieser Stichprobe der Fakultätsangehörigen aus 115 verschiedenen Hochschulen wurden statistische Datenauswertungen durchgeführt. Die Ergebnisse der Mittelwertvergleiche der Variablen "Forschungsorientierungen" nach SID-Gruppen ist in Tabelle 9 dokumentiert.

führen. So stellen die beiden Autoren die These auf, dass die Mitglieder von Universitäten mit einem hohen Grad institutioneller Differenzierung eine stärkere Forschungsorientierung aufweisen als Angehörige aus weniger differenzierten Universitäten. Begründet wird diese These mit der theoretischen Überlegung, dass die hochdifferenzierte Bündel-Universität die günstigsten Bedingungen für die Internalisierung von wissenschaftlichen Standards bietet. Zur Operationalisierung der Variablen "Forschungsorientierung" verwenden Parsons und Platt folgende drei Items (Übersetzung vom Verf., B.M.):

(1) "Hochschulakademiker sollten eine innere Verpflichtung zum Engagement in der Forschung besitzen."
(2) "Hochschulakademiker sollten es als ihre Pflicht ansehen, die Arbeiten von anderen auf ihrem Gebiet zu kritisieren."
(3) "Hochschulakademiker sollten sich verpflichtet fühlen, Forschungsergebnisse zu publizieren."

Da der Index der institutionellen Differenzierung, kurz "SID-Index" genannt, fünf Abstufungen besitzt, lassen sich die von Parsons und Platt untersuchten 115 Hochschulen in fünf SID-Gruppen einteilen. Berechnet man den Mittelwert der Variablen "Forschungsorientierung" pro SID-Gruppe, so lässt sich die These des Zusammenhangs zwischen Forschungsorientierung und Differenzierung empirisch überprüfen.

Institutionelle Differenzierung	Forschungsorientierung			
	Item (1)	Item (2)	Item (3)	Durchschnitt
SID1	1.7	2.6	1.8	2.0
SID2	2.0	2.7	2.2	2.3
SID3	2.4	2.8	2.5	2.5
SID4	2.5	2.9	2.7	2.7
SID5	2.8	3.0	2.9	2.9

Tabelle 9: Forschungsorientierung in Abhängigkeit von institutioneller Differenzierung

Die in Tabelle 9 dargestellten Ergebnisse belegen die Annahme, dass mit zunehmender Differenzierung die Forschungsorientierung der Hochschulangehörigen ansteigt[109].

Die Komplexanalyse lässt sich als Methode auch auf andere empirische Gegenstandsbereiche anwenden. In diesem Fall müsste einerseits ein empirischer Idealtyp und andererseits ein diesem Idealtyp zugeordneter Komplex aus theoretischen Komponenten definiert werden. Für ein Wirtschaftsunternehmen könnte ein aktuelles Managementmodell die Basis für die Konstruktion eines idealtypischen Unternehmens darstellen. Eine der einflussreichsten Publikationen zu diesem Thema bildet das Buch von Peters und Waterman (1984) mit

---

109 In der SID-Abstufung bedeutet SID1 die höchste und SID5 die niedrigste Differenzierungsstufe. Die höchste Bewertung der Items als Ausdruck voller Zustimmung durch die Befragten entspricht einem Skalenwert von 1, während die niedrigste Zustimmung dem Wert 5 entspricht. Ein Mittelwert von 1.7 in der SID1-Gruppe zu dem 1. Item bedeutet somit eine höhere Forschungsorientierung als in der SID5-Gruppe mit dem Mittelwert 2.8.

dem Titel "Auf der Suche nach Spitzenleistungen". Die Autoren hatten als Mitarbeiter der Unternehmensberatungsfirma McKinsey in den USA Gelegenheit, 62 der erfolgreichsten Wirtschaftsunternehmen verschiedener Branchen eingehender zu untersuchen. Diese Unternehmen bilden nach Peters und Waterman eher die Ausnahme in der amerikanischen Wirtschaft, die insgesamt gegenüber aufstrebenden Volkswirtschaften wie Japan an Boden verloren hat.

Peters und Waterman führen die mangelnde Produktivität vieler amerikanischer Firmen auf ein zu einseitig auf Kostenkontrolle und quantitative Unternehmensplanung ausgerichtetes Management zurück und zeigen auf, wie die erfolgreichen Unternehmen Mitarbeitermotivation, Unternehmenswerte und Kundenorientierung zu integrieren wissen. Die Autoren propagieren die Perspektive der Gesamtorganisation, in der die Mitarbeiter in kleinen verantwortlichen Gruppen arbeiten und das Engagement für eine hohe Produktqualität sowie eine besondere Kundenorientierung im Vordergrund stehen. Als Idealtyp eines erfolgreichen Unternehmens halten Peters und Waterman ihren Lesern das japanische Modell vor Augen[110].

> Das japanische Management wird nicht müde, den Mitarbeitern zu sagen, daß Leute vor Ort den Betrieb am besten kennen. ...Ein gut geführtes Unternehmen nutzt die Eigeninitiative des einzelnen oder der Gruppe zur Innovation und zur Freisetzung schöpferischer Energie. Dem einzelnen Mitarbeiter wird alles abverlangt, was er an kreativer und produktiver Leistung zu geben hat. ...Die gesamte Organisation - Vorschlagkästen, Qualitätszirkel und dergleichen - wirkt 'organisch' und 'unternehmerisch' statt 'mechanisch' und 'bürokratisch'. (Peters/Waterman 1984: 64)

Neben der Betonung des menschlichen Faktors vertreten Peters und Waterman die Auffassung, dass sich erfolgreiche Unternehmen durch eine hohe Identifikation der Mitarbeiter mit den Unternehmenswerten auszeichnen. Die leistungsfähigsten Unternehmen entwickeln eine Unternehmenskultur[111] von gemeinsamen Werten, Normen und Zielvorstellungen. Zu den gemeinsamen Zielen gehören die Liebe zum Produkt, die Bereitstellung eines Services mit höchstem Qualitätsstandard sowie die Anerkennung von Innovationen und Beiträgen aller Mitarbeiter (1984: 77).

Ein diesem Idealtyp entsprechender theoretischer Komplex könnte einige Gemeinsamkeiten mit dem kognitiven Komplex aufweisen. Auf der Ebene des Verhaltenssystems wäre ebenso wie im kognitiven Komplex Intelligenz anzusiedeln. Allerdings ist hier eine technisch-organisatorische Intelligenz gefragt. Kompetenz und Motivation bilden das Pendant zu "Kognitivem Lernen und Kompetenz" im kognitiven Komplex. Als Komponente des Sozialsystems wäre praktisches Handeln als produkt- und kundennahe Umsetzung von internen Idealen sowie rasche Anpassung an wechselnde Marktbedingungen hinzuzufügen. Als viertes Element des ökonomischen Komplexes wäre die Unternehmenskultur dem moralisch-evaluativen Subsystem des Kultursystems zuzuordnen, so dass sich insgesamt das in Abbildung 61 dargestellte mögliche Modell eines ökonomischen Komplexes ergibt.

---

110 Peters/Waterman 1984: 64. Es handelt sich um ein Zitat des McKinsey Beraters Kenichi Ohmae.
111 Vgl. Kap. 4.2.9 zum Begriff der Unternehmenskultur.

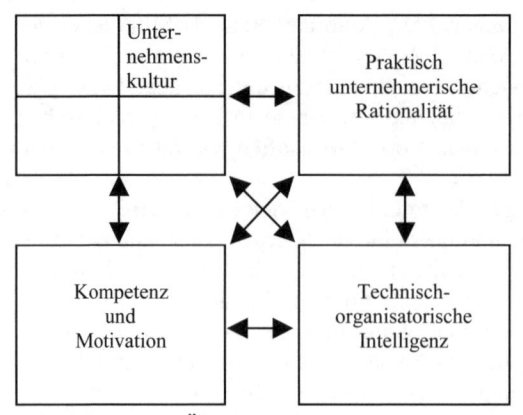

```
┌─────────────┐         ┌─────────────┐
│   Unter-    │         │  Praktisch  │
│  nehmens-   │◄───────►│unternehmerische│
│   kultur    │         │ Rationalität│
│             │         │             │
└─────────────┘         └─────────────┘
      ▲         ╲     ╱         ▲
      │          ╲   ╱          │
      │           ╲ ╱           │
      │           ╱ ╲           │
      │          ╱   ╲          │
      ▼         ╱     ╲         ▼
┌─────────────┐         ┌─────────────┐
│  Kompetenz  │         │  Technisch- │
│     und     │◄───────►│organisatorische│
│  Motivation │         │ Intelligenz │
└─────────────┘         └─────────────┘
```

Abbildung 61: Ökonomischer Komplex

Die Festlegung der Komponenten des ökonomischen Komplexes sollte als Anregung zur Konstruktion von Komplexen angesehen werden. Eine andere Auswahl von Elementen wäre denkbar. Entscheidend ist allerdings, dass ein modernes ökonomisches Modell auf der Ebene des allgemeinen Handlungssystems anzusiedeln ist. Eine Beschränkung auf die Kategorien des Sozialsystems oder des ökonomischen Subsystems wird dem von Peters und Waterman konzipierten Idealtyp eines erfolgreichen Unternehmers nicht gerecht.

4.2 Allgemeine Systemtheorie (Luhmann)

Im Einbandtext des Buches "Einführung in die Systemtheorie" (Luhmann 2002a) wird Niklas Luhmann als einer der einflussreichsten Soziologen im 20. Jahrhundert eingestuft. Diesen Rang hat sich Luhmann mit einem auf 30 Jahre veranschlagten Projekt erarbeitet: "Theorie der Gesellschaft; Laufzeit: 30 Jahre; Kosten: keine" (Luhmann 1997: 11). Den Freiraum für dieses Projekt erhält er durch seine Professur für Soziologie an der Universität Bielefeld, die er 1969 antritt. Für diese akademische Karriere hat Luhmann seine aus einem Jurastudium resultierende Stelle als Ministerialreferent aufgegeben. 1960/61 verbringt Luhmann einen Studienaufenthalt an der Harvard-Universität, wo er auf Talcott Parsons trifft, der seine akademische Entwicklung maßgeblich beeinflusst. Luhmann entwickelt seine Systemtheorie in drei Phasen:
- Funktional-strukturelle Theorie (ca. 1968-1979)
- Theorie autopoietischer Systeme (ca. 1980-1989)
- Theorie beobachtender Systeme (ca. 1990-1998)

Die funktional-strukturelle Theorie versucht den statischen Charakter des strukturell-funktionalen Ansatzes von Parsons zu überwinden. Seine Kritik an dem dominanten Gesellschaftstheoretiker Parsons war für die soziologische Karriere Luhmanns ein viel versprechender Start. Den Ruhm als führender Systemtheoretiker verdankt er allerdings dem Aufbau seines eigenständigen Theoriegebäudes. Bereits in der funktional-strukturellen Theoriephase löst sich Luhmann mit den Kernbegriffen Komplexität, Kontingenz, Sinn und Selektion von der Parsonsschen Systemtheorie und integriert die Phänomenologie Husserls in seine Begriffswelt.

Parsons wurde zu neuen Phasen der Theorieentwicklung wesentlich durch interdisziplinäre Diskussionen beeinflusst. Auch Luhmann verdankt seine entscheidenden theoretischen Weiterentwicklungen den Begriffen und Modellen anderer Disziplinen. Mit der Verarbeitung des Autopoiesis-Modells der Biologen Humberto R. Maturana und Francisco J. Varela gelingt Luhmann der systemtheoretische Durchbruch, den er in seinem ersten Hauptwerk "Soziale Systeme" (1984) dokumentiert.

Neben Maturana und Varela wird der Kognitionswissenschaftler Heinz von Foerster der "Systemtheorie II" zugerechnet, die das kybernetische Gleichgewichtsmodell der "Systemtheorie I" überwindet, das Parsons übernommen hat. Luhmann integriert den Begriff der *Beobachtung* in sein Theoriegebäude und charakterisiert in seinem Spätwerk seine allgemeine Systemtheorie als "Theorie beobachtender Systeme" (2002: 42). Ebenso bedeutsam wie die Erweiterung der Theorie um den Beobachtungsbegriff ist die Umstellung der Theorie mit Hilfe eines formalen Kalküls des Mathematikers George Spencer Brown. Luhmann verwendet die Begriffe Form, Re-entry, Gedächtnis und Kreuzung von Spencer Brown, ohne dessen mathematisches Modell zu übernehmen.

> Wenn ich auf Spencer Brown Bezug nehme, hat dies keinen deutlichen Bezug zu dem Formenkalkül als dem Hauptthema des Buches *Laws of Form*, sondern nur zu der Begrifflichkeit, mit der am Beginn und Ende dieses Kalküls gearbeitet wird. (Luhmann 2002: 143)

Diese Aussage lässt sich auch auf das Modell autopoietischer Systeme von Maturana und Varela anwenden, deren Begriffe Luhmann in die Systemtheorie einbaut und in diesem Kontext mit einer modifizierten Bedeutung verwendet. Daher ist der Ehrgeiz von Kritikern fehlinvestiert, die nachweisen, dass die Autopoiesis sozialer Systeme nicht der ursprünglichen biologischen Bedeutung entspricht (vgl. Kirsch 1992).

Ein weiterer Einfluss der Systemtheorie II auf das Luhmannsche Theorieprogramm besteht in der Übernahme von Begriffen der Theorie nichtlinearer dynamischer Systeme, z.B. "Fluktuation" (2002b: 429), "Bifurkation" (1989: 182), "Dissipative Strukturen" (2002c: 135), sowie der Begriffe "Eigenwert" (2002b: 66), Eigenzustände (1997: 614) und "Attraktor" (2002b: 87) aus der formalen Theorie der Selbstorganisation (vgl. an der Heiden 1992).

Was ist Luhmanns Intention, wenn er die bereits abstrakte und komplexe Theorie autopoietischer Systeme mit den noch abstrakteren Begriffen Spencer Browns neu formuliert? Mit den Begriffen der funktional-strukturellen Phase, wie z.B. Sinn oder Interpenetration, werden bestimmte Bedeutungsinhalte der soziologischen Tradition verbunden, also bei Sinn die Tradition von Weber und bei Interpenetration das Modell Parsons'. Abstrakte und nicht mit soziologischer Begriffsgeschichte verbundene Begriffe eignen sich besser, eine allgemeine Systemtheorie zu formulieren, wie es Luhmanns Absicht ist. Entsprechend dieser Argumentation müsste Luhmann die alten Begriffe durch die neuen ersetzen, z.B. Sinn durch Form oder Interpenetration durch strukturelle Kopplung. Diesen Schritt vollzieht Luhmann allerdings nicht, sondern behält die alten neben den neuen Begriffen auch in seinem Spätwerk bei. Der Grund ist einfach: Die alten Begriffe haben eine speziellere Bedeutung und bilden zusammen mit anderen Begriffen explizite Modelle zur Erklärung sozialer Prozesse und Strukturen. Es wäre wissenschaftlich nicht effizient, diese Modelle neu zu formulieren, ohne einen Erkenntnisfortschritt zu erzielen.

Durch die Weiterverwendung der alten Begriffe zusammen mit den neuen sind die Phasenübergänge in der Luhmannschen Theorieentwicklung fließender als bei Parsons. In diesem Einführungsbuch werden trotz der Integration der frühen Theoriephasen in das zweite Hauptwerk zur Gesellschaftstheorie "Die Gesellschaft der Gesellschaft" (1997) sowie in dem Vorlesungstranskript "Einführung in die Systemtheorie" (2002a) die Theoriephasen nacheinander dargestellt, weil dadurch das komplexe Theoriegebäude leichter zugänglich ist.

Die im Spätwerk dokumentierte *Theorie beobachtender Systeme* ist als abstraktes Theoriegebäude zu verstehen, das Luhmann als "supervacuus" bzw. "übermäßig ausgeleert" (2002: 193) bezeichnet. Dieses Eingeständnis kommt den Kritikern Luhmanns entgegen, die die soziologische Substanz in Luhmanns Systemtheorie vermissen. Ganz so einfach macht es Luhmann den Kritikern allerdings nicht. Wie in den nachfolgenden Abschnitten dargestellt wird, formuliert Luhmann explizite Modelle mit konkreten Hypothesen und baut die Systemtheorie als dynamische Theorie auf. Das abstrakte Theoriegebäude hat den Vorteil einer *einheitlichen soziologischen Sprache*, die vergleichbar ist mit der Mengensprache der Mathematik, mit der alle mathematischen Teildisziplinen neu formuliert worden sind. Zusätzlich sind in den mathematischen Teildisziplinen weitere Begriffskalküle entwickelt worden, die z.B. in der Analysis dazu geführt haben, dass mehrbändige Lehrbücher auf ein schmales Bändchen geschrumpft sind, das elegant und kurz alle notwendigen Theoreme einschließlich Beweisen enthält. Anstelle des Begriffs "supervacuus" wäre die in der Mathematik verwendete Formulierung "general abstract nonsense" treffender. Kein Mathematiker würde wie in der Soziologie auf die Idee kommen, sich über den "abstrakten Nonsens" zu beklagen, wenn das Modell eine elegante und kurze Reformulierung der bestehenden Theoreme leistet.

In Bezug auf die Luhmannsche Systemtheorie ist es somit wenig sinnvoll, die Abstraktion zu beklagen. Stattdessen ist im Detail zu prüfen, ob es Luhmann tatsächlich gelingt, soziologisches Wissen in seinem Theoriegebäude ausreichend zu interpretieren und seine Theorie des sozialen Handelns so breit anzulegen, um die Defizite des normativen Paradigmas zu überwinden. Durch den Einbau der Husserlschen Phänomenologie gelingt es Luhmann, wesentliche Elemente des interpretativen Paradigmas zu integrieren. Schwieriger ist die Frage, ob die Systemtheorie Luhmanns sich mit der Handlungstheorie des Rational-Choice Ansatzes (vgl. Kap. 6) messen kann. Darauf werden wir in den nachfolgenden Abschnitten genauer eingehen.

Luhmann unterscheidet grundlegend zwischen *Systemtheorie* und *Gesellschaftstheorie*. Dies spiegelt sich in den beiden Vorlesungsmitschriften "Einführung in die Systemtheorie" (2002a) und "Einführung in die Theorie der Gesellschaft" (2005) wider. Der Zugang zu Luhmanns Gesellschaftstheorie erfolgt über die gesellschaftlichen Funktionssysteme Wirtschaft, Politik, Recht, Wissenschaft, Erziehung, Religion und Kunst. Diese Funktionssysteme analysiert Luhmann ab Ende der 80er Jahre des 20. Jahrhunderts nacheinander in verschiedenen Büchern, deren Titel er jeweils mit dem Nachspann ".... der Gesellschaft" versieht, z.B. "Die Wirtschaft der Gesellschaft" (1989) oder "Die Wissenschaft der Gesellschaft" (1992c). Einige dieser Werke sind erst nach Luhmanns Tod veröffentlicht worden (2002b; 2002c). Um die Analyse der gesellschaftlichen Funktionssysteme in Luhmanns Gesamtwerk einzuordnen, ist die in Abbildung 62 dargestellte Klassifikation von Systemen hilfreich, mit der Luhmann drei Typen sozialer Systeme unterscheidet: *Interaktionen*, *Organisationen* und *Gesellschaften* (1984: 16). Neben sozialen Systemen spielen *psychische Systeme* in der Luhmannschen Systemtheorie eine besondere Rolle.

```
                              Systeme
                    ┌────────────┼────────────┐
        ┌───────────┤            │            │
  Maschinen    Organismen   soziale Systeme   psychische Systeme
                    ┌────────────┼────────────┐
              Interaktionen  Organisationen  Gesellschaften
```

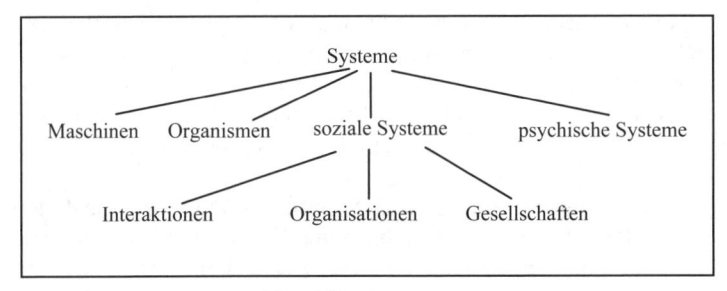

Abbildung 62: Systemklassifikation

Interaktionssysteme bestehen aus "Interaktionen unter Anwesenden, ein soziales System, das sich immer dann formt, wenn Personen miteinander kommunizieren können, in welchen Größenverhältnissen auch immer dies möglich ist" (2005: 279). Dieser Typ sozialer Systeme kommt "ohne Referenz auf das Gesellschaftssystem" (2005: 279) aus, indem keine bestimmte Funktion wie kollektiv bindende Entscheidungen (politisches System) oder zukunftsstabile Vorsorge (Wirtschaftssystem) direkt für die Gesellschaft erbracht werden. Beispiele sind Interaktionen innerhalb von Familien, Freundschaftscliquen oder Partygespräche. Die wichtigsten Merkmale von Interaktionssystemen sind die gegenseitige *Wahrnehmung* der Interaktionspartner (2002c: 57; 2005: 284) und eine gewisse *Spontaneität* der Interaktionsprozesse (2005: 279).

Organisationen sind charakterisiert als soziale Kontexte, deren wesentliche Elemente aus *Entscheidungen* bestehen, die Ungewissheit reduzieren. Gleichzeitig werden mit den getroffenen Entscheidungen neue Handlungsmöglichkeiten eröffnet und damit neue Ungewissheit erzeugt (1997: 831). Ein zweites wesentliches Merkmal von Organisationen ist die Integration von Individuen durch die *Mitgliedschaftsrolle* (2005: 282).

Interaktionssysteme und Organisationen können sich spontan bilden oder auch mit gesellschaftlichen Funktionssystemen verbunden sein. So haben sich in allen Funktionssystemen bestimmte Organisationen entwickelt, durch die Individuen als Mitglieder teilnehmen können, während die Funktionssysteme die Relation von Inklusion und Exklusion von Individuen nicht steuern können (2005: 283). Über die Inklusionsbeziehung in Organisation wird das konkrete Verhalten geregelt (2005: 283).

> Es scheint, dass wir den Zusammenhang von Funktionssystemen und Organisation mit genau dieser Differenz beschreiben können, dass die Funktionssysteme, gerade weil sie keinen Mechanismus der Exklusion haben, auf Organisationen angewiesen sind, die genau dies leisten können. So dass wir überall die Situation antreffen, dass es politische Organisationen gibt, kirchliche Organisationen, Produktionsstätten, wirtschaftliche Organisationen, schulische, universitätsmäßige Angebote oder Forschungsorganisationen, womit innerhalb von Funktionssystemen Verhalten geregelt werden kann. (Luhmann 2005: 283).

Gesellschaften schließen erstens *alle sozialen Operationen* ein. Die Operationen des Sozialsystems Gesellschaft sind zweitens *Kommunikationen* und nicht Individuen oder Akteure. Gesellschaften sind drittens durch *funktionale Differenzierung* charakterisiert (2000: 13-14). Diese Funktionssysteme übernehmen innerhalb der Gesellschaft eine spezifische Funktion und entwickeln dazu spezifische Operationsweisen und Strukturen. Die Identifikation der einzelnen Funktionssysteme innerhalb der Gesellschaft erfolgt nicht nach einer theoretischen Systematik wie bei Parsons. Stattdessen geht Luhmann von empirisch bestehenden Systemen in der Gesellschaft aus, die eine bestimmte Funktion in der Gesellschaft leisten und dazu spezifische Prozesse und Strukturen etabliert haben[112]. Diese Art von *empirischer Soziologie* bezieht sich auf evolutionär entstandene gesellschaftliche Funktionskomplexe, die nur mit Hilfe des Theoriegebäudes der Systemtheorie adäquat beschreibbar und erklärbar sind (1989b: 51).

Hohm (2000) baut sein Einführungsbuch in die soziologische Systemtheorie nach der Einteilung sozialer Systeme in Interaktionen, Organisationen und Gesellschaft auf, während sich Reese-Schäfer (2001) auf die Funktionssysteme der Gesellschaft konzentriert. Unsere Darstellung der Luhmannschen Systemtheorie im Rahmen der soziologischen Handlungstheorie ist stattdessen entlang der Elemente des Bezugsrahmens und der damit verbundenen expliziten Modelle gegliedert. Die Grundzüge der Gesellschaftstheorie werden unter dem Begriff der Differenzierung im Kap. 4.2.5 und das Luhmannsche Konzept der Organisation in den Kap. 4.2.8 und 4.2.9 eingehender dargestellt.

4.2.1 Funktional-strukturelle Theorie

Niklas Luhmann ist seit Mitte der 60er Jahre des 20. Jahrhunderts mit dem Programm angetreten, eine Theorie sozialer Systeme zu entwickeln, mit der sich die Defizite der Parsonsschen Soziologie überwinden lassen. Der erste Schritt zur Verwirklichung dieses Programms besteht in dem Modell der "funktional-strukturellen" Systemtheorie (1970: 113-20). Anstatt wie Parsons zu einer gegebenen Struktur nach deren Funktionen im Hinblick auf Systemleistungen zu fragen, stellt Luhmann die Funktion in das Zentrum der Betrachtung und fragt nach unterschiedlichen strukturellen Arrangements - "funktionale Äquivalente" genannt -, die diese Funktion erfüllen können.

Funktionale Analyse

Luhmann begnügt sich allerdings nicht mit Schönheitskorrekturen an der strukturalistischen Handlungstheorie, sondern entwirft eine eigene soziologische Systemtheorie. Der Bezugsrahmen dieses Theorieentwurfs ist so angelegt, um in den expliziten Modellen die Defizite der Parsonsschen Theorie zu vermeiden und die Systemtheorie dynamisch aufzubauen. Dies erfordert einen hohen Abstraktionsgrad der Systemtheorie. Ein Beispiel für die Notwendigkeit der Verallgemeinerung bildet die Definition der funktionalen Analyse, die nicht mehr auf dem Funktionsbegriff aufsetzt, sondern Systemprobleme mit Lösungsalternativen in Beziehung setzt.

> Sie bezieht Gegebenes, seien es Zustände, seien es Ereignisse, auf Problemgesichtspunkte, und sucht verständlich und nachvollziehbar zu machen, daß das Problem so oder auch anders gelöst werden kann. Die Relation von Problem zu Problemlösung wird dabei nicht um ihrer selbst willen erfaßt; sie dient vielmehr als Leitfaden der Frage nach den Möglichkeiten, als Leitfaden der Suche nach funktionalen Äquivalenten. (Luhmann 1984: 83-4)

Der Bezugsrahmen der funktional-strukturellen Theorie besteht aus den Begriffen System, Komplexität, Kontingenz und Selektion sowie deren Relationen zueinander. Wie in der

---

[112] Dieser methodologische Standpunkt wird in Kap. 4.2.4 eingehender dargestellt.

Parsonsschen Theorie lassen sich aus diesen Primärbegriffen weitere Sekundärbegriffe ableiten: Doppelte Kontingenz, Identität, Symbolisierung, Generalisierung, Erleben, Handeln oder Code. Luhmann gelingt mit diesem Theorieentwurf die Integration des phänomenologischen Sinnbegriffs in die Systemtheorie.

Komplexität

Ein System lässt sich in der Luhmannschen Begriffswelt als eine von der Umwelt abgrenzbare Menge von Elementen und Relationen mit einem bestimmten Grad von Komplexität definieren. Die Komplexität eines Systems wird bestimmt durch die möglichen Kombinationen von Elementen. Der Grenzfall von niedriger Komplexität ist ein System, in dem alle Kombinationen von Elementen möglich und bekannt sind. Nimmt man zwei Münzen mit jeweils Kopf und Zahl, so ergeben sich folgende vier Kombinationen:
a) 1. Münze: Kopf und 2. Münze: Kopf
b) 1. Münze: Kopf und 2. Münze: Zahl
c) 1. Münze: Zahl und 2. Münze: Kopf
d) 1. Münze: Zahl und 2. Münze: Zahl

Umgangssprachlich bedeutet "komplex" aber nicht vollständig bekannt, sondern eher unüberschaubar. Diese Bedeutung verwendet auch Luhmann, indem ein komplexes System unbestimmt viele Kombinationen aufweist. Dieser Fall tritt bereits ein, wenn zwei Personen in Interaktion treffen. Die erste Person, genannt Ego, hat eine große Zahl von Handlungsmöglichkeiten. Sie kann z.B. grundsätzlich freundlich oder feindlich sein, an Kommunikation interessiert oder ihr ablehnend gegenüberstehen. Zusätzlich stehen Ego viele Themen für den Kommunikationsinhalt zur Verfügung, und durch Betonungen und Gesten können diese Handlungsoptionen weiter variiert werden. In jeder Handlungsoption von Ego hat Alter wiederum eine Fülle von Handlungsmöglichkeiten, so dass bereits in diesem einfachen sozialen System der Interaktionen unüberschaubar viele Handlungskombinationen entstehen. Denkt man weiter an Handlungsketten, so potenzieren sich die Möglichkeiten nochmals. Seit Parsons wird dieses Phänomen *doppelte Kontingenz* genannt. Die erste Kontingenz bezieht sich auf die Handlungsoptionen von Ego und die zweite Kontingenz auf die zu Egos Handlungen möglichen Optionen von Alter.

Aus der Lebenswelt des Alltags ist bekannt, dass Akteure aus den möglichen Handlungskombinationen und -ketten nur ganz bestimmte auswählen. Parsons erklärt diese Auswahl mit der Orientierung der Akteure an institutionalisierten Rollen und Normen, die die doppelte Kontingenz eingrenzen und das Handeln für beide Akteure erwartbar machen. Luhmann legt sich nicht auf eine institutionalisierte Ordnung mit vorgegebenen Strukturen fest, sondern definiert *Komplexität* als die Notwendigkeit, dass "nicht mehr jedes Element mit jedem anderen verknüpft werden kann und man deshalb Relationen nur noch selektiv herstellen kann" (Luhmann 2002a: 173). Bezogen auf das komplementäre Rollenspiel von Dozent und Student in einer Prüfungssituation ist z.B. festgelegt, dass der Prüfer die Fragen stellt und der Student antwortet. Außerdem ist beiden Akteuren bekannt, auf welche Prüfungsgebiete sich die Prüfung bezieht. Um den Bezug auf eine normative Institutionalisierung zu vermeiden, spricht Luhmann davon, dass komplexe Systeme die Handlungsmöglichkeiten einschränken "aufgrund von immanenten Beschränkungen der Verknüpfungskapazität" (1984: 46). Die auf Basis dieser Beschränkung verbleibenden Handlungsmöglichkeiten führen dann zu der Definition von Komplexität als "die Zahl der Möglichkeiten, die durch Systembildung ermöglicht werden" (1973: 4). Wie diese Einschränkung konkret von statten geht, werden wir in den nachfolgenden Abschnitten mit Hilfe der Begriffe "Struktur", "Gedächtnis" und "Anschlussfähigkeit" eingehend darstellen.

In Zusammenhang mit dem Komplexitätsbegriff fehlt der wesentliche Aspekt der *Unbestimmtheit*: Die verbleibende Anzahl der Möglichkeiten ist für die Handelnden unüberschaubar. Man kann sich dieses Merkmal an den Handlungsoptionen in einer großen Behörde vorstellen. Hier existiert in der Regel ein umfangreiches Organisationshandbuch, in dem die Verwaltungsvorgänge beschrieben und geregelt sind. Ein neu eingestellter Mitarbeiter wird annehmen, dass es abzählbar viele Vorgänge gibt und er nur alle zu lernen braucht, um sich richtig zu verhalten. Bald wird er herausfinden, dass die einzelnen Fälle ihre Besonderheiten aufweisen und von dem Handbuch abweichen. Selbst nach langjähriger Berufserfahrung trifft er immer wieder auf einen neuen Fall, der nicht exakt geregelt ist. Die Anzahl der Fälle ist in der Verwaltungswirklichkeit weder abzählbar noch eindeutig beschreibbar. Luhmann definiert in diesem Sinne Komplexität als "Maß für die Unbestimmtheit oder den Mangel an Information: die Information, die dem System fehlt, um seine Umwelt (Umweltkomplexität) bzw. sich selbst (Systemkomplexität) vollständig erfassen und beschreiben zu können" (Luhmann 1984: 50). Dirk Baecker charakterisiert komplexe Systeme als nicht messbar, womit die Unüberschaubarkeit präziser beschrieben wird (1989: 173). Die beiden Definitionskomponenten von Komplexität sind in Abbildung 63 zusammengefasst dargestellt.

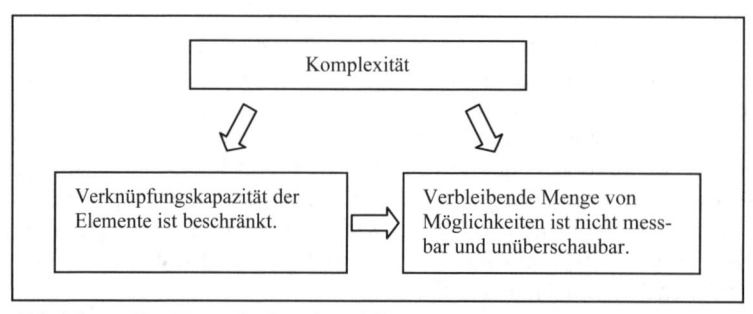

Abbildung 63: Komplexitätsbegriff

Nach Luhmann hat die Grundeinheit eines Systems "die Zeitform eines Ereignisses, also eines Vorfalls, der zwischen 'vorher' und 'nachher' einen Unterschied macht" (2000: 45). Daraus ergibt sich eine *operative* Komplexität der möglichen Systemoperationen im zeitlichen Verlauf und eine *strukturelle* Komplexität als relativ stabile sachliche und soziale Einschränkungen der Handlungsmöglichkeiten (Luhmann 1994: 190).

Selektion

Systembildung entsteht durch *Selektion* einer bestimmten Klasse von Elementbeziehungen aus einer größeren Klasse (1984: 47, 94). Lässt man für eine Menge von Elementen alle logisch möglichen Beziehungen zu, so ist das System im Zustand mangelnder Komplexität, den Luhmann als "Entropie" (1984: 79, 80) bezeichnet. In dieser strengen Fassung des Komplexitätsbegriffs ist "Reduktion von Komplexität" ein Spezialfall von Selektion, indem aus einer bereits eingeschränkten Menge von Relationen eine kleinere Klasse ausgegrenzt wird.

> Von Reduktion der Komplexität sollte man dagegen in einem engeren Sinne immer dann sprechen, wenn das Relationsgefüge eines komplexen Zusammenhangs durch einen zweiten Zusammenhang mit weniger Relationen rekonstruiert wird. (Luhmann 1984: 49)

Die Bildung von Subsystemen leistet Komplexitätsreduktion, indem Subsysteme als emergente Einheiten betrachtet werden, deren Binnenkomplexität nicht weiter problematisiert wird. Der Ablauf einer Lehrveranstaltung wäre ohne die Annahme autonomer Subeinheiten nicht möglich, da sich die Lehrveranstaltung in der Eigenkomplexität der Subsysteme heillos verstricken würde. Der Dozent geht z.B. davon aus, dass Studenten erwachsene Personen sind, die ein bestimmtes Maß an Motivation und Arbeitsdisziplin mitbringen und die in der Lage sind, ihre Arbeit und Zeit weitgehend selbst einzuteilen. Auf der Basis dieser Annahme werden in Lehrveranstaltungen Arbeitstechniken selten thematisiert und die Lernkontrollen in der Regel auf Klausuren, Prüfungen und Hausarbeiten reduziert.

Ein effizienteres Mittel zur Komplexitätsreduktion innerhalb von Lehrveranstaltungen bilden stabile Arbeitsgruppen, die gemeinsam Ideen austauschen, Lösungen für Aufgaben entwickeln und jedem einzelnen Mitglied bei Bedarf den Stoff ausführlich erklären. Die Arbeitsgruppe rekonstruiert den Wissensstand und das Verständnis des Stoffes von einzelnen Mitgliedern, die Lernprobleme haben, und thematisiert somit die Komplexität des individuellen Bewusstseins im Hinblick auf den Lernstoff. Das einzelne Gruppenmitglied geht nicht, wie in größeren Lehrveranstaltungen, das Risiko ein, für unfähig oder unintelligent gehalten zu werden, wenn mangelndes Wissen oder Unverständnis eingestanden wird. Die Gruppenarbeit bietet die Gelegenheit, den Eindruck mangelnder Komplexität des Wissensstandes zu korrigieren.

Für Dozenten gilt ein analoges Prinzip, indem ihre wissenschaftliche Kompetenz und Aktualität nicht in den Lehrveranstaltungen, sondern in wissenschaftlichen Gemeinschaften thematisiert wird. Dort muss er seine Kenntnisse der wissenschaftlichen Modelle und Methoden sowie seine Originalität im Umgang mit diesen Instrumenten unter Beweis stellen. Die Studenten interessiert diese Eigenkomplexität der wissenschaftlichen Systeme von Dozenten relativ wenig. Dies belegen empirische Studien, nach denen Studenten nur in geringem Umfang die wissenschaftlichen Veröffentlichungen ihrer Professoren kennen. Ausgenommen von diesem Befund sind allerdings Basistexte, auf denen die Lehrveranstaltung aufbaut oder die Gegenstand von Prüfungen sind.

Für Organisationen bedeutet die Entwicklung von mehreren Systemebenen mit unterschiedlicher Komplexität ein Potenzial für Leistungssteigerung, da nicht nur eine Systemebene die Komplexität der Umwelt verarbeiten muss, sondern sich die Last der Komplexitätsverarbeitung auf unterschiedliche Emergenzebenen der Organisation verteilt.

> Emergenz ist demnach nicht einfach Akkumulation von Komplexität, sondern Unterbrechung und Neubeginn des Aufbaus von Komplexität. (Luhmann 1984: 44)

Der Vorteil des Prinzips der Eigenkomplexität von Systemeinheiten oder Subsystemen liegt darin, dass sie die Systemkomplexität nicht aufblähen und auf diese Weise dem System die Möglichkeit eröffnen, fremdreduzierte Komplexität zu übernehmen. Als Nachteil kann sich erweisen, dass die Eigenkomplexität der Subsysteme nur bedingt abrufbar ist (1984: 46). So kann der Dozent über die Köpfe der Studenten hinweg lehren, weil er keinen direkten Zugang zum Verständnisstand der Studenten besitzt. Entsprechend werden Studenten die fachliche Inkompetenz eines Dozenten möglicherweise erst erkennen, nachdem sie viel Energie und Zeit ohne Nutzen aufgewendet haben.

Vertrauen

Vertrauen und Vorurteil sind Begriffe, die sich im Rahmen der Wissenssoziologie als grundlegende Orientierungsweisen von Akteuren begründen lassen. Vorurteile sind wertende Typisierungen, die je nach Anonymitätsstufe gröber oder genauer die Wirklichkeit erfassen. Vorurteile sind somit notwendig, um die durch Weltoffenheit bedingte Orientierungslosigkeit des Menschen zu begrenzen. Negativ im sozialen Sinne werden Vorurteile, wenn ein Akteur gegen besseres Wissen an ihnen festhält, oder wenn sie staatlich oder durch bestimmte Institutionen organisiert werden.[113] Vertrauen ergibt sich aus der von Schütz begründeten Unmöglichkeit, den gemeinten Sinn anderer Akteure vollständig zu verstehen. Je mehr lebensweltliche Gemeinsamkeiten zwei Akteure verbinden, um so größer wird die Chance sein, dass beide die Absichten des jeweils anderen verstehen und sich aufeinander einstellen können. Um handlungsfähig in Interaktionen zu sein, müssen Akteure unter dieser Unsicherheitsannahme dem anderen bestimmte typisierte Absichten unterstellen. Diese Sinnannahmen können im Falle der Feindschaft grundsätzlich negativ oder im Falle der Kooperationsbereitschaft positiv besetzt sein.

Luhmann veröffentlicht 1968 einen Artikel zum Thema Vertrauen mit dem für phänomenologisch geschulte Leser ungewohnten Titel: "Vertrauen. Ein Mechanismus der Reduktion sozialer Komplexität". Die technisch klingenden Begriffe wie Mechanismus, Reduktion und Komplexität sind Fremdkörper in einer Soziologie der Lebenswelt des Alltags. Trotzdem unternimmt Luhmann den Versuch, in seinem Theorieansatz sowohl die Husserlsche Phänomenologie als auch die Parsonssche Systemtheorie zu integrieren (1973: 6).

Vertrauen wird in der Systemtheorie als Mechanismus zur Absicherung der durch Kontingenz entstehenden Unsicherheit verstanden. Diese Unsicherheit besteht sowohl im eigenen System wegen der grundsätzlichen Unüberschaubarkeit als auch gegenüber Teil- und Umweltsystemen. Zur Überbrückung dieses Risikos entwickeln soziale Systeme *Vertrauen*. Im Gegensatz zu Hoffnung bezieht sich Vertrauen auf ein zukünftiges Ereignis, bei dem sich der Handelnde der Möglichkeit bewusst ist, dass seine Erwartung enttäuscht werden kann. Trotzdem verlässt er sich auf die mit Vertrauen besetzte Alternative und geht das persönliche Risiko ein, bei Enttäuschung Schaden zu nehmen.

> Vertrauen bezieht sich also stets auf eine kritische Alternative, in der der Schaden beim Vertrauensbruch größer sein kann als der Vorteil, der aus dem Vertrauensbruch gezogen wird. Der Vertrauende macht sich mithin an der Möglichkeit übergroßen Schadens die Selektivität des Handelns anderer bewusst und stellt sich ihr. (Luhmann 1973: 24-5).

---

113 Benita und Thomas Luckmann beschreiben in ihrem Studienbrief für die Fernuniversität Hagen (1980) den historisch belegten Fall der Hexenverfolgung in Salem, USA, als Beispiel der Folgen von organisierten Vorurteilen. Zum Vorurteilsbegriff vgl. auch Estel 1983.

Erinnern wir uns an die Habermassche Unterscheidung von Sozial- und Systemintegration, so lässt sich Vertrauen nicht auf lebensweltlichen Konsens von bestimmten Personen beziehen, sondern ist als Systemvertrauen zu konzipieren (Luhmann 1997: 313).

Sinn als Grundkategorie

Kontingenz ist neben Komplexität und Selektion der dritte Kernbegriff des Bezugsrahmens der Luhmannschen Systemtheorie. Durch Selektion werden bestimmte Relationen zwischen Elementen aus einer größeren Klasse möglicher Beziehungen ausgewählt. Im Falle von Vertrauen ist sich der Handelnde bewusst, dass mit dem Selektionsschritt andere Alternativen ausgeschlossen werden, obwohl ein Risiko besteht, dass diese Möglichkeiten in der Zukunft eintreten können. Dieses "auch anders sein" von selektierten Möglichkeiten bezeichnet Luhmann als *Kontingenz* (1973: 31; 1984: 47).

Den zentralen Zusammenhang zwischen Komplexität und Kontingenz ist in Abbildung 64 veranschaulicht.

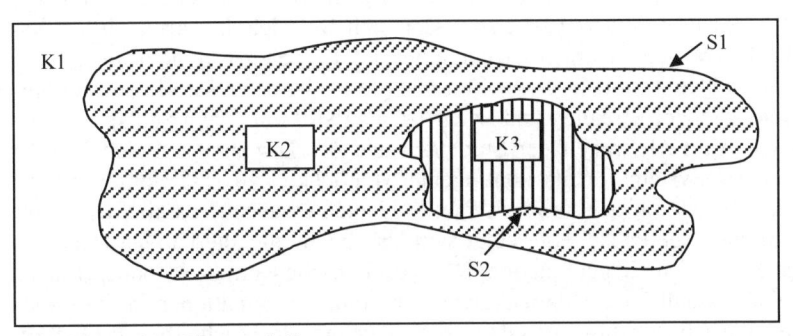

Abbildung 64: Sinnmodell

Es sei für ein Proseminar K1 die Menge aller möglichen Handlungen sowie deren Kombinationen und Verkettungen. In diesem konkreten Proseminar wird der Dozent einen Veranstaltungsplan vorlegen, wodurch die Menge der Themen und Autoren bereits eingeschränkt wird und eine bestimmte Bearbeitungsmethode, z.B. Referate von Studenten, festgelegt wird. Die sich daraus ergebende Komplexität ist eine Teilmenge von K1 und wird mit K2 bezeichnet. In jeder einzelnen Sitzung wird aus den Möglichkeiten der Menge K2 wiederum situativ eine Teilmenge K3 ausgewählt. So wird es Sitzungen geben, in denen überwiegend vorgetragen wird. In anderen Sitzungen ergibt sich dagegen eine lebhafte Diskussion anhand von Beispielen und Fragen. Die Grenze zwischen der Komplexität K3 und der Komplementärmenge der kontingenten (= nicht realisierten) Möglichkeiten wird durch *Sinn* markiert. In der Abbildung 64 ergeben sich folglich die Sinngrenze S1 zwischen K1 und K2 sowie S2 zwischen K2 und K3. Diese Definition entspricht der lebensweltlichen Bedeutung von Sinn, der festlegt, was in einer Situation als "angesagt" gilt. Bei Goffman haben wir dazu den Begriff *Rahmen* kennen gelernt, der die Situation absteckt (vgl. Kap. 3.1.4).

Entscheidend ist für das Sinnmodell die Annahme, dass Handelnde eine Selektion vornehmen, sich gleichzeitig aber der Kontingenz dieser Entscheidung bewusst sind und die nicht realisierten Möglichkeiten als Verweisungszusammenhänge speichern. Diese Form der Bewahrung von Komplexität bezeichnet Luhmann als *Sinn*.

> Sinn fungiert als Prämisse der Erlebnisverarbeitung in einer Weise, die die Auswahl von Bewußtseinszuständen ermöglicht, dabei das jeweils nicht Gewählte aber nicht vernichtet, sondern es in der Form von Welt erhält und zugänglich bleiben läßt. (Luhmann 1974: 34)

Diese Definition des Sinnbegriffs zeichnet sich wie Meads Identitätsbegriff dadurch aus, dass er dynamisch und nicht statisch angelegt ist. Durch Sinn wird zu jeder Selektion von Möglichkeiten eine Anschlussselektion nahe gelegt, die entweder auf die bereits realisierte Möglichkeit zurückgreift oder eine Alternative aus dem Verweisungshorizont aktualisiert.

In dem Beispiel des Proseminars wird in einer konkreten Sitzung durch den Vortrag eines Studenten zunächst eine Komplexität K3 durch die Sinnformel "Referat" festgelegt. Daraus ergibt sich z.B., dass die anderen Studenten aus Solidarität Fragen vermeiden, die den Referenten verunsichern könnten. Diese zunächst ausgeschlossenen (also kontingenten) Handlungsmöglichkeiten können wieder aktualisiert werden, wenn der Referent auf die Fragen des Dozenten souverän antwortet und die anderen Studenten nicht mehr befürchten, ihn durch ihre Fragen aus dem Konzept zu bringen. Damit verschiebt sich die Sinngrenze von "Referat" zu "lebhafter Diskussion". Während die Diskussion kritischer Fragen noch in den Sinnrahmen K2 des Proseminars passt, so lassen sich Beispiele konstruieren, die sowohl K2 als auch K1 sprengen. Nehmen wir an, einer der Teilnehmer an dem Proseminar hat ein persönliches Problem, mit dem er zur Zeit nicht fertig wird. Er wird immer unruhiger, sein Gesicht rötet sich vor Erregung und er wirft seinen Stift mit einem Seufzer auf den Tisch. Dies zieht die Aufmerksamkeit der Studenten und des Dozenten auf sich. Gehört dieses Verhalten in das System K1 als kontingente Möglichkeit zu K2? Sollten andere Teilnehmer oder der Dozent auf den verzweifelten Studenten eingehen? Ist eine Unterbrechung der Veranstaltung angebracht? Hier zeigt sich, dass nicht alle alternativen Handlungen im Bereich der Kontingenz liegen müssen. Der soziologische Kern des Sinnbegriffs als die Möglichkeit, nicht aktualisierte Möglichkeiten in bestimmten Situationen in die Handlungsdefinition einzubeziehen, wurde bereits von Schütz präzise beschrieben (vgl. Kap. 3.2.1).

Luhmann geht über diesen Sinnaspekt noch einen Schritt hinaus mit dem Konzept der *Selbstreferenz*. Damit ist gemeint, dass Sinn auf Sinn angewendet werden kann (1984: 95). Für eine konkrete Interaktion bedeutet dies, dass z.B. in einer *Metakommunikation* über die abgesteckten Systemgrenzen diskutiert wird, was eine Verschiebung der Sinngrenze zur Folge haben kann.

> Jede Sinnintention ist selbstreferenziell insofern, als sie eigene Wiederaktualisierbarkeit mitvorsieht, in ihrer Verweisungsstruktur also sich selbst als eine unter vielen Möglichkeiten weiteren Erlebens und Handelns wieder aufnimmt. (Luhmann 1984: 95)

In dem Beispiel des Proseminars könnten Studenten und Dozenten nach der ersten Hälfte der Sitzungen eine Feedbacksitzung über die Lehrveranstaltung führen und darüber diskutieren, ob die festgelegten Sinngrenzen und damit die ausgewählten Inhalte und die eingeschlagene Veranstaltungsorganisation sich bewährt haben. Alternativ könnte man sich die Veranstaltung in Form von Gruppenarbeit der Studenten vorstellen, die bestimmte Themen außerhalb der Universität erforschen und diese Beobachtungen denn gemeinsam diskutieren. In diesem Fall wird das Prinzip der Sinnverschiebung auf die Sinngrenze des Proseminars angewendet. Der Begriff der *Selbstreferenz* bedeutet in diesem Zusammenhang die Hinwendung auf das eigene System.

Ein zweiter Mechanismus zur Steigerung der Komplexitätsverarbeitung ist die *Verteilung der Komplexitätsbewältigung über die Zeit*. So wird die Diskussion über Form und Inhalt der Lehrveranstaltung in die Mitte der Veranstaltungen oder am Ende der Veranstaltung zeitlich von den anderen Lehrveranstaltungen abgesetzt. Luhmann nennt dieses Phänomen "Temporalisierung von Komplexität" (1984: 79) und versteht darunter, dass ein System "verschiedene Muster nacheinander realisieren" kann (2002a: 176). Metakommunikation und zeitliche Abfolge sind somit soziale Mechanismen, die es ermöglichen, eine Erhöhung der Komplexitätsverarbeitung zu gewährleisten.

Symbolisierung und Generalisierung

Sinn grenzt die Komplexität des Systems - und damit die im System zugelassenen Relationen - aus der Umweltkomplexität aus. Daher bildet die Sinngrenze zugleich die Systemgrenze (1974: 73), und die Differenz zwischen Umwelt und System wird ausschließlich durch Sinngrenzen vermittelt (1984: 265). Die Sinnselektion muss nicht im System selbst erfolgen, sondern kann von anderen Systemen übernommen werden. Eine solche Übernahme nennt Luhmann *Erleben* im Gegensatz zur Eigenselektion im System, für die er den Begriff *Handeln* verwendet (1974: 77). Durch erlebten Sinn wird die Komplexität des Systems erheblich gesteigert, da das System die Selektion nicht selbst durchführen muss. So kann die Arbeitsgruppe in einer Lehrveranstaltung ihre Lösungen zu einem bestimmten Problem referieren und den anderen Teilnehmern die Gelegenheit geben, diese Sinnselektion in ihre Gedankenwelt zu übernehmen.

Erlebter Sinn wird zwar nicht im eigenen System produziert, aber in die Komplexität des eigenen Systems eingebunden. Damit ist erlebter Sinn von der Eigenkomplexität der Systemeinheiten und Subsysteme zu unterscheiden, die - wie oben dargestellt - in der Regel nicht thematisiert wird. Erlebter Sinn unterscheidet sich von Eigenselektion und damit Handeln dadurch, dass Sinnveränderungen durch Abruf von kontingenten Möglichkeiten dem Umweltsystem zugerechnet und auferlegt werden. Bestehen in dem Beispiel der Arbeitsgruppe Zweifel an der Richtigkeit der Lösung, werden deren Mitglieder aufgefordert, den Lösungsweg selbst zu überprüfen. Erst wenn dieser Weg nicht zum Erfolg führt, wird eine andere Gruppe oder der Dozent vom Erleben zum Handeln übergehen und die Lösung der Aufgabe innerhalb der Lehrveranstaltung erarbeiten.

Bislang wurden in diesem Abschnitt zwei Verfahren dargestellt, wie die Komplexitätsverarbeitung von Systemen gesteigert werden kann. Erstens baut ein System auf Einheiten auf, die bereits Eigenkomplexität besitzen oder wiederum aus Einheiten mit Eigenkomplexität bestehen. Das System bewegt sich auf einer bestimmten Emergenzstufe und thematisiert die Komplexität der niedrigen Emergenzebenen in der Regel nicht, so dass diese im normalen Systemablauf nicht verfügbar ist. Mit der Übernahme von in der Umwelt bereits durchgeführten Sinnselektionen wird zweitens die Komplexitätsverarbeitung des Systems gesteigert. In diesem Fall ist der erlebte Sinn zwar verfügbar, aber im System nur begrenzt veränderbar oder in Einzelheiten reproduzierbar.

Eine dritte Möglichkeit der Komplexitätssteigerung besteht in der Verallgemeinerung der Systemerfahrung, die Luhmann *Generalisierung* nennt. Mit Vertrauen haben wir bereits einen Mechanismus zur Generalisierung von Erfahrungen kennen gelernt (1973: 27). Ein Vorgesetzter in einer IT-Abteilung wird einem neuen Mitarbeiter zunächst einen begrenzten Vertrauensvorschuss einräumen, indem er ihn z.B. ein kleines Computerprogramm mit einer einfachen Programmiersprache entwickeln lässt. Löst der Mitarbeiter diese Aufgabe qualitativ zufrieden stellend, so wird der Vorgesetzte das Vertrauen in die Typisierung "Programmierer" umwandeln. Die nächste Aufgabe könnte darin bestehen, ein Programm mit einer bestimmten Terminvorgabe zu erstellen. In diesem Fall muss der Vorgesetzte mehr Vertrauen investieren, weil eine verspätete Ablieferung des Programms an den Anwender Beschwerden und Prestigeverlust der IT-Abteilung zur Folge haben könnte. Löst der Mitarbeiter auch diese Aufgabe, wird sein Leistungspotential generalisiert und mit dem Begriff "zuverlässiger Programmierer" typisiert. Ist der Programmierer schließlich in der Lage, die Anforderungen in den Geschäftsbereichen selbständig zu strukturieren, programmtechnisch umzusetzen und in die Organisation des Anwenders zu integrieren, dann erfolgt eine weitere Generalisierung als "fertiger Programmierer". Ist der nunmehr anerkannte Mitarbeiter zusätzlich in der Lage, unter Stress- und Frustrationsbedingungen seine Aufgaben zuverlässig und termintreu zu bewältigen, so wird er schließlich mit dem Prädikat "Leistungsträger" geschmückt.

Generalisierung führt dazu, dass Sinn auch bei Enttäuschung identisch gehalten wird (1975: 31). Der Vorgesetzte wird Beschwerden über die Leistungsträger relativieren und nicht jedem vermeintlichen Fehler nachgehen. Wie bei den anderen Komplexitätsbestimmungen können auch bei der Generalisierung die kontingenten Möglichkeiten, die durch die Sinnselektion ausgeschlossen und in die Verweisungsstruktur verbannt werden, unter bestimmten Bedingungen wieder aktualisiert werden. Unterlaufen einem Leistungsträger in einem bestimmten Zeitraum mehrere gravierende Fehler, so führt dies in der Regel zur Überprüfung seines Status. Die Begriffe fertiger Programmierer oder Leistungsträger fassen eine Vielzahl von Sinnaspekten unter einem Symbol zusammen, so dass es sich nach Luhmann um *symbolische Generalisierungen* handelt.

> Der Begriff Symbol/symbolisch soll dabei das Medium der Einheitsbildung bezeichnen, der Begriff Generalisierung ihre Funktion der operativen Behandlung einer Vielheit. Ganz grob skizziert handelt es sich darum, daß eine Mehrheit einer Einheit zugeordnet und durch sie symbolisiert wird. (Luhmann 1984: 135)

Die symbolischen Generalisierungen werden von den Systemmitgliedern zur Selbstbeschreibung von Systemvorgängen und damit zur Erleichterung der Kommunikation verwendet. So fasst der Ausdruck fertiger Programmierer die aus der Erfahrung gewonnenen Anforderungen an einen Organisationsprogrammierer in einem bestimmten Unternehmen zusammen und ermöglicht den Systemmitgliedern, auf dieser Erfahrung aufzusetzen. Zwischen den symbolischen Generalisierungen und dem operativ ablaufenden Handeln, das durch Symbole zusammengefasst wird, besteht ein gewisses Spannungsverhältnis. Während sich ein Organisationsprogrammierer noch vor wenigen Jahren auf die Eigenprogrammierung mit Hilfe von Computersprachen konzentrieren konnte, besteht heute seine Aufgabe im wesentlichen darin, Standardprogramme an eine vorhandene Organisationsstruktur anzupassen oder die Organisationsabläufe auf ein auf dem Markt verfügbares Standardprogramm abzustimmen. Dadurch verändert sich das Anforderungsprofil eines Programmierers erheblich, indem er sich einerseits laufend über die auf dem Markt angebotenen Standardpakete informieren muss und sich andererseits mit der Struktur der Auftragsabwicklung in den produzierenden Bereichen seines Unternehmens vertraut machen muss.

Das veränderte Anforderungsprofil an den Programmierer kann zu einer neuen Symbolisierung führen, indem er "Organisationsberater" wird. Der Ausdruck Organisationsberater übernimmt eine Doppelfunktion. Einerseits wird das neue Anforderungsprofil, das aus operativen Prozessen im Unternehmen gewachsen ist, symbolisiert und damit auf den Punkt gebracht. Andererseits verwenden die Abteilungsverantwortlichen diesen Begriff, um die Programmierer zu beeinflussen, Organisationsberater zu werden. Zu diesem Zweck können Einzelgespräche mit den Mitarbeitern, Strategieseminare oder Schulungen in externen Instituten zum Aufbau eines neuen Selbstverständnisses dienen. Das beschriebene Spannungsverhältnis zwischen operativer und symbolischer Ebene fungiert als Katalysator für Prozesse, die eine Anpassung des Systems an veränderte Umweltbedingungen ermöglichen (1984: 135).

Wie im Fall der Eigenkomplexität von Einheiten, so wird auch durch Generalisierung Komplexität in das System eingebracht, auf die das System keinen direkten Zugriff hat und daher für das System rekonstruierte Unbestimmtheit darstellt. Im Gegensatz zu Unbekanntheit, Diffusität oder Vagheit sind allerdings Anschlussoperationen bekannt, wodurch die gebündelte Komplexität innerhalb des Systems respezifiziert werden kann (1984: 447). Die Eigenkomplexität kann ebenso wie erlebter Sinn unter bestimmten Bedingungen im System thematisiert werden, und symbolische Generalisierungen können als Selbstbeschreibungen ausgetauscht oder mit neuem Inhalt gefüllt werden.

Neben den elementaren Formen der Sinnselektion auf der Handlungsebene, die in Abbildung 65 schematisch zusammengefasst sind, bilden sich in sozialen und psychischen Systemen spezielle Mechanismen zur Komplexitätsreduktion aus, die nachfolgend dargestellt werden.

Reduktionsmodus	Verfügbarkeit	Beispiele
Einbau von Eigenkomplexität der Systemeinheiten oder Subsysteme	Keine Verfügbarkeit der Komplexität im System aufgrund Autonomie der Einheiten	Persönlicher Wissensstand von Studenten Kompetenzbereich von Mitarbeitern
Übernahme von erlebtem Sinn	Verfügbarkeit des Resultats der Reduktion, aber nicht des Reduktionsvorganges (wird vom Fremdsystem verwaltet)	Ergebnisse von Arbeitsgruppen in Lehrveranstaltungen Arbeitsergebnisse von Mitarbeitern
Symbolisierte Generalisierung von Erfahrung	Auflösung der symbolisierten Generalisierung ist nur durch wenige Eingeweihte möglich	Hierarchie der Programmierer

Abbildung 65: Elementare Formen der Komplexitätsreduktion

Generalisierte Erwartungen

Die Anschlussfähigkeit des Systems im Verlauf seiner Reproduktion an die verkapselte Komplexität wird durch die Leistung von Sinn gewährleistet, mögliche Relationen einerseits als Komplexität fortzuschreiben und andererseits die anderen Möglichkeiten als kontingente Formen des Erlebens und Handelns in Verweisungszusammenhängen zu konservieren. Interaktionsbeziehungen in sozialen Systemen zeichnen sich gemäß der Parsonsschen Handlungstheorie durch doppelte Kontingenz aus. In der Systemtheorie Luhmanns bedeutet dieser Begriff, dass in einer sozialen Interaktion bestimmte Kommunikationsakte realisiert und andere Möglichkeiten in den Verweisungszusammenhang der Kontingenz verbannt werden. Die kontingenten Möglichkeiten können in einer späteren Interaktion nach erfolgter Sinnverschiebung im System wieder verwendet werden.

In sozialen Systemen müssen daher erstens besondere Vorkehrungen getroffen werden, um eine verbindliche Komplexitätsreduktion zu sichern. Außerdem sind Mechanismen notwendig, die die Respezifikation kontingenten Handelns und Erlebens für die Interaktionspartner nachvollziehbar und akzeptabel abwickeln. Die Reduktion von Komplexität in sozialen Systemen erfolgt durch *Erwartungen* (1984: 397), indem bestimmte Verhaltensweisen aus einer Klasse von möglichen ausgegrenzt werden. Um unter der Bedingung der doppelten Kontingenz eine Handlungssicherheit in sozialen Systemen zu garantieren, kann sich die Erwartung von Akteur A auf die Erwartungen des Interaktionspartners B an A beziehen (1974: 63; 1984: 417). So geht ein Dozent mit der Vorstellung in die Lehrveranstaltung, dass die Studenten von ihm bestimmte Verhaltensweisen erwarten. Er wird z.B. denken, dass Studenten permanente Anwesenheitskontrollen und Prüfungen als eine ungerechtfertigte Einschränkung der Studienfreiheit ansehen.

Häufig vertreten Dozenten die Meinung, dass Studenten von ihnen keinen direkten Berufsbezug erwarten sollten. Hier ist es unter den veränderten Arbeitsmarktbedingungen wahrscheinlich, dass sich empirische Abweichungen zwischen der *Erwartungserwartung* der Dozenten und der tatsächlichen Erwartung von Studenten nachweisen lassen.[114] Falls das Handeln und Erleben in sozialen Systemen allein auf die Abstimmung von Erwartungserwartungen angewiesen wäre, würde das System erstarren und die verarbeitete Komplexität wäre so gering, dass das System in einer sich verändernden Umwelt nicht bestehen könnte. Daher bietet sich das Mittel abgestimmter Erwartungserwartungen nur für die zentralen Ziele und grundlegenden Umgangsformen an. Falls Dozenten davon ausgehen, dass die Studienanfänger ihre Erwartungen an den Lehrstoff präzise artikulieren sollen, also sich z.B. auf das normative oder interpretative Paradigma festzulegen, würde dies zur Überforderung führen und die Komplexität des Lehrsystems unnötig reduzieren.

Erwartungen in sozialen Systemen schreiben Verhaltensweisen nicht im Detail vor, sondern stecken eine gewisse Bandbreite ab. Den Extremfall exakter Verhaltensvorschriften findet man beim Militär, wo Körperhaltungen wie "Grundstellung" oder "Grüßen" bis ins Detail eingeübt werden. Bei Rollen wird dagegen ein Verhaltenstyp erwartet, der ein gewisses Rollenspiel zulässt. Rollenerwartungen können auch symbolisch generalisiert sein, wie die Beispiele "fertiger Programmierer", "Leistungsträger" oder "Organisationsberater" zeigen. In diesem Fall handelt es sich um eine *Generalisierung von Erwartungen* auf

---

114 In der Düsseldorfer Hochschulstudie von 1980 ergab sich nur eine geringe Abweichung der Mittelwerte auf der 5-stufigen Skala von 0.2 zwischen Studenten und Dozenten im Hinblick auf die Erwartung, dass die Hochschulausbildung berufsspezifisches Wissen vermitteln soll. Vgl. Miebach 1986a: 217, 230.

Typisches oder Normatives, die einerseits die oben beschriebene Komplexitätsreduktion im System leisten und andererseits weniger enttäuschungsanfällig sind als konkrete Erwartungen (1984: 140): Im Universitätssystem ist die Erwartung des selbständigen Arbeitens an die Studenten generalisiert, indem z.B. das Symbol "Studienfreiheit" eine Vielzahl von Gestaltungsmöglichkeiten - einschließlich der individuellen Textmarkierung - zusammenfasst. In Unternehmen sind die Erwartungen an leitende Positionen und an Spezialisten besonders hoch generalisiert, indem deren Leistungen primär am Erfolg gemessen werden.

Die Sicherheit der Erwartungserfüllung ist um so größer, je unbestimmter die Erwartung formuliert wird. Luhmann nennt diese Generalisierungsstrategie *Ambiguisierung*.

> Die logischen, gedanklichen, sprachlichen Detaillierungsmöglichkeiten werden daher nie ausgeschöpft. Man präzisiert Erwartungen nur so weit, wie dies zur Sicherung von Anschlußverhalten unerläßlich ist. (Luhmann 1984: 418)

Die Technik der Ambiguisierung steigert die Leistungsfähigkeit von Ketten des Handelns und Erlebens in sozialen Systemen. Wie jede Generalisierung ist sie allerdings anfällig gegen Missbrauch, wenn der Anschlusshandelnde die Ambiguisierung ignoriert und auf der Erfüllung konkreter Erwartungen besteht. Wenn ein Vorgesetzter unklar strukturierte Aufgaben verteilt und bei Ablieferung der Lösung ganz bestimmte Details erwartet, wird er seine Mitarbeiter verunsichern. Er kann diese Methode der ungerechtfertigten Konkretisierung von Erwartungen auch als Machtmittel einsetzen. Bei jeder Handlungsselektion des Mitarbeiters in Form eines Lösungsvorschlags kann der Vorgesetzte eine Vermeidungsalternative entgegensetzen, indem er darauf besteht, dass ein ganz bestimmtes Detail geändert wird. Dieses Spiel wird allerdings nur so lange störungsfrei ablaufen, bis sich der Mitarbeiter gegen das Verhalten des Vorgesetzten wehrt. Falls der Mitarbeiter das Spiel durchschaut und nicht akzeptiert, wird er versuchen, durch genaues Nachfragen die Ambiguisierung zu reduzieren. Geht der Vorgesetzte darauf nicht ein und lehnt die Konkretisierung z.B. mit dem Hinweis ab, dann könne er die Aufgabe schließlich selbst erledigen, wird eine Pathologie in die Interaktionsbeziehung eingebaut. Dieses Machtspiel lässt sich im allgemeinen nur unterbrechen durch den Eingriff Dritter, durch freiwillige Verhaltensänderung des Vorgesetzten oder durch die Entscheidung des Mitarbeiters, das Risiko eines Konflikts mit seinen Vorgesetzten einzugehen.

Die Parsonsschen Strukturkategorien von Sozialsystemen - Wert, Norm, Kollektiv und Rolle - differenziert und erweitert Luhmann, indem er den Normbegriff ausgliedert und der *zeitlichen* Dimension des zukünftigen Handelns zurechnet, während er Person, Rolle, Programm und Wert als "Gesichtspunkte der sachlichen Identifikation von Erwartungszusammenhängen" (1984: 429) einordnet. Die Strukturkategorien Person, Rolle, Programm und Wert bilden Objekte, auf die sich unterschiedlich komplexe Erwartungen richten. Diese Erwartungen können - unabhängig vom Adressaten und vom Komplexitätsgrad - in unterschiedlichem Maße normativ verbindlich sein. Eine *Person* ist eine Einheit, die mit Hilfe ihres psychischen Systems und ihres Körpers Erwartungen an sich zieht und bindet (1984: 429). *Rollen* lassen sich von Personen dadurch unterscheiden, dass sie "abstraktere Gesichtspunkte der Identifikation von Erwartungszusammenhängen" (1984: 430) bilden. Auf der einen Seite legen Rollen einen kleineren Verhaltensausschnitt des Individuums fest als

Personen, und andererseits sind Rollen bereits soweit generalisiert, dass sie von konkreten Individuen ablösbar sind.[115]

Der Unterschied zwischen Individuum, Person und Rolle lässt sich an dem Beispiel der Vertretung einer Berufsrolle aufgrund von Krankheit oder Urlaub verdeutlichen. Das Individuum tritt in seiner beruflichen Stellung als Person auf, wobei eine Reihe von Aspekten seiner Individualität nicht eingebracht werden können, die z.B. im Privatleben zur Geltung kommen. Trotzdem gehören zur Person aber nicht nur die Rechte und Pflichten der Stelle, die in Stellenbeschreibungen oder durch Erwartungen von Kollegen und Vorgesetzten festgelegt sind, sondern die gesamte Gestaltung der Rolle im Rollenspiel. Fällt der Rolleninhaber für eine bestimmte Zeit wegen Urlaub oder Krankheit aus, so wird eine Vertretung organisiert. Da diese Vertretungsperson normalerweise ein eigenes Aufgabengebiet zu gestalten hat, wird sie sich auf die in der Rolle festgelegten Aufgaben beschränken. Die Interaktionspartner wägen bei ihren Anforderungen an die Vertretungsperson ab, ob ihre Erwartungen so weit durch formale Abläufe und Regeln abgedeckt sind, dass sie von der Vertretungsperson erledigt werden können. Andererseits werden sie versuchen, solche Aufgaben zurückzustellen, deren Erfüllung von den speziellen Kenntnissen, der Gestaltungsfähigkeit und dem Beziehungsgeflecht der Person des Stelleninhabers abhängen. Auch der umgekehrte Effekt ist denkbar, indem eine Vertretung demonstriert, welche Gestaltungsmöglichkeiten durch die Person des Stelleninhabers nicht genutzt werden.

Komplexe Aufgaben lassen sich in Wissenschaft und Industrie nicht von einzelnen Personen oder Rollen bewältigen, so dass Formen der Zusammenarbeit erforderlich werden. Um die Aktivitäten auf ein gemeinsames Ziel zu richten, geschieht nach Luhmann eine Bündelung von Erwartungen durch *Programme*.

> Ein Programm ist ein Komplex von Bedingungen der Richtigkeit (und das heißt: der sozialen Abnehmbarkeit) des Verhaltens. (Luhmann 1984: 432)

Programme lassen sich in Organisationen in Anweisungen, Richtlinien oder Organisationshandbücher fixieren. So legt z.B. eine Investitionsrichtlinie fest, in welcher Reihenfolge die Arbeits- und Entscheidungsschritte auszuführen sind. In Handbüchern werden z.B. die Arbeitsschritte der Auftragsabwicklung im Wirtschaftsunternehmen festgelegt. Auch IT-Programme erzwingen, bestimmte Arbeitsschritte in vorgegebener Reihenfolge durchzuführen.

Luhmann (1984: 278) unterscheidet Zweckprogramme von Konditionalprogrammen. *Zweckprogramme* legen die Schritte im Hinblick auf ein bestimmtes Ziel fest, z.B. die Abwicklung eines Auftrages in der Wirtschaft mit dem Ziel, dass der Kunde die erbrachte Leistung akzeptiert und die vereinbarte Zahlung erfolgt. Ein *Konditionalprogramm* definiert Bedingungen für zukünftige Ereignisse. So werden z.B. in einer Investitionsrichtlinie die Bedingungen für die Genehmigung eines Investitionsvorhabens festgelegt.

Verzichtet man bei Erwartungen auf die "Richtigkeitsfeststellungen" und konzentriert sich auf "allgemeine, einzeln symbolisierte Gesichtspunkte des Vorziehens von Zuständen oder Ereignissen", so handelt es sich nach Luhmann um *Werte* (1984: 433). Die Entwicklung oder die Neugestaltung eines Produkts sind Beispiele für Programme in Wirtschafts-

---

115 Die Unterscheidung wird in Kap. 4.2.6 im Zusammenhang mit der Wechselbeziehung zwischen Individuum und Gesellschaft genauer dargestellt.

unternehmen. Für die Richtigkeit der Konzeption und Realisierung bildet die Marktakzeptanz das Testkriterium.

Die Notwendigkeit der Existenz von Werten wird von Peters und Waterman in ihrer Analyse erfolgreicher Unternehmen betont. Als Beispiel zitieren sie den Wert "Achtung vor dem einzelnen" (1984: 276), dessen Bedeutung für die Unternehmensdynamik an markanten Erfolgsgeschichten amerikanischer Großunternehmen aufgezeigt wird (1984: 276-319). Zum Umsetzen dieses Wertes in die Unternehmenspraxis können unterschiedliche Programme aufgesetzt werden, wie z.B. individuelle Förderprogramme, die Politik der offenen Tür auf Managerebene, Autonomie und Unternehmertum auf operativer Ebene oder Anreizprogramme für gute Leistungen. Diese Programme ersetzen allerdings nicht die Verankerung des Wertes in der Unternehmenskultur, worunter sie eine "knochentiefe" Verwurzelung von Werten in den Anschauungen und Verhaltensweisen der Personen verstehen. Anderenfalls ergeben sich die von Peters und Waterman anschaulich dargestellten Desaster der "Lippenbekenntnisse" und "Modemaschen" (1984: 277). Parsons wurde von Habermas Kulturdeterminismus vorgeworfen, weil er konkrete Handlungen kausal auf Werte und Normen zurückführe. Eine solche feste Verbindung von Handlungen und Werten lehnt Luhmann grundsätzlich ab: "Es kann keine Rede davon sein, dass Werte in der Lage wären, Handlungen zu delegieren" (1997: 341). Stattdessen haben Werte die Funktion, der Reflexion des Handelns Orientierungshilfen zu liefern.

> Ihre Funktion liegt allein darin, in kommunikativen Situationen eine Orientierung des Handelns zu gewährleisten, die von niemanden in Frage gestellt wird. Werte sind also nichts anderes als eine hochmobile Gesichtspunktmenge. (Luhmann 1997: 341-2)

Strukturen halten auf der einen Seite die durch sie gebundene Komplexität für einen gewissen Zeitraum konstant. Auf der anderen Seite basieren nach Luhmann Systemänderungen auf Strukturänderungen (1984: 472). Durch Strukturen kann sich ein System gegenüber der Umwelt abgrenzen und sich intern organisieren. Neben der Selbstorganisation geben Strukturen Anlass zu Selbstbeobachtung und dienen zur Selbstbeschreibung. So ergeben sich die Begriffe "fertiger Programmierer" oder "Organisationsberater" aus der Beobachtung der Abteilungsleistungen im Hinblick auf die Anforderungen der Unternehmensumwelt. Die genannten Symbolisierungen fassen gleichzeitig das Anforderungsprofil bestimmter Mitarbeiter zusammen und haben daher den Status von Selbstbeschreibungen. Diese Symbole und die mit ihnen verbundenen Konzepte und Vorstellungen beeinflussen das weitere Handeln der Systemmitglieder, indem sie als Orientierungsrahmen für die schrittweise Anpassung der Systemvorgänge dienen. Während der laufenden Tagesarbeit bildet das System allmählich neue Strukturen aus und passt sich auf diese Weise von ihm selbst entwickelten Vorstellungen über eine adäquate Funktionserfüllung innerhalb des Unternehmens an. Luhmann nennt diesen Prozess der Auflösung und Neubildung von Systemstrukturen *Selbstreproduktion* (1984: 386) und stellt ihn in das Zentrum der Theorie selbstreferentieller Systeme.

Symbolische Kommunikationsmedien

Soziale Strukturen ermöglichen den Handelnden Sicherheit im Anschlusshandeln an das Handeln der Interaktionspartner und geben ihm die Chance, sein Handeln so einzurichten, dass sich andere daran ankoppeln können. Falls die Erwartungen generalisiert sind, ist die

Verkettung von Handlungen leistungsfähiger und risikoreicher, da die Bedingungen für das Anschlusshandeln nicht im Detail festgelegt werden müssen. In diesem Fall kann es notwendig sein, dass sich ein Interaktionspartner an die Selektion des anderen ankoppelt, ohne die Komplexität dieser Selektion einschätzen zu können und ohne genau zu wissen, zu welcher Komplexitätsfestlegung ihn sein Handeln innerhalb seines psychischen Systems führen wird. Parsons schlägt als Lösung für die Hochschullehre das generalisierte Austauschmedium Einfluss vor. Durch dieses Medium werden die Studenten veranlasst, die Selektion des Lehrstoffes durch den Dozenten zu übernehmen und eigenes Handeln daran anzukoppeln, ohne das Resultat genau zu kennen. Luhmann verwendet den Begriff der *symbolisch generalisierten Kommunikationsmedien* für diese Zusatzeinrichtung zur Sprache. Es handelt sich dabei um "symbolisch generalisierte Selektionscodes, deren Funktion es ist, die intersubjektive Übertragbarkeit von Selektionsleistungen über mehr oder weniger lange Ketten hinweg zu sichern" (1973: 51). Luhmann unterscheidet in einem ersten Entwurf der Medientheorie Macht, Geld, Liebe und Wahrheit als Kommunikationsmedien und untersucht das Medium Macht genauer (1975). Nachfolgend werden die Merkmale der symbolisch generalisierten Kommunikationsmedien an dem Beispiel der Macht erläutert. Anschließend werden die Merkmale dann auf die anderen Medien Geld, Liebe und Wahrheit übertragen.

Der wesentliche Unterschied der von Luhmann skizzierten Medientheorie zu den generalisierten Austauschmedien Parsons' liegt in der Definition des Mediencodes, der bei Luhmann aus zwei Entscheidungsmöglichkeiten besteht. Die *Erstcodierung* von Macht als Kommunikationsmedium ermöglicht einem Machtinhaber, dem Machtunterworfenen eine bestimmte Handlungsselektion nahe zu legen. Falls der Machtunterworfene diese Handlung nicht auszuführen bereit ist, verfügt der Machthaber über Sanktionsmöglichkeiten gegenüber dem Machtunterworfenen, die diesem unangenehm sind und die er daher vermeiden möchte (2000: 201). Macht setzt voraus, "dass *beide* Partner Alternativen sehen, deren Realisierung sie *vermeiden* möchten" (1975: 22). Entscheidend für die Asymmetrie der Macht ist, dass der Machtunterworfene seine Alternative zu der vom Machtinhaber vorgeschlagenen Handlung eher vermeiden möchte als der Machtinhaber 1975: 22). Damit ist der Machtinhaber in der Lage, zu jedem Handeln des anderen, das in seinem Machtbereich liegt, eine für den anderen ungünstigere Vermeidungsalternative zur Geltung zu bringen (1975: 23). Ein Dozent kann z.B. auf eine ihm nicht angenehme Meinungsäußerung von Studenten in der Lehrveranstaltung reagieren, indem er sie als inkompetent disqualifiziert. In Prüfungen oder Klausuren besteht die Vermeidungsalternative z.B. in einer schlechten Note. Abstrakt formuliert besteht somit der Code aus einer Duplikationsregel.

> Unter Code wollen wir eine Struktur verstehen, die in der Lage ist, für jedes beliebige Item in ihrem Relevanzbereich ein komplementäres anderes zu suchen und zuzuordnen. (Luhmann 1975: 33)

Die Wirkung von Kommunikationsmedien als Motivationsmittel zur Übertragung von Selektionsleistungen wird durch eine auf dem Hauptcode aufsetzende *Zweitcodierung* verstärkt, die für Macht aus der Unterscheidung von Recht und Unrecht besteht (1975: 34). So besitzt der Dozent aufgrund seines Status das Recht, Noten zu vergeben und die sachliche Richtigkeit von studentischen Beiträgen zu bewerten. Ihm steht allerdings nicht zu, Studenten persönlich anzugreifen oder bloßzustellen. Auch wenn ihm diese Möglichkeit faktisch zur Verfügung steht, würde ihr Einsatz auf Dauer Widerstand hervorrufen, weil diese Art des Machteinsatzes nicht durch die institutionalisierten Normen gerechtfertigt wäre.

Mit dem Begriff der *symbiotischen Mechanismen* (1975: 61) bindet Luhmann die Kommunikationsmedien an die organisch-körperliche Basis des Handelns (1984: 337), die bei Parsons im Verhaltensorganismus lokalisiert ist. Der symbiotische Mechanismus für Macht ist nach Luhmann physische Gewalt, die für den Machtunterworfenen nicht ignorierbar ist (1975: 62). In modernen Gesellschaften verfügen die meisten Machtinhaber nicht direkt über den Einsatz physischer Gewalt. Stattdessen ist sie staatlich monopolisiert und kann im Falle von Rechtsverletzungen durch das Rechtssystem abgerufen werden. Der Rückgriff auf physische Gewalt signalisiert allerdings, dass Macht nur eingeschränkt funktioniert. So gesteht ein Dozent, der unter Polizeieinsatz Störenfriede aus seiner Lehrveranstaltung ausschließt, seine fehlende Macht ein; denn er verfügt nicht über wirkungsvolle Vermeidungsalternativen in seiner direkten Interaktion mit den Studenten.

Neben-Codes (1975: 86) bilden Ersatzmedien, die die Funktion des Hauptmediums stützen können, aber keinen körperlichen Zwangscharakter besitzen. Als Neben-Code zu Macht betrachtet Luhmann informale Macht. Weder ein Vorgesetzter noch ein Dozent können sich ausschließlich auf ihre formalen Rechte berufen, um sich durchzusetzen. Sie werden auf Dauer versuchen, informelle Koalitionspartner zu gewinnen, die sie mit Hintergrundinformationen versorgen und gegenüber Angriffen verteidigen, die hinter dem Rücken des Machtinhabers stattfinden.

In der Abbildung 66 dargestellten Kreuzklassifikation ist die sich aus der Kombination von Erleben und Handeln der Interaktionspartner Ego und Alter ergebende Einteilung der Medien dargestellt (Luhmann 1997: 336).[116]

Alter \ Ego	Erleben (Information)	Handeln (Mitteilung)
Erleben	Ae → Ee Wahrheit	Ae → Eh Liebe
Handeln	Ah → Ee Geld	Ah → Eh Macht

Abbildung 66: Symbolisch generalisierte Kommunikationsmedien

Die Begriffe Handeln und Erleben zur Unterscheidung der Kommunikationsmedien Macht, Geld, Liebe und Wahrheit wurden bereits im Abschnitt "Symbolisierung und Generalisierung" dargestellt. Erleben bedeutet die Übernahme von Komplexität aus der Umwelt, während bei Handlung die Selektion der Komplexität im System stattfindet (Luhmann 1997: 335).

Macht ist charakterisiert durch die Kombination von Alters Handeln und Egos Handeln. Der Machteinsatz Alters, z.B. die Anweisung eines Vorgesetzten, ist eine konkrete Handlungsselektion. Die darauf folgende Aktivität des Machtunterworfenen, selektiert ebenfalls eine Handlung, z.B. die Ausführung der Anweisung. Bei Geld handelt Alter, in-

---

116 In Abbildung 4 sind die ursprünglich von Luhmann definierten Medien dargestellt. In der Spätphase seines Werkes ergänzt Luhmann Wahrheit um Werte, Geld um Kunst und Macht um Recht (1997: 336).

dem er eine Summe Geldes anbietet, für die er von Ego eine Leistung oder ein Produkt bekommt, das eine komplexe Einheit bildet, die für Ego in der Umwelt hergestellt wurde.

Das Kommunikationsmedium Liebe bedeutet, dass Alter bei Ego Zustimmung und Unterstützung für die eigene Weltsicht sowie für seine Wünsche, Bedürfnisse und Eigenheiten findet. Ego akzeptiert Alter und stellt sein Handeln auf Alters Erleben ein. "Die Liebe fordert darüber hinaus, daß mindestens ein anderer (eben Ego) sich durch eigenes Handeln sichtbar entsprechend bindet" (Luhmann 1997: 345). Bei Wahrheit liegt die Verknüpfung anders, indem Ego sich auf die Fremdselektion anderer Forscher verlässt und auf den Erkenntnissen weiter aufbaut, ohne sie neu zu verifizieren.

In Tabelle 10 werden die vier Kommunikationsmedien mit ihren Medienmerkmalen komplett dargestellt. Die drei Medien Geld, Liebe und Wahrheit charakterisiert Luhmann ebenso wie Macht mit Hilfe von Erst- und Zweitcodierung, Nebencode und symbiotischen Mechanismen. Die Erstcodierung ergibt sich direkt aus der Definition der Medien.

Mit *Geld* erfolgt der Zugriff auf Güter im Sinne von Haben/Nichthaben. Das bedeutet, dass "beim Zugriff Alters auf knappe Güter andere Interessenten die Reduktion akzeptieren - und stillhalten" (1991b: 179). Die Zweitcodierung von Geld erfolgt durch das Eigentumsrecht, womit Haben/Nichthaben rechtlich legitimiert wird. Nebencodes wie Gold, ausländische Währungen oder Zigaretten entstehen bei dramatischer Inflation oder durch Zwangswirtschaft wie in den ehemaligen Ostblockstaaten zu Zeiten der kommunistischen Herrschaft. Schließlich verankert Luhmann Geld im Organismus durch Bedürfnisbefriedigung. Durch den symbiotischen Bezug zur Bedürfnisbefriedigung ist Geld nicht ignorierbar (1975: 62).

Für *Liebe* besteht die Erstcodierung darin, dass Ego ein Alter so akzeptiert "wie er ist" (1991b: 178) und mit ihm eine private Intimbeziehung eingeht, "in der Ereignisse parallel gewertet werden und das jeweilige Ich dank seiner Relevanz in der Welt des anderen eine besondere Bedeutung gewinnen kann" (1991b: 178). Nach Luhmann wurde historisch mit der Liebesheirat in der beginnenden Neuzeit die Erstcodierung des "Du und kein anderer" (1991b: 178) mit der Zweitcodierung des Exklusivitätsanspruchs der Ehe verknüpft. Analog zu Macht und Geld besteht die Zweitcodierung aus einer rechtlichen und moralischen Absicherung der Zweierbeziehung. Falls die Erstcodierung der Liebe in ihrer Wirkung nachlässt, kann als Nebencode "eine konkrete Geschichte verflochtener Biographien" (1975: 42) die Beziehung abstützen.

Die Erstcodierung von *Wahrheit* besteht aus den Ausprägungen wahr/unwahr. Als Zweitcodierung kann die Entscheidung für wahr/unwahr durch "eine zweiwertige Logik strukturiert werden" (1975: 43). Hier geht es um die Begründungslogik, die innerhalb der Wissenschaft allgemein akzeptiert ist. Diese Begründungslogik entspricht damit der Legitimierung von Geld und Macht durch Recht/Unrecht. Reputation als hohes wissenschaftliches Prestige kann als Nebencode angewendet werden, wenn die Erst- und Zweitcodierung an Bindungskraft eingebüßt hat (1991b: 183). Schließlich benennt Luhmann als symbiotischen Mechanismus des Mediums Wahrheit die Wahrnehmung, mit der die Erkenntnis im Organismus verankert ist (1975: 62).

Symbolisch generalisierte Kommunikationsmedien sind nach Luhmann nur in sozialen Systemen funktionsfähig, weil sie auf die Systemoperation der Kommunikation angewiesen sind. Daraus folgt, dass die Kommunikationsmedien ihre Motivations- und Selektionsfunktion nur in sozialen Systemen und nicht in psychischen Systemen erfüllen können. Daher "hängen alle Kommunikationsmedien davon ab, dass Selektionsmotive nicht kurzschlüssig allein im psychischen System gebildet werden, sondern auf dem Umweg über soziale Kommunikation zustande kommen" (1991b: 181). Zur Absicherung der Leistungsfähigkeit der Kommunikationsmedien werden in den jeweiligen sozialen Systemen *Selbstbefriedigungsverbote* institutionalisiert.

In hochentwickelten Medien-Codes finden sich daher immer auch Symbole mit dieser Funktion: Verbote der direkt-gewaltsamen Zielverfolgung und Rechtsdurchsetzung; Diskreditierung jeder Selbstbefriedigung in Fragen der Sexualität und der Liebe; Abwertung und Benachteiligung ökonomischer Askese und Selbstgenügsamkeit; schließlich methodische Eliminierung aller rein subjektiven Evidenzen, introspektiv gewonnener Sicherheiten, unmittelbarer Wissensquellen..." (Luhmann 1991b: 181).

In Tabelle 10 ist das explizite Modell der symbolisch generalisierten Kommunikationsmedien Macht, Geld, Liebe und Wahrheit dargestellt.

Auslösendes Problem	Spezialisierung darauf, für andere Vermeidungsalternativen auszuwählen	Bei Zugriff anderer auf knappe Güter soll stillgehalten werden	Implikation der Umweltereignisse in Privatheit, wo Ich Relevanz hat	Neubildung von Erwartung und Zeitgewinn bei Reduktion von Komplexität
===	===	===	===	===
Medium	Macht	Geld	Liebe	Wahrheit
Erstcodierung/ Duplikationsregel	Handlungsselektion/Vermeidungsalternative (Stärke/Schwäche)	Haben/Nichthaben (faktisch)	Liebe/ Nichtliebe ("Du und kein anderer")	Wahr/Unwahr
Zweitcodierung (binärer Schematismus erleichtert Negation)	Recht/Unrecht (rechtliche Zweitcodierung)	Recht/Unrecht (Eigentumsrecht)	Forderung der Exklusivität (institutionalisiert)	Dialektik (Logik)
Nebencode (bei Nichtausreichen des offiziellen Codes)	Verhältnis von formaler und informaler Macht	Ausländische Währungen Gold Wertsachen Zigaretten Grund und Boden	Konkrete Geschichte verflochtener Biographien	Reputation
Symbiotischer Mechanismus (Bezug zum Organismus)	Physische Gewalt	Bedürfnisbefriedigung	Sexualität	Wahrnehmung

Tabelle 10: Merkmale der symbolisch generalisierten Kommunikationsmedien

Das Modell der symbolisch generalisierten Kommunikationsmedien von Luhmann weist deutliche Parallelen zu dem Modell der generalisierten Austauschmedien von Parsons auf, unterscheidet sich allerdings in einigen Merkmalen grundlegend. Die Erstcodierung im Luhmannschen Medienmodell markiert die elementare Funktionsweise des Mediums. Bei Macht hat ein Interaktionspartner die Wahl zwischen genau zwei Möglichkeiten: der Anweisung des Machthabers zu folgen oder ihr nicht zu folgen. Bei Parsons entspricht die faktische Institutionalisierung (vgl. Abbildung 52) weitgehend der Erstcodierung bei Luhmann. Für Macht besteht die faktische Institutionalisierung in der Akzeptanz von Macht als Mittel, um ohne situationsspezifische Sanktionen Ziele durchzusetzen, was auf die Alternative hinausläuft, die Handlungsanweisung des Machthabers zu befolgen oder die Ausführung zu verweigern. Luhmann betont mit dem Codebegriff, dass es jeweils nur zwei Handlungsmöglichkeiten gibt. Bei Parsons ist die Dichotomie eher implizit angelegt, indem Alter von Ego zu einer bestimmten Handlung motiviert wird.

Die Zweitcodierung im Medienmodell Luhmanns erfüllt eine analoge Funktion wie bei Parsons die strukturelle Absicherung durch einen normativen Code. Im Machtmodell Luhmanns erfolgt die Zweitcodierung durch die Dichotomie "Recht/Unrecht", wodurch die Erstcodierung auf Legitimität geprüft wird. Parsons definiert die "Eigentumsrechte" (vgl. Abbildung 52) als institutionalisierten Mediencode, durch den die faktische Institutionalisierung normativ legitimiert wird. Luhmann verzichtet allerdings auf die normativ-kulturelle Verankerung in der Gesellschaftsstruktur, die für Parsons die entscheidende Komponente der Voluntaristischen Handlungstheorie darstellt. Die Institutionalisierung des normativen Codes entspricht der non-kontraktuellen Basis des Vertragsrechts in Durkheims Modell der organischen Solidarität und stellt damit eine soziale Tatsache auf Kollektivebene dar. Diese Kernaussage des normativen Paradigmas, die durch den institutionalisierten Mediencode von Parsons in das Modell der generalisierten Austauschmedien eingebaut wird, folgt Luhmann mit seiner Definition der Zweitcodierung explizit nicht. Stattdessen ergibt sich durch die Zweitcodierung eine Leistungssteigerung des Mediums, indem höhere Komplexität durch die erneute Codierung verarbeitet werden kann.

Der "Monopolisierung von Mitteln mit intrinsischem Wert" bei Parsons entspricht auf den ersten Blick bei Luhmann der "Nebencode". Gold als Nebenwährung ist bei Parsons ein Mittel mit intrinsischem Wert und bei Luhmann ein Neben-Code. Allerdings stellt physische Gewalt im Parsonsschen Modell ein Mittel zur Machtdurchsetzung dar, das in demokratischen Staaten vom Staat monopolisiert wird. Bei Luhmann ist physische Gewalt stattdessen ein "symbiotischer Mechanismus", durch den das Medium mit dem Organismus verbunden wird und damit eine unausweichliche Wirkung auf das Individuum ausübt. Hier differenziert Luhmann das Parsonssche Konzept der Monopolisierung von Mitteln mit intrinsischem Wert in die beiden Begriffe der Neben-Codes und der symbiotischen Mechanismen weiter, wodurch das explizite Modell Luhmanns an Genauigkeit gegenüber Parsons gewinnt.

Während beide Autoren Geld und Macht als Medien verwenden, ersetzt Luhmann Einfluss durch Liebe und Wertcommitments durch Wahrheit. Neben dieser unterschiedlichen Mediendefinition unterscheiden sich die Medienmodelle von Parsons und Luhmann trotz der dargestellten Gemeinsamkeiten in folgenden Punkten wesentlich voneinander:

(1) Luhmann nimmt keine Zuordnung zu Subsystemen vor und leitet stattdessen die Unterscheidung der Medien aus der Kombination von Handeln und Erleben ab.
(2) Das Luhmannsche Medienmodell ist allgemeiner (abstrakter) im Aufbau und gleichzeitig konkreter anwendbar wegen der Ablösung von bestimmten Subsystemen.
(3) Luhmann konstruiert ein eigenes Modell symbolisch generalisierter Kommunikationsmedien, wobei er einerseits alle Merkmale von Parsons in analoger Form einbaut und

andererseits über das Parsonssche Modell hinausgeht, indem er wesentliche Modifikationen vornimmt.
(4) Den institutionalisierten Mediencode Parsons' ersetzt Luhmann durch die Zweitcodierung und verzichtet damit auf die normative Verankerung des Mediencodes in der Gesellschaftsstruktur, die den Kern des normativen Paradigmas bildet, von dem sich Luhmann sehr sorgfältig abgrenzt.

System und Umwelt

Im Gegensatz zur allgemeinen Handlungstheorie Parsons' unterscheidet Luhmann lediglich zwei Handlungssysteme: das soziale und das psychische System[117]. Das Symbolsystem der Mathematik z.B. ist kein Handlungssystem, während die Mathematik als wissenschaftliche Disziplin ein soziales System bildet. Als Bezugspunkte für Selbstreferenz kommen für ein Handlungssystem somit erstens die eigene Systemstruktur mit der damit verbundenen Geschichte von Erfahrungen und zweitens soziale und psychische Umweltsysteme in Betracht. Im Hinblick auf die Struktur des Eigensystems bilden Widersprüche einen Motor zur Selbstreproduktion (1984: 491), während im Hinblick auf Umweltsysteme deren veränderte Komplexität das System zur Selbstanpassung anstoßen. Luhmann unterscheidet mit *Abhängigkeit* und *Unsicherheit* zwei Arten von Umweltbezügen.

> Wird die Umwelt als *Ressource* aufgefaßt, erfährt das System Kontingenz als *Abhängigkeit*. Wird sie als *Information* aufgefaßt, erfährt das System Kontingenz als *Unsicherheit*. (Luhmann 1984: 252)

Diese Unterscheidung wirkt sich auf die Art der notwendigen Anschlusshandlung des Systems aus. Ist z.B. eine Organisationseinheit von einer anderen abhängig, so wird das Umweltsystem bestimmte Anforderungen stellen, auf die das System mit konkreten Leistungen reagieren muss. Unsicherheit wird dagegen eher durch die Entwicklung von Vorstellungen und Konzepten verarbeitet. In diesem zweiten Fall bleibt ein höheres Maß der Kontingenz erhalten als unter der Bedingung der Abhängigkeit.

Empirisch ergibt sich häufig eine komplizierte Kopplung von Abhängigkeit und Unsicherheit. So ist die Beziehung eines Wirtschaftsunternehmens zu seinen Kunden von dieser Ambivalenz geprägt. In der Regel steht ein Produzent nicht einem einzigen Kunden, sondern einem kontingenten Markt gegenüber. Das Unternehmen ist auf den Verkauf seiner Produkte angewiesen und somit abhängig von tatsächlichen und potentiellen Kunden. Sofern Aufträge vorliegen, sind die Anschlusshandlungen des Unternehmens klar vorgegeben: Die Produkte sind im Falle der Einzelfertigung zu produzieren und bei Serienfertigung vom Lager abzurufen. Als selbstreferentielle Probleme ergeben sich z.B. die Sicherung der Qualität und die Einhaltung der zugesagten Termine sowie die Kontrolle der Herstellungskosten im Verhältnis zum Verkaufspreis.

Um die gewonnene Marktstellung zu bewahren oder um in neue Marknischen vorzudringen, ist das Unternehmen in der Regel auf unsichere Informationen über Marktentwicklungen angewiesen. Ein Mittel zur Unsicherheitsreduktion bilden Prognosen über die Nachfragestruktur für bestimmte Produkte als Extrapolationen der bisherigen Verkaufszahlen,

---

[117] Das entspricht Parsons' Auffassung während der strukturell-funktionalen Werkphase, als er Sozialsystem und Persönlichkeitssystem als "active systems" betrachtete; vgl. Miebach 1984: 25.

wobei wiederum Unsicherheit durch die Festlegung bestimmter Randbedingungen für die zukünftige Nachfrage einfließt. Geht man von einer konstanten Nachfrage aus, so lässt sich anhand der erreichten Marktsättigung das Ausmaß der Neu- und Ersatzproduktion rechnerisch in Relation zu den von den Anbietern produzierten Stückzahlen setzen. Die Nachfragekonstanz ist allerdings eine sehr restriktive Annahme, da die Nachfrage von Faktoren abhängt, die weder das Unternehmen noch durch die am Markt vertretenen Systeme kontrollierbar sind.

Die Nachfrage nach Kernkraftwerkskomponenten z.B. wurde als Folge der Ölpreiskrise Mitte der 70er Jahre des 20. Jahrhunderts deutlich belebt, flaute aber wieder ab, als die Umweltschutzbewegung politisches Gewicht erlangte. Trotzdem war die Marktentwicklung bis zur Katastrophe von Tschernobyl im Jahr 1986 für die beteiligten Unternehmen eine kontingente Größe, so dass entsprechende Produktionskapazitäten vorgehalten wurden. Durch die nach Tschernobyl einsetzende politische Entwicklung ergab sich die Gewissheit, dass in absehbarer Zukunft keine Marktchancen bestehen würden. Trotzdem bleibt für die Zukunft offen, wie sich der Markt entwickeln wird, falls wieder eine Energieversorgungskrise eintreten sollte. Ein zweiter Unsicherheitsfaktor im Hinblick auf die Marktentwicklung bildet das Verhalten der Produzenten. Durch den Rückzug bestimmter Unternehmen vom Markt oder durch Aufkauf bzw. Kooperation können sich ebenso gravierende Marktveränderungen ergeben wie durch den Markteintritt von Ländern mit niedrigem Lohnniveau.

Mit noch größerer Unsicherheit ist die Entwicklung neuer Produkte verbunden, sofern es sich nicht um Auftragsentwicklungen durch Kunden handelt. Bei neuen Produkten bestehen Strategien zur Unsicherheitsreduktion in Form von Marktuntersuchungen, die sich auf die Bedürfnisstruktur der potentiellen Käufer sowie auf die Reife des Marktes für ein bestimmtes Produkt beziehen. Trotz aller Studien und Prognosen verbleibt ein Restrisiko, das durch die unternehmerische Entscheidung überbrückt werden muss, die Entwicklung und Produktion trotz Ungewissheit zu forcieren. Peters und Waterman berichten, dass erfolgreiche amerikanische Unternehmen dazu übergehen, die wichtigsten Kunden in den Entwicklungsprozess neuer Produkte einzubeziehen, um auf diese Weise die Marktchancen zu verbessern (1984: 233). Diese Strategie hat für die Kunden den Vorteil, dass sie ihre Wünsche und Bedürfnisse frühzeitig einbringen können. Das Verfahren kann die Kunden aber auch belasten, da ihnen ein Teil der Entwicklungskosten aufgebürdet wird.

Interpenetration

Die Einbeziehung von Kunden in die Produktentwicklung bildet ein Beispiel von *Interpenetration* zwischen sozialen Systemen:

> Von *Penetration* wollen wir sprechen, wenn ein System die eigene *Komplexität* (und damit: Unbestimmtheit, Kontingenz und Selektionszwang) *zum Aufbau eines anderen Systems zur Verfügung stellt*. ... *Interpenetration* liegt entsprechend dann vor, wenn dieser Sachverhalt wechselseitig gegeben ist, wenn also beide Systeme sich wechselseitig dadurch ermöglichen, daß sie in das jeweils andere ihre vorkonstituierte Eigenkomplexität einbringen. (Luhmann 1984: 290)

Interpenetration ist ein Spezialfall von Kommunikation (1984: 294) und kann dadurch gefördert werden, dass - wie in der Parsonsschen Definition - die interpenetrierenden Systeme auf dieselben Elemente zugreifen. So stellt der Austausch von Personen eine Form der

Interpenetration zwischen den Forschungseinrichtungen der Universitäten und der Wirtschaft dar. Luhmann betont im Zusammenhang mit Interpenetration erstens, dass die übernommene Komplexität für das aufnehmende System unfassbare Komplexität (1984: 291) bleibt und dass zweitens die beteiligten Systeme den gemeinsamen Elementen "unterschiedliche Selektivität und unterschiedliche Anschlussfähigkeit, unterschiedliche Vergangenheiten und unterschiedliche Zukünfte" geben (1984: 293).

Eine Form der Interpenetration von Universität und Berufsleben stellen Berufspraktika von Studenten außerhalb der Universität dar. Betrachten wir Berufspraktika von Soziologiestudenten, so ist zunächst das Aufnahmesystem der Praktikanten zu definieren. Nach den Berufsfeldern von Soziologen bieten sich u.a. Verbände, öffentliche Verwaltungen, Industrieunternehmen, Marktforschungsinstitute oder Institutionen bzw. Unternehmen im Medienbereich als potenzielle Beschäftigungssysteme an. Arbeitet ein Student als Praktikant z.B. in einem Industrieunternehmen, so wären nach dem Interpenetrationsmodell bestimmte Bedingungen zur Sicherstellung der Anschlussfähigkeit von Universitäts- und Wirtschaftssystem zu beachten. Um einen Teil der Komplexität des Studiums in das Praktikum einzubringen, sollten als erste Voraussetzung die Studenten Tätigkeiten ausüben, in denen sie einen Teil der im Studium erworbenen Kenntnisse und Fertigkeiten anwenden können.

Diese Bedingung wäre z.B. erfüllt, wenn die Praktikanten Aufgaben im Bereich der Meinungs- und Marktforschung übernehmen, wie die Entwicklung eines Fragebogens für eine Kundenbefragung. Die Praktikanten könnten in diesem Fall einen Teil des Wissens anwenden, das sie in Lehrveranstaltungen zu Methoden der empirischen Sozialforschung erworben haben. Allerdings lässt sich das gelernte Wissen in der Berufsphase nicht in der Weise anwenden, wie es in der Hochschule vermittelt wird. So haben Hausarbeiten in Methodenveranstaltungen primär die Funktion, bestimmte Erhebungstechniken und Auswertungsverfahren einzuüben. Mit einem Fragebogen für eine Kundenbefragung sollen dagegen bestimmte Informationen möglichst schnell gesammelt werden. Fragen des Messniveaus oder der Skalierungstechniken spielen häufig eine Nebenrolle. In diesem Sinne bleibt die Komplexität der Methodenveranstaltung für das Wirtschaftsunternehmen in seiner Ganzheit unfassbar. Die Aufgabe der Praktikanten besteht darin, die Komplexität seines Wissens so zu reduzieren, dass das Unternehmen einen Nutzen daraus ziehen kann.

Das Kriterium des Nutzens für das Unternehmen verweist auf die Anschlussfähigkeit des Wirtschaftssystems an das Praktikum als zweite Grundbedingung für die Interpenetration. Eine empirisch bewährte Methode stellt die Mitarbeit der Praktikanten an einem Projekt dar, das für die betreuende Abteilung von Interesse ist. Unter dieser Voraussetzung werden die Praktikantenbetreuer ihre Erwartung als Zielvorstellungen spezifizieren und den Praktikanten in die Abteilungsabläufe stärker integrieren. Auch in der Projektarbeit kann der Praktikant nur einen begrenzten Ausschnitt aus der Komplexität des Unternehmens kennen lernen. Trotzdem wird er seine Kenntnis der Anforderungen und Erwartungen der Wirtschaft in die Universität hineintragen, wo sie - bei entsprechender Nachbereitung - als Informationen einfließen. Für die Universität ist die Komplexität des Unternehmens als ganzes nicht fassbar. Stattdessen werden Studenten und Dozenten in Lehrveranstaltungen versuchen, die Informationen im Rahmen ihrer wissenschaftlichen Konzepte und Modelle zu rekonstruieren.

Das Praktikantenbeispiel illustriert die Luhmannschen Thesen, dass bei Interpenetration einerseits die Komplexität des anderen Systems nicht voll erfasst wird und andererseits jedes System die Elemente der Interpenetration in einen unterschiedlichen historischen und sachlichen Kontext stellt. Trotz dieser Einschränkung findet in dem konstruierten Beispiel der Projektarbeit Interpenetration statt, indem beide Systeme - vermittelt durch die Praktikanten - gegenseitig reduzierte Komplexität zur Verfügung stellen. Diese Komplexität wird im Empfängersystem als Information verarbeitet und mit Anschlusshandlungen verknüpft.

4.2.2 Autopoietische Systeme

Luhmann übernimmt von den Biologen H.R. Maturana und F.J. Varela die Begriffe *Autopoiesis* und *strukturelle Kopplung*. Während der Begriff der Autopoiesis in dem Buch "Soziale Systeme" (1984) bereits einen Kernbegriff des Bezugsrahmens bildet, verwendet Luhmann den Begriff der strukturellen Kopplung im Spätwerk (1997) zur Entwicklung eines expliziten Modells.

Autopoiesis

In seiner Einführungsvorlesung im Wintersemester 1991/92 erzählt Luhmann seinen Studenten, dass Maturana in einem Gespräch mit ihm die Begriffe "práxis" und "poiésis" unterschieden hat (2002a: 111). Mit "práxis" ist der reflexive Bezug auf das eigene System gemeint, z.B. die Feedbackdiskussion zum Proseminar. Diesen Aspekt haben wir bereits als Selbstreferenz kennen gelernt.

> Es gibt Systeme mit der Fähigkeit, Beziehungen zu sich selbst herzustellen und diese Beziehungen zu differenzieren gegen Beziehungen zu ihrer Umwelt. (Luhmann 1984: 31)

Unter "poièsis" versteht Maturana dagegen eine aktive Gestaltung bzw. Produktion.

> In der "poièsis" tut man etwas, man handelt aber nicht, weil das Handeln Freude macht oder tugendhaft ist, sondern weil man etwas produzieren will. (Luhmann 2002a: 111)

Mit *Autopoiesis* ist gemeint, dass ein System "sein eigenes Werk" ist (Luhmann 2002a: 111). Diese Selbstreproduktion eines Systems ist so zu verstehen, dass das System seine Operationen selbst ausführt und nur selbst an eine Operation eine Anschlussoperation fügen kann. Dieser Grundgedanke lässt sich an einfachen Beispielen demonstrieren. Bezogen auf das psychische System eines Individuums sind die elementaren Operationen Ereignisse im Bewusstsein (1984: 367; 1997: 116), wie z.B. Gedanken. Nur das psychische System selbst kann Gedanken produzieren und an bestimmte Gedanken andere anschließen. Stellen wir uns die Situation vor, einem Schüler beim Lernen zu helfen, so dass er z.B. das mathematische Prinzip der Gleichung versteht. Der Lehrer wird versuchen, das Prinzip zunächst allgemein zu erklären. Falls der Schüler das nicht versteht, wird er vielleicht die Gleichung mit Hilfe einer Waage veranschaulichen, wo auf beiden Seiten das gleiche Gewicht hinzugefügt oder weggenommen werden muss, um im Gleichgewicht zu bleiben. Alternativ kann der Lehrer auch einfache Aufgaben vorrechnen. Was geschieht hier systemtheoretisch? In der Kommunikation wird versucht, den Schüler zu Anschlussoperationen in seinem psychischen System anzuregen. Je mehr Variationen mit den Lernhilfen angeboten werden, desto eher besteht die Möglichkeit, dass das psychische System einhaken kann und das Gleichungsprinzip in seine Gedankenwelt einbaut. Jeder Lehrer macht die Erfahrung, dass es keinen Trichter gibt, mit dem er Wissen in das Gehirn der Schüler einfüllen kann. Das Kind muss *selbst* lernen und der Lehrer kann nur Hilfen zu diesem Selbstlernen anbieten.

Ein entsprechendes Problem stellt sich dem Organisationsberater bei dem Versuch, ein soziales System, z.B. eine Abteilung in einer Organisation, zu einer Verhaltensänderung zu bewegen. Auch hier muss das soziale System der Abteilung die Veränderungsschritte *selbst* ausführen. Dazu kann es von dem Berater mit Argumenten angestoßen werden. Ein anderer Anstoß kann aus der Furcht vor negativen Sanktionen durch die Geschäftsführung resultieren, wie z.B. die Kürzung des Gehalts oder der Verlust des Arbeitsplatzes. Wie viele Praxisbeispiele zeigen, führt auch starker Druck nicht zu Verhaltensänderungen, wenn das soziale System diese nicht selbst in seine Verhaltensreproduktion einbaut.[118]

Kommunikation

Die elementare Operation von sozialen Systemen ist nach Luhmann *Kommunikation* (1997: 112). Kommunikation besteht aus den drei Elementen Information, Mitteilung und Verstehen, wie in Abbildung 67 schematisch dargestellt wird.

```
                    ┌─────────────────────┐
                    │   Kommunikation     │
                    └─────────────────────┘
                       /      |      \
         ┌──────────┐  ┌──────────┐  ┌──────────────┐
         │Information│  │ Mitteilung│  │  Verstehen   │
         │          │  │          │  │              │
         │Differenz,│  │Intendierte│  │Generieren von│
         │die den   │  │Handlung   │  │Kommunikation,│
         │Zustand   │  │(pragmati- │  │in dem der Sinn│
         │des       │  │scher      │  │der Information│
         │Systems   │  │Aspekt)    │  │und der Mittei-│
         │ändert    │  │          │  │lung bestimmt │
         │          │  │          │  │wird          │
         └──────────┘  └──────────┘  └──────────────┘
```

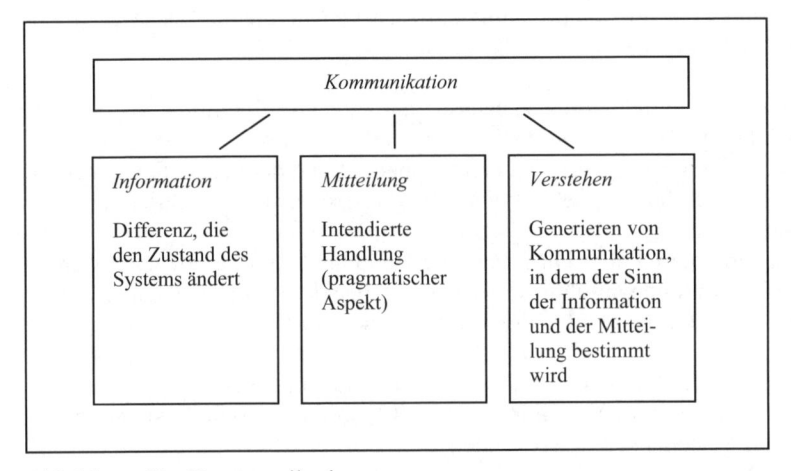

Abbildung 67: Kommunikation

Information definiert Luhmann in Anlehnung an den Systemtheoretiker und Psychologen Gregory Bateson[119] als "eine Differenz, die den Zustand des Systems ändert" (1997: 190). Erinnern wir uns an das Beispiel des Paares, das einen Spaziergang plant. Ein Partner schaut aus dem Fenster und sagt: "es regnet". Für den anderen ändert sich die Situation, falls diese Information für ihn neu ist. Der Spaziergang ist z.B. in Frage gestellt oder muss anders vorbereitet werden. Wiederholt der Partner den Satz "es regnet", so macht dies für den Partner keinen Unterschied und hat damit keinen Informationswert. Im Gegensatz dazu kann die Wiederholung des Satzes den Partner eindringlicher auffordern zu reagieren. Da-

---

118 Die "systemische Beratung" ist darauf spezialisiert, diesen Grundgedanken autopoietischer Systeme in der Praxis umzusetzen; vgl. Königswieser/Exner 2002.
119 In Kap. 3.1.4 wurde Batesons Rahmenbegriff dargestellt, an dem sich Goffman orientiert hat.

mit wird die Intention des Sprechenden deutlicher und der Charakter des Satzes "es regnet" als *Mitteilung* unausweichlich. Die Handlungsdimension nennt Luhmann in Anlehnung an die Sprechakttheorie den *pragmatischen Aspekt* der Kommunikation (2002a: 284). Im Unterschied zu Habermas kommt Kommunikation nach Luhmann erst dann zustande, wenn der Empfänger sowohl die Information als auch die Mitteilung *verstanden* hat und in der Lage ist, daran weitere Operationen anzuschließen. Im zeitlichen Verlauf der Kommunikation generiert das Verstehen "nachträglich Kommunikation" (1997: 72).

Kommunikation als Einheit von Information, Mitteilung und Verstehen ist ein Element des Bezugsrahmens der Luhmannschen Systemtheorie. Welches explizite Modell hat Luhmann zum Kommunikationsbegriff entwickelt? Der erste Baustein des expliziten Modells ist die Annahme, dass die elementaren Operationen sozialer Systeme aus Kommunikationsakten mit einer Doppelfunktion (1997: 94) bestehen:

(1) Mit der Kommunikation wird die *Situation* des Systems definiert, die die Basis für weitere Interaktionen ist. Dieser Aspekt ist mit dem Begriff des Rahmens von Goffman vergleichbar.
(2) Die Kommunikation aktiviert bestimmte *Sinnschemata* - z.B. Rollenkomplementarität von Dozent und Student - und knüpft damit an Strukturen an, die bei Bestätigung verfestigt und bei Ablehnung in Frage gestellt werden.

Zeitlich gesehen leistet Kommunikation zunächst eine Situationsdefinition, die zu Anschlusshandlungen führt. Falls diese Interaktionen einem Strukturmuster folgen, wird als zweiter Schritt im sozialen System eine Wiedererkennbarkeit und damit Identität generiert. Kommunikation hat somit die Doppelfunktion des *Rückgriffs* auf Strukturen und der *Generierung* von Strukturen.

Die Strukturen determinieren allerdings nicht die Kommunikation. Stattdessen werden in der Kommunikation Strukturen auf ihre Brauchbarkeit abgeklopft, um sie dann zu nutzen oder zu modifizieren. "Strukturen werden durch Operationen für Gebrauch in Operationen erzeugt und reproduziert und evt. variiert oder einfach vergessen." (Luhmann 2000: 50). Mit diesem Modell vermeidet Luhmann den Strukturkonservatismus Parsons' und "eröffnet dem System Chancen struktureller Variation" (2000: 50), so dass soziale Systeme grundsätzlich als *dynamische* Systeme konzipiert werden.

Operative Geschlossenheit und Irritation

Das explizite Modell der autopoietischen Systemreproduktion unterstellt als Grundannahme, dass die Operationen nur durch das jeweilige System ausgeführt werden können. Ebenso sind Anschlussoperationen ausschließlich systemeigene Operationen.

> Mit Geschlossenheit ist denn auch nicht thermodynamische Abgeschlossenheit gemeint, sondern nur operative Geschlossenheit, das heißt: rekursive Ermöglichung eigener Operationen durch die Resultate eigener Operationen. (Luhmann 1997: 94)

Im Beispiel des Mathematik-Unterrichts zum Thema Gleichungssysteme kann nur der Schüler selbst den richtigen Gedanken als Operation seines Bewusstseins ausführen. Dazu wird er durch die Kommunikation mit dem Lehrer angestoßen, muss aber den Gedanken selbst denken, der ihm den Schlüssel zum Verständnis des Gleichungsprinzips liefert. Ebenso muss eine Abteilung den Anstoß des Beraters, das Verhalten auf eine neue Strategie auszurichten, in den systemeigenen Operationen, z.B. bei der Erstellung des nächsten Kundenangebots, selbst umsetzen. Diese Anstöße von Umweltsystemen oder durch Hinwendung zum eigenen System durch Selbstreferenz nennt Luhmann *Irritationen*.

Durch Irritation wird dem System eine Information zugeführt. Nach der Grundlogik der Autopoiesis muss das System die angebotene Information selbst aufgreifen und dadurch den eigenen Systemzustand verändern. Dies geschieht durch "einen internen Vergleich von (zunächst unspezifizierten) Ereignissen mit eigenen Möglichkeiten vor allem mit etablierten Strukturen, mit Erwartungen" (1997: 118). Für Luhmann sind die Begriffe *Perturbierung* (von Maturana), *Reizung* oder *Störung* gleichbedeutend mit Irritation. Den Effekt der Irritation bezeichnet er auch als *Resonanz* (2002a: 124). Wesentlich ist in diesem Zusammenhang, dass diesen Begriffen nicht das klassische Gleichgewichtsmodell unterstellt werden darf, nach dem das System mit einer Korrekturmaßnahme auf eine Störung reagiert und anschließend wieder den vorherigen Zustand einnimmt. Bei Irritation ist die Resonanz *offen*: Die bestehenden Strukturen können bestätigt oder verändert werden (2002a: 125).

Autopoietische Systeme sind offen für Fremd- oder Eigenirritationen und operativ geschlossen in dem Sinne, dass sie die Operationen und Anschlussoperationen selbst ausführen müssen. Bei Fremdirritationen nimmt das System die Umwelt wahr und baut die Informationen in seine operative Reproduktion ein. Umweltsysteme können nicht unmittelbar in die Systemoperationen eingreifen. Gegenüber dem Begriff der Interpenetration ist der Begriff Irritation allgemeiner. Mit *Irritation* ist jede Form von Fremd- oder Selbstanstoß gemeint, während bei *Interpenetration* ein System Komplexität von einem anderen (erlebend oder handelnd) übernimmt.

Andere Systemtheoretiker wie der Rechtssoziologe Günther Teubner fassen Autopoiese als empirischen Begriff auf, wonach Systeme mehr oder weniger autopoietisch sein können. Gemeint ist insbesondere, dass sie mehr oder weniger autonom gegenüber Umweltsystemen operieren. Dieser Ansatz ist auf den ersten Blick einleuchtend. So werden z.B. in Produktionsprozessen der Industrie "autonome" oder "teil-autonome" Teams eingerichtet. Schaut man genauer hin, so liegt hier eine Begriffsverwirrung vor. Die Aussage, dass Systeme ihre Operationen selbst ausführen, sagt noch nichts darüber aus, ob sie bei ihren Systemoperationen von Fremd- oder Selbstirritation in eine bestimmte Richtung gelenkt werden. Da sich der Begriff der Autopoiesis ausschließlich auf die Systemoperationen bezieht, kann ein System nicht mehr oder weniger autopoietisch sein.

> Der Begriff der operativen Schließung lässt keine "Graduierung" zu; er lässt es, anders gesagt, nicht zu, dass das System auch in seiner Umwelt oder die Umwelt auch im System operiert. (Luhmann 2000: 51)

Die empirische Abstufung der Autonomie kann nicht mit dem Begriff der Autopoiesis erfasst werden, sondern muss mit Begriffen wie Irritation, strukturelle Kopplung oder Steuerung beschrieben werden.

Strukturelle Kopplung

Neben Autopoiesis bildet der Begriff der *strukturellen Kopplung* einen weiteren Kernbegriff im Bezugsrahmen der Theorie autopoietischer Systeme: "Strukturelle Kopplungen beschränken den Bereich möglicher Strukturen, mit denen ein System seine Autopoiesis durchführen kann" (Luhmann 1997: 100). Wendet man diese Definition auf das Thema der

Autonomie an, so operiert im Falle struktureller Kopplung das System nicht autonom, da die Variationsbreite seiner Operationen durch ein anderes System eingeschränkt wird. Das hindert allerdings das System nicht daran, diese eingeschränkten Operationen selbst im Sinne der operativen Geschlossenheit auszuführen, was dem Grundpostulat der Theorie autopoietischer Systeme entspricht.

Wie funktioniert strukturelle Kopplung konkret? Nach Luhmann verfügen soziale Systeme intern über Ja/Nein-Optionen, mit denen sie auf Irritationen der Umweltsysteme reagieren können. Durch die Oszillation dieser Optionen ist in das soziale System eine Dynamik eingebaut, weil die Entscheidung für die eine oder andere Ausprägung der Optionen wechseln können. Für die strukturelle Kopplung ergibt sich daraus, dass ein soziales System auf Irritationen mit Ja/Nein-Entscheidungen nur reagieren kann. Das Umweltsystem kann - wie schon häufiger dargestellt - nicht direkt in das soziale System eingreifen. Luhmann verdeutlicht diese Begrenzung der strukturellen Kopplung auf Irritationen mit dem Begriff der *Auslösekausalität* anstelle von *Durchgriffskausalität* (2000: 401). Das Umweltsystem löst im Falle struktureller Kopplung im System eine Ja/Nein-Entscheidung auf die erfolgte Irritation *aus*. Es hat nach dem Grundsatz der Autopoiesis aber keine direkte *Durchgriffsmöglichkeit* auf die Operationen des sozialen Systems.

Die strukturelle Kopplung von sozialen und psychischen Systemen ist für Luhmann das zentrale Anwendungsbeispiel für dieses Modell. Kommunikationsakte sind prinzipiell auf das Bewusstsein von Individuen als ausführendes Organ, z.B. zur Wahrnehmung, angewiesen, wodurch zwischen sozialen Systeme permanent eine strukturelle Kopplung besteht (1997: 103). Dies trifft nach Luhmann auch auf elektronisch vermittelte Kommunikation zu, in die psychische Systeme als Generierer oder Empfänger verwickelt sind. Die Frage der Verselbständigung der technisch vermittelten Kommunikation innerhalb und zwischen Computern ist eine offene Forschungsfrage (Luhmann 1997: 117). Nach dem heutigen Stand der Technik geht der Systemtheoretiker und prominente Luhmann-Schüler Dirk Baecker davon aus, dass selbst künstliche Intelligenz noch keine Kommunikationsqualität erreicht hat und damit noch ein triviales System darstellt (2002: 30). Umgekehrt sind psychische Systeme auf Kommunikation angewiesen, um den Strom ihrer Gedanken als die Operationen des Bewusstseins im Fluss zu halten und mit anderen psychischen Systemen Kontakt aufzunehmen. Es gibt für Luhmann keine nicht sozial vermittelte Kommunikation von Bewusstsein zu Bewusstsein (1997: 105). Das wichtigste Medium der strukturellen Kopplung sozialer und psychischer Systeme ist die *Sprache* (1997: 113; 2002a: 123). Allgemein haben Symbole in der Kopplung von Bewusstseins- und Kommunikationssystemen die Funktion, "daß eine Differenz vorliegt, die von beiden Seiten aus gesehen als Dasselbe angesehen wird" (1997: 112). Die Sprache mit ihrer Kombinationsmöglichkeit von Symbolen und der Potenzierung ihres Spektrums durch Kontextbildung eröffnet ungleich mehr Potenziale zur strukturellen Kopplung als einfache Symbole. Gleichzeitig erhöht sich allerdings auch das Risiko von Missverständnissen und damit von misslingender oder zerstörerischer struktureller Kopplung.

Strukturelle Kopplungen sind für die beteiligten Systeme *unausweichbar* und gleichzeitig "hoch selektiv" (2002a: 121). Damit ist gemeint, dass der Einflusskanal der strukturellen Kopplung eng begrenzt ist und *von dem System selbst* in die autopoietische Reproduktion übernommen werden muss, was wiederum zu einer Selektion führt (2002a: 123).Während bei Interpenetration das jeweilige System über die zugeführte Komplexität verfügen kann, bleibt die strukturelle Kopplung für das System *unsichtbar* (2002b: 375).

Strukturelle Kopplung bedient sich der Irritation und der Kausalität als Einflusskanäle. Während die Irritation eine unspezifische Form der Kopplung darstellt, bedeutet Kausalität, dass ein System das andere in einer spezifischen Weise beeinflusst. In diesem Fall verliert das Zielsystem einen Teil seiner Autonomie, weil es seine Systemoperationen auf ein anderes System ausrichtet.

> Es gibt strukturelle Kopplungen, die, wenn man so sagen darf, Kausalitäten bündeln, häufen, kanalisieren und dadurch System und Umwelt koordinieren oder integrieren, ohne die These der operativen Geschlossenheit zu tangieren. (Luhmann 2002a: 100)

Ein typisches Beispiel für die strukturelle Kopplung von psychischem und sozialem System ist die Sozialisation eines Kindes (psychisches System) in seiner Familie (soziales System). Aus dem expliziten Modell der strukturellen Kopplung ergibt sich für die Sozialisation, dass man sich von dem klassischen Übertragungsmodell der Normen, Regeln und Rituale der Familie auf das Kind verabschieden und Sozialisation grundsätzlich als *Selbstsozialisation* (Luhmann 2002a: 136) des Kindes verstehen muss. Als Zusatzargument für diese These führt Luhmann an, dass sich nur mit der Selbstsozialisation des autopoietischen psychischen Systems die "enorme Vielfalt von Individuen" (2002a: 136) erklären lässt. Diese im Prozess der Selbstsozialisation ausgebildete *Einzigartigkeit* des Individuums darf nach Luhmann nicht mit dem gesellschaftlichen Programm der *Individualisierung* verwechselt werden.

> Aber diese Formel, möglichst einzigartig, anders als die anderen zu sein, läuft darauf hinaus, ein triviales und banales Programm zu kopieren, also gerade kein Individuum zu sein. (Luhmann 2002a: 137)

Während gelungene Selbstsozialisation ein konstruktives Beispiel für die strukturelle Kopplung von psychischem und sozialem System darstellt, haben wir mit der Beschreibung der totalen Institution durch Goffman[120] ein Beispiel der Destruktion des psychischen Systems durch die strukturelle Kopplung mit der psychiatrischen Anstalt bereits kennen gelernt. Der von Goffman eindrucksvoll beschriebene Widerstand der Insassen gegen die Zerstörung ihrer Identität unterstützt die These Luhmanns von der operativen Geschlossenheit des psychischen Systems.

Die strukturelle Kopplung der Insassen einer psychiatrischen Anstalt kann trotz der Selbstorganisation des Individuums destruktive Folgen haben, z.B. wenn die totale Institution mit medizinischen Eingriffen die physische Basis des psychischen Systems zerstört. In dem Spielfilm "Einer flog über das Kuckucksnest"[121] gelingt es der psychiatrischen Anstalt nach langem Kampf mit einem normalen Insassen, der sich als Journalist in die Anstalt geschmuggelt hat, nur durch einen operativen Eingriff in das Gehirn des Journalisten, den Widerstand seines psychischen Systems zu brechen. Luhmann weist explizit auf die außerhalb der Systeme verortete *Realitätsbasis* von strukturellen Kopplungen (1997: 102) hin, wie z.B. das funktionierende Gehirn des psychischen Systems.

Ein zweites wesentliches Merkmal ist die *Stabilität*, die daraus resultiert, dass strukturelle Kopplungen mit "Strukturentwicklungen der Systeme kompatibel sind" (1997: 102).

---

120 Vgl. Kap. 3.1
121 Der Film wurde 1975 von dem Regisseur Milos Forman mit Jack Nickolson in der Hauptrolle gedreht.

Diese Kompatibilität ist eine logische Folge der Autopoiesis, weil das System bei Veränderungen selbst für die Anpassung der Kanäle zu den strukturellen Kopplungen sorgt.

Das dritte Merkmal der strukturellen Kopplung liegt darin, dass eine Gefährdung der strukturellen Kopplung für die gekoppelten Systeme *katastrophale Folgen* haben kann. Der Grund für diese Existenzbedrohung liegt in der Unfähigkeit der gekoppelten Systeme, aufgrund der Unsichtbarkeit der strukturellen Kopplung ihren Ausfall intern zu kompensieren. Das System hat dazu keine redundanten Strukturen aufgebaut. So ist das Bewusstsein normalerweise nicht in der Lage, über längere Zeit auf Kommunikation zu verzichten. Dieser Effekt wird von totalitären Regimen in der Isolationshaft als Folterinstrument ausgenutzt. Für die Leistungsfähigkeit des psychischen Systems spricht allerdings auch hier, dass es Beispiele von Isolationshaft gibt, die Gefangene ohne Schaden überstehen. Ein weiteres Beispiel der Abkopplung von Kommunikation ohne Zerstörung des psychischen Systems sind Mönche, die als Einsiedler leben. Voraussetzung für das Überleben des psychischen Systems ist in diesem Fall der Aufbau von kompensierenden Strukturen wie Meditationstechniken.

Neben der bereits erwähnten *Selektivität* von strukturellen Kopplungen über Irritationen bzw. Kausalitäten nennt Luhmann als zweite Voraussetzung der strukturellen Kopplung die Notwendigkeit systeminterner *Möglichkeitsüberschüsse* (2002a: 101). Diese Bedingung beruht auf dem grundlegenden Sinnmechanismus, durch den Handlungsmöglichkeiten in den Verweisungszusammenhang (Kontingenz) verbannt werden, die in einer anderen Situation wieder aktualisiert werden können. Komplexe Systeme zeichnen sich dadurch aus, mit dem Sinnmechanismus laufend einen Überschuss von Möglichkeiten zu handhaben. Es bleiben dem System bei struktureller Kopplung noch unüberschaubar viele Optionen für Operation, so dass die autopoietische Reproduktion des Systems erhalten bleibt (1997: 101).

Die beschriebenen Voraussetzungen und Merkmale der strukturellen Kopplung sind in Abbildung 68 schematisch zusammengefasst.

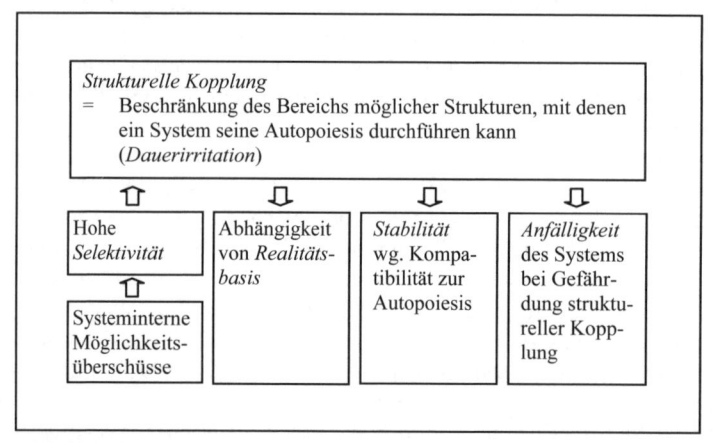

Abbildung 68: Strukturelle Kopplung

Das Verhältnis von Autopoiesis und struktureller Kopplung charakterisiert Luhmann als *orthogonal*. Der von Maturana übernommene Begriff der Orthogonalität soll einerseits bedeuten, dass Autopoiesis und strukturelle Kopplungen logisch unabhängig voneinander variieren. Andererseits sind Autopoiesis und strukturelle Kopplung empirisch miteinander verbunden, indem Systemoperationen in ihrer Variation auf bestimmte Weise eingeschränkt werden durch die strukturelle Kopplung.

> Der Begriff der strukturellen Kopplung hat ... den Sinn, dass die Strukturentwicklungen eines Systems auf strukturelle Kopplungen insofern angewiesen ist, als sie keine anderen Strukturen aufbauen kann als solche, die mit der Umwelt kompatibel sind - obwohl die Umwelt nicht determinierend eingreift. Der Begriff steht im Sinne Maturanas "orthogonal" zur Autopoiesis des Systems. (Luhmann 2002a: 269)

Neben der strukturellen Kopplung des psychischen und sozialen Systems wendet Luhmann das Modell auf eine Reihe anderer Systemkonstellationen an. Ein klassisches Beispiel ist die strukturelle Kopplung des politischen und ökonomischen Systems über das Medium Geld (2002b: 383). Das Wirtschaftssystem stellt der Politik Geld in kanalisierter Form, z.B. durch Steuern, zur Verfügung. Umgekehrt begrenzt das politische System mit geldpolitischen Maßnahmen und Institutionen wie die Zentralbank den Handlungsspielraum der Wirtschaft. In beide Richtungen eröffnet die strukturelle Kopplung den Systemen neue Handlungsmöglichkeiten, z.B. der Wirtschaft der Option der Geldvermehrung durch Kredite. Weitere Anwendungen des Modells sind die strukturelle Kopplung des politischen Systems mit dem Rechtssystem (2002b: 389) oder die strukturelle Kopplung über Organisationen. Hier nennt Luhmann beispielhaft das Erziehungssystem und das System der Krankenbehandlung (2002b: 396). Die strukturelle Kopplung von öffentlicher Meinung und Politik über Massenmedien analysiert Luhmann in seinem Buch "Die Realität der Massenmedien" (1996) ausführlich.

In Abbildung 69 werden zusammenfassend die drei Mechanismen der Systemverknüpfung - Interpretation, Irritation und strukturelle Kopplung - dargestellt.

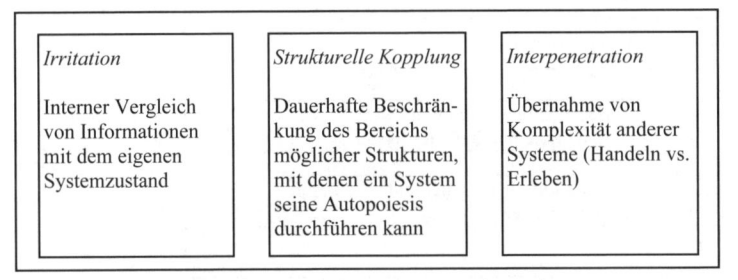

Irritation	*Strukturelle Kopplung*	*Interpenetration*
Interner Vergleich von Informationen mit dem eigenen Systemzustand	Dauerhafte Beschränkung des Bereichs möglicher Strukturen, mit denen ein System seine Autopoiesis durchführen kann	Übernahme von Komplexität anderer Systeme (Handeln vs. Erleben)

Abbildung 69: Mechanismen der Systemverknüpfung

4.2.3 Beobachtende Systeme

Etwas dramatisch beschreibt Luhmann die Einführung der Beobachtungsperspektive in die Systemtheorie als "Riss durch die ganze Systemtheorie" (2002a: 140).

Beobachtung

Beobachten geschieht durch *Unterscheiden* und *Bezeichnen* (2002a: 147). Für soziale Systeme ist Kommunikation die elementare Operation, die sich in Anschlussoperationen fortsetzt. Mitlaufend zur Organisation der Kommunikation findet Beobachtung statt, indem der Effekt der *Information* als "Unterschied des Systemzustands" und der *Mitteilung* als Verstehen der Handlungsintention wahrgenommen und sinnhaft interpretiert wird. In dem Beispiel der Planung eines Spaziergangs sagt ein Partner "es regnet" und beobachtet einerseits, wie er dies artikuliert und andererseits, ob der intendierte Effekt beim Partner ausgelöst wird, z.B. einen Schirm zu suchen oder den Spaziergang zu verschieben.

Diese mitlaufende Beobachtung zu den Systemoperationen bezeichnen wir mit Luhmann als Beobachtung *1. Ordnung* (2002a: 300). Falls ein Beobachter wiederum beobachtet wird, handelt es sich um eine Beobachtung zweiter Ordnung (2002a: 155). In dem Beispiel kann sich der erste Partner selbst beobachten, wie er den Partner beobachtet. Dies haben wir bei Mead als Reflexion kennen gelernt. Auch der andere Partner kann beobachten, wie er selbst von dem ersten Partner beobachtet wird, und seine Reaktion darauf ausrichten. Damit liegen Beobachtungen *2. Ordnung* vor. Eine Beobachtung 2. Ordnung bezieht sich somit auf die Beobachtung (1. Ordnung) eines Beobachters. Geraten in dem Beispiel die beiden Partner in Streit über die Konsequenzen des Regens für ihren geplanten Spaziergang, so können sie in eine Metakommunikation (Habermas würde dazu einen Diskurs vorschlagen) eintreten und über den Verlauf des Streits sprechen. Sie beobachten in dieser Metakommunikation retrospektiv, wie sie ihre Kommunikation beobachtend begleitet haben. Die Metakommunikation ist somit eine weitere Beobachtungsebene (1997: 87). Die drei Beobachtungsebenen sind in Abbildung 70 schematisch zusammengefasst.

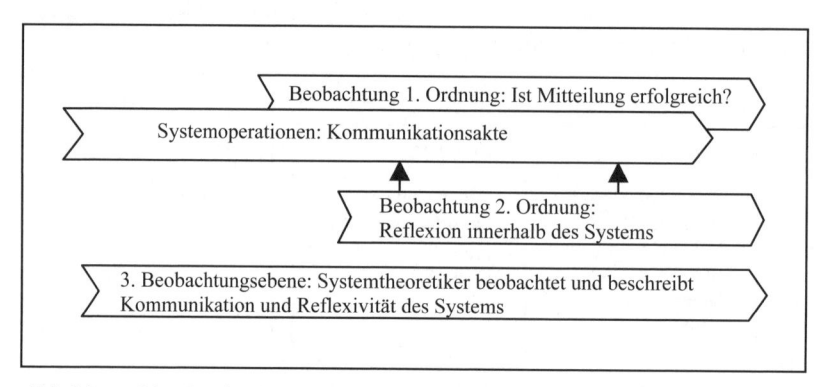

Abbildung 70: Beobachtungsebenen

Wichtig ist die Unterscheidung zwischen der Systemoperation und der darauf bezogenen Beobachtung 1. Ordnung (mitlaufende Beobachtung). Nach Luhmann erfordert diese analytische Trennung auf seiten der Beobachtung ein Systemgedächtnis, um die beobachtete Systemoperation von anderen Systemoperationen unterscheiden zu können.

> Ohne Gedächtnis würde die Differenz von Operationen und Beobachtung kollabieren, das System könnte nicht einmal zwischen Vergangenheit und Zukunft unterscheiden, weil es die Zeit-

horizonte nicht mit Inhalten füllen, also auch nicht Übereinstimmung (Kontinuität) und Verschiedenheit (Diskontinuität) feststellen und auseinander halten könnte. (Luhmann 2000: 419)

Beobachtungen (1. Ordnung) sind selbst auch Systemoperationen, die wiederum auch beobachtet (2. Ordnung) werden können. Dies ändert allerdings nichts an der Notwendigkeit, die Systemoperation von der auf sie bezogenen Beobachtung analytisch zu unterscheiden.

Mitlaufende Beobachtung zu Systemoperationen und Beobachtung höherer Ordnung sind Elemente des systemtheoretischen Bezugrahmens. Explizite Modelle ergeben sich, wenn der Beobachtungsbegriff mit den aus der Formanalyse Spencer Browns übernommenen Begriffen kombiniert wird.

Form

Mit der Anweisung "Triff eine Unterscheidung" ("draw a distinction") wird eine *Form* gebildet, die dann die bekannte Innenseite von der unbekannten Außenseite trennt, die Luhmann - Spencer Brown folgend - als "unmarked space" charakterisiert (2002a: 75). Das Treffen der Unterscheidung ist eine Selbstreferenz des Systems, mit der die Innenseite in das Blickfeld der systemeigenen Beobachtung gerät. Nur in der Innenseite kann das System autopoietisch operieren (1997: 63), weil hier die realisierbaren Handlungsmöglichkeiten liegen. Es drängt sich auf, die Form mit dem oben dargestellten Sinnbegriff zu vergleichen, wie in Abbildung 71 dargestellt.

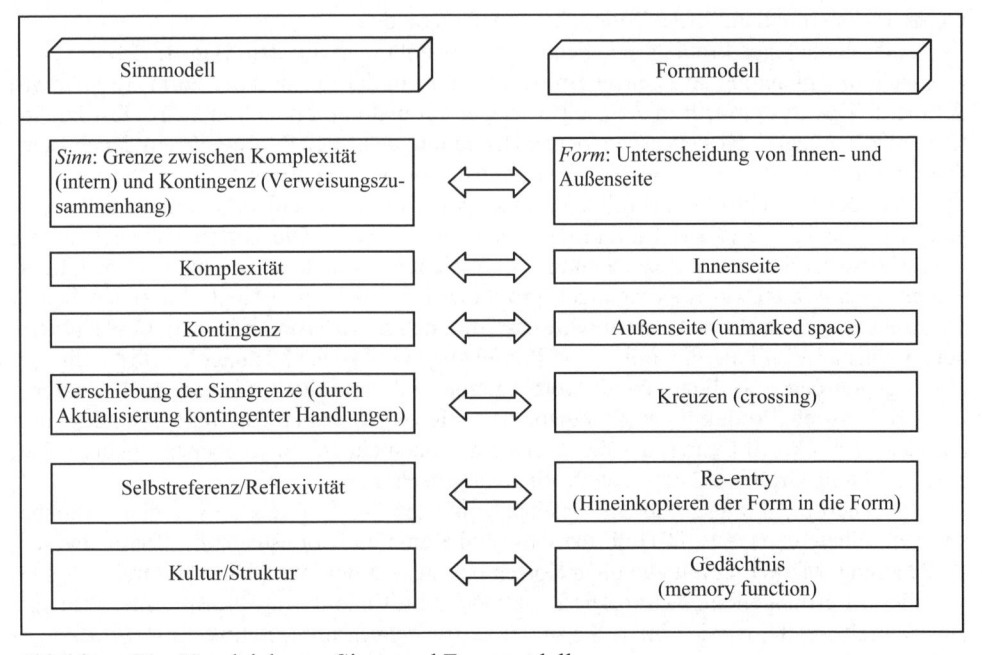

Sinnmodell	Formmodell
Sinn: Grenze zwischen Komplexität (intern) und Kontingenz (Verweisungszusammenhang)	*Form*: Unterscheidung von Innen- und Außenseite
Komplexität	Innenseite
Kontingenz	Außenseite (unmarked space)
Verschiebung der Sinngrenze (durch Aktualisierung kontingenter Handlungen)	Kreuzen (crossing)
Selbstreferenz/Reflexivität	Re-entry (Hineinkopieren der Form in die Form)
Kultur/Struktur	Gedächtnis (memory function)

Abbildung 71: Vergleich von Sinn- und Formmodell

Re-entry

Kreuzen (crossing) ist die Anwendung der Unterscheidung (die zur Form führte) auf die Form selbst (2002a: 71). Eine Beobachtung 2. Ordnung ist ein Beispiel für ein Kreuzen, falls mit der Beobachtung 2. Ordnung die gleiche Unterscheidung getroffen wird wie mit der Beobachtung 1. Ordnung. So könnte in dem Beispiel des Spazierengehens die (erste) Beobachtung der Reaktion des Partners auf die Aussage "es regnet" nach der Unterscheidung "reagiert vs. reagiert nicht" erfolgen. Der zweite Partner beobachtet den ersten Partner daraufhin, ob er seine Reaktion bemerkt hat. Falls dies nicht der Fall ist, würde er vielleicht seine Reaktion wiederholen oder sogar verstärken, damit der Partner die Ausprägung "Reaktion" beobachtet.

An dem Beispiel wird deutlich, dass ein formal strenges Kreuzen empirisch ein Grenzfall ist. Die Bedeutung von "Reaktion vs. Nicht-Reaktion" in der Beobachtung 2. Ordnung bezieht sich darauf, dass der Beobachter 2. Ordnung die Reaktion bemerkt hat. Die Beobachtung 1. Ordnung bezieht die Unterscheidung "Reaktion vs. Nicht-Reaktion" stattdessen direkt auf den Effekt der Aussage auf den Partner. Der Kontext der Unterscheidung ist unterschiedlich und zusätzlich sind beide Unterscheidungen zeitlich versetzt. Betrachtet man Luhmanns Darstellung und Anwendungsbeispiele genauer, so ist mit dem Kreuzen die Anwendung einer formal ähnlichen, aber inhaltlich unterschiedlichen Unterscheidung auf das bereits mit der Form Unterschiedene gemeint. Unter dieser Annahme ist die Aussage "Kreuzen ist kreativ" (1997: 61) von Luhmann nachvollziehbar. Wenn wir es in der Sprache des Sinnmodells formulieren, wird durch Verschieben der Sinngrenze eine neue Sinngrenze realisiert und auf diese Weise das System verändert.

Auf ein analoges Problem wie beim Kreuzen stößt man mit dem Begriff *Re-entry*, den Luhmann in Anlehnung an Spencer Brown als "Eintritt der Form in die Form" (2002a: 80) definiert: "Das System tritt in sich selbst wieder ein und kopiert sich in sich selbst hinein" (2002a: 82). Wegen der hervorgehobenen Bedeutung des Begriffs Re-entry in der Systemtheorie Luhmanns soll er an zwei Beispielen ausführlicher erläutert werden.

Eine der nachhaltigsten Strukturveränderungen in Wirtschaftsorganisationen der vergangenen Jahrzehnte ist die Einführung von *Profit Centern*. Die Differenzformel für das Re-entry ist bereits in der Bezeichnung "Profit Center" enthalten: Ist eine Unternehmenseinheit unter Wettbewerbsbedingungen profitabel oder nicht profitabel? Im ersten Schritt der Einführung von Profit Centern wird das Unternehmen *divisionalisiert* in Geschäftseinheiten (business units), die mit ihren Produkten bzw. Dienstleistungen selbständig am Markt gegen den jeweiligen Wettbewerb agieren und dazu die notwendigen Ressourcen, wie z.B. Vertrieb, Produktion und Logistik, unter Kontrolle haben. Die Innenseite der Form markiert dieses Profit Center, das die Auflage hat, nach einem vorgegebenen Business Plan eine bestimmte Größenordnung von Profit zu erwirtschaften.

Es dauert nicht lange, und den Geschäftseinheiten fällt auf, das sie von den verbliebenen Zentralbereichen, z.B. IT (Informations- und Kommunikationstechnik), Personalwesen, Buchhaltung, Marketing mit zu hohen Kosten belastet werden, verglichen mit freien Anbietern dieser Leistungen am Markt. Die Reaktion ist ein Re-entry des Profit Center Prinzips: Die Zentralbereiche werden im 1. Schritt zu *Cost Centern*, im 2. Schritt zu *Profit Centern* und im 3. Schritt zu *selbständigen Dienstleistungsgesellschaften*, die ihre Leistungen am Markt anbieten.

Die Geschichte der Profit Center ist mit diesem Schritt noch nicht zu Ende erzählt. Jetzt fällt der Geschäftsführung und den Controllern auf, dass es innerhalb der Geschäftsprozesse der Business Units Standardprozesse gibt, die kostengünstiger erbracht werden könnten, wenn sie *zentralisiert in großen Einheiten* organisiert werden. Beispiele sind die Rechnungslegung für den Verkauf oder die Hotline für den Service. Wie im Fall der Dienstleistungen des ersten Re-entry können die neu gegründeten Profit Center weiterhin dem Unternehmen angehören oder von externen Dienstleistern übernommen werden.

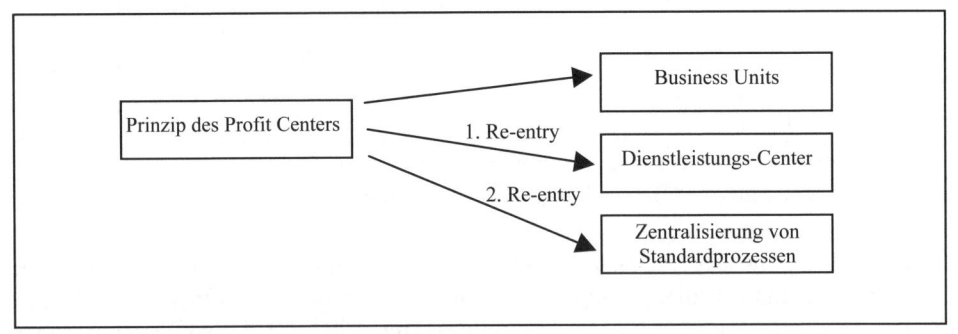

Abbildung 72: Re-entry des Profit Center Prinzips

In Abbildung 72 sind die beiden Re-entries des Profit Center Prinzips schematisch zusammengefasst. Für Luhmann besteht das Paradox des Re-entry aus der Frage: "Ist die Unterscheidung, die eingeführt wurde, noch dieselbe Unterscheidung oder nicht?" (2002a: 167). Wie jedes Paradoxon lässt sich die Frage beantworten, indem man die verschiedenen Kontexte der Anwendung des Profit Center Prinzips unterscheidet. Das Grundprinzip der Bildung von Organisationseinheiten, die in ihrem Kernbereich *wettbewerbsfähig* sind, wird in den drei Stufen einheitlich angewendet. Die konkrete organisatorische Ausgestaltung ist aber unterschiedlich.

Das zweite Beispiel bezieht sich auf die wechselseitige Beobachtung von Politikern und Wählern. Der Politiker beobachtet, dass er vom Wähler in seinen politischen Entscheidungen beobachtet wird. Dies kann er unmittelbar in politischen Veranstaltungen oder über Umfragen bzw. Massenmedien erfahren. Auf die Beobachtung durch den Wähler reagiert der Politiker durch eine medienwirksame Inszenierung seiner Politik. Das Beobachtungsprinzip wird in der 1. Stufe des Re-entry nochmals angewendet, wenn der Wähler beobachtet, dass der Politiker wegen der Beobachtung durch die Wähler seine Politik inszeniert und dabei gezielt bestimmte Informationen über die Massenmedien verbreitet und andere verborgen hält. Die Folge dieses Re-entry ist ein Absinken der Glaubwürdigkeit des Politikers. Im Zuge des 2. Re-entry von Beobachtung bemerkt der Politiker seinen Glaubwürdigkeitsverlust und führt gezielte Kampagnen zur Erhöhung seiner Glaubwürdigkeit durch.

Die Besonderheit dieses in Abbildung 73 dargestellten Beispiels ist die wechselseitige Beobachtung von Politiker und Wähler innerhalb des politischen Systems, wodurch der Mechanismus des Re-entry von Beobachtung eine besondere Dynamik bekommt.

```
┌─────────────────────────────────────────────────────────────────┐
│                                    ┌──────────────────────────┐ │
│                                    │ Politiker beobachtet,    │ │
│                                    │ dass er vom              │ │
│                                    │ Wähler beobachtet wird   │ │
│                                    │ ➔  Inszenierung          │ │
│                                    └──────────────────────────┘ │
│   ┌──────────────┐                 ┌──────────────────────────┐ │
│   │ Beobachtung  │─── 1. Re-entry  │ Wähler beobachtet, dass  │ │
│   │              │                 │ Politiker mit Inszenier- │ │
│   └──────────────┘    2. Re-entry  │ ung auf die Beobach-     │ │
│                                    │ tung durch Wähler        │ │
│                                    │ reagiert                 │ │
│                                    │ ➔ Glaubwürdigkeitsverlust│ │
│                                    └──────────────────────────┘ │
│                                    ┌──────────────────────────┐ │
│                                    │ Politiker beobachtet die │ │
│                                    │ Beobach- tung seiner     │ │
│                                    │ Inszenierung durch den   │ │
│                                    │ Wähler und den Glaub-    │ │
│                                    │ würdigkeitsverlust       │ │
│                                    │ ➔ Kampagne zur Erhöhung  │ │
│                                    │   der Glaubwürdigkeit    │ │
│                                    └──────────────────────────┘ │
└─────────────────────────────────────────────────────────────────┘
```

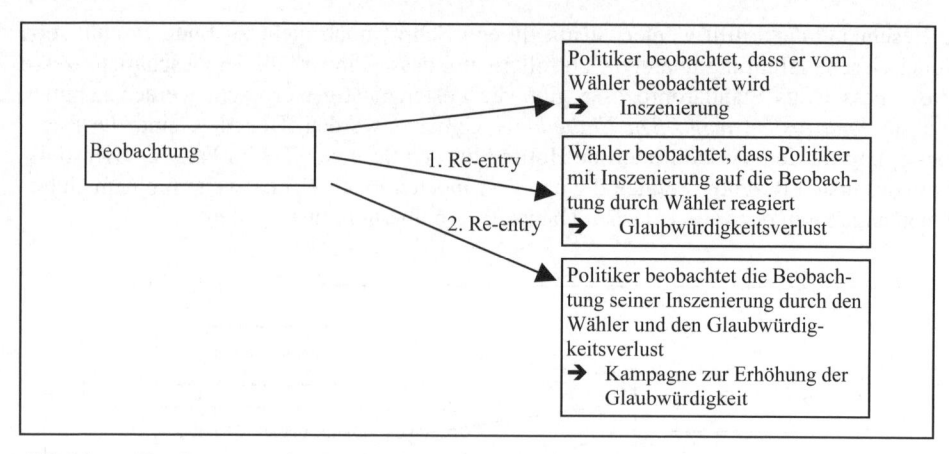

Abbildung 73: Re-entry der Beobachtung bei Politikern und Wählern

Mit Re-entry kann eine beobachtete Differenz zwischen dem System und der Umwelt in das System eingeführt werden, während die Umwelt - nach dem Grundtheorem der Autopoiesis - nicht direkt in das System eingreifen kann. Über das Re-entry der System-Umwelt-Differenz wird über unbestimmte Irritation hinausgehend Umweltkomplexität in das System eingeführt. Dies führt zu einer Leistungssteigerung und Dynamik des Systems, die "aufgrund bloßen Rauschens der Umwelt, auf Grund von Störung und Irritation" (2001: 145) nicht möglich wäre.

Luhmann verwendet in seinem Spätwerk durchgehend den Begriff Re-entry an Stelle von Kreuzen. Gegenüber dem Begriff der Selbstreferenz hat Re-entry die Besonderheit, dass das Gleiche (abstrakte) Unterscheidungsprinzip mehrfach angewendet wird. Der Begriff *Reflexivität*, den Luhmann z.B. für die Anwendung des Mediencodes auf das Medium selbst verwendet (2002b: 64), entspricht weitgehend dem Begriff Re-entry.

Rekursion

Systemoperationen sind *rekursiv* in dem Sinne, dass die Operation immer wieder auf das Resultat der vorangehenden Operation angewendet wird (1997: 584). Dies ist für Kommunikation in sozialen Systemen und Gedanken in psychischen Systemen plausibel, die jeweils an das Resultat der vorangehenden Operation anknüpfen. Das Rekursionsprinzip lässt sich an mathematischen Rekursionsformeln veranschaulichen, wie z.B.:
$x_{n+1} = x_n^2 + 1$ mit $x_0 = 1$
$x_1 = (1)^2 + 1 = 2$
$x_2 = 2^2 + 1 = 5$
$x_3 = 5^2 + 1 = 26$ usw.

Die Formel wird jeweils auf das Ergebnis der vorangehenden Rechenoperation angewendet. Die Mathematik hat Kriterien entwickelt, um die Konvergenz oder Divergenz von Rekursionsverfahren zu bestimmen. In Anlehnung an den Sprachgebrauch des Kognitionswissenschaftlers von Foerster verwendet Luhmann den Begriff *Eigenverhalten*, falls sich wiederholt angewendete Systemoperationen stabilisieren.

Er (der Begriff Eigenverhalten) bezeichnet eine im rekursiven Verfahren der Anwendung des Verfahrens auf die Resultate des Verfahrens sich einstellende Stabilität (Luhmann 1997: 218-9; Klammereinschub d. Verf., B.M.)

An anderer Stelle verwendet Luhmann den mathematischen Begriff des "Eigenwertes" (1997: 394) für diesen Sachverhalt der sich auf Stabilität einschwingenden rekursiven Operationen.

Etwas unscharf gegenüber dieser Begriffsverwendung erweitert Luhmann den Rekursionsbegriff auf Systemoperationen "mit Rückgriff und Vorgriff auf andere Operationen desselben Systems" (1997: 74). Diese Begriffsverwendung weicht von dem mathematischen Rekursionsbegriff ab, nach dem ausschließlich der Rückgriff auf das Ergebnis der vorangegangenen Operation erfolgt. Für die Systemtheorie ist die Begriffserweiterung trotzdem plausibel, weil Systemoperationen sich durchaus an Zielen oder Strategien des Systems orientieren können, die aus dem Systemgedächtnis abgerufen werden, wie im nachfolgenden Abschnitt dargestellt wird.

Obwohl die Begriffe Re-entry und Rekursion auf den ersten Blick gleichbedeutend erscheinen, unterscheiden sie sich grundsätzlich. Rekursion bezieht sich auf die Anschlussoperationen auf der *Ebene der systemischen Reproduktion*. Re-entry bedeutet stattdessen, dass eine Unterscheidung auf eine laufende Systemoperation insgesamt, also auf einer *Metaebene*, angewendet wird.

Gedächtnis

Durch Re-entry wird dem System jeweils Unbestimmtheit zugeführt, weil als Ergebnis des Re-entry die Sinngrenze des Systems neu festgelegt werden kann. Diese Unsicherheit ist nicht von der Außenwelt, z.B. durch strukturelle Kopplung, auferlegt, sondern quasi "hausgemacht" durch das System selbst (1997: 45). Das System braucht daher ein *Gedächtnis*, um mit der Unsicherheit fertig zu werden. Das Gedächtnis hat nach Luhmann einen Vergangenheits- und Zukunftsbezug. Im Hinblick auf die Vergangenheit sind bestimmte Inhalte abgespeichert, die in einer augenblicklichen Operation abgerufen werden können. So kann in dem Beispiel der Vorbereitung eines Spaziergangs sich der eine Partner daran erinnern, zu welchem Streit es vor einer Woche gekommen war, als er den Satz "es regnet" des Partners ignoriert hatte. Ein Gedächtnisinhalt wird in einer Handlungssituation abgerufen, um Anhaltspunkte für den weiteren Verlauf der Interaktion zu gewinnen. Falls der Partner die Erwartung eines harmonischen restlichen Tages hat, so tut er gut daran, sowohl die Information als auch die Mitteilung von "es regnet" zu verstehen und im Sinne der Erwartungen des Partners darauf einzugehen.

Abstrakt formuliert, wird das Gedächtnis dazu benutzt, bestimmte Informationen daraufhin abzuklopfen, ob sie den Erwartungen an die Zukunft - positive Erwartungen, wie Wünsche ebenso wie Befürchtungen - entsprechen (Luhmann 2002a: 103). Die Information "es regnet" wird im Beispiel durch den erinnerten Streit auf Konsistenz der Erwartung eines harmonischen Spaziergangs getestet. Das Resultat ist die Einschränkung von Handlungsmöglichkeiten auf die Reaktionen, die der Partner erwartet, z.B. einen Schirm zu suchen oder anzubieten, den Spaziergang zu verschieben. Luhmann stellt den Begriff Gedächtnis nicht auf die Speicherung von Daten ab, sondern interessiert sich für die Funktion des Gedächtnisses in Systemprozessen von Operationen und Anschlussoperationen. Das Gedächtnis bietet in sozialen Systemen eine Orientierungshilfe, um die Folgen einer Kommunikation im Hinblick auf die Erwartungen an den Fortgang und das Ergebnis des Interaktionsprozesses abzuschätzen.

> Vielmehr geht es um eine stets, aber immer gegenwärtig benutzte Funktion, die alle anlaufenden Operationen testet im Hinblick auf Konsistenz mit dem, was das System als Realität konstruiert. (Luhmann 1997: 578-9)

Die Soziologie bietet eine Reihe von Begriffen und Konzepten zur Beschreibung der Konstruktion von Realität in einem System. Berger und Luckmann schlagen institutionalisierte Strukturen und Legitimation als kulturelle Muster vor. Luhmann identifiziert auch Kultur und Strukturen als Formen des Systemgedächtnisses und ergänzt sie um die Begriffe "Rahmen", "Schemata" und "Skripte". *Kultur* besteht nach Luhmann aus Orientierungsmustern, die Sinn in generalisierter Form vorhalten, um in konkreten Situationen jeweils spezifiziert zu werden. So muss der Wert "Gleichheit" als generalisiertes Wertmuster in unterschiedlichen Kontexten weiter spezifiziert werden in Form von Normen, Erwartungen oder Ansprüchen. In Anlehnung an Parsons hat Kultur für die Gesellschaft mit der Funktion der Strukturerhaltung eine identitätsstiftende Funktion, indem sie grundlegende Orientierungsmuster bereithält (1997: 587). In diesem Sinne ist für Luhmann Kultur "Das Gedächtnis der Gesellschaft" (1997: 588).

Strukturen sind nach Luhmann Erinnerungen und Erwartungen (1997: 83), an denen sich Systemoperationen ausrichten. Aus der Beobachterperspektive ergibt sich aus dieser Ausrichtung eine gewisse Stabilität und Erwartbarkeit der Systemoperationen. Ebenso wie Konformität können auch Abweichungen identifiziert werden und im Hinblick auf die Folgen für das System, z.B. Anpassung oder Veränderung, weiter beobachtet werden. Beispiele für soziale Strukturen sind Rollen, Normen, Handlungsroutinen, institutionelle Regelkomplexe oder Positions- und Stellengeflechte in Organisationen. Für psychische Systeme beschreibt der Begriff Identität am ehesten das Strukturmuster. Die Funktion der Struktur ist, "die rekursive Vernetzung auf Vergangenes und Vorgriffen auf Zukünftiges durch Invarianten abzusichern" (2002b: 65). Strukturen sind Invarianten, durch die unterschiedliche Operationen (Kommunikationen, Gedanken) als Dasselbe wieder erkannt werden können. Ein gesellschaftliches Subsystem, wie das politische System, ist "immer ein historisches, ein strukturdeterminiertes System" (2002b: 86), das in jeder neuen Operation sich seiner Strukturen erinnert und dann entscheidet, ob es die Strukturen reproduziert oder sie modifiziert. Damit ist Strukturdeterminiertheit nicht als kausale Zwangsläufigkeit, sondern als Entscheidungshilfe für das System in seinen laufenden Operationen zu verstehen. "Strukturen werden durch Operationen für Gebrauch in Operationen erzeugt und reproduziert und evtl. variiert oder einfach vergessen" (2000: 50).

Frames[122] definiert Luhmann in Übereinstimmung mit der Goffmanschen Definition als "Rahmenbedingungen, an denen man erkennen kann, ob man sich mit bestimmten Kommunikationen in diesem Bereich befindet oder nicht" (2002b: 86). Damit werden Frames einerseits zur Identitätsbestimmung für Systeme und andererseits zur Grundorientierung in sozialen Situationen verwendet. Der Begriff "Proseminar" steckt den Rahmen für die gesamte Veranstaltung ab und in einer bestimmten Sitzung wird mit dem Begriff "Referat" der Rahmen für den konkreten Interaktionsprozess vorgegeben.

---

122 Luhmann verwendet meistens den englischen Begriff für Rahmen.

Schemata sind grobe Sinnformeln zur Auswahl von Operationen in bestimmten Situationen, z.B. "Zeitschemata, insbesondere Vergangenheit/Zukunft oder Präferenzcodes wie gut/schlecht, wahr/unwahr" (1997:111). Im politischen System nennt Luhmann die Beispiele "'Parlament', 'Dienstwagen', 'Sitzung', 'kleine Anfrage', 'Kandidatur', 'Umweltverschmutzung', 'Kompromiß', 'Regierungserklärung'" (2002b: 155). Schemata sind zwar auf einen funktionalen Kontext bezogen, müssen aber situationsspezifisch konkretisiert werden.

Werden Schemata in Prozessschritten zeitlich strukturiert, so spricht Luhmann von *Skripten*. Während der Begriff "Feuerwehr" ein Schema darstellt, sind die dazu passenden Handlungsketten wie "Alarm, das Ausrücken, das Löschen" (2002b: 155) jeweils Skripte. "Als Skript bezeichnet man den Sonderfall einer zeitlichen Regulierung, an der man sich handelnd beteiligen kann" (2002b: 153). Nach Luhmann enthalten Skripte Motive als Formen der Begründung von Handlungen (2002b: 156); sie liefern also mit der Handlungsanweisung zugleich deren soziale Legitimation.

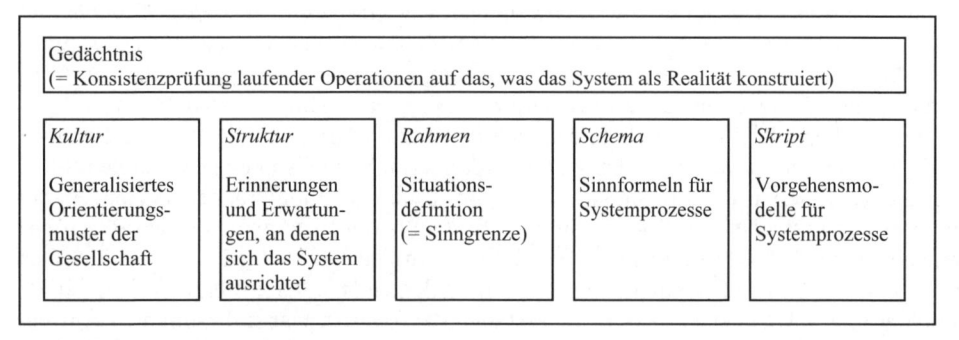

Gedächtnis (= Konsistenzprüfung laufender Operationen auf das, was das System als Realität konstruiert)					
Kultur	*Struktur*	*Rahmen*	*Schema*	*Skript*	
Generalisiertes Orientierungsmuster der Gesellschaft	Erinnerungen und Erwartungen, an denen sich das System ausrichtet	Situationsdefinition (= Sinngrenze)	Sinnformeln für Systemprozesse	Vorgehensmodelle für Systemprozesse	

Abbildung 74: Systemgedächtnis

In Abbildung 74 sind die unterschiedlichen Ausprägungen der Realitätskonstruktion durch das Systemgedächtnis zusammengefasst. Luhmann integriert die Begriffe Rahmen, Schema und Skript in den systemtheoretischen Bezugsrahmen und entwirft mit der Funktion des Gedächtnisses eine grobe Skizze für ein explizites Modell, ohne allerdings das analytische Potenzial dieser Begriffe ausreichend auszuschöpfen. Hier ist Hartmut Esser, wie in Kap. 6 dargestellt wird, erfolgreicher, indem er mit den Begriffen Rahmen, Schema und Skript ein explizites Modell im Bezugsrahmen des Methodologischen Individualismus entwickelt.

Lose und strikte Kopplung

Der Begriff Komplexität setzt voraus, dass nicht alle Elemente miteinander verknüpft werden können. Die verbleibenden Kombinationsmöglichkeiten sind unüberschaubar, obwohl das Systemgedächtnis Strukturen, Schemata und Skripte bereithält, um den laufenden Systemoperationen eine Richtung zu geben. Dadurch wird dem sich selbst beobachtenden System wie auch einem außenstehenden Beobachter die Wiedererkennung bestimmter Verhaltens- und Prozessmuster ermöglicht. Eine zweite Quelle, die Unterbestimmtheit von Systemoperationen einzuschränken, sind strukturelle Kopplungen, die dem System Einschränkungen auferlegen. Hier ist zu beachten, dass das System selbst nicht über die strukturellen Kopplungen disponieren kann. "Sie bleiben für das System selbst unsichtbar, weil sie ja nicht Operationen beisteuern können" (2002b: 375).

Diese Einschränkungen der Verknüpfungsmöglichkeiten im System beziehen sich auf die Innenseite der Form, weil das System nur dort operieren kann. In der Sprache des Sinnmodells finden die Systemoperationen im Bereich der Komplexität statt und blenden die kontingenten Handlungsmöglichkeiten aus. Die entscheidende Modellidee Luhmanns ist, dass die Sinngrenze verändert werden kann und dadurch vorher ausgeschlossene Optionen dem System zur Verfügung stehen. Im Formkalkül wird die Form gekreuzt, um die Grenze von Außen- und Innenseite zu verschieben. Eine Methode dazu ist das Re-entry, womit die ursprüngliche Unterscheidung, die zur Form führte, auf die Form selbst angewendet wird.

Es haben sich nach Luhmann bestimmte Mechanismen in Systemen evolutionär entwickelt, die eine *speziellere Relation* zwischen Außen- und Innenseite der Form erzeugen. Hier diskutiert Luhmann die generalisierten Kommunikationsmedien und Technik als Anwendungsbeispiele. Die zur Analyse notwendigen Begriffe "*lose und strikte Kopplung*"[123] übernimmt Luhmann von dem Systemtheoretiker Glassman und von dem Organisationspsychologen Weick, der die Begriffe auf Erziehungsorganisationen angewendet hat. Mittlerweile gehört lose Kopplung zum Standardrepertoire der Organisationshandbücher.

Lose gekoppelte Elemente befinden sich in einer unbestimmten Relation zueinander, die durch eine Sinnformel zwar abgesteckt wird, aber nur jeweils in einer konkreten Situation zu einer fixierten Relation konkretisiert wird. Damit wird im Grunde das Konzept der Komplexität nur wiederholt. Was gewinnt die Systemtheorie also mit den neuen Begriffen? Erstens hat sie abstrakte Begriffe zur Verfügung, um den Unterschied von unbestimmten Systemrelationen (lose Kopplung) zu situativ festgelegten Handlungsmöglichkeiten (strikte Kopplung) zu unterscheiden. Zweitens lässt sich das Begriffspaar in bestimmten Anwendungskonstellationen weitergehend verwenden, wie nachfolgend an Medien und Technik gezeigt wird.

Erfolgsmedien

In Kap. 4.2.1 wurden symbolisch generalisierte Kommunikationsmedien eingeführt, die Luhmann im Rahmen der Theorie beobachtender Systeme als *Erfolgsmedien* von Verbreitungsmedien wie Buchdruck oder elektronische Kommunikationsmedien abgrenzt (1997: 203). Mit Hilfe des Formbegriffs und der Unterscheidung von loser und strikter Kopplung reformuliert Luhmann das explizite Modell der symbolisch generalisierten Kommunikationsmedien. Den Kern des erweiterten Modells bildet die Unterscheidung von *medialem Substrat* und *Form*, kurz: *Medium und Form*. Das mediale Substrat besteht aus lose gekoppelten Elementen, während für Formen feste Kopplungen gelten (2002b: 31). Für das Medium Macht im politischen System besteht das mediale Substrat aus der Kapazität, kollektiv bindende Entscheidungen zu treffen. Hier gilt das Prinzip der losen Kopplung, weil nicht festgelegt ist, in welcher Form diese Kapazität realisiert wird. Es gilt nur das allgemeine Machtmerkmal, dass der Machthaber über Möglichkeiten verfügt, dem Machtunterworfenen bestimmte Vermeidungsalternativen aufzuerlegen, falls dieser mit der vom Machthaber getroffenen Entscheidung nicht einverstanden ist. Diese Verfügung über Ver-

---

123 Die englischen Originalbegriffe lauten: "loose coupling" und "tight coupling" (2002a: 171). Die Literaturhinweise zu Glassman und Weick finden sich in der Anmerkung Nr. 69 auf S. 171 von Luhmann 2002a.

meidungsalternativen, die dem Machtunterworfenen unangenehm sind, erzeugt den Bindungscharakter der Macht. Im politischen System werden durch Gesetze bestimmte Sanktionen als Vermeidungsalternativen festgelegt, falls sich Bürger nicht an die von der Regierung getroffenen Entscheidungen halten.

Mit der Gesetzgebung werden strikte Kopplungen gleich mehrfach fixiert. Erstens besteht das Gesetzgebungsverfahren aus einer geregelten Abfolge von Verfahrensschritten. Zweitens werden die Gesetze weiter in Verwaltungsvorschriften spezifiziert und drittens sind die Prozesse festgelegt, wie Gesetzesverstöße zu verfolgen und zu ahnden sind. Hier befinden wir uns auf der Innenseite der Form, wo bestimmte Prozessschritte als strikte Kopplungen verbindlich sind. Diese Prozessschritte bestehen häufig aus kausalen Verknüpfungen, indem aus einem Ereignis ein anderes zwangsläufig folgt (2002b: 24).

Als Oberbegriff für diese Art von Strukturen verwendet Luhmann den Begriff Programme. Der Systemcode legt als *Präferenzcode* (1997: 360) einen positiven Wert für die bevorzugte Möglichkeit und einen negativen Wert für die abgelehnte Möglichkeit fest. *Programme* bewerten diese Präferenzwahl nach richtig oder falsch[124]. Präferenzcodes werden durch Systemoperation realisiert. Im Strom der Operationen und Anschlussoperationen ist die Anwendung des Präferenzcodes nicht in eine soziale Ordnung eingebettet, wodurch die Unberechenbarkeit der Systemoperationen gesteigert wird. Präferenzcodes haben die Besonderheit, zwischen den beiden möglichen Werten wechseln zu können. Im politischen System wird der Wechsel zwischen Regierung und Opposition primär durch Wahlen verursacht. Im Wirtschaftssystem wird ein Eigentumswechsel durch Verträge ausgelöst. Luhmann verwendet hier den Begriff der *technischen Kopplung*: "technisch gekoppelt, 'technisch' in dem Sinne, dass es relativ leicht ist, von dem einen (Wert) zum anderen (Wert) überzugehen" (2005: 264; Klammereinschübe vom Verf., B.M.). Dieses *switching* (2005: 265) zwischen den Code-Werten macht den Prozess der Systemoperationen unberechenbar. Zur Einschränkung dieser Unsicherheit entwickeln sich in sozialen Systemen Programme, durch die Präferenzcodes in eine gewisse soziale Ordnung eingebunden werden.

> Deshalb bildet sich im Zuge der Evolution von Codierungen eine Zusatzsemantik von Kriterien, die festlegen, unter welchen Bedingungen die Zuteilung des positiven bzw. negativen Wertes richtig erfolgt. Wir werden diese Konditionierungen "Programme" nennen. Sie hängen sich wie ein riesiger semantischer Apparat an die jeweiligen Codes; und während die Codes Einfachheit und Invarianz erreichen, wird ihr Programmbereich, gleichsam als Supplement dazu, mit Komplexität und Veränderlichkeit aufgeladen. (Luhmann 1997: 362).

Im Gegensatz zu dem einfachen Systemcode können Programme sich mit hoher Komplexität "aufladen", wie Luhmann in dem obigen Zitat formuliert. Die Komplexitätssteigerung kann sachlich erfolgen, z.B. durch einen verzweigten Entscheidungsbaum bei Investitionsprogrammen. Zusätzlich wird durch die zeitliche Abfolge der einzelnen Programmschritte Komplexität erzeugt, in dem z.B. in *Investitionspgrogrammen* die einzelnen Entscheidungen auf vorangegangene Entscheidungen im jeweiligen Investitionsprozess Rücksicht nehmen müssen (1997: 377). Für das Medium Wahrheit identifiziert Luhmann *Theorien* und *Methoden* als komplexe Programme, mit denen der Systemcode wahr/unwahr in eine soziale Ordnung eingebettet wird (1997: 377; 1992: 401-428).

---

124 Mit dieser Festlegung knüpft Luhmann an die frühere Definition von Programmen als "ein Komplex von Bedingungen der Richtigkeit" (1984: 432; vgl. Kap. 4.2.1) an.

Programme erfüllen allgemein in Funktionssystemen die "Funktion des Einschränkens von Möglichkeiten" (1997: 377). Damit teilen sie - systemtheoretisch betrachtet - das Schicksal aller *Strukturen*, indem sich die Systemoperationen an ihnen ausrichten oder sie ignorieren können. Bei Ablehnung der Strukturen durch die laufenden Systemoperationen entwickeln sich neue Strukturen im Verlauf der Selbstorganisation, die dann im Systemgedächtnis gespeichert werden.

> Zwischen Codierung und Programmierung herrscht daher keine hierarchische, sondern eine komplementäre Beziehung. Die Wahrheit hat keinen höheren Wert als die Richtigkeit des Urteils über wahr und unwahr. Aber der Code definiert die Einheit des Systems, er macht erkennbar, welche Operationen das System reproduzieren und welche nicht. Programme sind dagegen Strukturen, die in den Operationen des Systems mal verwendet, mal nicht verwendet werden. Programme können auch, anders als der Code, durch Operationen des Systems geändert werden. (Luhmann 1992: 401)

Innerhalb des Modells symbolisch generalisierter Kommunikationsmedien unterscheidet Luhmann die Erst- und Zweitcodierung. Die Erstcodierung entspricht dem Präferenzcode und die Zweitcodierung erscheint auf den ersten Blick identisch mit Programmen. So wird mit der Zweitcodierung "Recht/Unrecht" für Macht und Geld eine Bewertung nach richtig/falsch vorgenommen (vgl. Kap. 4.2.1). Auf diese Weise erfüllt die Zweitcodierung die Funktion der Einbettung des Codes in die soziale Ordnung. Diese institutionelle Verankerung wird in dem Parsonsschen Medienmodell noch klarer hervorgehoben als bei Luhmann (vgl. Kap. 4.1.3).

Der Programmbegriff kann allgemein auf alle Codierungen von Funktionssystemen angewendet werden, während die Zweitcodierung auf hoch entwickelte symbolisch generalisierte Kommunikationsmedien eingeschränkt ist. Für das Erziehungssystem hat sich z.B. kein spezielles Kommunikationsmedium evolutionär durchgesetzt. Trotzdem identifiziert Luhmann die *Absicht der Wissensvermittlung* (2002c: 59) als erste und die *Selektion durch Zensuren* (2000c: 71-73) als zweite Codierung. Insbesondere für den Selektionscode haben sich *Programme der richtigen Bewertung* (2002c: 74) im Erziehungssystem etabliert, die einerseits die Selektion an soziale Werte, z.B. Gleichheit oder Gerechtigkeit, koppeln und andererseits auch Einflüsse anderer Funktionssysteme in das Erziehungssystem einfließen lassen, wie z.B. der Einfluss des Wirtschaftssystems durch die Nachfrage nach qualifizierten Absolventen (Baraldi/Corsi/Exposito 1999: 140). Für das politische System führt Luhmann neben Macht den Code Regierung/Opposition[125] ein, mit dem politische Pogramme verbunden werden (2002b: 100; 1992: 197). Für das Medium Liebe besteht der Programmcode aus der "Erinnerung an eine gemeinsame Geschichte" (1997: 377; vgl. Kap. 4.2.1).

Mit den Begriffen Medium, Form und Programm *erweitert* Luhmann das explizite Modell der symbolisch generalisierten Kommunikationsmedien. Ein erster Schritt ist die These, dass das mediale Substrat spezifische Formen generiert, *ohne das Medium zu verbrauchen* (1997: 197). Die Kapazität, bindende Entscheidungen zu treffen, wird nicht durch ein konkretes Gesetz oder einen Regierungsbeschluss vermindert. Das zweite Merkmal von Erfolgsmedien ist, dass sie *risikoreich* sind, weil die strikten Kopplungen zu konkreten Festlegungen führen, die im System Widerspruch erzeugen können. "Je mehr ein System zu strikten Kopplungen übergeht, desto riskanter wird es oder desto stärker ist es

---

[125] Die Codierung von Erziehungssystem und politischem System wird in Kap. 4.2.5 dargestellt.

gefährdet" (2002a: 171). Ein Regierungsbeschluss kann z.B. von politischen Gegenkräften torpediert und in seiner Realisierung schließlich verhindert werden.

Da die moderne Gesellschaft funktional ihre Leistungsfähigkeit mit Erfolgsmedien erweitert, lässt sie sich auf das *Risiko der strikten Kopplung* ein. Die evolutionäre Errungenschaft der Erfolgsmedien liegt in der Bereithaltung des medialen Substrats, das beim Scheitern der strikten Kopplung neu aktiviert werden kann. Die Regierung kann z.B. neue Gesetzgebungsverfahren aufsetzen, wenn sie im ersten Anlauf gescheitert ist. Allerdings besteht, wie bereits dargestellt, auch eine Verbindung zwischen dem Misserfolg der strikten Kopplung und dem medialem Substrat über *Vertrauen*. Falls in dem Beispiel die Regierung ständig mit Entscheidungen scheitert, wird das Vertrauen in ihre Macht schwinden.

In die abstrakte Reformulierung des Medienmodells integriert Luhmann die bereits während der funktional-strukturellen Phase erarbeiteten Medienmerkmale, wie z.B. Erst- und Zweitcodierung, Symbolisiert- und Generalisiertheit, symbiotischer Mechanismus, Nebencode, Vertrauen, Inflation/Deflation oder Zirkulation (1997: 359-93; vgl. Kap. 4.2.1). Mit Hilfe der Theorie beobachtender Systeme lassen sich bestimmte Merkmale der Erfolgsmedien präziser formulieren als in der Erstfassung. Erfolgsmedien sind erstens besonders geeignet für ein Re-entry, in dem die Form des Mediums "in sich selbst hineincopiert werden kann" (2002b: 31). Innerhalb des politischen Systems wird nach Luhmann Macht auf Macht angewendet, "etwa in der Form der politischen Wahl oder des innerorganisatorischen Phänomens der Pressionsmacht von Untergebenen" (1997: 372-3). Erfolgsmedien eignen sich zweitens für Beobachtungen erster und zweiter Ordnung (1997: 374). Die Spezifikation von Medien durch Formbildung legt die Beobachtung der strikten Kopplung nahe, weil hier klare Bewertungskriterien für Erfolg oder Misserfolg zur Verfügung stehen. Mit der Beobachtung zweiter Ordnung wird das mediale Substrat selbst thematisierbar, wenn z.B. die Regierung sich zu Strategiesitzungen zurückzieht und über die Grenzen ihrer Macht diskutiert.

Technik

Das zweite Beispiel für die Anwendung des Begriffspaares loser und strikter Kopplung ist *Technik*. Für Luhmann ist Technik "als *funktionierende Simplifikation* zu begreifen" (1997: 524). Technik kann ingenieurmäßig als Kausaltechnik oder als Informationsverarbeitungstechnik funktionieren: Bestimmte Ereignisse erzeugen andere mit erwartbarer Sicherheit. Wenn die in der Bedienungsanleitung definierten Bedingungen für die Nutzung von Technik eingehalten werden, läuft der Prozess regelmäßig ab, und das versprochene Ergebnis kommt zustande: "Es mag im übrigen geschehen, was will: die Technik liefert die beabsichtigten Ergebnisse" (1997: 525). Damit gilt für Technik das Prinzip strikter Kopplung (1997: 525). Technik ist in der Lage, heterogene Elemente in eine feste Prozesskopplung zu bringen. So fordert ein Personalcomputer von dem Benutzer die Unterordnung unter die Systemregeln. Eine falsche Eingabe führt zum Misserfolg, ohne dass mit Überredung oder moralischer Empörung über die Bestrafung durch den Computer etwas auszurichten wäre. Das psychische System mit seiner komplexen Eigenwelt passt nicht zu den Eingaberegeln des Personal Computers. Trotzdem werden diese heterogenen Welten über die strikte Kopplung der Anwenderschnittstelle verbunden.

Warum lassen sich psychische oder soziale Systeme auf solche - ihren eigenen Strukturen fremden - Kopplungen mit Technik ein? Luhmann sieht die Antwort in der Erweiterung der Handlungsmöglichkeiten unter der Bedingung, dass der Technikeinsatz in hohem Maße planbar und reproduzierbar ist und der Kontrolle des jeweiligen Systems unterliegt. Zusätzlich kann der Technikeinsatz schrittweise verbessert werden, bis ein gewisses Optimum zwischen Input und Output erreicht ist. Die Technikentwicklung führt zu "zahllosen nichtnatürlichen Selbstverständlichkeiten", die sich in hoch industrialisierten Gesellschaften durch strukturelle Kopplungen zwischen sozialen und technischen Systemen manifestiert haben (1997: 532). Daraus folgt eine Abhängigkeit von der Technik, weil in dem jeweiligen sozialen System keine eigene Komplexität für die durch die Technik erbrachten Leistungen vorgehalten wird. Ab einem bestimmten Stadium der Technisierung hält die Gesellschaft keine redundanten Ressourcen mehr vor, die bei Totalausfall der Technik mobilisiert werden könnten.

4.2.4 Methodologie beobachtender Systeme

Konstruktivismus

Zu einem neuen soziologischen Paradigma gehört neben Bezugsrahmen, expliziten Modellen und Musterbeispielen auch eine *Forschungsmethodik*. Durkheim und Weber haben dazu methodologische Schriften[126] verfasst. Bereits in dem Frühwerk "The Structure of Social Action" formuliert Parsons die Methodologie des analytischen Realismus, die er in den späteren Werkphasen mit der Komplexanalyse weiterentwickelt. Wie beantwortet Luhmann die Frage nach der Methodologie der Systemtheorie? In dem Werk "Soziale Systeme" schließt sich Luhmann prinzipiell dem analytischen Realismus Parsons an, indem er einerseits postuliert, dass *es Systeme empirisch gibt*. Andererseits darf der Wissenschaftler das analytische Systemmodell nicht mit dem empirischen System gleichsetzen und somit die "Aussagen nicht mit ihren eigenen Gegenständen verwechseln" (1984: 30). Wie Parsons argumentiert Luhmann, der Systembegriff lasse sich damit "auf eine Verantwortung für Bewährung seiner Aussagen an der Wirklichkeit ein" (1984: 30).

Der Systemtheoretiker ist, so erklärt Luhmann in seiner Einführungsvorlesung, ein Beobachter, der die wirklichen Systeme gedanklich als analytische Systeme konstruiert. Da der Beobachter selbst zum beobachteten System gehört, produziert nach Luhmann die Methodologie der empirischen Sozialforschung "autologische Schlüsse" (2002a: 63). Für Luhmann hilft in dieser Situation nur die Anwendung der systemtheoretischen Mechanismen, wie z.B. Beobachtung 2. Ordnung und Re-entry als Reflexion über den konkreten Forschungsprozess.

> In der Systemtheorie führt die Absicht, Wissenschaft und andere Teilsysteme durch Wissenschaft zu beobachten zu einer Beobachtung zweiter Ordnung (Beobachtung von Beobachtern) und damit zu einem radikalen Konstruktivismus. Von da aus gesehen ist die Methodologie der Wissenschaften nur ein spezifisches "framing" der Beobachtungsweise eines spezifischen Systems in der Gesellschaft. (Esser/Luhmann 1996: 132)

Der in dem Zitat erwähnte *radikale Konstruktivismus* versteht Luhmann als eine erkenntnistheoretische Grundposition der Systemtheorie. Ein Schlüssel zum Verständnis der konstruktivistischen Perspektive ist die *Paradoxie der Beobachtung*: Mit jeder

---

126 Vgl. Durkheim (1980) und Weber (1973).

Beobachtung werden jeweils nur bestimmte Phänomene in das Blickfeld genommen und andere Phänomene zwangsläufig ausgeblendet.

Diese gleichzeitige *Fixierung von Komplexität* und *Ausblendung von Kontingenz* trifft nicht nur auf Beobachtungen, sondern auf alle Systemoperationen zu. Die Kernbegriffe Sinn und Form der Luhmannschen Systemtheorie beziehen sich genau auf dieses Verhältnis von *realisierten* und *nicht realisierten* Möglichkeiten.

> Wir kommen also nicht um die Einsicht herum, dass etwas unbeobachtbar wird, wenn etwas beobachtet wird, und jedenfalls die Welt unbeobachtbar bleibt, mag man sie nun als Gesamtheit der Dinge (als universitas rerum) oder als Gesamtheit der Unterscheidungen auffassen. (Luhmann 2000: 127)

Die Paradoxie der Beobachtung besteht darin, dass das Ausblenden von Möglichkeiten während der Beobachtung nicht abgestellt und damit das Ziel einer vollständigen Beobachtung nicht erreicht werden kann. Trotzdem wird die Beobachtungsoperation nicht blockiert (2000:127). Stattdessen ist das System in seiner autopoietischen Reproduktion in der Lage, durch Sinnverschiebung (bzw. Kreuzen der Form) die Beobachtungsperspektive im Zeitverlauf zu wechseln. Zur beschleunigten Erschließung ausgeblendeter Möglichkeiten kann das System zusätzlich mit Selbstreferenz (bzw. Re-entry) sich selbst ins Blickfeld rücken und daraufhin Sinngrenzen (bzw. die Form) verschieben. Die Paradoxie der Beobachtung wird also - wie jede Paradoxie - über die Zeitachse oder die Metakommunikation aufgelöst. Beobachtungen eines Forschers sind systemtheoretisch Fremd- oder Selbstreferenz: Fremdreferenz, wenn der Forscher außerhalb des Systems operiert und Selbstreferenz, wenn der Forscher dem System angehört. Der Forscher unterliegt in beiden Fällen dem Paradox der Beobachtung, so dass er seine Beobachtungen über die Zeit und durch Reflexion immer wieder infrage stellen wird. Damit gilt für den Forscher keine losgelöste Erkenntnistheorie, sondern seine Handlungen werden systemtheoretisch beschrieben und erklärt. Abstrakter formuliert stellt der Systemtheoretiker die Frage: "Wovon wird etwas unterschieden, was ist eigentlich der Kontext, in dem irgendetwas profiliert wird" (Luhmann in Hagen 2004: 82). Diese Frage trifft nach Luhmann den Kern des Konstruktivismus, indem jede Unterscheidung vom System selbst konstruiert ist.

> Die Hintergrundthese ist, dass alles, was wir beobachten, bezeichnen, beschreiben, immer über Unterscheidung läuft. Es gibt immer eine andere Seite, die nicht berichtet wird. (Luhmann in Hagen 2004: 82)

In der soziologischen Literatur ist der Konstruktivismus ein Modethema. Entsprechend werden viele Varianten diskutiert. Der "phänomenologische Sozialkonstruktivismus" (Fried 2001: 37) behandelt die Fragestellung, wie aus dem Zusammenspiel individueller Handlungen gesellschaftliche Sinn- und Interaktionsstrukturen entstehen. Eine Hauptrichtung wird durch Berger und Luckmann mit dem programmatischen Titel "Die gesellschaftliche Konstruktion der Wirklichkeit" (1982; vgl. Kap. 5.1) repräsentiert. Auch der Methodologische Individualismus beschäftigt sich intensiv mit dieser Fragestellung, z.B. als "Logik der Aggregation" (Esser 2001) oder "Akteurkonstellationen" (Schimank 2000). Schließlich ist die autopoietische Wirklichkeitsproduktion als Kernmodell der Systemtheorie sozialkonstruktivistisch angelegt. Damit ist der Sozialkonstruktivismus kein eigenständiges Paradigma.

Stattdessen wird mit diesem Begriff der Entstehung sozialer Ordnung aus individuellen Handlungen im interpretativen Paradigma beschrieben.

Die Hauptrichtung des konstruktivistischen Denkens bildet der so genannte "Radikale Konstruktivismus"[127] mit folgenden Leitfragen: "Inwieweit ist die von Menschen als objektiv erfahrbare Wirklichkeit erkennbar? In welcher Art und Weise operiert der menschliche Erkenntnisapparat?" (Fried 2001: 41). Im Zentrum des Radikalen Konstruktivismus steht das Individuum mit seiner kognitiven Konstruktion der Wirklichkeit. Dem radikalen Konstruktivismus wird in der Standardkritik unterstellt, er leugne die objektive Wirklichkeit außerhalb des individuellen Bewusstseins. Wie Hejl betont, ist dies eine Fragestellung, die das Anliegen des Radikalen Konstruktivismus verfehlt. Stattdessen untersucht der Radikale Konstruktivismus die Mechanismen der Wirklichkeitskonstruktion durch menschliche Gehirne und die Bedeutung dieser Wirklichkeitskonstruktion für das Überleben des Systems.

> Ob die konstruierte Wirklichkeit einer Realität an sich entspricht, ist unwichtig. Was zählt, ist etwas anderes. Wirklichkeitskonstrukte müssen *als Minimum* das Überleben des betreffenden Systems ermöglichen. (Hejl 2000: 47)

Wie Stefan Jensen in seiner gründlichen Aufarbeitung des Konstruktivismus betont, ist der Konstruktivismus "eine Theorie der Beobachtung" (1999: 101), die sich in zwei Richtungen entwickelt hat: "Die eine blieb im Bereich der individuellen Kognition, die zweite führte zu Fragen über das *Verhältnis von gesellschaftlichem* Erkenntniswissen zur darin vorausgesetzten Wirklichkeit." (1999: 100).

Die erste Richtung der individuellen Kognition, die Fried als Radikalen Konstruktivismus bezeichnet, ordnet Jensen den "Kognitionswissenschaften" zu (1999: 100). Die zweite Richtung wird durch den erkenntnistheoretischen Konstruktivismus repräsentiert, dem der "*systemische* Konstruktivismus" Luhmanns zuzuordnen ist (1999: 355). Jensen beantwortet die Grundfrage des Konstruktivismus: "Was wird konstruiert? - der Beobachtungsbereich, in dem die Phänomene zur Erscheinung kommen" (1999: 101). Diese Antwort, dass ein Beobachtungsbereich durch Beobachtung konstruiert wird, entspricht der oben zitierten Luhmannschen Grundauffassung, dass die Methodologie der Wissenschaften ein "Framing" der Beobachtungsprozesse eines Systems bildet.

Damit ist die Beobachtung eine Systemoperation und die Methodologie ein Teilbereich der Systemtheorie. Jensen schließt sich auch dieser These Luhmanns für den systemischen Konstruktivismus an.

> In der *systemischen* Version des Konstruktivismus wird der Beobachter mit dem von ihm beobachteten Zusammenhang zu *einem* System verknüpft. Das Beobachtungssystem vereint den Beobachter *und* den beobachteten Zusammenhang zu einem systemischen Ganzen. (Jensen 1999: 355)

Luhmann hat in die Theorie autopoietischer Systeme wesentliche Elemente des Radikalen Konstruktivismus in Form der strukturellen Kopplung zwischen sozialen und psychischen Systemen eingebaut. Das Theorieprogramm konzentriert sich aber auf emergente soziale Systeme, die aus Kommunikationsakten bestehen. Der Konstruktivismus bildet für Luh-

---

127 Der bekannteste deutsche Kognitionswissenschaftler ist Gerhard Roth (1997). Eine kommunikationswissenschaftliche Variante des Konstruktivismus hat Watzlawick (1997) entwickelt.

mann die erkenntnistheoretische Prämisse der Systemtheorie und erzeugt nicht direkt explizite Modelle wie der "Phänomenologische Sozialkonstruktivismus" oder der "Radikale Konstruktivismus". Die dargestellten Varianten des Konstruktivismus sind in Abbildung 75 zusammengefasst.

Phänomenologischer Sozialkonstruktivismus	*Radikaler Konstruktivismus*	
Entstehung sozialer Institutionen aus den Handlungen von Individuen und Gruppen • Objektivation *(Berger/Luckmann)* • Logik der Aggregation *(Esser)* • Akteurkonstellation *(Schimank)*	*Kognitionswissenschaftlicher Konstruktivismus* • In wieweit ist die vom Menschen als objektiv erfahrbare Wirklichkeit erkennbar? • Wie operiert der menschliche Erkenntnisapparat? • Roth/Hejl	*Erkenntnistheoretischer Konstruktivismus* • Beobachtung als Konstruktionsleistung • Verknüpfung des Beobachters mit dem von ihm beobachteten Zusammenhang zu einem System • Luhmann/Jensen

Abbildung 75: Varianten des Konstruktivismus

Vorgehensweise der Systemanalyse

Aus Luhmanns Studien zu unterschiedlichen gesellschaftlichen Bereichen ist eine bestimmte Vorgehensweise ablesbar, um explizite Modelle auf den Gegenstand der Analyse anzuwenden. Dies erfolgt in einem ersten Schritt als *Beschreibung* der empirischen Phänomene mit den Begriffen des Bezugsrahmens. Man könnte dies eine analytische "Paraphrase" nennen. Dann werden im zweiten Schritt explizite Modelle identifiziert und angewendet, die für den jeweiligen Bereich charakteristisch sind. So betrachtet Luhmann für das politische System das Medium Macht, die Funktion des Treffens kollektiv bindender Entscheidungen, und die Polarität von Regierung und Opposition als angemessene Modelle (2002b). Die Anwendung dieser Modelle führt zur Beschreibung des politischen Systems und zur *Erklärung* grundlegender Merkmale und Prozesse in dem Sinne, dass sich mit Hilfe der Modelle bestimmte Entwicklungen und Merkmale logisch aus dem Modell ableiten lassen. Falls diese Hypothesen in dem politischen System empirisch beobachtet werden können, handelt es sich um eine soziologische Erklärung. Der dritte Schritt nach begrifflicher Rekonstruktion und der Erklärung mit theoretisch abgeleiteten Hypothesen bildet schließlich die *Prognose* von zukünftigen Systemzuständen.

Offen bleibt bei dieser Vorgehensweise, wie Luhmann die Zuordnung bestimmter Modellkomponenten zu einem Gegenstandsbereich begründet. Wie kommt er z.B. auf die Auswahl von Macht als Medium des politischen Systems? Warum sind alternativ nicht Geld, Liebe oder Wahrheit das funktional zutreffende Medium des politischen Systems? Für Luhmann ergibt sich eine Antwort aus der Lektüre von anerkannten Werken der Politikwissenschaft und der politischen Soziologie, denen er vertraut, dass sie den Gegenstand ihrer Disziplin gut genug kennen. Eine zweite Antwort ergibt sich aus der (Selbst-) Beobachtung der Ergebnisse der Systemanalyse: Sind die theoretisch abgeleiteten Erklärungen informationshaltig in dem Sinne, dass sie für den Wissenschaftler und den Praktiker einen *Unterschied* machen, und auf diese Weise in der Wissenschaft und in dem konkreten System eine *Resonanz* auslösen? Diese Resonanz kann aus der Sichtbarmachung von bislang verborgenen Mechanismen bestehen, die das System blockiert haben. Eine andere Variante ist die Extrapolation von Systementwicklungen, die dann auf ihre Wünschbarkeit mit Hilfe der Systemkultur abgeprüft werden. Daraus ergeben sich neue Anschlussoperationen, wie z.B. eine Korrektur von Strategien und Ressourcenzuordnungen.

Die Systemtheorie muss nach Luhmann "Limitationen, Kriterien dafür anbieten, unter welchen Voraussetzungen eine Realität als System bezeichnet werden soll" (2002a: 61). Diese Forderung ließe sich nur durch einen objektiven externen Beobachter des Systems erfüllen, den es - wie oben begründet - nicht geben kann. Die Ordnung des Systems wird vom System selbst in Abgrenzung von der Umwelt konstruiert (2002a: 326) und kann daher nur als Autopoiesis des Systems vom Beobachter erfasst werden. Daher verfügt die Soziologie nicht über eine objektive Methodologie zur Systemanalyse. Der Systemtheoretiker kann nur versuchen, durch die Nutzbarmachung von Wissen über den Gegenstand und die reflexive Anwendung der systemtheoretischen Modelle "mit der Realität in Kontakt zu kommen" (2002a: 61).

Zur Kontaktaufnahme mit der Realität formuliert Luhmann in Anlehnung an Parsons die methodische Regel, dass man immer *Systemreferenzen* unterscheiden muss. Das bedeutet, man muss den konkreten Handlungskontext und die Analyseebene festlegen (2002a: 28). Im Hinblick auf das politische Funktionssystem kann z.B. kann die Regierung den Handlungskontext bilden und als Analyseebene die Kabinettarbeit ausgewählt werden.

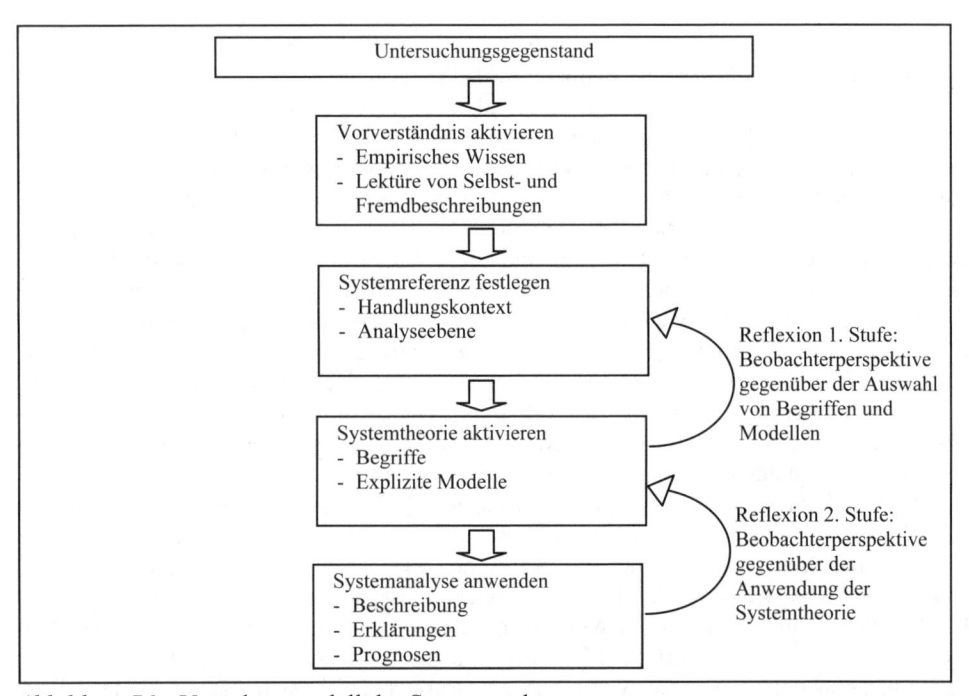

Abbildung 76   Vorgehensmodell der Systemanalyse

Nach Luhmann geht der Systemtheoretiker von einem *Vorverständnis* seines Untersuchungsgegenstandes aus, das er aus Beobachtung, Erfahrung und dem Studium von Selbst-

und Fremdbeschreibungen bezieht. Darauf aufbauend legt er eine *Systemreferenz* fest. In einem weiteren Schritt werden die aus der Systemreferenz ableitbaren *Begriffe und Modelle* angewendet, um den Untersuchungsgegenstand zu *beschreiben*, typische Zusammenhänge und Prozesse zu *erklären* und *Prognosen* abzuleiten.

Zwischen diesen - schematisch in Abbildung 76 - dargestellten methodischen Schritten sind *Reflexionsphasen* erforderlich. Nach der Auswahl der theoretischen Begriffe und Modelle, z.B. Macht als Medium und kollektiv bindende Entscheidungen als Funktion des politischen Systems erfolgt eine *Selbstbeobachtung 1. Stufe*: Passen die ausgewählten Begriffe und Konzepte präzise zu der Systemreferenz? Falls z.B. die konkrete Arbeit der Regierung im Kabinett als Entscheidungsgremium das Referenzsystem bildet, müssten weitere Konzepte wie Programme oder Ämter und die strukturellen Kopplungen, z.B. zum Rechtssystem, in die Analyse einbezogen werden. Während und nach Abschluss der Systemanalyse erfolgt eine Rückbeziehung der erzielten Ergebnisse sowohl auf die Modelle als auch auf die Auswahl des Referenzsystems. Hat die Analyse Beschreibungen, Erklärungen und Prognosen produziert, die einen Unterschied zum bisherigen Wissen machen?

Polykontextualität

Die Festlegung des Bezugssystems für einen konkreten Handlungskontext kann schwierig werden, wenn mehrere Systemreferenzen in Frage kommen. Nach Luhmann ist jedes empirisch existierende System *polykontextuell* (1997: 36, 88, 248; 2002b: 368). Das bedeutet, dass konkrete "Einzelereignisse an mehreren Systemen zugleich mitwirken können." (1994: 195). In den einzelnen Systemen stößt das konkrete Einzelergebnis jeweils auf ein spezifisches Systemgedächtnis und erzeugt damit verschiedene Anschlussoperationen. In dem einfachen Beispiel der Planung des Spaziergangs kann der Satz "es regnet" für den Sprecher eine Erinnerung an ein wichtiges biographisches Erlebnis auslösen, z.B. eine Erkältung als Folge einer durch Regen erzeugten Unterkühlung. Die Angst vor einer erneuten Erkrankung kann das Bewusstsein des Sprechers bestimmen. In diesem Falle wäre das psychische System eine sinnvolle Systemreferenz. Der zweite Fall, wo sich der angesprochene Partner an den Streit erinnert, den seine gleichgültige Reaktion auf den Hinweis "es regnet" beim letzten Spaziergang auslöste, legt eher die Systemreferenz des sozialen Systems der Partnerbeziehung nahe.

Ein zweites Beispiel ist die moralische Bewertung eines politischen Skandals. Nehmen wir an, eine Gruppe von Freunden diskutiert über einen politischen Skandal eines Politikers, der Vorteile in Anspruch genommen hat, die mit seinem Amt nicht vereinbar sind. Die Diskussionsbeiträge der Teilnehmer stehen einerseits in dem Systemkontext der politischen Öffentlichkeit, die im wesentlichen durch die Massenmedien bestimmt wird. Hier sind bereits unterschiedliche Standpunkte zur Bewertung aufgebaut worden, die von dem Kreis aufgegriffen und weiter diskutiert werden. Gleichzeitig wird jeder einzelne Teilnehmer bei der moralischen Bewertung auf seine persönlichen Kriterien und Erfahrungen zurückgreifen, so dass hier jeweils die Bewusstseinssysteme der Diskussionsteilnehmer für die moralische Bewertung verantwortlich sind. In Abbildung 77 werden diese Systemlogiken, die jeweils Operationen und Ausschlussoperationen produzieren, in einem Koordinatensystem dargestellt.

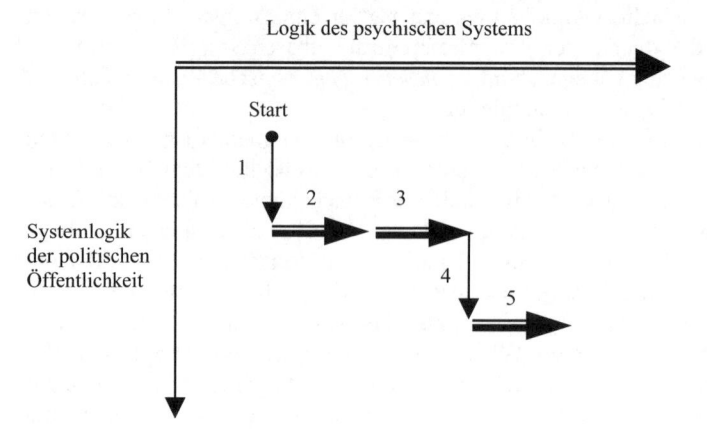

Abbildung 77: Moralische Bewertung politischer Skandale

In diesem Koordinatensystem können die Systemlogiken des sozialen Systems der politischen Öffentlichkeit und des psychischen Systems abwechselnd greifen. So kann der erste Beitrag (Nr. 1) ein Argument der Medien aufgreifen, das von zwei Teilnehmern (Nr. 2, 3) aufgrund ihrer persönlichen Kriterien bewertet wird. Dann wird ein weiteres Argument der öffentlichen Diskussion aufgegriffen (Nr. 4), auf den ein Teilnehmer seinen persönlichen Kommentar folgen lässt (Nr. 5). Die Diskussion kann also zwischen dem sozialen System und den psychischen Systemen der Teilnehmer oszillieren. Hält man sich strikt an den Grundsatz der operativen Geschlossenheit, so betrachten wir im sozialen System nur die vertikalen Pfeile der Operationen im System der politischen Öffentlichkeit. Die waagerechten Doppelpfeile werden als Operationen ausgeblendet, weil sie dem psychischen System zugeordnet werden. Nach Luhmann können sie als Irritationen vom sozialen System in der Kommunikation aufgegriffen werden oder auf Basis der Beobachtung der Differenz zwischen dem sozialen System und den psychischen Systemen dem sozialen System als Reentry zur Verfügung gestellt werden. In beiden Fällen müssen die persönlichen moralischen Urteile in das soziale System der politischen Diskussion eingebracht werden. Konkret bedeutet dies, dass die persönlichen Standpunkte mit denen der öffentlichen Diskussion in Beziehung gesetzt werden.

Aus einer zweiten Perspektive können die psychischen Systeme in ihrer autopoietischen Reproduktion beobachtet werden. Greifen wir einen Teilnehmer heraus, der dies in Form von Selbstreflexion durchführt. In dieses psychische System werden Diskussionsbeiträge als Irritationen oder Re-entry eingebracht. Als Operationen des Bewusstseinsystems betrachten wir dann die horizontalen Doppelpfeile plus Operationen, die sich auf Irritationen beziehen oder als Re-entry auftauchen. Daraus ergeben sich die in Abbildung 78 vereinfacht dargestellten Systemoperationen.

Parsons hat durch das Konstrukt der Interpenetrationszone im Rahmen der Komplexanalyse gemeinsame Elemente der beteiligten Systeme definiert, die Bezüge zum sozialen und psychischen System gleichzeitig haben können. Somit gehören nach Parsons alle Aktivitäten zu dem Systemkomplex, falls sie von den beteiligten sozialen und psychischen Systemen dort eingebracht werden. Luhmann geht diesen Weg nicht mit, sondern entscheidet sich für die in Abbildung 78 dargestellte Variante. Dies ist innerhalb des Bezugsrahmens auch nicht anders modellierbar, weil sonst das Axiom der operativen Geschlossenheit verletzt würde. Man sieht an diesem Beispiel deutlich, wie sich eine Theorieentscheidung auf die konkreten Analysen auswirkt.

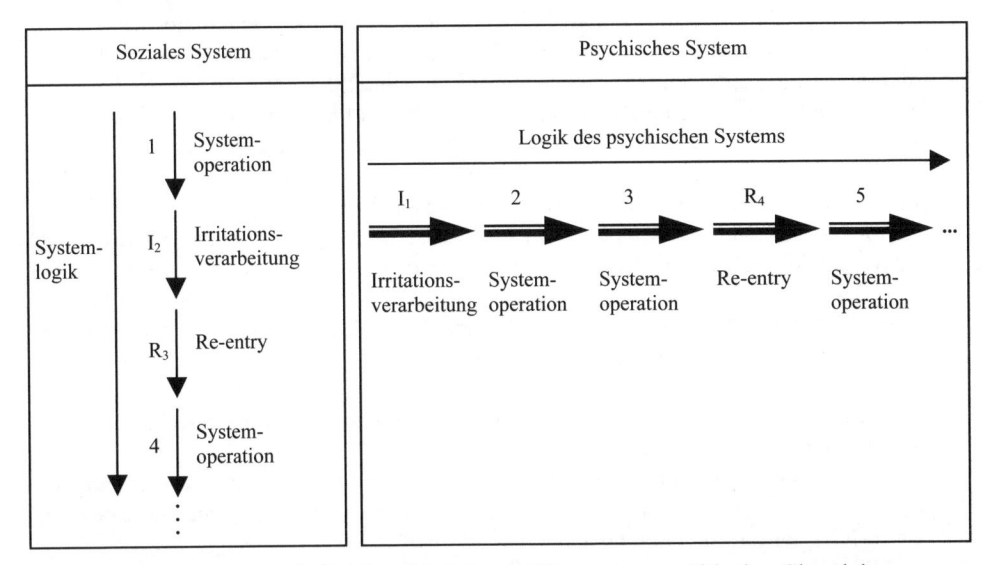

Abbildung 78: Autopoietische Reproduktion bei Bewertung politischer Skandale

In modernen Gesellschaften haben sich *Organisationen* auf polykontextuelle Prozesse spezialisiert, "die sich dank eigener Autopoiesis (und nur so!) durch mehrere Funktionssysteme irritieren lassen können." (1994: 196). Wie in Kap. 4.2.8 genauer dargestellt wird, sind *Entscheidungen* die Systemoperationen von Organisationen (2000: 46). Die Anstöße durch die strukturell gekoppelten Systeme (Irritationen, Re-entries) werden als Entscheidungen im System verarbeitet. Damit sind alle Funktionssysteme auf Organisationen angewiesen, um ihre gesellschaftliche Funktionen erfüllen zu können. Nur in Organisationen lassen sich nach Luhmann empirische Einzelereignisse polykontextuell beschreiben und erklären (1994: 195).

4.2.5 Gesellschaftliche Differenzierung

Differenzierungsform

In traditionellen Gesellschaften sind die Lebenschancen der Individuen durch Rollendifferenzierungen geprägt, wie Familien- oder Klassenzugehörigkeit. Moderne Gesellschaften ersetzen diese Form der Integration in die Gesellschaft durch *Systemdifferenzierung* (Luhmann 1997: 597). Die Idee der funktionalen Differenzierung hat Durkheim bereits mit dem Modell der *organischen Solidarität* (1996) ausformuliert, die er vorwiegend auf die Differenzierung von Berufsrollen bezieht. Die einzelnen Funktionssysteme sind wechselseitig voneinander abhängig, woraus sich die organische Solidarität als eine neue Form der gesellschaftlichen Integration ergibt. Das Zusammenspiel der Funktionsbereiche erfordert nach Durkheim das *Vertragsrecht* als Struktur zur Handlungsabstimmung. Luhmann definiert Systemdifferenzierung: "als Wiederholung der Differenz von System und Umwelt innerhalb von Systemen" (2002b: 15)[128]. Die Unterscheidung von System und Umwelt[129] haben wir in Kap. 4.2.1 als grundlegend für Systembildung und -identität kennen gelernt. Diese elementare Unterscheidung wird bei Systemdifferenzierung innerhalb des Systems wieder angewendet im Sinne eines " 're-entry' der Unterscheidung von System und Umwelt in das durch sie Unterschiedene, in das System" (Luhmann 1997: 597).

Das Ergebnis der Systemdifferenzierung bezeichnet Luhmann als *Ausdifferenzierung* von Teilsystemen (1997: 597). Die Ausdifferenzierung ist für das Gesamtsystem ein Unterscheidungsmerkmal von der Umwelt und damit ein wesentliches Merkmal der Selbstbeschreibung (1997: 598). Die konkrete Form der Ausdifferenzierung bezeichnet Luhmann als *Differenzierungsform* und knüpft damit an den Formbegriff von Spencer Brown (vgl. Kap. 4.2.3) an: "Von Differenzierungsform wollen wir sprechen, wenn es darum geht, wie in einem Gesellschaftssystem das Verhältnis der Teilsysteme zueinander geordnet ist" (Luhmann 1997: 609). Im Verlauf der Gesellschaftsentwicklung haben sich vier Differenzierungsformen ausgebildet (Luhmann 1997: 613).

(1) *Segmentierte Differenzierung* als Aufteilung in gleiche Einheiten, wie Familien und Clans in Stammesgesellschaften.
(2) Differenzierung nach *Zentrum und Peripherie*, die Luhmann auf die Abgrenzung von privilegierten Segmenten (z.B. prominente Familien) gegenüber einer Vielzahl von unterprivilegierten Einheiten bezieht.
(3) *Stratifikatorische* Differenzierung nach Ständen, Kasten oder Klassen.
(4) *Funktionale* Differenzierung in gesellschaftliche Teilsysteme wie Politik, Wissenschaft und Recht.

Luhmann vermutet, dass die wiederholte Anwendung der System/Umwelt-Unterscheidung im Prozess der schrittweisen Ausdifferenzierung nur wenige Differenzierungsformen zulässt und verwendet für das Einpendeln auf wenige Differenzierungsformen den Begriff *Eigenzustände* (1997: 614).

Aus dem Konzept der Differenzierung ergibt sich erstens die *Inklusion/Exklusion* als besondere Form der Integration von Individuen in die Teilsysteme. Mit *Inklusion* bezeichnet Luhmann eine Form, "deren Innenseite (Inklusion) als Chance der sozialen Berücksichtigung von Personen bezeichnet ist und deren Außenseite unbezeichnet bleibt" (Luhmann 1997: 620-1). Damit werden Individuen auf Teilsystemebene in die Gesellschaft sozial integriert. Funktionssysteme übernehmen faktisch die Regelung des Verhältnisses von Inklusion und Exklusion. Obwohl die Politik sich gern als regulierende Instanz sieht, gibt es nach Luhmann keine Zentralinstanz mehr, die die Teilsysteme im Hinblick auf Inklusion und Exklusion beaufsichtigt (1997: 630). Diese Aussage ist als Trendprognose zu verstehen. Empirisch greift das politische System auf vielfältige Weise in die Inklusions-/Exklusionsrelation von Funktionssystemen ein, wie der Neo-Institutionalismus zeigt (vgl. Kap. 2.3.3). Beispiele sind der gesetzliche Kündigungsschutz von Arbeitnehmern oder das Antidiskriminierungsgesetz. Die Auswirkungen von Inklusion/Exklusion auf das Verhältnis

---

128 Gegenüber Durkheim verwendet Luhmann somit ein abstrakteres Differenzierungskonzept.
129 Luhmann verwendet synonym zu "Unterscheidung" den Begriff "Differenz" (2002a: 66).

zwischen Individuum und Gesellschaft sind nach Luhmann gravierend. Wir werden sie daher im nachfolgenden Kap. 4.2.6 ausführlich darstellen.

Eine zweite Konsequenz aus der Ausdifferenzierung von Funktionssystemen ist der *Redundanzverzicht* als "Verzicht auf Multifunktionalitäten" (Luhmann 1997: 761), woraus einerseits eine gegenseitige Abhängigkeit der Systeme und andererseits ein erheblicher Komplexitätsgewinn resultiert. Auch diese These ist als eine Tendenzaussage zu verstehen. So halten Funktionssysteme ein gewisses Maß von Funktionen vor, auf die in der Gesellschaft andere Systeme spezialisiert sind. Als Beispiel benötigt ein Wirtschaftsunternehmen, das ein technisches Produkt herstellt, ein gewisses Maß an technischen Grundlagenkenntnissen, obwohl darauf wissenschaftliche Institutionen spezialisiert sind. Auch wird juristisches und finanzspezifisches Grundlagenwissen in einem gewissen Maß vorgehalten. Dies ist notwendig, um bei schwierigen Problemen mit spezialisierten Anwälten oder Finanzexperten kommunizieren zu können. Teilsysteme benötigen demnach ein bestimmtes Maß von redundantem Wissen, um Austauschbeziehungen unterhalten zu können. In der Organisationswissenschaft hat sich der Begriff "organizational slack" für diese Form von überschüssigen Ressourcen etabliert (Staehle 1991: 414).

Trotz dieser Einschränkung ist Redundanzverzicht ein wesentliches Merkmal von funktionaler Differenzierung und erzeugt in jedem Teilsystem eine Abhängigkeit von den Leistungen anderer Funktionssysteme. An der Schnittstelle zwischen den Funktionssystemen "stellen sich diese Systeme aber wechselseitig auf ein fein reguliertes Leistungsniveau" (1997: 762) ein und reagieren auf schwache Signale des anderen Systems. Ein Beispiel ist die heftige Reaktion der Börse auf Ad-hoc-Meldungen zu Gewinneinbrüchen in Unternehmen. Luhmann führt die Sensibilität der Jugendlichen gegenüber Arbeitsmarktprognosen als Beispiel an, wo geringe Schwankungen von Akademikerarbeitslosigkeit gravierend auf die Studienfachwahl einer Alterskohorte durchschlagen (1997: 762).

Intern entwickeln Funktionssysteme spezialisierte Codes, wie z.B. spezialisierte Erfolgsmedien[130] und Selbst- und Fremdreferenz, mit der sie interne Unbestimmtheit reduzieren und gleichzeitig durch Kontingenz Unbestimmtheit erzeugen (1997: 745). Aus der Beobachtungssicht unterscheidet Luhmann (1997: 757): die Beobachtung des Gesamtsystems als *Funktion*, die Beobachtung anderer Systeme als *Leistung* und die Beobachtung des eigenen Systems als *Reflexion*. Die Beobachtungen als Funktion und als Reflexion fallen unter Selbstreferenz auf der Ebene des Gesamtsystems und des Teilsystems, während die Beobachtung als Leistung eine Form von Fremdreferenz darstellt.

Die Relation der Funktionssysteme untereinander beschreibt Luhmann im Modell der Autopoiesis als *strukturelle Kopplungen* (vgl. Kap. 4.2.2), z.B. von Politik und Wirtschaft durch Steuern und Abgaben (1997: 781), von Recht und Politik durch Verfassung (1997: 782) oder von Wissenschaftssystemen und Erziehungssystem durch die Organisationsform der Universitäten (1997: 784). Allgemein beeinflussen sich Funktionssysteme gegenseitig durch Irritationen, die das irritierte System zu Strukturänderungen verwenden kann oder folgenlos ausschwingen lässt (1997: 790). Voraussetzungen für die Irritation sind einerseits die *operative Geschlossenheit*, nach der das System nur selbst lernen kann, und andererseits die Identitätsbestimmung des Systems über *Sinnstrukturen*, die durch Irritationen verändert werden können, indem das System die Grenze zwischen aktuellen und potentiellen Möglichkeiten verschiebt (1997: 791).

---

130 Das Modell der symbolisch generalisierten Kommunikationsmedien wird in Kap. 4.2.1 und das erweiterte Modell der Erfolgsmedien in Kap. 4.2.3 dargestellt.

Dekomposition eines Systems

Nach Luhmann ist die *Systemdifferenzierung* eine von zwei "Möglichkeiten, die Dekomposition eines Systems zu betrachten" (1984: 41). Die zweite Möglichkeit ist die system- bzw. teilsysteminterne Aufteilung in Elemente und Relationen, die unter den Begriff *Systemkomplexität* fällt (1984: 41): Die Komplexität erfordert die immanente Beschränkung der Verknüpfungskapazität (1984: 46) der Elemente und lässt nur die unter der Sinnformel passenden Relationen zwischen den Elementen in einer konkreten Situation als Handlungsoptionen zu. Die Sinnformel generiert im Verlauf der Autopoiesis Eigenwerte, die als Strukturen im Gedächtnis abgelegt und in nachfolgenden Systemoperationen die Situation definieren und einen zur Sinnformel passenden Kommunikationsprozess dem System auferlegen. Trotz dieser Einschränkung von Handlungsmöglichkeiten im System sind die Kommunikationsprozesse nicht determiniert. Stattdessen verbleibt ein hohes Maß an Unsicherheit und Unbestimmbarkeit, die Luhmann mit der zweiten Definitionskomponente von Komplexität als Maß für Unbestimmtheit und Informationsmangel (1984: 50) betont. Die Systemkomplexität wird konkret durch die Sinnformel als kultureller Code bestimmt, der eine Vielzahl von Systemoperationen zulässt. Zusätzlich entwickeln Systeme konkrete Erwartungs- und Regelstrukturen, die die Systemoperationen stärker einschränken als die kulturellen Codes[131]. Die Hauptmöglichkeiten der Systemdekomposition sind in Abbildung 79 zusammengefasst.

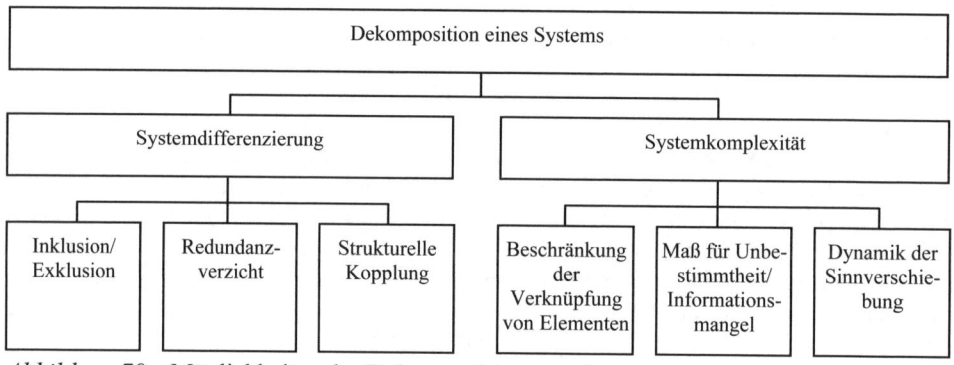

Abbildung 79: Möglichkeiten der Dekomposition von Systemen

Systemdifferenzierung kann durch weitere Ausdifferenzierung und *Systemkomplexität* durch Sinnverschiebung verändert werden. Für den Bezugspunkt eines konkreten Kommunikationsprozesses werden Differenzierung und Komplexität allerdings als gegebene Strukturen betrachtet, die das Handeln einerseits bestimmen, ihm andererseits ausreichend Spielraum zur Reaktion auf Umweltirritationen lassen. Luhmann vergleicht daher Systemdifferenzierung und -komplexität mit einem Haus, das für die Bewohner einen *Bewegungsrahmen* vorgibt und ihnen gleichzeitig *Bewegungsfreiheit* lässt.

---

131 Luhmann konkretisiert diese Kombination von generalisierter und konkreter Systemsteuerung in der Organisationsanalyse mit der Unterscheidung von Organisationskultur und Entscheidungsprämissen, wie in Kap. 4.2.9 dargestellt wird.

Die eine zielt auf die Bildung von Teilsystemen (oder genauer: internen System/Umwelt-Beziehungen) im System. Die andere dekomponiert in Elemente und Relationen. Im einen Falle geht es um die Zimmer des Hauses, im anderen Falle um die Steine, Balken, Nägel usw. Die erste Art der Dekomposition wird in einer Theorie der Systemdifferenzierung fortgeführt. Die andere mündet in eine Theorie der Systemkomplexität. (Luhmann 1984: 41)

Analyse des politischen Systems

Ausgestattet mit dem systemtheoretischen Modell der Differenzierung analysiert Luhmann gesellschaftliche Funktionssysteme nach einer bestimmten Systematik, die wir am politischen System exemplarisch darstellen. Da das politische System zu den sozialen Systemen gehört, ist *Kommunikation* die elementare Operation des politischen Systems. Für die Analyse des politischen Systems ist dann zu bestimmen, wie sich die politische Kommunikation von der Kommunikation anderer sozialer Systeme unterscheidet. Diese Unterscheidung ergibt sich nach Luhmann: "durch ein besonderes Medium (...), durch eine besondere Funktion (...), durch eine besondere Codierung (...)" (2002b: 17). Diese drei Grundkategorien Medium, Funktion und Codierung sind in Abbildung 80 zusammengefasst und werden nachfolgend für das politische System dargestellt.

Analyse des politischen Systems		
Medium	Funktion	Codierung
Spezifizierung der politischen Macht: *Stellenmacht*	Kapazität zu *kollektiv bindenden Entscheidungen*	Recodierung der politischen Macht: *Regierung/Opposition*

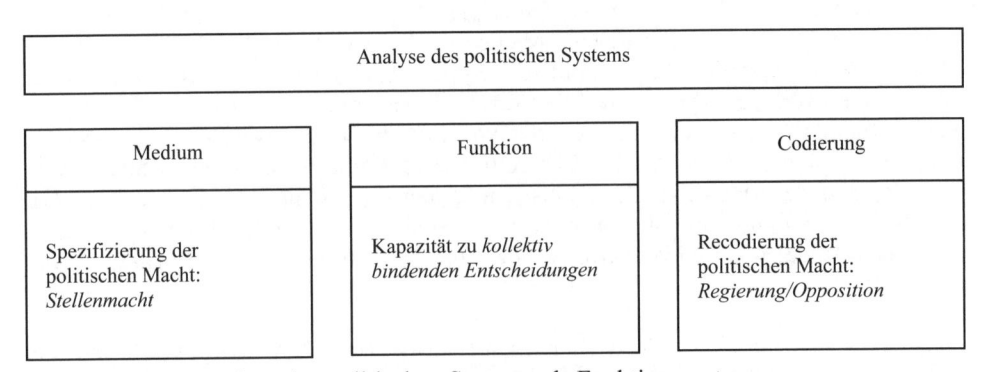

Abbildung 80: Analyse des politischen Systems als Funktionssystem

Das funktionsspezifische *Medium* des politischen Systems ist Macht. In Kap. 4.2.1. wurde bereits das explizite Modell von Macht als symbolisch generalisiertes Kommunikationsmedium mit Erst-, Zweit- und Nebencodes und in Kap. 4.2.3 das mit Hilfe des Formkalküls von Spencer Brown erweiterte Modell von Macht als Erfolgsmedium dargestellt. In den beiden Spätwerken zum politischen System (2002b) und zur Organisation[132] (2000) betont Luhmann den Bezug von Macht zur Unbestimmtheit bzw. Ungewissheit.

> Durch operative Schließung rekursiver Operationen entsteht in Systemen ein Überschuss an Möglichkeiten und damit strukturelle Unbestimmtheit. Diese Unbestimmtheit kann auf Machtpositionen verteilt werden und nimmt dann die Form von Ungewissheit über die Entscheidungen des Machthabers an. Auch wenn die Befolgung seiner Weisungen im voraus gesichert ist, weiß man noch nicht, was er konkret verlangen wird. (Luhmann 2002b: 19).

---

132 Das Modell der Macht in Organisationen wird in Kap. 4.2.10 dargestellt.

Im politischen System wird Macht angewendet, indem "Weisungen erteilt" werden (2002b: 32). Mit diesen Weisungen kann der Machthaber jemanden eine Handlungsselektion aufzwingen, die dieser "aus sich nicht wählen würde" (2002b: 47). Dies funktioniert, weil der Machthaber über Sanktionsmöglichkeiten als Vermeidungsalternative zum Widerstand des Machtunterworfenen gegen seine Weisung verfügt. Entscheidend ist bei der Verfügung über Sanktionen, dass diese dem Machthaber weniger unangenehm ist als dem Machtunterworfenen, obwohl "beide Seiten diese Vermeidungsalternative kennen *und beide sie vermeiden wollen.*" (2002b: 47). Die Wirksamkeit der Sanktionsandrohung resultiert bei Macht aus der Möglichkeit, Ungewissheit zu reduzieren oder zu verstärken für den Machtunterworfenen (2002b: 67). So kann der Kanzler den Handlungsspielraum seiner Minister durch Kanzlerentscheidungen einengen und damit die Ungewissheit der von dem Minister angestrebten Prozesse und Entscheidungen reduzieren (wenn er ihn unterstützt) oder ausweiten (wenn er einen Konkurrenten bevorzugt).

Luhmann folgt Parsons, indem er dem politischen System in der Gesellschaft primär die *Funktion* zuordnet, eine Kapazität zu kollektiv bindenden Entscheidungen bereitzuhalten (2002b: 84) "angesichts der Meinungsdivergenzen und Meinungsschwankungen unter den Betroffenen" (2002b: 87). Darauf sind die politischen Institutionen und Prozesse spezialisiert, indem z.B. das mehrstufige Gesetzgebungsverfahren Legitimation erzeugt, wenn diese Verfahrensschritte korrekt durchlaufen werden.

Die dritte Analysedimension neben Medium und Funktion ist die *Codierung* des jeweiligen Funktionssystems. Da das politische System mit Macht bereits über ein eigenes Erfolgsmedium verfügt, liegt es nahe, die Codierung des politischen Systems als eine spezielle strukturelle Verankerung von Macht zu konzipieren. Dazu haben sich *Ämter* als evolutionär erfolgreich erwiesen (2002b: 91). Ämter werden mit Personen durch Stellen verbunden, so dass der Machtcode des politischen Systems die Stellenmacht ist (2002b: 93). Neben der Spezifizierung von politischer Macht als Stellenmacht verfügt das politische System mit dem Code *Regierung/Opposition* über eine "*Recodierung der politischen Macht*" (2002b: 97).

> Der Code (Regierung/Opposition) erfüllt alle Merkmale einer Präferenzcodierung: Man ist lieber an der Regierung beteiligt als an der Opposition. Nur die Regierung besetzt die Ämter, in denen kollektiv verbindlich entschieden werden kann. Die Opposition kann nur lamentieren, Kritik üben, Forderungen artikulieren und generell: die Kontingenz aller politischen Entscheidungen reflektieren. (Luhmann 2002b: 99; Einschub in Klammern vom Verf., B.M.)

Trotz der hervorgehobenen Bedeutung von Medium, Funktion und Codierung beschränkt Luhmann die Analyse von Funktionssystemen nicht auf diese drei Begriffe. Es können grundsätzlich alle Kategorien des systemtheoretischen Bezugsrahmens zur konkreten Analyse herangezogen werden. Im Inhaltsverzeichnis von "Die Politik der Gesellschaft" (2002b) finden sich z.B. als weitere Begriffe "Gedächtnis", "Selbstbeschreibungen", "Strukturelle Kopplungen" oder "Evolution", die das Anwendungsspektrum des Bezugsrahmens zur Analyse des politischen Systems verdeutlichen.

Analyse des Wirtschafts- und Erziehungssystems

Nach der Darstellung des politischen Systems als paradigmatisches Beispiel soll nun die Analyse von Funktionssystemen auf weitere gesellschaftliche Teilsysteme ausgedehnt werden. Hier beschränken wir uns auf das Wirtschafts- und Erziehungssystem. Wie im politischen System identifiziert Luhmann Funktion, Medium und Codierung des Funktionssysteme.

Das *Wirtschaftssystem* ist innerhalb der Gesellschaft auf die Funktion der *zukunftsstabilen Vorsorge mit jeweils verfügbaren Gütern* zur Bewältigung der ökonomischen Knappheit spezialisiert (1989b: 64). Als Medium verfügt das Wirtschaftssystem über das Medium Geld mit der Erstcodierung *Haben/Nichthaben* (1989b: 182) und der Zweitcodierung durch *Eigentum* (1989b: 188), um die zwischen den Grundwerten oszillierende Erstcodierung sozial zu regulieren.

Das Erziehungssystem ist innerhalb der Gesellschaft auf die Funktion der *Vermittlung von Wissen und Können* (2002c: 43) spezialisiert. Dies erfolgt mit dem Erstcode *vermittelbar/nicht vermittelbar* (2002c: 59) und der Zweitcodierung der *Selektion* über Bewertungen, wie z.B. Zensuren (2002c: 60). Als Besonderheit des historisch noch relativ jungen Erziehungssystems gegenüber Politik und Wirtschaft hat sich nach Luhmann kein symbolisch generalisiertes Kommunikationsmedium evolutionär entwickelt, das auf das Erziehungssystem spezialisiert ist. Wie alle Funktionssysteme kann das Erziehungssystem allerdings auf gesellschaftlich verfügbare Kommunikationsmedien wie Macht, Recht und Geld zurückgreifen. Als Medium identifiziert Luhmann im Erziehungssystem das Kind (2002c: 90-91) bzw. dessen Lebenslauf (2002c: 96). Dies klingt zunächst überraschend, ist aber nachvollziehbar, wenn man sich an der Unterscheidung in mediales Substrat und Form orientiert, die in Kap. 4.2.3 dargestellt wurde. Das Kind mit seinem Lebenslauf entspricht dem medialen Substrat, indem sich dort die lose gekoppelten Wissens- und Könnenselemente sedimentieren. Durch deren Anwendung, z.B. in Hausarbeiten oder Prüfungen, bekommt das Wissen und Können eine konkrete Form, die zu einem bestimmten Zeitpunkt des Lebenslaufs verfügbar ist und dann wieder teilweise verlernt wird. Das Wissen und Können verbleibt dann relativ vage in dem medialen Substrat.

Grundsätzlich stehen zur Analyse von Funktionssystemen alle Begriffe des Bezugsrahmens der Systemtheorie (vgl. Kap. 4.2.1 - 4.2.3) zur Verfügung und Luhmann greift in diesen Begriffsvorrat hinein, wenn es ihm zur Beschreibung oder Erklärung bestimmter empirischer Phänomene passend erscheint. Anders als Parsons geht er nicht systematisch vor, indem er ein Begriffsschema durchgehend auf alle Funktionssysteme gleichermaßen anwendet. Trotz dieser Einschränkung lassen sich weitere Begriffe des Bezugsrahmens außer Funktion, Medium und Code identifizieren, die Luhmann relativ durchgehend in der Analyse der Funktionssysteme verwendet: *Programme, interne Differenzierung, Selbstbeschreibung, strukturelle Kopplung, Operation*[133].

Im Wirtschaftssystem existieren z.B. Investitions- und Budgetierungsverfahren als Programme, um die Dynamik des Geldcodes in geordnete Bahnen zu lenken. Eine Form der internen Differenzierung ist z.B. die Aufteilung in Branchen, und strukturelle Kopplungen bestehen z.B. zum politischen System durch rechtliche Rahmenbedingungen und zur Wissenschaft durch neue technische Verfahren. Als elementare Operation des Wirtschaftssystems identifiziert Luhmann Zahlungen (1989b: 52), auf die sich Preise als Selbstbeschreibungen beziehen (1989b: 33).

Das Erziehungssystem hängt Programme an den Vermittlungs- und Selektionscode in Form von Curricula und Evaluationsverfahren (2002c: 74, 161). Differenzierung findet vor allem durch die Einführung von Jahrgangsschulklassen statt (2002c: 120). Selbstbeschrei-

---

133 Die Begriffe sind in den Kapiteln 4.2.1 bis 4.2.3 dargestellt.

bungen erfolgen durch pädagogische Konzepte ebenso wie durch Erlasse aus Ministerien. Schließlich ist das Erziehungssystem eng an das politische System, z.B. durch die Schulaufsicht gekoppelt. Die zweite wichtige strukturelle Kopplung des Erziehungssystems bezieht sich auf das psychische System des Kindes als Medium. Im Erziehungssystem besteht die elementare Operation aus dem Akt der Vermittlung (2002c: 60, 73). Wenden wir diese zusätzlichen Begriffe des Bezugsrahmens auf das politische System an, so finden sich dort z.B. Regierungs-, Oppositions- und Parteiprogramme zur Regulierung der Codes von Macht und Regierung/Opposition. Das politische System ist intern differenziert, z.B. in Parteien, Gesetzgebungsinstanzen oder exekutive Organe des Staates. Die zentrale Selbstbeschreibung moderner Gesellschaften erfolgt durch den Begriff der Demokratie, der ergänzt wird um weitere Beschreibungen, wie z.B. Wohlfahrtsstaat (2002b: 365). Die strukturellen Kopplungen, z.B. zur Wirtschaft, wurden im Zusammenhang mit dem Wirtschaftssystem bereits dargestellt. Die elementare Operation des politischen Systems ist von Luhmann explizit nicht festgelegt worden. Hellmann (2002: 21-22) liefert dazu als plausible Erklärung, dass die nahe liegende Operation der Entscheidung bereits an Organisationen im Theoriegebäude Luhmanns vergeben war. Das explizite Modell der Analyse von Funktionssystemen und die Anwendung auf die Systeme Politik, Wirtschaft und Erziehung ist in Tabelle 11 zusammengefasst dargestellt.

	Politisches System	Wirtschaftssystem	Erziehungssystem
Funktion	Kollektiv bindende Entscheidungen	Zukunftsstabile Versorgung mit Gütern	Vermittlung von Wissen und Können
Medium	Stellenmacht	Geld (Erstcodierung)	Kind/Lebenslauf
Code	Regierung/Opposition	Eigentum (Zweitcodierung)	vermittelbar/nicht vermittelbar
Programm	z.B. Parteiprogramm	z.B. Investitionsprogramm	z.B. Curriculum
Interne Differenzierung	z.B. Parteien, Regierung, Parlament	z.B. Branchen	z.B. Schulklasse
Selbstbeschreibung	z.B. Demokratie, Wohlfahrtsstaat	Preise	z.B. Erlasse
Strukturelle Kopplung	z.B. Wirtschaft über Geld	z.B. mit Politik über Gesetze	z.B. mit psychischem System des Kindes
Grundoperation	(Politische Entscheidung)[134]	Zahlung	Vermitteln

Tabelle 11: Analyse der Funktionssysteme Politik, Wissenschaft und Erziehung

---

[134] Luhmann hat selbst keine Operation definiert für das politische System.

Organisationen in Funktionssystemen

Eine vollständige Beschreibung von gesellschaftlichen Funktionssystemen umfasst neben dem in Tabelle 11 dargestellten expliziten Analysemodell zusätzlich die Betrachtung von Organisationen und Interaktionssystemen (vgl. Einleitung zu Kap. 4.2). Die hervorgehobene Bedeutung von Organisationen für die Integration der Individuen als Mitglieder wurde in Kap. 4.2.4 in dem Abschnitt "Polykontextualität" bereits dargestellt. Zusätzlich zu der Integrationsfunktion sind Organisationen darauf spezialisiert, dass unterschiedliche Funktionssysteme aufeinander treffen und die Kommunikationsprozesse beeinflussen können. Dies ermöglichen Organisationen durch die Operation der Entscheidung, an die sich die verschiedenen Funktionssysteme lose ankoppeln.

> Offenbar können Funktionssysteme sich gerade dank dieses "loose coupling" in Organisationssystemen einnisten - und zwar mehrere Funktionssysteme in ein und derselben Organisation. Das Rechtssystem zum Beispiel beteiligt sich an wohl jeder Organisation, auch wenn diese speziell auf ein bestimmtes Funktionssystem ausgerichtet ist - als Produktionsbetrieb der Wirtschaft, als Schule des Erziehungssystems, als politische Partei. (Luhmann 2002b: 398)

Luhmann verschärft diese Aussage weiter zu der These, dass *nur in Organisationen* die Integrationsprobleme der Individuen und die Einschränkungen der Handlungsmöglichkeiten durch Mitgliedschaftsrollen und Interaktionsregeln anfallen (2002b: 398).

Interaktionssysteme in Funktionssystemen

Für Parsons ist die Interaktionstheorie allgemeiner als die Theorie sozialer Systeme, weil sich die Interaktionstheorie auf alle Kontexte sozialen Handelns anwenden lässt. Für Luhmann können Interaktionssysteme, wie z.B. die Goffmanschen Begrüßungsrituale, unabhängig von Organisationen und Funktionssystemen ein gewisses Eigenleben führen. Dazu verwendet er den Begriff der *Mikrodiversität* (2000: 255; vgl. auch den Abschnitt "Mikrodiversität" in Kap. 4.2.9). Innerhalb von Funktionssystemen entwickeln sich auch Interaktionssysteme, die "ohne Referenz auf das Gesellschaftssystem" auskommen (2005: 279). *Interaktionssysteme* lösen das Problem der doppelten Kontingenz (vgl. Kap. 4.2.1) und koppeln das soziale System strukturell an die psychischen Systeme der Anwesenden.

> Interaktionssysteme bilden sich, wenn die Anwesenheit von Menschen benutzt wird, um das Problem der doppelten Kontingenz durch Kommunikation zu lösen. Anwesenheit bringt Wahrnehmbarkeit mit sich und insofern strukturelle Kopplung an kommunikativ nicht kontrollierbare Bewusstseinsprozesse. (Luhmann 1997: 814)

Welche Interaktionssysteme sich in Funktionssystemen ausbilden und welche Rolle sie dort spielen, ist eine empirische Frage. Daher wird von Luhmann in Analysen der gesellschaftlichen Funktionssysteme das Thema der Interaktionssysteme sehr unterschiedlich behandelt. Beispielsweise weist Luhmann innerhalb des Erziehungssystems dem Interaktionssystem *Unterricht* eine besondere Bedeutung zu. Der Kommunikationsverlauf innerhalb des Interaktionssystems Unterricht ist wegen der strukturellen Kopplung mit den psychischen Systemen der Schüler nicht vollständig plan- und steuerbar für den Lehrer. Stattdessen pendelt sich die Kommunikation in jeder Unterrichtsstunde spontan auf einen bestimmten Verlauf als *Selbstorganisation* ein. Dem Lehrer bleibt nichts anderes übrig, als die sich bietenden Kommunikationsgelegenheiten situativ zu nutzen und damit den Interaktionsprozess in eine bestimmte Bahn zu lenken (2002c: 104-105). Lehrer und Schüler sind als *Personen* anwesend und greifen als Personen in den Interaktionsverlauf unberechenbar ein. Dadurch pendelt die Systemreferenz zwischen den anwesenden Personen und dem Unterrichtssystem.

> Da Personen anwesend sind und Anwesende Beobachtung verdienen, sind Ereignisse immer in mehrfacher Systemreferenz relevant: für das Interaktionssystem Unterricht und für die einzelnen Personen. Diese Divergenz lässt sich schwer im Blick behalten. Vermutlich kommt es daher zu einem ständigen Oszillieren zwischen der einen bzw. der anderen Systemreferenz, und man darf vermuten, dass Disziplinprobleme die Aufmerksamkeit in die eine Richtung lenken, Lernschwierigkeiten oder schlicht Faulheit dagegen in die andere. (Luhmann 2002c: 106-107)

Beziehen wir die methodisch wichtige Aussage des Oszillierens zwischen Systemreferenzen von Personen und Unterrichtssystem auf die in Abbildung 78 dargestellten Prozessverläufe, so müsste ein Beobachter des Unterrichts ständig zwischen den beiden Systemreferenzen des sozialen und psychischen Systems wechseln, wobei die psychischen Systeme als Personen präsent sind. Luhmann ist methodisch konsequent, indem er beide Systemreferenzen klar unterscheidet und nicht wie Parsons (vgl. Abbildung 77) im Rahmen der Komplexanalyse integriert.

Organisationen in der Gesellschaft

Der evolutionäre Auslöser für komplexe Organisation innerhalb der Gesellschaft ist die Umstellung der Arbeitsverhältnisse von den zugeschriebenen Merkmalen, wie Herkunft, Gruppenzugehörigkeiten und Schichtung, auf erworbene Merkmale, wie Qualifikation und Berufserfahrung (2000: 382). Diese Form des Arbeitsverhältnisses integriert das Individuum als Mitglied der Organisation durch die Rekrutierungsentscheidung und durch die Verpflichtung der Mitglieder auf die Entscheidungen der Organisation (2000: 390). Auf diese Weise übernehmen Organisationen durch die Struktur der Mitgliedschaft eine Integrationsfunktion des Individuums in die Gesellschaft. Aus Sicht des Individuums stehen einige Mitgliedschaften einer Vielzahl von Organisationen gegenüber, denen das Individuum nicht angehört: "Exklusion ist mithin der Normalfall, Inklusion der Ausnahmefall" (2000: 390).

Eine weitgehende Inklusion der Individuen besteht nur auf der *Gesellschaftsebene* und nicht auf der Organisationsebene: "Die Grundrechte auf Freiheit und Gleichheit symbolisieren diese Form der gesellschaftlichen Inklusion aller Individuen als Individuen" (2000: 391). In westlichen Demokratien ist den Bürgern diese Form der Inklusion zur Gewohnheit geworden und wird eher in Konfliktsituationen mit Hilfe des Rechtssystems aktiviert. Global gesehen genießt nur ein relativ kleiner Teil der Weltbevölkerung diese Form von privilegierter Inklusion auf Gesellschaftsebene.

Das Individuum steht unter dem Schutz der gesellschaftlichen Inklusion. Im Hinblick auf seine Lebenschancen, z.B. Beruf, Wohnort oder Freizeitaktivitäten, garantiert die gesellschaftliche Inklusion über die Sozialhilfe nur das Existenzminimum. Für das Erreichen eines höheren Lebensstandards ist die Inklusion in Organisationen, insbesondere Arbeitsorganisation, entscheidend. Diese Form von individueller Ungleichheit ist gesellschaftlich legitimiert: "Die Organisationen gehen von Exklusionen aus, um eine Entscheidungskontrolle über Mitgliedschaft und damit ihre eigene Autonomie einrichten zu können" (2000:

392). Abstrakter nennt Luhmann das Merkmal von Organisation, über Mitgliedschaft gesellschaftlich legitimierte Ungleichheit zu praktizieren, die Funktion der *Diskriminierungsfähigkeit* (2000: 393).

Wie in Abbildung 81 dargestellt ist, unterscheidet Luhmann mit Diskriminierungsfähigkeit, Interdependenzunterbrechung und struktureller Kopplung insgesamt drei Funktionen, die Organisation innerhalb der Gesellschaft innehaben.

Diskriminierungsfähigkeit	*Interdependenzunterbrechung*	*Strukturelle Kopplung*
Praktizierung von Ungleichheit mit der Option der Zukunftsoffenheit	Operative Selbständigkeit von sozialen Systemen durch lose Kopplung	Spezialisierung von bestimmten Organisationen auf strukturelle Kopplung von Funktionssystemen

Abbildung 81: Funktionen von Organisationen in der Gesellschaft

Durch die Funktion der *Diskriminierungsfähigkeit* wird Freiheit und Gleichheit einerseits auf gesellschaftlicher Ebene praktiziert und andererseits in Organisationen eingeschränkt. Nicht jeder Mitarbeiter hat ein Anrecht auf ein Vorstandsgehalt, während jeder Bürger ein Anrecht auf Sozialhilfe hat. Organisationen operieren nicht außerhalb der Gesellschaft und sind auf diese Weise an gesetzliche Bestimmungen, wie z.B. das Betriebsverfassungsgesetz, gebunden. Diese gesetzlichen Regelungen garantieren Rechte für bestimmte Gruppen, wie z.B. den gesetzlichen Kündigungsschutz. Die ungleichen Entlohnungen und Entscheidungskompetenzen bleiben in Organisationen bestehen und übernehmen die Funktion der Diskriminierungsfähigkeit. Der wichtigste Legitimationsmechanismus dieser Form von Ungleichheit besteht in der Zukunftsoffenheit, die theoretisch jedem Mitarbeiter die Möglichkeit eröffnet, Vorstand zu werden und auf diese Weise seine Lebenschancen auf ein privilegiertes Niveau anzuheben.

> Mit Hilfe ihrer Organisationen lässt die Gesellschaft die Grundsätze der Freiheit und der Gleichheit, die sie nicht negieren kann, scheitern. Sie wandelt sie um in Grundsätze der Zukunftsoffenheit, die nicht durch Klauseln, die den Prinzipien selbst angehängt werden, eingeschränkt ist, sondern nur vom jeweils erreichten Stand der Dinge, von dem man auszugehen hat, wenn man ermitteln will, was noch möglich ist. (Luhmann 2000: 394)

Die zweite Funktion von Organisationen innerhalb der Gesellschaft ist die *Interdependenzunterbrechung* (2000: 394). Luhmann greift hier auf den in Kap. 4.2.3 dargestellten Begriff der *losen Kopplung* zurück. Organisationen sind untereinander lose gekoppelt und sind auch intern zwischen den Subeinheiten lose gekoppelt. So hängt ein Wirtschaftsunternehmen von seinen Wettbewerbern über den Markt ab, indem z.B. Preissenkungen des Wettbewerbers den eigenen Umsatz reduzieren. Allerdings ist diese Abhängigkeit und damit ein Preiskampf nicht zwingend. Das Unternehmen kann auf Qualitätsdifferenzierung und überlegenen Service setzen, um selbst keine Preissenkung vornehmen zu müssen. In diesem Beispiel von Wettbewerbsunternehmen besteht trotzdem eine gewisse lose gekoppelte Interdependenz über die Marktgesetze. Der Regelfall ist eher, dass zwischen verschiedenen Organisationen keine oder nur eine marginale Interdependenz besteht, weil sie keine Berührungspunkte haben. Interdependenzunterbrechung ermöglicht den Funktionssystemen und den Organisationen die Bewahrung der operativen Geschlossenheit und ist damit eine entscheidende Funktion in der Theorie sozialer Systeme (2000: 395).

Die dritte Funktion von Organisationen für die Gesellschaft ist die *strukturelle Kopplung*, die - wie in Kap. 4.2.2 dargestellt - zu den Kernbegriffen der Theorie autopoietischer Systeme zählt. Luhmann analysiert in diesem Zusammenhang verschiedene Organisationen, die auf gesellschaftlich wichtige strukturelle Kopplungen zwischen Funktionssystemen oder Organisationen spezialisiert sind. So übernimmt z.B. das Verfassungsgericht die strukturelle Kopplung zwischen Rechtssystem und politischem System und die Zentralbanken die strukturelle Kopplung von Wirtschaftssystem und politischem System. Nach Luhmanns Theorieentscheidung sind diese Organisationen nicht frei schwebenden Interpenetrationszonen zuzuordnen, sondern sind in einem der strukturell gekoppelten Funktionssysteme verankert, z.B. das Verfassungsgericht in Rechtssystemen und die Zentralbanken im Wirtschaftssystem (2000: 398). Organisationen sind kommunikations- und entscheidungsfähig, so dass die über strukturelle Kopplung erzeugte (und nicht vermeidbare) Dauerirritation in Anschlussoperationen überführt werden und auf diese Weise die Leistungsfähigkeit der Funktionssysteme innerhalb ihrer Umweltsysteme gesteigert wird (2000: 400).

Typen sozialer Systeme

Die in Abbildung 62 dargestellte grobe Einteilung von sozialen Systemen in "Interaktionen", "Organisationen" und "Gesellschaften" (1984: 16) hat Luhmann im Rahmen der Theorie beobachtender Systeme in den 90er Jahren des 20. Jahrhunderts wesentlich erweitert und auf die gesellschaftlichen Funktionssysteme angewendet, wie in den vorausgegangenen Abschnitten am Beispiel vom politischen System sowie Wirtschafts- und Erziehungssystem ausgeführt wurde. Zur Übersicht werden die wesentlichen Merkmale von Funktionssystemen, Organisationen und Interaktionssystemen als Teilsysteme der Gesellschaft dargestellt. In diesem Zusammenhang wird die Gesellschaft als das umfassendste soziale System betrachtet. Zu den drei Kategorien der Funktionssysteme, Organisationen und Interaktionssysteme werden jeweils die Kernbegriffe im Sinne des Bezugsrahmens aufgelistet.

	Soziale Systeme	
Funktionssysteme	*Organisationen*	*Interaktionssysteme*
• Operation • Funktion • Medium • Code • Programm • Interne Differenzierung • Selbstbeschreibung • Strukturelle Kopplung	• Entscheidung als Operation • Absorption und Erzeugung von Unsicherheit[135] • Polykontextualität • Integration von Individuen als Mitglieder • Aufeinandertreffen von unterschiedlichen Funktionssystemen	• Interaktion unter Anwesenden • Individuen sind als Personen präsent • Gegenseitige Wahrnehmung der Interaktionspartner • Spontaneität[136] • Unberechenbarkeit des Interaktionsverlaufs • Interaktionsprozesse ohne Referenz zu Funktionssystemen

Tabelle 12: Typen sozialer Systeme innerhalb der Gesellschaft

4.2.6 Individuum und Gesellschaft

Psychisches System

Mit der strukturellen Kopplung des sozialen und psychischen Systems wurde das psychische System als *Bewusstseinssystem* mit *Gedanken* als Operationen definiert. Das psychische System ist das systemtheoretische Modell für das Individuum, wobei sich Luhmann auf das Bewusstsein als Referenzsystem beschränkt und physische Vorgänge ausblendet. Das Ergebnis der *Selbstsozialisiation* als strukturelle Kopplung sozialer und psychischer Systeme ist "ein sich selbst organisierendes Individuum in seiner vollen Einzigartigkeit, empirischen Unvergleichbarkeit" (2002a: 343).

    Die Standardkritik an der Systemtheorie, es handele sich um eine Soziologie ohne den Menschen, ist ebenso zutreffend wie falsch. Dieses Paradox lässt sich auflösen durch Unterscheidung von zwei Aspekten. Die Aussage ist einerseits richtig, denn die Elemente des sozialen Systems sind *Kommunikationsakte*, die sich an einer emergenten Struktur des Systems orientieren und die offen für Irritationen durch Umwelt und durch Selbstbeobachtung sind. Die Elemente sozialer Systeme sind demnach nicht die Individuen als Mitglieder, sondern Kommunikationsakte. Individuen als psychische Systeme sind für soziale Systeme Umweltsysteme. Die strukturelle Kopplung zwischen sozialen und psychischen Systemen ist andererseits immer vorhanden, weil soziale Systeme nicht selbst wahrnehmen und sprechen können, sondern ständig auf psychische Systeme angewiesen sind (1997: 103). Innerhalb des sozialen Systems ist aufgrund der *Polykontextualität* (1997: 36) praktisch unerlässlich, das Individuum mit seiner Interessenkonstellation in die Analyse sozialer Systeme (als Umwelt) einzubeziehen[137].

---

135   Vgl. Kap. 4.2.8
136   Vgl. Einleitung zu Kap. 4.2
137   Wie in Kap. 4.2.4 dargestellt, beschränkt Luhmann die Polykontextualität auf Organisationen.

Die Analyse der Regierungsarbeit im Kabinett z.B. wird zusätzlich zu der Eigenlogik der Kommunikation die Interessen der beteiligten Individuen betrachten. Individuen können nicht allein durch ihre individuelle Einzigartigkeit als Umweltsystem in sozialen Systemen präsent sein, sondern auch die Interessen und Ziele anderer sozialer Systeme vertreten. So kann z.B. der Landwirtschaftsminister im Kabinett sich seiner Bauernlobby stärker verpflichtet fühlen als dem Regierungsprogramm. Durch diese polykontextuelle Konstruktion der Systemtheorie wird das Individuum als *Person* in seiner Einzigartigkeit ernst genommen und an zentraler Stelle in der Theorie sozialer Systeme berücksichtigt. Demnach ist die Aussage falsch, dass die Systemtheorie den Menschen nicht einbezieht.

Luhmann weist mehrfach darauf hin, dass die abstrakte Vorstellung eines *nutzenmaximierenden individuellen Akteurs* im Rational-Choice Ansatz das Individuum in seiner biographischen Einzigartigkeit nicht ausreichend erfasst und durch die Rationalitätsannahme die Komplexität sozialer Systeme zu sehr vereinfacht (1997: 188). Für Luhmann ist das zentrale Merkmal sozialer und psychischer Systeme die Ungewissheit der Systemoperationen (2002b: 68). Insbesondere das psychische System ist so komplex, dass es mit dem Rationalitätsmodell nicht annähernd erfasst werden kann.

> Jedes dieser Systeme hat seine eigene "innere Unendlichkeit". Keines ist in seiner Totalität und in seinen Wahlgrundlagen beobachtbar. Es ist deshalb prinzipiell falsch, anzunehmen, Individuen seien besser oder jedenfalls direkter beobachtbar als soziale Systeme. (Luhmann 1984: 347)

In Kap. 4.2.2 wurde dargestellt, dass die Kommunikation in sozialen Systemen auf die strukturelle Kopplung mit psychischen Systemen angewiesen ist: Nur psychische Systeme können wahrnehmen und sprechen. Wie in Abbildung 82 dargestellt, stellt sich Luhmann die Verankerung der Kommunikation im Bewusstsein als Prozess in drei Schritten vor. Das Bewusstsein interpretiert Vorgänge, die im Gehirn physiologisch stattfinden, im Kognitionsprozess als Entschluss, Gefühl oder Einsicht. Im sozialen System werden diese Kognitionsakte des Bewusstseins simultan als Kommunikationsakte aktualisiert und damit als Systemoperationen verwendet. Damit diese Kommunikationsereignisse für das soziale System als Differenz zur Umwelt beobachtet und in eine Reihenfolge gebracht werden können, ist das Systemgedächtnis erforderlich, das diese Einordnung des Kommunikationsaktes in die Sinnstruktur des Systems leistet (1997: 116).

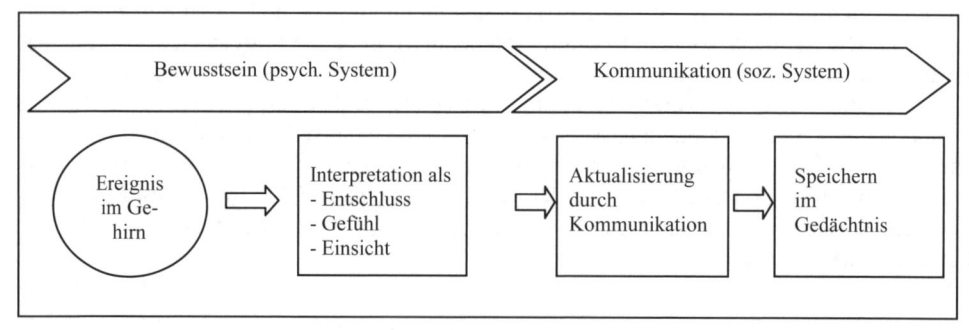

Abbildung 82: Kopplung von Kommunikation an Bewusstsein

Identität

Als autopoietische Systeme befinden sich psychische Systeme in "einer geschlossen-selbstreferentiellen Produktion" von "Bewusstsein durch Bewusstsein", wobei Bewusstsein der "spezifische Operationsmodus psychischer Systeme" ist (1984: 355). Analog zu sozialen Systemen bauen psychische Systeme Identität durch Selbstreferenz auf.

> Selbstreferenz ist dabei ein komplexer Begriff. Gemeint ist die Fähigkeit, sich selbst durch eine Kombination von "self-identity" und "self-diversity" intern zu bestimmen und dabei zugleich Spielraum zu lassen für externe Mitbestimmung. (Luhmann 1984: 393)

Diese Formulierung entspricht weitgehend der interaktionistischen Definition der "balancierenden Identität" durch Krappmann (1978: 56, vgl. Kap. 3.1.2). Worin liegt dann der Unterschied? Die Theorie beobachtender Systeme unterscheidet sich von dem interaktionistischen Identitätsmodell erstens durch den Begriff der *Selbstreferenz* und zweitens durch das Konzept der *strukturellen Kopplung* von sozialen und psychischen Systemen. Die Selbstreferenz erläutert Luhmann mit Hilfe einer Grafik, die in Abbildung 83 abgebildet ist.

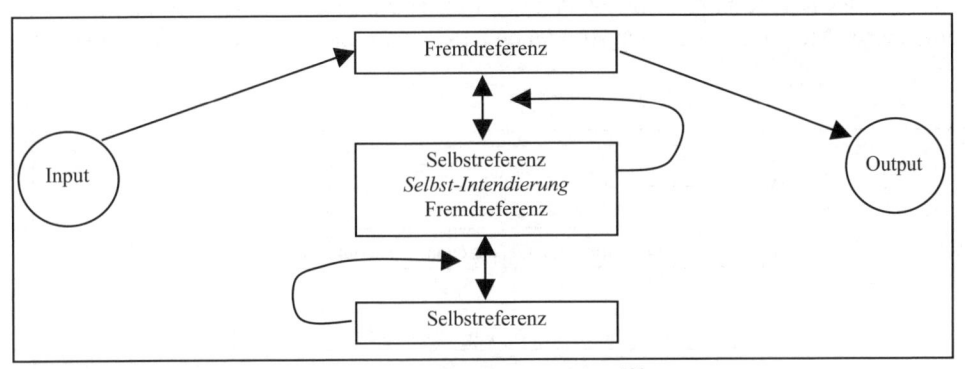

Abbildung 83: Selbstreferenz von Bewusstseinssystemen[138]

Das Bewusstsein wird im 1. Schritt durch einen Input irritiert. Im Extremfall wandelt das Bewusstsein den Input schematisch in einen bestimmten Output um. Luhmann nennt als Beispiel das Umsetzen von Notenlesen in das Anschlagen von Klaviertasten. Im 2. Schritt beobachtet das Bewusstsein den Input und vergleicht im 3. Schritt seine Beobachtung (Fremdreferenz) mit dem im Gedächtnis (Identität) verfügbaren Kriterien und Erfahrungen. Im Beispiel würde der Klavierspieler die Noten als Anforderung an sein Klavierspiel im Zuge der Fremdreferenz wahrnehmen und nach schwer/mittel/leicht oder bekannt/unbekannt im Akt der Selbstreferenz bewerten. Im 4. Schritt beobachtet sich das psychische System in der Weise, wie es Fremd- und Selbstreferenz kombiniert und vergleicht diese Beobachtung mit seinen Zielen und Ansprüchen. Der Klavierspieler hat z.B. die Noten als schwer und unbekannt eingestuft und stellt jetzt an sich den Anspruch, sich

---

138 Abbildung 83 stammt ausnahmsweise von Luhmann selbst (1987: 40), der ansonsten in seinen Werken keine grafische Darstellungen verwendet.

als guter Klavierspieler der Herausforderung zu stellen und erwartet, dass er sie meistern wird. Luhmann nennt das Ergebnis *Selbst-Intendierung*.

> Bewusste Systeme können daher gar nicht anders, als ihr eigenes Verhalten auf ihre eigenen Entschlüsse zurückzuführen. ... Sie mögen dann darüber, um sich vor sich selbst plausibel zu machen, Vorstellungen entwickeln und so schließlich zu einer Art Selbst-Intendierung kommen,..." (1987: 39)

Die Selbst-Intendierung vergleicht neue Erfahrungen aus der Vielfalt der Handlungssituationen mit der bereits gebildeten Identität und integriert vorher unbestimmte Möglichkeiten in die Identität. Dadurch werden Freiheitsgrade eingeschränkt, gleichzeitig wird aber die Variationsbreite der zur Identität kompatiblen Handlungsoptionen breiter.

Im Unterschied zu dem ähnlich aufgebauten Meadschen Interaktionsmodell (vgl. Kap. 2.2) betont Luhmann das Prinzip der *Selbstlimitation* (1987: 41) im Sinne der Autopoiesis des psychischen Systems, während bei Mead die Identität zum großen Teil aus Fremdlimitation besteht, die durch Rollenübernahme verinnerlicht wird. Das Meadsche Identitätsmodell wäre in der Luhmannschen Begriffswelt eine Extremform von Interpenetration, während Luhmann die autopoietische Geschlossenheit des psychischen Systems betont. Dem entspricht das bereits dargestellte Modell der Selbstsozialisation (1987: 58) und die damit verbundenen Mechanismen, die in Abbildung 84 schematisch zusammengefasst sind (1987: 59).

```
┌─────────────────────────────────────────────┐
│   Beobachtung von eigenen Gedanken          │
└─────────────────────────────────────────────┘
                     ⇩
┌─────────────────────────────────────────────┐
│   Transformation von Gedanken in Vorstellungen │
└─────────────────────────────────────────────┘
                     ⇩
┌─────────────────────────────────────────────┐
│   Bifurkation von Fremd- und Selbstreferenz │
└─────────────────────────────────────────────┘
                     ⇩
┌─────────────────────────────────────────────┐
│   Wechseln von Fremd- zu Selbstreferenz und umgekehrt │
└─────────────────────────────────────────────┘
                     ⇩
┌─────────────────────────────────────────────┐
│   Kondensierung von Identität               │
└─────────────────────────────────────────────┘
```

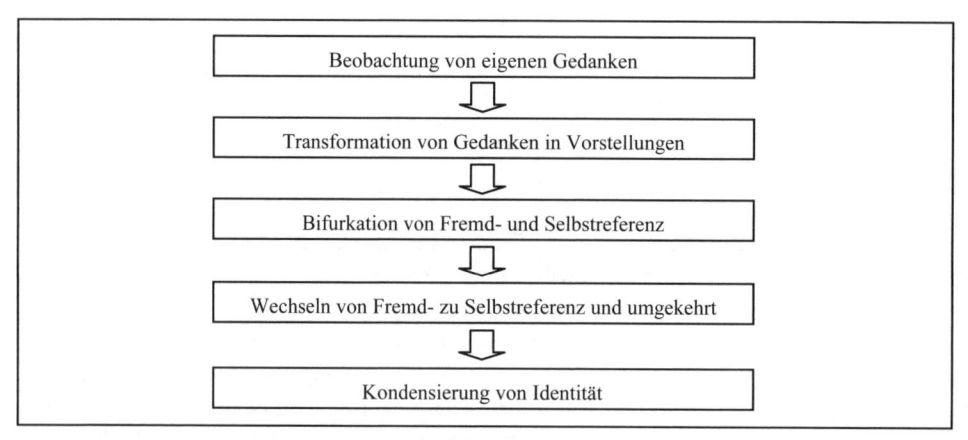

Abbildung 84: Mechanismen der Selbstsozialisation

In diesem erweiterten Identitätsmodell greift Luhmann auf zusätzliche Begriffe des systemtheoretischen Bezugsrahmens zurück. Ein selbstbeobachteter Gedanke als Operation des Bewusstseins wird als *Vorstellung* bezeichnet. Mit *Bifurkation* ist eine Aufteilung in zwei Richtungen - hier Fremd- und Selbstreferenz - gemeint[139]. Der Begriff *Kondensierung* hat im Bezugsrahmen der Theorie beobachtender Systeme die Bedeutung der Generalisierung,

---

139 In der Theorie der Selbstorganisation und in der Chaostheorie hat Bifurkation eine spezielle Bedeutung als Gabelung eines Systems in zwei dynamische Gleichgewichte; vgl. Müller-Benedict (2000: 108-112) als Übersicht und Verhulst (2000: 186-190) für eine mathematisch-exakte Definition.

wodurch unterschiedliche Phänomene unter einer Kategorie zusammengefasst werden. Für das Beispiel des Klavierspiels könnten unterschiedliche Verhaltensweisen unter dem Identitätsbegriff "Konzertpianist" zusammengefasst sein.

Person und Rolle

Der Begriff *Person* bezeichnet "eine in der *Kommunikation referierte Einheit*" (2002b: 375). Soziale Systeme benötigen zur Kommunikation mit psychischen Systemen das Konstrukt der Person zur Adressierung von Verhaltenserwartungen.

> Das Personsein erfordert, daß man mit Hilfe seines psychischen Systems und seines Körpers Erwartungen an sich zieht und bindet und wiederum: Selbsterwartungen und Fremderwartungen. (Luhmann 1984: 429)

Das soziale System richtet Erwartungen an die Person und geht damit das Risiko ein, dass das Konstrukt Person mit dem psychischen System nicht übereinstimmt[140]. Dieser systemtheoretische Begriff der Person kommt inhaltlich dem Begriff der *persönlichen Identität* von Goffman (1975a: 74; vgl. Kap. 3.1.) nahe, die als Menge aller Merkmale eines Individuums, z.B. Name und Geburtsdatum als identifizierende Merkmale, definiert ist. Nach Goffman können in unterschiedlichen sozialen Kontexten jeweils nur bestimmte Teilmengen bekannt sein, wie das Phänomen des Doppellebens bestimmter Individuen zeigt (1975a: 100). Für Goffman kennt zumindest das Individuum selbst die Gesamtheit aller identifizierbaren Merkmale der personalen Identität und hat darüber hinaus ein integrierendes Selbstbild, das Goffman "Ich-Identität" nennt (1975a: 133) Nach Luhmann ist die Identität des psychischen Systems soziologisch nicht fassbar, so dass das psychische System für Soziologen ausschließlich als die Konstruktion der Person durch soziale Systeme beobachtbar ist.

Rollen identifizieren nach Luhmann generalisierte Erwartungszusammenhänge, die von unterschiedlichen Personen ausgefüllt werden können und damit von den individuellen Merkmalen der Person abstrahieren. In sozialen Interaktionen können Konflikte auf Rollen bezogen werden, z.B. die Kritik an einem Rolleninhaber, ohne dessen Person zu verletzen (1984: 431). In der Alltagssprache wird zur Abgrenzung von Rolle und Person häufig die Formulierung verwendet, dass die Kritik "nicht persönlich" gemeint ist.

Ansprüche

Das Pendant zu der sozialen Adressierung von Erwartungen an Personen sind auf der Seite des psychischen Systems *Ansprüche*, die zur Selbstbindung des Individuums an Erwartungen führen. Damit setzt sich das psychische System der Erfüllung bzw. Enttäuschung von Erwartungen aus, deren Wirkung im psychischen Systems als *Gefühle* erscheinen (1984: 363-4). Ansprüche markieren für psychische Systeme die Differenz von Selbstsystem und Umwelt und operationalisieren seine *Individualität* (1995b: 135, 138). Diese Individualität darf, wie bereits dargestellt wurde, nicht mit dem kulturellen Programm der Individualisie-

---

[140] Nach Luhmann hat die Familie in der Gesellschaft die besondere Funktion der Inklusion des Individuums als "Vollperson" (1988: 83), so dass in der Familie sich das Individuum umfassender als in anderen Sozialsystemen einbringen kann.

rung (2002a: 137) verwechselt werden. Luhmann konstruiert psychische und soziale Systeme als nicht fest ineinander verzahnt, wie es das normative Paradigma nahe legt. Das Interpenetrationsmodell Parsons' beschreibt die Entwicklung der Persönlichkeit als "Kombinieren verschiedener Rollen, die nur im Individuum in einer bestimmten Konstellation zusammentreffen" (Luhmann 1995b: 131). Nach Parsons schlagen sich gesellschaftliche Entwicklungen, wie funktionale Differenzierung oder Wertgeneralisierung auf der Ebene der Persönlichkeit als neue Anforderungen an die Sozialisation und der Lebensgestaltung nieder (vgl. Kap. 4.1.3).

Auch Luhmann geht von "der Verzahnung von Individualitätsgenese und gesellschaftsstruktureller Evolution" (1995b: 138) aus. Die Eigenständigkeit von psychischen gegenüber sozialen Systemen stellt erhöhte Anforderungen an den Bezugsrahmen und die Modelle zur Beschreibung und Erklärung dieser Verzahnung.

Das psychische System ist nicht unmittelbar in sozialen Systemen präsent, sondern wird als *Person* vom sozialen System konstruiert und ist auf diese Weise in der Kommunikation ansprechbar. Gegenüber der Person baut das psychische System *Ansprüche* auf und bestimmt auf diese Weise seine Identität. Das soziale System hält Rollen als generalisierte Verhaltenserwartungen bereit, die von unterschiedlichen Personen ausgefüllt werden können. In Abbildung 85 wird diese Modellkonstruktion von Rollen und Personen schematisch zusammengefasst.

Folgen der Differenzierung von Individuum und Gesellschaft

Was ist mit der Einführung der in Abbildung 85 dargestellten Schnittstellenstrukturen zwischen psychischen und sozialen Systemen zur Erklärung und Prognose gesellschaftlicher Phänomene gewonnen? Luhmann diskutiert zur Beantwortung dieser Frage insgesamt acht unterschiedliche Auswirkungen, die nachfolgend genauer dargestellt werden.

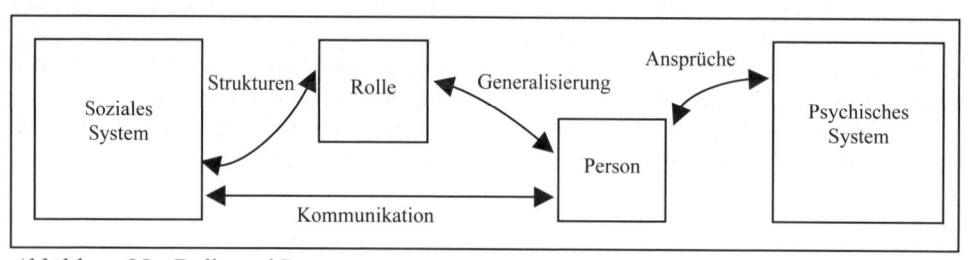

Abbildung 85: Rolle und Person

Als erster Effekt ergeben sich aus dem gesellschaftlichen Wertmuster des *Individualismus* deutlich höheren Anforderungen an das psychische System:

> Das führt auf die Hypothese, daß die Strukturierung des Autopoiesis größere Anforderungen stellt, daß höhere Kontingenz und höhere Instabilität verkraftet werden müssen, daß mehr Abhängigkeiten erfahrbar, mehr Indifferenzen notwendig werden und dass mit all dem die Ich-Selektion schwieriger wird. (Luhmann 1984: 373)

Daraus folgt die verstärkte *Verantwortung* der Individuen für den Aufbau ihrer unverwechselbaren Individualität, die mit den angebotenen Kultur- und Konsummustern kompatibel sein muss.

> Die Teilnahme am sozialen System fordert dem Menschen Eigenbeiträge ab und führt dazu, daß die Menschen sich voneinander unterscheiden, sich gegeneinander exklusiv verhalten; denn sie müssen ihren Beitrag selbst erbringen, müssen sich selbst motivieren. (Luhmann 1984: 299)

Als zweiter Effekt ergibt sich aus der individuellen Zurechnung von Erfolg und Misserfolg, dass "das Individuum sich in stärkerem Maße eigenen Gefühlen ausgesetzt findet, wenn Ansprüche nicht routiniert werden können." (1984: 365). Diese These hat als Konsequenz für die moderne Gesellschaft, dass deren Rationalität durch *Emotionalität* in wachsendem Ausmaß gefährdet wird.

Ein dritter Effekt ist die Problematisierung von *Identität und Selbstverwirklichung*, die sich nicht mehr auf biographisch erworbene Rollenmuster verlassen kann.

> Heute sind Situationen eher typisch, in denen man erklären muss, wer man ist; in denen man Testsignale aussenden muss, um zu sehen, wie weit andere in der Lage sind, richtig einzuschätzen, mit wem sie es zu tun haben. (Luhmann 1997: 627)

Der vierte Effekt ist die veränderte Form der *Inklusion* von Individuen in gesellschaftliche Teilsysteme (vgl. Kap. 4.2.5). Die wachsende Bedeutung von nicht-öffentlichen Clubs, die nur ausgewählten Mitgliedern offen stehen, ist ein Indikator für diese Entwicklung. Parallelen zu dieser Entwicklung verlieren "Kollektive Identitäten" (1995b: 138) entsprechend an Bedeutung wie z.B. die Gewerkschaftsbewegung. Luhmann prognostiziert, dass für das Individuum die Gesellschaft in ihrer Komplexität immer weniger fassbar wird und aus der Sicht der Gesellschaft die stabilisierenden Strukturen und Erfolgsmedien sich auf den Inklusionsbereich von ausdifferenzierten Teilsystemen konzentrieren werden. Die Folge ist ein Rückzug von gesamtgesellschaftlicher kultureller Sinnstiftung und von medialen Steuerungen. Außerhalb der Inklusionsform werden die Individuen nicht mehr als Personen mit allgemein zu respektierender Individualität behandelt, sondern zunehmend auf ihren Körper reduziert.

> Während im Inklusionsbereich Menschen als Person zählen, scheint es im Exklusionsbereich fast nur auf ihre Körper anzukommen. Die symbiotischen Mechanismen der Kommunikationsmedien verlieren ihre spezifische Zuordnung. Physische Gewalt, Sexualität und elementare, triebhafte Bedürfnisbefriedigung werden freigesetzt und unmittelbar relevant, ohne durch symbolische Rekursion zivilisiert zu sein. (1997: 632-3)

Ob dieses Szenario für westliche Industrienationen eintreten wird, ist eine offene Frage. Die Antwort hängt davon ab, ob die Gesellschaft mit ihrem politischen und rechtlichen Institutionen nicht nur die Unversehrtheit gegenüber Gewalt, sondern auch die in der Verfassung verbrieften Rechte des Individuums sicherstellen kann. Kurz: Sind die politischen und rechtlichen Institutionen in der Lage, einen gesamtgesellschaftlichen Inklusionsbereich zu gewährleisten? Luhmann spekuliert in diesem Zusammenhang, "dass sich ein neues, sekundäres Funktionssystem bildet, das sich mit den Exklusionsfolgen funktionaler Differenzierung befasst" (1997: 633). Er denkt dabei an neue Formen von Sozial- oder Entwicklungshilfe unter dem Stichwort "Hilfe zur Selbsthilfe" (1987: 634). Diesen Gedanken konnte Luhmann nicht mehr weiterentwickeln und hat es der nächsten Generation von Systemtheoretikern überlassen, das Thema einer Verschärfung von Inklusions- und Exklusionsbeziehungen zu analysieren.

Eine fünfte Schlussfolgerung im Hinblick auf das Verhältnis von Individuum und Gesellschaft betrifft den Durchgriff von Kommunikationssystemen auf die *Meinung* von Individuen. Ausgehend von der Grundthese, dass psychische Systeme für soziale Systeme intransparent sind und nur über Zwischenkonstrukte wie Person und Ansprüche zugänglich sind, kritisiert Luhmann die empirische Wahl- und Meinungsforschung: "Was die Individuen wirklich 'meinen' (wenn überhaupt etwas), wenn sie Stimmzettel ankreuzen, bleibt unbekannt." (2002b: 283) Es ist außerdem eine Illusion, die "öffentliche Meinung als Gesamtausdruck der Meinung von Individuen aufzufassen" (2002b: 283). Die öffentliche Meinung ergibt sich aus der Realitätskonstruktion durch ein Teilsystem der Gesellschaft und nicht als die wirkliche Meinung der Individuen. Weitere Konsequenzen der Unmöglichkeit des Durchgriffs auf die Meinung von Individuen ist Luhmanns Prognose, dass bisherige Kulturprogramme zur Beeinflussung von Individuum, wie Herrschaft, politische Bildung oder auch Liebe als Kommunikationsphänomen ihre Grenzen erreicht haben und lernen müssen, mit Verständigungen zu arbeiten, die nicht als Durchgriff auf wirkliche Meinungen konzipiert sind. Luhmann vergleicht diesen Prozess mit dem historisch mühsamen Lernen von religiöser Toleranz, die dem Individuum seine eigene Auffassung von Religion einräumte (2002a: 310).

Diese These kollidiert allerdings mit dem Inklusionsanspruch von ausdifferenzierten sozialen Systemen, die eine hohe Konformität verlangen. Hierunter fallen z.B. Organisationen, die mit psychologischen Verhaltenstrainings Aspekte der Persönlichkeit ihrer Mitarbeiter anzusprechen versuchen, die in dem klassischen Rollenmodell als Tabu für die Organisation gegolten haben. Wenn Luhmann mit seiner Prognose einer neuen Toleranz gegenüber dem Individuum nicht nur für den öffentlichen Bereich, sondern auch für Inklusionsbeziehungen Recht hat, ist ein gravierender Paradigmenwechsel insbesondere im Human Resources Management (z.B. Personalentwicklung) wie auch in anderen gesellschaftlichen Institutionen zu erwarten, deren Ziel die Meinungsbeeinflussung der Bevölkerung ist. Als alternative Entwicklungsrichtung wäre der Rückzug der Meinungsbeeinflussung im öffentlichen Bereich und die Ausdifferenzierung neuer Medien der individuellen Bindung in Inklusionsbeziehungen denkbar. Die Systemtheorie kann auf diese Weise Anhaltspunkte für mögliche Entwicklungen liefern, ohne die Zukunft präzise voraussagen zu können.

Ein sechstes Thema im Hinblick auf das Verhältnis von Individuum und Gesellschaft ist der *Wohlfahrtsstaat*. Gegenläufig zur prognostizierten Schwächung der sozialen Ordnung im öffentlichen Bereich gegenüber den spezialisierten Inklusionsbereichen erstrebt der Wohlfahrtsstaat "die Inklusion der Gesamtbevölkerung in das politische System der Gesellschaft" (2000b: 423). Dies hat zur Folge, dass jeder Bürger ein Anrecht auf die wohlfahrtsstaatlichen Leistungen hat und es gleichzeitig "zu einer Verstärkung der Abhängigkeit der Lebensführung des Einzelnen von staatlichen Entscheidungen" (2002b: 423) kommt. Die Politik erklärt sich "zuständig für den Ausgleich von Schicksalsschlägen jeder Art" (2002b: 424) und überfordert damit ihre Kapazität zur Herbeiführung kollektiver Entscheidungen und bindet in Organisationen durch institutionelle Rahmenbedingungen Ressourcen, die den Organisationen für ihre Kernfunktionen fehlen, wie der Neo-Institutionalismus (vgl. Kap. 2.3.3) eindrucksvoll beschrieben hat. Auch hier ist die weitere Entwicklung offen. Wird es zur Demontage des Wohlfahrtsstaates kommen, oder werden sich neue Formen von wohlfahrtsstaatlicher Inklusion entwickeln?

Eine siebte Konsequenz der Differenzierung zwischen sozialen und psychischen Systemen ist die bereits dargestellte Unterscheidung der *Individualität als kulturelles Programm* im Sinne von Becks (1986) Individualisierungsthese und der *Individualität als Einzigartigkeit psychischer Systeme,* die in der Soziologie von Goffman (1973b, 1975a) thematisiert worden ist. Der von Schimank (2002: 281-294) beschriebene "Anspruchsindividualismus" ist wie Becks Individualisierungsthese dem sozialen System zuzuordnen, weil es sich um ein kulturelles Programm der Gesellschaft handelt. Die achte These zur Funktion der Karriere wird im nachfolgenden Abschnitt erläutert. In Abbildung 86 sind alle Thesen zusammengefasst.

Ausdifferenzierung

Individuum

(1) Verstärkte Verantwortung des Individuums für Identitätsaufbau
(2) Emotionalität bei Erfolg/Misserfolg
(3) Problematisierung von Identität und Selbstverwirklichung
(4) Personen gelten nur in Inklusionsbereichen
(5) Kein direkter Zugriff auf Meinungen von Individuen
(6) Abhängigkeit der Lebensführung von staatlichen Entscheidungen
(7) Kulturelles Programm der Individualisierung
(8) Karrriere als Bindeglied zwischen Individuum und Gesellschaft

Gesellschaft

Strukturelle Kopplung

Abbildung 86: Individuum und Gesellschaft

Individuum und Organisation

Ein paradigmatisches Beispiel für das Modell der Ausdifferenzierung von sozialen und psychischen Systemen bei gleichzeitiger struktureller Kopplung bildet die Mitgliedschaft von Individuen in Organisationen.

Der Leitgedanke dieses Modells ist die Annahme Luhmanns, dass psychische Systeme in ihrer individuellen Komplexität soziologisch nicht erfassbar sind. Psychische Systeme werden als *Personen* in der Kommunikation durch das soziale System konstruiert, da für die autopoietische Reproduktion der Organisation "die Einheit von Individuum und Person als operative Fiktion" (2000: 90) ausreicht. Individuen nehmen als Personen an der Systemkommunikation teil und bilden mit ihrer Eigenlogik von unterstellten Interessen und Identitäten einen Teil der Systemkomplexität.

> Auch in Organisationen kann über Personen nicht gesprochen, disponiert, entschieden werden ohne Rücksicht darauf, dass sie auch als Adresse und als Autor mitspielen, davon erfahren und

sich melden können. Das System hat, anders gesagt, unter der Bedingung kalkulierter Humanität zu operieren. (Luhmann 2000: 92)

Die Organisationspsychologie beschreibt die Eigenlogik von Individuen in Organisationen mit den Begriffen "Motiv" und "Motivation" (von Rosenstiel/Regnet/Domsch 1999: 173-192) und entwickelt Human Resources Management Programme zur Förderung der Motivation (Schreyögg 1998: 286-9). Aus der konstruktivistischen Systemperspektive sind *Motive* keine Merkmale der psychischen Systeme, sondern "Formen der Kommunikation, explizite oder implizite Zuweisung von Gründen für bestimmte Handlungen" (2000: 95) in sozialen Systemen. Durch Motivationszuschreibung stellt das System einen Zusammenhang zwischen Vergangenheit und Zukunft her, weil Systemereignisse sowohl retrospektiv erklärt als auch als Zukunftsereignisse prognostiziert werden können. Während Personen vom System aufgrund der Identität als relativ konstant betrachtet werden, "müssen Motive ständig erneuert werden" (2000: 95), weil sie auf die jeweilige Systemkonstellation bezogen sind. Dies erfordert ein Systemgedächtnis, damit das System frühere Motivzuschreibungen zur Erneuerung der Motive heranziehen kann (2000: 95).

Die konstruktivistische Motivdefinition ist eine Konsequenz aus der Undurchdringlichkeit des psychischen Systems. Gleichzeitig eröffnet sie der Organisation "die Möglichkeit, im sozialen System selbst zu regulieren, wie weit über Motive kommuniziert werden darf und wann und mit welchen Folgen die Schwelle der Diskretion überschritten wird" (2000: 96). Diese Möglichkeiten werden konkret durch Takt "als Gebot und Geschick des geselligen Umgangs" (2000: 97) praktiziert.

Die Organisation erhält in der autopoietischen Reproduktion erhebliche Freiheitsgrade, indem sie selbst entscheidet, auf welche Motivkonstellation von Personen sie Rücksicht nimmt. Für die Organisationspraxis ergeben sich daraus einige Konsequenzen. So verändert sich erstens der Stellenwert von Mitarbeiterbefragungen. Traditionelle Mitarbeiterbefragungen ermitteln empirisch die individuellen Faktoren der Motivation und Arbeitszufriedenheit mit dem Ziel, die Organisation den Bedürfnissen der Mitarbeiter besser anzupassen. Aus der systemtheoretischen Sichtweise müssten als Vorbereitung zu einer Mitarbeiterbefragung die wesentlichen Kommunikationsthemen in der jeweiligen Organisation vorab ermittelt werden. Diese Themen werden dann mit der Mitarbeiterbefragung empirisch genauer rekonstruiert, wobei Motive als Elemente der Systemkommunikation und nicht als feste Merkmale der Systemmitglieder erhoben werden. Entscheidend für den Erfolg von Mitarbeiterbefragungen ist das Einspielen der Befragungsergebnisse in die weitere Systemkommunikation, z.B. in Form von Feedback-Workshops.

Ein zweites Beispiel für den Effekt dieser veränderten Sichtweise ist das Thema der Partizipation von Mitarbeitern an Entscheidungen. Hier gibt es keine verlässlichen Belege dafür, "dass mehr Partizipation zu mehr Zufriedenheit und mehr Zufriedenheit mit mehr Leistungen korrelieren würde" (Luhmann 2000: 86). Systemtheoretisch ist es wenig plausibel, bestimmte Bedingungen als grundsätzlich positiv für den Erfolg der Organisation zu bewerten, da sich das System in einem Ereignisstrom mit ungewissem Ausgang befindet. Durch Orientierung an Strukturen und durch Selbstbeobachtung und -organisation absorbiert die Organisation zwar Unsicherheit, produziert mit jeder Entscheidung aber wieder neue Ungewissheit über deren Folgen. Der Versuch, die positive Wirkung von Organisationsmerkmalen wie Entscheidungspartizipation oder Informiertheit der Mitarbeiter mit unveränderlichen Motiven von Individuen zu begründen, muss daher scheitern[141]. Trotzdem muss die Systemtheorie die Motivkonstellation der Organisationsmitglieder analysieren, weil Personen als Bezugseinheiten die Systemkommunikation entscheidend beeinflussen. Gleichzeitig wird die Zuschreibung von Motiven zu Personen im Verlauf der Systemkommunikation laufend verändert, was zu veränderten Ansprüchen der psychischen Systeme (als Umweltsysteme) führt.

Ein weiterer Aspekt der Mitgliedschaft von Individuen in Organisationen ist die *Integration*, die Luhmann als *wechselseitige Einschränkung der Freiheitsgrade von Systemen* (2000: 99) definiert. Auf diese Weise behalten das soziale und das psychische System ausreichend Spielraum für die autopoietische Reproduktion. Sie sind strukturell gekoppelt und beschränken gegenseitig die Operationsmöglichkeiten, ohne in das andere System direkt anzugreifen. Im Gegensatz zu Parsons geht Luhmann nicht von einem übersozialisierten Individuum aus, das sich als Folge seiner Sozialisation konform zu gesellschaftlichen Werten und Normen verhält. Umgekehrt ist es nicht erforderlich, die Organisationsprozesse auf Motiv- und Interessenkonstellationen der Mitglieder zu reduzieren.

Die sich daraus ergebenden Freiheitsgrade für die Organisation und das Individuum manifestieren sich in der Mitgliedschaftsrolle "als Abstraktion eines Motivationspotenzials, als Erzeugung von Indifferenz, die dann im System durch besondere Regeln und Weisungen spezifiziert werden kann" (Luhmann 2000: 84). Über das Ausmaß der Integration durch die Mitgliedschaftsrolle entscheidet das Individuum selbst und bildet damit "für sich selber die Instanz, die sich fragt, welche Art und welches Ausmaß von Engagement ihm vernünftig erscheint" (1997: 740). Die wichtigste Form dieser Inklusion bildet die Sozialintegration in Organisationen durch die individuelle *Karriere*, die nach Luhmann zum "wichtigsten Mechanismus der Integration von Individuum und Gesellschaft avanciert ist" (1997: 742).

Karriereorientierung wird in Organisationstheorien, die auf "Rationalität, Effizienz, Kontrolle, Lernfähigkeit" (Luhmann 2000: 102) ausgerichtet sind, eher skeptisch beurteilt. Karriere wird im Human Resources Management als Mittel zur Bindung von Mitarbeitern an die Organisationsziele angesehen und mit personalwirtschaftlichen Instrumenten, wie individuellen Entwicklungsplänen und Förderveranstaltungen, unterstützt und gesteuert (Schreyögg 1998: 288). Auf der anderen Seite wird davon ausgegangen, dass die individuelle Karriereplanung von den Organisationszielen wesentlich abweichen kann und damit zu einem Risikofaktor für die Organisation wird. Dem versucht die Organisation entgegenzusteuern, indem sie z.B. in Mitarbeitergesprächen gemeinsame Ziele vereinbart und kontrolliert und auf diese Weise das durch den Arbeitsvertrag festgelegte Vertragsverhältnis mit dem Mitarbeiter ausweitet (Breisig 1998). Der ambivalenten Einschätzung der Karriereorientierung durch die ökonomisch orientierten Organisationstheorien stellt Luhmann die Sichtweise entgegen, dass Karrieren ein "stabiles Moment" darstellen, durch das Individuen und Organisationen die Möglichkeit geboten wird, "die Entscheidungskontingenzen der Organisation zu ertragen und zu nutzen" (2000: 102).

Bettet man den Karrierebegriff in die Konzeption der Organisation als *Autopoiesis des Entscheidens* (vgl. Kap. 4.2.8) ein, so ergeben sich einige Konsequenzen für das Konzept der Karriere. Die Karriere ist erstens ein Resultat der Selbstselektion durch die Person und Fremdselektion durch die Organisation, was Berechnung und Voraussage von Karrieren erschwert (2000: 103). Ein zweites Merkmal von Karriere ist, dass "offene Stellen und

---

141 Eine analoge Argumentation ergibt sich aus der Systemtheorie für die Themen des geplanten Wandels von Organisationen (vgl. Kap. 4.2.8) und der Systemsteuerung (vgl. Kap. 4.2.10)

geeignete und interessierte Bewerber nicht von selbst zueinander finden" (2000: 104). Aus Sicht des Individuums ist es eher ein Zufallsprodukt, wenn es über die notwendigen Kontaktnetze verfügt. Für die Praxis der Personalakquisition in Organisationen relativieren sich Persönlichkeitsmerkmale als Indikatoren für den Karriereerfolg. Der Einsatz von darauf spezialisierten Diagnoseinstrumenten wie Tests und Assessments hat daher nur einen sehr eingeschränkten Prognosewert für den späteren Erfolg des Bewerbers.

Als drittes Merkmal weist Luhmann auf den Lebenslauf hin als "eine Kommunikation, sei es mündlich, sei es schriftlich, über die Vergangenheit einer Person, die deren Zukunft zwar nicht determiniert, aber erwarten lässt" (2000: 105). Für die Karriere aus Organisationssicht lassen sich daraus die Risiken ableiten, die die eingangs dargestellte Skepsis der Organisationstheoretiker gegenüber dem Karrierebegriff erklären; denn es ist relativ unwahrscheinlich, dass ein Lebenslauf zum richtigen Zeitpunkt auf eine geeignete Stelle trifft. Außerdem können sich die Anforderungen an die Stelle und die im Lebenslauf verankerte Integrationsbereitschaft des Individuums trotz anfänglicher Kongruenz rasch auseinander entwickeln.

Ein viertes Merkmal von Karrieren ist, "dass Karrieren nicht einfach erfunden werden können, sondern eine gesellschaftliche Institutionalisierung voraussetzen" (2000: 107). Diese institutionelle Verankerung erfolgt über das Strukturelement der Stelle und ist - wie alle Strukturen - nicht beliebig veränderbar[142]. Die Mitgliedschaftsrolle fordert in der systemtheoretischen Konzeption Luhmanns einerseits ein bestimmtes Maß an *Konformität,* sondern gibt dem Individuum auch *Freiheit* "als heuristische Konstruktion von Alternativen" (2000: 109). Entscheidend für die Veränderungsfähigkeit von Organisationen ist, dass Personen mit diesen Alternativen die Systemprozesse irritieren können. Im anderen Falle wird die Organisation den Impuls als Störung im Sinne abweichenden Verhaltens beobachten und mit hoher Wahrscheinlichkeit nicht weiter beachten.

Ein bedeutendes Medium zur Gestaltung von Systemoperationen in Organisationen ist die *schriftliche Kommunikation*[143]: "Sie ermöglicht eine stärkere Steuerung dessen, was Individuen zu lesen bekommen, und zugleich weitaus größere Freiheitsgrade in der Umsetzung von gelesenen Texten in weitere, sei es mündliche, sei es schriftliche Kommunikation" (Luhmann 2000: 121). Mit schriftlicher Kommunikation lassen sich die Wahrnehmungsfelder von Individuen standardisieren und auf diese Weise regulieren, "welche Wahrnehmungen eine Chance haben, in Kommunikation transformiert zu werden" (2000: 119).

Luhmann bleibt auch im Hinblick auf schriftliche Kommunikation seiner theoretischen Prämisse treu, das Individuum in der Organisation nicht als psychisches System in seiner Einzigartigkeit, sondern aus dem Blickwinkel des sozialen Systems zu betrachten. Diese Theorieentscheidung hat zur Folge, dass Organisationsphänomene wie Mitgliedschaft, Motivation, Karriere und schriftliche Kommunikation als *Konstruktionen* des sozialen Systems zur Integration von Individuen in die Organisation erklärt werden. Diese kommunikative Konstruktion des Individuums als Person erfolgt unter den systemtheoretischen Bedingungen der Eigenständigkeit des psychischen Systems und der gleichzeitigen Absorption

---

142 Wie im Zusammenhang mit Organisationswandel (vgl. Kap. 2.8.8) und Evolution (vgl. Kap. 4.2.8) dargestellt wird, sind langfristige Veränderungen von Organisationen nur unter bestimmten Bedingungen realisierbar.
143 Darunter fallen auch die Formen der technisch-vermittelten Kommunikation, wie E-Mails.

und Erzeugung von Unsicherheit durch Entscheidungen als Systemoperationen der Organisation.

4.2.7 Evolution

In dem Buch "Macht" formuliert Luhmann das Forschungsprogramm, das er über die Phasen der Theorieentwicklung hinweg konsequent verfolgt. Die Theorie der Gesellschaft arbeitet "(1) mit einer Theorie der Systembildung und Systemdifferenzierung; (2) mit einer Theorie der Evolution; und (3) mit einer erst in Ansätzen sichtbaren Theorie symbolisch generalisierter Medien der Kommunikation" (Luhmann 1975: 2).

Evolution versteht Luhmann als übergreifendes Entwicklungsprinzip der Gesellschaft, während Systemdifferenzierung ein Veränderungsmechanismus innerhalb der Evolution darstellt. Die Kommunikationsmedien sind soziale Mechanismen, die auf einer bestimmten Stufe der evolutionären Entwicklung ihr Selektions- und Motivationspotential entfalten.

Evolutionsmodell

Luhmann folgt dem klassischen Evolutionsmodell mit der Unterscheidung von *Variation*, *Selektion* und *Restabilisierung* (1997: 425). Abweichend von der Darwinistischen Evolutionstheorie gilt für soziale und psychische Systeme nicht das Prinzip der natürlichen Auslese, sondern die "Co-Evolution strukturell gekoppelter, autopoietischer Systeme" (1997: 427). Aus Co-Evolution ergibt sich einerseits eine gegenseitige Abhängigkeit der strukturell-gekoppelten Systeme. So ist z.B. die Entwicklung von Bewusstseinssystemen abhängig von der gesellschaftlichen Evolution und umgekehrt. Die Evolution moderner Wirtschaftssysteme setzt als weiteres Beispiel die entsprechende evolutionäre Entwicklung des politischen Systems voraus. Andererseits lässt die strukturelle Kopplung den Systemen ausreichenden Freiraum für autopoietische Reproduktion und evolutionäre Entwicklungen (1997: 447). Nach dem Grundsatz der operativen Geschlossenheit werden evolutionäre Strukturänderungen systemintern durchgeführt. Evolutionäre Veränderungen sind nur erfolgreich, wenn sie in der Umwelt des jeweiligen Systems durchgesetzt werden: "Nur die *Differenz* von System und Umwelt ermöglicht Evolution. Anders gesagt: Kein System kann aus sich heraus evoluieren" (1997: 433). In Abbildung 87 ist das Evolutionsmodell zusammengefasst, das nachfolgend dargestellt wird.

Co-Evolution strukturell-gekoppelter Systeme		Differenz von System und Umwelt	
Variation	Selektion		Restabilisierung
• Zufall • Konflikt	• Differenzierung von Teilsystemen • Strukturänderungen		• Dynamische Stabilität • Evolutionärer Attraktor

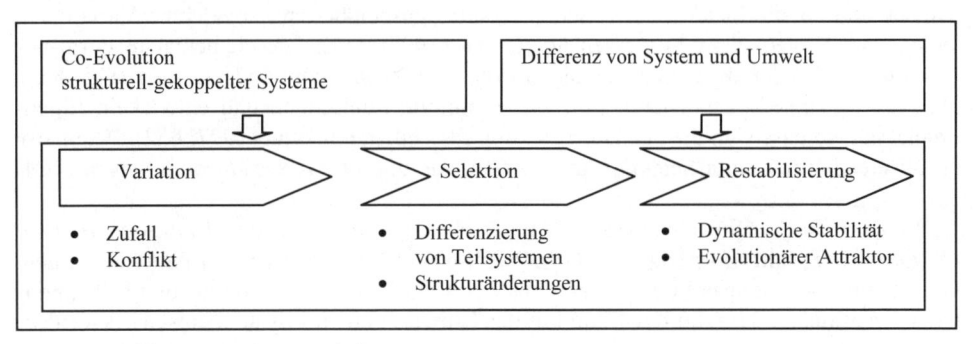

Abbildung 87: Evolutionsmodell

Variation

Die erste evolutionäre Phase ist *Variation*, die "in einer abweichenden Reproduktion der Elemente durch die Elemente des Systems besteht, die in sozialen Systemen als unerwartete, überraschende Kommunikation auftritt" (Luhmann 1997: 454). Wodurch entstehen solche Abweichungen? Allgemein ergibt sich aus dem Strukturbegriff ein Potential von Variation, da Strukturen dem Prozess der autopoietischen Reproduktion einen Freiraum lassen (2000: 50). Neben dieser grundsätzlichen Verankerung der Variationsmöglichkeit im Bezugsrahmen der Systemtheorie beschreibt Luhmann mit *Zufall* und *Konflikt* die beiden Hauptmechanismen zur Generierung von Variation.

 Wenn ein System, das in Co-Evolution mit einem anderen strukturell gekoppelt ist, die Irritation durch seine Umwelt nicht mit dem an dem Gedächtnis abrufbaren Strukturen synchronisieren kann und die Irritation in die Systemreproduktion aufnimmt, dann entsteht eine Variation, die Luhmann *Zufall* nennt. In diesem Fall ist das System in der Lage, "Ereignisse zu benutzen, die nicht durch das System selbst (also nicht im Netzwerk der eigenen Autopoiesis) produziert und koordiniert werden können." (1997: 450) Diese sich daraus ergebenden Konsequenzen werden vom System als Risiken oder Chancen wahrgenommen. *Konflikte* bilden die zweite Möglichkeit zur Steigerung der Variationsmöglichkeiten. Unter Konflikt versteht Luhmann in sozialen Systemen "die Ablehnung kommunikativer Sinnofferten" (1997: 467), also einen Widerspruch (19984: 530) in Form der Negation von erwarteten Abschlussoperationen in der Kommunikation. Die Negation wird nach dem Grundsatz der Autopoiesis vom System selbst ausgeführt und kann intern z.B. durch Selbstreferenz oder extern z.B. durch strukturelle Kopplung ausgelöst werden. Konflikte werden wie Zufälle als Gefahren oder Chancen vom System wahrgenommen.

Selektion

Variationen sind "normalerweise ein evolutionär folgenloses Geschehen" (2002b: 411), weil die meisten Irritationen vom System abgepuffert werden oder in der Systemkomplexität verschwinden. Evolutionär folgenreich können Variationen nur durch Selektion werden, wodurch die Variation vom System aufgegriffen und gegen bestehende Strukturen auf Brauchbarkeit abgeprüft werden. In sozialen Systemen bestehen Strukturen aus kommunikationssteuernden Erwartungen. Entsprechend wählt das System solche Sinnbezüge (Variationen) aus, die *Strukturaufbauwert* versprechen und für wiederholte Verwendung besser geeignet sind als die bislang im Systemgedächtnis gespeicherten. Abgelehnte Variationen werden vom System dem Vergessen überlassen (1997: 454). Die elementarste Form der Selektion in sozialen Systemen ist die *Ausdifferenzierung* von Teilsystemen (vgl. Kap. 4.2.5). Teilsysteme spezialisieren sich auf bestimmte Funktionen und entwickeln Eigenkomplexität, so dass sich die erfolgte Selektion restabilisieren kann (1997: 652). Alternativ zur Differenzierung kann Selektion und Restabilisierung durch *Strukturänderungen* erfolgen.

 In dem Buch "Soziale Systeme" unterscheidet Luhmann mit *Umweltanpassung, Selbstanpassung* und *Morphogenese* (1984: 259-60) drei Formen von Strukturänderungen. Umwelt- und Selbstanpassung bestehen aus der Verarbeitung von fremd- und selbstinduzierter Irritation, so dass die Konflikte mit der Umwelt bzw. im System entschärft werden, ohne grundlegende Strukturveränderungen auszulösen. Erst die *Morphogenese*[144] führt zu einer nicht vorhersagbaren Strukturänderung des Systems (1984: 260). Die Auslöser sind, wie bereits dargestellt, Zufall und Konflikt. Systeme sind offen für Variation, weil sie als autopoietische Systeme grundsätzlich in Bewegung[145] sind und dabei nicht ein Strukturmuster strikt reproduzieren, sondern in loser Kopplung Unschärfen und Bruchstellen selbst erzeugen, die zur Variation einladen.

Restabilisierung

Falls neu selektierte Strukturen sich über einen längeren Zeitraum gegenüber der Umwelt durchsetzen können, spricht Luhmann von *Restabilisierung*. Die Restabilisierung erfolgt somit durch "die Erhaltung des evoluierenden Systems in einer auf dessen Evolution nicht eingestellten Umwelt" (2002b: 411). Das Ergebnis der Restabilisierung ist kein stabiles Gleichgewicht nach dem Modell der klassischen Systemtheorie, sondern eine *"dynamische Stabilität"* (1997: 52, 495).

> Evolutionsfähig sind gerade dynamische Systeme, die sich fernab vom Gleichgewicht halten und reproduzieren können. (1997: 486)

Mit dem Begriff "dynamische Systeme" bezieht sich Luhmann auf die als Chaos-, Selbstorganisations- oder Katastrophentheorie bekannten Modelle innerhalb der Systemtheorie II[146].

Systemänderung und Evolution

Das Evolutionsmodell ist geeignet zur Beschreibung langfristiger Systemänderungen, die sich in einer definierten Umwelt stabilisieren. Andere Veränderungsprozesse sollten daher mit anderen Begriffen und Modellen der Theorie beobachtender Systeme beschrieben werden. Da das Evolutionsmodell nicht vorhersehbare Änderungen erfasst, ist es z.B. problematisch, dieses Modell für geplanten Wandel zu verwenden. Nach Luhmann verfügen moderne Gesellschaften über Möglichkeiten zur Häufung und Beschleunigung von Variation, wie das "*Verbreitungsmedium Schrift*" und die "*Stärkung der Konfliktfähigkeit und Konflikttoleranz*" (1997: 464). Damit lassen sich zwar Evolutionsprozesse anstoßen, allerdings nicht die Selektion und Restabilisierung steuern, wie es z.B. das Change Management in Organisationen beabsichtigt. In Kap. 4.2.8 wird dargestellt, wie Organisationsveränderungen systemtheoretisch beschrieben und erklärt werden können.

Kritik an Luhmanns Evolutionsmodell

Kaum ein Baustein von Luhmanns Systemtheorie ist so heftig kritisiert worden wie das Evolutionsmodell. Walter L. Bühl beschreibt in seinem Buch "Sozialer Wandel im Ungleichgewicht" (1990) das revidierte Paradigma[147] des sozialen Wandels als Modelle der

---

144 In Kap. 4.2.8 wird die Morphogenese als Mechanismus des organisationalen Wandels dargestellt.
145 Luhmann zitiert in seiner Einführungsvorlesung Parsons' Leitsatz "Action is system" (2002a: 19).
146 Eine gute Übersicht über die naturwissenschaftlichen Modelle der Selbstorganisation bzw. nichtlinearen Dynamik findet sich an der Heiden (1992). Für eine Darstellung aus soziologischer Sicht siehe Bühl (1990) und Müller-Benedict (2000) und für eine mathematisch exakte Darstellung Verhulst (2000).
147 Der Ausdruck "revidiertes Paradigma" ist von Schmid (1998: 264) übernommen.

nichtlinearen Dynamik im Gegensatz zum alten Paradigma der *linearen Gleichgewichtstheorien*. Unter den Begriff der nichtlinearen Dynamik fasst Bühl neben zyklischen und katastrophalen Formen des gesellschaftlichen Wandels die Dynamik gesellschaftlicher Fluktuationen.

Die Evolutionstheorie Luhmanns ist nach Bühls Argumentation über den Stand Herbert Spencers (1820-1903) nicht hinausgekommen, weil sie Evolution als Prozess der kontinuierlichen Differenzierungen und Integrationen beschreibt (1990: 152). Die drei Komponenten Variation, Selektion und Restabilisierung des Luhmannschen Modells sind für Bühl keine echten Mechanismen im Sinne der Evolutionstheorie, sondern werden durch "die 'Sprache' repräsentiert und sind damit reine Spekulation" (Bühl 1990: 152).

Wie in Abbildung 87 dargestellt ist, hat Luhmann die Hauptbegriffe mit speziellen Mechanismen unterlegt, die er nicht in mathematischen Formeln, sondern *sprachlich* fasst. Dies trifft allerdings auf die von Bühl vorgeschlagenen Prinzipien der sozialen Evolution ebenso zu. Das erste Prinzip ist die *Adaptabilität*, die Bühl definiert als "die Fähigkeit eines Organismus oder vielmehr einer Lebensgemeinschaft von Populationen unterschiedlicher Art, mit der Unsicherheit fertig zu werden" (1990: 160). Die Übertragung dieses Prinzips auf Gesellschaften erfolgt durch die Konstruktion eines Kulturvorrats von "Memen" in Analogie zum Genpool von Organismen (1999: 164).

Unter Einbeziehung der kulturellen Artefakte als Umwelt ergibt sich die gesellschaftliche Evolution als "*epigenetische Anpassung* an die sich verändernde Umwelt, ob diese Veränderungen nun ohne oder mit Zutun des Menschen vor sich gehen, ob sie beabsichtigt oder unvorhergesehen sind" (1990: 166). Neben dieser evolutionären Selektion zeichnet sich menschliches Verhalten zweitens durch *Emergenz* und drittens durch *reflexive Steuerung* (1998: 373) von Bedeutungssystemen aus, durch die evolutionäre Prozesse eine besondere Dynamik erhalten. "Entscheidend sind nicht so sehr die Inhalte im einzelnen, sondern die Flüssigkeit des kulturellen Stromes, in den neue Varianten eingeführt und aus dem alte ausgeschieden werden" (Bühl 1998: 373). Als viertes Merkmal der sozialen Evolution "findet die biogenetische Selektion in *Gruppen* statt" (1998: 373). Evolution ist trotz der beachtlichen Leistungen von Individuen und Kleingruppen eher eine *Makroevolution*"durch den Konflikt zwischen ganzen Gesellschaften oder Zivilisationen, durch die Populationsablösung (von Bevölkerungen wie Artefakten und Technologien)" (1998: 374). Die Makroevolution eröffnet den Individuen Spielraum für Kreativität und Innovation.

> Im menschlichen Leben ist die (bio- und noo-) genetische Selektion ein gesellschaftliches Problem, nämlich ein Problem der Sozialorganisation, die darüber entscheidet, welchen Bewegungsspielraum die Individuen bekommen; das heißt auch: welchen Stellenwert ihre Wertsetzungen haben, inwieweit sie ihre Energie und ihre Begabung einsetzen können, welche Synergieeffekte zustande kommen. (Bühl 1998: 374)

Die Evolutionsmechanismen von Bühl und Luhmann unterscheiden sich zwar "sprachlich", sind allerdings ähnlich in der Betonung des *Umwelteinflusses*, der *Prozesshaftigkeit,* der *Variation* und *Selektion*, der *kulturellen Elemente* als gesellschaftliches Gedächtnis, des *Emergenzpostulats* und der Betonung der *Selbstorganisation*.

Luhmann bezeichnet sein Evolutionskonzept als "Theorie evolutionärer Veränderung auf der Basis von Sinn" (Luhmann 2004: 251). Damit trifft Bühls Beobachtung zu, dass das Luhmannsche Evolutionsmodell "auf der kognitiven oder Sinnebene" (Bühl 1998: 376) ansetzt. Da soziale Systeme als sinnprozessierende Systeme von Luhmann definiert werden, kann es keine natürliche Selektion außerhalb der Sinnebene für die soziale Evolution geben.

Nach Bühl erfordert das Konzept sozialer Evolution "eine Verbindung der 'natürlichen Selektion' und der 'Reflexion' in einem *Zwei-Stufen-Prozess*" (Bühl 1998: 376). Damit werden *Selektionsprozesse der Umwelt* (natürliche Selektion) mit *Selbstorganisationsprozessen im System* (Reflexion) verschränkt. Luhmanns Theorieentscheidung fordert, die Selektionsprozesse der Umwelt von der autopoietischen Reproduktion des Systems zu trennen, indem die Umweltselektion das System über strukturelle Kopplungen irritiert und nicht in das System eingreift. Diese Irritationen sind nach Luhmann der Motor der Evolution, wie das bereits zitierte Evolutionspostulat belegt: "Nur die Differenz von System und Umwelt ermöglicht Evolution" (Luhmann 1997: 433). Um das Schicksal einer Population von Systemen evolutionstheoretisch zu betrachten, muss nach Luhmann die Bezugsebene auf die übergeordnete Klasse von Systemen verlagert werden, wo dann die Selektion der Umwelt wieder nur als Irritation eingeführt wird. Um beispielsweise die Auslese von Unternehmen in einem neuen Markt (z.B. die Internetbranche im Jahr 2001) zu beschreiben, müssen alle Unternehmen dieser Branche als Population betrachtet werden. Der komplette Markt der IT-Leistungen wäre dazu die Umwelt, mit der die Internet-Branche über Umsatz und Erlöse strukturell gekoppelt ist.

Einen grundsätzlichen anderen Weg zur Abgrenzung gegenüber dem alten soziologischen Evolutionsparadigma geht Michael Schmid, der sich sorgfältig mit dem Luhmannschen Evolutionsmodell auseinandersetzt (2001) und abweichend von Luhmann ein alternatives Evolutionsmodell entwirft. Das revidierte Paradigma entsteht nach Schmid in der Verankerung der Evolutionstheorie im Rational-Choice Ansatz. Die soziale Evolution verläuft "als ebenso unvorhersehbare wie unabschließbare differenzielle Selektion kollektiv gewählter und vorübergehend institutionalisierter Schadensregulierungen" (Schmid 1998: 279). Dieser Satz unterscheidet sich von Luhmanns Evolutionsbegriff lediglich durch den Hinweis auf die Schadensregulierung. Hier liegt die Differenz der Ansätze darin, das sich nach Schmid die differenziellen Selektionen des Evolutionsprozesses als temporäre Lösungen der im Rational-Choice Ansatz beschriebenen Kooperations-, Koordinations- und Ungleichheitsdilemmata unter den soziostrukturellen Bedingungen von Märkten, Herrschaft und Moralität beschreiben lassen (1998: 273-9).

Diese evolutionären Lösungen verschaffen nur "kurzzeitige und lokale Wettbewerbsvorteile" und provozieren damit weitere evolutionäre Selektionsprozesse (1998: 276). Entscheidend für diese evolutionären Prozesse ist die Zweistufigkeit der Evolutionsprozesse: Erstens eine *Mikroevolution* von Lösungen, die durch strukturelle Mechanismen selektiert werden, und zweitens eine *Makroevolution* der übergeordneten Selektionsmechanismen selbst.

Will man das Kernmodell der revidierten soziologischen Evolutionstheorie in einem Satz beschreiben, dann wird man sich auf den Hinweis beschränken können, dass Akteure auf der Suche nach einer Lösung ihrer unausrottbaren Abstimmungsprobleme Regulierungsvorschläge machen, über deren differenzielle Reproduktionschancen ihrerseits regelbasierte, ressourcenabhängige Selektionsmechanismen entscheiden, deren kaum vorsagbare Evolution nach demselben Muster von Regelvariation und Regelselektion verläuft, wobei veränderte Interessenlagen, unerwartete bzw. aversive Handlungsfolgen sowie die Erschöpfung von Ressourcenausstattungen und Kompetenzen jenen Veränderungsdruck hervorrufen, auf den die Akteure mit gleich bleibend unsicheren Erfolgsaussichten reagieren oder aber die soziale Bühne verlassen müssen. (Schmid 1998: 278-9)

Diese Formulierung unterscheidet sich von Luhmanns Evolutionsmodell nicht durch die Zweistufigkeit, sondern in der Verankerung der evolutionären Variation in den Rational-Choice Dilemmata zur Erklärung sozialer Ordnung und in der Identifikation der Selektions- und Stabilisierungsmechanismen mit den klassischen soziologischen Konzepten zur Lösung des Problems sozialer Ordnung: Märkte, Herrschaft und Moralität.

Der Ansatz von Schmid stellt einen vielsprechenden Bezugsrahmen für eine Evolutionstheorie innerhalb des Rational-Choice Paradigmas dar. Der weitere Erfolg hängt allerdings davon ab, welche expliziten Modelle und paradigmatischen Beispiele dazu entwickelt werden. Warum sollten allerdings die Rational-Choice Theoretiker mit ihrer Abneigung gegen Emergenzprozesse sich mit dem Evolutionskonzept anfreunden, wo sie bereits über erklärungskräftige Modelle des institutionellen und organisatorischen Wandels[148] verfügen?

Bühls Konzept evolutionärer Evolution stellt eine andere Variante eines Sprachmodells gegenüber Luhmanns Evolutionsmodell dar. Für die weitere Entwicklung der soziologischen Evolutionsmodelle scheint die Frage nach dem besseren *Sprachmodell* nicht besonders interessant zu sein und wird zunehmend verdrängt durch die Frage, wie *formale Modelle* im Sinne der Naturwissenschaften für die soziale Evolution explizit entwickelt und angewendet werden können[149].

4.2.8 Organisationaler Wandel

Der organisatorische Wandel bezieht sich nach Luhmann auf die Strukturen des Systems und nicht auf die Systemoperationen, so dass Organisationsveränderungen eine Unterkategorie von Strukturänderungen sind, die in Kap. 4.2.7 als ein Evolutionsmechanismus zur Erzeugung von Selektion beschrieben wurden. Den geplanten strukturellen Wandel diskutiert Luhmann in dem Buch "Organisation und Entscheidung" (2000) unter dem Stichwort der Reform, die sich grundlegend von evolutionären Organisationsänderungen unterscheidet. In den nachfolgenden Abschnitten werden erstens der Organisationsbegriff, zweitens die Reform als geplanter Strukturwandel und drittens evolutionäre Organisationsveränderungen dargestellt.

Organisation

Organisationen sind nach Luhmann autopoietische Systeme und bestehen somit aus Operationen, die als Rückgriffe auf vorangegangene Operationen und Vorgriffe auf zukünftige Operationen rekursiv vernetzt sind (2000: 48). Die elementaren Operationen von Organisa-

---

148 Das Rational-Choice des institutionellen Wandels von D. North wird in Kap. 2.3.3 und von E. Ostrom in Kap. 6 dargestellt.
149 Schmid hält die Formalisierung der Evolutionstheorie für unabdingbar: "Ich halte eine Formalisierung zumal der Evolutionsmechanismen vor allem deshalb für unabdingbar, weil man sonst weder darauf hoffen kann, die offenen Widersprüche zu beseitigen, mit denen Luhmann seine Leser konfrontiert, noch die Bedingungskonstellationen zu identifizieren, die die von Luhmann wortreich beschriebenen evolutionären Effekte hervorbringen" (Schmid 2001: 140-141). Müller-Benedict (2000) hat für Selbstorganisation einen ersten Versuch unternommen, Modelle dynamischer Nichtlinearität auf soziale Prozesse anzuwenden. Weitere Anwendungsbeispiele formaler Modelle sind in Diekmann/Jann (2004) zu finden.

tionen sind *Entscheidungen*. Eine Entscheidung markiert die präferierte Seite einer Alternative, die als Unterscheidung vom System beobachtet wird (2000: 132). In der Zeitperspektive erzeugt die Entscheidung die Information, "was im Verhältnis von Vergangenheit und Zukunft einen Unterschied macht" (2000: 162). Organisationssysteme sind somit definiert als "*Autopoiesis des Entscheidens*" (2000: 180).

Entscheidungen als Systemoperationen reduzieren Komplexität in einer bestimmten Situation und eröffnen eine Kette weiterer Entscheidungen, die auf den vorangegangenen Entscheidungen aufsetzen. Damit produzieren Entscheidungen neue Komplexität (1997: 831). Während die Reduktion der Komplexität mit der getroffenen Entscheidung bereits zur Systemgeschichte wird, verweisen die sich öffnenden neuen Entscheidungsmöglichkeiten in die Zukunft.

Luhmann ersetzt in seiner Organisationstheorie den Begriff der Komplexität durch den in der Organisationswissenschaft populären Begriff der Unsicherheit. Die Operation des Entscheidens erzeugt eine *Unsicherheitsabsorption*[150] und baut neue Unsicherheit im Hinblick auf mögliche Folgeentscheidungen auf. In der Sprache Spencer Browns lässt sich dieser Zusammenhang als *Form von Sicherheit* fassen, deren Innenseite die Sicherheit der getroffenen Entscheidung und deren Außenseite die sich öffnenden zukünftigen (unsicheren) Entscheidungen markiert.

> Organisation ist die (sich selbst fortsetzende) Autopoiesis der *Form* von Sicherheit - das heißt: eine Zwei-Seiten-Form, auf deren anderer Seite mit Unsicherheit zu rechnen ist. (2000: 167)

Die Unsicherheitsabsorption sollte nach Luhmann nicht auf Einzelentscheidungen reduziert werden, sondern macht erst Sinn im "Kontext sequentiellen Entscheidens" (2002b: 238), wo sich bestimmte Entscheidungsmuster als Bindung der Organisation "an ihre eigenen Sichtweisen und Gewohnheiten" (2002b: 239) beobachten lassen. Diese Entscheidungsmuster kristallisieren sich in Organisationen als *Stellen*, die Mitgliedschaftsrollen formalisieren (2002b: 240). Stellen sind ein Spezialfall von *Entscheidungsprämissen*. Unter Prämissen versteht Luhmann Voraussetzungen, "die bei ihrer Verwendung nicht mehr geprüft werden" (2000: 222). Für einen bestimmten Organisationsbereich werden Entscheidungsprämissen eingeführt, "um den Spielraum für eine Mehrzahl von Entscheidungen gleichsinnig einzuschränken" (2000: 225). Unter die Kategorie der Entscheidungsprämissen ordnet Luhmann neben Stellen auch die "*Festlegung von Kommunikationswegen* (unter Ausschluss anderer), auf denen Informationen mit Bindungswirkung im System zirkulieren können " (1992: 117; vgl. auch 2000: 225).

Mit *Entscheidungsprogrammen* als dritter Form von Entscheidungsprämissen beobachtet das System die Umsetzung von Entscheidungsprämissen in Entscheidungen und bewertet sie als sachlich richtig oder falsch (2000: 257). Entscheidungsprogramme, die Entscheidungen über Systeminputs steuern, nennt Luhmann *Konditionalprogramme*. *Zweckprogramme,* wie z.B. Prospekte, beziehen sich auf den Systemoutput (2000: 261). Mit Stellen, Kommunikationswegen und Entscheidungsprogrammen als die drei Formen von Entscheidungsprämissen sind die *Strukturkategorien* identifiziert, an denen organisatorischer Wandel als Strukturänderung festgemacht werden kann.

---

150 Luhmann übernimmt den Begriff "Unsicherheitsabsorption" von den bekannten Organisationstheoretikern James G. March und Herbert A. Simon; vgl. Luhmann 2002b: 238 (Anmerkung 14).

Organisationen erbringen für die Gesellschaft zwei wesentliche Funktionen. Erstens schaffen sie über die Mitgliedschaftsrolle eine *Inklusionsform*, durch die Individuen in die Gesellschaft integriert werden. Zweitens verdichten sie strukturelle Kopplungen von Funktionssystemen (1994: 195) und schaffen den sozialen Raum für konkrete Handlungs- und Interaktionsprozesse. Wie in Kap. 4.2.4 dargestellt wurde, ermöglicht nur die Autopoiesis von *Organisationen* soziales Handeln, das von *mehreren Systemen gleichzeitig irritiert wird* (1994: 196).

Kreativität und Innovation

In Kap. 2.2.4 wurde dargestellt, wie Joas im interpretativen Paradigma Identität als kreativen Veränderungsprozess beschreibt und damit kreatives Handeln erklärt. Ähnlich wie Joas argumentiert auch Luhmann, dass im Aufbau der Systemtheorie die Kreativität und Innovation schon berücksichtigt ist.

Kreativität besteht aus etwas "*Neuem*" (1995a: 114), das sich nicht auf "wiederholbare Ursachenketten" (1995a: 115) zurückführen lässt. Positiv ausgedrückt ergibt sich das Neue aus "einmaligen, zufälligen Koinzidenzen" (1995a: 115). Wie entstehen solche Abweichungen von strukturell vorgegebenen Ursachenketten? Entscheidungen als Handlungsakte beruhen nach Luhmann auf der "Setzung einer oder mehrerer Unterscheidungen" (1995a: 115). Diese Unterscheidungen greifen erstens auf das Gedächtnis zurück, in dem soziales Wissen und Erfahrung gespeichert ist. Dieser Zugriff auf das Gedächtnis ist "selektiv" (1995a: 115), weil die Erinnerung grundsätzlich unvollständig ist. Zweitens hängen die Entscheidungen von den Vorstellungen über die Zukunft ab, die nicht aus eindeutig definierten Zielzuständen bestehen. Die Zukunft ist im System präsent als mögliche Zustände und Ereignisse, die jeweils kontingent - also auch anders möglich - sein können. Luhmann spricht hier von der *Oszillatorfunktion* im Hinblick auf die Zukunft.

> Entscheidungen entstehen, könnte man sagen, im interface von Gedächtnisfunktionen und Oszillatorfunktionen: sie entstehen durch Setzung einer oder mehrerer Unterscheidungen, mit denen man die Vergangenheit selektiv erinnert (also weitestgehend vergisst) und die Zukunft oszillieren lässt, zum Beispiel zwischen Erfolg und Misserfolg, Zustimmung oder Ablehnung anderer, Gewinn oder Verlust, Kontinuität oder Diskontinuität. (Luhmann 1995: 115).

Wie in Abbildung 88 dargestellt, eröffnen die *Gedächtnis-* und die *Oszillatorfunktion* im Handlungsprozess Freiräume für Kreativität und Innovation. Soziale Strukturen ermöglichen die Kreativität des Handelns, da sie im Handlungsprozess jeweils bestätigt oder modifiziert werden.

In Organisationen werden Entscheidungsprämissen im Spannungsverhältnis von Gedächtnis- und Oszillationsfunktion modifiziert, indem z.B. die Kriterien für eine Investitionsfreigabe etwas großzügiger ausgelegt werden. Ein anderes Beispiel ist die Kompetenzüberschreitung eines Stelleninhabers, der eine Dienstleistung telefonisch beauftragt, obwohl nur der Einkauf Bestellungen auslösen darf.

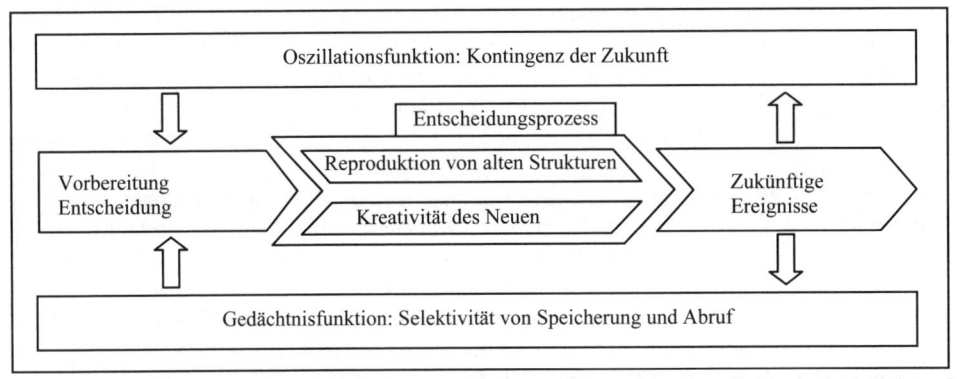

```
┌─────────────────────────────────────────────────────────────────────┐
│            Oszillationsfunktion: Kontingenz der Zukunft             │
│                    ⇓                          ⇑                     │
│                         Entscheidungsprozess                        │
│  Vorbereitung      Reproduktion von alten Strukturen    Zukünftige  │
│  Entscheidung                                           Ereignisse  │
│                       Kreativität des Neuen                         │
│                    ⇑                          ⇓                     │
│     Gedächtnisfunktion: Selektivität von Speicherung und Abruf      │
└─────────────────────────────────────────────────────────────────────┘
```

Abbildung 88: Kreativität und Innovation des Handelns aus systemtheoretischer Sichtweise

In seiner Systemtheorie der Organisation (2000) verwendet Luhmann das allgemeinere Gedächtniskonzept (1997: 576-94; vgl. auch Kap. 4.2.3), das die beiden Zeithorizonte der Vergangenheit und Zukunft enthält. Während im Zeithorizont der Vergangenheit die Systemhistorie gespeichert wird, bildet der Zeithorizont der Zukunft die planerische Vorwegnahme durch Entscheidungen über Entscheidungsprämissen.

> Dank seines Gedächtnisses kann das System zwischen Selbstdetermination durch Vergangenheit und durch Zukunft oszillieren - aber immer nur unter der Voraussetzung, dass die Gegenwart sich nur selbstreferenziell und nur durch rekursive Ausgriffe auf Nichtaktuelles bestimmen kann - eben nur durch Entscheidung. (Luhmann 2000: 157)

Wie aus dem Zitat zu ersehen ist, bleibt trotz der begrifflichen Verschiebung das in Abbildung 88 zusammengefasste Modell der Kreativität und Innovation in Organisationen unverändert.

Autopoietisches Modell des geplanten Wandels

Entscheidungsprämissen und Kompetenzen von Stelleninhabern sind Strukturen, die im Verlauf der Organisationsprozesse laufend variiert werden. Entsprechend der Theorie beobachtender Systeme werden die Variationen vom System beobachtet, z.B. im Hinblick darauf, ob nachgelagerten Stellen im Prozess die Abweichung akzeptieren. Diese Beobachtung 1. Ordnung kann folgenlos bleiben oder eine *Selbstbeobachtung* als Beobachtung 2. Ordnung auslösen, mit der das System eine Differenz zu den bislang praktizierten Organisationspraktiken bemerkt und als *Selbstbeschreibung* kommuniziert.

> Selbstbeobachtung ist zunächst ein Moment im Prozessieren der eigenen Informationsverarbeitung. Sie ermöglicht, darüber hinausgehend, Selbstbeschreibung, indem sie das fixiert, über was ein System kommuniziert, wenn es über sich selbst kommuniziert. (Luhmann 1984: 234)

In diesem Stadium des Veränderungsprozesses können mit Selbstbeschreibungen auch Konfliktzustände und kontroverse Positionen beschrieben werden. Die Selbstbeschreibung kann sich auf den elementaren Vorgang der Abweichung von der Regel beziehen, sie kann aber auch auf andere Sinnkomplexe zurückgreifen und diese im Zuge des Re-entry in die Selbstbeschreibung integrieren. So kann der Leiter eines Profit Centers seine Kompetenzüberschreitung bei Einkaufsvorgängen gegenüber dem Zentraleinkauf damit zu rechtfertigen versuchen, dass er als Kostenverantwortlicher die Beschaffungskosten niedrig halten und daher selbst einkaufen muss. Diese Einführung der System-Umwelt Differenz des Profit Centers haben wir als einen Beschleunigungsmechanismus für evolutionäre Prozesse bereits in Kap. 4.2.7 beschrieben. Nach dem Grundsatz der operativen Geschlossenheit wird das System im Rahmen der *Selbstorganisation* (1997: 93) die neuen Handlungen und dazu gehörenden Selbstbeschreibungen als Strukturänderungen im Systemgedächtnis speichern und bei zukünftigen Organisationsprozessen praktizieren. Wesentlich ist für das Verständnis der Selbstorganisation von Organisationen die anfangs erwähnte Festlegung Luhmanns, dass die elementare Operation von Organisationen die *Unsicherheitsabsorption durch Entscheiden* (2002b: 238) ist.

> Autopoiesis ist demnach nur möglich, wenn das System sich im Dauerzustand der Unsicherheit über sich selbst im Verhältnis zur Umwelt befindet und *diese Unsicherheit durch Selbstorganisation produzieren und kontrollieren kann*. (Luhmann 2000: 47)

Man kann sich dieses Prinzip bildlich als einen Urwald vorstellen, in den die Selbstorganisation sich einen Weg bahnt, dessen Verlauf ungewiss ist und der gleich nach dem Passieren wieder zuwächst. Der Weg wird trotz des Zuwachsens im Gedächtnis des Systems gespeichert und kann beim nächsten Durchqueren des Urwalds zur Orientierung herangezogen werden. Das System gibt sich mit Selbstorganisation Rahmenbedingungen (2000: 305) für die Systemoperationen. Nachdem sich im Zuge der Selbstorganisation die Systemoperationen wieder eingeschwungen haben auf eine dynamische Stabilität, wird dieser Zustand durch Selbstbeschreibung kommuniziert, so dass die Selbstbeschreibung ihre Funktion der Identitätsstiftung wahrnimmt.

> Die Funktion von Selbstbeschreibungstexten scheint vielmehr darin zu liegen, die laufend anfallenden Selbstreferenzen zu raffen, zu bündeln, zu zentrieren, um damit deutlich zu machen, dass es immer um dasselbe "Selbst", immer um ein mit sich identisches System geht. (Luhmann 2000: 421)

Die in Abbildung 89 zusammengefassten drei Operationen der Systemänderung bilden ein explizites Modell zur Beschreibung von Organisationsänderungen und können als Methode zum geplanten Wandel eingesetzt werden.

Stellen wir uns als Anwendungsbeispiel ein Restrukturierungsprojekt in einem Unternehmen vor mit der Zielsetzung, die Beschaffungsprozesse zu verbessern. Es sollen beispielsweise die durchschnittlichen Beschaffungszeiten von 6 auf 2 Wochen und die Anzahl der reklamierten Lieferungen von 10 % auf 2 % reduziert werden. Im ersten Schritt werden die am Beschaffungsprozess beteiligten Stellen von dem Prozessmoderator zur *Selbstbeobachtung* aufgefordert. So könnten die Einkäufer per Selbstaufschreibung über einen gewissen Zeitraum die Durchlaufzeiten von Bestellungen dokumentieren. Alternativ könnten diese Zeiten aus dem IT-System ermittelt werden. Eine dritte Möglichkeit ist die Schätzung der Zeiten in einem Workshop der am Beschaffungsprozess beteiligten Stelleninhaber. In diesem Workshop wird - aufbauend auf der Selbstbeobachtung - im nächsten Schritt eine

Selbstbeschreibung in Form einer Prozessgrafik erstellt, in der alle Prozessschritte mit Verantwortlichen und Hilfsmitteln in der zeitlichen Reihenfolge dokumentiert werden.

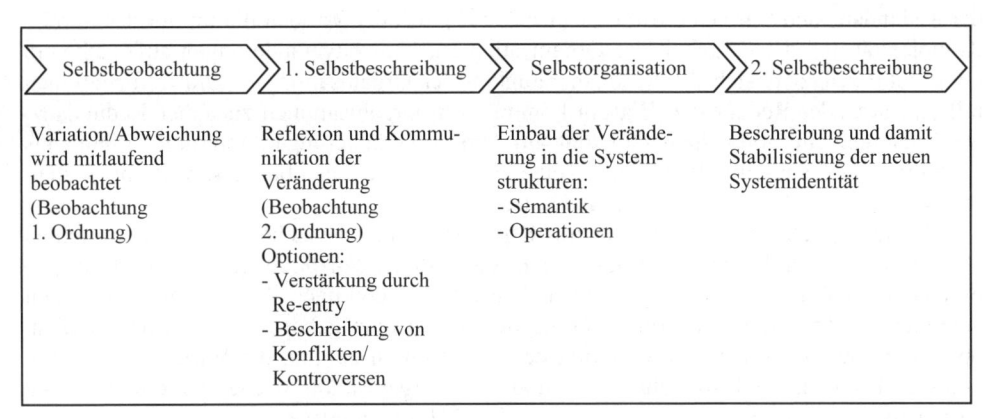

Selbstbeobachtung	1. Selbstbeschreibung	Selbstorganisation	2. Selbstbeschreibung
Variation/Abweichung wird mitlaufend beobachtet (Beobachtung 1. Ordnung)	Reflexion und Kommunikation der Veränderung (Beobachtung 2. Ordnung) Optionen: - Verstärkung durch Re-entry - Beschreibung von Konflikten/ Kontroversen	Einbau der Veränderung in die Systemstrukturen: - Semantik - Operationen	Beschreibung und damit Stabilisierung der neuen Systemidentität

Abbildung 89: Operationen der Systemänderung

In diesem Workshop werden zusätzlich Verbesserungsideen als Möglichkeiten der Prozessveränderung diskutiert, die ebenfalls dokumentiert werden. Daraus entsteht das Konzept einer neuen Prozessorganisation, die einen Entscheidungsprozess auslöst und nach Freigabe durch die Unternehmensleitung im Rahmen der *Selbstorganisation* durch die am Beschaffungsprozess beteiligten Stellen realisiert wird. Damit sich der neue Prozess stabilisiert, müssen eine Reihe von Bedingungen erfüllt sein, die sich aus dem Autopoiesis-Modell ergeben. Die neuen Prozesse müssen mit allen Beteiligten kommuniziert und die neuen Verfahren müssen operativ, z.B. im IT-System, umgesetzt werden. Schließlich ist für die erfolgreiche Realisierung ausschlaggebend, dass alle Stelleninhaber ihre Aufgaben und Kompetenzen im Sinne der veränderten Prozesse neu definieren und in den nachfolgenden Einkaufsprozessen praktizieren. Die veränderte Praxis wird vom System beobachtet und durch Selbstbeschreibung und Selbstbeobachtung stabilisiert.

Redundanz und Varietät

Während im vorangehenden Abschnitt die Systemveränderung mit Selbstbeobachtung, Selbstbeschreibung und Selbstorganisation als Prozessmodell konstruiert wurde, lässt sich das Thema auch strukturbezogen darstellen. Dazu führt Luhmann die Begriffe "Redundanz" und "Varietät" ein. Mit *Redundanz* "kann man die strukturelle Einschränkung der Entscheidungszusammenhänge bezeichnen" (1992: 174), wogegen *Varietät* als Verschiedenartigkeit von Entscheidungen" (1992: 174) definiert wird. Bei Redundanz sind die Systemoperationen standardisiert und weisen daher eine geringe Schwankungsbreite auf. Ein typisches Beispiel ist die klassische Bürokratie, wo alle Vorgänge weitgehend festgelegt sind. Organisationen mit hoher Varietät lassen verschiedenartige Entscheidungen in bestimmten Situationen zu und sind daher flexibler gegenüber Veränderungen in der Organisationsumwelt. Gegenüber der Umwelt grenzen sich redundante Organisationen durch eine hohe Komplexitätsdifferenz ab, während aus Varietät die Verringerung der Komplexitätsdifferenz zwischen System und Umwelt folgt (1992: 175).

Luhmann stellt sich vor, dass Organisationen zwischen den beiden Strukturmerkmalen der Redundanz und Varietät oszillieren (1992: 175). Mit der Varietät nimmt die strukturelle Komplexität und die Fähigkeit der Organisation zu, Umweltveränderungen aufzunehmen. Umgekehrt reduziert sich die Resonanzfähigkeit der Organisation auf Umweltirritationen mit zunehmender Redundanz. Warum kommt es in Organisationen zu hoher Redundanz, wenn dadurch die Anpassungsfähigkeit auf Umweltveränderungen abnimmt? Luhmanns Antwort lautet, dass mit Redundanz "eine bessere Übersicht über das, was im System (noch) möglich ist" (1992: 174) verbunden ist.

Da Organisationen sich ständig mit Komplexität und Unsicherheit aufladen, neigen Organisationen zur Unsicherheitsabsorption durch Redundanzbildung. Dies führt zu verminderter Reaktionsfähigkeit gegenüber Umweltveränderungen[151], worunter z.B. auch veränderte Erwartungen die Mitglieder an die Organisation gehören. Es ist dann fraglich, ob es der autopoietischen Reproduktion der Organisation gelingt, die Varietät z.B. durch Selbstbeobachtung, Selbstbeschreibung und Selbstorganisation wieder zu erhöhen. Die Alternative wäre die Auflösung und Neugründung der Organisation.

> Diese Tendenz (der Redundanz) führt zu der oft beobachteten Kristallisation altwerdender Organisationen und zu der verbreiteten Einsicht, dass es besser ist, neu zu gründen als zu reformieren." (Luhmann 1992: 174)

Als praktische Folgerung an der Oszillationshypothese Luhmanns ließe sich die häufig von Organisationsspezialisten vertretene Auffassung begründen, dass nicht der Inhalt der jeweiligen Organisationsänderung wesentlich ist. Entscheidender sei stattdessen, dass Organisationsänderungen *regelmäßig* stattfinden.

Morphogenese

Für Rüdiger Reinhardt (1995: 258-260) ist das systemtheoretische Veränderungsmodell die Morphogenese, die Luhmann in seinem Buch "Soziale Systeme" neben Umweltanpassung und Selbstanpassung beschreibt (1984: 470-84).

Mit *Umweltanpassung* reagiert ein System auf beobachtete Veränderungen in der Umwelt (1984: 477). *Selbstanpassung* ist eine Folge der Unterscheidung von systeminternen Elementen und Relationen und bereinigt systeminterne Konflikte (1984: 479). Anpassung kann (muss aber nicht) zu Strukturänderungen führen, die Luhmann als Morphogenese bezeichnet. Durch *Morphogenese* werden verfestigte (inhibierte) Sinnstrukturen *aktiviert*, indem durch Sinnverschiebung kontingente Möglichkeiten in die Systemreproduktion übernommen werden (1984: 480). Auslöser für die Reaktivierung inhibierter Möglichkeiten können evolutionäre Variation (1984: 480) oder die autopoietischen Operationen der Selbstbeobachtung, Selbstbeschreibung und Selbstorganisation sein, die im vorangehenden

---

151 Das treffendste Bild für redundante Organisationen ist die Geschichte der Entstehung einer (starren) Palastorganisation aus einer (flexiblen) Zeltorganisation von Hedberg. Ein Nomadenstamm verbarrikadiert sich hinter den Mauern seines Palastes und bemerkt nicht, dass ringsherum das Land verdorrt und der Wassermangel zu seinem Untergang führen wird. Hedberg kommentiert dieses unrühmliche Ende der Palastbewohner mit der lakonischen Begründung, dass Paläste eben keine Zeltstangen haben (Hedberg 1981: 23).

Abschnitt dargestellt wurden. Damit geht die Morphogenese in den Modellen des geplanten und evolutionären Wandels auf, die den Veränderungsprozess präziser beschreiben.

Luhmann hat das Modell der geplanten Strukturänderung nicht als Beratungsmethode entwickelt und angewendet[152]. Stattdessen diskutiert er als Systemtheoretiker unter dem Stichwort der *Reform* die Chancen und Risiken des geplanten Wandels von Organisationen, wobei Luhmann auf seine eigenen Erfahrungen als Mitglied einer Studienkommission für die Reform des öffentlichen Dienstes zurückgreift, die 1973 ihren Abschlussbericht veröffentlicht hat (Luhmann 2000: 343; Anmerkung 38).

Geplanter Wandel durch Reformen

Reformen definiert Luhmann als Entscheidungen zur Änderung von Entscheidungsprämissen "in der Absicht, den Gesamtzustand des Systems zu verbessern oder zumindest eine sich abzeichnende Verschlechterung aufzuhalten oder abzuwenden" (2000: 337). Typische Zielsetzungen von Reformen sind eine "bessere Anpassung an Ideen (zum Beispiel humanitäre Arbeitsbedingungen)" oder "bessere Anpassung an Realitäten (zum Beispiel schrumpfende Märkte)" (2000: 336). Im Sinne des autopoietischen Modells des geplanten Wandels eröffnen Reformen erstens neue *Selbstbeobachtungsmöglichkeiten* (2000: 339) und erfüllen zweitens die Funktion, Interessenunterschiede sichtbar zu machen und zu *kontroversen Selbstbeschreibungen* des Systems beizutragen (2000: 337). Die Reformvorschläge werden dokumentiert mit einem "bis ins Detail ausgearbeiteten semantischen Apparat, bestehend aus Prinzipien, Normen, evaluativen Standards, Statistiken, Bilanzen - also nicht nur aus Werturteilen, sondern auch aus Faktenfeststellungen" (2000: 339). Das Ziel dieser Selbstbeschreibung ist eine "konsenssichere Konstruktion" (2000: 339), die Eingang in die *Selbstorganisation* der Organisation findet.

Diese "Poesie der Reform" (2000: 339) wird getrübt durch den *Widerstand der Organisation gegen Veränderungen* (2000: 336). Systemtheoretisch ist es eher unwahrscheinlich, dass es einem Reformprojekt gelingt, die autopoietische Selbstorganisation eines Systems nachhaltig zu verändern. Trotz dieser Einschränkung warnt Luhmann vor dem voreiligen Schluss, dass Reformen grundsätzlich wirkungslos sind. Organisationen sind durchaus in der Lage, Entscheidungen zu treffen, durch die Entscheidungsprämissen nachhaltig geändert werden (2000: 341). Allerdings ist es eine Illusion, den Wandel ausschließlich auf Entscheidungen über Sollkonzepte, Führungswechsel oder auf Vorstandsbeschlüsse zurückzuführen. Nach dem Prinzip der losen Kopplung (2000: 341) werden diese Entscheidungen im Prozess der Selbstorganisation weiterverarbeitet und mit hoher Wahrscheinlichkeit modifiziert. "Die Dinge laufen nicht nur anders als geplant, sondern verlieren im weiteren Zeitlauf den Charakter des Geplantgewesenseins" (Luhmann 2000: 347).

Über das Ergebnis dieses Veränderungsprozesses "entscheidet dann die Evolution" (2000: 347), die neben den geplanten auch zufällige Variationen selektiert und restabilisiert (vgl. Kap. 4.2.7). Um das systemtheoretische Evolutionsmodell sinnvoll auf eine Organisation anzuwenden, schlägt Luhmann vor, von einer "Population von Entscheidungen" (2000: 350) auszugehen. Nach diesem Evolutionsmodell ergeben sich Organisationsänderungen

---

152 Luhmann verweist hier auf die systemische Beratung als Anwendung der Theorie autopoietischer Systeme (2002b: 393). Ein praktikables Modell der Organisationsveränderung entwickelt Helmut Kasper (1991), mit dem er die Theorie autopoietischer Systeme Luhmanns und das Modell des ökologischen Wandels Weicks integriert.

eher aus der "Mehrdeutigkeit (Ambiguität) von Sinnbestimmungen" (2000: 349) als aus geplantem Wandel. Luhmann verweist als praktische Methode auf den Vorschlag von Karl Weick: "eine Organisation müsse streitsüchtig, schwerfällig, abergläubisch, hyperkritisch, monströs usw. eingerichtet sein, um Variationsmöglichkeiten steigern zu können" (2000: 349). Das vorgeschlagene Organisationsprinzip der "generation of variability" (2000: 349) darf man nach Luhmann allerdings nicht als Empfehlung für den geplanten Wandel verstehen, weil der Evolution damit eine rationale Gestaltbarkeit unterstellt würde, die den Evolutionsprinzipien von Variation, Selektion und Restabilisierung widerspricht (2000: 349).

Fasst man die Ausführungen über Reformen von Organisationen zusammen, so schließt Luhmann den geplanten Wandel nicht aus, warnt aber vor Reformoptimismus, weil in vielen Projekten die Voraussetzungen für eine geplante Selbstbeobachtung, Selbstbeschreibung und Selbstorganisation nicht erfüllt werden können und die Reformanstrengungen in einem evolutionären Zufallsprozess enden.

Beitrag von Personen an Entscheidungen

Als Organisationsexperte kennt Luhmann die Auffassung, dass Kreativität, Innovationen und Veränderungen bestimmten *Personen* in der Organisation zugeschrieben werden. Diese Zuschreibung führt - verstärkt durch den "Personenkult der Massenmedien" (1995a: 116) zu einer "Überschätzung des Beitrags von Personen zu Entscheidungen" (1995a: 116). Um diesen sozialen Mechanismus zu erklären, ist es notwendig, die Beobachterebenen zu analysieren.

Kreative Handlungen werden innerhalb des Systems durch Beobachtung 1. Ordnung bestimmten Personen zugeschrieben. Systemtheoretisch handelt es sich damit um Irritationen des sozialen Systems durch die psychischen Systeme der Organisationsmitglieder, die für das soziale System Umweltsysteme sind. Diese Feststellung beruht auf einer Beobachtung 2. Ordnung aus der Perspektive eines Systemtheoretikers. Ein Rational-Choice Theoretiker würde als Beobachter 2. Ordnung die kreative Person als Akteur definieren und seine Handlungen im Hinblick auf Veränderungen der Akteurkonstellation analysieren (Schimank 2000). Allerdings wäre es unangemessen, die kreative Handlung mit Nutzenerwägungen des Akteurs zu erklären, weil mit unintendierten Folgen der veränderten Akteurkonstellation zu rechnen ist, die der individuelle Akteur nicht steuern kann.

Aus der theorievergleichenden Perspektive behauptet Luhmann, dass sich im Basismodell des Rational-Choice Ansatzes die Folgen der kreativen Handlungen nicht erfassen lassen, weil "man nicht wissen kann, wie sich Informationen und Präferenzen unter diesen Bedingungen ändern werden" (1995a: 114). Die Systemtheorie konzipiert kreatives Handeln stattdessen als *Form* der Unterscheidung von Kreativität und Nicht-Kreativität. Das System kann in seinem Reproduktionsprozess zwischen den beiden Seiten der Form wechseln ("oszillieren") was im Kalkül von Spencer Brown ein *Kreuzen* der Form bedeutet: "Die innere Grenze der Form, die Grenze zwischen Kreativität und Nichtkreativität, kann bei Bedarf gekreuzt werden" (1995a: 116). Die Möglichkeit des kreativen Handelns ist somit bereits in der Theoriekonstruktion vorgesehen und die Systemtheorie ist nicht gezwungen, die kreativen Handlungen Personen zuzurechnen.

Der systemtheoretische Beobachter 2. Ordnung schließt sich also nicht dem Beobachter 1. Ordnung an, der Kreativität bestimmten Personen zuschreibt, sondern erklärt die Kreativität mit der Gedächtnis- und Oszillationsfunktion. Die Zuschreibung von Kreativität zu Personen ist nach Luhmann ein *Entlastungsmechanismus*, den soziale Systeme verwenden, um trotz der Ungewissheit der Zukunft handlungsfähig zu bleiben. Man kann auf die Kompetenz dieser Person vertrauen, mit der kontingenten Zukunft besser zurechtzukommen als das soziale System selbst. Dies wäre dann eine Alternative zu der traditionellen Verlagerung von Zukunftsängsten auf religiöse Sinnsysteme.

> Aber letztlich ist die Person, auf die sich dann alle Aufmerksamkeit konzentriert, nichts anderes als ein Symbol für die unbekannte Zukunft. (Luhmann 1995a: 116)

Betrachtet man diesen Zuschreibungsvorgang zu Personen genauer, so werden nach Luhmann Ereignisse in modernen Organisationsgesellschaften als "Anlass für und als Resultat von Entscheidungen" (1995a: 116) interpretiert, für die Personen die Verantwortung übernehmen. Würden die Organisationsmitglieder systemtheoretisch beobachten, so müssten sie die Zukunft dem unkalkulierbaren Wechselspiel von Gedächtnis- und Oszillationsfunktion überlassen, das Kreativität generiert und verarbeitet. Dies wäre für das soziale System eine Überforderung durch zu große Ungewissheit. Luhmann geht hier grundsätzlich wie Joas (vgl. Kap. 2.2.4) vor, indem er sich nicht fragt, "was Kreativität eigentlich ist und wie man sie finden bzw. beschaffen kann" (1995a: 116). Stattdessen beschreibt er, wie kreatives Handeln in sozialen Systemen entstehen und durch Zuschreibung zu Personen zur Unsicherheitsabsorption verarbeitet werden kann.

Austausch von Führungspersonal in Organisationen

Betrachtet man die Zuschreibung von Entscheidungen zu Personen als Entlastungsmechanismus gegenüber Unsicherheit, so hat dies zur Konsequenz, dass die Führungspersonen sowohl für Erfolg als auch Misserfolg verantwortlich gemacht werden. Im Falle von Misserfolg reagiert die Organisation mit dem Austausch von Führungspersonen, um notwendige Veränderungen von Entscheidungsprämissen auszulösen. Damit gehören Führungswechsel zu den Strukturänderungen des Systems und werden von Luhmann als funktionales Äquivalent zu Reformen eingestuft (2000: 337).

Die Wirtschafts- und Managementpresse berichtet über Führungspersönlichkeiten und schreibt den Erfolg oder Misserfolg den jeweiligen Unternehmenschefs zu. Unter dem Motto "neue Besen kehren gut" wird der Führungswechsel als das geeignete Mittel angesehen, eine Wende zum Positiven herbeizuführen. Beliebt ist auch der Begriff "Personalkarussell". Auch ohne Anwendung der Systemtheorie ist erkennbar, dass hier ein Mythos der personalen Zuschreibung von Erfolg und Misserfolg aufgebaut wird, der vergleichbar ist mit den von den Neo-Institutionalisten beschriebenen Rationalitätsmythen (vgl. Kap. 2.3.3). Luhmann sieht den Hauptgrund für die Neigung zum Auswechseln des Führungspersonals darin, dass sich die Organisation keine Reformen mehr zutraut und beschreibt Skandale als einen Mechanismus zur Inszenierung des Führungswechsels.

> Man kann vielleicht die Hypothese wagen, dass in Zeiten, denen die Kraft zu Reformen fehlt, die Empfindlichkeit für Skandale zunimmt. Auch Bagatellen werden dann zu Skandalen hochtransformiert, um auf diese Weise wenigstens einen Austausch des Führungspersonals zu ermöglichen und dem Nachwuchs Karriereperspektiven vor Augen zu führen. (Luhmann 2000: 337)

Mikrodiversität

Die in Kap. 2.3.4 dargestellten Modelle zur Erklärung des institutionellen Wandels von North und Zucker führen die Dynamik des Wandels auf Veränderungen der Normen, Regeln und Routinen auf der Ebene des Organisationshandelns zurück, die dann Veränderungen auf der institutionellen Ebene auslösen. Die Selektionskriterien für die neuen Praktiken werden von North aus dem Rational-Choice Ansatz und von Zucker aus der Ethnomethodologie abgeleitet. Trotz dieser unterschiedlichen Bezugsrahmen gehen North und Zucker von einer gewissen Dynamik auf der operativen Ebene von Organisationen aus.

Luhmann verwendet den Begriff *Mikrodiversität* für das Organisationsleben unterhalb von Systemstrukturen.

> Diese Mikrodiversität finden wir in den massenhaft vorkommenden Interaktionen unter Anwesenden, die, wie Erving Goffman gezeigt hat, einer eigenen Ordnung der wechselseitigen Anpassung von Darstellungen folgen und folglich nicht aus den Organisationszielen und den Organisationsstrukturen abgeleitet werden können. (Luhmann 2000: 255)

Anders als North und Zucker koppelt Luhmann die Mikrodiversität von den Organisationszielen und -strukturen ab und betrachtet sie als eine Art von "Rauschen", das systemtheoretisch nicht weiter analysierbar ist[153]. Stattdessen führt Luhmann die Systemveränderung auf Irritation und Selbstreferenz zurück. Die Mikrodiversität ist der Komplementärbegriff zur Selbstorganisation, indem sie die für die Selbstorganisation notwendige Systemvariabilität erzeugt (2000: 255). Wie in der Einleitung zu Kap. 4.2 und in Kap. 4.2.5 dargestellt wird, ordnet Luhmann die Interaktion unter Anwesenden dem *Interaktionssystem* als einem der drei Typen sozialer Systeme neben Funktionssystemen und Organisationen zu. Damit spielt sich die Mikrodiversität primär in Interaktionssystemen ab.

Systemtheorie und Neo-Institutionalismus

Vergleicht man Luhmanns Modelle des geplanten und evolutionären Wandels von Organisationen mit den in Kap. 2.3.4 dargestellten Veränderungsmodellen der Neo-Institutionalisten, so werden die theoretischen Gegenpositionen besonders deutlich. Während North und Scott die Veränderungen auf die Handlungen von individuellen Akteuren zurückführen, entstehen nach Luhmann Organisationsänderungen aus Variationen der Systemoperationen, die zufällig oder geplant ausgelöst werden und sich dann in der Selbstorganisation des Systems stabilisieren. Trotz dieser konträren Modellkonstruktion vertreten beide Paradigmen den gemeinsamen Standpunkt, dass Organisationsänderungen nur erfolgreich sind, wenn sie von der Organisation selbst akzeptiert und umgesetzt werden. Im Ansatz von North ergibt sich die Akzeptanz aus der Institutionalisierung von informellen Abweichungen und in der Systemtheorie aus der Bewährung von neuen Strukturen in der Systemreproduktion. In beiden Modellen lassen sich Organisationsveränderungen nicht ausschließlich auf Entscheidungen von einzelnen Personen reduzieren, denen man die Innovationen zuschreibt. Die klassischen Neo-Institutionalisten Meyer und Rowan vertreten im Gegensatz zu dem Rational-Choice Institutionalisten North den kollektivistischen Stand-

---

153 Möglicherweise hätte Luhmann den Begriff Mikrodiversität stärker in der Systemtheorie verankert, wenn er Gelegenheit gehabt hätte, das Buch "Organisation und Entscheidung" (2000) noch selbst zu veröffentlichen.

punkt, dass die Veränderungen der Organisation von Veränderungen der institutionellen Rahmenbedingungen abhängig sind. Die Ethnomethodologin Zucker führt die Veränderungen auf den Wandel von Regeln und Routinen innerhalb der Organisation zurück und nicht auf individuelle Handlungen. In Kap. 6.8 wird mit dem Modell des institutionellen Wandels von E. Ostrom schließlich ein weiteres Rational-Choice Modell dargestellt, das den institutionellen Wandel mit Kosten-Nutzen Abwägungen von individuellen und korporativen Akteuren erklärt.

4.2.9 Organisationskultur

Entscheidungen über Entscheidungsprämissen[154] bezeichnet Luhmann als Planung (2000: 230), so dass Organisationen mit Hilfe von Planung Unsicherheit reduzieren. Allerdings haben Entscheidungen über Entscheidungsprämissen neben der durch Planung bestimmbaren Innenseite auch eine unbestimmbare Außenseite von *unentscheidbaren* Entscheidungsprämissen, die Luhmann *Organisationskultur* nennt (2000: 241). Der Begriff Organisationskultur ist eine Verallgemeinerung von *Unternehmenskultur*, die als eines der erfolgreichsten Organisationskonzepte der letzten Jahrzehnte einen festen Platz in den Organisationslehrbüchern hat (z.B. Schreyögg 1998; Kap. 6.3).

Der Begriff "Unternehmenskultur" wurde 1982 durch das Managementbuch "Auf der Suche nach Spitzenleistungen" der beiden Unternehmensberater T.J. Peters und R.H. Waterman in der Managementwelt populär. In ihrem "McKinsey-7S-Modell" (2003: 32) betonen die beiden Autoren, dass neben den von Managern bevorzugten harten Faktoren, wie Struktur, Systeme und Spezialkenntnisse auch die weichen Faktoren wie Selbstverständnis und Stil wichtig für den Erfolg von Unternehmen sind. Die beiden Autoren stellen in ihrer Studie von 62 erfolgreichen amerikanischen Unternehmen überraschend fest, dass die erfolgreichsten Unternehmen in ihrer Firmenkultur die weichen Faktoren intensiv leben (2003: 39).

Parallel zu Peters und Waterman veröffentlichen T.E. Deal und A.A. Kennedy das Buch "Corporate Cultures. The Rites and Rituals of Corporate Life". Kennedy war auch McKinsey-Berater, und Deal lehrte Pädagogik als Professor in Harvard. Unternehmenskultur besteht nach Deal und Kennedy aus Werten, Helden, Riten und Ritualen sowie aus einem kommunikativen Netzwerk der Mitarbeiter (1982: 14-15). Auch Deal und Kennedy stellen wie Peters und Waterman die These auf, dass Unternehmen mit starker Unternehmenskultur erfolgreicher sind (Deal/Kennedy: 5). Dass diese These empirisch nicht bestätigt werden konnte (Wilderom/Glunk/Maslowski 2000: 201), ist nahe liegend, da eine starke Unternehmenskultur ein Hindernis für organisatorischen Wandel bilden kann. In einer turbulenten Umwelt hat ein solches Unternehmen auf Dauer nur eine geringe Überlebenschance. Wie Wilderon, Glunk und Maslowski in ihrem Übersichtsartikel aufzeigen, bildet nur eine zur Umwelt passende Unternehmenskultur einen Erfolgsfaktor für Unternehmen. Wie allerdings die richtige Kultur beschaffen sein muss, lässt sich allgemein nicht festlegen. Die empirischen Studien geben lediglich Anhaltspunkte für erfolgreiche Kulturen, wie z.B. Branchenspezifik, Offenheit und Flexibilität (Wilderom/Glunk/Maslowski 2000: 205-6).

---

154 Die Begriffe "Entscheidung" und "Entscheidungsprämissen" werden am Anfang von Kap. 4.2.8 erläutert.

Edgar Schein, Professor am Massachusetts Institute of Technology, veröffentlicht 1985 in dem Buch "Organizational Culture and Leadership" die wohl bekannteste Definition der *Kultur* einer Gruppe als Grundlage für den Begriff Organisationskultur.

> Ein Muster von gemeinsamen Basisannahmen, das von der Gruppe gelernt wurde, weil es ihre Probleme externer Anpassung und interner Integration gelöst hat. Dieses Muster hat sich als ausreichend erfolgreich erwiesen, um als gültig angesehen und deshalb neuen Mitgliedern als richtigen Weg des Wahrnehmens, Denkens und Fühlen gegenüber den Problemen der Anpassung und Integration vermittelt zu werden. (Schein 1992: 12)

Schein hat die unterschiedlichen Aspekte der Organisationskultur in seinem Drei-Ebenenmodell zusammengefasst, das in Abbildung 90 dargestellt ist (1992: 17):

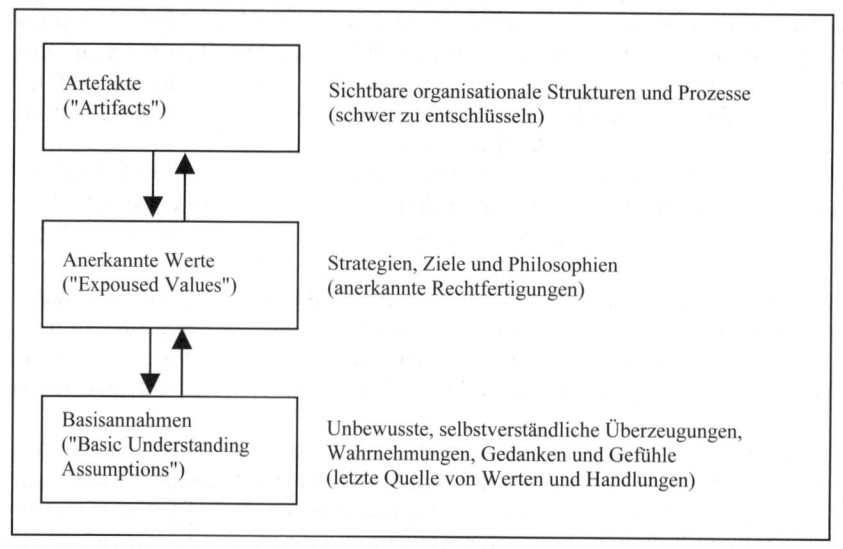

```
┌─────────────────────────┐   Sichtbare organisationale Strukturen und Prozesse
│ Artefakte               │   (schwer zu entschlüsseln)
│ ("Artifacts")           │
└─────────────────────────┘
           ↕
┌─────────────────────────┐   Strategien, Ziele und Philosophien
│ Anerkannte Werte        │   (anerkannte Rechtfertigungen)
│ ("Expoused Values")     │
└─────────────────────────┘
           ↕
┌─────────────────────────┐   Unbewusste, selbstverständliche Überzeugungen,
│ Basisannahmen           │   Wahrnehmungen, Gedanken und Gefühle
│ ("Basic Understanding   │   (letzte Quelle von Werten und Handlungen)
│ Assumptions")           │
└─────────────────────────┘
```

Abbildung 90: Ebenen der Organisationskultur

Im Unternehmen manifestieren sich *Artefakte* im Corporate Design (z.B. Logos oder Kleidungsnormen[155]), in Richtlinien und Regularien, in Standardprozessen, in IT-Systemen und in Organigrammen, Aufgaben- und Stellenbeschreibungen. *Anerkannte Werte* sind Strategien, Zielsysteme und normative Vorstellungen über das richtige Verhalten der Mitarbeiter, die in Leitlinien, Strategiepapieren und Firmenprospekten dokumentiert sind. *Basisannahmen* sind grundlegende Orientierungen zu Themen wie Umweltbezug, Wahrheit, Zeit, Menschen, menschliches Handeln und soziale Beziehungen. Obwohl Basisannahmen nur schwer beobachtbar und abfragbar sind, bilden sie den Kern der Organisationskultur.

Die Kultur sichert nach Schein den Gruppen und Organisationen Integrität und Autonomie, die Abgrenzung von der Umwelt und anderen Gruppen sowie eine *Identität* (1992: 298). Konzepte, Überzeugungen, Einstellungen, Werte und Annahmen der Gruppen- bzw. Organisationsmitglieder haben die Funktion, die Menge von Umwelteinflüssen so zu orga-

---

[155] Wie der obligatorische blaue Anzug der Mitarbeiter von "BigBlue" IBM.

nisieren, dass das Gruppen- und Organisationshandeln für die Mitglieder sinnvoll und vorhersehbar wird (1992: 298). Aus diesem Grund erfüllt die Organisationskultur eine wesentliche Funktion für Organisationen.

Die umfangreichste Forschungsarbeit zum Thema Unternehmenskultur hat Geert Hofstede in einer Vielzahl von Studien geleistet, die auf einer durch den Computerhersteller IBM beauftragten Befragung im Zeitraum von 1967 bis 1973 zurückgehen, wo Mitarbeiter aus 72 Nationen nach ihren Wertorientierungen befragt wurden (2001: 41).

> Kultur ist die kollektive Programmierung des Geistes, die sich auf vier grundlegende Weisen manifestiert:
> - *Symbole* enthalten bestimmte Bedeutungen für die Mitglieder einer Kultur.
> - *Helden* sind kulturelle Rollenmodelle.
> - *Rituale* sind technisch überflüssig, aber sozial notwendig für die Kultur.
> - *Werte* sind emotionale und reflektierte Präferenzen für bestimmte Zustände über andere.
>
> Symbole, Helden und Rituale bilden zusammen Praktiken. (Hofstede/Peterson 2000: 402; Übersetzung vom Verf. B.M.)

Hofstedes Kulturbegriff entspricht - wie das Zitat belegt - der umfassenden Definition von Deal und Kennedy. Während die Praktiken im Zusammenhang mit Symbolen, Helden und Ritualen für einen externen Beobachter sichtbar sind, kennen nur die Insider deren tiefere kulturelle Bedeutungen (2001: 10). Das besondere Verdienst Hofstedes besteht in der empirischen Erhebung der Werte von IBM-Mitarbeitern in einer Vielzahl von Ländern, wozu er den Fragebogen in 20 Sprachen einsetzt. In der Datenauswertung ermittelt Hofstede fünf Hauptdimensionen von Werten über alle Länder und erstellt für die einzelnen Nationen Profile entlang dieser Dimensionen (2001). Werte lassen sich sowohl auf Nationen- als auch auf Organisationsebene erheben, wobei in Organisationen die Praktiken (Symbole, Helden und Rituale) stärker ausgeprägt und damit empirisch besser erfasst werden können (2001: 394).

Hofstedes Instrument zur Kulturmessung lässt sich auf Nationen, Organisationen und Subkulturen in Organisationen (2001: 408) anwenden. Von besonderer Relevanz sind die kulturellen Unterschiede nach Hofstede bei internationalen Fusionen und Firmenkäufen. Die häufig traumatischen Schocks der Mitarbeiter können zur Zerstörung von Humankapital führen und in den Köpfen der Mitarbeiter noch 10 bis 20 Jahre nachwirken (2001: 409). Nach Einschätzung von Hofstede können diese negativen Effekte durch ein *Integrationsmanagement* vermieden werden, "aber (zu) wenige Topmanager erkennen dies und investieren darin; sie sind meistens zu sehr mit der Integration auf ihrer eigenen Ebene beschäftigt, durch die sie selbst traumatisiert sind" (Hofstede 2001: 409; Übersetzung vom Verf., B.M.).

Luhmann schließt sich auf der deskriptiven Ebene der dargestellten Definition der Organisationsforscher an. Organisationskultur besteht aus Strukturen, die "als Selbstverständlichkeiten angesehen werden, die jeder versteht und akzeptiert, der mit dem System erfahren und vertraut ist" (2000: 145). Durch die am Anfang des Abschnitts zitierte systemtheoretische Definition als "Komplex der unentscheidbaren Entscheidungsprämissen" (2000: 241) wird Organisationskultur allerdings zu einem speziellen Modell, das sich im Aufbau und den Konsequenzen von den Modellen der Organisationstheorie (z.B. Schein und Hofstede) unterscheidet.

Der wesentliche Unterschied liegt in der *Unbestimmbarkeit* der Organisationskultur, die als Außenseite der Entscheidung über Entscheidungsprämissen aus *unentscheidbaren Entscheidungsprämissen* besteht. Demgegenüber finden sich auf der Innenseite Entscheidungsprämissen, die für die Organisation für einen bestimmten Zeitraum *fixiert* sind. Die Funktion der Organisationskultur besteht genau darin, dass die Systemoperationen auch dann weiterlaufen können, wenn keine eindeutigen Entscheidungsprämissen fixiert sind.

> Damit wird gut verständlich, dass Organisationskulturen dort entstehen, wo Probleme auftauchen, die nicht durch Anweisungen gelöst werden können, zum Beispiel angesichts der Notwendigkeit einer einheitlichen Außendarstellung bei internen Meinungsverschiedenheiten. (Luhmann 2000: 241)

Die Inhalte der Organisationskultur bestehen zum einen aus vertrauten Kommunikationen (Luhmann 2000: 243), wie sie von Garfinkel mit den Krisenexperimenten identifiziert wurden. In Organisationen gibt es charakteristische Sprüche, wie z.B. dass man kein Gehalt, sondern "Schmerzensgeld" am Monatsende überwiesen bekomme. In krisengebeutelten Unternehmen mit einem hohen Grad von Entfremdung der Mitarbeiter gegenüber dem eigenen Unternehmen bekommt man auf die Frage "Wie geht's?" die Antwort: "Privat gut!". Zum anderen haben Organisationskulturen die Form von *Werten,* die Luhmann "als Anhaltspunkte in der Kommunikation definiert, die nicht direkt kommuniziert werden." (2000: 244) In dieser Definition steckt erstens das Element der *Anhaltspunkte*, die als wünschenswerte Zustände dem Handeln eine grobe Orientierung geben. Zweitens sind Werte eher *latent* und damit nicht Gegenstand direkter Kommunikation. Natürlich weiß Luhmann, dass soziale Systeme in der Lage sind, über Werte zu kommunizieren. Dafür haben Habermas den Diskurs und Watzlawick die Metakommunikation erfunden. Gemeint mit der Nicht-Kommunizierbarkeit ist genauer, dass mitgeteilte Werte sich dem Risiko der Ablehnung aussetzen und damit ihre Funktion als integrative Basis unterschiedlicher Handlungen und Interessen verlieren. Den Werten kommt in dieser Funktion ihre Generalisierbarkeit und damit Vagheit zur Hilfe, durch die eine gewisse Bandbreite von Handlungsmöglichkeiten abgedeckt werden.

Als Beispiele nennt Luhmann, wenn man sich in Organisationen auf die "Tradition" beruft, wobei eine relativ vage Vorstellung besteht, welche Entscheidungsprämissen genau darunter fallen. Ein zweites Beispiel ist die Forderung nach Innovationen, die allerdings ihrer Natur nach nicht bestimmbar sind. Im Sinne des systemtheoretischen Konstruktivismus betont Luhmann die Fähigkeit von Organisationen, in ihren Operationen die Fiktion einer durch Organisationskultur repräsentierten Einheit zugrunde zu legen.

> Hier wie auch sonst hängt die kommunikative Wirksamkeit von Kultur also nicht davon ab, dass Individuen in ihrer Meinung übereinstimmen und dies festgestellt wird; wohl aber davon, dass in der Kommunikation so verfahren wird, als ob dies der Fall wäre. (Luhmann 2000: 244)

Da Organisationen mit der Autopoiesis von Entscheidung gleichzeitig Unsicherheit *absorbieren* und *erzeugen*, ist es notwendig, einen einheitsstiftenden Bereich von unentscheidbaren Entscheidungsprämissen als Organisationskultur abzugrenzen, die trotz der inhaltlichen Vagheit eine Orientierungs- und Rahmungsfunktion leistet. Dieser Bereich der Organisationskultur ist, wie in Abbildung 91 dargestellt, unabhängig von der Welt der entscheidbaren Entscheidungsprämissen in Form von Stellen, Entscheidungsprogrammen und -prozessen.

Nach dieser systemtheoretischen Konzeption sind die Versuche von Beratern und Managern kontraproduktiv, die Organisationskultur konkret zu operationalisieren mit Zielen und Maßnahmen. Selbst die Formulierung von Leitlinien birgt bereits das Risiko des Widerspruchs. Erfahrene Organisationsexperten raten daher davon ab, Leitlinien zu veröffentlichen, die von der gelebten Wirklichkeit im Unternehmen abweichen. Die Formulierung von unrealistischen Leitlinien macht die Missstände transparent und provoziert zynische Reaktionen und eine verstärkte Entfremdung der Mitarbeiter gegenüber dem Unternehmen.

```
┌─────────────────────────────────────────────────────────┐
│              Entscheidungsprämissen                     │
│  Stellen   │  Entscheidungs-  │    Festgelegte          │
│            │    programme     │  Kommunikationswege     │
└─────────────────────────────────────────────────────────┘
         │                                    │
    entscheidbar                       nicht entscheidbar
         ▼                                    ▼
   Entscheidung über                   Organisationskultur
  Entscheidungsprämissen
         │                                    │
         ▼                                    ▼
   Absorption und Erzeugung         Fortsetzung von Systemoperationen
      von Unsicherheit              unter der Bedingung von Unsicherheit
         │                                    │
         ▼                                    ▼
   Strukturelle Komplexität              Kontingenzkultur
```

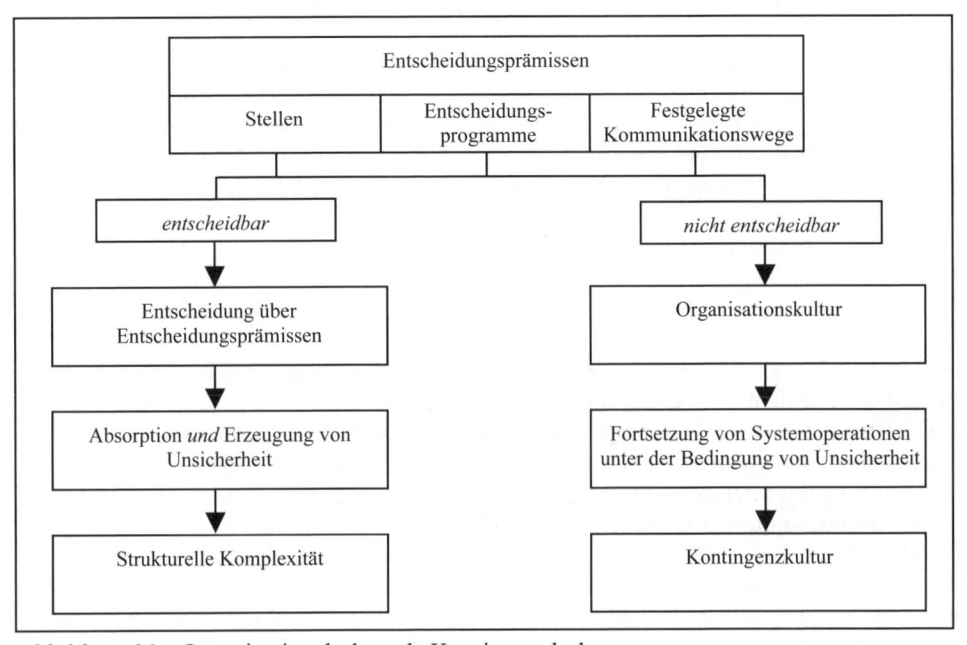

Abbildung 91: Organisationskultur als Kontingenzkultur

Ein konstruktiver Konflikt, der durch die Bekanntmachung wirklichkeitsfremder Leitlinien ausgelöst wird, würde mit hoher Wahrscheinlichkeit zu einem Wandel der Organisationskultur führen, durch den sich das System positiv weiterentwickeln kann. Die Veränderung der Organisationskultur ist allerdings - systemtheoretisch betrachtet - eher eine Ausnahme. Ein Grund liegt in der Vagheit der Organisationskultur, die Veränderungsprozesse ins Leere greifen lässt. Ein zweiter Grund resultiert aus der Funktion der Organisationskultur, Anschlusskommunikation im System auch bei gegensätzlichen Positionen zu ermöglichen und auf diese Weise das System in Aktion zu halten. Der dritte Grund liegt in der strukturellen Kopplung der Organisation mit den Mitgliedern als Personen, die durch die Organisationskultur eine gewisse Sicherheit und Aufgehobenheit erleben. Ein vierter Grund für die Widerstandsfähigkeit der Organisationskultur gegenüber geplantem Wandel liegt in ihrer Funktion als Gedächtnis der Organisation, das "eigene Verletzungen und Erinnerungen aufbewahrt und erinnert" (2000: 247) und auf diese Weise eine gewisse Immunität gegen Veränderungsversuche aufbaut, die nach Luhmann zu einer "Oppositionskultur" (2000: 247) führt. Empirisch wird diese Grundannahme in Fusionsprozessen von Unternehmen sichtbar. Während sich ein verändertes Logo als Symbol der neuen Firma kurzfristig einführen lässt, benötigt die Formulierung und Durchsetzung gemeinsamer Normen und Standards mehr Zeit. Schließlich ist die Veränderung der Basisannahmen der Fusionspartner ein sehr langwieriger Prozess. Schein[156] veranschlagt den Zeitraum für den institutionellen Wandel über alle Kulturebenen auf 5 bis 15 Jahre (1992: 317).

Trotz dieser Skepsis gegenüber der Plan- und Steuerbarkeit von organisatorischem Wandel räumt Luhmann ein, dass grundlegende organisatorische Veränderungen nicht nur evolutionär auf dem Zufallsprinzip beruhen, sondern auch das Resultat intendierten Wandels sein können. Ein Mittel zur Veränderung der Organisationskultur ist der "Tabubruch" (Luhmann 2000: 247), der z.B. von charismatischen Personen begangen wird.

In der praxisorientierten Organisations-Literatur werden eine Vielzahl von Interventionstechniken angeboten, um Veränderungsprozesse der Organisationskultur auszulösen. Diese Methoden werden unter dem Sammelbegriff der *Organisationsentwicklung* (French/Bell 1984) zusammengefasst und gehen historisch auf das 3-Phasen-Modell Kurt Lewins (1982: 278-9)[157] zur Veränderung von Gruppen zurück (French/Bell 1994: 110-23):

(1) Auflockern (unfreeze)
(2) Verändern (move)
(3) Stabilisieren (freeze).

Nach diesem Muster verlaufen im Prinzip alle gruppendynamischen Workshops, in denen Gruppen sich geplant oder ungeplant verändern. Organisationsentwickler[158] verfügen über einen umfangreichen Baukasten von Interventionstechniken zum Auftauen, über eine Vielzahl von Restrukturierungsmethoden zur Erarbeitung von neuen Strukturen und Prozessen sowie über Konsolidierungstechniken, um die Veränderungen in dem konkreten Handeln der Organisationsmitglieder zu verankern (von Rosenstiel 2000: 415).

French und Bell betonen, dass für eine erfolgreiche Organisationsentwicklung die *Mitwirkung* der Organisationsmitglieder entscheidend ist. Sie definieren in diesem Sinne Organisationsentwicklung als "eine langfristige Bemühung, die Problemlösungs- und Erneuerungsprozesse in einer Organisation zu verbessern, vor allem durch eine wirksamere und auf Zusammenarbeit gegründete Steuerung der Organisationskultur" (1994: 31).

Hier trifft sich die Methode der Organisationsentwicklung mit der Theorie autopoietischer Organisation, die aufgrund der operativen Geschlossenheit voraussetzt, dass Organisationsveränderung grundsätzlich die Form der *Selbst*veränderung hat[159]. Luhmann hält die systemische Beratung für geeignet, dass Beratersysteme über eine strukturelle Kopplung[160]

---

[156] Schein (1992) hat in seinem Buch ein explizites Modell der Veränderung von Organisationskulturen entwickelt, wo er für die unterschiedlichen Lebensphasen von Organisationen jeweils spezifische Methoden des Wandels vorschlägt.

[157] French und Bell beschreiben Lewins historische Bedeutung für die Survey-Feedback Methode (1994: 42) und die Aktionsforschung (1994: 118-20).

[158] Wie F. Glasl im Vorwort des 4. Auflage des Standardwerks von French/Bell (1994: 5) darstellt, hat sich die Organisationsentwicklung bereits 1978 als professionelle Methode etabliert und sich seitdem immer weiterentwickelt.

[159] Aufbauend auf diesem Prinzip hat sich die systemische Beratung etabliert, die mit Interventionstechniken Veränderungsprozesse in Organisationen anstoßen (Königswieser/Exner 2002).

[160] Königswieser und Exner bevorzugen das klassische Interpenetrationsmodell, mit dem sie das Beratungssystem (BKS) als Interpenetrationszone von Klientensystem (KS) und Beratersystem (BS) konzipieren (2002: 29).

Organisationen irritieren, indem sie der Organisation unterschiedliche Sichtweisen als Differenzen zum Status Quo aufzeigen. Dies gilt generell für die Systemtheorie als wissenschaftliche Beratung.

> Die Wissenschaft mag sich, als Wissenschaft, auf die andere Seite dieser Zweckform, auf das "Wovon unterscheidet es sich?", beschränken. Und die Vermutung ist, dass die Intention, darüber hinauszugehen und Änderungsmöglichkeiten zu skizzieren, sich der Form der Beratung bedienen muß. (Luhmann 2002b: 395)

Trotz dieser Aussage zur systemischen Beratung ist Luhmann nicht daran interessiert, die Systemtheorie selbst in der Praxis anzuwenden. Stattdessen bevorzugt er, über die Möglichkeiten und Grenzen der Organisationsveränderungen systemtheoretisch zu reflektieren. Diese Reflexion mit Hilfe der Systemtheorie ist nur dann erfolgreich, wenn sie gegenüber den bekannten Modellen andere Unterscheidungen trifft, die zu neuen Sichtweisen und damit zu neuen Erklärungen führen. Wird Luhmann mit seinem Konzept der Organisationskultur diesen Anspruch gerecht?

Die Definition von Organisationskultur als Menge von unentscheidbaren Entscheidungsprämissen betont die Funktion, unterschiedliche Interessen und Handlungsrationalitäten unter generalisierten Werten zu integrieren, ohne dass der Konflikt zwischen den unterschiedlichen Positionen aufgelöst werden muss. Das System ist auf der Ebene der Organisationsprozesse unter der Bedingung von Konflikthaftigkeit und Ungewissheit handlungsfähig, wenn es sich an der selbst nicht artikulierten Organisationskultur orientiert. Luhmann definiert Organisation systemtheoretisch als laufende Absorption und Erzeugung von Unsicherheit. Organisationskultur ist ein Strukturelement von Organisationen, das auf die Bewältigung der verbleibenden Ungewissheit spezialisiert ist. D. Baecker hat für diese systemtheoretische Definition von Organisationskultur den Begriff der *Kontingenzkultur* (1999: 110) eingeführt. Organisationskultur reagiert nach diesem Konzept mit "Ambivalenz auf Ambivalenz" und "schafft eine bestimmte Irritationsbereitschaft, die davon lebt, dass man sich zutraut, Uneindeutiges mit Uneindeutigem zu beantworten" (1999: 112).

Ein anschauliches Beispiel für Ambiguität und Vagheit der Unternehmenskultur findet sich in dem Artikel über den Computerhersteller IBM in der Zeitschrift "Harvard Business Manager". In diesem Artikel wird beschrieben, wie IBM nach der Phase der Restrukturierung vom Hardwarehersteller zum Beratungsdienstleister mit einer "Value Jam-Initiative" (2005: 125) die Unternehmenswerte neu definiert und die Akzeptanz für die Unternehmenskultur bei allen Managern und Mitarbeitern findet. Das Ergebnis ist in Abbildung 92 dargestellt. Bei einer so allgemeinen Formulierung der Werte sollte das Ziel erreichbar sein, dass alle Mitarbeiter diese Werte akzeptieren können.

---

1. Wir verpflichten uns, den Erfolg jedes Kunden sicherzustellen.
2. Wir wollen Innovationen mit Bedeutung schaffen - für unser Unternehmen und für die Welt.
3. Wir setzen in externen und internen Beziehungen auf Vertrauen und persönliche Verantwortung.

Abbildung 92: Leitlinien von IBM (Harvard Business Manager 2005: 125)

Die Organisationskultur ist aus systemtheoretischer Sicht eine evolutionär bewährte Lösung für das Problem der *Unsicherheit*, das alle modernen Organisationstheoretiker als ein Hauptmerkmal von Organisation betrachten. Der Verdienst der systemtheoretischen Reflexion liegt darin, diese Funktion der Organisationskultur ins Zentrum der Analyse zu stellen und damit neue Erklärungen für die Form und für die Veränderungsresistenz der Organisationskultur zu liefern.

4.2.10 Systemsteuerung

Steuerungspessimismus

Joas beklagt in seiner als Buch veröffentlichten Vorlesung "Sozialtheorie" den *Steuerungspessimismus* Luhmanns, der lediglich logisch abgeleitet, aber nicht empirisch belegt sei (Joas/Knöbl 2004: 730)[161]. Luhmann betont die Möglichkeit der Systemsteuerung insbesondere im politischen System. Allerdings weist er auf die Einschränkungen und Risiken der Systemsteuerung hin und reflektiert die sich daraus ergebenden Konsequenzen.

> Mein Argument ist nun nicht, dass Steuerung ein schrecklicher Irrtum ist und besser unterbleiben sollte. Aber wir brauchen eine Theorie, die derartige Probleme wenigstens erfassen, wenigstens darstellen, wenigstens in Kommunikation bringen kann. (Luhmann 1989a: 7)

Der Handlungstheorie des Rational-Choice Ansatzes wirft Luhmann vor, mit der Zuschreibung von Steuerungsfunktionen zu Personen eine unzulässige Vereinfachung vorzunehmen.

Modell der Systemsteuerung

Mit Steuerung wird nach Luhmann zugleich Differenz erzeugt und vermindert. Diese paradoxe Formulierung lässt sich leicht auflösen. Steuerung ist definiert als "Anstreben einer Differenz zu dem, was gegebenenfalls der Fall sein würde" (2002b: 394). Wenn das System die erstrebten zukünftigen Zustände automatisch erreicht, wäre eine Steuerung nicht notwendig. Also strebt Steuerung eine Differenz zu den Systemzuständen an, die ohne Steuerung zu erwarten wären. Die angestrebten Zustände beschreibt das System als *Ziele*, die somit "bewertete Differenzformeln" (2002b: 395) sind. Die Steuerung hat die Funktion der *Differenzminderung* gegenüber den Zielen (1989a: 5). Dazu muss die Steuerung eine Differenz zu den Zuständen erzeugen, die sich ohne Steuerung aus der Systemreproduktion ergeben würden:

> Es geht darum, Abweichungen vom Zielkurs, Abweichungen von dem erstrebten Zustand, Abweichungen von einer bestimmten Temperatur, in der man das Haus halten will, und so weiter, zu verringern. (Luhmann 2002a: 54)

Diese Definition von Steuerung macht zu dem üblichen Steuerungskonzept "der Änderung der *Bedingungen* künftigen Handelns" (1989a: 8) auf den ersten Blick keinen signifikanten

---

161 Luhmann hat aus genau diesem Grund die Steuerungsmöglichkeit nicht ausgeschlossen: "Im Ergebnis bringen diese Überlegungen mich keineswegs zu einem negativen Urteil über Möglichkeiten der Steuerung. Das wäre empirisch rasch zu widerlegen" (1989a: 8).

Unterschied. Die Besonderheit des Luhmannschen Steuerungskonzepts zeigt sich erst, wenn man die Merkmale der autopoietischen Systemreproduktion mit einbezieht. Systeme werden als Prozesse von Operationen und Anschlussoperationen definiert, deren Unberechenbarkeit durch Strukturen (Rollen, Skripte, Schemata) situativ verringert wird, ohne allerdings vollständig absorbiert zu werden. Grundsätzlich kann die Systemsteuerung die Autopoiesis nicht ersetzen, weil dies der Unbestimmtheit und Komplexität autopoietischer Systeme widerspricht: "Mit Steuerung kann nicht gemeint sein, dass das System seine eigenen Zustände determiniert; denn dann würde der Begriff mit dem Begriff der Autopoiesis verschmelzen und externe Steuerung ausschließen" (2000: 403). Mit der Steuerung wird stattdessen eine zusätzliche Systemoperation eingeführt, die dem Systemverlauf in einen Korridor von Möglichkeiten lenkt. Parallel zu diesen Operationen laufen eine Vielzahl anderer Systemoperationen ab, die mit der Steuerung nicht kontrolliert werden können (1989a: 7). Außerdem legt sich das System mit der Steuerung auf Ziele für die Zukunft fest. Damit wird eine Zukunft vorweggenommen, die nicht bekannt ist. Das System und seine Umwelt können sich im Verlauf der Zeit so verändern, dass die ursprünglich festgelegten Ziele nicht mehr passen. Diese Einschränkung der Steuerungsfähigkeit von sozialen Systemen gilt auch für die *Selbstkontrolle* als "Übereinstimmung von intendierten und erreichten Zuständen" (2000: 404).

In Abbildung 93 wird das systemtheoretische Steuerungskonzept schematisch zusammengefasst.

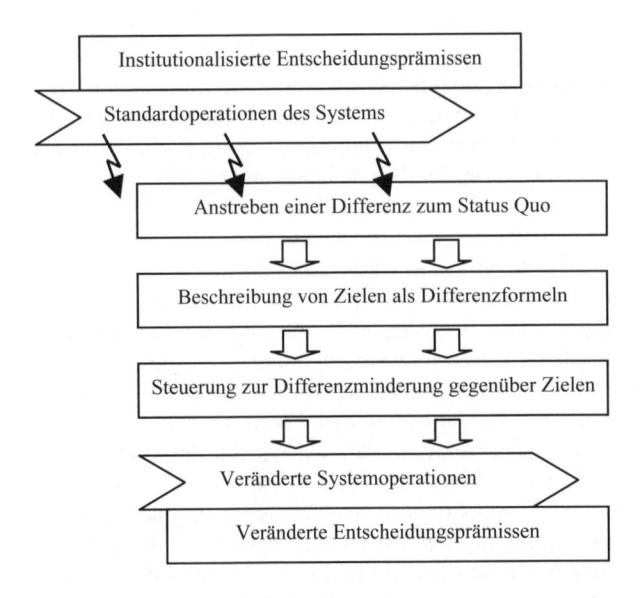

Abbildung 93: Modell der Systemsteuerung

Aus der Definition von Systemen als *Ereignisströmen* ergibt sich, dass das Kausalkonzept der Steuerung im Sinne der Festlegung von Bedingungen zukünftigen Handelns keine zutreffende Beschreibung darstellt. Stattdessen beschreibt das System differente Zielzustände und kalkuliert gleichzeitig ein, dass diese Ziele nicht durch einmalige Entscheidungen erreicht werden, weil die laufende Systemreproduktion zur Abweichung führen wird. Stattdessen muss das System die *Steuerungsoperation laufend durchführen* und immer wieder die Ziele *neu als Differenzformel* einführen. Nur auf diese Weise können die laufende Systemreproduktion und die Veränderungen von Umwelt und System verarbeitet werden. Steuerung wird systemtheoretisch von punktuellen Entscheidungen über Bedingungen auf den *Prozess der Selbststeuerung* im Sinne des laufenden Re-entrys von Zielen als Differenzformeln verlagert. Luhmann stellt also nicht die Steuerungsmöglichkeit in Frage, sondern formuliert ein *dynamisches Steuerungsmodell*, das die Chancen und Risiken von Steuerung beschreibt.

Wie im Fall der Innovationen innerhalb von Organisationen (vgl. Kap. 4.2.8) tendieren soziale Systeme nach Luhmann dazu, Steuerungsoperationen bestimmten *Personen* zuzuschreiben. Die prinzipielle Ungewissheit der Steuerungseffekte wird in der Selbstbeschreibung des Systems reduziert, indem den steuernden Personen die Verantwortung für den Steuerungserfolg übertragen wird. Diese systemtheoretisch plausible Strategie der Unsicherheitsabsorption sozialer Systeme darf den Wissenschaftler nicht dazu verleiten, sein Beobachtungsschema mit der Zurechnung der Systemprozesse zu Personen gleichzusetzen, wie es nach Ansicht von Luhmann die Rational-Choice Theorie vornimmt, wenn soziale Prozesse auf die Disposition von Akteuren zurückgeführt werden. Wie der Rational-Choice Ansatz die Fragestellung kollektiver Handlungslogiken zu lösen versucht, wird in Kap. 6 dargestellt.

Macht in Organisationen

Macht wird als organisatorischer Steuerungsmechanismus im Sinne von "managing with power" (Clegg 2002: 309) in der Organisationsliteratur betrachtet. Organisationstheoretikern ist Macht allerdings etwas suspekt, weil ähnlich wie bei Karriere die Rationalität der Organisationen durch die persönlichen Interessen der Organisationsmitglieder unterlaufen werden könnte.

In Organisationen wächst Macht den Personen zu, die *Unsicherheit* durch Entscheidungen *absorbieren*. Die Entscheidungsfähigkeit des Machthabers führt dazu, dass sich für den Machtunterworfenen eine unsichere Situation klärt, wenn der Machthaber die Entscheidung trifft. So hat ein Vorgesetzter z.B. bei einem befristeten Anstellungsverhältnis des Mitarbeiters mit der Entscheidung über eine Vertragsverlängerung die Möglichkeit, die Ungewissheit der beruflichen Zukunft des Mitarbeiters zu verringern. Über die Möglichkeit verfügt der Mitarbeiter innerhalb dieser Arbeitsorganisation nicht, weil nur sein Vorgesetzter über seine Vertragsverlängerung zu entscheiden hat. Nehmen wir an, dass der Vorgesetzte den Mitarbeiter mit einem Projekt beauftragt, das zu erheblicher Mehrarbeit und Stress führt. Dann kann der Mitarbeiter als Machtunterworfener dieses Projekt ablehnen und damit der Handlungsselektion durch den Vorgesetzten widersprechen. Der Vorgesetzte als Machthaber wird dann möglicherweise direkt oder indirekt damit drohen, den Vertrag des Mitarbeiters nicht zu verlängern. In der Sprache der Systemtheorie stellt er eine unausweichliche Relation zwischen dem Widerstand des Machtunterworfenen und der negativen Sanktion des Machthabers als Vermeidungsalternative her[162]. Das Sanktionspotential beruht darauf, dass der Machthaber mit seinen Entscheidungen Unsicherheit reduzieren kann.

---

162 Wie in Kap. 4.2.1 dargestellt wurde, besteht nach Luhmann der Machtcode aus dieser Unterscheidung von Handlungsvorgabe und Vermeidungsalternative.

Eine sehr grobe Version dieses Zusammenhangs würde besagen, dass Unsicherheitsabsorption Macht *ist*, weil sie Systemzustände bestimmt. Eine verfeinerte Version besagt, dass Unsicherheitsabsorption Macht *verleiht*, weil andere Stellen im System davon abhängig sind, wie über Unsicherheit verfügt wird. (Luhmann 2000: 200)

An dieser Unsicherheitsreduktion hat der Mitarbeiter in dem Beispiel ein größeres Interesse als der Vorgesetzte. Da er aber die Unsicherheit nicht selbst reduzieren kann, ist er der Macht des Vorgesetzten in diesem Punkt ausgeliefert.

Aus seiner empirischen Kenntnis von Organisationen weiß Luhmann, dass Macht von Vorgesetzten *und* Mitarbeitern ausgeübt werden kann, wobei die Macht des Mitarbeiters darauf beruht, seine "Kooperation zu entziehen in Fällen, in denen der Vorgesetzte darauf angewiesen ist" (2000: 201). In diesem Fall verfügt der Mitarbeiter über die Möglichkeit, die Unsicherheit des Vorgesetzten zu reduzieren. So kann z.B. die termingerechte Erbringung einer Dienstleistung für einen wichtigen Kunden von der Kooperationsbereitschaft eines bestimmten Mitarbeiters abhängen, der in der gegebenen Situation als einziger über das notwendige Know-how verfügt. Falls der Termin nicht eingehalten wird, muss der Vorgesetzte mit möglichen Sanktionen des Kunden rechnen. Diese Ungewissheit über die Folgen der Terminüberschreitung für den Vorgesetzten kann der Mitarbeiter reduzieren, indem er sein Engagement zusagt. Das bedeutet für den Mitarbeiter, dass er in dieser Situation Macht über den Vorgesetzten hat.

Die Vorgesetztenmacht als Verfügung über Vermeidungsalternativen bei Widerstand des Mitarbeiters gegen seine Anweisungen beruhen auf den drei Quellen der Organisationsmacht, Personalmacht und Personalbeurteilungsmacht (1975: 111). Die *Organisationsmacht* weist dem Vorgesetzten bestimmte Entscheidungsbefugnisse zu, z.B. die Festlegung der Vorgehensweise und Terminplanung für ein konkretes Projekt. Mit der *Personalmacht* ist der Vorgesetzte befugt, seinen Mitarbeitern bestimmte Aufgaben zuzuteilen, während die Entscheidung über die Verlängerung eines befristeten Arbeitsverhältnisses unter die Kategorie der *Personalbeurteilung* fällt. Die Vermeidungsalternativen, über die der Mitarbeiter gegenüber dem Vorgesetzten verfügt, beruhen auf seinem Fachwissen und seiner Arbeitsleistung, auf die der Vorgesetzte um so mehr angewiesen ist, je komplexer die Organisation ist (1975: 108).

Die Macht der Mitarbeiter wird in Gremien der Personalvertretung organisiert unter "Schlagworten wie Partizipation und Mitbestimmung" (1975: 109). Nach Luhmanns Auffassung "wird aber nur die Macht reorganisiert, die die Untergebenen im großen und ganzen schon haben" (1975: 109). Ebenso skeptisch wie gegenüber Mitbestimmungsgremien ist Luhmann gegenüber anderen Formen und Quellen von Einfluss, die Macht in Organisationen ersetzen sollen. Hier nennt er die Methoden der "human relations" Bewegung, nach der eine intensivere Kommunikation zwischen Vorgesetzten und Mitarbeitern die Motivation der Mitarbeiter eher fördert als Machtanwendung. Ohne die Bedeutung der Kommunikation für die Organisation in Frage zu stellen, ist für Luhmann ein generalisiertes Kommunikationsmedium wie Macht nicht durch weichere Mittel der Selektionsmotivation zu ersetzen.

Angesichts dieses Machtdefizits lässt die "human relations" Bewegung sich charakterisieren als Suche nach anderen Quellen und Formen von Einfluß. Man kann aber die Mängel und Leistungsgrenzen eines hochtechnisierten Instruments wie formaler Macht nicht ausreichend kompensieren durch weniger technisierte, konkreter ansetzende, kontextabhängigere Formen der

> Kommunikation und Interaktion. Aus lokaler Einflussverdichtung durch intensivere Interaktion wird nie ein Äquivalent für organisatorische und gesellschaftliche Leistungen technisierter, kontextfrei verwendbarer, innovativ initiierbarer Macht werden können. (Luhmann 1975: 114)

Trotz dieser klaren systemtheoretischen Position Luhmanns, dass Macht in Organisationen nicht ersetzbar ist, spielt Macht in der Organisation als Autopoiesis der Entscheidung eine eher untergeordnete Rolle. Dies ist systemtheoretisch plausibel, weil die Machtanwendung ein *aufwendiges Steuerungsinstrument* ist. Der Machtanwender muss die Sanktionen konkret festlegen und bei Widerstand auch einsetzen. Dies bindet Zeit und führt häufig zu Nachfolgekonflikten mit dem Machtunterworfenen und dessen Koalitionspartnern. In vielen Fällen muss der Sanktionseinsatz, eine personalwirtschaftliche Abmahnung, bestimmte formale Entscheidungsketten durchlaufen, in denen z.B. Personalvertretungsgremien und der Personalvorstand einzubeziehen sind.

Nach Luhmann neigen Organisationen im Regelfall dazu, den offenen Machtgebrauch zu unterdrücken und das Machtspiel zu reduzieren "auf Versuche, Kontakte mit wechselseitiger Rücksicht abzufedern und Reizungen mit der möglichen Folge von Gegenreaktionen zu vermeiden" (2000: 202). Die Ausnahme von dieser Regel der Machtabfederung bilden Krisensituationen, in denen sich zeigt, "wo die Macht ist" (2000: 202).

Im Hinblick auf die *Systemänderung durch Macht* bleibt Luhmann grundsätzlich skeptisch, dass die Konzentration auf Personen als Machthaber nachhaltige Organisationsänderungen bewirken kann. Eher handelt es sich in diesem Falle um die Änderung von *Randzonen* der Organisation, anstatt die Systemstruktur grundlegend zu verändern.

> Aber die Erfahrung zeigt auch, dass mit Machteinsatz allenfalls Randzonen des Systems geändert werden können, während Tiefenauswirkungen in mehr oder weniger alle Systemstrukturen dann doch am Widerstand scheitern oder langsamen Anpassungsprozessen überlassen bleiben, in denen die zunächst latente Gegenmacht den Änderungsimpuls auf für sie akzeptable Bahnen umleitet. (Luhmann 2000: 202)

Steht diese Aussage, dass Macht in Randzonen von Organisationen wirkt, im Widerspruch zu der oben zitierten These Luhmanns, dass Macht als hochtechnisiertes Instrument nicht ersetzbar ist? Einerseits schwächt Luhmann in dem 2000 veröffentlichten Werk die Rolle der Macht in Organisationen gegenüber seinem Machtaufsatz aus dem Jahr 1975 tatsächlich ab. Andererseits resultiert seine neuere Aussage zur Beschränkung von Macht auf Randzonen der Organisationen aus seiner Skepsis gegenüber die Zuschreibung von Macht zu Personen. Analog zur Zuschreibung von Wandlungsprozessen (vgl. Kap. 4.2.8) zu Personen wäre auch die Machtzuschreibung ein Entlastungsmechanismus, durch den Organisationen in ihrer autopoietischen Reproduktion Unsicherheit reduzieren. Damit wird allerdings die Unsicherheit nicht aufgelöst, sondern lediglich systemisch bewältigt.

Als Alternative zur Macht von Personen analysiert Luhmann zwei Arten systemischer Prozessketten, die Unsicherheit absorbieren. Die erste Form besteht aus *Machtketten* von Personen, wo A Macht über B und B über C hat. Aus dieser Transitivität der Macht folgt dann, dass A auch über C Macht besitzt (1975: 39). Das klassische Modell ist die Hierarchie von Entscheidungsebenen in Organisationen, wo z.B. der Vorstand über die Direktorenebene Macht auf die Abteilungsleiter ausübt. Mit dieser Kettenbildung ist nach Luhmann eine Leistungssteigerung des Machtmediums verbunden, die für das politische System ebenso zutrifft wie auf Organisationen.

Kettenbildung hat die Funktion, mehr Macht verfügbar zu machen, als ein Machthaber ausüben kann - im Grenzfalle politischer Wahl: alle Macht denen verfügbar zu machen, die sie überhaupt nicht ausüben können. Kettenbildung ermöglicht damit Machtsteigerungen, die über die Selektionskapazität des einzelnen Machthabers hinausreichen. (Luhmann 1975: 41).

Als zweiten Prozessmechanismus zur Unsicherheitsabsorption schlägt Luhmann das Konzept der *directive correlation* (2000: 207) vor. Es handelt sich um Entscheidungsketten, in denen die nachfolgenden Entscheidungen durch die vorangehenden erleichtert und unterstützt werden. Strukturell handelt es sich häufig um formalisierte Kommunikationswege, wie z.B. der Durchlauf eines Investitionsantrages durch verschiedene Stellen der Organisation, die horizontal und vertikal angeordnet sein können (2000: 207). Das Gesamtmodell der Macht in Organisationen ist schematisch in Abbildung 94 dargestellt.

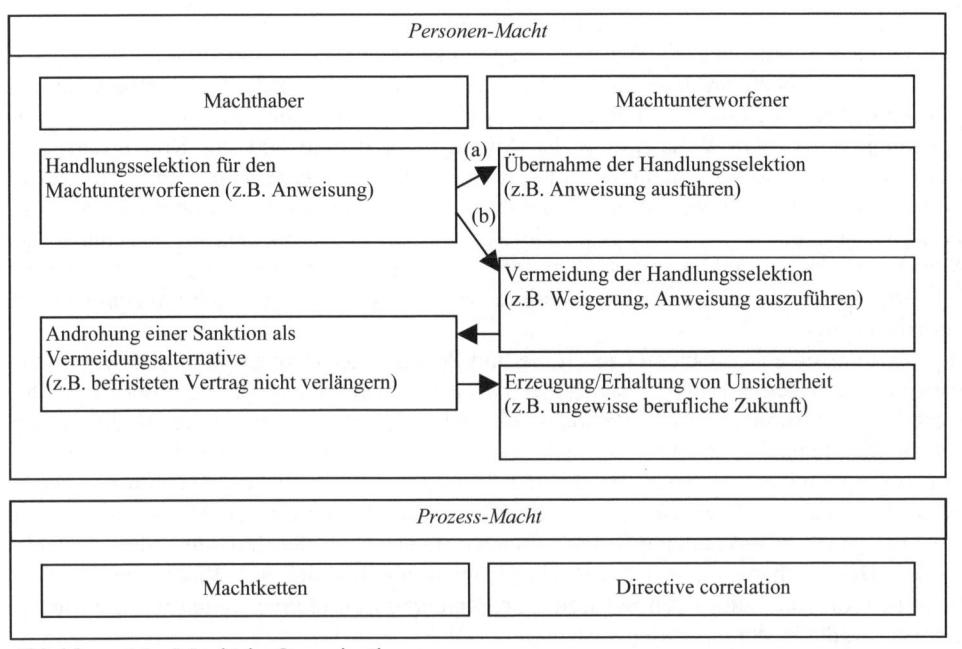

Abbildung 94: Macht in Organisationen

Michel Crozier und Erhard Friedberg haben bereits 1977 eine Organisationstheorie im Rahmen der individualistischen Handlungstheorie entwickelt und mit Anwendungsbeispielen aus ihrer langjährigen empirischen Organisationsforschung veranschaulicht. Macht beruht nach diesem Modell auf der *Kontrolle über Ungewissheitszonen* in bestimmten Spielstrukturen von Akteuren.

> Die Macht eines Individuums oder einer Gruppe, kurz, eines sozialen Akteurs, ist so eine Funktion der Größe der *Ungewißheitszone*, die er durch sein Verhalten seinen Gegenspielern gegenüber kontrollieren kann. Aber nicht irgendeine Ungewißheitszone, wie wir bereits zu verstehen gegeben haben: diese muß auch relevant sein, sowohl in Bezug auf das zu behandelnde Problem, als auch hinsichtlich der Interessen der beteiligten Parteien. (Crozier/Friedberg 1993: 43)

Die Übereinstimmung mit Luhmanns Machtbegriff als Ungewissheitsabsorption ist zunächst überraschend. Trotz dieser begrifflichen Konvergenz sind allerdings die Hintergrundmodelle verschieden. Crozier und Friedberg schreiben die Kontrolle über Ungewissheitszonen Akteuren in bestimmten Spielkonstellationen zu. Im Gegensatz dazu ist bei Luhmann Macht ein Mechanismus der Verkettung von Entscheidungen, die durch den Systemcode der Macht reguliert wird. Das Modell von Macht als generalisiertes Kommunikationsmedium kennt zwar die Unterscheidung von Machthaber und Machtunterworfenem, identifiziert sie aber nicht mit interessengeleiteten Akteuren.

4.2.11 Analysemodell für soziale Prozesse

In Kap. 4.2.8 wurde der Systemwandel an dem paradigmatischen Beispiel des organisationalen Wandels behandelt. Dieses Modell lässt sich mit Hilfe der Theorie beobachtender Systeme zu einem Analysemodell für soziale Prozesse verallgemeinern.

Betrachten wir dazu als Beispiel den Wahlkampf um die Landtagswahl des Landes Nordrhein-Westfalen im Jahr 2005. Hier wurde eine heftige öffentliche Debatte in den Massenmedien durch die Kapitalismuskritik des Parteivorsitzenden der SPD ausgelöst, die erwartungsgemäß den Widerspruch der Arbeitgeberverbände und der Konkurrenzpartei CDU hervorrief und von Meinungsumfragen fortlaufend begleitet wurde. In relativ kurzer Zeit schalteten sich weitere Akteure, wie Gewerkschaften und die Koalitionspartei der SPD, in die Debatte ein. Der Parteivorsitzende reagierte auf die Kritik und die Ergebnisse der Meinungsumfragen, indem er provokativ das Verhalten bestimmter Investorengruppen mit "Heuschrecken" verglich und einige Fälle benannte, wo Investoren sich unverantwortlich verhalten hätten.

Systemtheoretisch handelt es sich hier um Prozesse der Diskussion in den Massenmedien innerhalb des sozialen Systems der *politischen Öffentlichkeit*. Angetrieben werden diese Diskussionsprozesse von *Personen*, die sich zu diesem Thema in den Medien Gehör verschaffen. Falls dies gelingt, lässt sich das System *irritieren*, indem das jeweilige Thema in den Kommunikationsprozess aufgenommen wird. Ein wesentlicher Systemmechanismus ist die *gegenseitige Beobachtung* von Politikern und Wählern durch Meinungsumfragen oder Ereignisse auf Wahlkampfveranstaltungen, über die in den Massenmedien berichtet wird[163]. Der Mechanismus der *Konfliktbewältigung* als Reaktion auf Widerspruch und die Identifikation von "schwarzen Schafen" zur *Personenzuschreibung* stellen weitere Mechanismen dar, die Systemoperationen steuern.

Neben den ausdifferenzierten Teilsystemen und den Mechanismen der Systemoperationen ist systemtheoretisch als dritte Komponente die *strukturelle Komplexität* einzubeziehen. Hier handelt es sich um im Systemgedächtnis gespeicherte Strukturen, die den Handlungsverlauf beeinflussen. Erstens sind *kulturelle Codes* für das Bezugssystem der politischen Öffentlichkeit relevant, z.B. die Norm der Glaubwürdigkeit. Analog zur Organisationskultur definieren diese Sinnstrukturen einen Orientierungsrahmen. Zweitens sind konkrete Regeln institutionalisiert, z.B. die Zugangsregeln, nach denen Personen Gehör in den Massenmedien finden. Diese beiden Gruppen von Strukturen grenzen die Handlungsmöglichkeiten ebenso ein wie die Interessen und politischen Programme der über Personen vertretenen Teilsysteme.

---

163 Diese Form der gegenseitigen Beobachtung wurde im Kap. 4.2.2 unter dem Begriff Re-entry bereits dargestellt.

Eine dritte Komponente der strukturellen Komplexität sind im Systemgedächtnis gespeicherte *Episoden aus der Vergangenheit*. Dies können z.B. politische Skandale sein, durch die das soziale System in seinen gegenwärtigen Operationen für die Brisanz bestimmter Themen sensibilisiert wird. Die vergangenheitsbezogene Rekursion wird viertens ergänzt durch *Vorgriffe auf die Zukunft*, wie z.B. eine gezielte Planung von Diskussionsbeiträgen im Hinblick auf den Wahltermin.

Luhmann geht davon aus, dass die autopoietische Reproduktion im zeitlichen Verlauf eine identifizierbare Prozessstruktur entwickelt, die er in Anlehnung an das naturwissenschaftliche Paradigma der Selbstorganisation mit dem Begriff *Eigenwert* bezeichnet (vgl. Kap. 4.2.7). Gemeint ist kein stabiles Gleichgewicht im Sinne von Parsons, sondern eine dynamische Prozessstruktur, die ausreichend Spielraum für Variation und Mikrodiversität lässt.

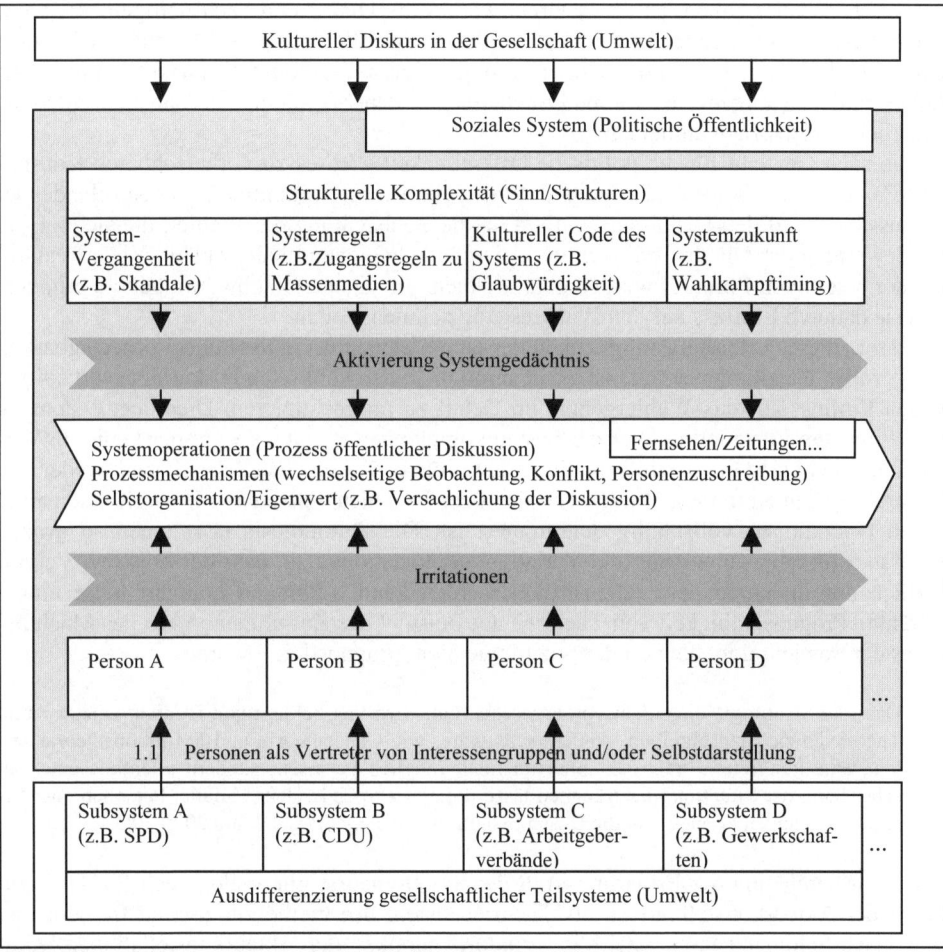

Abbildung 95: Systemtheoretische Erklärung sozialer Prozesse
(Beispiel: Öffentliche Wahlkampfdiskussion)

Als in dem Beispiel der Wahlkampfdiskussion um die Kapitalismuskritik des SPD-Vorsitzenden die Debatte unerwartet hitzig wird, beginnen die beteiligten Personen rasch, die "Versachlichung" der Diskussion anzumahnen und lenken damit die Diskussion in überschaubare Bahnen. Alternativ wären auch andere Eigenwerte des Prozessverlaufs denkbar gewesen, wie z.B. die Polarisierung der Diskussion auf zwei sich öffentlich streitende Personen. Dies ist allerdings nicht eingetreten zugunsten der Versachlichung und der damit verbundenen Entschärfung des Konflikts. In Abbildung 95 sind die beschriebenen Einflussfaktoren und Prozessmechanismen als explizites Modell zusammengefasst.

Es stellt sich im Hinblick auf dieses systemtheoretische Erklärungsmodell die Frage, mit welcher Genauigkeit der konkret ablaufende Prozess systemtheoretisch erklärt oder sogar prognostiziert werden kann. Betrachten wir im ersten Schritt zur Beantwortung der Frage die Erklärungskraft des Modells. Da der anstehende Wahltermin eine zeitliche Rahmung der Diskussion vorgibt und nach der Logik der Massenmedien Themen eine relativ kurze Lebensdauer haben, ist zu erklären, warum die Diskussion nach heftigem Aufflammen relativ schnell wieder in die Bahnen der Versachlichung gelenkt wird. Es ist auch plausibel, dass sich bestimmte Umweltsysteme durch die Kapitalismuskritik provoziert fühlen. Falls sie Zugang der Meinungsäußerung in den Massenmedien haben, werden sie öffentlich Widerspruch anmelden.

Je nach Gewicht für die politische Öffentlichkeit wird es zu vorhersehbaren Konflikten, z.B. zwischen Gewerkschaften und Arbeitgebervertretern kommen. Ein entscheidender Einflussfaktor auf den Diskussionsverlauf ist die Beobachtung der Wähler, die sich z.B. in der Bewertung der Glaubwürdigkeit der agierenden Personen niederschlägt. Viele Reaktionen der beteiligten Politiker werden darauf zielen, die eigene Glaubwürdigkeit zu erhöhen, weil sie dadurch Einfluss auf den Wahlausgang nehmen wollen.

Trotz dieser Erklärungsmöglichkeit der eingetretenen Ereignisse und Vorhersagbarkeit eines groben Handlungsverlaufs ist es nicht möglich, den konkreten Diskussionsverlauf und dessen Einfluss auf das Wahlergebnis im Detail zu prognostizieren. Dies liegt erstens an der begrenzten Information über die Systemkomplexität. Zweitens wäre der konkrete Verlauf selbst bei vollständiger Information nicht prognostizierbar, weil das System weder von der strukturellen Komplexität noch von den über Personen vertretenen Umweltsystemen in seinen Operationen vollständig determiniert ist. Die Autopoiesis lässt einen so großen Spielraum für Mikrodiversität und Variation aus Irritationen zu, dass der konkrete Verlauf letztlich nur im nachhinein rekonstruiert werden kann. Luhmann erläutert diese eingeschränkte Prognosefähigkeit von Theorien am Beispiel des Zusammenbruchs des Machtbereichs der Sowjetunion, die von der Soziologie nicht prognostiziert wurde.

> Dass die Soziologie dies nicht vorausgesehen hat, wird viel beklagt und ist nicht zuletzt ihrem Theoriedefizit zuzuschreiben. Andererseits wäre, wie Chaostheorie und Evolutionstheorie zeigen, eine konkrete Voraussicht ohnehin nicht möglich gewesen, sondern allenfalls eine Beschreibung der Situation, die erkennen lässt, dass jetzt irgendwelche Zufälle, Personen oder Ereignisse genügen können, um die Destabilisierung einzuleiten. (Luhmann 2000: 385)

Diese Einschränkung der Erklärungskraft der Systemtheorie gilt analog auch für das Paradigma der Akteurkonstellationen als Theoriebaustein des methodologischen Individualismus. Nach Schimank lassen sich die Strukturdynamiken der Akteurkonstellationen lediglich für überschaubare geschlossene Dynamiken, wie z.B. Spielmodelle, exakt modellieren. Für diese Modelle müssen gegenüber empirischen Situationen eine Reihe vereinfachender

Annahmen getroffen werden. Bei offenen Strukturdynamiken wie das Beispiel der beschriebenen Wahlkampfdebatten, bleibt auch dem Paradigma der Akteurkonstellation nur die Möglichkeit, die Dynamik im nachhinein zu beschreiben (Schimank 2000: 200)[164].

4.2.12 Alte und neue Systemtheorie

Niklas Luhmann hat die Systemtheorie von Talcott Parsons nicht übernommen, sondern eine neue soziologische Systemtheorie entwickelt, mit der er den Übergang von der Systemtheorie I zur Systemtheorie II in der Soziologie realisieren wollte. Die Hauptbegriffe Sinn, Selektion, Komplexität und Kontingenz im Bezugsrahmen der funktional-strukturellen Theorie integrieren wesentliche Konzepte des interpretativen Paradigmas in die Systemtheorie, indem Sinn die Grenze zwischen systeminterner Komplexität und den ausgeschlossenen kontingenten Möglichkeiten markiert. Die Besonderheit von sinnprozessierenden Systemen ist die Fähigkeit, die Sinngrenze situationsspezifisch zu verändern und kontingente Möglichkeiten zu aktivieren. Die Sinnverschiebung kann sich in laufenden Systemprozessen ereignen, wenn das System sich unerwarteten Widerständen anpasst. Eine zweite Möglichkeit der Sinnverschiebung beruht auf der Selbstreferenz, durch die ein System auf der Metaebene die bestehende Systemgrenze beschreibt und mit alternativen Möglichkeiten vergleicht. Das Resultat dieses Reflexionsprozesses ist das Festhalten oder die Veränderung der Systemgrenze.

In der Theorie autopoietischer Systeme erweitert Luhmann die durch die Sinnverschiebung eingebaute Dynamik, indem er Systeme als fortlaufende Operationen mit einem Bezug zur Vergangenheit und Zukunft definiert. Die Systemoperationen sind im Sinne des Autopoiesis-Begriffs von Maturana und Varela operativ geschlossen, indem nur sie selbst die jeweilige Anschlussoperation ausführen können. Luhmann stellt mit dieser Erweiterung des Bezugsrahmens die Systemtheorie von Komplexität auf Ungewissheit um, die durch Systemoperationen reduziert und gleichzeitig neu aufgebaut wird. Eingeschränkt wird die Ungewissheit durch Strukturen, an denen sich die Systemoperationen ausrichten. Diese Strukturen können aus institutionalisierten Regeln, Rollen und Normen oder aus routinisierten Schemata und Skripten bestehen. Die zweite Gruppe von Einschränkungen ergibt sich aus strukturellen Kopplungen zu Umweltsystem, wie z.B. das psychische System. Die Besonderheiten der strukturellen Kopplung liegen darin, dass das System die strukturelle Kopplung nicht selbst handhabt, sondern die Irritation aus der strukturellen Kopplung verarbeitet.

Durch den Einbau des Begriffs der Beobachtung in Anlehnung an von Foerster wird das Theoriegebäude klarer strukturiert. Die laufenden Systemoperationen werden begleitet von Selbstbeobachtung und das System kann im Zuge von Reflexion seine Operationen und Selbstbeobachtungen von einem Metastandpunkt aus beobachten. Dadurch werden Unterscheidungen eingeführt, die zu einem schnellen Wandel des Systems führen können. Falls es sich um die wiederholte Nutzung einer Unterscheidung handelt, verwendet Luhmann den Begriff Re-entry, den er ebenso wie den Formbegriff von Spencer Brown übernimmt. Der Formbegriff verallgemeinert den Sinnbegriff durch die Differenz zwischen Innenseite (Komplexität) und Außenseite (Kontingenz).

In der Anwendung der Systemtheorie auf die Gesellschaft greift Luhmann auf die Parsonsschen Modelle funktionaler Ausdifferenzierung generalisierter Austauschmedien und

---

164 Das Paradigma der Akteurkonstellationen wird in Kap. 6 dargestellt.

Evolution zurück, die er so modifiziert, dass sie in seinen Bezugsrahmen passen. Mit der Theorie beobachtender Systeme analysiert Luhmann eine Reihe von gesellschaftlichen Gegenstandsbereichen, wie Politik, Wissenschaft, Organisationen, Massenmedien oder Individualisierung. In diesen Analysen baut er auf den empirischen Ergebnissen, Begriffen und Modellen der jeweiligen soziologischen Teildisziplin auf, reformuliert die Befunde im Bezugsrahmen der Systemtheorie und entwickelt explizite Modelle zur Erklärung der empirischen Phänomene. Die systemtheoretischen Beschreibungen unterscheiden sich zwangsläufig von den Referenzmodellen. Luhmann kommt häufig durch die systemtheoretische Interpretation zu anderen Erklärungen und Prognosen, die im wesentlichen aus den dynamischen Aufbau der Systemtheorie und der Unabhängigkeitsannahme gekoppelter Systeme resultieren.

Zur besseren Übersicht werden in Abbildung 96 die Kernbegriffe des systemtheoretischen Bezugsrahmens den jeweiligen Theoriephasen zugeordnet. Dabei ist zu beachten, dass die Begriffe in den nachfolgenden Theoriephasen weiter spezifiziert und modifiziert worden sind. Ein Beispiel ist der Evolutionsbegriff, der in dem Werk "Soziale Systeme" (1984) bereits behandelt wird. Das explizite Modell der Evolution wird allerdings erst in dem Buch "Die Gesellschaft der Gesellschaft" (1997) ausgearbeitet.

Funktional-strukturelle Theorie	Theorie autopoietischer Systeme[165]	Theorie beobachtender Systeme[166]
Komplexität Kontingenz Sinn Selektion Code/Medien Funktion Generalisierte Erwartungen Vertrauen Interpenetration	Autopoiesis Operative Geschlossenheit Selbstreferenz Fremdreferenz Strukturelle Kopplung Strukturänderung Konflikt Risiko/Gefahr Selbstbeschreibung Selbstorganisation	Beobachtung Form Re-entry Gedächtnis Ungewissheit Kommunikation[167] Evolution[167] Differenzierung[167] Eigenwert Dynamische Systeme

Abbildung 96: Bezugsrahmen der Systemtheorie

Abgrenzung zur Theorie der Selbstorganisation

Dieser Theorieaufbau ist weder statisch noch kulturdeterministisch wie die Parsonssche Systemtheorie. Auch wird das Individuum nicht übersozialisiert, sondern als psychisches System eigenständig beschrieben. Luhmann wirft in diesem Zusammenhang der Handlungstheorie des Rational-Choice Ansatzes vor, das Individuum in seiner Einzigartigkeit nicht ernst zu nehmen. Damit wendet er die Standardkritik an der Systemtheorie gegen die Rational-Choice Theorie. Trotz dieser Fortschritte der neuen Systemtheorie werden die Kritiker Luhmann weiter vorwerfen, er habe die sozialen Mechanismen zu abstrakt be-

---

165 Dokumentiert in "Soziale Systeme" (Luhmann 1984)
166 Dokumentiert in "Die Gesellschaft der Gesellschaft" (Luhmann 1997)
167 Neudefinition der in früheren Theoriephasen eingeführten Begriffe

schrieben und sei deshalb für empirische Anwendungen nicht verwendbar. Joas berichtet von der Forschungsgruppe am Max-Planck-Institut für Gesellschaftsforschung um Renate Mayntz, die sich enttäuscht von Luhmanns Theorieprogramm abgewendet habe (Joas/Knöbl 2004: 730). Die daraus resultierenden Modelle der Abweichungsverstärkung und -dämpfung werden von Luhmann zur Kenntnis genommen, aber nicht substantiell in die Systemtheorie eingebaut.

Die naturwissenschaftlichen und mathematischen Modelle der Selbstorganisation von Systemen (vgl. zur Übersicht an der Heiden 1992) werden begrifflich von Luhmann absorbiert. Es finden sich z.B. Hinweise auf "Fluktuation" (1997: 189; 2002b: 429), "dissipative Strukturen" (2002c: 135), "dissipative Strukturänderungen" (2000: 412), "Bifurkation" (1989: 182), "Entropie/Negentropie" (1997: 196), "Dynamische Systeme fernab vom Gleichgewicht" (1997: 486), "Ordnung...fernab vom Gleichgewicht" (2000: 413), "Attraktor" (2002b: 87), "Eigenwerte" (2002b: 66) oder "Eigenzustände" (1997: 614). Diese Referenzen auf die Modelle der Selbstorganisation zeigen, dass Luhmann über die neuen Entwicklungen der Systemtheorie II informiert ist und sie für geeignet hält, die Begriffe der Stabilität und des Gleichgewichts im Rahmen der soziologischen Systemtheorie zu erneuern. Substanziell verwendet Luhmann die Theorie nichtlinearer dynamischer Systeme in zwei theoretischen Kontexten. Erstens wendet er durchgehend die Begriffe "Eigenwert", "Eigenzustände" und "Attraktor" auf das Einschwingen von Selbstorganisationsprozessen auf einen bestimmten Verlaufspfad an. Zweitens betont Luhmann in seinen Modellen der Systemveränderung (insbesondere in der Evolutionstheorie), dass sich neue Systemzustände nicht als stabiles Gleichgewicht, sondern als nichtlineare Dynamik beschreiben lassen. Wahrscheinlich fehlte Luhmann die Zeit, diese Begriffe in den Bezugsrahmen stärker zu integrieren und mit den Mitteln der soziologischen Systemtheorie explizite Modelle zu Selbstorganisation und dynamischen Gleichgewichtszuständen zu erarbeiten. Es ist nicht wahrscheinlich, dass die nachfolgenden Systemtheoretiker diese Lücke schließen werden. Auch ist nicht absehbar, dass die Spezialisten für naturwissenschaftliche Selbstorganisationsmodelle innerhalb der Soziologie auf die Luhmannsche Systemtheorie als Bezugsrahmen zurückgreifen werden.

Müller-Benedict wendet auf seine soziologischen Anwendungsbeispiele der naturwissenschaftlichen Selbstorganisationsmodelle das Mikro-Makro Modell des Methodologischen Individualismus an (2000). Seine Entscheidung ist im Ergebnis plausibel. Allerdings ist nicht nachvollziehbar, warum er für das Mikro-Makro einen Exklusivitätsanspruch zur Erklärung von gesellschaftlicher Selbstorganisationsphänomenen erhebt. Die Verknüpfung von mathematischen Differenzen- bzw. Differentialgleichungen mit einer soziologischen Theorie ist ein Interpretationsakt, der nicht logisch eindeutig abgeleitet werden kann. Daher wäre die Interpretation im Rahmen der Systemtheorie auch möglich. Die augenblickliche Dominanz des Rational-Choice Ansatzes in der Handlungstheorie ist wahrscheinlich ausschlaggebend für die Entscheidung, welches Paradigma auf Selbstorganisationsphänomene angewendet wird[168].

---

168 Die augenblickliche Dominanz der Rational-Choice Theorie ließe sich mit dem Modell des Neo-Institutionalismus als ein Rationalitätsmythos innerhalb der Soziologie beschreiben; vgl. Kap. 2.3.3.

Abgrenzung gegenüber dem interpretativen Paradigma

Vergleicht man die Luhmannsche Systemtheorie mit interaktionistischen Ansätzen, so fällt auf der einen Seite die hohe Affinität beider Paradigmen auf. Wie mittlerweile auch Esser als Rational-Choice Theoretiker ist Luhmann von der phänomenologischen Soziologie in hohem Maße beeinflusst, wobei sich Luhmann biographisch auf seine Lektüre von Husserls Werken und weniger auf Schütz beruft (Luhmann in Hagen 2004: 29).
Dies trifft allerdings nicht auf die feinkörnigen Beschreibungen von Interaktionsbeziehungen und -prozessen zu, wie wir sie vor allem von Goffman kennen. Charakteristisch für Luhmanns theoretische Sorgfalt ist, dass er diese Mikrodiversität (2000: 255; vgl. auch Kap. 4.2.8), die alle formalen Interaktionsprozesse begleitet, variiert und untergräbt, nicht mit der Mikropolitik[169] bzw. informellen Regeln in Organisationen verwechselt (1997: 839-40). Der Bereich der Mikrodiversität, den der Rational-Choice Institutionalist D. North (vgl. Kap. 2.3.4) als treibende Kraft für institutionelle Veränderungen identifiziert, wäre neben dem Thema der Selbstorganisation ein weiteres Forschungsthema im Rahmen der Theorie beobachtender Systeme. Wie Parsons hat auch Luhmann dieses Feld den Interaktionisten überlassen, wo es zweifellos gut aufgehoben ist.

Bei Luhmann bilden Kommunikationsakte die elementaren Operationen sozialer Systeme, während Schütz konsequent die soziale Welt durch das egologische Bewusstsein betrachtet. Obwohl für Schütz soziale Institutionen außerhalb des individuellen Bewusstseins existieren, verpflichtet er die soziologische Analyse auf das Bewusstsein von Akteuren, die in gegenseitigem Fremdverstehen miteinander kommunizieren. Dabei orientieren sie sich an Relevanzstrukturen, setzen Fertigkeiten und Fähigkeiten ein und greifen auf Wissen zurück. Diese Elemente der Lebenswelt des Alltags betrachtet Schütz konsequent als Elemente des Bewusstseins der Akteure und lehnt die Annahme einer emergenten Ordnung dieser Elemente ab. Das unterscheidet ihn grundlegend von Parsons und auch von Luhmann, der die Eigenlogik von sozialen Systemen als emergentes Phänomen außerhalb psychischer Systeme verortet.

Goffman analysiert soziale Rituale und Regeln in den vielfältigsten Facetten und betrachtet diese Elemente als soziale Tatsachen, die von Individuen als Bestandteil ihrer Identität verinnerlicht werden. Dann stellt er das Individuum in das Zentrum seiner soziologischen Untersuchungen und beschreibt, wie Individuen versuchen, ihre Identität in der Interaktion mit anderen Individuen von den zugeschriebenen Rollenmustern abzugrenzen. Einen zweiten Schwerpunkt der Analyse bilden die Veränderungen der Interaktionsregeln durch Individuen und die Verfestigungen dieser Veränderungen zu neuen Regeln, die dann wieder in nachfolgenden Interaktionssequenzen für die Akteure sozial verbindlich sind.

Eine weitere Pionierleistung Goffmans ist die Einführung des Rahmenbegriffs, durch den er die Definition der Situation durch Individuen in einem sozialen Kontext präziser beschreibt als die klassischen symbolischen Interaktionisten. Luhmann verwendet zwar in seinem Spätwerk häufiger den Begriff des Frames, weist ihm aber keinen zentralen Platz in seinem systemtheoretischen Bezugsrahmen zu. Stattdessen stellt Luhmann den Sinnbegriff in das Zentrum seines Theoriegebäudes. Sinn hat für das soziale System eine dem Rahmen vergleichbare systeminterne Orientierungs- und gegenüber der Umwelt eine Abgrenzungsfunktion. Der Vorteil dieses Modells, das Luhmann dann zu dem Formmodell erweitert, ist

---

169 Dieses Missverständnis wird in Kap. 2.3.4 ausführlicher beschrieben.

die größere Dynamik, die sich aus der Oszillation zwischen Komplexität und Kontingenz ergibt und zu laufenden Sinnverschiebungen führt.

Abgrenzung gegenüber Parsons

Obwohl Luhmann als Systemtheoretiker häufig mit Parsons identifiziert wird, grenzt sich Luhmann sehr sorgfältig gegenüber Parsons ab. Die statische Komponente Parsons' mit der Betonung der kulturell verankerten Werte, Normen und Rollen als handlungsleitende Elemente von Akteuren vermeidet Luhmann, indem er Strukturen als Systemgedächtnis konzipiert, die ein System im Verlauf seiner Operationen auf Brauchbarkeit abklopft und entweder in die augenblickliche Operation übernimmt oder ablehnt und damit Anlass zur Bildung neuer Strukturen gibt. Entscheidend für die dynamische Ausrichtung von Luhmanns Systemtheorie ist die Festlegung, dass die laufenden Operationen die Elemente von Systemen bilden anstelle von Strukturen. Ein weiterer Unterschied ist Luhmanns Verzicht auf ein Klassifikationssystem für gesellschaftliche Subsysteme, das Parsons mit Hilfe des AGIL-Schemas entwickelt hat. Hier setzt Luhmann abstrakter auf, indem er funktionale Codes als Ausgangspunkt seiner gesellschaftlichen Analysen verwendet.

Abgrenzung gegenüber der Rational-Choice Theorie

Luhmann schließt sich dem in der Soziologie verbreiteten Sprachgebrauch an, den Begriff *Handlungstheorie* mit der Rational-Choice Theorie zu identifizieren. Die *Systemtheorie* ist nach Luhmann besser geeignet, das soziale Handeln umfassend und dynamisch zu erklären. Damit ist die Systemtheorie als Handlungstheorie zu verstehen und die Kontroverse *Handlungstheorie versus Systemtheorie* nicht tragfähig.

> Denn die Systemtheorie hat sich in ihrer soziologischen Tradition immer als Handlungstheorie, als eine Theorie von Handlungssystemen begriffen. Ich erinnere an Parsons, und ich erinnere daran, dass ich die parsonssche Theorie anhand der Formel "Action is system" dargestellt habe, sodass es von da aus gesehen schwierig ist, eine Kontroverse aufzubauen. (Luhmann 2002a: 255)

An der Rational-Choice Theorie kritisiert Luhmann im Wesentlichen drei Punkte:

(1) Idealisierung des Individuums als Nutzenmaximierer (vgl. Abschnitt "Psychisches System" in Kap. 4.2.6)
(2) Überschätzung der Bedeutung von Personen bei Wandel und Steuerung von Systemen (vgl. Abschnitt "Beitrag von Personen an Entscheidungen" in Kap. 4.2.8)
(3) Verengung des Rationalitätsbegriffs

In dem dritten Kritikpunkt stellt Luhmann die *Systemrationalität* der *Rationalität als Handlungsrationalität* gegenüber, die mit der Fixierung der Rationalität auf Ziele, Präferenzen und Kosten die grundlegende Ungewissheit des sozialen Handelns ungerechtfertigt ausblendet. Risiken werden im Rational-Choice Ansatz nicht als Bestandteile von Handlungsprozessen, sondern als äußere Störungen aufgefasst.

> In der heutigen Terminologie formuliert, wird der gesamte Risikobereich aus der Rationalitätsdiskussion zunächst ausgeschlossen und dann versuchsweise, aber mit großen Problemen, über Figuren des Risikomanagements oder der Risikokalkulation wieder eingebaut. Die aktuelle Tendenz im Bereich der Handlungstheorie läuft darauf hinaus, Rationalitäten als kalkulierten Bereich von Zwecken und Mitteln, die beide Folgen des jeweiligen Handelns sind, anzusehen und diesen Bereich in eine Welt einzubringen, die sich insgesamt diesem Rationalitätskalkül nicht fügt und mit Überraschungen reagiert. (Luhmann 2002a: 188-189)

Die *Systemrationaliät* ist nach Luhmann die Fähigkeit von Systemen, angemessen auf Umweltanforderungen und -änderungen reagieren zu können. Diese Form der Rationalität sichert Systemen langfristig das erfolgreiche Überleben, anstatt durch zerstörerische strukturelle Kopplungen ausgelöscht zu werden.

> Von Systemrationalität möchte ich in dem Maße sprechen, als Aspekte der Umwelt im System in Rechnung gestellt werden können. Wenn Sie sich daran erinnern, dass der Systembegriff über eine Differenz zur Umwelt, über operationale Schließung, das heißt über Indifferenz zur Umwelt definiert ist, dann bedeutet Systemrationalität, dass man das wieder rückgängig macht, dass man die Gleichgültigkeit, die Indifferenz - was in der Umwelt passiert, passiert nicht uns - wieder aufhebt und die Irritierbarkeit, die Sensibilität oder die Resonanz, wie immer diese Termini lauten, im System verstärkt. (Luhmann 2002a: 190)

Luhmann muss sich den Vorwurf gefallen lassen, dass er kein explizites Modell von *Komplexitätsmustern* entwickelt hat, "die besser geeignet sind, Irritationen aus der Umwelt im System verarbeitbar zu machen" (2002a: 190). Im Bezugsrahmen der Theorie beobachtbarer Systeme finden sich allerdings neben *struktureller Kopplung* vor allem die Begriffe *Reentry* und *Rekursion*, mit der Systeme die Beobachtung der Umwelt (Fremdreferenz) für das eigene System (Selbstreferenz) nutzbar machen und auf diese Weise die *Systemrationalität* erhöhen können.

5 Soziales Handeln als Konstruktion

Mit Parsons wurde eine soziologische Handlungstheorie dargestellt, die das Individuum als Träger von Rollen sowie internalisierten Normen und Werten betrachtet und dem strukturellen Kontext des Handelns in Form von Systembedingungen, Mechanismen zur Steuerung von Interaktionen und kulturellen Codes besondere Beachtung schenkt. Damit stellt sich Parsons eindeutig auf die Seite der Emergenztheoretiker, die Strukturen und Prozesse auf bestimmten Aggregationseinheiten von Systemen analysieren, auch wenn sie nicht im Bewusstsein der Systemmitglieder als lebensweltlicher Wissensvorrat nachweisbar sind.

Dieser kollektivistischen Sichtweise stellt sich die Wissenssoziologie entgegen. Sie erklärt soziale Realität durch die Brille des individuellen Bewusstseins und begründet soziale Ordnung als Ergebnis bewusster Aktionen und Interaktionen von Handelnden. An der von Berger und Luckmann (1982) in dem Buch "Die gesellschaftliche Konstruktion der Wirklichkeit" entwickelten Wissenssoziologie ist beeindruckend, dass Strukturbegriffe wie Rolle, Norm oder Legitimität ohne Rückgriff auf systemtheoretische oder funktionalistische Annahmen entwickelt werden. Mit dem Begriff der *Verwirklichung* beschreiben Berger und Luckmann den Dualismus von Strukturen und Handeln, indem institutionalisierte Strukturen *aus individuellen Handlungen entstehen* und gleichzeitig einen *Orientierungsrahmen für Akteurhandlungen* bilden.

Anstelle des Begriffs der Verwirklichung hat sich für diesen Dualismus der Begriff *Strukturation* des englischen Soziologen Anthony Giddens durchgesetzt, den er in seinem Buch "Die Konstitution der Gesellschaft" (1997) ausführlich begründet. Im Gegensatz zu Berger und Luckmann rückt Giddens das Strukturationskonzept in das Zentrum des Bezugsrahmens der Strukturationstheorie und entwickelt dazu ein explizites Modell, das zur Anwendung auf eine Vielzahl von Beispielen - insbesondere in der Organisationsforschung - geführt hat[170].

5.1 Gesellschaftliche Konstruktion der Wirklichkeit (Berger/Luckmann)

Die Unterscheidung von Struktur- und Handlungsaspekt bildet das zentrale Thema in der Gegenüberstellung des normativen und interpretativen Paradigmas[171]. Im Kontext der Rollentheorie bezieht sich der Strukturaspekt auf die dem Handelnden vorgegebenen Rollen, Normen oder organisatorischen Regelungen, soweit sie durch das Individuum nicht - oder nur über einen längeren Zeitraum - beeinflussbar sind. Der Handlungsaspekt umfasst die Möglichkeit, über die reine Anpassung an vorgegebene Strukturen hinauszugehen, z.B. durch Rollenspiel, expressive Gestaltung der Rollendistanz, Transformation von Regeln durch Modul oder Ausschöpfen von Handlungskontingenz. Die phänomenologische So-

---

170 Siehe Kap. 5.2
171 Siehe Kap. 1.6 und 2.1.3

ziologie im Sinne von Schütz beschränkt sich bewusst auf die subjektive Perspektive des Akteurs und untersucht die Bedingungen des Fremdverstehens. Der Handelnde typisiert nach diesem Modell die Umwelt in unterschiedlichen Graden von Anonymität. Die gesellschaftlich vorgegebenen Strukturen werden nicht als unabhängig vom Individuum beschrieben, sondern als Strukturen des lebensweltlichen Wissensvorrats in das Bewusstsein des Handelnden verlagert.

In der strukturalistischen Handlungstheorie Parsons' stehen normative Strukturen und deren institutionelle Verankerung in sozialen Systemen im Zentrum der Betrachtung. Diese kollektivistische Sichtweise wird von Parsons mit dem subjektiven Ansatz verbunden, indem Individuen Werte und Normen internalisieren und eine soziale Ordnung erst dann als institutionalisiert angesehen wird, wenn sie mit den Interessen der Individuen abgestimmt ist. Die Entstehung von gesellschaftlichen Werten und Institutionen wird von Parsons als evolutionärer Prozess der gesellschaftlichen Entwicklung erklärt und nicht auf die Lebenswelt von Individuen bezogen. Ebenso beschreibt Parsons Systemmechanismen, die zwar von Individuen angestoßen, aber nicht unbedingt bewusst gesteuert werden.

5.1.1 Wissenssoziologie

Objektivation und Verdinglichung

Berger und Luckmann stellen dem normativen Paradigma die These entgegen, dass alle sozialen Strukturen dem subjektiven Sinn von interagierenden Individuen entspringen. Sie gehen allerdings auch über die Schützsche interpretative Soziologie hinaus, indem sie soziale Strukturen als für das Individuum äußerliche Phänomene auffassen. Aus diesen beiden Polen ergibt sich die zentrale Fragestellung der Wissenssoziologie: "Wie ist es möglich, dass subjektiv gemeinter Sinn zu objektiver Faktizität wird?" (Berger/Luckmann 1982: 20). Diesen Prozess der Umwandlung von subjektiv geteiltem Wissen zur gesellschaftlichen Wirklichkeit, die dem Individuum als objektiv gegeben erscheint, bezeichnen die Autoren mit den Begriffen *Objektivation* oder Verdinglichung. Zur Begründung der Notwendigkeit der Objektivation greifen Berger und Luckmann auf die Annahmen der anthropologischen Rollentheorie zurück. Als weltoffenes Wesen unter der Bedingung exzentrischer Positionalität ist der Mensch gezwungen, durch sein Handeln eine relative Weltgeschlossenheit sozial zu konstruieren.

Die Rollentheorie geht davon aus, dass Rollen eine solche Eingrenzung der Weltoffenheit leisten. Für Berger und Luckmann bilden Rollen allerdings nur einen Bestandteil der gesellschaftlichen Konstruktion der Wirklichkeit. Sie betrachten außerdem z.B. Typisierung, Institutionalisierung und Wissen als Produkte zwischenmenschlicher Interaktionen, die sich aus dem Entstehungskontext herauslösen und für andere Individuen zur gesellschaftlichen Wirklichkeit werden. Der Prozess der Objektivation führt dazu, dass die Produkte von anderen Individuen als Gegenstände oder soziale Tatsachen erfahren werden. Dieses Resultat der Objektivation nennen Berger und Luckmann *Verdinglichung*.

> Verdinglichung bedeutet, menschliche Phänomene aufzufassen, als ob sie Dinge wären, das heißt als außer- oder gar übermenschlich. (Berger/Luckmann: 1982: 94-5)

Als Mittel zur Objektivation beschreiben die Autoren Sprache und Institutionalisierung:

(1) *Sprache* erzeugt intersubjektiv geteilte Bedeutungen und speichert den Sinn in sprachlichen Symbolen.
(2) *Institutionalisierung* erzeugt normative Verbindlichkeit von Verhaltensregeln, so dass soziale Strukturen entstehen.

In modernen Gesellschaften bestehen eine Vielzahl unterschiedlicher Sinnkomplexe, die durch Legitimation in einen sinnvollen Zusammenhang gebracht werden. Schließlich stellt sich das Problem, dass nachfolgende Generationen die bereits bestehenden Sinnstrukturen übernehmen müssen, um sich in der Gesellschaft zurechtzufinden. So dient Sozialisation ebenso wie Legitimation dazu, die soziale Wirklichkeit zu konstruieren und zu erhalten:

(3) Legitimation verbindet in differenzierten Gesellschaften unterschiedliche Sinnkomplexe.
(4) Sozialisation überträgt das gesellschaftliche Wissen auf neue Generationen.

Verwirklichung

Jedes dieser Mittel besitzt eine Doppelfunktion, indem einerseits durch Objektivierung soziale Wirklichkeit verfestigt und Wissen gespeichert wird und andererseits diese Mittel vom Individuum zur Neuproduktion gesellschaftlicher Wirklichkeit genutzt werden können:

(1) Sprache
  - speichert Bedeutungen *und*
  - lässt neue Konstruktionen zu.
(2) Institutionalisierung
  - erfasst normative Regeln situationsspezifisch in Rollen und
  - bildet durch Kombination und Variation von Verhaltensregeln neue Strukturen.
(3) Legitimation
  - rechtfertigt bestehende Verhaltensmuster und
  - eröffnet die Möglichkeit, durch Kombination von Sinnkomplexen neue Bedeutungen zu produzieren.
(4) Sozialisation
  - tradiert überkommenes Wissen und
  - objektiviert neue Verhaltensregeln.

Berger und Luckmann verwenden für diese Doppelfunktion im Hinblick auf Wissen den Begriff *Verwirklichung*.

> Wissen über die Gesellschaft ist demnach *Verwirklichung* im doppelten Sinne des Wortes: Erfassen der objektivierten gesellschaftlichen Wirklichkeit und das ständige Produzieren eben dieser Wirklichkeit in einem. (Berger/Luckmann: 1982: 71)

Der Bezugsrahmen der Wissenssoziologie im Sinne von Berger und Luckmann besteht somit erstens aus der Grundfragestellung, wie subjektiver Sinn zu gesellschaftlicher Wirklichkeit im Sinne von Handlungsstrukturen wird. Zweitens gehören zum Bezugsrahmen die Grundbegriffe Objektivation und Verdinglichung sowie die sozialen Mechanismen der

Speicherung und Produktion von Wissen: Sprache, Institutionalisierung, Legitimation und Sozialisation. Im Hinblick auf den Dualismus von Struktur- und Handlungsaspekt ist Verwirklichung der entscheidende Begriff des Bezugsrahmens, weil er das Erfassen der Wirklichkeit in Strukturen und das Produzieren der Wirklichkeit durch Handeln kombiniert. Nach der Festlegung des Bezugsrahmens können wir nun zur Beschreibung von Modellen übergehen, die auf diesen Begriffen beruhen. Wie in den vorangegangenen Abschnitten werden die expliziten Modelle zur Veranschaulichung auf Beispiele angewendet.

Sprache als Mittel der Objektivation

Berger und Luckmann gehen im Rahmen der Wissenssoziologie von der Theorie symbolvermittelter Kommunikation Meads und der phänomenologischen Soziologie im Sinne von Schütz aus. Zeichen, Symbole und Sprache spielen daher eine zentrale Rolle in der Wissenssoziologie. In Anlehnung an Mead unterscheiden die Autoren drei Stufen der Sprachentwicklung. Als erster Schritt der Objektivation werden konkrete Gegenstände mit Bedeutungen versehen, die einen intrinsischen Bezug zum Gegenstand aufweisen, wie z.B. ein Messer als Ausdruck von Zorn.

> Nehmen wir an, ich hatte Streit mit einem Mann, der mir recht 'ausdrücklich' Augenschein von seinem Zorn gab. In der folgenden Nacht erwache ich und entdecke ein Messer in der Wand über meinem Bett. Das Messer als Objekt drückt den Zorn meines Feindes aus. (Berger/Luckmann: 1982: 37)

Beim Zeichen geht der direkte Bezug zwischen Gegenstand und Bedeutung verloren. Im Zusammenhang mit Meads Symbolbegriff wurde als Beispiel das Wort "Stuhl" dargestellt, das selbst nicht die Funktion des Sitzens erfüllt, sondern etwas subjektiv Gemeintes ausdrückt. Sprache entsteht durch Bündelung von Zeichen zu ganzen Systemen. Wird durch Sprache auf etwas verwiesen, das in der Alltagssituation nicht präsent ist, so sprechen Berger und Luckmann von *Symbolen*. Durch Sprache kann eine Idee, die in einer anderen Lebenswelt entstanden ist, in die Kommunikation einbezogen werden. So tragen Unternehmensberater Begriffe wie "Innovationsmanagement" oder "kritische Erfolgsfaktoren", die in anderen Firmen oder Institutionen entwickelt wurden, in die Unternehmen ihrer Kunden.

Die Unabhängigkeit der Sprache von den während der Kommunikation präsenten Gegenständen und Themen nennen Berger und Luckmann *Ablösbarkeit*.

> Die Ablösbarkeit der Sprache gründet tiefer, nämlich in der Fähigkeit, Sinn, Bedeutung, Meinung zu vermitteln, die nicht direkter Ausdruck des Subjekts 'hier und jetzt' sind. Diese Fähigkeit haben auch andere Zeichensysteme. Aber die enorme Vielfalt und Kompliziertheit der Sprache macht sie in Vis-a-vis-Situationen leichter ablösbar als jedes andere - beispielsweise ein Gesten-System. (Berger/Luckmann: 1982: 39)

Außer durch die Eigenschaft der Ablösbarkeit zeichnet sich die Sprache durch vier weitere Merkmale aus, die den Prozess der sprachlichen Objektivation ermöglichen:

Symbolisierung der Alltagswelt (1)
Indem man Bedeutungen mit sprachlichen Symbolen belegt und diese Symbole in den Sprachbestand eingehen, werden diese Bedeutungen - unabhängig von den Erfindern - zu

einem Bestandteil der gesellschaftlichen Wirklichkeit. Die faktische Kraft solcher *symbolischer Objektivationen* lässt sich z.B. daran ablesen, dass Verleumdungsprozesse geführt werden, weil jemand mit einem bestimmten Ausdruck belegt wird, der ihn in Zusammenhang mit einem negativ bewerteten Wirklichkeitsbereich der Gegenwart oder Vergangenheit bringt[172].

Typisierung von Erfahrung (2)
Nach Schütz *typisiert* ein Handelnder fortlaufend seine Umwelt mehr oder weniger genau und belegt sie auf diese Weise mit Sinn. Diese Typisierung kann durch sprachliche Symbole erfolgen, die im Erfahrungswissen einer lebensweltlichen Gemeinschaft vorhanden sind. Berger und Luckmann halten auch für dieses Phänomen ein anschauliches Beispiel bereit. Falls sich jemand über seine Schwiegermutter ärgert, kann er seine Gefühle mit Hilfe der Typisierung "die böse Schwiegermutter" (1982: 41) ausdrücken. Auf diese Weise wird das Verhalten der Schwiegermutter etwas Normales, so dass der Handelnde sich nicht weiter mit dem Vorfall beschäftigen muss. Die Typisierung leistet eine Orientierung für den Akteur, indem sie ihm hilft, das Verhalten der Schwiegermutter als nicht außergewöhnlich zu charakterisieren, so dass keine gezielte Gegenreaktion erforderlich wird.

Identitätsbildung durch Selbstreflexion (3)
Sprache leistet während der Kommunikation mit einem Partner für den Sprechenden eine Selbstvergewisserung. Der Sprecher hört sich selbst, nimmt die Reaktion seines Gegenüber wahr, reflektiert die Bedeutung und den Effekt des Gesagten und bestärkt oder korrigiert seine Haltung fortlaufend. Auf diese Weise trägt Sprache dazu bei, "Subjektivität zu erhellen, zu kristallisieren und zu stabilisieren" (1982: 40). Die Stabilisierung von Subjektivität als Prozess wird bei Mead *Identität* genannt und entsprechend leistet das Interaktionsmodell Meads eine genaue Beschreibung der Reflexionsfunktion von Sprache. Mit der sprachlichen Äußerung reagiert das "I" auf die durch das "Me" festgelegte Bedeutung. In dem nachfolgenden Reflexionsschritt bestimmt der Handelnde aufgrund seiner Äußerung und der erfolgten Reaktion des anderen die aktuelle Situationsdeutung, die dann die Basis für die nächste Äußerung des "I" bildet.

Transzendenz (4)
Sprache ist ein Mittel, räumlich und zeitlich entfernte lebensweltliche *Sinnkomplexe* in der konkreten Interaktionssituation *zu überbrücken*. Die Kontingenz der Handlungssituation wird damit auf der einen Seite eingeschränkt, indem nur gesellschaftlich verankerte Sinnkomplexe zugelassen sind. Auf der anderen Seite eröffnet die Pluralität der möglichen Verweisungszusammenhänge, die historisch und räumlich denkbar sind, eine nicht handhabbare Fülle von Thematisierungsmöglichkeiten für die Interaktionspartner. Daher sind in der Lebenswelt des Alltags die möglichen Verweisungszusammenhänge festgelegt und können nur in bestimmten Situationen verlassen werden. So sind soziologische Begriffe und Erklärungsansätze in der Alltagswelt eines Industrieunternehmens in der Regel nicht zugelassen. Ergeben sich aber z.B. Qualitäts- oder Motivationsprobleme, die mit herkömm-

---

172 Ein Beispiel bildet der 1988 geführte Prozess zwischen dem Nachrichtenmagazin DER SPIEGEL und dem Fernsehjournalisten Werner Höfer, in dem zu klären war, ob der Begriff "Schreibtischtäter" als Verleumdung anzusehen ist.

lichen Managementmethoden nicht lösbar erscheinen, so kann die Bereitschaft entstehen, soziologische oder psychologische Ansätze als Lösungsalternativen zu diskutieren.

5.1.2 Institutionalisierung

In dem normativen Paradigma Parsons' werden die Grundmerkmale der Institutionalisierung den Subsystemen des allgemeinen Handlungssystems zugeordnet: die Geltung eines normativen Codes dem Kultursystem, die faktische Durchsetzung durch Sanktionen dem Sozialsystem und die Verbindung der Rollenordnung mit individuellen Zielen und Interessen dem Persönlichkeitssystem. Gemäß der Grundidee der Wissenssoziologie haben Berger und Luckmann im Gegensatz zur systemtheoretischen Erklärung nachzuweisen, wie sich Institutionalisierung als Verfestigung des intendierten Handelns konkreter Akteure entwickelt.

Der erste Schritt zur Institutionalisierung besteht in der *Habitualisierung* bestimmter Verhaltensweisen. In der lebensweltlichen Praxis ergeben sich bestimmte Routinehandlungen, durch die im Alltag für den Handelnden eine Entlastung eintritt. So besteht der Vorgang des Essens aus einer Kette von Routinehandlungen. Dem Akteur sind im allgemeinen diese Handlungsabläufe nicht bewusst, so dass er sich mit anderen Dingen als die technische Abwicklung des Speisens beschäftigen kann. In anderen Kulturkreisen mit völlig unterschiedlichen Essgewohnheiten wird sich der Fremde dagegen auf die Techniken des Essens konzentrieren müssen, um sich den Landessitten anzupassen.

> Habitualisierung in diesem Sinne bedeutet, daß die betreffende Handlung auch in Zukunft ebenso und mit eben der Einsparung von Kraft ausgeführt werden kann. (Berger/Luckmann: 1982: 56)

Als zweite Stufe der Institutionalisierung erfolgt eine *Typisierung* des habitualisierten Handelns. Es reicht nicht aus, dass ein Handelnder für sich eine bestimmte Routinehandlung schematisch ausführt, sie muss ihm selbst und schließlich den anderen Mitgliedern seiner Lebenswelt als eine ganz bestimmte Handlung bewusst werden. Dies geschieht durch Typisierung, indem z.B. eine bestimmte Art der Nahrungsaufnahme als kultiviertes Essen etikettiert wird. Solange jeder Einzelne seine Habitualisierungen typisiert, kommt keine Gleichförmigkeit des Handelns zustande. Daher gehört zur Institutionalisierung, dass habitualisierte Handlungen von mehreren Akteuren so typisiert werden, dass die Typisierungen jeweils zueinander passen. Das oben erwähnte korrekte Zitieren von Quellen in wissenschaftlichen Texten wird von dem Dozenten als Quellennachweis und von dem Studenten möglicherweise als Zitationszwang typisiert. Trotz der unterschiedlichen Bedeutungsinhalte handelt es sich um zueinander passende Typisierungen durch Typen von Handelnden.

> Institutionalisierung findet statt, sobald habitualisierte Handlungen durch Typen von Handelnden reziprok typisiert werden. (Berger/Luckmann: 1982: 58)

Zwei weitere Bedingungen für Institutionalisierung sind nach Berger und Luckmann *Historizität* und *Kontrolle*. Mit Historizität ist das Überdauern eines typisierten Verhaltensmusters über einen längeren Zeitraum hinweg gemeint, so dass die Institutionalisierung eine eigene Geschichte bekommt. Den Kontrollcharakter erhalten Institutionalisierungen dadurch, dass sie aus den beliebig vielen Verhaltensmöglichkeiten in einer Situation eine ganz bestimmte festlegen, an die sich alle Interaktionspartner mit großer Wahrscheinlichkeit halten. Sanktionsmechanismen, die ein bestimmtes Handeln erzwingen, können nach Berger und Luckmann auch zur Institutionalisierung gehören. Sie sind aber sekundär, weil die Notwendigkeit des Sanktionseinsatzes bereits anzeigt, dass das erwünschte Verhaltensmuster nicht als allgemein gültig anerkannt wird.

Anerkennung und Gültigkeit von Institutionen ergeben sich weder aus Kontrollen noch durch Sanktionseinsatz, sondern aus dem Beitrag, den ein institutionalisiertes Verhaltensmuster für ein *dauerhaftes gesellschaftliches Problem* leistet. Dieser Bezug zu einer permanenten gesellschaftlichen Situation verleiht der Institution ihren Sinn. Falls es gelingt, diesen Sinn den beteiligten Personen glaubhaft zu machen und als Sinnformel in der Lebenswelt des Alltags zu verankern - Berger und Luckmann sprechen in diesem Fall von "sedimentiertem Sinn" (1982: 74) -, dann wird das habitualisierte Handlungsmuster von den beteiligten Akteuren als geltend anerkannt.

Das in Abbildung 97 schematisch zusammengefasste wissenssoziologische Modell der Institutionalisierung lässt sich an dem Beispiel des Literaturstudiums verdeutlichen. Jeder Student und Wissenschaftler hat seine eigene Habitualisierung der Markierung von wichtigen oder fraglichen Textpassagen in Artikeln oder Büchern. Die häufigste Markierung wird das Unterstreichen von Zeilen oder die Kennzeichnung am Rand des Textes bilden. Es sind allerdings eine Fülle von Einzellösungen zu beobachten, wie z.B. der Einsatz von Farben oder ganz bestimmter Markierungssymbole wie Ausrufungs- oder Fragezeichen oder selbsterfundener Symbole. Alternativ gibt es Methoden wie das Einlegen von kleinen Zetteln mit Stichwörtern oder eine Systematik von "Eselsohren", deren jeweilige Gestalt - z.B. einfach oder doppelt geknickt - eine bestimmte Bedeutung für den Benutzer des Systems hat. Ein solches System ist für einen Dritten ohne Mithilfe des Autors relativ schwer zu entschlüsseln, da es keine allgemeinen Typisierungen für die unterschiedlichen Markierungen gibt, die als Übersetzungsschlüssel dienen könnten. In der Regel werden solche Markierungsmethoden im Hochschulunterricht weder vermittelt noch kontrolliert. Der Dozent wird vielleicht den Hinweis an die Studenten geben, wichtige Textstellen zu kennzeichnen, um die Intensität der Bearbeitung zu erhöhen. Er wird aber nicht vorschreiben, wie die Markierungen aussehen sollen.

```
┌─────────────────────────────────────────────────────────────────────────┐
│ Voraussetzungen:                                                        │
│  ┌──────────────────┐   ┌──────────────────┐   ┌──────────────────┐    │
│  │ Habitualisierung │   │ Typisierung von  │   │ Typen von        │    │
│  │ von Routine-     │   │ Habitualisierung │   │ Handelnden       │    │
│  │ handlungen       │   │                  │   │                  │    │
│  └──────────────────┘   └──────────────────┘   └──────────────────┘    │
└─────────────────────────────────────────────────────────────────────────┘
                                    ⇩
              ┌────────────────────────────────────────┐
              │        Institutionalisierung           │
              │  Reziproke Typisierung von             │
              │  habitualisierten Handlungen           │
              │  durch Typen von Handelnden            │
              └────────────────────────────────────────┘
                                    ⇧
┌─────────────────────────────────────────────────────────────────────────┐
│  Bedingungen:                                                           │
│   - Historizität                                                        │
│   - Kontrolle                                                           │
│   - Lösung eines dauerhaften gesellschaftlichen Problems                │
└─────────────────────────────────────────────────────────────────────────┘
```

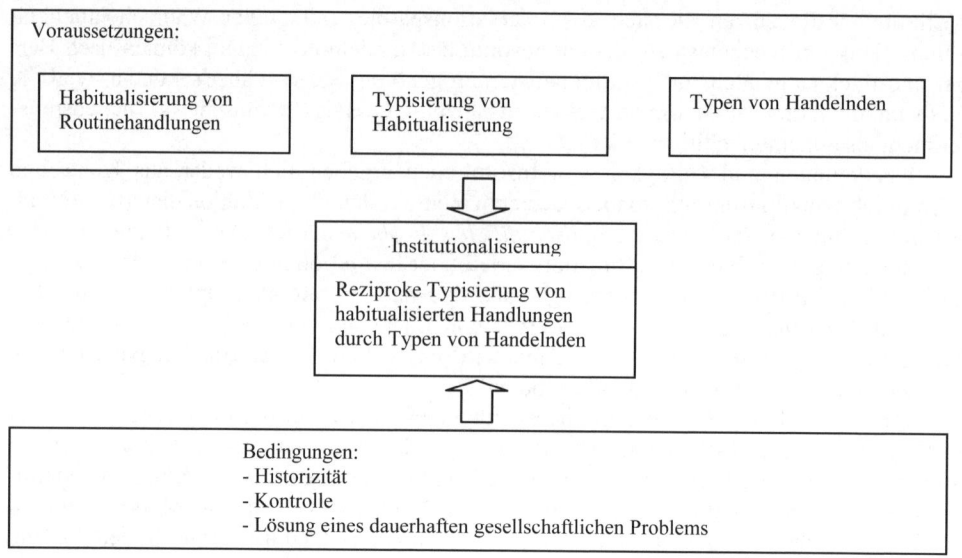

Abbildung 97: Modell der Institutionalisierung

Ganz anders verhält sich der Dozent in der Frage des richtigen Zitierens. Hier wird in den Anfangssemestern ein bestimmter Zitiermodus vorgegeben und in den Referaten der Studenten kontrolliert. Häufig werden die Zitationsregeln anerkannter Fachzeitschriften zugrunde gelegt. Alle Bestandteile von Zitaten - Autor, Titel, Erscheinungsort und -jahr, Herausgeber bei Sammelbänden, Jahrgang und Heftnummer bei Zeitschriften - sind durch Begriffe typisiert. Warum ist also das Zitieren so streng institutionalisiert, während die Textmarkierung individueller Habitualisierung unterliegt? Als Kriterium müsste nach Berger und Luckmann geprüft werden, dass im Falle des Zitierens ein permanentes Problem der wissenschaftlichen Lebenswelt betroffen ist, während dies bei der Textmarkierung nicht zutrifft.

Wie bereits dargestellt wurde, schützen die Zitationsregeln die Originalitätsnorm der Wissenschaft, die für den Fortschritt und die Kommunikationsfähigkeit wissenschaftlicher Ergebnisse lebenswichtig ist. Dagegen steht die Textmarkierung mit keinem zentralen Problem der Wissenschaft im Zusammenhang. Im Kontext der Hochschuldidaktik kann die Textmarkierung durchaus einen wichtigen Baustein des wissenschaftlichen Arbeitens bilden. Die Standardisierung bringt aber keine Lösung für ein wissenschaftliches Grundproblem. Eine andere Form der Informationsbeschaffung - die Durchführung von wissenschaftlichen Experimenten - ist im Gegensatz zum Durcharbeiten von Texten sehr genau reglementiert. Während durch richtiges Zitieren die Verarbeitung von Textinformationen als hinreichend gesichert betrachtet wird, können bei einem Experiment zu viele Einflussgrößen das Ergebnis verfälschen, wenn die Versuchsanordnung nicht innerhalb der jeweiligen Disziplin festgelegt ist.

In der strukturell-funktionalen Theorie werden Normen und Werte durch verbindliche *Rollenmuster* institutionalisiert. Auch im Rahmen der Wissenssoziologie haben Rollen die Funktion, eine Institution dem Handelnden in konkreten Situationen erfahrbar zu machen (1982: 79). Die Definition der Rolle ist an Meads generalisiertem Anderen orientiert, indem

Berger und Luckmann von Rollen sprechen, wenn sich mehrere Akteure an einem typischen und habitualisierten Handlungsmuster in einer bestimmten Situation orientieren.

> Die Möglichkeit, in die Rolle des anderen zu schlüpfen, taucht erst auf, wenn beide dieselben Handlungen vollziehen möchten. Das heißt, daß A sich innerlich B's Rollen zu eigen macht und zum Vorbild für sein eigenes Rollenspiel nimmt." (Berger/Luckmann: 1982: 60)

Werden Rollen von den konkreten Akteuren abgelöst und zum objektivierten Wissensbestand der Gesellschaft - wie die Rollen von Dozenten und Studenten -, dann sprechen Berger und Luckmann von institutionalisierten Rollen (1982: 78). Da Habitualisierungen aus Handlungen und nicht aus normativen Vorstellungen bestehen, beruhen institutionalisierte Rollen auf "standardisierten Formen von Rollenspiel" (1982: 78), die im allgemeinen Wissensvorrat verankert sind.

Die Erklärung der Institutionalisierung als Lösung eines permanenten gesellschaftlichen Problems unterscheidet sich auf den ersten Blick nicht von der funktionalistischen Argumentation im Parsonsschen Sinne. Der Unterschied ergibt sich nach Berger und Luckmann allerdings dadurch, dass die Handelnden den Bezug zwischen Institution und gesellschaftlichem Problem im Rahmen ihrer Lebenswelt selbst herstellen. Die Kopplung von Institution und gesellschaftlichem Problem geschieht demnach durch Sinn und Bedeutung und nicht durch anonyme Systemmechanismen. Da es sich um unterschiedliche Sinnkomplexe handeln kann, die miteinander in Beziehung zu setzen sind, wird nach Berger und Luckmann *Legitimation* als Mittel der Sinnkopplung notwendig (1982: 87).

Die Grenze der Institutionalisierung ist dann erreicht, wenn die entsprechende Habitualisierung weder im unmittelbaren lebensweltlichen Kontext mit Sinn belegt noch durch Legitimation mit Sinnstrukturen anderer Wirklichkeitsbereiche verbunden werden kann. Beide Formen des Sinnbezugs fassen Berger und Luckmann unter dem Schützschen Relevanzbegriff zusammen, so dass die Grenzen der Institutionalisierung durch die jeweiligen Relevanzstrukturen abgesteckt werden (1982: 84).

Damit eine Institution lebt und nicht zu einer erstarrten Schale wird, muss sie von einer Gruppe oder Gemeinschaft getragen werden, "welche die betreffende Sinnhaftigkeit ständig produziert und in der sie objektive Wirklichkeit geworden ist" (1982: 90). In diesem Punkt kommen sich Wissenssoziologie und strukturell-funktionale Theorie wieder sehr nahe, indem Berger und Luckmann wie Parsons betonen, dass die Institution nur Bestand haben kann, wenn sie auf "handfesten Interessen ihrer Trägergruppe" (1982: 91) beruht.

5.1.3 Legitimation

Wie im Fall der Sprache und Institution entwickeln Berger und Luckmann auch zum Begriff Legitimation ein explizites Modell. Die *Kernfunktion von Legitimation* besteht darin, dass sie lebensweltliche getrennte institutionalisierte Sinnkomplexe integriert. Auf diese Weise wird für den Handelnden die gesellschaftliche Wirklichkeit als Ganzes erfahrbar. Da Legitimation auf der durch Institutionalisierung erzeugten Objektivationen von Sinn aufsetzt, sprechen Berger und Luckmann von *sekundärer Objektivation*.

> Legitimation als ein Prozeß, als Legitimierung also, läßt sich als 'sekundäre' Objektivation von Sinn bezeichnen. Sie produziert eine neue Sinnhaftigkeit, die dazu dient, Bedeutungen, die un-

gleichartigen Institutionen schon anhaften, zu Sinnhaftigkeit zu integrieren. (Berger/Luckmann: 1982: 98-9)

Legitimation kann sich horizontal auf die Integration der institutionellen Auffächerung der Gesellschaft erstrecken oder vertikal die gesellschaftliche Ordnung als normativer Rahmen für die Abfolge des Lebenslaufs subjektiv erfahrbar machen (1982: 99).

Analytisch interessant ist die Unterscheidung von vier Ebenen der Legitimation nach dem Komplexitätsgrad der Sinnbezüge. Die erste Ebene der Legitimation besteht in der Weitergabe eines Systems sprachlicher Objektivationen von menschlicher Erfahrung. Hierunter fällt der Ausdruck "böse Schwiegermutter", durch den Schwiegersöhne und -töchter bestimmte Verhaltensregeln der Schwiegermutter als natürlich rechtfertigen. Auf der zweiten Ebene finden sich "theoretische Postulate in rudimentärer Form" (1982: 101). Ein Beispiel wäre der Merksatz "Lügen haben kurze Beine", mit dem der Anspruch auf Wahrhaftigkeit gegenüber Kindern begründet wird. Auf der dritten Ebene der Legitimation stehen explizite Legitimationstheorien, die einen institutionellen Ausschnitt anhand eines differenzierten Wissensbestands rechtfertigen (1982: 101). Hierunter fallen ökonomische Theorien, die soziale Ungleichheit als funktional notwendig für die Wettbewerbsfähigkeit der Wirtschaft begründen. Die vierte Ebene der Legitimation besteht aus symbolischen Sinnwelten wie das Sinngebäude der christlichen Religion oder das politische Ideensystem der im Grundgesetz verankerten demokratischen Ordnung.

Wie könnten diese in Tabelle 13 zusammengefassten Legitimationsebenen auf die Beispiele der Universitätslehre und der Abteilung eines Industrieunternehmens angewendet werden? Sprachliche Objektivation, die ein bestimmtes Verhalten rechtfertigen, lassen sich leicht finden. So begründet der Begriff "Seminar" eine bestimmte, auf Diskussion ausgelegte Veranstaltungsform. Analog rechtfertigt der Begriff "Vorlesung" den Monolog des Dozenten. In einem Wirtschaftsunternehmen begründen die Begriffe "Mitarbeiter" und "Kollege" jeweils ein sehr unterschiedliches Verhalten. Spricht jemand von seinem Mitarbeiter, so ist er dessen Vorgesetzter. Kollegen stehen auf gleicher Hierarchiestufe und sind dann in der Regel zwar beeinflussbar, aber nicht weisungsgebunden.

Zur zweiten Ebene der theoretischen Postulate in rudimentärer Form gehört z.B., wenn ein Mathematikprofessor seine Disziplin als eine "Machwissenschaft" bezeichnet. Durch diese sprachliche Formel wird gerechtfertigt, dass Mathematik nur gelernt werden kann, wenn der Vorlesungsstoff von jedem Studenten anhand von Aufgaben praktisch eingeübt wird. In der Wirtschaft sind eine Fülle von Merksprüchen im Umlauf. Ein Kernspruch des Buches von Peters und Waterman lautet "Do it, fix it, try it" (1982: 134), mit dem eine pragmatische Haltung zum Lösen von anstehenden Problemen zusammengefasst wird. Explizite Legitimationstheorien als dritte Ebene findet man in beiden Lebenswelten in ausgeprägter Form. Die wissenschaftstheoretische Richtung des kritischen Rationalismus begründet z.B. eine bestimmte Ausrichtung der empirischen Sozialforschung[173]. In der Wirtschaft dient die Theorie der sozialen Marktwirtschaft als Legitimationsdach für die Unternehmensgestaltung.

---

173 Die wissenschaftstheoretische Schule des "kritischen Rationalismus" geht auf die Arbeiten des Philosophen Karl R. Popper zurück und wurde im deutschsprachigen Raum vor allem durch Hans Albert weiterentwickelt. Eine kurze Einführung mit Literaturhinweisen findet sich in Kromrey 1980; Kap. 1.2.

Ebene	Beispiele
Begründung von Handlungen durch sprachliche Objektivationen	- "böse Schwiegermutter" - "Seminar" - "Mitarbeiter, Kollege"
Theoretische Postulate in rudimentärer Form	- "Lügen haben kurze Beine" - "Mathematik als Machwissenschaft" - "Do it, fix it, try it"
Explizite Legitimationstheorien	- Theorie sozialer Ungleichheit - Kritischer Rationalismus - Soziale Marktwirtschaft
Symbolische Sinnwelten	- Demokratische Grundordnung - Soziologische Theorie - Leistungsgesellschaft

Tabelle 13: Ebenen der Legitimation

Auf der vierten Ebene der symbolischen Sinnwelten könnte das Paradigma einer wissenschaftlichen Disziplin im Sinne von Kuhn angesiedelt werden. Für die Soziologie ist dann allerdings zu fragen, ob eine übergreifende Sinnwelt der Handlungstheorie existiert oder ob die soziologische Theorie in einzelne Sinnwelten zerfällt. Da Handlungstheoretiker trotz unterschiedlicher Ansätze den jeweils anderen Ansatz verstehen und interpretieren können, wäre es gerechtfertigt, die Gesamtheit der Handlungstheorien als eine symbolische Sinnwelt aufzufassen. In diesem Buch wurde versucht, eine Brücke zwischen Handlungstheorie und den Methoden der empirischen Sozialforschung zu spannen. Trotzdem sind die Lebenswelten des Arbeitsalltags von Theoretikern und Empirikern so grundverschieden, dass es sich hier eher um getrennte symbolische Sinnwelten handelt.

Eine symbolische Sinnwelt für das Handeln in Wirtschaftsunternehmen stellt der Sinnkomplex "Leistungsgesellschaft" dar. Unter diesen Begriff fallen sowohl die Profitorientierung privatwirtschaftlicher Unternehmen als auch das Gefüge von Hierarchie und damit verbundenen Belohnungsabstufungen.

Die Sinnwelten der Legitimationen können durch das Auftauchen alternativer Sinnwelten in Frage gestellt werden. Um die eigene Sinnwelt gegenüber der konkurrierenden zu schützen, wird die Trägergruppe bestimmte Strategien entwickeln. Als erste Gegenreaktion erfolgt die Entwicklung von *Stützkonzeptionen* (1982: 118), durch die das eigene Sinngebäude systematisiert und besser begründet werden soll. So wurden im Lager der kritischen Rationalisten ab Mitte der 60er Jahre des 20. Jahrhunderts Stützkonzeptionen entwickelt, um den Angriff der Kuhnschen Wissenschaftstheorie abzufangen[174]. In der Regel bleibt es

---

[174] Nach Kuhn (1978, 1979) wird die Wissenschaftsentwicklung von Revolutionen bestimmt, in denen ein etabliertes Paradigma durch ein neues ersetzt wird. Das neue Paradigma bildet keine Weiterentwicklung des alten, liefert aber Erklärungen für paradoxe Phänomene, die mit dem alten Paradigma nicht befriedigend erklärt werden konnten. Die kritischen Rationalisten reagierten auf die Kuhnsche Wissenschaftsgeschichte mit einer Verfeinerung ihrer Theorie; vgl. Esser, Klenovits und Zehnpfennig 1977: Kap. 5. Kuhn war an historischen Entwicklungen interessiert und nicht an der Formalisierung seiner Ideen. Diese Lücke schlossen die analytischen Wissenschaftstheoretiker J.D. Sneed und W. Stegmüller mit Hilfe des "strukturalistischen" Ansatzes, auf den die hier verwendeten Kategorien "Grundbegriffe", "explizite Modelle" und "Mus-

nicht bei der Neuorganisation der eigenen Sinnwelt. Die kritischen Rationalisten, deren Modell durch Kuhn in Frage gestellt wurde, haben sich nicht auf Verteidigung ihrer eigenen Theorie beschränkt, sondern griffen ihrerseits Kuhns Werk heftig an[175]. Dies veranlasste wiederum Kuhn, seine Theorie der wissenschaftlichen Revolution neu zu überdenken und auf eine präzisere begriffliche Basis zu stellen (1978: 393).

Als Angriffsstrategien gegen alternative Sinnwelten führen Berger und Luckmann die Therapie und Nihilierung (1982: 122-3) an. *Nihilierung* ist eine unter Handlungstheoretikern beliebte Methode, mit der das jeweils konkurrierende Paradigma als indiskutabel eingestuft wird. Es ist erstaunlich, zu welchen aggressiven Vokabeln sich seriöse Wissenschaftler hinreißen lassen, wenn sie den jeweils anderen Ansatz in das wissenschaftliche Abseits zu drängen versuchen. Eine Vielzahl von *Therapieformen* lassen sich innerhalb und außerhalb von Wirtschaftsunternehmen beobachten. Intern gibt es in den Personalabteilungen Spezialisten, die auf abweichende Mitarbeiter mit dem Ziel einwirken, deren subjektive Sinnwelt auf die Sinnstruktur des Unternehmens einzustimmen.

Um die Wirtschaftsunternehmen herum hat sich ein Markt von Therapieangeboten entwickelt, mit deren Hilfe z.B. Managern Möglichkeiten aufgezeigt werden, die Kluft zwischen der persönlichen Bedürfnis- und Sinnwelt und den davon abweichenden Aufgaben im Rahmen der Unternehmensorganisation durch Einstellungsänderung zu verringern oder durch sekundäre Sinnkonstruktionen mit ihr leben zu lernen. Umgekehrt gibt es Versuche, ganze Unternehmen zu therapieren, indem z.B. externe Berater die Unternehmensstruktur so umgestalten, dass die lebensweltlichen Sinnwelten der Mitarbeiter besser mit der Unternehmenskultur harmonieren und auf diese Weise die Produktivität des Unternehmens gesteigert wird[176].

Wie jede Sinnwelt, so benötigt auch Legitimation eine Trägergruppe, die darauf spezialisiert ist, sekundäre Objektivationen zu produzieren. Nach Berger und Luckmann übernehmen in modernen Gesellschaften *Experten* diese Aufgabe. Experten, die hauptamtlich mit der Produktion von Legitimationen beschäftigt sind, neigen dazu, den Kontakt zur Lebenswelt des Alltags zu verlieren. Somit sind Konflikte zwischen Experten und Laien unvermeidlich. Eine zweite Konfliktlinie entsteht durch Meinungsverschiedenheiten zwischen rivalisierenden Expertengruppen, die um die Anerkennung als Legitimatoren konkurrieren und damit auch um Ämter und finanzielle Ressourcen. Die Wissenschaft leistet sich die Gruppe der Wissenschaftstheoretiker als Legitimatoren. In der Wirtschaft entwickeln externe Berater die Rechtfertigungen für Einsparungsmaßnahmen, indem sie Rationalisierungspotentiale methodisch aufspüren und darstellen.

---

terbeispiele" zurückgehen. Eine Zusammenfassung der strukturalistischen Wissenschaftstheorie findet sich in Miebach 1984: Kap. 2.1. Zum Begriff "Paradigma" vgl. auch Kap. 1, Anm. 6.

175 Kuhn hat in seinem Hauptbuch (1979) den Begriff "Paradigma" in einer Vielzahl von Bedeutungsvarianten verwendet und auf diese Weise den Kritikern aus dem Lager der analytischen Philosophie den Nachweis geliefert, dass sein Modell strengen wissenschaftstheoretischen Kriterien nicht standhält. Erst durch die in Anm. 174 erwähnte Formalisierung von Sneed und Stegmüller wurde die Kuhnsche Wissenschaftstheorie so aufbereitet, dass sie Eingang in die Analytische Philosophie finden konnte.

176 Diese Beratungsangebote werden durch Modelle gestützt, für die sich der Begriff "Organisationsentwicklung" durchgesetzt hat. Eine Einführung in die Thematik bildet der Übersichtsartikel von Senkel und Tress (1987); vgl. auch French/Bell 1994.

5.1.4 Sozialisation

Sprache, Institutionalisierung und Legitimation sind Mittel der Objektivation von subjektiv gemeintem Sinn, die zur Verdinglichung führt. Während die Mitglieder der Lebenswelt den Prozess der Objektivation miterlebt haben oder durch Legitimation herangeführt worden sind, steht die nächste Generation vor für sie fremden Objekten. Dadurch stellt sich das Problem, in einem Sozialisationsprozess die Objekte der Lebenswelt mit Sinn und Bedeutung zu füllen und zu lernen, an der Sinnproduktion und Objektivation aktiv in der Lebenswelt des Alltags mitzuwirken.

Berger und Luckmann folgen der Meadschen Sozialisationstheorie. Dem Kleinkind wird durch signifikante Andere die Welt vermittelt, indem es den Sinn der Handlungsweisen des signifikanten Anderen nachahmt und in sich selbst erzeugt. Auf diese Weise werden auch Bedeutungen von Objekten übernommen und schrittweise ganze Sinnkomplexe zum Bestandteil der subjektiven Sinnwelt. Diesen Vorgang der Übernahme von Wissensstrukturen nennen Berger und Luckmann *Internalisierung*:

> ... das unmittelbare Erfassen und Auslegen eines objektiven Vorgangs oder Ereignisses, das Sinn zum Ausdruck bringt, eine Offenbarung subjektiver Vorgänge bei einem Anderen also, welche auf diese Weise für mich subjektiv sinnhaft werden. (Berger/Luckmann: 1982: 139)

Die zweite Phase der *Primärsozialisation* besteht in der schrittweisen Aneignung von Ausschnitten der objektiven Welt, die über die subjektive Sinnwelt des signifikanten Anderen hinausgeht. Auch hier folgen Berger und Luckmann dem Meadschen Sozialisationsmodell, indem sie die Verallgemeinerung der Einzelsinnwelten zu einem Sinnkomplex als *generalisierten Anderen* bezeichnen. Mit der Übernahme des generalisierten Anderen bestimmt das Individuum seinen Platz in der Welt und setzt seine subjektive Sinnwelt in Beziehung zur objektiven Welt. Dieser Vorgang der Selbstfindung wird wie bei Mead Identitätsbildung genannt (1982: 144).

Die Aneignung von Rollen in bestimmten Institutionen wie Schule oder in Peer-Gruppen geschieht im Verlauf der *sekundären Sozialisation*. Im Gegensatz zu den Rollen in der Familie weisen die Rollen in Schule, Freizeit und Beruf ein höheres Maß an Anonymität und Ablösbarkeit von dem jeweiligen Rollenträger auf. Das zum Rollenspiel notwendige Wissen ist institutionell festgeschrieben und somit direkt erlernbar. Die subjektive Sinnwelt wird einerseits durch die erlernten Rollen erweitert und andererseits fällt es dem Individuum immer leichter, die eigene Identität gegenüber institutionalisierten Rollen abzugrenzen (1982: 153).

Während Berger und Luckmann zur Sozialisation keinen über Mead hinausgehenden Beitrag leisten, entwickeln sie mit dem Begriff der Konversation ein interessantes Konzept, wie die durch Sozialisation aufgebaute Wirklichkeit durch die Handelnden permanent produziert wird.

> Das notwendigste Vehikel der Wirklichkeitserhaltung ist die Unterhaltung. Das Alltagsleben des Menschen ist wie das Rattern einer Konversationsmaschine, die ihm unentwegt seine subjektive Wirklichkeit garantiert, modifiziert und rekonstruiert. (Berger/Luckmann: 1982: 163)

Damit wird Kommunikation zu einer treibenden Kraft im Prozess der gesellschaftlichen Konstruktion der Wirklichkeit. Durch Aussprechen, Durchsprechen und Diskutieren werden konkrete Inhalte aus der möglichen Sinnwelt als wirklich fixiert oder durch andere ersetzt. In jedem Fall werden vage Bedeutungen während der Konversation konkretisiert und festgehalten.

Im Rahmen der Hochschulsozialisation spielt die Konversationsmaschine eine wichtige Rolle, indem die gelernten Inhalte in studentischen Arbeits- und Freundschaftsgruppen diskutiert und im Falle soziologischer Handlungstheorien verbal angewendet werden. So deuten Studenten von Theorieveranstaltungen auch in der Freizeit ihre Verhaltensweisen als Goffmansche Rituale oder rechtfertigen Handlungen von Interaktionspartnern als rationale Wahlhandlungen im Sinne des Rational-Choice Modells. Im Arbeitsalltag von Unternehmen spielen informelle Gespräche eine wichtige Rolle. Ergebnisse von Besprechungen, Bemerkungen von Vorgesetzten, formale Entscheidungen und viele andere Ereignisse, die in der vorhandenen Sinnwelt nur schwer einordbar sind, werden nacherzählt, kommentiert und interpretiert. Auf diese Weise wandeln die Beteiligten vage Bedeutungsinhalte in verbindliche Interpretationen um. Eine andere Funktion der informellen Gespräche ist der unverbindliche Test von Ideen und Ansichten, die zunächst "ins Unreine" gesprochen werden. In Abhängigkeit von der Reaktion der Gesprächspartner werden die Ideen und Vorstellungen bestätigt oder verworfen. Eine auf diese Weise bestätigte Idee ist reif für den Weg durch die Entscheidungsinstanzen und erhält die Chance, zur offiziellen Unternehmenswirklichkeit zu werden.

Die Funktion der Konversationsmaschine, die Wirklichkeit der Lebenswelt des Alltags einerseits zu festigen und andererseits in Nuancen zu modifizieren, macht sich die narrative Methode als qualitatives Verfahren der empirischen Sozialforschung[177] zu Nutzen. Mitglieder der zu erforschenden Lebenswelt werden aufgefordert, Geschichten aus ihrer Alltagserfahrung zu erzählen. Diese Erzählungen werden möglichst wortgetreu mitgeschrieben oder aufgenommen und im nachhinein interpretiert. Im ersten Interpretationsschritt sammelt der Forscher die geschilderten Verhaltensweisen und Deutungen des Erzählers als Bestandteil der lebensweltlichen Wirklichkeit. Im zweiten Schritt unterzieht er sie einer vertieften Interpretation und untersucht, wie der Erzähler seine Konversation mit den Zuhörern gestaltet. Die Begründungen, Erläuterungen und Korrekturen des Erzählers sowie seine Versuche, bestimmte Dinge auszusparen, geben Auskunft über die zugrunde liegenden Sinnstrukturen des Erzählers, wie Rollenideale, Selbstbilder oder Legitimationskonzepte.

Für tief greifende Veränderungsprozesse im Erwachsenenalter, die allgemein unter dem Begriff *Erwachsenensozialisation* zusammengefasst werden, verwenden Berger und Luckmann die Begriffe Verwandlung oder Transformation (1982: 168). Grundlage für eine *Transformation* der subjektiven Sinnstruktur bildet die Plausibilitätsstruktur der neuen Sinnwelt, die dem Individuum wie in der Primärsozialisation durch signifikante Andere vermittelt wird. In der universitären Resozialisation[178] übernimmt der Professor die Rolle des signifikanten Anderen, der den Studenten eine für sie unbekannte Welt von Begriffen,

---

177 In der deutschen Soziologie hat Fritz Schütze (1976) die narrative Methode als Technik der Interpretation von erzählten Geschichten auf eine theoretische Basis gestellt. Ähnlich wie die Ethnomethodologie interessiert Schütze, wie der Geschichtenerzähler durch Erklärungen, Bewertungen oder Rechtfertigungen den Grad seiner Handlungskompetenz offenlegt. Durch Rückschluss von der individuellen Handlungskompetenz auf die Handlungskapazitäten der sozialen Aggregate, denen der Erzähler angehört, ergeben sich im Rahmen der "differentiellen Kapazitätsanalyse" Erkenntnisse über soziale Gruppen und Schichten (1976: 28).
178 Berger und Luckmann bezeichnen die Erwachsenensozialisation gegenüber der primären und sekundären Sozialisation von Kindern und Jugendlichen als Resozialisation (1982: 168).

Denkmodellen, Arbeitsmethoden und Realitätsperspektiven nahe bringt. Auch für den Berufsanfänger in einem Wirtschaftsunternehmen ist es wichtig, dass ihn bestimmte Personen in die Sinnstruktur der Berufswelt einführen. Ohne diese Unterstützung durch Kollegen oder Vorgesetzte besteht die Gefahr, dass der Neuling nicht die für seine Aufgabenbewältigung notwendigen Informationen sammelt und die Integration in die Konversationsmaschine der informellen Beziehungen verpasst.

Neben der Konversationsmaschine führen Berger und Luckmann als zweite Voraussetzung für die erfolgreiche Resozialisation die Existenz eines Legitimationsapparates für die Abfolge der Transformation an (1982: 170). Für den Berufsanfänger bedeutet dies, dass er auf Begründungen und Sinnvermittlungen zu den einzelnen Aufgaben angewiesen ist. Die Qualitätsmaßstäbe für seine Arbeiten hängen z.B. wesentlich davon ab, wozu die Ergebnisse nachher weiterverwendet werden. Somit kann die Darstellung des gesamten Arbeitsablaufs innerhalb und über Abteilungen hinweg als Legitimation für die Modifikation der persönlichen Qualitäts- und Zeitvorstellungen bei der Aufgabenbewältigung dienen.

5.1.5 Phänomenologischer Sozialkonstruktivismus

In Kap. 4.2.4 wurde im Zusammenhang mit Luhmanns erkenntnistheoretischem Konstruktivismus auf den "phänomenologischen Sozialkonstruktivismus" (Fried 2001: 37) hingewiesen. Obwohl Berger und Luckmann ihren Ansatz im Untertitel ihres Werkes als "Eine Theorie der Wissenssoziologie" (1982) bezeichnen, wird in der Soziologie der Begriff "Konstruktivismus" bzw. "Sozialkonstruktivismus" für die Handlungstheorie von Berger und Luckmann verwendet (Fried 2001: 40-44).

Gemeint ist nicht die erkenntnistheoretische Position des Konstruktivismus und auch nicht die kognitivistische Analyse von Prozessen der Wahrnehmung und Wirklichkeitskonstruktion im Bewusstsein von Individuen. Stattdessen beschreibt der Sozialkonstruktivismus, wie aus individuellen Handlungen soziale Strukturen entstehen, die dann wieder auf das individuelle Handeln einwirken. Hier entwickeln Berger und Luckmann mit Habitualisierung/Institutionalisierung und Legitimation als sekundäre Objektivation explizite Modelle für die "Logik der Aggregation", wie Esser (1993) dies im Rahmen des Methodologischen Individualismus nennt.

Diese Aggregationsmechanismen werden im Rahmen des individualistischen Paradigmas in unterschiedlichen Modellen, z.B. Transformation oder Akteurkonstellation (vgl. Kap. 6), beschrieben und erklärt. Für den Dualismus der wechselseitigen Abhängigkeit von Struktur und Handeln hat sich die Giddenssche Theorie der Strukturation durchgesetzt (vgl. Kap. 5.2). Obwohl das Werk von Berger und Luckmann einen festen Platz in der Ideen- und Begriffsgeschichte der Soziologie hat, ist es den Autoren nicht gelungen, ein neues handlungstheoretisches Paradigma zu etablieren. Möglicherweise war die Zeit für das neue Paradigma noch nicht reif. Außerdem fehlte die Bildung einer soziologischen Schule, die den Bezugsrahmen und die grob skizzierten expliziten Modelle mit konkreten Forschungsvorhaben weiter ausgebaut hat.

5.2 Theorie der Strukturation[179] (Giddens)

Dem britischen Soziologen Anthony Giddens (geb. 1938) ist es mit der Theorie der Strukturation gelungen, neben den etablierten Paradigmen der Systemtheorie, der interpretativ-interaktionistischen Theorie und der Rational-Choice Theorie ein eigenständiges Paradigma innerhalb der Soziologie einzuführen. In seinem im Jahr 1984 veröffentlichten theoretischen Hauptwerk "Die Konstitution der Gesellschaft" (1997) legt Giddens den Bezugsrahmen mit Begriffen wie "Strukturmomente" oder "Strukturprinzipien" fest und entwickelt ein explizites Modell der Strukturation, in das er soziologische Basisbegriffe wie Institutionen, Macht, soziale Systeme, sozialer Wandel oder Persönlichkeit integriert. Mit der Darstellung der Theorie der Strukturation wird das Begriffspaar von *Struktur und Handeln* wieder aufgegriffen, das in Kap. 1.6 zur Abgrenzung zwischen dem strukturtheoretischen und interaktionstheoretischen Rollenkonzept verwendet wird.

Giddens ist bereits vor der Veröffentlichung von "Die Konstitution der Gesellschaft" als Gesellschaftstheoretiker in der kritischen Auseinandersetzung mit den soziologischen Klassikern Marx, Durkheim und Weber hervorgetreten. Nach 1984 konzentriert sich Giddens auf Themen der Modernisierung und Globalisierung (1996, 2001), die er als tief greifenden Wandel sowohl von gesellschaftlichen Institutionen als auch der Lebensbedingungen und -orientierungen von Individuen versteht.

Die Leitidee der Theorie der Strukturation ist die *Dualität von Strukturen* als einerseits einschränkend für das Handeln und andererseits als Rahmen, der soziales Handeln ermöglicht und anregt. Diesen Grundgedanken stellt Giddens ins Zentrum seiner Handlungstheorie. Wie in Kap. 5.1 dargestellt, haben Berger und Luckmann (1982) mehr als 20 Jahre vor Giddens mit dem Begriff der *Verwirklichung* bereits diese Dualität präzise beschrieben. Allerdings haben sie es versäumt, diesen Begriff in das Zentrum ihres sozialkonstruktivistischen Ansatzes zu stellen. Diesen Schritt hat Giddens konsequent vollzogen.

Die Leitidee der Strukturation hat eine erfolgreiche Verbreitung in der Organisationsforschung gefunden (Ortmann/Sydow/Windeler 2000: 342-343). Der wesentlichste Grund liegt darin, dass die Theorie der Strukturation einen Bezugsrahmen für ein dynamisches Organisationsmodell anbietet, das die Organisationswirklichkeit adäquater erfasst als strukturtheoretische Modelle. Außerdem ist die Idee der Dualität leicht zu verstehen und unmittelbar einleuchtend.

Empirisch orientierte Forscher neigen häufig dazu, ein theoretisches Modell lediglich in der Einleitung zu zitieren und dann zur Interpretation der Forschungsergebnisse nicht substantiell zu nutzen. Daher ist bei Forschungsarbeiten, die sich auf die Strukturationstheorie berufen, jeweils kritisch zu prüfen, ob ihnen eine ernsthafte Anwendung der Theorie gelingt.

5.2.1 Struktur

Der Begriff *Strukturation* besteht als Kunstwort aus den beiden Bestandteilen "Struktur..." und "...ation". Diese Endung verweist auf Aktivität im Gegensatz zu dem statischen Begriffsbestandteil "Struktur...", so dass Giddens bereits durch den Begriff der Strukturation den Struktur- und Handlungsaspekt kombiniert. Aus Sicht der Handlungstheorie ist ent-

---

179 Der englische Originalbegriff "Structuration" wird in deutschen Publikationen unterschiedlich als "Strukturierung" oder "Strukturation" übersetzt. Hier verwenden wir den Begriff "Strukturation".

scheidend, wie Giddens mit der Konstruktion von Bezugsrahmen und expliziten Modellen dieses Programm handlungstheoretisch ausfüllt.

Als erste Antwort führt Giddens den Begriff der *Strukturmomente* ein, der zwischen Struktur und Handlung die Doppelfunktion der *Einschränkung* ("constraining") und der *Ermöglichung* ("enabling") ausfüllt, wie in Abbildung 98 schematisch dargestellt ist.

Abbildung 98: Strukturmomente

Strukturen bestehen aus Regeln und Ressourcen (1997: 45), die sozial verfestigt sind und für das konkrete Handeln einen Rahmen bilden, der das Handeln in bestimmte Bahnen lenkt. *Regeln* teilen sich auf in *normative Elemente* im Sinne der Parsonsschen Strukturtheorie und *Signifikationscodes* als Sinnstrukturen in der phänomenologischen Tradition. Anders ausgedrückt unterscheidet Giddens bei Strukturen soziale und kulturelle Regeln. *Ressourcen* teilt Giddens in *autoritative* und *allokative* Ressourcen (1997: 45), wobei autoritative *Ressourcen* die Fähigkeit zur "Koordination des Handelns von Menschen" (1997: 45) und allokative Ressourcen die "Kontrolle über materielle Produkte oder bestimmte Aspekte der materiellen Welt" (1997: 45) umfassen. Das in Abbildung 99 dargestellte Strukturmodell kombiniert das normative Paradigma (normative Elemente) und das interpretative Paradigma (Signifikationscodes) mit dem Modell der Macht und der materiellen Kontrolle in der marxistischen Denktradition.

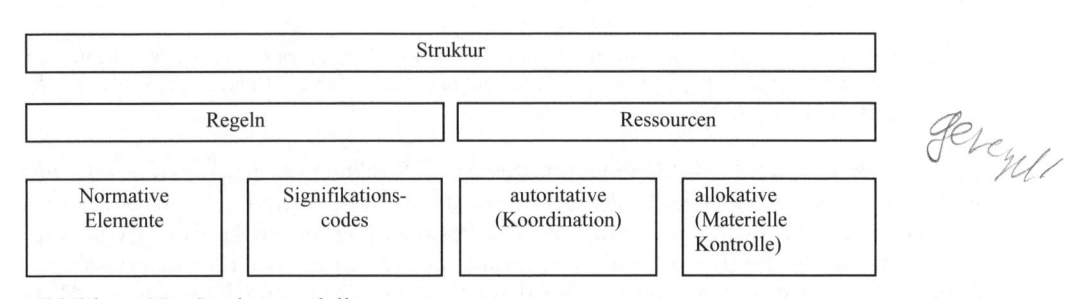

Abbildung 99: Strukturmodell

Wie die Verbindlichkeit von Regeln ist auch die Verfügung über Ressourcen gesellschaftlich verfestigt und legt damit dem Handelnden Beschränkungen auf. Auf der Ebene der Gesellschaft lässt sich das Strukturmodell mit dem Vier-Funktionen-Paradigma Parsons veranschaulichen. Das sozio-kulturelle Subsystem repräsentiert die kulturellen Elemente, die für die Handelnden die Funktion der Sinnstiftung und -orientierung erfüllen. Die gesellschaftliche Gemeinschaft ist geprägt durch normative Regeln, die z.B. durch Rechtsinstitutionen durchgesetzt werden. Das politische System verfügt über die Kapazität, kollektiv bindende Entscheidung im Sinne der autoritativen Koordination zu treffen. Schließlich ist das ökonomische System auf die Produktion und Distribution materieller Ressourcen spezialisiert.

Als Handlungstheoretiker legt Giddens den theoretischen Fokus nicht auf Strukturen, sondern auf den Prozess der *sozialen Reproduktion* durch konkrete Handlungen von Individuen. Für Strukturen gilt, dass sie "an der sozialen Reproduktion rekursiv mitwirken" (1997: 43). Im Unterschied zu Strukturen als soziale Verfestigungen von Regeln und Ressourcenverteilungen haben *Strukturmomente* den Effekt "dass Beziehungen über Raum und Zeit stabilisiert werden" (1997: 43). Diese abstrakte Definition wird greifbarer, wenn man sie im Kontext des Reproduktionskreislaufs sieht, der in Abbildung 100 dargestellt ist[180].

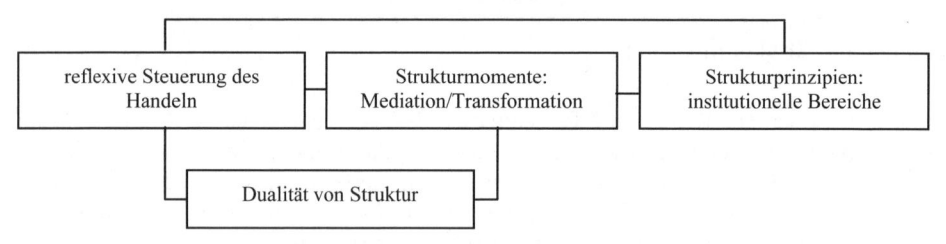

Abbildung 100: Dualität von Struktur

Die Strukturmomente leisten eine *Mediation bzw. Transformation* zwischen den Strukturprinzipien (als gesellschaftlich verankerte Strukturen) und der reflexiven Handlungssteuerung durch Akteure (1997: 246). Einerseits greifen die Akteure auf Strukturmomente als Mittel zu, die ihnen Handlungsmöglichkeiten eröffnen und andererseits sind Strukturmomente das Ergebnis von Handlungen, indem bestehende Strukturmomente bestätigt oder neue Strukturmomente eingeführt werden.

> Alle Strukturmomente sozialer Systeme, dies als Wiederholung eines Leitsatzes der Theorie der Strukturierung, sind Mittel und Ergebnis der kontingent ausgeführten Handlungen situierter Akteure. (Giddens 1997: 24)

Strukturprinzipien werden in Handlungsprozessen als Strukturmomente konkretisiert. Dieser Grundsatz ist bereits in der Rollentheorie erkannt worden, indem die Rolle als erwartetes Verhandeln die Rechte und Pflichten des Positionsinhabers konkretisiert (vgl. Kap. 2.1.3). Die mit der Position verbundenen Strukturen werden auf der Handlungsebene als Rollenverhalten spezifiziert und damit für den Akteur in seinem reflexiv gesteuerten Handeln verwendbar. Auf der Seite des Individuums ist die konkrete Handlung in der Persönlichkeit verankert. Auch hier findet eine Transformation der Persönlichkeitsstruktur auf die Handlungsebene durch die reflexive Steuerung des Handelns durch Akteure statt. Die Wechselbeziehung von Strukturmomenten und reflexiver Steuerung des Handeln ist gleich-

---

180   Abbildung 100 ist identisch mit Abbildung 11 in Giddens (1997: 246).

zeitig ermöglichend und einschränkend, was nach Giddens die *Dualität von Struktur* ausmacht (siehe Abbildung 100). Die Rollenkomplementarität von Dozenten und Studenten als Beispiel für Strukturmomente *ermöglicht* Handeln, indem sie Studenten und Dozenten eine Plattform für eine Vielzahl von Interaktionsprozessen bietet, mit denen sie jeweils soziale Wirklichkeit reproduzieren und konstruieren können. Dieser Gestaltungsprozess wird *eingeschränkt* durch vorgegebene Strukturen wie Studien- und Prüfungsordnung.

Strukturprinzipien sind als "Prinzipien der Organisation gesellschaftlicher Totalitäten" (1997: 240) abstrakter und übergreifender als Strukturen, die Giddens definiert als "Regeln-Ressourcen-Komplexe, die an der institutionellen Vernetzung sozialer Systeme beteiligt sind" (1997: 240). *Strukturmomente* als "institutionalisierte Aspekte sozialer Systeme, die sich über Raum und Zeit erstrecken" (1997: 240) sind wiederum konkreter als Strukturen, indem sie im Handlungsprozess unmittelbar wirksam sind. Diese drei Begriffsdefinitionen sind im Abbildung 101 schematisch zusammengefasst.

Strukturprinzipien	*Strukturen*	*Strukturmomente*
"Prinzipien der Organisation gesellschaftlicher Totalitäten"	"Regeln-Ressourcen-Komplexe, die an der institutionellen Vernetzung sozialer Systeme beteiligt sind"	"institutionalisierte Aspekte sozialer Systeme, die sich über Raum und Zeit erstrecken"

Abbildung 101: Strukturbegriffe

5.2.2 Handeln

In der Theorie der Strukturation bildet der Handlungsbegriff den Gegenpol zum Strukturbegriff. Handlungen werden von Akteuren ausgeführt und sind durch die *Handlungsmotivation* mit den Bedürfnissen der Persönlichkeit des Akteurs verbunden (1997: 56). Die Motive werden innerhalb der Identität von Individuen als "Gesamtpläne oder Programme" (1997: 57) organisiert. Hier bezieht sich Giddens auf die biographische Perspektive der Schützschen phänomenologischen Soziologie (vgl. Kap. 3.2.2). Die *Handlungsrationalisierung* als zweites Merkmal übernimmt Giddens aus der Ethnomethodologie Garfinkels (vgl. Kap. 3.2.3) als die Fähigkeit von Akteuren, ihre Handlungen zu erklären und sozial zu rechtfertigen.

> Unter Rationalisierung des Handelns verstehe ich, daß Akteure - ebenfalls routinemäßig und meistens ohne viel Aufhebens davon zu machen - ein "theoretisches Verständnis" für die Gründe ihres Handelns entwickeln. (Giddens 1997: 55/56).

Das dritte Handlungsmerkmal ist nach Giddens die *reflexive Steuerung des Handelns* (1997: 56), mit der Akteure ihr eigenes Handeln und das ihrer Interaktionspartner beeinflussen. Obwohl sich Giddens in diesem Zusammenhang nicht direkt auf Mead bezieht, erinnert das Konzept der reflexiven Handlungssteuerung an den Reflexionsprozess im Meadschen Interaktionsmodell, der durch konkretes Handeln ausgelöst und zum Bestandteil der Identität wird (vgl. Kap. 2.2). In nachfolgenden Handlungsprozessen greift der Akteur darauf zur Steuerung des eigenen Handelns und zur Beeinflussung des Handlungskontextes für die Interaktionspartner zurück. "Die reflexive Steuerung des Handelns seitens des Akteurs ist ein integraler Charakterzug des Alltagshandelns und richtet sich nicht nur auf das eigene Verhalten des Akteurs, sondern auch auf das anderer Akteure" (1997: 55). Giddens versteht das Handeln als einen rekursiven Prozess, mit dem Akteure soziale Strukturen und Motivkonstellationen gleichzeitig *verwirklichen* und *gestalten*.

> Menschliche soziale Handlungen sind - wie einige sich selbst reproduzierende Phänomene in der Natur - rekursiv. Das bedeutet, daß sie nicht durch die sozialen Akteure hervorgebracht werden, sondern von ihnen mit Hilfe eben jener Mittel fortwährend reproduziert werden, durch die sie sich als Akteure ausdrücken. (Giddens 1997: 52)

Dieser rekursive Handlungsprozess ist abhängig von unerkannten Handlungsbedingungen des sozialen Kontextes und von Persönlichkeitsmotiven (1997: 56). Als Handlungsergebnisse sind neben den intendierten Resultaten auch unbeabsichtigte Handlungsfolgen (1997: 56) zu erwarten[181]. Das Gesamtmodell des Handelns hat Giddens graphisch zusammengefasst, wie in Abbildung 102 dargestellt wird.

```
unerkannte                reflexive Steuerung des Handelns         unbeabsichtigte
Handlungs-                                                          Handlungsfolgen
bedingungen               Handlungsrationalisierung

                          Handlungsmotivation
```

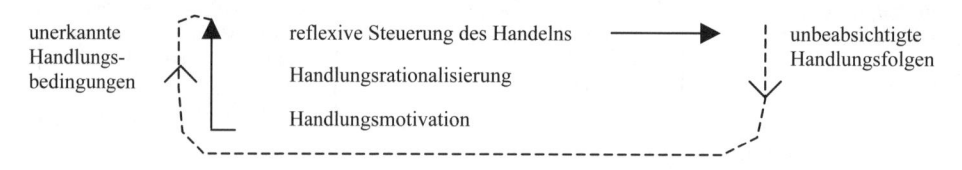

Abbildung 102: Handlungsmodell

Handeln ist nach Giddens jeweils einem bestimmten *Individuum* zuzurechnen, das mit der Handlung an sich selbst und bei anderen Akteuren eine Wirkung erzielt, die ohne die Handlung nicht eingetreten wäre. Der Handelnde verfügt über die Wahl zwischen Handlungsalternativen, und jede selektive Handlung kann unterschiedliche Handlungseffekte auslösen.

> Handeln betrifft Ereignisse, bei denen ein Individuum Akteur in dem Sinne ist, daß es in jeder Phase einer gegebenen Verhaltenssequenz anders hätte handeln können. Was immer auch geschehen ist, es wäre nicht geschehen, wenn das Individuum nicht eingegriffen hätte. (Giddens 1997: 60)

Die Eigenschaft des Handelns, eine bestimmte Wirkung zu erzielen, ist für Giddens das Definitionsmerkmal von Macht: "Handeln hängt von der Fähigkeit des Individuums ab, 'einen Unterschied herzustellen' zu einem vorher existierenden Zustand oder Ereignisablauf, d.h. irgendeine Form von Macht auszuüben" (1997: 66). Diese Machtdefinition ist weiter gefasst als die klassische Definition, nach der ein Machtinhaber dem Machtunterworfenen eine Handlung aufzwingt, die dieser nicht freiwillig ausgeführt hätte. Macht als allgemeines Handlungsvermögen setzt nach Giddens die Verfügung des Machtinhabers über Ressourcen und "geregelte Beziehungen von Autonomie und Abhängigkeit zwischen Akteuren oder Kollektiven in sozialen Interaktionskontexten" (1997: 67) voraus. Damit beruht Macht auf

---

181 Das Modell unintendierter Handlungsfolgen wird von Schimank (2003) mit Hilfe des Konzepts der Transintentionalität weiter ausgebaut, vgl. Kap. 6.5.

bestimmten Strukturen, die in der konkreten Machtausübung als Strukturmomente zur Wirkung kommen. Die Fähigkeit des Machtinhabers, gegenüber dem Machtunterworfenen seinen Willen durchzusetzen, bezeichnet Giddens als Zwang. Wie Parsons betont Giddens, dass Macht nicht mit Zwang gleichgesetzt werden darf (1997: 226). Die Möglichkeiten des Akteurs, durch Machteinsatz intendierte Handlungsergebnisse hervorzubringen, beschreibt Giddens als "Formen der Ermöglichung" (1997: 227), die der Einschränkung der Handlungsalternativen auf Seiten des Machtunterworfenen gegenüberstehen. Wie für alle sozialen Strukturen gilt somit auch für Machtstrukturen das Dualitätspostulat der gleichzeitigen Einschränkung und Ermöglichung. Handeln ist nach Giddens wie bei Weber intendiert, indem der Handelnde bestimmte Ergebnisse hervorzubringen beabsichtigt (1997: 61). In sozialen Handlungskontexten muss das beabsichtigte Ergebnis allerdings nicht zwangsläufig eintreffen. Stattdessen treten eine Vielzahl unintendierter Handlungsfolgen auf, die ein zentrales Thema des Rational-Choice Ansatzes bilden[182]. Giddens geht in der soziologischen Tradition weiter zurück und zitiert die Klassifikation der unbeabsichtigten Handlungsfolgen von R. K. Merton aus dem Jahr 1936, wonach sich die unintendierten Handlungsfolgen in drei Kategorien einteilen lassen. Erstens ergibt die "Kumulation von Ereignissen" (1997: 64) unintendierte Handlungsfolgen, wie z.B. Panikreaktionen bei einem Feueralarm in Massenveranstaltungen. Der zweite Typ ist der Standardfall der Rational-Choice Theorie, wo ein unbeabsichtigter Prozessverlauf in einem Komplex individueller Aktivitäten zu einer unerwarteten sozialen Struktur führt: "Hier fungiert ein bestimmtes 'Endresultat' als das zu erklärende Phänomen, und es wird gezeigt, daß dieses Endresultat sich als eine unbeabsichtigte Folge eines Aggregats intentionaler Verhaltensverläufe ergibt" (1997: 64). Giddens nennt hier das Beispiel der Segregation von Ausländern (1997: 64). Als dritten Typ zitiert Giddens "die Mechanismen der Reproduktion institutionalisierter Praktiken" (1997: 65), also einen automatisierten Handlungsprozess, der von den Akteuren nicht reflektiert wird. Beispiele wären erstarrte bürokratische Abläufe.

5.2.3 Institutionen

Den dritten Typ unintendierter Handlungsfolgen bezeichnet Giddens als *institutionalisierte* Praktiken, die in der Theorie der Strukturation eine besondere Rolle spielen. Im "alten Institutionalismus" werden Strukturen, wie z.B. Rollen, durch Institutionalisierung sozial verbindlich. Parsons bezeichnet diesen Zusammenhang als Fundamentaltheorien der Handlungstheorie (1976b: 342; siehe Kap. 1.1). *Institutionen* sind auch für Giddens die "dauerhaften Merkmale des gesellschaftlichen Lebens" (1997: 76) und damit sozial verbindliche Strukturkomplexe. Wie in Abbildung 103[183] dargestellt, unterscheidet Giddens *Signifikation*, *Herrschaft* und *Legitimation* als die drei Dimensionen von Institutionen.

---

182 Siehe Kap. 6.4.
183 Abbildung ist identisch mit Abbildung 2 in Giddens 1997: 81.

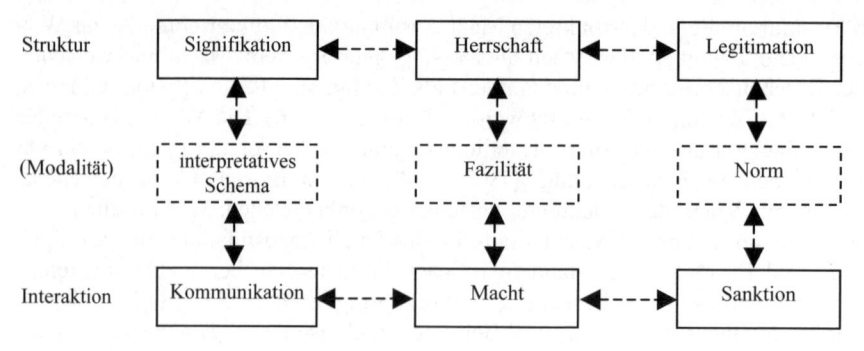

Struktur	Signifikation ◄---► Herrschaft ◄---► Legitimation
(Modalität)	interpretatives Schema ┆ Fazilität ┆ Norm
Interaktion	Kommunikation ◄---► Macht ◄---► Sanktion

Abbildung 103: Institutionenmodell

Die Dimensionen der Signifikation als kulturelle Sinnstruktur und der Legitimation als normative Ordnungsstruktur wurden bereits im Zusammenhang mit der Unterscheidung von Regeln als Signifikationscodes und normative Elemente dargestellt (siehe Abbildung 99, Kap. 5.2.1). Zusätzlich führt Giddens die für ihn zentrale Machtdimension ein, die er auf der Strukturebene als Herrschaft definiert, die die Macht gesellschaftlich rechtfertigt und ihr auf diese Weise soziale Geltung verleiht. Auf der Ebene der Interaktion entspricht *Kommunikation* der Signifikation, *Macht* der Herrschaft und *Sanktion* der Legitimation.

Zwischen die Struktur- und Interaktionsebene fügt Giddens die *Strukturierungsmodalitäten* ein. Mit dieser Ebene wird die Dualität von Struktur zur Geltung gebracht: "Akteure beziehen sich auf diese Modalitäten in der Reproduktion der Interaktionssysteme, und im selben Zug rekonstruieren sie deren Strukturmomente" (1997: 81). Das *interpretative Schema* (interpretive scheme) als Vermittlung von Signifikation und Kommunikation ist in der Tradition des interpretativ-interaktionistischen Paradigmas leicht nachvollziehbar, indem z.B. Sprache als interpretatives Schema die Kommunikation vorstrukturiert und gleichzeitig eine Vielzahl von Interpretationsmöglichkeiten in der konkreten Kommunikation eröffnet. Hier sei an das Beispiel "es regnet" eines Partners bei der Vorbereitung auf einen Spaziergang erinnert. Die sprachliche Äußerung grenzt den Handlungskontext ein und eröffnet gleichzeitig mehrere Handlungsoptionen, wie z.B. die Aufnahme der Äußerung als reine Information oder als Handlungsaufforderung, einen Schirm zu besorgen.

Norm (norm) als Strukturierungsmodalität zwischen Legitimation und Sanktion entspricht dem normativen Paradigma Parsons, wo Normen zwischen Werten und Rollen vermitteln (vgl. Abbildung 13; Kap. 2.3.2). *Fazilität* (facility) als Modalität zwischen Herrschaft und Macht dient im Handlungsprozess als Mittel zur gleichzeitigen *Einschränkung* von Handlungsalternativen durch Macht auf der Basis von Herrschaft und der *Ermöglichung* von Handlungsergebnissen im Sinne der Intentionen des Machthabers oder auch als Widerstand des Machtunterworfenen gegen die Anweisungen des Machtinhabers.

5.2.4 Persönlichkeit

Giddens verankert - wie in Kap. 5.2.2 dargestellt - den Handlungsbegriff durch die Handlungsmotivation in der Persönlichkeit des Akteurs (1997: 56). Damit stellt sich die Frage, welches Persönlichkeitsmodell im Rahmen der Theorie der Strukturation entwickelt wird. Grundsätzlich orientiert sich Giddens an dem Meadschen Persönlichkeitsmodell von Ich (I) als Handlungsinstanz und Selbst (self) als Identität der Persönlichkeit (vgl. Kap. 2.2.3). Allerdings ist es notwendig, den Akteur gesamtheitlich zu konzipieren als menschliches Subjekt und sowohl das Ich als "Aspekt der reflexiven Steuerung des Handels" (1997: 101) als auch das Selbst als Selbstbildnis des Handelnden abzugrenzen.

> Unter dem "Handelnden" oder dem "Akteur" verstehe ich das menschliche Subjekt insgesamt, wie es in seinem Körper oder Organismus raumzeitlich wirkliche Existenz gewinnt. (Giddens 1997: 101)

Das Ich als Handlungsaspekt der Persönlichkeit unterteilt Giddens weiter in Sicherheitssystem, praktisches und diskursives Bewusstsein, wie in Abbildung 104 dargestellt wird.

```
                          Individuum
          ┌──────────────────┼──────────────────┐
  Sicherheitssystem   Praktisches Bewusstsein   Diskursives Bewusstsein

  System zur Kanali-  Regeln und Taktiken des   Wissen, das Handelnde über
  sierung und         Alltagshandelns           die Gesellschaft besitzen
  Kontrolle von Angst
```

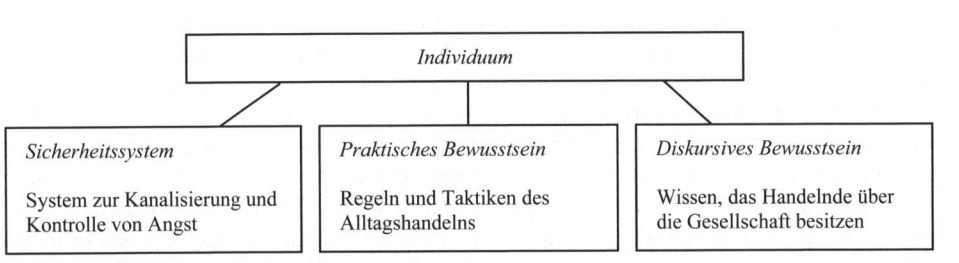

Abbildung 104: Modell des Individuums

Das *Sicherheitssystem* entwickelt die Persönlichkeit in der Kleinkindphase, um grundlegend Angst zu kanalisieren und zu kontrollieren (1997: 100). Mit *praktischen* und *diskursiven Bewusstsein* wird das Individuum in die Lage versetzt, sein Handeln in sozialem Kontext reflexiv zu steuern. Diese Fähigkeit ist nach Giddens konstitutiv für Gesellschaft: "Das praktische Bewusstsein besteht aus den Regeln und Taktiken, aus denen sich das Alltagsleben aufbaut und über Raum und Zeit hinweg immer wieder aufgebaut wird" (1997: 144). Im Gegensatz zu den Regeln und Taktiken als Bestandteilen des *praktischen* Bewusstseins beruht nach Giddens das *diskursive* Bewusstsein auf dem "Wissen, das Handelnde über die Gesellschaft besitzen, der sie angehören" (1997: 145).

Das praktische und diskursive Bewusstsein greifen im Zuge der *Erinnerung* auf das *Gedächtnis* zurück. Das Bewusstsein ist ein Strom "sensorischer Aufmerksamkeit" (1997: 99). In diesem Strom bildet die Erinnerung das "Mittel der Rekapitulierung vergangener Erfahrungen" (1997: 99). Von Gedächtnis spricht Giddens "als der zeitlichen Konstitution des Bewusstseins" (1997: 99) und betrachtet das Gedächtnis nicht als Datenspeicher, sondern als "Form der Bewusstheit menschlicher Akteure" (1997: 89). Diese Form des Bewusstseins benötigt im konkreten Handeln das Mittel der Erinnerung, um handlungswirksam zu werden. Die Definitionen der Begriffe Bewusstsein, Gedächtnis und Erinnerung sind in Abbildung 105 zusammengefasst dargestellt.

```
        ┌─────────────────────────────┐
        │        Bewusstsein          │
        │ (= sensorische Aufmerksamkeit)│
        └─────────────────────────────┘
          ↗     ↑     ↑     ↖
┌──────────────────────┐   ┌──────────────────────────────┐
│     Gedächtnis       │   │        Erinnerung            │
│                      │ ← │                              │
│ (zeitliche Konstitu- │   │ (Mittel zur Rekapitulierung  │
│ tion des Bewusstseins)│   │  vergangener Erfahrungen)   │
└──────────────────────┘   └──────────────────────────────┘
```

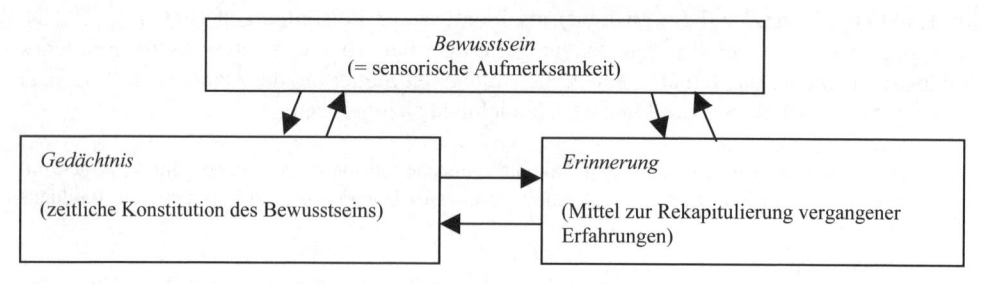

Abbildung 105: Bewusstsein, Gedächtnis, Erinnerung

Wissen ist die zentrale Kategorie des diskursiven Bewusstseins und ermöglicht dem Akteur, sein Handeln reflexiv zu steuern. Entscheidend für das praktische Bewusstsein sind *Routinen*, "durch die der Körper sich bewegt und die der Handelnde produziert und reproduziert" (1997: 111). Auch hier orientiert sich Giddens an dem interpretativ-interaktionistischen Paradigma mit der Betonung von Routinehandlungen in der Lebenswelt des Alltags. Innerhalb der Theorie der Strukturation stellen Routinen ein Bindeglied zwischen institutionalisierten Strukturen und Persönlichkeitsstrukturen dar, indem in routinisierten Handlungsprozessen beide Strukturkomplexe reproduziert werden. Der Handelnde muss seine Aufmerksamkeit nicht den Routinen widmen und erhält dadurch Freiräume in seinem Bewusstsein zur Reflexion und Gestaltung des Handelns. Auch hier betont Giddens konsequent die Dualität der Struktur sowohl für Institutionen als auch für die Persönlichkeit. Die Routine darf nicht mit Stabilität gleichgesetzt werden, weil sie trotz ihres besonderen Trägheitsmoments aus dem Handlungsprozess modifiziert hervorgehen kann (1997: 141).

Wodurch wird in diesem Modell der Einsatz von Routinen im Handeln gesteuert? Giddens greift zur Beantwortung dieser Grundfrage auf den Goffmanschen Begriff des *Rahmens* zurück, der als Regelgefüge die Auswahl und die Verwendung von Routinen in konkreten Handlungssituationen vorgibt.

> Es ist fruchtbar, Goffmans Vorschlag folgend, die in Begegnungen einbegriffenen Regeln als Bezugsrahmen oder 'Rahmen' gebündelt zu betrachten. Unter Rahmung kann man das Vorhandensein einer Ordnung von Aktivitäten und Bedeutungen verstehen, mit deren Hilfe die Seinsgewißheit bei der Ausführung der Alltagsroutinen gewährleistet wird. (Giddens 1997: 141)

5.2.5 Soziale Systeme

Für Giddens ist der normative Funktionalismus von Parsons keine Handlungstheorie, "die menschliche Wesen als bewußt handelnde Subjekte anerkennt, welche reflexiv den Strom ihrer gemeinsamen Interaktion steuern" (1997: 83). Angesichts dieser Definition von Handlungstheorie kann man gespannt sein, wie Giddens soziale Systeme definiert. Schließt er sich Parsons an und betrachtet verkettete Aktivitäten von Handelnden als Elemente sozialer Systeme oder definiert er die Akteure selbst als Systemelemente? Giddens versteht soziale Systeme als "situierte Aktivitäten handelnder Menschen, die über Raum und Zeit reproduziert werden" (1997: 77). Wesentlich für diese Aktivitäten ist erstens eine gewisse Regelmäßigkeit und zweitens die Verknüpfung von individueller und kollektiver Ebene.

> System(e)
> Reproduzierte Beziehungen zwischen Akteuren oder Kollektiven, organisiert als regelmäßige soziale Praktiken
> (Giddens 1997: 77)

Giddens schließt sich der Systemtheorie von Parsons also an, indem er *Aktivitäten* als Elemente von Systemen definiert. Auch bei dem entscheidenden Thema der *Emergenz* geht Giddens mit Parsons konform. Menschen reproduzieren und verändern zwar laufend soziale Systeme, sie "erschaffen" sie aber nicht im konkreten Handeln (1997: 224). Soziale Systeme besitzen als reproduzierte Beziehungen zwischen Akteuren oder Kollektiven Eigenschaften und Regelmäßigkeiten, die als emergente Phänomene nicht auf das Bewusstsein der handelnden Akteure reduziert werden können.

> Soziale Systeme besitzen in der Tat Strukturmomente, die sich nicht in Begriffen beschreiben lassen, welche sich auf das Bewußtsein der Akteure beziehen. (Giddens 1997: 225).

Angesichts dieser Übereinstimmung mit der Parsonsschen Systemtheorie stellt sich die Frage, warum sich Giddens in dem oben genannten Zitat so vehement gegen Parsons abgrenzt. Die Antwort ist nahe liegend, wenn man sich das Grundanliegen der Strukturation als zugleich einschränkend und ermöglichend vor Augen führt. Nach der gängigen "Parsons-Folklore", in die auch Giddens einstimmt, reduziert Parsons mit dem normativen Paradigma die Systemtheorie auf den Aspekt der Einschränkung und vernachlässigt die Dimension der Ermöglichung.

In Kap. 4.2 wurde dargestellt, dass Luhmann die Theorie autopoietischer Systeme explizit dynamisch aufsetzt. Daher ist nicht überraschend, dass es bei Giddens und Luhmann stärkere Übereinstimmungen gibt als zwischen Giddens und Parsons. So betrachtet Luhmann Strukturen nicht als normativ vorgegeben. Stattdessen werden sie im Prozess der Systemaktivitäten auf ihre Verwendbarkeit abgeklopft und dann reproduziert oder verändert (vgl. Kap. 4.2.2). Ebenso klar wie Luhmann formuliert Giddens diesen Zusammenhang.

> Wenn davon die Rede ist, daß Struktur eine 'virtuelle Ordnung' transformatorischer Relationen darstellt, dann heißt das, daß soziale Systeme, als reproduzierte soziale Praktiken, weniger 'Strukturen' haben, als daß sie vielmehr 'Strukturmomente' aufweisen, und daß Struktur, als raumzeitliches Phänomen, nur insofern existiert, als sie sich in solchen Praktiken realisiert und als Erinnerungsspuren, die das Verhalten bewußt handelnder Subjekte orientieren. (Giddens 1977: 69)

Mit dem Hinweis auf die *Erinnerungsspuren* in diesem Zitat führt Giddens wie Luhmann ein *Systemgedächtnis* ein, aus dem Strukturen abgerufen werden können. Mit Hinweis auf die bewusst handelnden Subjekte verankert Giddens deutlicher als Luhmann die Systemaktivitäten in dem Bewusstsein der Akteure. Nach Giddens reflektieren Individuen im Handlungsprozess und nicht soziale Systeme. Luhmann betont wie Giddens, dass alle Systemaktivitäten menschliche Handlungen sind. Allerdings ist zu unterscheiden, nach welcher Handlungslogik der Systemprozess verläuft. Soziale Systeme folgen einer eigenen Logik, die von Personen zwar beeinflussbar ist, aber nicht auf die Bewusstseinssysteme der Akteure reduziert werden kann. Giddens geht hier begrifflich nicht so präzise vor wie Luhmann, indem er auf der einen Seite die Emergenz und damit die Eigenlogik sozialer Systeme gegenüber dem individuellen Bewusstsein betont, auf der anderen Seite sich aber die Hintertür der Ankopplung der Systemoperationen an bewusst handelnde Subjekte offen lässt.

Der Unterschied zwischen den Systembegriffen von Giddens und Luhmann lässt sich an dem Begriff der *Systemhaftigkeit* genauer bestimmen, den Giddens in drei Facetten aufteilt. Erstens ist nach klassischer Auffassung der funktionalistischen Systemtheorie "Interdependenz als homöostatischer Prozess" (1997: 80) zu verstehen. Zweitens unterscheidet die moderne Systemtheorie zwischen "homöostatischen Kausalschleifen und reflexiver Selbststeuerung in der Systemproduktion" (1997: 80). Bei Luhmann findet sich mit der Theorie beobachtender Systeme ein ausgebautes Modell der reflexiven Selbststeuerung auf Systemebene, wogegen Giddens offen lässt, ob die reflexive Selbststeuerung auf Akteur- oder auf Systemebene aufzusetzen ist. Das dritte Merkmal der Systemhaftigkeit ist nach Giddens die Unterscheidung zwischen Sozial- und Systemintegration (1997: 80). Während man die Systemintegration im Sinne der Systemdefinition als reproduzierte Beziehung zwischen Akteuren und Kollektiven verstehen kann, bezieht Giddens die Sozialintegration ausschließlich auf "face-to-face Interaktionen" (1997: 80).

Während Luhmann die Interaktion unter Anwesenden als Interaktionssystem konzipiert, grenzt Giddens die "face-to-face Interaktionen" als nicht systemhaft aus. Hier liegt ein grundlegender Unterschied zwischen der Theorie der Strukturation und der Systemtheorie vor. Für Luhmann können Handlungskomplexe nicht mehr oder weniger systemhaft sein, sondern sind grundsätzlich immer als autopoietische Systeme zu beschreiben. Zur Unterscheidung zwischen Systemen dienen dann andere Begriffe wie Funktion, Selbstbeschreibung, strukturelle Kopplung oder Selbstorganisation (siehe Kap. 4.2.2 und 4.2.3). Für Giddens ist der Grad von Systemhaftigkeit dagegen "sehr variabel" (1997: 218) und damit ein empirisches Merkmal.

Die Theorie der Strukturation betont als Leitdifferenz die gleichzeitige Einschränkung und Ermöglichung von Akteurhandlungen durch Strukturmomente und legt sich damit nicht fest, ob das Handeln auf der Akteur- oder Systemebene anzusiedeln ist. Offensichtlich geht gerade von dieser Offenheit eine besondere Faszination der Strukturationstheorie aus, die sich in der breiten Anwendung in empirischen Forschungen niederschlägt. Ob diese Offenheit des Theorieprogramms zu einem neuen soziologischen Paradigma führt oder lediglich einige neue Begriffe und Überlegungen zur soziologischen Handlungstheorie beisteuert, ist noch offen.

5.2.6 Sozialer Wandel

Von einer dynamisch angelegten Handlungstheorie wie die Theorie der Strukturation ist zu erwarten, dass sie einen interessanten Beitrag zur Erklärung sozialen Wandels leistet. Giddens widmet entsprechend dem sozialen Wandel in dem Buch "Die Konstitution der Gesellschaft" ein eigenes Kapitel. Im ersten Schritt setzt er sich mit den vorhandenen soziologischen Modellen des Wandels auseinander und kommt zu dem Schluss, dass die soziologischen Evolutionsmodelle, das Modell fortschreitender Rationalisierung und auch das Marxsche Klassenkonflikt-Modell keine adäquaten Erklärungen des sozialen Wandels liefern können, weil sie den Denkfehler begehen, eine Entwicklungsgesetzmäßigkeit zu unterstellen (1997: 300).

Diesen Modellen stellt Giddens die beiden Begriffe *Episoden* und *Weltzeit* gegenüber. Episoden sind Handlungsfolgen mit angebbarem Anfang und Ende, die in der Weltzeit platziert sind. Gesamtgesellschaftliche Episoden sind "identifizierbare Sequenzen des Wandels, welche die Hauptinstitutionen innerhalb der Gesamtheit betreffen oder zu Übergängen zwischen gesamtgesellschaftlichen Formen führen" (1997: 301). Die Hauptthese von Giddens auf Basis des Episodenbegriffs und innerhalb der fortschreitenden Weltzeit ist, dass es keine gesetzmäßigen episodischen Übergänge gibt, sondern dass Wandlungsprozesse aus einmaligen Konstellationen entstehen. Diese Konstellationen sind aufgrund vorangegangener gesellschaftlicher Entwicklungen entstanden. Allerdings hat der Entstehungszeitpunkt und die konkrete Ausprägung der Konstellation ebenso ein *Zufallsmoment* wie der Verlauf des Wandels.

> Wenn alles soziale Leben kontingent ist, dann besteht jedweder soziale Wandel aus Koinzidenzen. Dies heißt, daß er von der Koinzidenz von Umständen und Ereignissen abhängt, die, den Veränderungen des Kontextes entsprechend, ganz verschieden sein können, wobei Kontext (immer) die von den Handelnden bewußt betriebene Steuerung der Bedingungen, unter denen sie 'Geschichte machen', beinhaltet. (Giddens 1997: 301)

Nach diesem Postulat lassen sich Wandlungsprozesse nach Anfangszeitpunkt (Anfang), Geschwindigkeit (Impuls), Richtung (Verlaufsbahn) sowie Intensität und Extension (Form) beschreiben, woraus das in Abbildung 106 dargestellte Merkmalsschema entsteht.

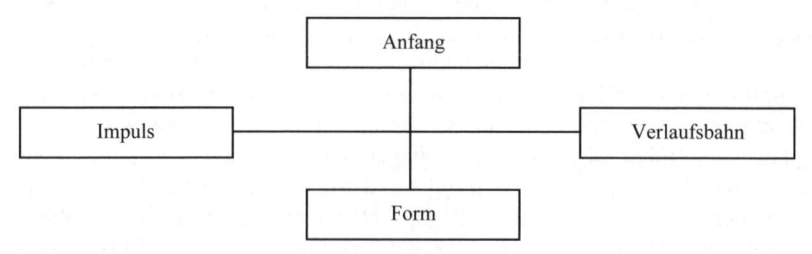

Abbildung 106: Merkmale sozialen Wandels

Giddens nimmt an, dass "kritische Schwellen" (1997: 302) des Wandels existieren. Trotz dieser These eines disruptiven Wandels im Gegensatz zu den evolutionären Modellen des inkrementellen Wandels sieht Giddens die Möglichkeiten der Verallgemeinerungen über Episodentypen als sehr begrenzt an. Die Gründe sind erstens die einmaligen Koinzidenzen als Konstellationen von Veränderungspotenzialen und zweitens der "Einfluss der menschlichen Bewusstheit auf den sozialen Wandel" (1997: 318), der die möglichen Konstellationen und Prozesse des Wandels potenziert.

Die extreme Varietät von Koinzidenzen und der Einfluss der reflexiven Handlungssteuerung durch Akteure ergeben sich unmittelbar aus der Theorie der Strukturation. Der Strom von Aktivitäten in sozialen Systemen greift nach Giddens auf Strukturmomente aus dem Strukturgedächtnis zurück und ist damit grob prognostizierbar. Allerdings ist nicht bestimmbar, *welche* Konstellation von Strukturmomenten ausgewählt wird und *wie* die reflexive Handlungssteuerung der Akteure auf die Auswahl, Verwendung und Veränderung der Strukturmomente einwirkt. Als zweite Schlussfolgerung aus der Theorie der Strukturation stellt Giddens die These auf, dass die Speicherung von autoritativen und allokativen Ressourcen und die damit verbundene Herrschafts- und Machtkonstellation für die Stabilität und für den Wandel von entscheidender Bedeutung sind (1997: 319). Allerdings lassen sich auch hier keine Verallgemeinerungen über den Wechsel von Stabilität und Wandel aufstellen.

Obwohl aus diesen Gründen der einzelne Verlauf des Wandels erst im nachhinein präzise beschrieben werden kann, lassen sich für bestimmte Gesellschaftstypen typische Variablen benennen, die in bestimmten Konstellationen zu sozialem Wandel führen. Für "kalte" Gesellschaften, die in Traditionen erstarrt sind, entstehen Prozesse der Entroutinisierung durch äußere Einflüsse wie Naturkatastrophen oder Kriege. Ein zweiter Auslöser für die Erschütterung von Traditionen ist das "Aufkommen auseinanderlaufender 'Interpretationen' bestehender Normen" (1995: 178), z.B. durch soziale Bewegungen. Als dritten Auslöser nennt Giddens das grundsätzliche Bestreiten des "Legitimationscharakters jeder Tradition" (1995: 178), z.B. in Form der Säkularisierung ehemals religiös geprägter Gesellschaften.

Für zeitgenössische Gesellschaften diagnostiziert Giddens verschiedene Faktoren, die sozialen Wandel bewirken (1995: 183-189). Diese Faktoren werden in den nachfolgenden Arbeiten (1996, 2001) zu einer Theorie der radikalen Modernisierung weiterentwickelt und auf den Begriff der Globalisierung angewendet.

5.2.7 Radikalisierung der Moderne

Innerhalb der Soziologie und in der breiteren intellektuellen Öffentlichkeit ist es zur Mode geworden, den Begriff *Postmoderne* zu verwenden. In Kap. 3.3 wird die These Lyotards dargestellt, nach der die "Atomisierung des Sozialen in lockere Netze des Sprachspiels" (1989: 59) das Hauptmerkmal der Postmoderne darstellt. Damit ist nach Giddens verbunden, "daß wir entdeckt haben, daß gar nichts mit Sicherheit gewußt werden kann, weil sich die Unzuverlässigkeit aller früher gegebenen 'Grundlagen' der Erkenntnistheorie erwiesen hat; daß es in der Geschichte keine Teleologie gibt und folglich keine Lesart des Fortschrittgedankens einleuchtend verteidigt werden kann..." (1996: 64). Vereinfacht wird diese Grundthese der Postmoderne als das Fehlen der "großen Erzählungen" (1996: 139) zusammengefasst, von denen die Entwicklungstheorien noch ausgingen, wie z.B. Webers Rationalisierungsthese, Durkheims These der Ausbreitung von organischer Solidarität oder Parsons' Modell der Generalisierung des gesellschaftlichen Wertesystems.

So anschaulich die Beschreibung der Postmoderne auf den ersten Blick auch wirkt, so wenig ist sie nach Giddens in der Lage, die gesellschaftlichen Veränderungen auf den Ebenen der Institutionen und der Lebenswelt des Alltags zu analysieren. Daher ist es angemessener, von der *Radikalisierung der Moderne* (1996: 71) zu sprechen. Anstatt wie die Vertreter der Postmoderne von "einer gänzlichen Zersetzung der Epistemologie" (1996: 186) als Verlust jeglicher Erkenntnis- und Wissensbasis auszugehen, ermittelt das Modell der radikalisierten Moderne "die institutionellen Entwicklungen, die das Gefühl der Fragmentierung und Zersplitterung hervorrufen" (1996: 186). Dieser Ansatz erscheint nicht nur realitätsnäher, sondern verankert das Modell der radikalisierten Moderne in der soziologischen Gesellschaftstheorie. Die zentralen Merkmale der radikalisierten Moderne sind in diesem Sinne *Entbettung, Reflexivität des Lebens* und *Globalisierung*, wie in Abbildung 107 dargestellt.

Entbettung	Reflexivität des Lebens	Globalisierung

• Expertensysteme
  - Systeme techn. Leistungsfähigkeit
  - Professionelle Sachkenntnis
• Geld als zirkulierendes Medium (symbolische Zeichen)
	• Soziale Praktiken werden ständig durch einlaufende Informationen überprüft und verändert
	• Soziologie als Treiber der Reflexivität moderner Gesellschaften
		• Intensivierung weltweiter sozialer Beziehungen
		• Kommunikationssysteme
		• Einschränkung der Macht von Nationalstaaten
		• Ausgehöhlte Institutionen
		• Enttraditionalisierung

Abbildung 107: Dimensionen der Radikalisierung der Moderne

Entbettung (disembedding)

Ein Hauptmerkmal sozialer Systeme in modernen Gesellschaften ist die *Entbettung*, die mit dem Habermasschen Begriff der Systemintegration vergleichbar ist, weil der lebensweltliche normative Konsens verloren geht.

> Unter Entbettung verstehe ich das 'Herausheben' sozialer Beziehungen aus ortsgebundenen Interaktionszusammenhängen und ihre unbegrenzte Raum-Zeit-Spannen übergreifende Umstrukturierung.
> (Giddens 1996: 33)

Da Giddens die Sozialintegration als face-to-face-Beziehung definiert, ist es konsequent, den Gegenbegriff der Entbettung als Ablösung der ortsgebundenen Raum-Zeit-Begrenzung zu konzipieren. Hier wird die ortsgebundene Kommunikation unter Anwesenden durch "raumzeitliche Abstandsvergrößerung" (1996: 34) überwunden. Es liegt nahe, in diesem Zusammenhang an moderne Kommunikationsmedien, wie Telefon, Fernsehen oder Internet zu denken, die Räume überbrücken und die eine zeitversetzte Kommunikation, z.B. durch Anrufspeicherung (Telefon), Aufzeichnung von Sendungen (Fernsehen) oder Email (Internet) ermöglichen. Diese Systeme gehören nach Giddens zur Gruppe der *Expertensysteme*. Die zweite Untergruppe als "Systeme technischer Leistungsfähigkeit" (1996: 40) von Expertensystemen besteht aus der "professionellen Sachkenntnis" (1996: 40) von Experten.

Bei der zweiten Gruppe von Entbettungsmechanismen übernimmt Giddens das Modell generalisierter Austauschmedien von Parsons. Für Giddens hat nur *Geld* die Merkmale von zirkulierenden Medien und er lehnt die Übertragung auf Macht und Sprache ab, weil die Macht und der Gebrauch der Sprache "keine spezifischen sozialen Formen, sondern innere Wesensmerkmale des gesellschaftlichen Handelns überhaupt" (1996: 35) sind. Sprache ist weder bei Parsons noch bei Luhmann ein funktional spezialisiertes Kommunikationsmedium, obwohl die Sprache einige der Medienmerkmale aufweist. Die Abgrenzung von Macht gegenüber den generalisierten Austauschmedien ist eine Konsequenz aus Giddens Definition von Macht als allgemeine Handlungsfähigkeit (vgl. Kap. 5.2.2).

Sowohl Expertensysteme als auch symbolische Zeichen sind nach Giddens Entbettungsmechanismen, weil sie die Interaktion und sozialen Beziehungen aus der raumzeitlichen Gebundenheit herauslösen.

> Beide Arten von Entbettungsmechanismen unterstellen und begünstigen zugleich die Trennung der Zeit vom Raum als Bedingung der von ihnen geförderten raumzeitlichen Abstandsvergrößerung. Das Expertensystem verfährt bei der Entbettung in derselben Weise wie die symbolischen Zeichen, indem es 'Garantien' dafür liefert, daß unsere Erwartungen auch über gewisse Raum-Zeit-Abstände hinweg erfüllt werden. (Giddens 1996: 42)

Entbettungsmechanismen sind nicht wie face-to-face-Beziehungen mit allen Sinnen unmittelbar prüfbar, sondern erfordern ein spezielles *Vertrauen* darin, dass die Erwartungen erfüllt werden. Bei Geld bezieht sich das Vertrauen auf die Konvertierbarkeit in beliebige Güter. Es existieren gesellschaftliche Absicherungen wie z.B. das Fälschungsverbot oder gesetzlich vorgeschriebene Mindestreserven. Trotzdem kann durch eine Inflation das Geld wertlos werden, so dass das Vertrauen enttäuscht wird und das Risiko eintrifft. Giddens schließt sich trotz einiger unterschiedlicher Begriffsnuancen dem Luhmannschen Vertrauenskonzept an (1996: 46-47) und bezieht diesen Absicherungsmechanismus für symbolische Zeichen auf Personen und Systeme.

> Der Begriff des Vertrauens läßt sich bestimmen als Zutrauen zur Zuverlässigkeit einer Person oder eines Systems im Hinblick auf eine gegebene Menge von Ergebnissen oder Ereignissen, wobei dieses Zutrauen einen Glauben an die Redlichkeit oder Zuneigung einer anderen Person bzw. an die Richtigkeit abstrakter Prinzipien (technischen Wissens) zum Ausdruck bringt. (Giddens 1996: 49)

Die radikalisierte Moderne ist auf das Systemvertrauen der Individuen angewiesen. Bereits Parsons und Luhmann haben betont, dass Vertrauen symbolisiert wird (z.B. durch Machtämter) und generalisiert ist, indem es sich auf eine nicht eindeutig definierte Menge von Handlungsmöglichkeiten bezieht (z.B. unterschiedliche politische Entscheidungen).

Beide Systemtheoretiker verweisen auf Mechanismen zur Absicherung des Vertrauens, z.B. Zwang für Macht. Giddens argumentiert hier ähnlich wie Habermas, in dem er die Stützung des Vertrauens in der Lebenswelt des Alltags verankert. Während Habermas das normative Einverständnis betont, führt Giddens den Begriff der *Rückbettung* ein. Zu allen Entbettungsmechanismen stehen lebensweltliche Handlungskontexte in Beziehung, die "entweder auf die Stützung oder auf die Schädigung dieser Mechanismen hinwirken können" (1996: 103). Ein Beispiel ist das Verhalten von Geschäftsleuten, die trotz elektronischer Kommunikationsmedien, wie z.B. Email, Telefon- und Videokonferenzen, regelmäßig den persönlichen Kontakt zu den Geschäftspartnern suchen, auch wenn dies zeit- und kostenintensiv ist. Diese Rückbettung von Geschäftsbeziehungen in persönliche Begegnungen hat die Funktion, das Vertrauen gegenüber dem Geschäftspartner durch den persönlichen Eindruck mit allen Sinnen zu überprüfen. Bedingung für diesen unmittelbaren Eindruck ist die "gesichtsabhängige" (face-to-face) Begegnung anstelle der elektronisch vermittelten Kommunikation.

> Der Begriff der Rückbettung bezieht sich auf Prozesse, durch die gesichtsunabhängige Bindungen aufrechterhalten oder mit Hilfe von gesichtsabhängigen Tätigkeiten transformiert werden. (Giddens 1996: 113)

Reflexivität der Moderne

Handeln ist wesentlich durch die *reflexive Steuerung* durch Akteure gekennzeichnet (vgl. Kap. 5.2.2). Dieses handlungstheoretische Axiom überträgt Giddens auf das Leben in der modernen Gesellschaft. Hier bedeutet die Reflexivität, dass grundsätzlich Informationen, Handlungsanforderungen oder -einschränkungen geprüft werden können, z.B. durch Vergleich mit Prinzipien, durch Abschätzung von Folgen oder durch Kontrastierung mit alternativen Praktiken. Dieses Reflexionspotenzial gewinnt die moderne Gesellschaft aus dem immensen Wissensvorrat auf Personen- und Systemebene und aus der Freiheit, Konventionen zu hinterfragen. Entscheidend ist die Veränderung der Informationen im Verlauf der Reflexion.

> Die Reflexivität des Lebens in der modernen Gesellschaft besteht darin, daß soziale Praktiken ständig im Hinblick auf einlaufende Informationen über ebendiese Praktiken überprüft und verbessert werden, so daß ihr Charakter grundlegend geändert wird. (Giddens 1996: 54)

In dem Beispiel der Vorbereitung eines Paares auf den Spaziergang führt die Äußerung "es regnet" zur Reflexion darüber, ob es sich um eine reine Information oder eine Handlungsaufforderung handelt, z.B. einen Schirm bereitzuhalten. Die Erinnerung an einen Streit vor dem letzten Spaziergang, weil der angesprochene Partner diese Handlungsaufforderung ignoriert hat, wird in den Reflexionsprozess einbezogen und führt zu einer bestimmten Interpretation der Äußerung "es regnet", die ohne den Reflexionsprozess nicht zustande gekommen wäre. Bezogen auf die Gesellschaftsebene drängt sich das Bild endloser Expertenstreits in den Medien auf. Im Verlauf der Expertendiskussion verändert sich die Informations- und Meinungslage fortlaufend.

Giddens ist Optimist in eigener Sache, wenn er der Soziologie eine Schlüsselstellung in der Reflexivität der Moderne einräumt, weil sie nicht nur empirisches Wissen und Erklärungsmodelle für den Reflexionsprozess liefert, sondern auch durch die Ungewissheit des empirischen Wissens und durch das " 'subversive' Element" der kritischen Hinterfragung das gesellschaftliche Leben destabilisiert (1995: 56). Giddens lehnt auch in diesem Zusammenhang den Standpunkt der Postmoderne ab, indem er die Reflexivität als dynamisches Handlungsprinzip versteht: "Der springende Punkt ist nicht der, daß es keine stabile soziale Welt zu erkennen gäbe, sondern daß das Wissen von dieser Welt zu deren Instabilität oder Unbeständigkeit beiträgt" (1996: 62).

Globalisierung

Neben Entbettung und Reflexivität ist die Globalisierung das dritte Hauptmerkmal der Radikalität der Moderne: "Definieren läßt sich der Begriff der Globalisierung demnach im Sinne einer Intensivierung weltweiter sozialer Beziehungen, durch die entfernte Orte in solcher Weise miteinander verbunden werden..." (1996: 85).
Die Definition der Globalisierung als raumzeitliche Abstandsvergrößerung überschneidet sich auf den ersten Blick mit dem Begriff der Entbettung. Anders als der auf Expertensysteme und zirkulierende Medien spezialisierte Entbettungsbegriff bezieht sich das Konzept der Globalisierung auf eine revolutionäre Umgestaltung von Ökonomie, Politik, Technologie und Kultur, die auch zu tief greifenden Veränderungen der Lebenswelt des Alltags führt. Insbesondere die Ausdehnung des Globalisierungsbegriffs über die Ökono-

mie hinaus findet Giddens weder bei den Skeptikern, die Globalisierung als normalen gesellschaftlichen Veränderungsprozess betrachten, noch bei den Radikalen ausreichend berücksichtigt, die mit Globalisierung die Kolonialisierung der Gesellschaft durch rein ökonomische Interessen- und Machtdurchsetzung sehen.

> Ich zögere daher nicht zu behaupten, dass die Globalisierung, so wie wir sie erleben, in vielerlei Hinsicht nicht nur neu, sondern auch revolutionär ist. Allerdings glaube ich, dass weder die Skeptiker noch die Radikalen genau genug verstanden haben, was sie ist und welche Folgen sie für uns hat. Beide Seiten betrachten das Phänomen nahezu ausschließlich unter ökonomischen Gesichtspunkten. Das ist ein Fehler. Die Globalisierung betrifft nicht nur die Ökonomie, sondern in gleichem Maß Politik, Technologie und Kultur. (Giddens 2001: 21)

Die zentralen Komponenten der Globalisierung sind nach Giddens die Raum und Zeit sprengenden Kommunikationssysteme (2001: 25), die Relativierung der Macht von Nationalstaaten durch internationale Institutionen und multinationale Konzerne (2001: 27) und die ausgehöhlten Institutionen der Lebenswelt des Alltags (2001: 31), wie z.B. die Familie.

Kommunikationssysteme haben wir bereits als Entbettungsmechanismen dargestellt. Die Einschränkung der Nationalstaaten ist ein zentrales Thema insbesondere der Soziologie der Politik. Giddens sieht diesen Trend, dessen treibende Kräfte die Wirtschaft und vor allem das globale Finanzwesen (2001: 25) bilden, nicht losgelöst von den Nationalstaaten, sondern von den Entscheidungen der nationalen Regierung für "eine Liberalisierung und Deregulierung ihrer nationalen Ökonomien" (2001: 25) beeinflusst. Dieser politische Trend treibt neben technologischen Neuerungen und der damit verbundenen Veränderungen von lebensweltlichen Praktiken und neben der globalen Vernetzung von Wirtschaft und Finanzwelt die Globalisierung voran.

Als zentrale Globalisierungsthese vertritt Giddens die Auffassung, dass mit der Globalisierung die Veränderung gesellschaftlicher Institutionen einhergeht (2001: 31). Ein Beispiel für die Aushöhlungsthese ist nach Giddens die Familie, die ihre traditionelle ökonomische Funktion als Erwerbs- und Versorgungsgemeinschaft eingebüßt hat. Stattdessen spezialisiert sich die Familie in modernen Gesellschaften auf das Modell der "reinen Beziehung", das durch "emotionale Kommunikation" geprägt ist: "Sobald sich ein Paar gefunden hat, entwickelt es seine eigene unverwechselbare Geschichte, seine eigene Biographie. Es bildet eine Einheit, die auf emotionaler Kommunikation bzw. Intimität beruht" (2001: 77). Diese Konzentration der Familie auf die emotionale Kommunikation wird in der Familiensoziologie (vgl. Hill/Kopp 1995) ausführlich beschrieben. Giddens betont, dass dieses Merkmal für Liebesbeziehungen, Eltern-Kind-Beziehungen und Freundschaften konstitutiv ist (2001: 79).

Die Veränderung der Familie lässt sich als Bruch mit gesellschaftlichen Traditionen beschreiben. Dieser Prozess ist nur ein Beispiel der *Enttraditionalisierung*, die für Giddens als Ablösung des Alltagslebens aus Traditionen ein zentrales Merkmal darstellt (2001: 58). Dieser Prozess der Enttraditionalisierung lässt sich mit der Psychoanalyse vergleichen: "Letztlich geschieht in der Psychoanalyse nichts anderes, als dass ein Mensch seine Vergangenheit revidiert, um seine Zukunft selbst bestimmen zu können" (2001: 63). Entscheidend ist somit die planende Hinwendung zur Zukunft anstelle der Fortschreibung traditioneller Praktiken. Erinnern wir uns an die Betonung der Routinen des Alltagshandelns (vgl. Kap. 5.2.4) im Zusammenhang mit der Stabilität der Persönlichkeit, so hat die Enttraditionalisierung Grenzen: "Traditionen sind notwendig und werden ewig überdauern, weil sie dem Leben Kontinuität und Form verleihen" (2001: 60).

Wesentlich ist nach Giddens auch hier, die Tradition als Beispiel für die Dualität von Strukturen zu verstehen, indem Traditionen einerseits als einschränkende Routinen und Praktiken dem Alltagsleben Halt geben und andererseits von Akteuren reflektiert und auf diese Weise verändert werden. Diese Ermöglichungsfunktion beruht darauf, dass Traditionen zur reflexiven Handlungssteuerung durch Enttraditionalisierung geöffnet werden: "Traditionen werden weiterhin aufrechterhalten werden, soweit sie sich rechtfertigen lassen - doch nicht anhand ihrer eigenen Rituale, sondern im Vergleich mit anderen Traditionen und Handlungsweisen" (2001: 61).

Das Beispiel der Enttraditionalisierung zeigt einerseits, wie Giddens die Gesellschaftsanalyse in seine Theorie der Strukturation einbettet. Andererseits wird an der Überschneidung der Begriffe Entbettung und Globalisierung auch deutlich, dass Giddens die theoretische Systematik der Spontaneität seiner soziologischen Analysen unterordnet. Für systematisch orientierte Handlungstheoretiker wirkt Giddens daher teilweise zu sprunghaft. Diese Beweglichkeit ist für die andere Gruppe von Handlungstheoretikern gerade das Anziehende der Strukturationstheorie.

Verbindet man die Radikalisierung der Moderne mit dem Modell des sozialen Wandels (vgl. Kap. 5.2.6), so bestätigt Giddens seine Grundthese, dass sich gesellschaftlicher Wandel nicht auf eine Gesetzmäßigkeit zurückführen lässt. Stattdessen sind Wandlungsprozesse Episoden in der Weltzeit, die nicht im Detail prognostizierbar werden können. Allerdings lassen sich Variablen identifizieren, die den Verlauf der Veränderungsprozesse einschränken und gleichzeitig Veränderungspotenziale beinhalten. Die in Abbildung 107 dargestellten Merkmale bilden in diesem Sinne Konstellationen zur Radikalisierung der Moderne.

6 Soziales Handeln und Rationalität

Das individualistische Paradigma innerhalb der Soziologie besteht aus einer lose gekoppelten Menge von Bezugsrahmen und Modellen mit unterschiedlichen theoretischen Traditionen, Fragestellungen und Forschungsprogrammen. Der Begriff "Rational-Choice" enthält bereits den wesentlichen Erklärungsgegenstand der *rationalen Entscheidung von Akteuren in bestimmten sozialen Situationen*. Ein formales Modell für rationales Entscheidungsverhalten liefert die Wert-Erwartungstheorie. Mit der Abgrenzung des homo oeconomicus gegenüber dem homo sociologicus des normativen Paradigmas lassen sich die Hauptmerkmale der individualistischen Handlungstheorie anschaulich fassen. Wie in Kap. 1.5 bereits dargestellt wurde, charakterisiert Baurmann (1996: 130) den *homo oeconomicus* mit den vier Merkmalen der empirischen Erklärung *(Explanative Zielsetzung)*, der Zurückführung kollektiver Phänomene auf individuelles Verhalten *(Methodologischer Individualismus)*, der Erklärung des Handels als Ergebnis eines rationalen Entscheidungsprozesses *(Rationalität des Verhaltens)* und der Berücksichtigung des vom Akteur erwarteten individuellen Nutzens bei Entscheidungen *(Nutzenmaximierung)*.

In der Definition von Baurmann ist mit dem *Methodologischen Individualismus* neben der Rational-Choice Theorie das zweite Kernmodell des individualistischen Paradigmas genannt, das von Coleman (1994) mit seinem Grundlagenwerk "Foundations of Social Theory" und von Esser in seiner sieben Bände umfassenden Monographie[184] beschrieben wird. Wie Udehn (2001, 2002) in seiner Übersicht über die verschiedenen Ansätze des Methodologischen Individualismus dargelegt hat, geht der Methodologische Individualismus auf die Tradition von Weber und Popper zurück und teilt sich in verschiedene Richtungen auf. Für die soziologische Handlungstheorie ist das Colemansche *Mikro-Makro Modell* entscheidend, das Udehn als "Rational-Choice Sociology" (2002: 492) bezeichnet.

Wie in Abbildung 5 (Kap. 1.5) dargestellt ist, versucht Esser auch das interpretativ-interaktionistische Paradigma dem Methodologischen Individualismus zuzuordnen, da auch hier das Erklärungsmodell auf dem individuellen Akteur aufsetzt. Diesen Versuch, das interpretativ-interaktionistische Paradigma in den Methodologischen Individualismus zu integrieren, setzt Esser fort, indem er das interaktionistische Framing-Modell in die Wert-Erwartungstheorie einzugliedern versucht.

Auch die Verhaltenstheorie von Homans wird von Esser dem individualistischen Paradigma zugeordnet (siehe Abbildung 5). Homans verankert die elementaren Gesetze des sozialen Lebens im *Verhalten* von Individuen (1972a). Allerdings passen seine Betonung der sozialen Anerkennung sowie der sozialen Prinzipien wie Statuskongruenz oder ausgleichende Gerechtigkeit (1972b) letztlich nicht in das Schema des homo oeconomicus (vgl. Kap. 1.2). Somit ist man gut beraten, das individualistische Paradigma auf den Rational-Choice Ansatz und den Methodologischen Individualismus zu beschränken. Im Rational-

---

[184] Wir konzentrieren uns in dieser Einführung auf den Grundlagenband (1996) sowie die Bände 1(1999), 2 (2000) und 6 (2001) der "speziellen Grundlagen".

Choice Ansatz gibt es bereits eine unübersehbare Vielzahl von Begriffen, Modellen und Programmen, die sich in formale Modelle, wie z.B. die Spieltheorie oder ökonomische Theorien, verzweigen. Eine viel versprechende Überlappung zwischen Rational-Choice Theorie und dem normativen Paradigma ist der Rational-Choice Institutionalismus von D.C. North (vgl. Kap. 2.3.4) und das Modell der Evolution von Institutionen für kollektives Handeln von E. Ostrom (vgl. Kap. 6.8).

Die Entstehung der sozialen Ordnung aus individuellen Handlungen bildet den Gegenstand des Buchs "Die gesellschaftliche Konstruktion der Wirklichkeit" von Berger und Luckmann, das erstmals 1966 erschien (vgl. Kap. 5.1). Den Autoren ist allerdings nicht die Anerkennung als Vorläufer des Transformationsmodells im Rational-Choice Ansatz zuteil geworden. Wahrscheinlich hat das Etikett des interpretativ-konstruktivistischen Ansatzes die Rational-Choice Theoretiker auf Distanz gehalten. Dies hat die Rational-Choice Theoretiker nicht daran gehindert, sich mit den Mechanismen der Entstehung sozialer Ordnung eingehend zu befassen. Hier sind unterschiedliche Begriffe entwickelt worden, z.B. Transformation, Transintentionalität und Akteurkonstellationen (vgl. Kap. 6.4 und 6.5). Trotz des Vorstoßes von James S. Coleman, den Begriff des "Methodologischen Individualismus" als Sammelbegriff der Rational-Choice Ansätze einzuführen, und trotz des Vorschlags von John H. Goldthorpe (1998: 167), als Oberbegriff "Rational action theory (RAT)" zu verwenden, ist anzunehmen, dass das individualistische Paradigma weiterhin innerhalb der Soziologie als "Rational-Choice Theorie" bezeichnet wird.

6.1 Mikro-Makro Modell (Coleman, Esser)

James Coleman führt das Mikro-Makro-Modell als explizites Modell soziologischer Erklärung ein und wendet es in der Einleitung zu seinem Hauptwerk auf Webers Protestantismusthese an, wie in Abbildung 108[185] dargestellt ist.

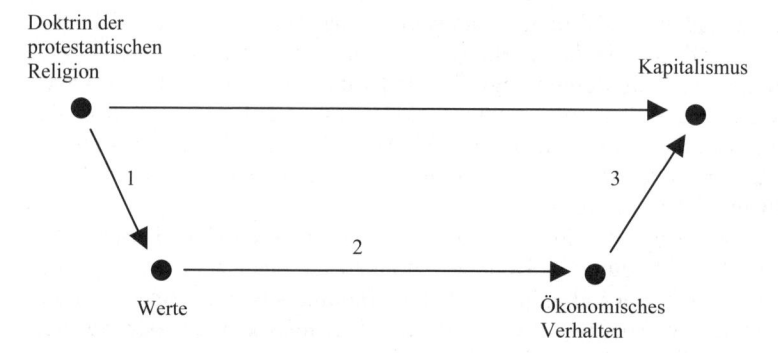

Abbildung 108: Mikro-Makro Modell zur Protestantismusthese

---

185 Die Abbildung 108 ist identisch mit Abb. 1.2 in Coleman (1991: 10).

Nach dem Grundtheorem des Methodologischen Individualismus (1991: 6) kann die Beziehung von zwei kollektiven Variablen nicht auf kollektiver Ebene erklärt werden, sondern muss auf individuelle Orientierungen und Handlungen zurückgeführt werden. Das bedeutet, dass die Ausbreitung des Protestantismus im Okzident nicht direkt als Ursache für die Ausbreitung des Kapitalismus herangezogen werden kann. Wie bereits Weber (1972: 6; vgl. Kap. 1.5) gefordert hat, muss der Erklärungsumweg über die individuellen Werte und Verhaltensweisen zur Erklärung der Korrelation zwischen Protestantismus und Kapitalismus herangezogen werden.

Durch die Zugehörigkeit zur protestantischen Religionsgemeinschaft übernehmen die Mitglieder die religiösen Werte des Protestantismus (Pfad 1), die von größerer Selbstverantwortung und Streben nach diesseitigem Erfolg geprägt sind als bei Katholiken. Mit dieser Grundeinstellung weisen die Individuen ein ausgeprägtes ökonomisches Streben auf (Pfeil 2), und das ökonomische Verhalten der Individuen verdichtet sich auf der kollektiven Ebene zu einer stärkeren Ausbreitung des Kapitalismus (Pfeil 3).

Coleman (1991: 16) erwähnt, dass selbst der Kollektivist E. Durkheim zur Erklärung von Selbstmordraten auf individuelle Wertorientierungen zurückgreift. Dieses Modell ist in Abbildung 109 dargestellt.

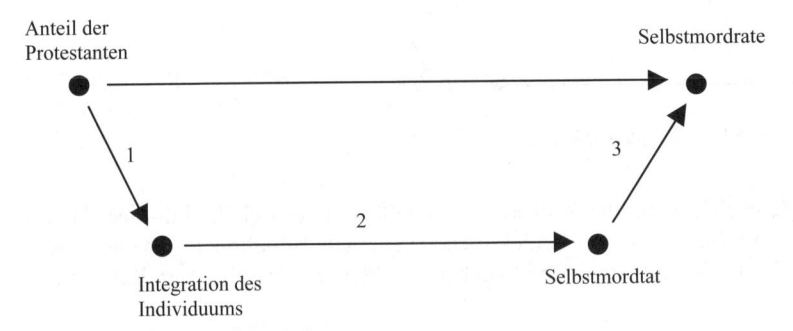

Abbildung 109: Durkheims Modell egoistischen Selbstmords

Durkheim belegt in seiner Selbstmordstudie (1973: 164), dass in Regionen mit hohem Protestantenanteil die Selbstmordrate höher ist als in Regionen mit Dominanz von Katholiken. Diese Korrelation auf der Kollektivebene erklärt Durkheim mit Rückgriff auf die Integration der Individuen (Pfeil 1). Der Protestantismus gestattet ihren Gläubigen eine freiere Geisteshaltung als der Katholizismus.

> In weit höherem Grade ist der Protestant Schöpfer seines eigenen Glaubens. Man gibt ihm die Bibel in die Hand und es wird ihm keine bestimmte Auslegung aufgezwungen. Dieser religiöse Individualismus erklärt sich aus der Eigenart des reformierten Glaubens. (Durkheim 1973: 167)

Dieser religiöse Individualismus hat zur Folge, dass die Protestanten weniger stark in ihre Glaubensgemeinschaft sozial integriert sind, indem sie geringer an ein gemeinsames Credo gebunden sind. Im Gegensatz zu den Protestanten sozialisiert die katholische Kirche ihre Mitglieder stärker, weil sie "alle an den gleichen Lehrkodex bindet, und die Gemeinschaft ist umso enger, je umfassender und fester gebaut dieser Lehrkodex ist" (1973: 171). Die

Einbindung des Individuums wird in der Soziologie als *Integration* bezeichnet, so dass nach Durkheim "die größere Selbstmordanfälligkeit des Protestantismus darin zu suchen ist, dass er als Kirche weniger stark integriert ist als die katholische" (1973: 171).
Wieso ist die Selbstmordbereitschaft bei Individuen mit geringer Integration in die Religionsgemeinschaft höher als bei hoher Integration? Hier argumentiert Durkheim mit seiner Grundthese, dass Individuen ohne Begrenzung und Integration in eine Wertegemeinschaft zur Grenzenlosigkeit neigen und insbesondere für Selbstmordneigung anfälliger werden. Schließlich ergibt sich der Schluss von der Selbstmordtat des Individuums auf die kollektive Selbstmordrate (Pfeil 3) aus der statistischen Aggregation zu Prozentwerten. Esser hat das Colemansche "Wannenmodell" methodisch verallgemeinert und die Pfeile mit den Begriffen "Logik der Situation" (Pfeil 1), "Logik der Selektion" (Pfeil 2) und "Logik der Aggregation" (Pfeil 3) belegt, wie in Abbildung 110[186] dargestellt ist.

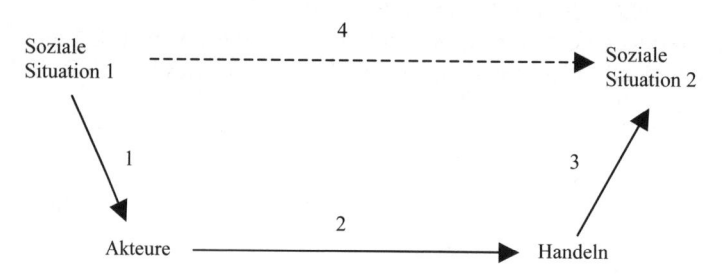

Abbildung 110: Essers Mikro-Makro Modell

Esser zeichnet die Korrelation auf der Kollektivebene (Pfeil 4) gestrichelt. Auf diese Weise wird deutlich, dass eine Beziehung auf Kollektivebene (Soziale Situation 1 - Soziale Situation 2) nur durch Rückgriff auf die Individualebene (Akteure - Handeln) erklärt werden kann.

6.1.1 Logik der Situation

Unter der *Logik der Situation* versteht Esser die "typisierende Beschreibung der Situation" (1999: 15) der Akteure. In der Soziologie bezeichnet man dies als Kontexteffekt der sozialen Situation auf die Orientierung und Handlungsbereitschaften des Individuums. Zur Analyse dieses Kontexteffektes sind *Brückenhypothesen*[187] zwischen der kollektiven und individuellen Ebene einzuführen.

> Die Brückenhypothesen stellen die Verbindung zwischen der objektiven Situation und den subjektiven Motiven und dem subjektiven Wissen der Akteure her. Sie sind notwendigerweise historisch spezifisch, insofern dies die betreffenden Situationen, Motive und Wissenselemente ja auch immer sind. (Esser 1999: 16)

---

186 Die Abbildung 110 ist identisch mit Abb. 0.1 in Esser (1999: 17).
187 Lindenberg weist empirisch oder induktiv gewonnene Brückenannahmen zurück zugunsten von theoriereichen Brückenannahmen, die "mit Hilfe theoriereicher Argumente erstellt werden" (1996b: 138)

Diese methodologische Konstruktion der Brückenhypothesen erweitert Esser nach der Rezeption des interpretativen Paradigmas von Schütz zu dem *Frame/Skript Modell* als explizites Modell der Logik der Situation (2001). Dieses Modell wird in Kap. 6.6 genauer dargestellt. Der Einfluss des sozialen Kontextes auf das Individuum ist das Kernthema des interaktionistischen Paradigmas, insbesondere bei Mead (vgl. Kap. 2.2.) und Goffman (vgl. Kap. 3.1). Schütz hat sich intensiv mit dem Prozess beschäftigt, wie gesellschaftliches Wissen handlungsrelevant wird (vgl. Kap. 3.2.). Damit liegt es nahe, das interpretativ-interaktionistische Paradigma zur soziologischen Ausgestaltung der Logik der Situation zu verwenden.

6.1.2 Logik der Selektion

Die Logik der Selektion als individuelles Entscheidungsverhalten betrifft den Kern der Rational-Choice Theorie. In Kap. 6.2 und 6.3 werden die von Esser präferierte Wert-Erwartungstheorie und die bei Rational-Choice Theoretikern beliebten spieltheoretischen Modelle als Beispiele für Modelle und Formalisierungen der Logik der Selektion dargestellt. In diesem Zusammenhang wird deutlich, dass die Spieltheorie den Rahmen des individuellen Entscheidungshandelns sprengt, indem sie z.B. im Gefangenendilemma kooperatives Verhalten zu erklären versucht, das durch reine Nutzenkalkulation der beteiligten Spieler nicht zustande kommt.

Strenge Rational-Choice Theoretiker sind reserviert gegenüber diesen soziologischen Erweiterungen und betonen, dass die Nutzenmaximierung des Akteurs ein universelles Prinzip jenseits von sozialen Kontexten und Wertgemeinschaften ist. Trotz dieses Universalitätsanspruchs hat der Nobelpreisträger Herbert A. Simon mit dem "Behavioral Model of Rational-Choice" bereits in den 50er Jahren das klassische Modell des homo oeconomicus erweitert, indem er die Prämisse der vollständigen Information aufgegeben und das Entscheidungsverhalten unter der Bedingung von Unsicherheit (uncertainty) modelliert hat (1957, 1997). Dieser Denkansatz ist mit dem Begriff der *begrenzten* Rationalität (bounded rationality) zu einem Kernbegriff der modernen Organisationstheorie geworden (Kieser 2001: 133-168; Esser 1999: 340-358). Wie in Abbildung 111 dargestellt wird, geht H.A. Simon in dem Modell der begrenzten Rationalität von alternativen Prämissen zum klassischen Rational-Choice Modell der Wert-Erwartungstheorie aus.

Rational-Choice Theorie	Theorie begrenzter Rationalität
(1) Wahlhandlungen/Entscheidungen werde getroffen unter folgenden Prämissen	*(1) Alternative Prämissen*
(2) zwischen einer fixierten Menge von Alternativen	(2) Prozess der Generierung von Alternativen
(3) mit (subjektiv) bekannter Wahrscheinlichkeit der Folgen	(3) Einführung von Schätzprozeduren für die Wahrscheinlichkeit der Folgen und von Strategien des Umgangs mit der Unsicherheit, die Wahrscheinlichkeiten nicht zu kennen
(4) so dass der erwartete Wert der Nutzenfunktion maximiert wird	(4) Postulierung von befriedigenden Strategien (anstelle der Nutzenmaximierung)

Abbildung 111: Prämissen der Bounded Rationality
(Simon 1997: 291; Übersetzung vom Verf., B.M.)

Die Theorie begrenzter Rationalität soll nach Simon erstens einfache Modelle von Wahlhandlungen entwickeln und zweitens mit diesen Modellen die beobachteten Inkonsistenzen der menschlichen Wahlhandlungs-Muster erklären (1997: 292), die sich mit der klassischen Wert-Erwartungstheorie nicht vollständig beschreiben lassen.

6.1.3 Logik der Aggregation

Modelle zur *Logik der Aggregation* als Übergang von individuellen Handlungen zu sozialen Tatsachen auf der Kollektivebene nehmen einen sehr breiten Raum in den soziologischen Rational-Choice Ansätzen ein. Schließlich geht es hier um die Grundfrage der Soziologie nach der Erklärung sozialer Ordnung. Schon früh wurden *nicht-intendierte* Handlungseffekte entdeckt. Giddens führt die nicht-intendierten Handlungseffekte auf Mertons Analyse aus dem Jahr 1936 zurück (1997: 61; vgl. Kap. 5.2.1). Die Rational-Choice Theoretiker greifen etwas kürzer und berufen sich einerseits auf Garrett Hardins Analyse der "Tragedy of the Commons" aus dem Jahr 1968, die aus der Verödung von kollektiv genutztem Weideland durch übermäßige individuelle Nutzung besteht. In der deutschen Soziologie ist dieses Phänomen als die *Tragödie der Allmende* bekannt, wobei "Allmende" die Übersetzung von "Commons" ist (Braun 1999: 50). Als zweite theoriegeschichtliche Quelle wird die einflussreiche Studie des *Trittbrettfahrens* (Free-Rider-Problem) von Mancur Olson aus dem Jahr 1965 häufig zitiert (Braun 1999: 51).

Eine weitere Quelle für explizite Modelle zur Logik der Aggregation bilden Akteurkon-stellationen zur Erklärung der Entstehung sozialer Institutionen aus Konstellationen von individuellen Handlungen. Diese ursprünglich von Maruyama im Jahr 1963 publizierten Verstärkungs- und Dämpfungsmechanismen bestimmter Ordnungskonstellationen sind von Schimank (2000:213) systematisiert worden zu den Modellen der *Akteurkonstellationen* (vgl. Kap. 6.5), die er in "Konstellationen wechselseitiger Beobachtung", "Konstellationen wechselseitiger Beeinflussung" unter "Konstellationen wechselseitiger Verhandlung" einteilt[188]. Zu dem Begriff der Transformation hat sich zusätzlich der Begriff der *Transintentionalität* (Schimank 2003) gesellt. Dieses Konzept wird auch in Kap. 6.5 dargestellt.

---

188 Der Soziologe Uwe Schimank war wie der Politologe Fritz W. Scharpf Mitarbeiter des von Renate Mayntz geleiteten Max-Planck-Instituts für Gesellschaftsforschung, das sich mit der Transformationsthematik intensiv beschäftigt hat (Mayntz/Nedelmann 1987).

Esser (2000: 18) entwickelt ein eigenes formales Modell der *Transformationsregeln* am Beispiel des Übergangs einer Bekanntschaft ("meeting") in eine feste Freundschaft ("mating").

Insgesamt erleichtern Coleman und Esser mit dem Mikro-Makro Modell die Orientierung im Dickicht der individualistischen Modelle. Allerdings lassen sich die einzelnen Rational-Choice Modelle bei genauerer Analyse nicht eindeutig jeweils einem Pfeil des Modells zuordnen. Selbst Esser verzichtet darauf, sein Frame/Skript Modell eindeutig einer Logik zuzuordnen. Das Modell entspringt zwar ursprünglich der Logik der Situation, wird aber mit Hilfe der Wert-Erwartungstheorie auch in der Logik der Selektion verankert (vgl. Kap. 6.6). Auch wenn das Mikro-Makro Modell sich nur eingeschränkt zur Klassifikation der Rational-Choice Ansätze eignet, ist es als Modell zur Anleitung für praktische Forschungen um so mehr zu empfehlen.

6.2 Wert-Erwartungstheorie

Die *Wert-Erwartungstheorie* (WE-Theorie)[189] ist ein formales Entscheidungsmodell, mit dem ein Akteur "genau die Alternative wählt, bei der die sog. Nutzenerwartung maximiert wird" (Esser 1996: 95). Die Nutzenerwartung (EU(A)) einer Handlungsalternative (A) ergibt sich mathematisch als Produkt aus dem Nutzen (U(O)), den der Akteur mit der aus der Handlungsalternative (A) resultierenden Handlungsfolge (O) verbindet, und der Wahrscheinlichkeit (p), dass die Folge (O) bei Wahl der Handlungsalternative (A) tatsächlich eintritt:

(1) $EU(A) = p \cdot U(O)$

Im Normalfall existieren mehrere Handlungsmöglichkeiten $A_1, A_2, ..., A_m$, denen jeweils bestimmte Handlungsfolgen $O_1, O_2, ..., O_n$ zugeordnet werden. Jede dieser Handlungsfolgen $O_1, O_2, ..., O_n$ hat für den Akteur einen messbaren Nutzen $U(O_1), U(O_2),...,U(O_n)$. Für das einfache Modell mit 2 Handlungsmöglichkeiten (A_1, A_2) und jeweils 3 Handlungsfolgen (O_1, O_2, O_3) ergeben sich die folgenden Gleichungen:
(2.1) $EU(A_1) = p_{11} \cdot U(O_1) + p_{12} \cdot U(O_2) + p_{13} \cdot U(O_3)$
(2.2) $EU(A_2) = p_{21} \cdot U(O_1) + p_{22} \cdot U(O_2) + p_{23} \cdot U(O_3)$

Während die Handlungsfolgen (O_1, O_2, O_3) und deren Nutzen ($U(O_1), U(O_2), U(O_3)$) unabhängig von der Handlungsalternative (A_1, A_2) sind, hängt die jeweilige Wahrscheinlichkeit von der Handlungsalternative ab. So bedeutet p_{11} die Wahrscheinlichkeit, dass bei Wahl der Alternative A_1 die Handlungsfolge O_1 und damit auch der Nutzen $U(O_1)$ eintritt.

Betrachten wir als Beispiel Zielvereinbarungen (im Englischen: MBO = management by objectives), die in vielen Wirtschaftsorganisationen mit den Mitarbeitern vereinbart werden (Breisig 1998: 297-317). In einem Zielvereinbarungsgespräch zwischen Vorgesetztem und Mitarbeiter werden in der Regel einmal pro Jahr messbare Ziele vereinbart, die der Mitarbeiter erreichen soll. In den meisten Fällen ist der Prozentgrad der Zielerreichung mit

---

[189] Im Englischen hat sich die Abkürzung "SEU" für subjective expected utility durchgesetzt (Hill 2002: 47). Wir verwenden in der nachfolgenden Modelldarstellung die von Esser verwendete Terminologie (1999: 251-259). Dort finden sich weitere Anwendungsbeispiele (1999: 259-275).

der Auszahlung eines variablen Vergütungsanteils verbunden. Der Erreichungsgrad der Ziele wird in einem Folgegespräch zwischen Vorgesetztem und Mitarbeiter, das meist ein Jahr später stattfindet, bewertet. Falls der Mitarbeiter z.B. 100 % seiner Ziele erreicht hat, bekommt er die maximale variable Vergütung ausgezahlt, bei 80 % der Zielerreichung entsprechend nur 80 % des maximalen variablen Vergütungsanteils. Die große Verbreitung von Zielvereinbarungen vor allem in den höheren Stellen lässt darauf schließen, dass die Leistung des Mitarbeiters durch Zielvereinbarungen gesteigert werden kann und sich diese Leistungssteigerung auf den Erfolg der Organisation auswirkt. In der Fachliteratur zur Personalwirtschaft wird dieser Effekt der Zielvereinbarungen auf die motivierende Wirkung der Beteiligung des Mitarbeiters an der Zielfestlegung und der damit verbundenen stärkeren Verpflichtung auf die vereinbarten Ziele zurückgeführt.

> Dieser Partizipation der Mitarbeiter/innen an der Zielfestlegung wird im MBO eine stark motivierende Wirkung zugeschrieben. Sie soll eine stärkere Realitätsnähe, aber auch eine höhere Identifikation der Beschäftigten mit den Zielen auslösen. Die Mitarbeiter/innen sollen sich selbst "in die Pflicht genommen" fühlen und gegenüber der fremdbestimmten Variante der Zielvorgabe ein stärkeres Verantwortungsbewußtsein für die Realisation der Ziele entwickeln. (Breisig 1998: 92-93)

Rodgers und Hunter ermitteln aus einer Analyse von empirischen Studien die drei Faktoren *Zielsetzung, Beteiligung an der Entscheidungsfindung* und die *objektive Bewertung* (feedback) des Mitarbeiters, die zur *Produktivitätssteigerung* durch Zielvereinbarungen führen (1991: 322) Wie lassen sich diese Ergebnisse mit dem WE-Modell erklären? Nehmen wir vereinfacht an, dass der Mitarbeiter nach der Zielvereinbarung folgende Handlungsmöglichkeiten hat:

(3.1) A_1: keine Veränderung des Verhaltens
(3.2) A_2: Leistungssteigerung zur Erreichung der vereinbarten Ziele

Als Handlungsfolgen wählen wir für dieses Modell aus:

(4.1) O_1: Höheres Einkommen
(4.2) O_2: Höheres Ansehen in der Organisation
(4.3) O_3: Höhere Anstrengung zur Erreichung der Ziele

Nehmen wir fiktiv für den Typ des ehrgeizigen Mitarbeiters folgende Nutzenwerte der Handlungsfolgen auf einer Skala von O (kleinster Wert) und 1 (höchster Wert) an:

(5.1) $U_1 = U(O_1) = 0,7$
(5.2) $U_2 = U(O_2) = 0,9$
(5.3) $U_3 = U(O_3) = -0,2$

Schließlich müssen noch die Wahrscheinlichkeiten bestimmt werden, die in diesem Beispiel davon abhängen, wie hoch die Ziele für den Mitarbeiter gesteckt sind:

(6.1) $p_{11} = 0,1$ $p_{12} = 0,5$ $p_{13} = 0,1$
(6.2) $p_{21} = 0,8$ $p_{22} = 0,6$ $p_{23} = 0,7$

Während für die Alternative A_1 (keine Verhaltensänderung) angenommen wird, dass die Aussicht auf höheres Einkommen sehr gering ($p_{11} = 0,1$) ist, wird die Aussicht auf höheres Ansehen mittelhoch bewertet ($p_{12} = 0,5$), weil das Ansehen von anderen Faktoren wie Kollegialität abhängt. Entsprechend ist für die Handlungsalternative die Aussicht auf höheres Einkommen hoch ($p_{21} = 0,8$), während sich das Ansehen nur geringfügig verbessert ($p_{22} = 0,6$). Bei Alternative A_1 ist die erwartete Anstrengung ($p_{13} = 0,1$) deutlich niedriger als bei A_2 ($p_{23} = 0,7$), falls die Ziele hoch gesteckt sind.

Setzen wir die Werte in die Gleichungen (2.1 und 2.2) ein, so ergeben sich folgende Nutzenerwartungen:

(7.1) $EU(A_1) = 0,1 \cdot 0,7 + 0,5 \cdot 0,9 + 0,1 \cdot (-0,2) = 0,50$
(7.2) $EU(A_2) = 0,8 \cdot 0,7 + 0,6 \cdot 0,9 + 0,7 \cdot (-0,2) = 0,96$

Der Akteur wird sich für die Alternative A_2 mit der höheren Nutzenerwartung von 0,96 gegenüber 0,50 für Alternative A_1 entscheiden und sich für die Erreichung der Ziele besonders anstrengen. An diesem konkreten Beispiel lassen sich die Besonderheiten des Modells deutlich erkennen. Eine Begrenzung liegt in der Auswahl der Alternativen und der Folgen. Wie lässt sich sicher stellen, dass man die richtigen Variablen auswählt? Hier hilft im Wesentlichen eine Recherche der relevanten Literatur, gründliche Reflexion und Forschungserfahrung auf diesem Gebiet. Die nächste Schwierigkeit liegt in der Festlegung der Nutzenwerte und der Wahrscheinlichkeiten. Hier könnten Befragungen der Akteure weiterhelfen. Allerdings wird sich dann zeigen, dass jeder Akteur von anderen Nutzenwerten ausgeht und die Wahrscheinlichkeitswerte sowohl von der Persönlichkeit des Akteurs als auch von den Bedingungen der Organisation abhängen. So ist es in einer komplexen Organisation für den einzelnen Akteur schwieriger, seine Ziele zu erreichen, weil er nur begrenzten Einfluss auf den Erfolg hat. Hier kann man sich durch Typenbildung helfen, wie im Beispiel die Annahme eines ehrgeizigen Mitarbeiters in einer Organisation mit mittlerer Komplexität.

Trotz dieser Einschränkungen ist das WE-Modell eine durchaus realistische Abbildung konkreter Entscheidungsprozesse von Akteuren. Auch wenn sich kaum ein Akteur die Mühe macht, die Gleichungen der Nutzenerwartung aufzuschreiben, so ist es trotzdem plausibel, dass ein Akteur verschiedene Handlungsmöglichkeiten zumindest intuitiv nach Nutzen und Wahrscheinlichkeiten abwägt. Das Modell kann einerseits in der empirischen Forschung zur Rekonstruktion von Entscheidungen verwendet werden. Daraus ergibt sich eine Form der Erklärung von Entscheidungshandeln. Andererseits kann das WE-Modell auch als Methode zur Entscheidungsfindung in unterschiedlichen Situationen eingesetzt werden. Aufgrund dieser Unterscheidung wird in der Organisationsforschung zwischen *entscheidungsprozessorientiertem* und *entscheidungslogischem* Ansatz der Entscheidungstheorie unterschieden (Bea/Göbel 1999: 105).

Eine dritte Einschränkung des WE-Modells liegt in der Berücksichtigung nur eines Akteurs. Aus den interaktionistischen Ansätzen ist das Phänomen der doppelten Kontingenz bekannt, indem der Handlungspartner ("Alter") jeder Handlungsalternative des Akteurs ("Ego") eine Vielzahl von Handlungen folgen lassen kann. Diese Potenzierung von Handlungsfolgen ließe sich theoretisch durch Vergrößerung der Menge $O_1,..., O_n$ im WE-Modell abbilden. Dies führt zu einer Unüberschaubarkeit und Willkür bei der Festsetzung der Wahrscheinlichkeitswerte. Aus diesem Grunde haben sich spieltheoretische Modelle als besser geeignet erwiesen, die Handlungsentscheidungen mehrerer Akteure gleichzeitig zu modellieren.

6.3 Spieltheoretische Modelle

Die Spieltheorie ist eine eigenständige wissenschaftliche Disziplin und hat durch die Zusprechung des Nobelpreises für Wirtschaft an die Spieltheoretiker John F. Nash, John C. Harsanyi und Reinhard Selten im Jahr 1994 und an die Spieltheoretiker Robert J. Aumann und Thomas C. Schelling im Jahr 2005 den Weg in die breitere Öffentlichkeit gefunden.

Wie die anderen Modelle des Rational-Choice Ansatzes blickt auch die Spieltheorie auf eine lange wissenschaftliche Tradition zurück. Hier gilt als Startpunkt die Veröffentlichung des Werkes "The Theory of Games and Economic Behaviour" durch J. von Neumann und O. Morgenstern parallel zu den Pionierarbeiten von Herbert A. Simon an dem Modell begrenzter Rationalität in den 40er Jahren des 20. Jahrhunderts (Holler/Illing 2003: 14). Ähnlich wie im Fall der mathematischen Modelle der Selbstorganisation werden auch spieltheoretische Modelle in der soziologischen Handlungstheorie bislang eher rudimentär genutzt - im Gegensatz zu den Wirtschaftswissenschaften. Die Hauptanwendung beschränkt sich darauf, bestimmte soziologische Grundfragestellungen modellhaft zu verdeutlichen. Das bekannteste Beispiel ist das *Gefangenendilemma*:

> Zwei Verdächtige werden in Einzelhaft genommen. Der Staatsanwalt ist sich sicher, dass sie beide eines schweren Verbrechens schuldig sind, doch verfügt er über keine ausreichenden Beweise, um sie vor Gericht zu überführen. Er weist jeden Verdächtigen darauf hin, dass er zwei Möglichkeiten hat: das Verbrechen zu gestehen oder aber nicht zu gestehen. Wenn beide nicht gestehen, dann, so erklärt der Staatsanwalt, wird er sie wegen ein paar minderer Delikte wie illegalem Waffenbesitz anklagen, und sie werden eine geringe Strafe bekommen. Wenn beide gestehen, werden sie zusammen angeklagt, aber er wird nicht die Höchststrafe beantragen. Macht einer ein Geständnis, der andere jedoch nicht, so wird der Geständige nach kurzer Zeit freigelassen, während der andere die Höchststrafe erhält. (Holler/Illing 2003: 2)

Um diese Beschreibung in das Modell einer *Ereignismatrix* abzubilden, müssen die Handlungsfolgen für beide "Spieler" mit der Länge der jeweils zu erwartenden Haftstrafen bewertet werden, wie in Abbildung 112 dargestellt wird.

	Spieler 2	
Spieler 1	Nicht Gestehen S_{21}	Gestehen S_{22}
Nicht Gestehen S_{11}	1 Jahr für 1 — 1 Jahr für 2	10 Jahre für 1 — 3 Monate für 2
Gestehen S_{12}	3 Monate für 1 — 10 Jahre für 2	8 Jahre für 1 — 8 Jahre für 2

Abbildung 112: Gefangenendilemma[190]

Für welche Handlungen werden sich die beiden Spieler entscheiden, falls sie sich nach dem Prinzip der Nutzenmaximierung *rational* entscheiden? Falls sie beide gestehen - sich also kooperativ verhalten -, bekommen sie zusammen 2 Jahre Haftstrafe. In den drei anderen Kombinationen ist die Summe der Haftstrafen deutlich höher, so dass die beiden Spieler den höchsten Gesamtnutzen mit Gestehen erzielen würden. Trotzdem ergibt sich aus dem spieltheoretischen Modell, dass sie nicht gestehen werden und sich somit nicht kooperativ verhalten werden. Dies ist eine Folge der Modellannahmen, dass die Spieler nicht miteinander kommunizieren können und nicht darüber informiert werden, wie sich der Gegenspieler entschieden hat. Wegen dieser Prämisse gehört das Gefangenendilemma zur Klasse der *nicht-kooperativen* Spiele (Holler/Illing 2003: 6).

Die Erklärung dieses paradox erscheinenden Spielverhaltens ergibt sich aus der Annahme der *dominanten Strategie* (Holler/Illing 2003: 6). Hier betrachtet jeder Spieler getrennt den Gesamtwert für die beiden Handlungsmöglichkeiten. Der Spieler 2 kalkuliert für "Nicht gestehen" 11 Jahre Haftstrafe als Summe beider Zeilen und für "Gestehen" 8 Jahre und 3 Monate. Spieler 2 weiß nicht, wie sich der Spieler 1 verhält und muss daher beide Möglichkeiten einplanen und die Summe der Haftstrafen bilden. Auch Spieler 1 wird "Gestehen" wählen, weil ihn für "Nicht Gestehen" 11 Jahre und für "Gestehen" 8 Jahre und 3 Monate insgesamt erwarten. Beide Spieler wählen also die schlechtere Lösung, wenn sie ihren Nutzen unter der Bedingung maximieren, nicht miteinander kommunizieren zu dürfen.

Da man empirisch weiß, dass auch in Situationen wie im Gefangenendilemma Kooperation vorkommt und beide Spieler nicht gestehen, stellt sich die Frage, wie dies zu erklären ist. Ein Weg ist die Prämisse der Nicht-Kooperation aufzugeben. Hier nimmt man an, dass es im Gefängnis undichte Stellen gibt und beide Spieler sich absprechen können. Dann greift das Gefangenendilemma nicht mehr und wir befinden uns in der Klasse der kooperativen Spiele. Innerhalb der Prämissen des Gefangenendilemmas sind kooperative Spielstrategien ausgeschlossen. Daher sind eine Reihe alternative Erklärungen von Rational-Choice Theoretikern erdacht worden. Der erste Lösungsweg ist die Betrachtung der Zeitdimension, so dass Spiele mehrfach durchgeführt werden. Die zweite Richtung ist das n-Personen-Spiel, mit dem die Integration des Spielers in ein soziales Netzwerk analysiert wird. Als dritter Lösungsweg bieten sich Normen und Institutionen an. Für den ersten Lösungsweg der Zeitdimension verwenden die Rational-Choice Theoretiker das klassische *iterierte Spiel*

---

190 Abbildung ist identisch mit Matrix 1.1 in Holler/Illig (2003: 3).

"TIT-FOR-TAT". Die Spiellogik beruht auf einer Folge von Spielen, in denen die Spieler auf den Zug des Gegenspielers reagieren, in dem sie jeweils den gleichen Zug vollziehen.

> Eine TIT-FOR-TAT-Strategie zeichnet sich durch folgende Merkmale aus:
> - Der TIT-FOR-TAT-Spieler eröffnet das Spiel grundsätzlich mit einem kooperativen Zug.
> - Auf den folgenden Zug des anderen Spielers antwortet der Spieler jeweils reziprok, d.h. er wählt die Strategie, die der andere Spieler als Antwort gewählt hat. Hat er die nicht-kooperative Strategie gewählt, entscheidet sich der TIT-FOR-TAT-Spieler ebenfalls für die nicht-kooperative Strategie. Hat er die kooperative Strategie gewählt, behält der TIT-FOR-TAT-Spieler die kooperative Strategie bei." (Braun 1999: 201)

In einem von Robert Axelrod organisierten Computer-Wettbewerb Anfang der 80er Jahre des 20. Jahrhunderts war die von Anatol Rapoport eingereichte TIT-FOR-TAT-Strategie die erfolgreichste. Unter der Reziprozitätsahnnahme ("Wie du mir, so ich dir") zeigt dieses Ergebnis, dass eine einfache Strategie bei iterierten Spielen bedingte Kooperation zur Folge haben kann (Braun 1999: 202).

Der Lösungsweg der *Integration* in ein soziales Netzwerk wird spieltheoretisch durch ein n-Personenspiel modelliert. In dieser Spielsituation steht dem Spieler die Sanktionsmacht einer Gruppe gegenüber, wodurch seine Nutzenkalkulation sich gegenüber dem Zwei-Personen-Spiel grundlegend ändert. Wenn z.B. jedes Mitglied der Gruppe einen kleinen Beitrag zum Aufbau eines *inkrementellen Sanktionssystems* (Coleman: 1991: 360-365) leistet, so ist der Aufwand für den Einzelnen gering. Das einzelne Gruppenmitglied ist bei Abweichung allerdings einer großen Sanktionsmacht ausgesetzt, was zu einem hohen negativen Nutzenwert bei ihm führt und ihn zur Kooperation veranlasst. Auf das Gefangenendilemma angewendet, könnten z.B. beide Gefangene der Mafia angehören. In diesem Fall müssten sie mit einer Bestrafung bei Gestehen und mit Belohnung bei Nicht-Gestehen rechnen. Unter dieser Bedingung ist es wahrscheinlich, dass sie kooperieren werden. Das Mafia-Beispiel kann auch so interpretiert werden, dass die Mitglieder sich einem Ehrenkodex verpflichtet fühlen und somit ihr kooperatives Verhalten auf *Normen* zurückzuführen ist. Im normativen Paradigma geht Parsons davon aus, dass *internalisierte* Normen für Akteure handlungsbestimmend sind (vgl. Kap. 2.3). Es ist nahe liegend, dass die Rational-Choice Theoretiker diesem Erklärungsansatz nicht gerne folgen. Als alternatives Modell bietet sich an, die Normen als Konventionen zu definieren, die sich in sozialen Kontexten durchsetzen. Mit dem Modell der Habitualisierung haben Berger und Luckmann (1982) einen Mechanismus zu einer solchen Art der Normentstehung beschrieben. Allerdings gehen die beiden Autoren davon aus, dass die auf diese Weise institutionalisierten Normen von der nächsten Generation im Prozess der Sozialisation durch Internalisierung übernommen werden müssen (vgl. Kap. 5.1). Es ist daher handlungstheoretisch nicht Erfolg versprechend, Internalisierung als Ursache für kooperatives Verhalten dogmatisch auszuschließen. Stattdessen bietet es sich an, Internalisierung als eine von vielen Begründungen für die Geltung von Normen anzusehen, wie Axelrod in seinem evolutionären Ansatz der Normbildung vorschlägt (1990). Axelrod definiert *Norm* als eine Konvention, die durch Sanktionen abgesichert ist.

> Eine Norm existiert in einem gegebenen sozialen Zusammenhang in dem Ausmaß, wie Individuen üblicherweise in einer bestimmten Weise handeln und häufig bestraft werden, wenn es offenkundig wird, daß sie nicht in dieser Weise handeln. (Axelrod 1990: 107)

Aus evolutionärer Perspektive verfolgt Axelrod das Ziel, die *Dynamik* von Normen aufzudecken: "wie Normen überhaupt in Gang kommen, wie eine teilweise etablierte Norm aufrechterhalten und allgemein durchgesetzt werden kann und wie eine Norm eine andere ersetzen kann" (1990: 128). Axelrod unterscheidet acht Mechanismen zur Erklärung der Entstehung, Stabilisierung und Veränderung von Normen (1990: 114-125): *Metanormen, Dominanz, Internalisierung, Abschreckung, soziales Vorbild, Mitgliedschaft, Recht* und *Reputation*. Diese Mechanismen wirken in dem Prozess der Normbildung auf unterschiedliche Weise. So können z.B. wenige Mächtige durch Dominanz relativ schnell Normen durchsetzen (1990: 125). In Systemen ohne eine solche Machtdominanz kann stattdessen Reputation normenbildend sein (1990: 126). Internalisierung bedeutet für Axelrod, dass in iteriertem Spielen "die Versuchung zu nicht-kooperativem Verhalten einen negativen statt einem positiven Wert hat" (1990: 118). Allerdings kann bei einem iteriertem Normenspiel der Effekt entstehen, dass sich der negative Wert abschwächt und andere Mechanismen den Prozess stärker beeinflussen, wie z.B. die Ablehnung der Selbstgerechtigkeit der hochinternalisierten Gruppenmitglieder. Insgesamt verzichtet Axelrod im Gegensatz zu Parsons auf die kulturelle Verankerung der Normen, auf die die Hauptkritik an dem normativen Paradigma zielt. Stattdessen dynamisiert er den Normbegriff und sichert sein Modell durch Computersimulationen ab.

Neben Normen gibt es noch andere Themen, die dem Rational-Choice Ansatz entgegenstehen, wie z.B. *Altruismus* oder *Emotionalität* (Elster 1990). Diese Themen können als Anlass zur Anpassung, Erweiterung oder gar Sprengung der Rational-Choice Theorie verwendet werden. Da aber das orthodoxe Rational-Choice Modell bereits von H.A. Simon in der Anfangsphase dieser Theoriebewegung mit dem Konzept der begrenzten Rationalität überwunden wurde und das Lager der Rational-Choice Anhänger ohnehin sehr heterogen ist, werden diese Themen von dem Rational-Choice Ansatz eher absorbiert als dass sie ihn zum Scheitern bringen werden.

An dem Beispiel der Zielvereinbarungen (siehe Kap. 6.2) lassen sich die spieltheoretischen Erweiterungen des Rational-Choice Ansatzes veranschaulichen. Für das Gefangenendilemma wird vorausgesetzt, dass nur ein Spiel stattfindet, jeder Spieler nur zwei Optionen hat, Symmetrie und Gleichheit zwischen beiden Spielern herrscht und nur eine spielinterne Lösung möglich ist (Braun 1999: 197-199). Angewendet auf das *Zielvereinbarungsgespräch* versuchen der Vorgesetzte und der Mitarbeiter als Spieler, sich auf verbindliche Ziele für den Mitarbeiter zu einigen. Diese Ziele können z.B. in Unternehmen durch Kennzahlen wie Umsatz und Gewinn, durch Maßnahmen mit konkreten Ergebnis- und Terminzielen sowie durch Verhaltensziele, wie die erfolgreiche Weiterbildung des Mitarbeiters, konkretisiert werden. Zusätzlich nehmen wir in diesem Beispiel an, dass der Zielerreichungsgrad in einem prozentual fixierten Verhältnis die Höhe der variablen Vergütung des Mitarbeiters bestimmt. Modellhaft gehen wir von der in Abbildung 113 dargestellten Spielsituation von Vorgesetztem und Mitarbeiter aus, wo die Zahlen den jeweiligen Nutzen auf einer Skala von 0 (kein Nutzen) bis 10 (höchster Nutzen) bewerten.

		Vorgesetzter (VG)	
		kooperativ	nicht kooperativ
Mitarbeiter (MA)	kooperativ	VG: 6 / MA: 6	VG: 8 / MA: 2
	nicht kooperativ	VG: 2 / MA: 8	VG: 2 / MA: 2

Abbildung 113: Spielmodell für Mitarbeitergespräch

Falls der Vorgesetzte z.B. deutlich höhere Ziele als der Mitarbeiter vorschlägt, kommt es zu der in Abbildung 113 dargestellten Konstellation. Falls beide sich in den Zielen entgegenkommen (VG: kooperativ, MA: kooperativ), werden beide einen mittleren Nutzen erreichen. Falls sich einer der Spieler einseitig durchsetzt und nur der andere nachgibt (VG: nicht kooperativ, MA: kooperativ oder VG: kooperativ, MA: nicht kooperativ) hat der Gewinner einen deutlich höheren Nutzen als der Verlierer. Schließlich bringt ein Scheitern das Gesprächs (VG: nicht kooperativ, MA: nicht kooperativ) nur Nachteile, so dass der Nutzen für beide niedrig ist.

Die klassische Dominanzstrategie des Gefangenendilemmas geht davon aus, dass jeder Spieler bei dem anderen Spieler beide Spielzüge einplanen muss. Die Summe der Nutzenwerte für die Kooperation des Vorgesetzten entspricht der Spaltensumme 6 + 2 = 8 und für Nicht-Kooperation von 8 + 2 = 10. Der Mitarbeiter kommt aufgrund der Symmetrieannahme auf die selben Werte, so dass keine Kooperation zustande kommt, obwohl beide Partner in Summe den höchsten Nutzen (6 + 6 = 12) bei Kooperation hätten. Empirisch wäre die Dominanzstrategie ein Grenzfall, wenn z.B. sich die Partner gegenseitig nicht in ihrem Handeln einschätzen können und weder Kooperationsnormen noch die Zugehörigkeit in eine gemeinsame Sanktionsgemeinschaft einen kalkulierbaren Einfluss auf die Spieler ausübt.

Realistischer ist ein iterativer Spielverlauf während des Zielvereinbarungsgesprächs im Sinne des TIT-FOR-TAT: Beide Spieler kommen sich im Gesprächsverlauf in kleinen Schritten entgegen und finden einen akzeptablen Kompromiss. Zusätzlich ist davon auszugehen, dass die Einbettung in die Unternehmenskultur, auf die im Gespräch beide verweisen können, eine Rolle spielt. Falls die Unternehmenskultur z.B. auf Hierarchie beruht, wird der Mitarbeiter sich stärker anpassen. In einer partizipativ geprägten Unternehmenskultur ist dagegen eine ausgeglichene Kompromisslösung wahrscheinlicher. Auch die Einbettung beider Spieler in ihre jeweiligen Netzwerke hat Einfluss auf das Gesprächsergebnis. Welche negativen Sanktionen hat der Vorgesetzte von seinem Vorgesetzten zu erwarten, wenn er die Ziele heruntersetzt? Und mit welchen Vorwürfen muss der Mitarbeiter im Familien- und Freundeskreis rechnen, wenn er nachgibt? Schließlich spielt der "Schatten der Zukunft" (Braun 1999: 203) eine wesentliche Rolle, weil beide Spieler nach dem Zielvereinbarungsgespräch in der Tagesarbeit aufeinander angewiesen sein werden. Eine einseitige Übervorteilung kann die zukünftige Zusammenarbeit beeinträchtigen und beide Spieler letztlich zu Verlierern werden lassen.

Dieses Beispiel beinhaltet für die spieltheoretische Modellierung eine gute und eine schlechte Nachricht. Die gute Nachricht ist, dass dieses Spielmodell mit seinen möglichen

Varianten das Zielvereinbarungsgespräch in seinem Verlauf plausibel beschreiben kann. Zusätzlich lassen sich daraus Gesprächsstrategien für den Vorgesetzten und den Mitarbeiter ableiten. Die schlechte Nachricht ist die Notwendigkeit, genaue Annahmen vor der Modellbildung festzulegen. Diese Prämissen hängen von der spezifischen sozialen Konstellation ab und lassen sich vollständig erst im nachhinein bestimmen.

6.4 Transformationsregeln

Am Thema der Normbildung (vgl. Kap. 6.3) wird deutlich, dass sich die Fragestellungen und Erklärungsmodelle der Rational-Choice Theorie nicht der Logik der Selektion im Sinne von nutzenorientiertem Entscheidungshandeln von individuellen Akteuren unterordnen lassen. Diese Feststellung trifft ebenso auf die Logik der Aggregation zu. Auch hier lassen sich die Konzepte von Transformation, Akteurkonstellationen und Transintentionalität nicht eindeutig einordnen, falls man an dem strengen Anspruch der formalen Modellierbarkeit der Aggregation festhält.

Die Logik der Aggregation bezieht sich in dem Mikro-Makro-Modell auf die Erklärung von sozialen Tatsachen aus individuellen Handlungen.

> Mit der Logik der Aggregation wird die *Mikro-Makro*-Verbindung des Modells zurück auf die Ebene der kollektiven Phänomene hergestellt. Erst über die Aggregation bzw. über die Transformation kommt es zur Verknüpfung zwischen den individuellen Handlungen und den kollektiven Folgen - dem eigentlich interessierenden soziologischen Explanandum. (Esser 1996: 18)

Als formales Modell der Aggregation schlägt Esser[191] das in Abbildung 114 dargestellte Transformationsmodell vor und wendet dieses Modell auf das Beispiel des Übergangs von einer Bekanntschaft (meeting) zur Freundschaftsbeziehung (mating) an.

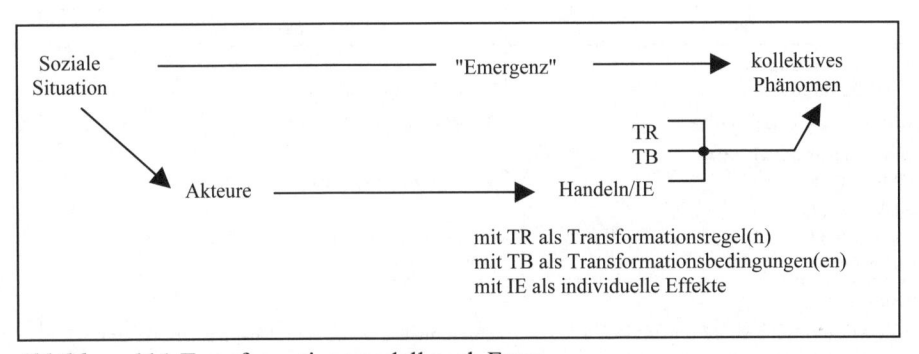

```
Soziale                    "Emergenz"              kollektives
Situation                                          Phänomen
                                         TR
                                         TB
           Akteure         Handeln/IE

           mit TR als Transformationsregel(n)
           mit TB als Transformationsbedingungen(en)
           mit IE als individuelle Effekte
```

Abbildung 114: Transformationsmodell nach Esser

Freundschaft (F_f) ist das kollektive Phänomen der Koorientierung der Einstellungen, wobei f als geteilte Einstellung ("mating") mit der Entstehung von Wert-Übereinstimmung und

---

191 Abbildung 114 ist identisch mit Abb. 1.1 in Esser (2000: 18).

der Entdeckung gemeinsamer Interessen definiert ist (2000: 17). Diese Definition beschreibt abstrakt das, was auch in der Alltagswelt unter Freundschaft verstanden wird.

Das in Abbildung 115 dargestellte konkrete Transformationsmodell (2000: 14-17) entspricht dem klassischen Schema der logischen Implikation ("wenn...dann"-Aussage). Wenn die Bedingungen TR_f, TB_f und IE_f gleichzeitig zutreffen, folgt die Existenz der Freundschaft IE_f.

TR_f :	"Das kollektive Ereignis einer Freundschaft F zwischen zwei Akteuren A und B besteht genau dann, wenn bei *beiden* Akteuren die Einstellung f entstanden ist und sie in ihrem Handeln (ko-)orientiert"
TB_f :	"Wenn zwei Akteure A und B nach einem ersten meeting jeweils für sich beschließen, die Kontakte fortzusetzen, dann entsteht daraus ein mating, die beide Akteure (ko-)orientierende Einstellung f"
IE_f :	"Akteur A *und* Akteur B haben nach einem ersten meeting die Kontakte zum jeweils anderen fortgesetzt"
	$[\ TR_f \wedge TB_f \wedge IE_f\ ] \Rightarrow F_f$

Abbildung 115: Transformationsmodell für das Beispiel Freundschaft

Esser räumt ein, dass es sich hier um keine echte Hypothese, sondern um eine erweiterte Definition von Freundschaft handelt: "Transformationsregeln in der Form von partiellen Definitionen sind begriffliche Festlegungen, wann von einem bestimmten kollektiven Ereignis überhaupt gesprochen werden soll" (2000: 20). Damit verwendet Esser für das Freundschaftsmodell die einfache Transformationsregel gemäß der in Abbildung 116 dargestellten Klassifikation von Transformationsregeln.

Regel	*Beispiel*
Einfache Transformationsregel	
a) Partielle Definitionen	Freundschaft (mating)
b) Statistische Aggregationen	Selbstmordrate (Durkheim)
Komplexe Transformationsregeln	
a) Institutionelle Regeln	Wahlauswertung (Sitzverteilung)
b) Formale Modelle	
- Situationsmodelle	Gefangenendilemma
- Prozessmodelle	Fluchtpaniken
Strukturmodelle	
Komplette Musterlösungen in Form typischer Kombination von Transformationsregeln	Zusammenhang zwischen Unzufriedenheit, Protest und Loyalität

Abbildung 116: Übersicht über die Transformationsregeln

Statistische Aggregationen sind nach Esser (2000: 21) formale Operationen, wie ein Prozent- oder Mittelwert. In der Selbstmordstudie verwendet Durkheim die Selbstmordrate pro Region als statistische Aggregation. Bei *institutionellen Regeln* handelt es sich um eine routinemäßige "Regelmäßigkeit *empirischer* sozialer Abläufe" (2000: 21). Ein Beispiel ist das Regelsystem, nach denen bei demokratischen Wahlen die Prozentverteilung der Stimmen in Parlamentssitze umgerechnet wird.

Die *formalen Modelle* der komplexen Transformationsregeln unterteilt Esser in *Situationsmodelle* und *Prozessmodelle*. Zu den Situationsmodellen gehören die Modelle der Spieltheorie, während in Prozessmodellen "typische Sequenzen von aneinander anschließenden Situationen, individuellen Effekten und aggregierten Folgen" (2000: 23) abgebildet werden. Ein Beispiel für Prozessmodelle ist die Fluchtpanik (Coleman 1991: 262-277), wie z.B. die Reaktionen von Theaterbesuchern bei Feueralarm. Die komplexeste Form von Transformationsregeln sind *Strukturmodelle* als typische Kombinationen von einzelnen Transformationsregeln. Hier verweist Esser (2000: 27-28) auf das von A.O. Hirschmann entwickelte Modell des Zusammenspiels von Unzufriedenheit, Protest und Loyalität in Organisationen und Staaten.

Um das Modell der Transformationsregeln auf das Beispiel der Zielvereinbarungen anzuwenden, wird in Abbildung 117 zur besseren Übersicht zunächst das komplette Mikro-Makro Modell auf die Zielvereinbarungen angewendet.

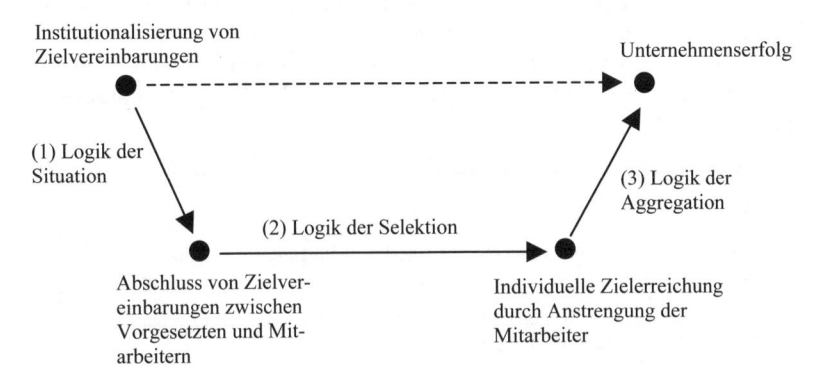

Abbildung 117: Mikro-Makro Modelle der Zielvereinbarung (MBO)

Die schnelle Verbreitung der Zielvereinbarungsmethode zunächst in Wirtschaftsorganisationen und zunehmend auch in öffentlichen Arbeitsorganisationen scheint nicht nur eine Managementmode zu sein, sondern nachweisbar den Erfolg der Organisation zu verbessern (Weinert 2004: 219). Bei genauerer Betrachtung müssen zwei unterschiedliche Transformationsmodelle zur Erklärung des Effektes der Zielvereinbarungsmethode unterschieden werden: für die Ebenen der Mitarbeiter und der höheren Führungskräfte. Starten wir mit der Ebene der Mitarbeiter. Rodgers und Hunter (1991) haben in einer Reanalyse von 70 empirischen Studien zum Erfolg der MBO-Methode belegt, dass in 68 von 70 Fällen die durchschnittliche *Produktivität* gesteigert wird, die als Mittelwert der Produktivität der Mitarbeiter berechnet wird.

Produktivität wird in der Regel als Output der Arbeitsleistung, z.B. Anzahl der Produkte oder der Vorgänge, im Verhältnis zur investierten Arbeitszeit definiert (1991: 325). Damit ergibt sich das in Abbildung 118 dargestellte Transformationsmodell als Beispiel einer *statistischen Aggregation* für die Ebene der Mitarbeiter.

U_g	: Unternehmenserfolg als durchschnittliche Produktivitätssteigerung
TR_g	: Unternehmenserfolg wird gesteigert, wenn sich die durchschnittliche Produktivität erhöht
TB_g	: Wenn Zielvereinbarungen als Instrumente der Zielvorgabe, der Partizipation bei der Zielfestlegung und als Feedbackmethode eingeführt werden, so wird die Produktivität der Mitarbeiter durchschnittlich gesteigert
IE_G	: Das Zielvereinbarungsgespräch wird eingeführt als Instrument der Zielvorgabe, der Partizipation und des Feedbacks

$$TR_g \land TB_g \land IE_g \Rightarrow U_g$$

Abbildung 118: Transformationsregel für MBO auf Mitarbeiterebene

Für die breitere Gruppe der Mitarbeiter lässt sich die durch Zielvereinbarungen gesteigerte Produktivität durch *statistische Aggregation* auf die Unternehmensebene transformieren, wie Rodgers und Hunter (1991) empirisch belegt haben. Bei höheren Führungskräften werden in der Regel betriebswirtschaftliche Kennzahlen, z.B. Umsatz und Gewinn, als Zielgrößen im Zielvereinbarungsgespräch festgelegt, so dass sich das in Abbildung 119 dargestellte Transformationsmodell ergibt.

Ug	: Unternehmenserfolg
TRg	: Der Unternehmenserfolg wird gesteigert, wenn die Führungskräfte ihr Handeln auf die Gewinnziele ausrichten
TBg	: Wenn die Unternehmensziele als Gewinnziele in den Zielvereinbarungen verankert werden, so richten die Führungskräfte ihr Handeln an diesen Gewinnzielen aus
IEg	: In den Zielvereinbarungen sind die Unternehmensziele als Gewinnziele verankert worden

$$(TRg \land TBg \land IEg) \Rightarrow Ug)$$

Abbildung 119: Transformationsregeln für MBO auf der Ebene der höheren Führungskräfte

Die empirische Plausibilität dieses Modells ergibt sich daraus, dass Unternehmensziele, wie z.B. Gewinn, im Zielvereinbarungsgespräch direkt vereinbart werden. Falls die Gewinnziele von den Führungskräften erreicht werden, so wird auch der Unternehmensgewinn ausreichend hoch sein. Die Zielvereinbarung ist ein typisches Beispiel für die einfache Transformationsregel der *partiellen Definition*, weil der Unternehmenserfolg als kollektives Merkmal an dem Gewinn gemessen wird, der gleichzeitig auf der individuellen Ebene in der Zielvereinbarung verankert ist.

Trotz des allgemeinen Erfolgs der Zielvereinbarungsmethode gibt es Unternehmen mit Zielvereinbarungssystemen, die Verluste einfahren oder in Konkurs gehen. Dies wird der Rational-Choice Theoretiker zum Anlass nehmen, über die korrekte Anwendung des Modells nachzudenken. So kann die Transformationsregel, dass sich der Unternehmenserfolg aus der Erreichung der vereinbarten Ziele ergibt, unvollständig sein. Eine andere Strategie zur Verteidigung des Modells wäre, weitere Variablen einzubeziehen. Ein wesentlicher Grund für mangelnden Unternehmenserfolg kann sein, dass zukunftsweisende Investitionen in Produkte, Mitarbeiter und Marktentwicklung versäumt wurden.

Das in Abbildung 118 dargestellte Transformationsmodell auf Mitarbeiterebene hat den Vorteil, empirisch belegt zu sein. Allerdings klammern Rodgers und Hunter die Frage aus, ob der Unternehmenserfolg im Sinne betriebswirtschaftlicher Kennzahlen, wie Umsatz, Profit oder Wachstum, durch Zielvereinbarungen gesteigert werden kann (1991: 328). Stattdessen beschränken sie sich auf Produktivität als Messgröße. Die Korrelation zwischen Produktivität und Unternehmenserfolg ist empirisch allerdings nicht zwingend, weil z.B. die Kosteneinsparung durch Produktivitätssteigerung auf andere Weise abfließen kann, wie z.B. erhöhter Kontroll- und Verwaltungsaufwand. Lebensweltlich spricht man in Wirtschaftsorganisationen davon, dass die Produktivitätssteigerung auf andere Weise "verfrühstückt" wird.

Theoretisch lassen sich solche Lücken im Modell schließen, indem Zusatzvariablen und -regeln in das Modell eingebaut werden. Es ist allerdings fraglich, ob man dann ein zukunftssicheres Modell generiert oder wieder erst im nachhinein klüger ist, wenn neue Gründe für einen Misserfolg erkannt werden. Insgesamt erweist sich die Anwendung des einfachen Modells der Transformationsregeln trotz dieser Einwände als erklärungskräftig für das Beispiel der Zielvereinbarungen, indem die Korrelation auf Makroebene zwischen MBO und Erfolg auf die Mikroebene zurückgeführt wird. Betrachten wir das in Abbildung 117 dargestellte Mikro-Makro Modell der MBO-Methode, so wird die *Logik der Selektion* mit Hilfe der Wert-Erwartungstheorie ausgefüllt (vgl. Kap. 6.2) und die *Logik der Aggregation* mit den in den Abbildungen 118 und 119 dargestellten Transformationsmodellen als statistische Aggregation für die Mitarbeiterebene und als partielle Definition für die Ebene der höheren Führungskräfte dargestellt. Die noch fehlende *Logik der Situation* wird im Kap. 6.6 mit Hilfe des Frame/Skript Modells auf Zielvereinbarungen angewendet.

6.5 Akteurkonstellationen und Transintentionalität

6.5.1 *Akteurkonstellationen*

Während Esser ausschließlich formale Transformationsregeln (für die Logik der Aggregation) akzeptiert, entwickelt Schimank das Sprachmodell der *Akteurkonstellation* als soziologische Version der im Max-Planck-Institut für Gesellschaftsforschung entwickelten Modelle zur Dynamik sozialer Prozesse. Der Übergang von Formal- zu Sprachmodellen ist notwendig, weil sich nur einfache Dynamiken auf formale Modelle reduzieren lassen. Damit würde die Soziologie aber auf ihr Reflexionspotenzial weitgehend verzichten.

> In theoretischen Modellen rekonstruierbar sind konkrete soziale Dynamiken nur in dem Maße, wie sie geschlossenen Charakter besitzen. Nur dann lässt sich für sie eine verallgemeinerbare "Logik der Aggregation" im Sinne Hartmut Essers formulieren. Je offener Dynamiken hingegen sind, desto mehr lassen sie sich lediglich historisch nacherzählen. (Schimank 2000: 173)

Akteurkonstellationen entstehen nach Schimank "sobald die Intentionen von mindestens zwei Akteuren interferieren" (2000: 173). Soziologisch interessant ist dann das "Gewahrwerden und Abarbeiten von Intentionsinterferenzen" (2000: 175) als Gegenstand der Modelle von Akteurkonstellationen. Die in Akteurkonstellationen aufeinander treffenden Intentionen der Akteure können "normkonform, nutzenverfolgend, emotionsgetrieben oder identitätsbehauptend" (2000: 173) begründet sein, womit Schimank die unterschiedlichen handlungstheoretischen Paradigmen heranzieht. Entscheidend für den Begriff der Akteurkonstellation ist, dass die Akteure auf die Intentionen der anderen reagieren und dass sich neue Intentionsmuster herausbilden, die als Resultat von Gruppenprozessen ein kollektives Phänomen darstellen, das mehr als die Summe der individuellen Intentionen darstellt.

Wie in Abbildung 120 dargestellt wird, unterscheidet Schimank als drei Gruppen von Konstellationen die wechselseitige *Beobachtung* (2000: 207-246), die wechselseitige *Beeinflussung* (2000: 247-285) und die wechselseitige *Verhandlung* (2000:286-322).

Konstellationen...		
...wechselseitiger *Verhandlung*	...wechselseitiger *Beobachtung*	...wechselseitiger *Beeinflussung*

Abbildung 120: Gruppen von Akteurkonstellationen

Durch wechselseitige Beobachtung entstehen Prozesse von Abweichungsdämpfung und von Abweichungsverstärkung. Ein Beispiel für Abweichungsdämpfung ist das von den Neo-Institutionalisten beschriebene Phänomen der Isomorphie (vgl. 2.3.3), während die von den Interaktionisten untersuchten Stigmatisierungsprozesse von Kriminellen abweichungsverstärkend wirken, indem der mit dem Etikett des Kriminellen versehene Abweichler sich schließlich in seine Rolle einfügt.

Wechselseitige Beeinflussungen zielen auf die in der Soziologie eingehend analysierten Einfluss- und Machtprozesse ab. Die dritte Kategorie der wechselseitigen Verhandlungen sind eher ein Spezialgebiet der Politik und Wirtschaftswissenschaft. Innerhalb der Soziologie hat vor allem Coleman mit dem Begriff der *korporativen Akteure* einen theoretischen Rahmen zur Analyse von Verhandlungssituationen und -prozessen entwickelt. Auf korporative Akteure wird das Recht zu korporativem Handeln übertragen (Coleman 1994: 334). Damit agiert eine Person als Agent für eine Institution (Coleman 1994: 359), wie z.B. der Kanzler als Repräsentant der Regierung oder der Betriebsratsführer als Vertreter der Arbeiterinteressen in einem Unternehmen. Verhandlungskonstellationen entstehen zwischen korporativen Akteuren untereinander, zwischen korporativen und individuellen sowie zwischen individuellen Akteuren.

Entscheidend im Sinne der Transformationsthematik sind für Schimank die aus Akteurkonstellationen sich herausbildenden sozialen Strukturen: "In vielen Fällen bringen allerdings die Bemühungen der Akteure, ihre Intentionsinterferenzen zu bewältigen, soziale Strukturen als demgegenüber relativ dauerhafte Bewältigungsmuster hervor" (2000: 176). Wie in Abbildung 121 dargestellt unterscheidet Schimank (2000: 176-179) Erwartungsstrukturen als soziale Regelungen mit unterschiedlichen Verbindlichkeitsgrad im Sinne des normativen Paradigmas, Deutungsstrukturen als kulturelle Leitideen, die über das Parsonssche Kultursystem hinausgehend auch lebensweltliche Sinnvorstellungen und Lebensstile umfassen und schließlich *Konstellationsstrukturen* als relativ stabile Struktureffekte aus Akteurkonstellationen. Diese Struktureffekte sind spezialisiert auf Interaktionsbeziehungen, wie Freundschaften, Arbeitsbeziehungen, Konkurrenzverhältnisse oder Muster von Machtverteilungen (2000: 178).

Strukturen	*Beispiele*
Erwartungsstrukturen Rechtliche und formalisierte und informelle soziale Regeln.	- Sitten und Umgangsformen - Normative Erwartungen einer Ehe - Rollen
Deutungsstrukturen Kulturelle Leitideen, lebensweltliche Milieus und Teilsystemlogiken	- Werte, z.B. Selbstverwirklichung der Persönlichkeit - Vorlieben und Abneigungen bestimmter "Szenen" - Lebensstilmerkmale für verschiedene soziale Milieus - Teilsystemische Handlungslogiken (binäre Codes)
Konstellationsstrukturen Eingespielte Gleichgewichte von Akteurkonstellationen	- Freundschaften - Funktionierende Arbeitsbeziehungen - Eingefahrene Konkurrenz- und Feindschaftsverhältnisse - Verteilungsmuster

Abbildung 121: Struktureffekte

6.5.2 Transintentionalität

Die intensive Erforschung der unintendierten Handlungsfolgen im Rational-Choice Ansatz ist nach Schimank kein Zufall, sondern reagiert auf die besondere Bedeutung dieser Effekte für die Entstehung von sozialen Strukturen.

> Vergegenwärtigt man sich noch einmal, wie Struktureffekte aus Akteurkonstellationen hervorgehen, ist es eigentlich nicht sonderlich überraschend, dass nicht Intentionalität, sondern Transintentionalität dieser Effekte der weitaus häufiger vorkommende Fall ist. (Schimank 2000: 180)

Zu unterscheiden sind zwei Formen von Transintentionalität. Unter *Transintentionalität 1* versteht Schimank: "Struktureffekte des handelnden Zusammenwirkens, die beiläufige, vielleicht nicht einmal bemerkte, aber jedenfalls von den Akteuren nicht weiter wichtig genommene Resultate eines Handelns sind..." (2003: 246). So ergibt sich in belebten Straßen ein größeres Gefühl der Sicherheit für die Passanten, obwohl dies nicht direkt von den Verkehrsteilnehmern beabsichtigt ist. Dem Konzept von unintendierten Effekten kommt die *Transintentionalität 2* näher: "Zum anderen können Akteure bei ihren intentionalen Bemühungen um Strukturgestaltung mehr oder weniger scheitern und unvorhergesehene, vielleicht auch unerwünschte Effekte erzeugen" (2003: 247).

Schimank (2003: 248-258) wendet die beiden Formen der Transintentionalität auf Institutionen und Organisationen an, woraus sich bestimmte *Denkfiguren* ergeben. Für Institutionen ergibt sich die Denkfigur I1 durch die Anwendung der Transintentionalität 1, die Denkfigur I2 aus Transintentionalität 2 und die Denkfigur 3 schließlich als Kombination von Transintentionalität 1 und 2. In Abbildung 122 werden diese drei Formen der Transintentionalität in Institutionen mit den im Original zitierten Definitionen von Schimank dargestellt.

Institutionalismus
Denkfigur I1:   "Institutionendynamiken als Transintentionalität 1, also als "hinter dem Rücken" der Akteure sich vollziehende Effekte ihres handelnden Zusammenwirkens" (2003: 248)
Denkfigur I2:   "Denkfigur I2, die Institutionendynamiken auf intentionale Institutionengestaltung zurückführt, die erfolgreich sein, aber auch und vielleicht öfter auf Transintentionalität 2 hinauslaufen kann." (2003: 251)
Denkfigur I3:   "Diese Denkfigur sieht Institutionendynamiken als Resultat des Zusammenwirkens von Transintentionalität 1 auf der einen, Gestaltungsintentionen und Transintentionalität 2 auf der anderen Seite." (2003: 258)

Abbildung 122: Anwendung der Transintentionalität auf Institutionen

Betrachten wir die *Zielvereinbarungen als Institution*[192], so könnte als nicht-beabsichtigter Nebeneffekt die offene Kommunikation im Zielvereinbarungsgespräch die persönliche Beziehung zwischen Vorgesetztem und Mitarbeiter verbessern und eine bessere Zusammenarbeit im Tagesgeschäft zur Folge haben. Als Beispiel für Denkfigur I2 kann sich aus Zielvereinbarungsgesprächen ein für die Organisation negatives Konkurrenzverhalten als unintendierter Effekt ergeben. Falls die Organisationsziele nur durch ein Teamhandeln der Führungs- und Fachkräfte zu erreichen sind, können die individuellen Zielvereinbarungen die übergeordneten Ziele unintendiert unterlaufen, wenn jede Führungskraft egoistisch nur die eigenen Ziele verfolgt. Zur Gegensteuerung werden kollektive Ziele, z.B. der Unternehmensgewinn, in die Zielvereinbarungen übernommen. Da aber die vereinbarten Ziele von den jeweiligen Führungskräften unmittelbar beeinflussbar sein sollen, um den Motivationseffekt zu erreichen, können die übergreifenden Ziele unterhalb der Geschäftsführung nur einen kleineren Teil der Ziele ausmachen. Damit ist die Steuerung gegen unintendierte Effekte im MBO nur begrenzt wirksam.

Man kann die MBO-Methode als angewandte Rational-Choice Theorie verstehen, indem die egoistische Nutzenmaximierung der Mitarbeiter so gelenkt wird, dass auf der Makroebene ein Erfolg erzielt wird. Die Methode ist verblüffend einfach: Das mit hohem Nutzen bewertete Einkommen des Mitarbeiters wird mit der Erreichung bestimmter Ziele fest gekoppelt, die auf Makroebene den Erfolg der Organisation steigern. Kann dies dauerhaft funktionieren oder werden die Mitarbeiter Wege finden, einen hohen persönlichen Nutzen mit weniger Aufwand zu erreichen? Es sind z.B. informelle Absprachen auf bestimmten Führungsebenen denkbar, um das Niveau der Ziele niedrig zu halten. Eine andere Möglichkeit wäre, das Berichtswesen der Zielerreichung so zu beeinflussen, dass bessere Ergebnisse herauskommen als in Wirklichkeit erzielt worden sind. Dieser Effekt wird von Granovet-

---

192 In Kap. 6.8 wird der institutionelle Aspekt des MBO als Beispiel für institutionellen Wandel dargestellt.

ter (2000: 195) anschaulich beschrieben im Hinblick auf das Unterlaufen von Betriebsprüfungen (vgl. Kap. 6.9.4). Stellt man tatsächlich einige Jahre nach Einführung von Zielvereinbarungen einen solchen Effekt von niedrigem Zielniveau bei gleichzeitiger Auszahlung der maximalen variablen Vergütung fest, so wird die detaillierte Analyse mit hoher Wahrscheinlichkeit einen komplexen Prozess des Zusammenwirkens der beiden Transintentionalitäten mit intentionalem Handeln zu Tage fördern, was der Denkfigur I3 entspricht.

Für Organisationen unterscheidet Schimank zwei Denkfiguren. In Denkfigur O1 wird angenommen, dass Transintentionalität keinen signifikanten Effekt hat. Damit entsprechen Organisationen dem klassischen organisationstheoretischen Modell: "Organisationen als umfassend und erfolgreich intentional gestaltbare soziale Gebilde" (2003: 261). Falls Formen von Transintentionalität in Organisationen wirksam werden, so muss die Organisationstheorie einen Paradigmenwechsel zu dem dynamischen Modell mit Betonung von Unsicherheit anstelle von vollständiger Plan- und Steuerbarkeit vollziehen. Dann ergibt sich die Denkfigur O2 von Organisationen als "Sozialgebilde, die in starkem Maße durch beide Arten von Transintentionalität geprägt sind" (2003: 264). Beispiele für hoch entwickelte dynamische Organisationstheorien in den Sozialwissenschaften sind Luhmanns (2000) systemtheoretisches Organisationsmodell, Weicks (1995) interpretativ-interaktionistische Organisationstheorie und die Analyse von Machtprozessen und Mikropolitik in Organisationen von Crozier und Friedberg (1993).

6.6 Situationsanalyse und Frame/Skript Modell

6.6.1 Situationsanalyse

Als Kritik an Zielvereinbarungen als Führungsinstrument wird in der Personalwirtschaft vorgebracht, dass die Ziele durch das Unternehmen vorgegeben sind und daher für eine Zielvereinbarung kein ausreichender Handlungsspielraum besteht.

> Im Grunde stehen die Ziele fest; es gibt allenfalls eine sachte Korrekturmöglichkeit, sofern sich vorbestimmte Ziele als völlig realitätsfern erweisen und die Kompatibilität mit der übergeordneten Zielebene nicht gefährdet ist. (Breisig 1998: 305)

Für die strukturtheoretische Handlungstheorie ist dieser Befund mit Verweis auf soziale Tatsachen zu erklären. Parsons würde argumentieren, dass die Unternehmenswerte und -ziele von Vorgesetzten und Mitarbeitern verinnerlicht worden sind und in der komplementären Rollenstruktur des Zielvereinbarungsgesprächs auf der Handlungsebene konkretisiert werden. Giddens könnte argumentieren, dass die Akteure Machtstrukturen gegenüberstehen und es für sie rational ist, sich diesen zu unterwerfen, um negative Sanktionen zu vermeiden und in den Genuss der maximalen Vergütung zu gelangen.

Beide Erklärungsansätze weichen von dem orthodoxen Grundsatz der Rational-Choice Theorie ab, dass die Akteure - den Nutzen der Handlungsfolgen abschätzend - Entscheidungen treffen. Daher ist es notwendig, dass klassische Rational-Choice Modell um den Effekt des sozialen Kontextes zu erweitern. Bereits in der Diskussion des Gefangenendilemmas wurde von den Rational-Choice Theoretikern dieser Weg eingeschlagen (vgl. Kap. 6.3). Systematischer verankert Esser die Dimension des sozialen Kontextes in der Logik der

Situation durch die vom interpretativ-interaktionistischen Paradigma geprägte Methode der *Situationsanalyse*.

> Die Situationsanalyse zielt auf die Untersuchung der typischen Anpassungen der Akteure an die aktuell gegebene *äußere* Situation angesichts eines jeweils vorliegenden Repertoires an *inneren* Tendenzen und Zielen des Handelns, die der Akteur vorher kulturell erworben oder biologisch geerbt hat. (Esser 1999: 56)

Die in Abbildung 123 zusammengefasste Situationsanalyse geht davon aus, dass der Akteur den sozialen Kontext als äußere Bedingungen wahrnimmt (Kognition). Der Kontext besteht aus mit Regeln verbundenen Handlungspotenzialen und -einschränkungen, aus institutionellen Regeln und aus den kulturellen Elementen, wie z.B. signifikanten Symbolen und Sinnorientierungen (1999: 56).

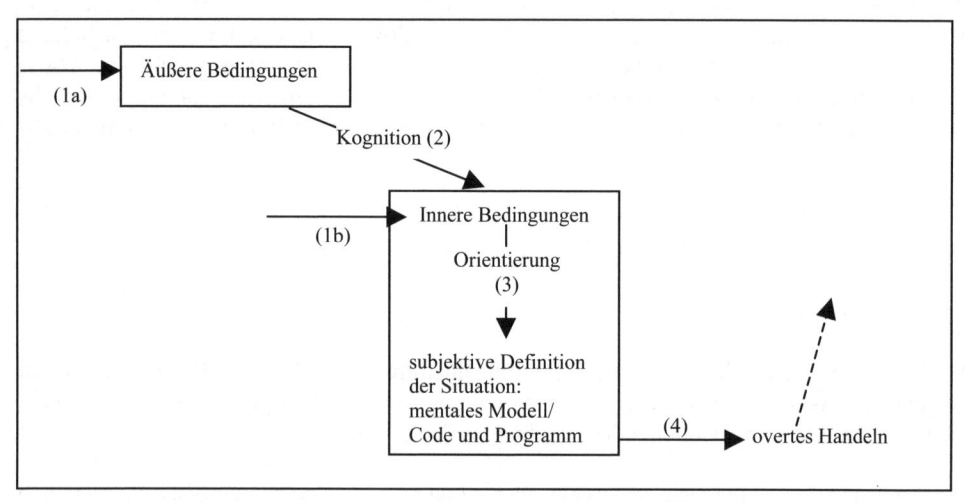

Abbildung 123: Die Selektionen zur "Definition" der Situation[193]

Rodgers und Hunter ermitteln im Rahmen ihrer Reanalyse zu empirischen MBO-Studien, dass das Commitment des Top-Managements entscheidenden Einfluss auf die Erhöhung der Produktivität hat. In den 39 Studien mit Daten zu diesem Zusammenhang fällt der Produktivitätszuwachs von 56 % bei hohem Commitment auf 33 % bei mittleren und auf 6 % bei niedrigem Commitment (1991: 332). Zusätzlich berichten Rodgers, Hunter und Rogers, dass die Arbeitszufriedenheit um so höher ist, je stärker das Top-Management hinter der MBO-Methode steht (1993: 152). Dabei ist vorausgesetzt, dass die MBO-Methode durch die drei Komponenten der Zielvorgabe, der Partizipation des Mitarbeiters und des Feedbacks an den Mitarbeiter institutionalisiert ist (1991: 322-323). Wie lassen sich diese empirischen Ergebnisse mit dem Mikro-Makro Modell erklären? Im Rahmen der Situationsanalyse nehmen wir an, dass die drei Komponenten Zielvorgabe, Partizipation und Feedback

---

[193] Abbildung 123 ist identisch mit Abb. 5.1 in Esser (1999: 166)

und das Commitment des Top-Managements den sozialen Kontext für ein konkretes Zielvereinbarungsgespräch bilden.

Eine solche Annahme ist plausibel, weil diese Faktoren im Zielvereinbarungsgespräch durch die Gesprächspartner nicht verändert werden können, sondern als äußere Bedingungen die Situation vorstrukturieren. Obwohl den Gesprächspartnern ein gewisser Spielraum im konkreten Gespräch verbleibt, sind sie durch die festgelegten Regeln gezwungen, die drei Komponenten zu berücksichtigen und im Protokoll des Zielvereinbarungsgesprächs zu dokumentieren. Auch das Commitment des Top-Managements gehört zu den äußeren Bedingungen, die von den Führungskräften sehr aufmerksam beobachtet werden. Sowohl die drei Komponenten als auch das Top-Management Commitment treffen auf die Werte, Einstellungen und Ziele von Vorgesetzten und Mitarbeitern, woraus beide Gruppen eine subjektive Situationseinschätzung bilden. Falls die MBO-Methode fest institutionalisiert ist und die Gesprächspartner mit negativen Sanktionen durch das Top-Management rechnen, werden sie sich mental und motivationsmäßig darauf einstellen, im Zielvereinbarungsgespräch anspruchsvolle und verbindliche Ziele zu vereinbaren. Die konkreten Codes und Programme zur Umsetzung dieser Situationsdefinition hat Esser in dem Frame/Skript Modell konkreter definiert (vgl. Kap. 6.6.2).

In der *Situationsanalyse* übernimmt Esser die subjektive Definition der Situation aus der phänomenologischen Soziologie von Alfred Schütz und erweitert diesen Ansatz um kognitionstheoretische Elemente wie mentales Modell, Code und Programm. Der entscheidende Beitrag Essers besteht in dem Versuch, das Modell der Situationsanalyse als Frame/Skript Modell mit Hilfe der Wert-Erwartungstheorie zu *formalisieren*.

6.6.2 Frame/Skript Modell

Die Sozialpsychologen Amos Tversky und Daniel Kahnemann haben mit ihren einflussreichen Framing-Experimenten den Effekt der sozialen Kontextbedingungen auf das konkrete Entscheidungsverhalten von Akteuren nachgewiesen, indem sich aus der Variation der sprachlichen Ausdrucksweise (language of presentation), dem Kontext der Wahlentscheidung (context of choice) und der Art der Präsentation (nature of display) unterschiedliche Entscheidungsergebnisse (1986: 273) ergeben. Die Autoren ziehen daraus den Schluss, dass der *normative* Kontext als Erklärungsdimension nicht durch ein Rational-Choice Modell des individuellen Entscheidungshandelns ersetzt werden kann (1986: 252). Eine soziologische Version dieser Ergebnisse hat Lynne Zucker (1991) mit dem in Kap. 3.2.4 dargestellten Experiment der Variation des institutionellen Kontextes nachgewiesen. Als Ethnomethodologin greift Zucker nicht auf Internalisierungsmodelle zurück, sondern führt den Kontexteffekt auf den Grad der *Institutionalisierung* zurück, der in den Wissens- und Relevanzstrukturen der Akteure präsent ist (1991: 83).

Esser gibt sich nicht mit sprachlichen Erklärungen der experimentell ermittelten Kontexteffekte zufrieden, sondern entwickelt im 6. Band seiner Monographie ein *formales* Framing-Modell mit Hilfe der Wert-Erwartungstheorie. Wie in Abbildung 124 dargestellt, ersetzt Esser in der Situationsanalyse (vgl. Abbildung 122) den Prozess der subjektiven Definition der Situation durch eine Kombination der Begriffspaare Frame/Skript mit Modell/Modus.

Der wahrgenommene soziale Kontext wird im Modell der Situationsanalyse (siehe Abbildung 123) vom Akteur reflektiert im Hinblick auf die inneren Bedingungen von Einstellungen und Identität (1999: 56) und führt über die Orientierung zur subjektiven Definition der Situation in Form eines mentalen Modells der Situation. Dieses mentale Modell ist dann die Grundlage für das konkrete (overte) Handeln. Nicht zufällig überschneidet sich dieses Modell mit dem Interaktionsmodell Meads (vgl. Kap. 2.2). Allerdings betont Esser im Gegensatz zu Mead die Selektionsschritte des Akteurs, während bei Mead die in der Identität internalisierten Rollen die subjektive Situationsdefinition (Me) bestimmen und das overte Handeln (I) dann eine spontane Handlungskonkretisierung darstellt ohne den Aspekt der bewussten Selektion durch den Akteur. Esser greift den Begriff des *Framing* zurück, um die aktive Selektionsleistung des Akteurs stärker hervorzuheben. "Der Vorgang der Orientierung und die Selektion einer bestimmten subjektiven Definition der Situation wird auch als Framing bezeichnet" (Esser 1999: 165).

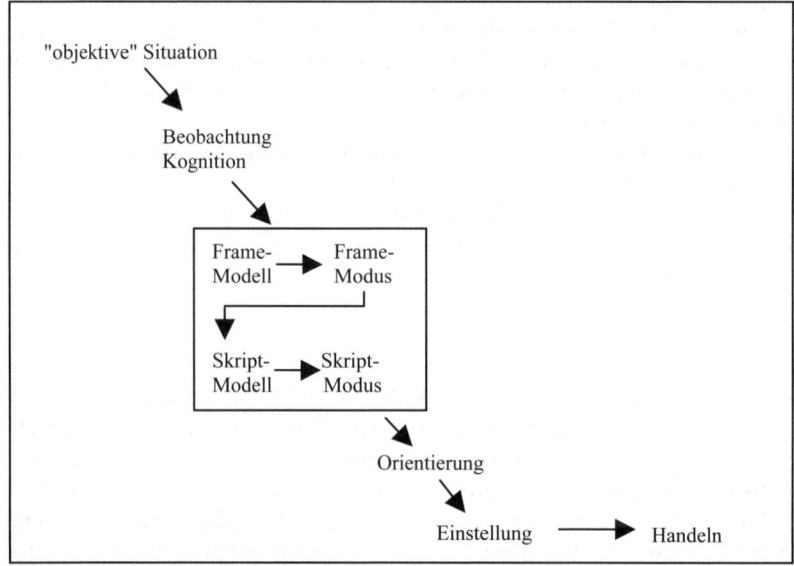

Abbildung 124: Framing-Prozess[194]

Frames und Skripte sind nach Esser zwei Varianten gedanklicher Modelle "von typischen Situationen bzw. von typischen Handlungssequenzen" (2001: 262) im Sinne des interpretativ-interaktionistischen Paradigmas. Spezieller als Goffman definiert Esser Frames als Oberziele, die durch Codes bestimmt werden:

> Der Code legt damit die Bewertungen von möglichen Handlungsergebnissen und somit eine bestimmte Präferenzordnung fest. Das Framing bedeutet damit die Selektion einer auf die spezielle Situation bezogenen Präferenz (Esser 2001: 263).

Im Beispiel des Paares, das einen Spaziergang plant, äußert ein Partner "es regnet". Der andere Partner nimmt daraufhin eine Situationsdefinition vor, indem er diese Äußerung als

---

[194] Abbildung 124 ist identisch mit Abb. 7.1 in Esser (2001: 268)

reine Information oder als Handlungsaufforderung versteht, um bestimmte Vorkehrungen zu treffen. Er könnte z.B. einen Schirm mitnehmen, anstatt den Spaziergang zu verschieben. Das Wissen darum, dass der Schirm beide Partner vor dem Regen schützt, fällt unter den Begriff des *Skriptes*, das einen typischen Handlungsprozess innerhalb eines situativen Rahmens beschreibt. "Es ist das *Programm* des Handelns innerhalb eines bestimmten Frames. Das Programm enthält die auf die Situation bezogenen typischen Erwartungen und Alltagstheorien über die typische Wirksamkeit typischer Mittel" (Esser 2001: 263).

Für Frames und Skripte unterscheidet Esser jeweils ein *Modell* und einen *Modus* (2001: 270-271). Modell und Modus verfügen jeweils über (binäre) *Codes* mit jeweils zwei Ausprägungen. Der Code des *Modells* besteht aus der *Werterwartung* des Akteurs für das ausgewählte Modell gegenüber dem abgelehnten Modell, wobei die Werterwartung jeweils das *Produkt* aus dem *Match* des Modells als Erwartung über die Geltung des Modells in einer bestimmten Situation und dem *Nutzen* des Modells für den Akteur ist. Beim *Modus* unterscheidet Esser als Code-Ausprägungen erstens den *as-Modus* als automatisch-spontane Reaktion und zweitens den *rc-Modus* als reflexiv-kalkulierende Überlegung (2001: 271-273). Für das einfache Beispiel der Vorbereitung eines Paares aus den Spaziergang wird der Partner annehmen, dass das Modell der Vorkehrungen gegen den Regen den höchsten Match mit der Situation und einen hohen Nutzen für das Wohlbefinden des Paares hat.

Falls sich diese Situation schon sehr häufig abgespielt hat, wird der Partner automatisch zum Schirm greifen und damit die automatisch-spontane Reaktion (as-Modus) wählen. Eine andere Situation wäre, wenn die Äußerung "es regnet" beim letzten geplanten Spaziergang einen heftigen Streit unter den Partnern ausgelöst hatte, weil sich z.B. der eine Partner durch die gleichgültige Reaktion des anderen emotional vernachlässigt fühlte. In diesem Fall ist es nahe liegend, dass eine reflexiv-kalkulierende Überlegung (rc-Modus) einsetzt, um nicht wieder in Streit zu geraten.

Mit Hilfe der Codes für Modell und Modus lässt sich die *Dynamik* des Handelns formal abbilden. Ein *Wechsel des Modells* bezeichnet Esser als *Reframing* (2001: 274-275) und ein Übergang von dem automatisch-spontanen (ac) zum reflexiv-kalkulierenden (rc) Modus als *Reflexion* (2001: 275-276). Mit Hilfe der Wert-Erwartungsformeln lassen sich mathematisch *Schwellenwerte* für die jeweiligen Übergänge zwischen alternativen Modellen und von ac-Modus zum rc-Modus errechnen (2001: 274-275). Als Entscheidungskriterium für den Modell- bzw. Moduswechsel wird der jeweils höhere Erwartungswert verwendet.

6.6.3 Formalisierung des Framing-Modells

Esser (2001: 270-273) formalisiert Modell und Modus für Frames mit Hilfe der Wert-Erwartungstheorie. Mit den Begriffen "Match" und "Nutzen" ergibt sich, wie in Abbildung 125 dargestellt, die Wert-Erwartung eines Modells i als Produkt von Match (m) mit dem Nutzen (U_i) des Modells i für den Akteur, wobei der Match (m) der Wahrscheinlichkeit in der klassischen Wert-Erwartungstheorie (vgl. Kap. 6.2) entspricht.

Für ein Reframing im Sinne des Wechsels von Modell i zu Modell j muss der Erwartungswert von Modell j größer als von Modell i sein. In Abbildung 126 wird diese Ungleichung dargestellt und die Formel aus Abbildung 125 eingesetzt. Durch Umformung der Ungleichung ergibt sich dann als Kriterium für ein *Reframing* von Modell i zu

Modell j, dass das Reframing Motiv als Quotient der Modellnutzen (U_j/U_i) größer als die Reframing-Schwelle sein muss, die sich als Quotient ($m/(1-m)$) des Matches von Modell i und des Alternativmodells j ergibt.

Formalisierung des Framing-Modells

Match (m) : Erwartung über die "Geltung" des Modells i in einer bestimmten Situation
Nutzen (U_i) : Nutzen des Modells i für den Akteur
Wert-Erwartung (EU_i) : Wert-Erwartung des Akteurs für das Modell i

$$EU_{(i)} = m \bullet U_i$$
$$EU_{(j)} = (1-m) U_j$$

für die Modelle i, j unter der Annahme: $0 \leq m \leq 1$

Abbildung 125: Werterwartung von Framing-Modellen (2001: 270-271)

Reframing (Wechsel des Modells)

Ein Reframing von einem Modell i auf das dazu alternative Modell j geschieht nach den Regeln der WE-Theorie dann, wenn $EU_{(j)} > EU_{(i)}$ ist.

$$EU_{(j)} > EU_{(i)}$$
$$(1-m)U_j > mU_i$$
$$U_j/U_i > m/(1-m) \quad \text{für } m \neq 1$$

Der Quotient U_j/U_i ist das Reframing-Motiv und der Quotient $m/(1-m)$ die Reframing-Schwelle.

Abbildung 126: Reframing des Modells (2001: 271)

Ist das Reframing-Motiv (U_j/U_i) deutlich größer als die Reframing-Schwelle ($m/(1-m)$), so ist ein Wechsel von Modell i zu Modell j wahrscheinlich. Falls stattdessen die Reframing-Schwelle ($m/(1-m)$) größer als das Reframing-Motiv (U_j/U_i) ist, so kann man keinen Modellwechsel erwarten. In diesem Fall ist die Differenz zwischen Reframing-Schwelle und Reframing-Motiv ($S_i = m/(1-m) - U_j/U_i$) positiv und wird von Esser als *Salienz* bezeichnet. Das Beharren auf Modell i gegenüber Modell j ist umso wahrscheinlicher, je größer die Salienz von Modell i ist. Dieser Zusammenhang ist in Abbildung 127 dargestellt.

Analog zur Formalisierung des Reframings von Modellen lässt sich nach Esser auch der Übergang vom automatisch-spontanen (ac)-Modus zum reflexiv-kalkulierenden (rc)-Modus mit Hilfe der Wert-Erwartungstheorie in Formeln fassen (2001: 273). Hier wird der

Übergang von Modus ac zum Modus rc als *Reflexion* (2001: 275) und die Trägheit des Verbleibens im ac-Modus als *Imposition* (2001: 282) definiert[195].

Salienz
Definition: Grad der Unempfindlichkeit der Modell-Selektion gegen Variationen in den Parametern Formel für Salienz S_i des Modells i: $\quad\quad\quad S_i = m/(1-m) - U_j/U_i$

Abbildung 127: Salienz des Framing-Modells (2001: 282)

6.6.4 Anwendung auf die Methode des Zielvereinbarungsgesprächs

Das Frame/Skript Modell von Esser bietet sich an, auf den Verlauf des Zielvereinbarungsgesprächs (ZVG) angewendet zu werden. Im ersten Schritt werden Vorgesetzter und Mitarbeiter das *Frame-Modell* festlegen. Orientieren wir uns an dem normativen Paradigma, so könnten die Gesprächspartner das ZVG als eine vorgegebene Aufgabe ansehen, die sie gemeinsam abarbeiten. In diesem Fall sind die Ziele durch das Unternehmen weitgehend vorgegeben und werden in dem komplementären Rollenmodell von Vorgesetztem und Mitarbeiter wie andere Aufgaben innerhalb der Arbeitsorganisation nach dem *Skript* der vorgegebenen Regeln abgearbeitet. In den meisten Wirtschaftsunternehmen existieren Formulare für Zielvereinbarungen und Leitfäden zum Ausfüllen der ZVG-Formulare. Routinemäßig durchgeführt handelt es sich hier um ein Skript mit ac-Modus. Allerdings kann der Modus wechseln, wenn sich z.B. die Unternehmensziele im Verlauf des ZVG als zu hoch gesteckt oder zu wenig beeinflussbar durch den Mitarbeiter herausstellen. Was ist dann zu tun? Mit reflexiv-kalkulierenden Überlegungen werden die Gesprächspartner nach Lösungen suchen, z.B. die Aktivierung von zusätzlichen Personalressourcen oder von Investitionen, um die Ziele zu erreichen.

Ein alternatives *Modell*, an dem sich die Gesprächspartner orientieren könnten, wäre das reine *Machtspiel*. Geht man wie Luhmann (2000: 201; vgl. Kap. 4.2.10) davon aus, dass in Organisationen Macht von Vorgesetzten *und* Mitarbeitern ausgeübt wird, ist es wahrscheinlich, dass beide Gesprächspartner das ZVG als Machtkampf inszenieren. Beide Gesprächspartner können als Machteinsatz offen mit Kündigung drohen. Eine verdeckte Drohgebärde wäre der "Hinweis" des Vorgesetzten, dass der Mitarbeiter doch sicher auch in Zukunft als kooperativ und motiviert gelten wolle. Umgekehrt kann der Mitarbeiter als verdeckte Drohung zwar seine Loyalität betonen, aber und im Nebensatz "gestehen", dass er deutlich motivierter wäre, wenn er die Ziele mehr beeinflussen könnte. Das Machtspiel verläuft im ac-Modus, wenn es ritualisiert ist und der Gewinner schon vorher feststeht, weil

---

[195] Diese Formeln werden aus Platzgründen nicht aufgeführt. Außerdem sind die Formeln für Reflexionsmotive (2001: 275) und für Imposition (2001: 282) nicht rechnerisch nachvollziehbar. Möglicherweise liegen hier Druckfehler bei Esser vor.

er über die stärkere Macht verfügt. Der Machtunterworfene kann aber auch das ZVG grundsätzlich infrage stellen und dem Vorgesetzten z.B. vorschlagen, er solle die Ziele in das Formular hineinschreiben ohne unnötige Diskussionen. Dieser Vorschlag kann eine Metakommunikation im rc-Modus auslösen.

Um die Essersche Formalisierung anzuwenden, definieren wir Modell 1 als Hierarchie-Modell und Modell 2 als Macht-Modell. Unter der Voraussetzung einer hierarchisch gegliederten Organisation sei der Wert für den Match von Modell 1 gleich 0,8 (m = 0,8). Der Nutzenwert für Modell 1 wird mit 0,6 (U_1 = 0,6) und für Modell 2 mit 0,3 (U_2 = 0,3) angenommen. Hier wird zur Vereinfachung vorausgesetzt, dass die Nutzenwerte für den Vorgesetzten und den Mitarbeiter identisch sind. Dann ergeben sich die in Abbildung 128 dargestellten Werte.

Wert-Erwartungen:
EU(1) = m • U_1 = 0,8 • 0,6 = 0,48
EU(2) = m • U_2 = 0,8 • 0,3 = 0,24

Salienz (Hierarchie-Modell):

S_1 = m/(1-m) - U_2/U_1 = 0,8/0,2 - 0,6/0,3 = 4 - 2 = 2

Abbildung 128: Salienzwert für das Hierarchie-Modell (Modell 1)

Da die Salienz für das Hierarchie-Modell positiv (S_1 = 2) ist, wird es keinen Wechsel vom Hierarchie-Modell zum Macht-Modell geben. Dies war auch nicht zu erwarten, da bei der Definition der Ausgangswerte (m = 0,8; U_1 = 0,6; U_2 = 0,3) das Hierarchie-Modell als verbindlich für die Gesprächspartner des ZVG angenommen wurde.

Auch an diesem Beispiel zeigt sich die handlungstheoretische Trivialität der Formalisierung, indem als Salienzwert das durch die Ausgangswerte (für Match und Nutzen) festgelegte Ergebnis herauskommt. Interessant wird diese Formalisierung erst, wenn sie auf eine Vielzahl von sozialen Situationen vergleichend angewendet wird. Nehmen wir an, eine Forschungsgruppe könnte bei 100 durchgeführten Zielvereinbarungsgesprächen die Werte für Match und Nutzen der jeweiligen Gesprächspartner durch Befragung ermitteln. Dann hätte die Forschungsgruppe 100 Salienzwerte und könnte diese Werte ins Verhältnis setzen zu anderen gemessenen Größen, wie z.B. den späteren Zielerreichungsgrad oder die erzielte Produktivität des Mitarbeiters. Diese Werte lasen sich dann verwenden, um das Hierarchie-Modell mit dem Macht-Modell zu vergleichen. Rodgers, Hunter und Rogers (1993) haben empirisch ermittelt, dass das Commitment des Top-Managements entscheidend für den Erfolg der Zielvereinbarungen ist. Demnach wäre zu erwarten, dass das Hierarchie-Modell erfolgreicher als das Macht-Modell ist. Mit Hilfe der Esserschen Formalisierung ließe sich diese Hypothese empirisch überprüfen.

Zweifellos sind eine Vielzahl weiterer Modelle und Skripte vorstellbar, die von den Gesprächspartnern im ZVG ausgewählt werden. Komplexer wird die Modellierung, wenn erstens beide Partner unterschiedliche Modelle selektieren und wenn zweitens während des Gesprächsverlaufs Skript- und Modellwechsel stattfinden. Forschungslogisch stellt sich außerdem die Frage, ob die Gesprächspartner sich in der Lebenswelt des Alltags an soziologischen Modellen wie Rollen- oder Machtspiel tatsächlich orientieren. Nach den Erkenntnissen besonders der Ethnomethodologen, denen sich Giddens anschließt, agieren die Individuen als Laien-Soziologen, so dass wir davon ausgehen können, dass die handlungstheoretisch aufstellten Modelle in der Lebenswelt eine Rolle spielen. Diese Frage lässt sich nur durch empirische Studien beantworten. Dabei sollten die Forscher beachten, dass die Individuen als "Laien-Soziologen" andere Begriffe und bildhafte Darstellungen verwenden als die professionellen Soziologen.

6.7 Kreativität des Handelns im Rational-Choice Ansatz

Im Rational-Choice-Ansatz finden sich eine enge und eine weitere Beschreibung der Kreativität des Handelns. Die enge Fassung besteht aus dem Bestreben rationaler Akteure, zur Zielverwirklichung unter der Bedingung der Nutzenmaximierung immer wieder neue und effektivere Wege zu finden.

> Mehr noch: daß sie (die Akteure) - als grundlegend für ihre gesamte Befindlichkeit - *immer* auch zu Kreativität, zu innovativer Initiative und zu Findigkeit in der Lage sind. Und das heißt: Die Logik der Situation ist immer in gewisser Weise "kontingent", weil nie auszuschließen ist, daß die findigen Menschen in ihrer Situation noch Alternativen aufspüren, an die bis dahin keiner gedacht hatte. (Esser 1996: 228, Klammereinschub vom Verf., B.M.)

Wie Esser betont, ändert die Findigkeit im Hinblick auf die Mittel und Wege nichts an der grundlegenden Rational-Choice-Prämisse, dass die Regel der Nutzenmaximierung weiterhin gilt und damit das Handeln auf Basis des Wert-Erwartungs-Modells vorhersagbar ist (1996: 228). Die weite Fassung der Kreativität ergibt sich aus der situationslogischen Tiefenerklärung des Frame/Skript-Modells (siehe Kap. 6.6). Die situationslogische Rahmung und die Möglichkeit des Übergangs vom Routinemodus zur Reflexion und der damit verbundenen Veränderungen eröffnen dem Handelnden einen Spielraum für Kreativität.

> Die RC-Theorie bietet sich an, weil sie präzise, allgemein und - vergleichsweise - gut bestätigt ist... Und sie bietet sich an, weil sie das menschliche Handeln als eine intentionale, an der Situation orientierte Wahl zwischen Optionen auffaßt und damit der menschlichen Fähigkeit zu Kreativität, Reflexion und Empathie ebenso systematisch Rechnung trägt wie der Bedeutung von Knappheiten und von (Opportunitäts-)Kosten des Handelns. (Esser 1991: 431)

Trotz des engen und weiten Kreativitätsbegriffs beschreibt die Rational-Choice Theorie die Kreativitätsprozesse nicht so explizit wie Joas (vgl. Kap. 2.2.3) oder Luhmann (vgl. Kap. 4.2). Allerdings finden sich in der Rational-Choice Welt mit dem Konzept nichtintendierter Handlungen und den mehrstufigen Modellen von *Transformation* (Esser 2000: 21-28), *Akteurkonstellationen* und *Transintentionalität* (Schimank 2003) weitere Möglichkeiten, um Entstehung, Verlauf und Folgen kreativen Handelns zu beschreiben (vgl. Kap. 6.4 und 6.5). Anders als das Framing-Modell im Rahmen der Logik der Situation hat Esser diese Modelle bislang nur für den einfachen Fall der Transformationsregeln formalisiert und auf diese Weise in den Methodologischen Individualismus integriert.

6.8 Entstehung und Wandel von Institutionen

6.8.1 Modell der Evolution von Institutionen des kollektiven Handelns

Aus der Diskussion des Gefangenendilemmas, den sozialpsychologischen Experimenten von Tversky und Kahnemann und dem ethnomethodologischen Institutionalismus Zuckers ist die Erweiterung des klassischen Rational-Choice Ansatzes um die institutionelle Dimension deutlich geworden. Während die Situationsanalyse die Abhängigkeit individuellen Entscheidungshandelns von institutionellen Kontexten untersucht, beschäftigen sich die Rational-Choice Institutionalisten primär mit der Entstehung und dem Wandel von Institutionen. Ein Veränderungsmodell im Rahmen der Rational-Choice Theorie hat der Wirtschaftswissenschaftler D. North entwickelt (vgl. Kap. 2.3.4). Ein weiteres Modell des institutionellen Wandels innerhalb der Sozialwissenschaften hat die Politologin Elinor Ostrom entwickelt und in einer Reihe von empirischen Studien erprobt.

In ihrem Buch "Governing the Commons" beschreibt und interpretiert Ostrom (2003) empirische Studien zur Selbstorganisation und Selbstverwaltung der *Common Pool Ressources* (CPR). Damit sind Ressourcen wie z.B. Bewässerungssysteme in trockenen Regionen gemeint, die den Bürgern gemeinsam zur Verfügung stehen. Unter der Bedingung, dass die Anwohner als Grundbesitzer ein hohes Interesse an langfristiger Stabilität und Überleben haben, entwickeln sich in den von Ostrom untersuchten internationalen Beispielen nachhaltige Systeme der *Selbstorganisation*, wenn bestimmte Prinzipien beachtet werden. So sollten die Beiträge der einzelnen Haushalte klar definiert sein, die einzelnen Haushalte an den Entscheidungen mitwirken und wirksame Sanktionsprozeduren und Konfliktlösungsmechanismen bei abweichendem Verhalten existieren (2003: 90). Theoretisch[196] erklärt werden diese Effekte von Ostrom im Rational-Choice Paradigma.

> Die Grundstrategie besteht aus der Identifikation solcher Aspekte der physischen, kulturellen und institutionellen Gegebenheiten, die Einfluss darauf haben, wer in Situationen involviert ist, welche Handlungen von diesen Individuen zu welchen Kosten ausgeführt werden können, welche Ergebnisse erreicht werden können, wie die Handlungen mit den Ergebnissen verbunden sind, welche Information verfügbar ist, welche Kontrolle die Individuen ausüben und welche Vorteile sich aus der speziellen Kombination von Handlungen und Ergebnissen ergeben. (Ostrom 2003: 55; Übersetzung vom Verf., B.M.)

Institutionen entwickeln sich inkrementell in kleinen Schritten. Entscheidend für die Verfestigung von Institutionen ist, dass der Nutzen des ersten Schrittes realisiert ist, bevor der nächste Schritt angegangen wird. Auf diese Weise bildet der Erfolg der vorangegangenen Schritte einen Anreiz für die Individuen, die Institution weiter auszubauen und ihre Regeln zu akzeptieren. Dieser Prozess mündet in eine Phase der Selbstverstärkung und -stabilisierung, wo sich Individuen gegenseitig positiv beeinflussen und institutionelle Arrangements mit individuellen Strategien zu regelkonformem Verhalten verschmelzen. Dieses Verhalten ist nicht perfekt, aber stabil (2003: 137).

Die Entstehung von Institutionen führt Ostrom im Sinne der Rational-Choice Theorie auf individuelle Nutzenabwägungen zurück. Zusätzlich beschreibt sie eine Entwicklungs-

---

[196] In dem Zitat werden als "Grundstrategie" praktisch alle Aspekte des Rational-Choice Ansatzes beschrieben, so dass man sich fragt, worin die Grundstrategie genau besteht.

dynamik der Regelbildung in Institutionen, die für die Individuen nur dann zur Routine wird, wenn sie dauerhaft aus der Institution Vorteile ziehen können und wenn soziale Mechanismen zur Verstärkung von Konformität und zur Abschwächung von Abweichung gegenüber den institutionellen Regeln wirksam sind. Auch in der Erklärung des Wandels von Institutionen bleibt Ostrom dem Rational-Choice Ansatz treu. Institutioneller Wandel ergibt sich, wenn die Akteure einen Wechsel der institutionellen Regeln forcieren. Dies werden die Akteure genau dann tun, wenn sie von dem Wechsel der institutionellen Regeln einen Vorteil erwarten (2003: 194). Diese einfachen Grundannahmen unterfüttert Ostrom mit einer expliziten Forschungsstrategie, die in Abbildung 129 zusammengefasst ist.

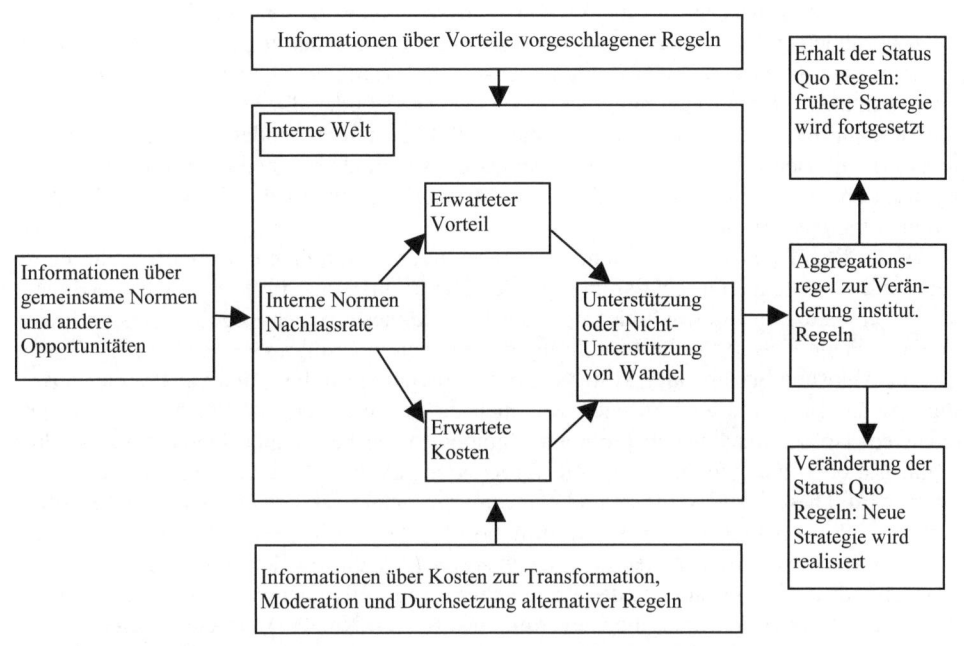

Abbildung 129: Modell des institutionellen Wandels (Ostrom 2003: 193)

Das Modell umfasst als Inputvariablen *Informationen* der Akteure über bestehende Normen und den damit verbundenen Vorteilen, über die Vorteile der neuen Regeln und über die Kosten des Übergangs von den alten zu den neuen institutionellen Regeln. Mit diesen Informationen erfolgt die rationale Entscheidung für oder gegen die neuen Regeln auf Basis einer Kosten-Nutzen Analyse der Akteure.

Diese Entscheidung ist abhängig von den *internalisierten Normen* und von der Einbettung des Akteurs in die bestehenden Institutionen, die sich bei hoher Einbettung als niedrige und bei niedriger Einbettung als hohe *Nachlassrate* gegenüber den bestehenden Normen niederschlägt. Die internalisierten Normen und die Wechselbereitschaft können wir als Frames interpretieren, die den institutionellen Kontext in eine Handlungsdisposition für den Akteur konkretisieren. Die anschließende *Kosten-Nutzen-Kalkulation* entspricht dann der Logik der Situation im Modell von Esser. Schließlich lässt sich die *Aggregationsregel* der Logik der Aggregation zuordnen, weil die Aggregationsregel die Verfahren beschreibt, mit denen ein institutioneller Wandel vollzogen wird. Konkret können diese Verfahren aus Prozeduren der politischen Entscheidungsvorbereitung, -verhandlung und -umsetzung bestehen (2003: 201).

Ostrom gibt zu den einzelnen Variablenblöcken Operationalisierungen zur empirischen Messung an und vertritt die These, dass bei sorgfältiger Erhebung der Variablen und unter Berücksichtigung des externen politischen Regimes der institutionelle Wandel von Common Pool Resources (CPR) prognostiziert werden kann (2003: 210-214).

6.8.2 Anwendung auf die Institutionalisierung von Zielvereinbarungen

Der Vorteil des klassischen Rational-Choice Ansatzes ist seine lebensweltliche Plausibilität. Insbesondere in Wirtschaftsorganisationen werden Entscheidungen nach dem Prinzip getroffen, dass die erwarteten Vorteile höher als die erwarteten Kosten ausfallen. Das Ziel von maximalem Nutzen gegenüber minimalen Kosten bildet die Leitstrategie von Wirtschaftsorganisationen. Mit dem in Abbildung 129 dargestellten Modell hält sich Ostrom an dieses Prinzip. Betrachten wir die Zielvereinbarungsmethode als Institution innerhalb einer Organisation, so lässt sich das Modell von Ostrom plausibel auf die Einführung des Zielvereinbarungssystems anwenden.

In der Regel werden Zielvereinbarungssysteme auf Betreiben der obersten Führungsebene, z.B. Vorstand, Geschäftsführung oder Direktion, eingeführt. Es ist anzunehmen, dass diesen Akteuren Informationen über die *Vorteile* dieses neuen Regelsystems vorliegen und dass sie die *Kosten* für die Einführung des Zielvereinbarungssystems als neues System oder zur Ablösung bestehender Systeme zur Mitarbeiterbeurteilung und zur Prämienverteilung abschätzen. Schließlich können wir auch davon ausgehen, dass sich diese Akteure Gedanken darüber machen, ob die neue Methode in die bestehende Unternehmenskultur hineinpasst oder wie sich durch das Zielvereinbarungssystem die Unternehmenskultur verändern wird. Diese Überlegungen sind den *Informationen über gemeinsame Normen* zuzurechnen. Auf der Grundlage der drei Informationsblöcke von Vorteilen, Kosten und normativem Kontext werden die Akteure in der *internen Welt* die Einführung der Zielvereinbarungsmethode auf der Grundlage des Vergleichs von Vorteilen gegenüber *Kosten* befürworten oder ablehnen. Wichtig ist die Bewertung des Kosten-Nutzen Vergleichs durch *interne Normen*, wie z.B. die bestehende Führungskultur, und die Distanz *(Nachlassrate)* zu den vorhandenen Systemen der Mitarbeiterbeurteilung, wie z.B. der Verteilung von Prämien durch Vorgesetzte auf der Basis ihrer subjektiven Leistungsbeurteilung des Mitarbeiters.

Die *Aggregationsregel* beschreibt das konkrete Entscheidungsverfahren, wie z.B. ein formaler Beschluss der Geschäftsführung zur Einführung des Zielvereinbarungssystems für die Führungsebene. In den meisten Unternehmen sind erweitere Führungskreise eingerichtet, in denen die Geschäftsführung wichtige Themen mit der Vertretern der obersten Führungsebene regelmäßig bespricht. In diesem Gremium würde dann die Einführung des Zielvereinbarungssystems zu diskutieren sein. Falls das System der Zielvereinbarungen auch auf der Ebene der Mitarbeiter eingeführt wird, müssen bei mitbestimmten Arbeitsorganisationen zusätzlich die rechtlich vorgeschriebenen Gremien, wie z.B. Betriebs- oder Personalrat, in den Entscheidungsprozess einbezogen werden. Am Ende dieses Prozesses, der in mehreren Iterationsschritten durchlaufen werden kann, steht die Entscheidung, dass das neue Regelwerk der Personalbeurteilung als *Veränderung* des Status Quo eingeführt wird oder *keine Veränderung* stattfindet.

6.8.3 Methode der empirischen Fallbeispiele (Ostrom)

Ostrom führt das in Abbildung 129 dargestellte Modell als *Grundgerüst* (Framework) zur Analyse des institutionellen Wandels am Ende des Buches "Governing the Commons" ein. Daraufhin konnte man aus methodologischer Sicht auf die nachfolgenden Studien gespannt sein. Ähnlich wie Giddens sich an das Strukturationsmodell in seinen späteren Globalisierungsstudien nur sehr vage erinnert, schüttelt auch Ostrom in ihrem späteren Studien (z.B. Ostrom/Gardner/Walker 2003) neue Modelle aus dem Ärmel und legt Wert auf eine Vielfalt empirischer Fallstudien zur Erforschung der Common-Pool Resources, anstatt ein bestimmtes Modell systematisch weiterzuentwickeln und konsequent in empirischen Forschungsarbeiten anzuwenden. Mit dieser Methodik scheint sie im pragmatischen Forschungstrend der Neo-Institutionalisten zu liegen.

Vergleicht man, wie Esser und Ostrom den Bezugsrahmen des Methodologischen Individualismus verwenden, erweisen sich ihre Forschungsstrategien als völlig *konträr*. Während Esser eine systematische Methodologie aufzubauen versucht, interessiert sich Ostrom für empirische Fallstudien, die durch einen Rational-Choice Bezugsrahmen beschrieben werden. Es ist daher kein Zufall, dass Esser und Luhmann (1996) trotz paradigmatischer Gegensätze in dem Anspruch der *systematischen* Handlungstheorie übereinstimmen. Der forschungslogische Graben zwischen systematischen und pragmatischen Handlungstheorien ist tiefer als zwischen Systemtheorie und Methodologischem Individualismus.

6.9 Erweiterungen des Mikro-Makro Modells

6.9.1 Zeitdimension

Ein wesentliches Ergebnis der Anwendung des Mikro-Makro Modells auf das Beispiel von Zielvereinbarungen ist, dass sich empirische Prozesse nur unter Berücksichtigung der *Zeitdimension* angemessen beschreiben lassen. Dem hat Esser durch die mehrfache Anwendung des Mikro-Makro Modells entlang der Zeitschiene Rechnung getragen (1996: 107; 1999: 18). Auch innerhalb der einzelnen Pfeile des Mikro-Makro-Modells ist es notwendig, die Zeitdimension genauer zu berücksichtigen. Ein Beispiel sind die Modell- und Moduswechsel für Frames und Skripte innerhalb der Logik der Situation, die in Kap. 6.6.4 am Beispiel des Zielvereinbarungsgesprächs diskutiert werden. Esser verweist in diesem Zusammenhang wie Luhmann (vgl. Kap. 4.2.11) auf den Prozess *Selbstorganisation* (1996: 109) zu einem konvergierenden Ergebnis und auf die Möglichkeit des Wandels oder des Zerfalls (1996: 111).

6.9.2 Mesoebene

Neben der Erweiterung des Mikro-Makro Modells um die Zeitdimension ist die Berücksichtigung der Meso-Zwischenebene zwischen Makro- und Mikroebene erforderlich, um insbesondere das Modell in der Organisationsforschung einzusetzen, wie in Abbildung 130 dargestellt wird.

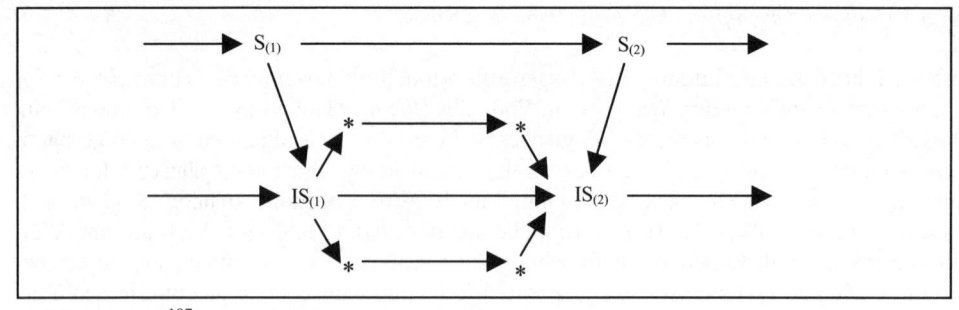

Abbildung 130[197]: Essers Modell der sozialen Einbettung

Mit den Variablen $S_{(1)}$ und $S_{(2)}$ werden zwei kollektive Situationen operationalisiert, wie der Institutionalisierungsgrad der Zielvereinbarungsmethode ($S_{(1)}$) und der Unternehmenserfolg ($S_{(2)}$). Anstelle eines einzelnen Akteurs auf der Mikroebene wird hier ein Interaktionssystem von zwei Akteuren betrachtet, das die beiden Zustände $IS_{(1)}$ und $IS_{(2)}$ einnimmt. Für das Beispiel der Zielvereinbarung kann $IS_{(1)}$ der Zustand vor und $IS_{(2)}$ nach dem Zielvereinbarungsgespräch repräsentieren. Die mit * gekennzeichneten Submodelle ("Unterwannen") verweisen auf die Individualebenen der beiden Akteure. Damit ergibt sich das in Abbildung 131 dargestellte Anwendungsbeispiel als "Mehr-Ebenen-Modell" (1996: 112) bzw. Modell der "Einbettung sozialer Gebilde in das Modell sozialer Erklärung" (1999: 19).

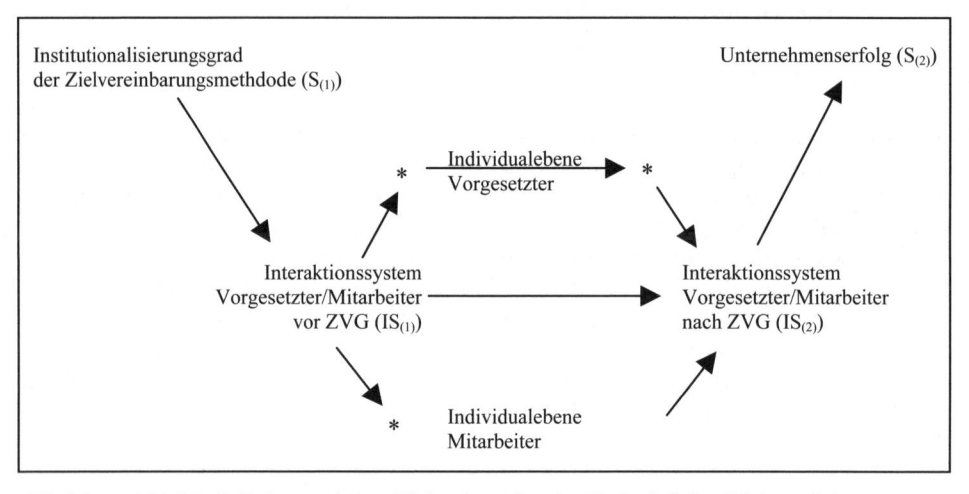

Abbildung 131: Modell der sozialen Einbettung für das Beispiel des Zielvereinbarungsgesprächs

Diese Konstellation eines Zwei-Personen Interaktionssystems wird formal durch spieltheoretische Modelle beschrieben, wie in Kap. 6.3 an dem Beispiel des Zielvereinbarungsgesprächs dargestellt wird. Esser versäumt nicht zu betonen, dass er dem Interaktionssystem

---

197 Abbildung 130 ist identisch mit Abb. 0.3 in Esser 1999: 19.

keine Emergenzeigenschaft zugesteht, sondern dass die Zustandsänderung des Interaktionssystems auf die Individualebene der beiden Akteure zurückgeführt werden muss.

> Aus der Skizze soll deutlich werden, daß das "Verhalten" der in S eingebetteten sozialen Gebilde - die Beziehung IS1 - IS2 - nur vom Agieren der beteiligten Akteure abhängt, daß dieses Agieren aber sowohl von der Makroebene S wie von den Strukturen des sozialen Gebildes IS beeinflusst wird. (Esser 1999: 19)

6.9.3 Situationslogische Tiefenerklärung

An dem in Abbildung 117 dargestellten Anwendungsbeispiel wird deutlich, wie schmal der Grad zwischen der Luhmannschen Systemtheorie als "Theorie beobachtender Systeme" (Esser/Luhmann 1996: 133) und der Esserschen "situationslogischen Tiefenerklärung im Rahmen des methodologischen Individualismus" (Esser/Luhmann 1996: 132) ist. Nach Luhmann folgen die Operationen (Kommunikationsakte) des Interaktionssystems einer eigenen Sinnlogik, die von Strukturen beeinflusst und im Prozessverlauf durch Selbstorganisation fortgeschrieben oder verändert wird. Esser besteht darauf, dass die Interaktionsprozesse von den Akteuren abhängen, z.B. durch routinemäßige Ausführung (ac-Modus) oder reflexive Veränderung (rc-Modus) durch die einzelnen Akteure im Frame/Skript Modell.

Der Streit zwischen systemtheoretischem und individualistischem Paradigma kocht sich in diesem Modell darauf herunter, dass Luhmann aus Systemsicht und Esser aus Akteursicht auf dasselbe Erklärungsobjekt schauen. Luhmann beschreibt dieses Erklärungsobjekt als *Eigenlogik* des Interaktionssystems, die von Personen beobachtet und beeinflusst wird. Bei Esser ist es die von Akteuren gemeinsam produzierte *Handlungslogik* des Interaktionssystems. Esser sieht für den Methodologischen Individualismus die Kritik als widerlegt an, dass die Frames und Skripte internalisierte normative Muster reproduzieren und sich damit als *nicht rational* erweisen.

> Für die - wie beschrieben modifizierte - Theorie des rational-choice folgt dagegen auch scheinbar irrationales Verhalten den Regeln des rational-choice, u.a. weil bestimmte Irrationalitäten (sozusagen: erster Ordnung) als ein besonders kluger Umgang (zweiter Ordnung) mit dem Problem der bounded rationality und der Knappheit von Information und Zeit gedeutet werden können. (Esser/Luhmann 1996: 133).

Damit führt Esser alle kognitiven Prozesse der Wahrnehmung von Kontextsituationen auf die Selektion der Selektionsmuster (z.B. Frames und Skripte) zurück und folgert im Sinne des Methodologischen Individualismus, "dass auch die Selektion der Selektionsmuster genau den Bedingungen und Selektionsregeln folgt, die die Theorie des rational-choice als allgemein gültig angibt" (Esser/Luhmann 1996: 132).

In einem wesentlichen Punkt sind sich Luhmann und Esser allerdings einig, indem sie das psychische System als nicht entschlüsselbar betrachten (Esser/Luhmann 1996: 134). Das Rational-Choice Modell des Akteurs abstrahiert von der Einzigartigkeit des Individuums ebenso wie das Modell beobachtender Systeme. Goffman ist hier einen Schritt weitergegangen und Giddens führt diesen Ansatz fort, indem er die Persönlichkeit tiefenpsychologisch beschreibt. Bezogen auf das Beispiel des Zielvereinbarungsgesprächs analysiert der Organisationspsychologe Weinert die inneren Prozesse der Akteure präziser und stellt die *Selbstwirksamkeit*, "also die Auffassung einer Person über die eigene Leistungsfähigkeit" (2004: 216) als Schlüsselfaktor für den Erfolg des Zielvereinbarungsgesprächs zur Erreichung höherer Leistungen hervor. Trotz dieser psychologischen Beschreibung abstrahiert Weinert ebenso wie Esser und Luhmann von der Einzigartigkeit des jeweiligen Individuums zugunsten eines allgemeinen Modells.

6.9.4 Modell der Einbettung

In Kap. 6.3 wird der Vorschlag Axelrods (1990: 114-125) dargestellt, mit Normen *kooperatives* Handeln im Gefangenendilemma trotz entgegen stehender Nutzenkalkulation der Akteure zu erklären. Axelrod räumt ein, dass Internalisierung ein Mechanismus zur Erklärung der Entstehung von Normen darstellt (1990: 118). Nach Coleman ist bei Normen der Prozess der Internalisierung in der Sozialisation davon zu unterscheiden, wie Individuen durch Internalisierung ihre Motivationsstruktur und damit ihre Präferenzen ändern. Nur der zweite Aspekt der Identität ist nach Coleman relevant für die Handlungstheorie (1994: 293). Internalisierung in diesem Sinne bedeutet, dass das Individuum über ein inneres Sanktionssystem zur Belohnung seines nonkonformen und zur Bestrafung seines von der Norm abweichenden Verhaltens (1994: 293) verfügt. Lebensweltlich ausgedrückt kann das schlechte Gewissen beim Verstoß gegen eine verinnerlichte Norm innere Schmerzen verursachen, die eine Form von Selbstbestrafung darstellen. Mit dieser Definition hat Coleman den Begriff der Internalisierung dem Rational-Choice Denken ein Stück näher gebracht, weil die negative Sanktion einen negativen Nutzenwert für die Person besitzt.

Trotzdem räumt Coleman ein, dass die kognitive Psychologie Verhalten[198] identifiziert hat, das sich nicht mit der Maximierung des erwarteten Nutzens erklären lässt (1994: 505). Der wesentliche innere Mechanismus zur Veränderung der individuellen Motivationsstruktur ist die Identifikation der Individuen mit einer anderen Person. Diese Identifikation findet statt, wenn jemand altruistisch zum Vorteil eines anderen handelt, wenn der andere erfolgreich ist, wenn jemand mit anderen etwas Positives erlebt hat, wenn jemand abhängig von einem anderen ist oder wenn er einem anderen Kontrolle über sein eigenes Handeln einräumt (1994: 518-519).

Granovetter wirft den Rational-Choice Theoretikern vor, dass sie entweder einseitig Normen ausblenden oder leichtfertig die Annahme der rationalen Entscheidung zugunsten der nichtrationalen Normenannahme aufgeben. Den ersten Effekt bezeichnet er als *untersozialisiert* und den zweiten als *übersozialisiert*. Im untersozialisierten Modell der strikten Rational-Choice Vertreter wird die Verfolgung des Eigeninteresses überbetont, während im übersozialisierten Ansatz angenommen wird, "dass Verhaltensmuster internalisiert wurden und sich die aktuell bestehenden sozialen Beziehungen nur geringfügig auf das Verhalten auswirken" (2000: 179).

Beide Ansätze sehen den Akteur als Einzelwesen, das unabhängig vom sozialen Umfeld seine Interessen kalkuliert (untersozialisiert) oder sein Verhalten an internalisierten Normen ausrichtet (übersozialisiert). Dieser *atomistischen* Auffassung von Akteuren stellt Granovetter das Modell der sozialen *Einbettung* in ein Netzwerk sozialer Beziehungen entgegen.

---

198 Ein von Coleman genanntes Beispiel sind die in Kap. 6.6 dargestellten Framing-Effekte nach Tversky und Kahnemann.

Akteure handeln und entscheiden nicht als Monaden, unabhängig von einem sozialen Kontext, und sie folgen auch nicht sklavisch einem Skript, das für sie geschrieben wurde gemäß der spezifischen Überschneidung von Sozialkategorien, die sie gerade zufällig einnehmen. Vielmehr sind ihre Versuche zielgerichteten Handelns in konkrete und andauernde Systeme sozialer Beziehungen eingebettet. (Granovetter 2000: 181)

In der Diskussion des Gefangenendilemmas wird die mögliche Einbettung in das Beziehungsnetz der Mafia als Grund für das Nicht-Gestehen der Gefangenen dargestellt (siehe Kap. 6.3). Diese Argumentation überträgt Granovetter auf *Vertrauen* und *Betrug* im Wirtschaftsleben, wo das Gefangenendilemma durch die "Intensität der persönlichen Beziehungen" (2000: 185) verhindert wird.

Ein Beispiel für die Funktion der Einbettung zur *Vertrauensbildung und -absicherung* ist die hohe Bedeutung der Reputation von Geschäftspartnern (2000: 185). Das Vertrauen in die Reputation beruht auf Informationen des Beziehungsnetzes. Umgekehrt spricht sich ein Vertrauensbruch im Beziehungsnetzwerk schnell herum und erschüttert nachhaltig die Reputation. Daraus ergibt sich eine Abschreckungsfunktion gegen betrügerisches Verhalten. Die Einbettung in ein Beziehungsnetz kann umgekehrt auch abweichendes Verhalten begünstigen, wenn sich die Mitglieder informell einig sind oder untereinander absprechen, wie im Fall der *Abschirmung gegenüber internen Prüfungen* in Wirtschaftsorganisationen (2000: 195).

Vergleicht man Granovetters Modell der Einbettung mit Essers Frame/Skript Modell, so bemühen sich beide Autoren um theoriereiche Brückenannahmen zwischen der Makroebene des sozialen Kontextes und der Mikroebene des Akteurhandelns. Während Esser in der Tradition des interpretativen Paradigmas die Brücke als Prozess der Kognition im Bewusstsein des Akteurs rekonstruiert, argumentiert Granovetter in der soziologen Tradition der Integration in soziale Gruppen.

6.9.5 Framing oder kognitive Rationalität?

Grundlegend für die Soziologie hat Max Weber den Handlungsbegriff als intentionales Verhalten definiert und eine Typologie des Handeln entwickelt. *Zweckrationalität* als der Handlungstyp des effektiven Einsatzes von Mitteln zur Zielerreichung entspricht am ehesten dem Handlungsbegriff der Rational-Choice Theorie. *Wertrationalität* als die Orientierung des Handelns an Werten ohne Rücksicht auf die damit verbundenen Kosten hat als Handlungstyp durch die Integration von *Normen* (vgl. Granovetter 2000; Kap. 6.9.4) und *Frames* (vgl. Traversky/Kahnemann 1986, Kap. 6.6.2) in die Rational-Choice Theorie Eingang gefunden. Im nachfolgenden Abschnitt wird im ersten Schritt die Unterscheidung in Zweck- und Wertrationalität betrachtet. Darauf aufbauend lässt sich dann im zweiten Schritt die Frage beantworten, ob sich die Erweiterungen (z.B. Frames und Normen) in die Rational-Choice Theorie sinnvoll integrieren lassen oder ob es sinnvoller ist, die Theorie abstrakter aufzusetzen, wie z.B. Boudon mit dem kognitivistischen Modell vorschlägt.

Nach Weber sind in der sozialen Wirklichkeit *Mischtypen* zu beobachten, wo zweckrationale und wertrationale Handlungselemente gleichzeitig wirksam sind. Nehmen wir als Beispiel wieder die Zielvereinbarungen in Unternehmen. Dort dominiert die Zweckrationalität in mehrerer Hinsicht. Die vereinbarten Ziele beinhalten in der Regel eine Nutzen-Kosten Relation, wie z.B. eine Produktivitätssteigerung. Im Zielvereinbarungsgespräch versucht der Mitarbeiter, den Aufwand in Grenzen zu halten, um die Ziele und damit die

Auszahlung der maximalen Vergütung zu erreichen. Auch der Vorgesetzte handelt zweckrational, indem er die Folgekosten der Vereinbarung minimiert. Einerseits wird er versuchen, den Mitarbeiter positiv auf die Ziele einzustimmen, indem er ihn mitentscheiden lässt, ohne seine Machtposition auszuspielen. Andererseits achtet der Vorgesetzte darauf, bei seinem Vorgesetzten als durchsetzungsstark zu gelten. Dazu darf er sich nicht auf ein niedriges Zielniveau einlassen. Neben der Zweckrationalität spielt auch die Wertrationalität eine Rolle im Zielvereinbarungsprozess. Beide Gesprächspartner können sich dem Wert der Fairness gegenüber dem Gesprächspartner verpflichtet fühlen und zugunsten dieses Wertes ihre zweckrationalen Handlungsmotive einschränken. Eine andere Wertorientierung wäre die gemeinsame Verpflichtung, die von der Unternehmensleitung festgesetzten Ziele umzusetzen und damit die Hierarchie zu respektieren.

In den bislang dargestellten Fällen wird ein konkretes Verhalten parallel als zweckrational und wertrational beschrieben. Man kann zusätzlich auch beide Handlungstypen koppeln. In Unternehmen ist die Verpflichtung zum rationalen Verhalten im Sinne der Kosten-Nutzen Optimierung ein Wert an sich. Es wird von den Mitarbeitern erwartet, dass sie diesen Wert verinnerlicht haben. Um dies sicherzustellen, werden die Mitarbeiter im Unternehmen beobachtet und im Falle der Abweichungen mit Sanktionen belegt. Gleichzeitig werden Trainings organisiert, in denen das "unternehmerische Denken" eingeübt wird. Die orthodoxen Rational-Choice Theoretiker betrachten diese wertrationale Begründung des rationalen Verhaltens für nicht plausibel. Das zweckrationale Verhalten ist nach dieser Auffassung universell gültig und nicht von dem kulturellen Kontext abhängig. Die liberaleren Rational-Choice Theoretiker räumen stattdessen ein, dass Normen oder Frames eine Situationsdefinition bewirken, die der Kosten-Nutzen Betrachtung des Handelnden vorgelagert ist. Dies wird mit dem Pfeil 1 in Abbildung 132 dargestellt.

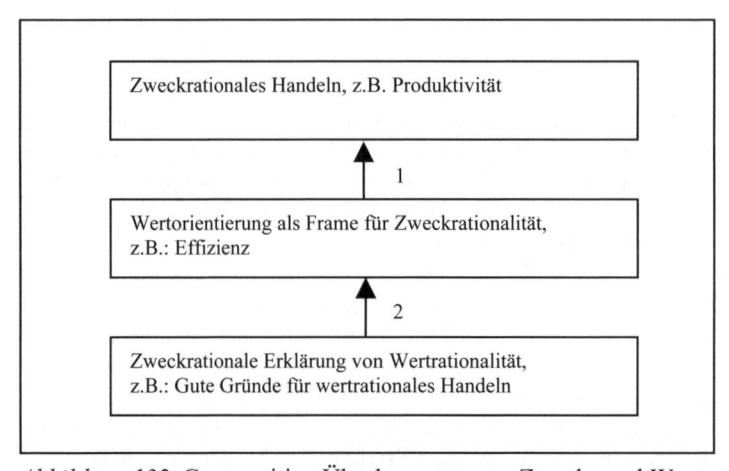

Abbildung 132: Gegenseitige Überlagerung von Zweck- und Wertrationalität

Pfeil 2 in Abbildung 132 bezieht sich auf den Versuch der Rational-Choice Theoretiker, das wertrationale Handeln zweckrational zu begründen und damit umgekehrt zu Pfeil 1 die Wertrationalität mit dem Modell der Kosten-Nutzen Kalkulation zu begründen. Eine einfache Erklärung wäre, dass sich Handelnde wohl fühlen, wenn sie Normen verwirklichen, weil sie damit etwas Gutes tun: Dieses angenehme Gefühl erleben sie als eine Form von Belohnung und ziehen auf diese Weise einen individuellen Nutzen aus dem wertrationalen Handeln. Wie bauen Rational-Choice Theoretiker diese lebensweltliche Argumentation in ihre Modelle ein? Coleman (1994: 293) geht von einem *inneren Sanktionssystem* aus, das nonkonformes Handeln belohnt und normabweichendes Handeln bestraft und unterwirft auf diese Weise das normengeleitete Handeln der Kosten-Nutzen Logik des Rational-Choice Paradigmas. Esser und Lindenberg verfolgen eine alternative Strategie, indem sie Frames und Normen als *Ziele* definieren.

Ziele bilden Handlungspräferenzen und lassen sich auf einer abstrakten Argumentationsebene als Nutzenkriterien auffassen. Esser rekonstruiert die Handlungstheorie von Alfred Schütz in seinem Artikel "Die Rationalität des Alltagshandelns" (1991) und entwirft die Integration des interpretativen Paradigmas in die Rational-Choice Theorie mit Hilfe der Wert-Erwartungstheorie. Die von Schütz erarbeiteten Strukturen der Lebenswelt, wie Sinnhorizonte, kulturelle Codes und Relevanzen, sind nach Esser *Handlungsziele* oder *Leitmotive*.

> Neben Routinen und Rezepten (als drastische Vereinfachungen der "Alternativen in meiner Reichweite") besteht die Lebenswelt des Alltagshandelns aus einer ebenso deutlichen Vereinfachung der Struktur der jeweils "relevanten" Ziele: Soziale Prozesse sind nach Leitmotiven, nach "Sinnhorizonten", nach "kulturellen Codes", nach "Relevanz" geordnet. (Esser 1991: 437)

Wie aus dem Zitat zu ersehen ist, bilden diese Strukturen der Lebenswelt eine Vereinfachung der Zielstruktur. Der Handelnde macht sich die Ziele in der Regel nicht bewusst und bringt sie nicht in eine rationale Kosten-Nutzen Kalkulation ein. Stattdessen sind die Ziele als selbstverständliches Wissen in der Alltagswelt vorhanden und werden in Form von Relevanzen in einer bestimmten Situation aktiviert (vgl. Kap. 3.2.2). In einem zweiten Argumentationsschritt identifiziert Esser die Schützschen Relevanzen mit den Frames und folgert dann konsequent, dass *Frames* eine vereinfachte Zielstruktur des Handelns darstellen.

Mit dieser Gleichsetzung von Frames, Relevanzen und Zielen ist der Weg frei, um die Auswahl bestimmter Handlungsmuster mit Hilfe der Wert-Erwartungstheorie zu modellieren, wie in Kap. 6.6 dargestellt wird. Die Rationalität der Entscheidung ergibt sich nach Esser daraus, dass es für die Anwendung von Rezepten im Alltagshandeln "gute Gründe" gibt, die es nicht notwendig machen, eine bewusste Kosten-Nutzen Abwägung vorzunehmen (1991: 440). Eine Konkretisierung dieser guten Gründe wäre nach Esser, wenn sich bestimmte Rezepte und Routinen als nützlich unter der Bedingung der "Knappheit von Informationen und Zeit" (Esser/Luhmann 1996: 133) erweisen: "Frames vereinfachen die Zielstruktur des Handelns. Sie entsprechen den Relevanzen des Alltagshandelns bei Alfred Schütz" (1991: 440).

In Abbildung 31 (siehe Kap. 3.2.2) ist dargestellt, dass Schütz *Thematische Relevanzen*, *Interpretations-* und *Motivationsrelevanzen* als Bestandteil der Strukturen der Lebenswelt unterscheidet. Die Motivationsrelevanzen gliedern sich in "Um-zu-Motive" als Planentwürfe und in "weil-Motive" als nachträgliche Begründungen des Handelns von Individuen. Die Motivationsrelevanzen sind in die biographischen *planbestimmten Interessen* des Handelnden integriert (Schütz/Luckmann 1979: 149). Aus dieser Definition ergibt sich, dass die Motivationsrelevanzen am ehesten der *Zielstruktur* des Handelns entsprechen, wie sie Esser definiert. Die Goffmansche Definition des Rahmens, der die Sicht des Handelnden auf die soziale Wirklichkeit eingrenzt und leitet, entspricht bei Schütz am ehesten der Interpretationsrelevanz, weil mit ihr festgelegt wird, 'wie eine Situation zu verstehen' ist: "Was geht hier eigentlich vor?" (Goffman 1977: 35). Zusätzlich beschreibt Goffman mit den primären Rahmen auch thematische Relevanzen, indem sich z.B. das Erlebnis eines Regenbogens oder einer besonderen menschlichen Schönheit unmittelbar das Bewusstsein ausfüllt und Handelnden thematisch *auferlegt* wird (vgl. Kap. 3.1.4).

Aus dem Vergleich mit Goffman wird deutlich, dass die Gleichsetzung von Frames und Zielstrukturen das Schützsche Relevanzmodell im Wesentlichen auf die Motivationsrelevanzen reduziert. Noch klarer als in den von Esser zitierten Frühschriften von Schütz wird in dem Buch "Strukturen der Lebenswelt" von Schütz und Luckmann eine Parallele zu Essers Frame-/Skript Modell: Thematische Relevanzen und Interpretationsrelevanzen werden von Schütz in "auferlegt" und "motiviert" (vgl. Abbildung 31, Kap. 3.2.2) unterteilt, wobei deutliche Parallelen zwischen "auferlegt" und dem automatisch-spontanen (ac) Modus und zwischen "motiviert" und dem reflexiv-kalkulierenden (rc) Modus zu erkennen sind. Die Verengung der Relevanzen und der Frames auf Zielstrukturen versperren Esser den Weg, um das Erklärungspotenzial des interpretativen Paradigmas vollständig in den Methodologischen Individualismus einzubringen.

Diese Aussage trifft ebenso auf Lindenberg (2000) zu, der parallel zu Esser das Konzept des Framing aus Rational-Choice Sicht zu rekonstruieren versucht. Auch Lindenberg identifiziert Frames mit Zielen (goals): "Ein Ziel ist ein erwünschter Zustand. Im Vordergrund (der Handlung) besteht ein Ziel, das die Handlungssituation 'rahmt' oder definiert in dem Sinne, dass es bestimmte Wissenselemente (knowledge chunks) und Überzeugungen (beliefs) mobilisiert" (2000: 183; Übersetzung und Klammereinschübe vom Verf., B.M.). Lindenberg unterscheidet übergreifende (overarching), gewinnorientierte (gain), normative (normative), hedonistische (hedonic) und urteilende (judgement) Frames (2000: 184-188). Greifen wir exemplarisch die *normativen* Frames heraus.

> Hier ist das Ziel, "angemessen zu handeln", "das Richtige zu tun". In unserem Freundschaftsbeispiel löst die Bitte des Freundes um Hilfe einen übergreifenden normativen Frame aus mit dem Subziel "einem Freund in Not zu helfen" (Lindenberg 2000: 186; Übersetzung und Klammereinschub vom Verf., B.M.).

In dem Beispiel der Hilfeleistung gegenüber einem Freund werden nach Lindenberg die Kosten für die Hilfeleistung nicht scharf kalkuliert und die Norm "auf seine knappen Ressourcen zu achten" in den Hintergrund gedrängt zugunsten der Freundschaftsnorm (2000: 186).

Während Coleman argumentiert, dass die Normerfüllung als positive Sanktion vom Handelnden empfunden wird und deshalb die Kosten-Nutzen Kalkulation zugunsten der Norm ausfällt, setzt Lindenberg Frames mit *Zielen* gleich und ist damit der Meinung, dass das "Verhalten in allen Frames zielorientiert und in diesem Sinne rational ist" (2000: 189; Übersetzung vom Verf., B.M.).

Der französische Soziologe Raymond Boudon verzichtet auf die eingrenzende Gleichsetzung von Frames mit Zielen und schlägt vor, die Webersche Wertrationalität unabhängig von der Zweckrationalität als Handlungstyp im individualistischen Paradigma zu akzeptieren. Damit sprengt er das Rational-Choice Paradigma und schlägt vor, den Begriff *kognitivistisches Modell* (cognitivist model) für dieses generalisierte Rational-Choice Modell zu verwenden (1996). Das kognitivistische Modell unterscheidet sich vom Rational-Choice Modell, indem es die Beschränkung aufhebt, dass die Gründe für das Handeln rationaler Akteure grundsätzlich dem Kosten-Nutzen Typ entsprechen (1996: 124). Stattdessen lässt sich das kognitivistische Modell als Menge von Erklärungen mit folgender Form definieren "er (der Akteur) hat so gehandelt, weil er gute Gründe für dieses Handeln hatte; diese Gründe können unter bestimmten Umständen vom Typ des Kosten-Nutzen Vergleichs sein oder unter anderen Umständen anderen Typen entsprechen" (1996: 147; Übersetzung und Klammereinschub vom Verf., B.M.). Als alternativen Typ zur instrumentellen Orientierung an der Kosten-Nutzen-Kalkulation greift Boudon auf den Handlungstyp der *kognitiven Rationalität* zurück, wonach der Akteur bestimmte Anschauungen (beliefs) als gültig für sich selbst und andere ansieht (2000: 124).

> Ich habe so gehandelt, weil ich annehme, dass 'x wahr, wahrscheinlich, plausibel usw. ist'. Auf diese Weise beschreibt 'kognitive Rationalität' die Situation, wo Akteure glauben, dass 'x wahr, wahrscheinlich plausibel, falsch, usw.' ist, weil für sie diese Aussagen auf Gründen beruhen, die sie als gültig ansehen und auch für andere als gültig betrachten (Boudon 1996: 124; Übersetzung vom Verf., B.M.).

Damit präzisiert Boudon den Begriff der Wertrationalität, indem der Akteur nicht Normen um ihrer selbst Willen folgt, sondern weil er sie für wahr und plausibel hält. Nach Boudon (1996: 125) kann der Nachweis der Gültigkeit erstens unmittelbar erfolgen (Typ I), zweitens zu einem späteren Zeitpunkt erbracht werden (Typ II) oder drittens nicht konkret möglich sein, obwohl gute Gründe für die Gültigkeit sprechen (Typ III). Ein empirisches Beispiel für kognitive Rationalität ist der Typ von Gründen, die Wissenschaftler veranlassen, an die Wahrheit (truth) ihrer wissenschaftlichen Theorien zu glauben (1996: 147)[199].

Im Hinblick auf den Frame-Begriff entwickelt Boudon keinen besonderen handlungstheoretischen Ehrgeiz. In der sozialpsychologischen Tradition[200] orientiert sich das "normale" Denken an bestimmten Frames und Regeln, deren Ursprünge in der kulturellen oder biologischen Tradition liegen (1996: 129). In Abgrenzung von diesem Frame-Begriff setzt das kognitivistische Modell die Kontinuität von einfachem und wissenschaftlichem Wissen voraus: "Die beiden (Wissensformen) entwirren die Komplexität von Situationen, denen sie mit der solidesten Form von Mutmaßungen begegnen, über die sie auf der Grundlage ihrer kognitiver Ressourcen verfügen" (1996: 149; Übersetzung und Klammereinschub vom Verf., B.M.).

---

[199] Es ist verwunderlich, dass weder Boudon noch Lindenberg sich auf das Parsonssche Modell der kognitiven Rationalität als Wertmuster der modernen Gesellschaft beziehen (Parsons 1974: 38; siehe Kap. 4.1.3). Wahrscheinlich folgenden Boudon und Lindenberg dem Framing der "Parsons-Folklore".
[200] Vgl. die Darstellung von Tversky und Kahnemann in Kap. 6.6.2

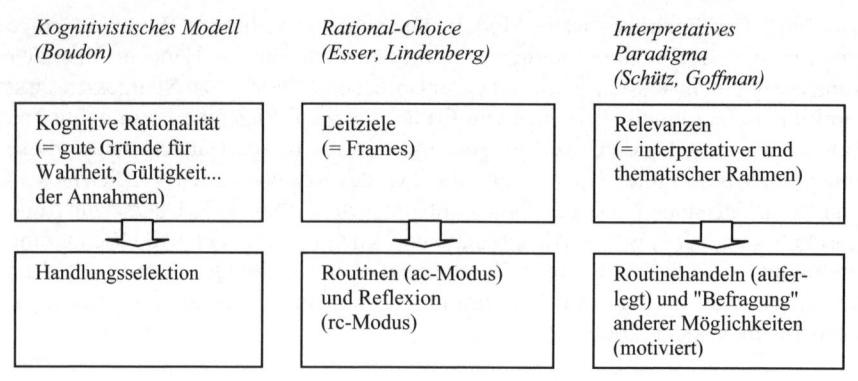

Kognitivistisches Modell (Boudon)	Rational-Choice (Esser, Lindenberg)	Interpretatives Paradigma (Schütz, Goffman)
Kognitive Rationalität (= gute Gründe für Wahrheit, Gültigkeit... der Annahmen)	Leitziele (= Frames)	Relevanzen (= interpretativer und thematischer Rahmen)
⇩	⇩	⇩
Handlungsselektion	Routinen (ac-Modus) und Reflexion (rc-Modus)	Routinehandeln (auferlegt) und "Befragung" anderer Möglichkeiten (motiviert)

Abbildung 133: Framing-Modelle[201]

Wie in Abbildung 133 dargestellt, gehen Boudon, Lindenberg sowie Schütz/Goffman von unterschiedlichen Modellen des Framing aus. Schütz/Goffman verwenden den weitesten Begriff des Framing. Boudon fasst Frames abstrakter als die Rational-Choice Theoretiker, grenzt sie allerdings mit der Annahme ein, dass der Akteur gute Gründe hat, die er für wahr, plausibel oder gültig hält. Noch eingeschränkter ist die definitorische Gleichsetzung von Zielen und Frames, mit denen Esser und Lindenberg versuchen, den Begriff des Framing in die Rational-Choice Theorie zu integrieren[202].

Die unterschiedlichen Framing-Modelle haben gemeinsam, dass sie keine tiefere Begründung liefern können, warum sich Akteure an Frames in ihrem Handeln orientieren. Warum sind die guten Gründe Boudons handlungsleitend für Akteure? Wieso orientieren sich Akteure in ihrem Handeln an Leitzielen, wie es Esser und Lindenberg annehmen? Und schließlich können Schütz und Goffman nicht begründen, warum thematische und interpretative Situationsdefinitionen Auslöser für konkretes Handeln bilden.

In der Mathematik würde man diese Grundannahmen als *Axiome* definieren, die weder begründbar sind noch weiter begründet werden müssen. Entscheidend ist stattdessen, dass sich die Aussagen und Modelle der jeweiligen mathematischen Disziplin daraus logisch ableiten lassen. Wenn die soziologischen Handlungstheoretiker diesen wissenschaftsstrategischen Standpunkt einnähmen, würden sie sich noch intensiver auf die logische Geschlossenheit und die empirische Anwendung ihrer expliziten Modelle konzentrieren können. Dieser Strategie am nächsten kommt der Verhaltenstheoretiker George C. Homans, der *Elementargesetze* des Verhaltens axiomatisch formuliert und auf dieser Grundlage konkretes Handeln erklärt, wie im nachfolgenden Kap. 6.10 dargestellt wird.

---

[201] Obwohl Boudon den Framing-Begriff ausgrenzt, lässt sich das kognitivistische Modell der Klasse von Framing-Modellen zuordnen.

[202] Lüdemann und Rothgang kritisieren das Essersche Frame/Skript Modell, weil es die Goffmansche Frage "Was geht hier eigentlich vor?" durch die Annahme dominierender Handlungsziele unzulässig verkürzt (1996: 286).

6.10 Verhaltenstheorie (Homans)

6.10.1 Soziologische Erklärung

George C. Homans (1910-1989) war Kollege von Parsons an der Harvard-Universität und einer seiner erfolgreichsten Kritiker. Ein ehemaliger Student dieser beiden Soziologie-Professoren hat dem Verfasser berichtet, dass Parsons und Homans sich persönlich aus dem Wege gingen und man beide nicht gleichzeitig zu einer Party einladen konnte. Von dieser frostigen Atmosphäre vermittelt das auf Parsons bezogene Zitat von Homans aus seinem Hauptwerk "Elementarformen des sozialen Verhaltens" einen anschaulichen Eindruck: "Ein großer Teil der modernen soziologischen Theorie scheint mir jede Art von Tugend zu besitzen, nur nicht die, etwas zu erklären" (1972a: 9; vgl. Kap. 1.2).

Eine soziologische Erklärung muss nach Homans (siehe Abbildung 1) erstens als "wenn...dann"-Aussage formuliert sein, wobei in dieser Implikationsaussage die "wenn"- und die "dann"-Komponente Informationen beinhalten, die sich nicht logisch oder definitorisch auseinander ergeben. Die Verknüpfung der "wenn"- und der "dann"-Aussage muss selbst eine Information beinhalten, die wahr oder falsch sein kann. Zweitens beziehen sich die "wenn"- und "dann"-Komponenten auf konkret beobachtbares Verhalten von Individuen und nicht auf Strukturbeschreibungen wie Normen. Die soziologische Erklärung der Verhaltenstheorie konzentriert sich auf die "Wahlhandlungen einzelner Menschen - Wahlhandlungen, die innerhalb der durch die Wahlhandlungen anderer Menschen gesteckten Grenzen ausgeführt werden, aber trotzdem Wahlhandlungen sind" (1972b: 61). Diese Festlegung auf Entscheidungshandeln von Akteuren wird durch das Postulat ergänzt, "dass die Handlungen Funktionen ihres Ertrags" (1972b: 60) sind und deshalb auf der Kosten-Nutzen Abwägung basieren. Diese beiden Prämissen - Wahlhandlungen als Elementareinheit und Ertragsbewertung - erinnern an die Wert-Erwartungstheorie (siehe Kap. 6.2).

6.10.2 Elementargesetze

Aus der in Kap. 6.10.1 dargestellten Übereinstimmung des Erklärungsmodells von Homans mit der Wert-Erwartungstheorie könnte man versucht sein, Homans für einen Rational-Choice Theoretiker zu halten. Diese Vermutung lässt sich überprüfen, indem man die Elementargesetze des individuellen Verhaltens genauer betrachtet, die in Abbildung 134 dargestellt sind.

Bezeichnung	Definition
HYPOTHESE I *Erfolgshypothse*	"Je häufiger die Aktivität einer Person belohnt wird, mit um so größerer Wahrscheinlichkeit wird diese Person die Aktivität ausführen." (1972b: 62)
HYPOTHESE II Reizhypothese	"Wenn die Aktivität einer Person früher während einer bestimmten Reizsituation belohnt wurde, wird diese sich jener oder einer ähnlichen Aktivität um so wahrscheinlicher wieder zuwenden, je mehr die gegenwärtige Reizsituation der früheren gleicht." (1972a: 45)
HYPOTHESE III Werthypothese	"Je wertvoller die Belohnung einer Aktivität für eine Person ist, desto eher wird sie die Aktivität ausführen." (1972b: 64)
HYPOTHESE IV Entbehrungs-Sättigungs-Hypothese	"Je öfter eine Person in der nahen Vergangenheit eine bestimmte Belohnung erhalten hat, desto weniger wertvoll wird für sie jede zusätzliche Belohnungseinheit." (1972b: 66)
HYPOTHESE V Frustrations-Aggressions-Hypothese	"Wenn die Aktivität einer Person nicht wie erwartet belohnt oder unerwartet bestraft wird, wird die Person ärgerlich, und im Ärger sind die Ergebnisse aggressiven Verhaltens belohnend." (1972b: 68)

Abbildung 134: Elementare Verhaltensgesetze[203]

Die Erfolgshypothese ist mindestens so tief in der Lebenswelt des Alltags verankert wie die Rationalitätsannahme der Nutzenmaximierung. Verhaltenstrainer als Beispiel nutzen dieses Gesetz, indem sie systematisch auf kleine und größere Erfolgserlebnisse bei den Trainingsteilnehmern hinarbeiten: "Nichts ist so erfolgreich wie der Erfolg."[204] Auf diese Weise wird ein bestimmtes Verhalten verstärkt und zu einem stabilen Verhaltensmuster der Teilnehmer.

Ein komplexeres Beispiel für die Anwendung der Erfolgshypothese ist die Orientierung junger Wissenschaftler an Lehre oder Forschung. In Bezug auf die Lehrtätigkeit können Nachwuchswissenschaftler es wertvoll finden, Lehrveranstaltungen sorgfältig vorzubereiten, begleitende Manuskripte anzufertigen und genügend Zeit für die Betreuung von Studenten aufzuwenden. Um an der Hochschule eine Dauerstellung zu finden müssen sie möglichst viele Arbeiten veröffentlichen, in wissenschaftlichen Vereinigungen mitarbeiten und Tagungen und Kongresse besuchen. Zusätzlich ist es erforderlich, innerhalb eines bestimmten Zeitrahmens die formalen Qualifikationen der Dissertation und Habilitation zu erwerben. Geraten die Engagements einerseits an die Hochschullehre und andererseits an die wissenschaftliche Gemeinschaft in Konflikt, so werden die jungen Wissenschaftler nach der Homansschen Gruppentheorie sich an dem System orientieren, aus dem sie die größeren Belohnungen schöpfen.

Hat ein Hochschulassistent noch nicht in der wissenschaftlichen Gemeinschaft Fuß gefasst und erhält er von seinen Studenten Belohnungen, in Form von Anerkennungen und

---

203 Zu Hypothese II wird die Formulierung aus 1972a gewählt, weil die Übersetzung in 1972b grammatisch unvollständig ist.
204 Dieser in der Organisationswelt verbreitete Leitsatz wird von der Frankfurter Allgemeinen Zeitung sogar im Feuilleton verwendet: 3. November 2005, Nr. 256, Seite 39.

Sympathie, so besteht die Gefahr, dass er seine wissenschaftliche Karriere vernachlässigt, weil er aus der Lehre die größeren Belohnungen zieht. Gelingt es ihm dagegen, sich an das Belohnungssystem der wissenschaftlichen Gemeinschaft anzukoppeln, indem er z.B. erfolgreiche Vorträge auf Tagungen hält oder Artikel in angesehenen Fachzeitschriften veröffentlicht, so wird er tendenziell weniger Zeit für seine Lehrtätigkeit aufbringen. Dadurch werden die Belohnungen durch Studenten abnehmen, so dass die Desintegration aus dem Lehrsystem verstärkt wird. Als Folge dieses Prozesses wird der Wissenschaftler seine Hauptloyalität in das Belohnungssystem der Wissenschaft investieren und seine Aktivitäten auf die Forschung ausrichten.

Als Beispiel für die Reizhypothese beschreibt Homans einen Angler, der in der Vergangenheit an einem schattigen Angelplatz erfolgreich war und nach der Reizhypothese die Reizkonstellation des schattigen Angelplatzes in der Zukunft wieder wählen wird (1972b: 63). In der Alltagswelt finden sich wie für die Erfolgshypothese eine Fülle von Beispielen. Viele Menschen praktizieren am Abend bestimmte Rituale, um besser einschlafen zu können. Einige trinken vor dem Einschlafen ein Glas Milch, andere schwören auf eine bestimmte Bettlektüre. Auch wenn diese Mittel einen medizinisch begründeten Entspannungseffekt haben, stellen sie im Homansschen Sinne Reizkonstellationen dar, die in der Vergangenheit als erfolgreich zum Einschlafen wahrgenommen wurden und daher "zur Sicherheit" auch in Zukunft praktiziert werden. Beliebt bei Studenten sind bestimmte Reizkonstellationen vor Prüfungen. Einige Studenten sind überzeugt, dass sie vor der Prüfung abends ins Kino gehen müssen, damit sie am nächsten Tag Erfolg haben. Andere stehen in aller Frühe auf und überfliegen ihre Unterlagen, weil genau mit dieser Reizkonstellation in der Vergangenheit das gute Prüfungsergebnis verbunden war.

Die dritte und vierte Hypothese scheint aus einem Lehrbuch der Mikroökonomie übernommen zu sein. Der Wert von Belohnungen entspricht dem Nutzenbegriff, wobei bei der Bewertung auch entgangene Belohnungen als Kosten eine Rolle spielen (1972b: 65). So wird der Belohnungswert des Besuchs einer Party geschmälert, wenn man gleichzeitig ein anderes Event verpasst. Die *Entbehrungs-Sättigungs*-Hypothese entspricht dem Gesetz des fallenden Grenznutzens. Auch mit dieser Hypothese ist die Lebenswelt des Alltags vertraut. Das erste Gehalt kommt dem Berufseinsteiger wie ein Vermögen vor. Im Verlauf der Zeit wird jede neue Gehaltszahlung zur Gewohnheit und subjektiv nicht mehr als so wertvoll erachtet, obwohl der Geldbetrag gleich bleibt oder durch eine Gehaltsanpassung sogar etwas angestiegen ist. Überraschender als diese beiden Hypothesen ist die Frustrations-Aggressions-Hypothese, die als Elementargesetz des Verhaltens ebenfalls in einer Vielzahl von Alltagssituationen anzutreffen ist. Ein Beispiel ist ein Weihnachtsgeld, das vom Arbeitgeber freiwillig gezahlt wird, solange das Unternehmen einen ausreichend hohen Gewinn erwirtschaftet. Obwohl bei einem Gewinneinbruch die Mitarbeiter wissen, dass der Wegfall des Weihnachtsgeldes vertraglich abgesichert ist, macht sich trotzdem Frustration und situativ auch aggressiver Unmut breit.

6.10.3 Abgeleitete Verhaltenshypothesen

Mit diesen Verhaltenshypothesen lassen sich weitere Gesetzmäßigkeiten des sozialen Handelns beschreiben und erklären. In Interaktionsbeziehungen belohnen sich die Partner gegenseitig mit Anerkennung und Hilfeleistungen. Falls diese Belohnungen gegenseitig erwidert werden, entsteht eine stabile Interaktionsbeziehung. Homans stellt in diesem Zusammenhang die Hypothese auf, dass sich soziale Beziehungen jeweils auf einem bestimmten Austauschniveau einpendeln, das dann eine hohe *Konsistenz* aufweist (1972b: 74). Da diese konsistente Beziehung aus dem Austausch von gegenseitigen Belohnungen besteht, wird die Verhaltenstheorie häufig auch *Austauschtheorie* genannt.

Eine der wichtigsten Folgehypothesen aus den Elementargesetzen ist die *ausgleichende Gerechtigkeit,* nach der hohe Anstrengungen hohe Belohnungen verdienen. Entsprechend ist es auch gerecht, wenn geringe Anstrengung auch nur geringe Anerkennung zur Folge hat. Daraus ergibt sich für zwei Interaktionspartner die allgemeine Gerechtigkeitsregel: "wenn mir jemand in dem überlegen ist, was er gibt und was Kosten verursacht, so sollte er mir auch in dem, was er bekommt, seinen Belohnungen, voraus sein" (1972b: 91).

In Berufs- und Freundschaftssituationen ist auch dieses Verhaltensgesetz laufend zu beobachten. So finden es Mitarbeiter gerecht, dass der Vorgesetzte mehr Gehalt, Privilegien und Anerkennung bekommt, wenn er mehr leistet und mehr Verantwortung übernimmt. Umgekehrt kommt es zu Konflikten, wenn der Vorgesetzte zwar alle Vorteile in Anspruch nimmt, sich aber vor der Verantwortung bei Fehlern drückt und bei hoher Arbeitsbelastung als erster in die Freizeit entschwindet. Dieses Verhalten verletzt die Vorstellung der Mitarbeiter von ausgleichender Gerechtigkeit.

Mit dem Gesetz der ausgleichenden Gerechtigkeit ist das *Prinzip der Statuskonsistenz* verbunden. Wenn Personen ein hohes Niveau von Leistungen und Belohnungen auf einen bestimmten Feld innehaben, besteht die Tendenz, dieses hohe Leistungs-Belohnungsniveau auch auf andere Gebiete auszuweiten (1972b: 86). Die Statuskonsistenz entspricht der ausgleichenden Gerechtigkeit, wenn tatsächlich die höhere Leistung in den verschiedenen Gebieten erbracht wird und entsprechend höhere Anerkennung erfolgt. Mit Statuskonsistenz ist nach Homans darüber hinaus gemeint, dass eine soziale Tendenz zur *Statuskongruenz* vorhanden ist (1972b: 86). In Universitäten und Wirtschaftsunternehmen kommt es häufig vor, dass Mitarbeiter über ein Spezialwissen verfügen, das ihre Vorgesetzten nicht beherrschen. Nach Homans wäre dies ein Fall von Statusinkongruenz, weil die durch die Hierarchie höher gestellten in einem wesentlichen Aspekt ihren Mitarbeitern unterlegen sind.

Es lassen sich einige Verhaltensstrategien von Vorgesetzten beobachten, um mit dieser Inkonsistenz umzugehen. So entwickeln sie rudimentäre Legitimationsformeln wie "Manager müssen Generalisten sein" oder "auch ein Vorgesetzter kann nicht alles wissen". In anderen Interaktionskontexten versuchen sie, das Fachwissen des Mitarbeiters zu ignorieren oder sie betonen, dass der Mitarbeiter "auf diesem speziellen Gebiet ja mehr wisse, aber...". Die letztgenannte Verhaltensweise zielt darauf ab, die Tatsache des besseren Fachwissens von Mitarbeitern am Anfang der Kommunikation abzuhandeln und auf diese Weise die nachfolgende Interaktion zu entlasten.

6.10.4 Machtbeziehungen

Die Beispiele der Tendenz zur Statuskongruenz bei Vorgesetzten und Mitarbeitern gehen über die enge Fassung dieses Verhaltensprinzips hinaus, indem der Statushöhere zwar nicht überlegen in der Leistungserbringung ist, aber trotzdem seine Statusüberlegenheit zu bewahren versucht. Ein anderer Begriff für diese Form des Verhaltens ist *Macht*, mit der eine Person ihre Dominanz über eine andere Person durchsetzt. Homans schließt sich der Weberschen Machtdefinition an, indem der Machtunterlegene sein Verhalten ändert, wenn der

Machthaber dies verlangt. Im Sinne der Verhaltenstheorie ist der Machtunterworfene deshalb zur Verhaltensänderung bereit, weil er insgesamt eine höhere Nettobelohnung aus der Beziehung zu dem Machthaber zieht.

> Dies ist die allgemeine Bedingung für Machtunterschiede: die Partei in der Austauschbeziehung, die die kleinere Nettobelohnung erzielt, wird weniger wahrscheinlich ihr Verhalten ändern als die andere Partei. Dieses Prinzip ist wie die meisten verhaltenssteuernden Prinzipien oft erkannt worden. Es ist als das "Prinzip des geringsten Interesses" bezeichnet worden... (Homans 1972b: 81)

Der Machthaber kann bei Widerspruch des Machtunterworfenen diesem bestimmte Belohnungen entziehen oder ihn bestrafen, so dass die Kosten-Nutzen Bilanz für den Machtunterworfenen negativ ausfällt. Umgekehrt kann der Machtunterworfene den Machthaber nicht in gleichem Ausmaß treffen, weil ihm die Sanktionsmittel dazu fehlen. In dem Beispiel der Zielvereinbarung hat der Vorgesetzte in der Regel die wirkungsvolleren Sanktionsmittel und besitzt damit Macht über den Mitarbeiter. Falls der Mitarbeiter allerdings z.B. über eine besondere Fachkompetenz verfügt, auf die der Vorgesetzte angewiesen ist, kann sich das Blatt wenden und der Mitarbeiter erlangt Macht über den Vorgesetzten.

6.10.5 Ausnahmen von Verhaltensgesetzen

Treffen die Elementar- und Folgegesetze auf alle sozialen Situationen zu und haben damit einen mit naturwissenschaftlichen Gesetzen vergleichbaren Status? Betrachten wir als Beispiel die Entbehrungs-Sättigungs-Hypothese. Trifft es auf alle Liebespaare zu, dass sich ihre Liebe im Verlauf der Zeit abkühlt? Wie man nicht nur aus Romanen oder Filmen weiß, gibt es Menschen, die einen Liebespartner bis zum Lebensende mit gleich bleibender Intensität lieben. Ein anderes Beispiel sind Menschen, die ein Musikinstrument von der Jugend bis zum Lebensende mit gleich bleibendem Engagement und Vergnügen spielen. Sind diese Individuen in der Lage, die Elementargesetze auszuhebeln? Oder treffen die Prämissen für die Anwendung der Entbehrungs-Sättigungs-Hypothese nicht zu? Wahrscheinlich verändern sich diese Individuen ständig und erneuern ihre Liebe zum Partner oder zur Musik immer wieder. Auf diese Weise vermeiden sie eine Konstanz ihrer Beziehung, die zur Abstumpfung führen würde. Welche Karriere als Organisationsberater hätte ein Forscher in Aussicht, wenn er allgemein gültige und praktikable Methoden zu einer vergleichbaren Vitalisierung von Organisationen fände? Im Zusammenhang mit den Karriereaussichten von Forschern wird in Kap. 6.10.2 das Beispiel der Lehr- oder Forschungsorientierung von Nachwuchswissenschaftlern mit der *Erfolgs*hypothese analysiert. Obwohl dieses Beispiel die Erfolgshypothese gut veranschaulicht, zeigt es gleichzeitig die Grenzen der Verhaltenstheorie auf. Um das Verhalten der jungen Wissenschaftler im Hinblick auf Lehre und Forschung umfassender zu erklären, sind zwei Aspekte zusätzlich zu berücksichtigen.

Erstens bestimmen die institutionellen Strukturen des Wissenschaftssystems die Chancen der Nachwuchswissenschaftler. Diese Strukturen sind vorgegeben und können nicht in den Austauschbeziehungen des Nachwuchswissenschaftlers verändert werden. Im Modell des Methodologischen Individualismus handelt es sich hier um die Logik der Situation und im normativen Paradigma um die Integration in das Kultursystem. Zweitens lässt sich der Übergang von der Lehr- zur Forschungsorientierung nicht allein aus dem Wert der Belohnungen in der Austauschbeziehung erklären. Warum wechselt ein Nachwuchswissenschaftler in das Forschungslager und erklettert die akademische Karriereleiter und warum verbleibt ein anderer im Lehrsystem und wird schließlich die Universität verlassen müssen, wenn seine befristete Stelle nicht mehr verlängert werden kann?

Abstrakt handelt es sich in beiden Fällen um Wahlhandlungen, die sich an der größeren Belohnung orientieren. Damit ist aber nicht der Übergang von einer Handlungsstrategie zur anderen begründbar. Hier fehlt das Bindeglied der Reflexion, mit dem sich der Wissenschaftler auf seine langfristigen Berufschancen besinnt und auf diese Weise den Wert der Belohnung zugunsten der Forschung verändert. Dieser Übergang ließe sich plausibler mit einem Moduswechsel im Frame/Skript Modell Essers oder mit dem Re-entry der Kriterien für den Berufserfolg im Rahmen der Luhmannschen Systemtheorie erklären. Homans ist im Nachteil, weil seine Verhaltensweise in der soziologischen Handlungstheorie isoliert ist und nicht zu einem der umfassenden handlungstheoretischen Paradigmen ausgebaut worden ist. Dadurch decken seine Hypothesen nur elementare Verhaltensgesetze ab und sind nicht ausreichend in der Lage, komplexe und dynamische soziale Handlungen zu erklären. Trotz dieser Einschränkungen in der Erklärungsreichweite ist die Verhaltenstheorie besonders geeignet, soziale Handlungen der privaten und beruflichen Lebenswelt mit allgemeinen Gesetzmäßigkeiten unmittelbar zu erklären. Dazu benötigen die anderen handlungstheoretischen Paradigmen umfangreiche Bezugsrahmen und komplexe Modelle. Der Vorteil der Verhaltenstheorie ist ihre Einfachheit und lebensweltliche Plausibilität.

6.10.6 Normen

Die "Gretchenfrage" der individualistischen Theorien ist, wie sie es mit *Normen* halten. Werden Normen als Verhaltensregeln internalisiert und auf diese Weise zu einer unhinterfragten und der Kosten-Nutzen Betrachtung entzogenen Handlungsorientierung? Homans geht denselben Weg wie Coleman (vgl. Kap. 6.9.4) und nimmt an, dass die Einhaltung von Normen für das Individuum befriedigend ist und auf diese Weise eine Form von Belohnung bildet. Anders als Coleman leitet Homans diese Aussage aus den Elementarhypothesen ab: Falls eine Person in der Vergangenheit für die Einhaltung von Normen belohnt wurde, dann findet ein Prozess der *Generalisierung* von Normen statt, so dass die Einhaltung von Normen aus sich heraus belohnend für das Individuum wird, wie Homans an dem Beispiel der *Fairness* veranschaulicht.

> ...wenn Anderer früher, vielleicht in seiner Familie, die Erfahrung gemacht hat, daß das Befolgen einer Norm der Fairneß im allgemeinen belohnt wird, dann kann für ihn faires Handeln, wie wir sagen, in sich belohnend werden. Gerade wenn man ihn darum bittet, kann es ihm Freude bereiten, Fairneß um ihrer selbst willen zu üben, ohne einen bewußten Gedanken daran, welche Vorteile er selbst daraus ziehen könnte." (Homans 1972b: 73)

6.10.7 Verhaltenstheorie und Rational-Choice Theorie

Trotz der mehrfachen Übereinstimmungen zwischen der Homansschen Verhaltenstheorie und der Rational-Choice Theorie, z.B. in der Erfolgsthese, der Entbehrungs-Sättigungs-Hypothese oder der Erklärung von Normen, sperrt sich die Verhaltenstheorie gegen eine Integration in die Rational-Choice Theorie. Dies liegt nicht an ihrer "psychologischen Ausrichtung" auf individuelles Verhalten. Der Grund vielmehr liegt in der Entdeckung von sozialen Gesetzmäßigkeiten, die mit der Rational-Choice Theorie nicht erklärt werden können. Ähnlich wie das kognitivistische Modell Boudons ist die Verhaltenstheorie allgemeiner angelegt als die strenge Rational-Choice Theorie. Anders als Boudon versucht Homans allerdings nicht, das Rational-Choice Paradigma zu erweitern. Stattdessen ignoriert er die Rational-Choice Theorie. Für Homans ist das normative Paradigma in Gestalt von Talcott Parsons der Gegner. Und dieser Gegner fordert seine ungeteilte Aufmerksamkeit.

7 Fazit

Das klassische normative Paradigma hat handlungstheoretisch ausgedient. Der Systemtheoretiker Luhmann hat sich davon ebenso abgewendet wie die Neo-Institutionalisten. Das interpretativ-interaktionistische Paradigma ist von der Luhmannschen Systemtheorie, von Giddens Strukturationstheorie und von Essers situationslogischer Tiefenerklärung innerhalb der Rational-Choice Theorie absorbiert worden, was den drei Paradigmen zu mehr handlungstheoretischer Substanz verholfen hat.

Systemtheorie und Rational-Choice Theorie gehen von unterschiedlichen Theorieentscheidungen aus und sind in der handlungstheoretischen Beschreibung und Erklärung nicht aufeinander reduzierbar. Damit haben Versöhnungsversuche zwischen beiden Paradigmen theoretisch keine Aussicht auf Erfolg, obwohl in der konkreten Anwendung auf empirische Beispiele überraschende Übereinstimmungen auftreten.

Diese Konvergenzen stützen die Parsonssche Vermutung, dass alle Forscher zur Mitte des Theoriekuchens gelangen können, auch wenn sie den Kuchen unterschiedlich anschneiden. Die Giddensche Strukturationstheorie legt - bildlich gesprochen - einen weiteren Schritt zwischen die Systemtheorie und die situationslogische Rational-Choice Theorie, indem sie Elemente aus beiden Paradigmen enthält. Trotz ihrer hohen Plausibilität fehlt der Strukturationstheorie wie auch dem Evolutionsmodell der Institutionen von Ostrom die handlungstheoretische Systematik und Abstraktion.

Der globale Trend geht am Anfang des 21. Jahrhunderts in Richtung "lose gekoppelter" Theorien im Sinne von Giddens und Ostrom und orientiert sich weniger an systematischen Handlungstheorien, wie sie Luhmann als sprachliches und Esser als formales Modell entworfen haben. Bedeutet dies das Ende von Metatheorien oder handelt es sich um eine Talfahrt der systematischen Theorie im Verlauf der langfristigen Zyklen von Systematik und Pragmatismus in der soziologischen Handlungstheorie?

Literatur

Adriaansens, H.P.M., 1980: Talcott Parsons and the Conceptual Dilemma. London.
an der Heiden, U., 1992: Selbstorganisation in dynamischen Systemen. In: W. Krohn/G. Küppers (Hg.), Emergenz: Die Entstehung von Ordnung, Organisation und Bedeutung. Frankfurt/M., 57-88.
Alexander, J.C., 1982: Theoretical Logic in Sociology, Bd. 2. Berkeley.
Allerbeck, K./Hoag, W., 1985: Jugend ohne Zukunft? Einstellungen, Umwelt, Lebensperspektiven. München.
Alt, R., 2001: Mikropolitik. In: E. Weik/R. Lang (Hg.), Moderne Organisationstheorien. Wiesbaden, 285-318.
Arbeitsgruppe Soziologie, 1983: Denkweisen und Grundbegriffe der Soziologie. Frankfurt/M.
Argyris, C./Schön, D.A., 1978: Organizational Learning: A Theory of Action Perspective. Reading (Massachusetts).
Argyris, C./Schön, D.A., (1996) 1999: Die lernende Organisation. Grundlagen, Methode, Praxis. Stuttgart.
Axelrod, R., 1990: Normen unter evolutionärer Perspektive. In: U. Müller (Hrsg.), Evolution und Spieltheorie. Oldenburg, 105-128.
Baecker, D., 1999: Organisation und System. Frankfurt/M.
Baecker, D., 2002: Wozu Systeme? Berlin.
Baecker, D., 2005: Form und Formen der Kommunikation. Frankfurt/M..
Bailey, K. D., 1994: Sociology and the new systems theory. New York.
Balog, A., 1988: Soziologie und die "Theorie des Handelns". Österreichische Zeitschrift für Soziologie, Sonderband 4, S. 25-54.
Barber, B., 1983: The Logic and Limits of Trust. New Brunswick.
Baraldi, C., Corsi, G., Exposito, E., (1997) 1999: GLU. Glossar zu Niklas Luhmanns Theorie sozialer Systeme. Frankfurt/M.
Bateson, G. (1972) 1996: Ökologie des Geistes. Anthropologische, psychologische, biologische und epistemologische Perspektiven. Frankfurt/M.
Baurmann, M., 1996: Der Markt der Tugend. Tübingen.
Bea, F.X./Göbel, E., 1999: Organisation. Stuttgart.
Beck, U., 1986: Risikogesellschaft. Auf dem Weg in eine andere Moderne. Frankfurt/M.
Berger, P.L./Luckmann, T. (1966) 1982: Die gesellschaftliche Konstruktion der Wirklichkeit. Frankfurt/M.
Bershady, H.J., 1973: Ideology and Social Knowledge. Oxford.
Blumer, H. (1969) 1981: Der methodologische Standort des symbolischen Interaktionismus. In: Arbeitsgruppe Bielefelder Soziologen (Hg.), Alltagswissen, Interaktion und gesellschaftliche Wirklichkeit. Opladen, 80-146.
Bogumil, J./Immerfall, S., 1985: Wahrnehmungsweisen empirischer Sozialforschung. Zum (Selbst-) Verständnis des sozialwissenschaftlichen Erfahrungsprozesses. Frankfurt/M.
Bolman, L.G. Deal, T.E., 1997: Reframing Organizations. San Francisco.
Boudon, R., 1979: Widersprüche sozialen Handelns. Darmstadt und Neuwied.
Boudon, R., 1996: The 'Cognitist Model'. A Generalized 'Rational-Choice Model'. Rationality and Society 8: 123-150.
Bourdieu, P., 1985: Die feinen Unterschiede. Kritik der gesellschaftlichen Urteilskraft. Frankfurt/M.

Braun, D., 1999: Theorien rationalen Handelns in der Politikwissenschaft. Eine kritische Einführung. Opladen.
Breisig, T., 1998: Personalbeurteilung - Mitarbeitergespräch - Zielvereinbarungen. Frankfurt/M.
Bühl, W.L., 1990: Sozialer Wandel und Ungleichgewicht: Zyklen, Fluktuationen und Katastrophen. Stuttgart.
Bühl, W.L., 1998: Transformation oder strukturelle Evolution. Zum Problem der Steuerbarkeit von sozialen Systemen. In: Preyer, G. (Hrsg.), Strukturelle Evolution und das Weltsystem. Theorien, Sozialstruktur und evolutionäre Entwicklungen. Frankfurt/M., 363-384.
Cicourel, A., 1981: Basisregeln und normative Regeln im Prozess des Aushandelns von Status und Rolle. In: Arbeitsgruppe Bielefelder Soziologen (Hg.), Alltagswissen, Interaktion und gesellschaftliche Wirklichkeit. Opladen, 147-188.
Claessens, D., 1974: Rolle und Macht. München.
Clegg, S.R., 2002: Power. In: A. Sorge (Hrsg.), Organization. London, 299-313.
Coleman, J.S., (1990) 1994: Foundations of Social Theory. Cambridge/Mass.
Coleman, J.S., (1990) 1991: Grundlagen der Sozialtheorie, Band 1: Handlungen und Handlungssysteme. München.
Crozier, M., Friedberg, E., (1977) 1993: Die Zwänge kollektiven Handelns. Frankfurt/M.
Dahrendorf, R., 1974: Homo Sociologicus. Ein Versuch zur Geschichte, Bedeutung und Kritik der Kategorie der sozialen Rolle. Opladen.
DiMaggio, P.J./Powell, W.W., (1983) 1991, The Iron Cage Revisited: Institutional Isomorphism and Collective Rationality in Organization Fields. In: W.W. Powell/P.J. DiMaggio (Hg.), The New Institutionalism in Organizational Analysis. Chicago, 63-107.
Diekmann, A., Jann, B. (Hrsg.), 2004: Modelle sozialer Evolution. Wiesbaden.
Dreitzel, H.P., 1980: Die gesellschaftlichen Leiden und das Leiden an der Gesellschaft. Stuttgart.
Durkheim, E., 1973: Der Selbstmord. Neuwied.
Durkheim, E., (1930) 1996: Über soziale Arbeitsteilung. Frankfurt/M.
Durkheim, E., (1895) 1980: Die Regeln der soziologischen Methode. Herausgegeben und eingeleitet von René König. Darmstadt und Neuwied.
Elster, J., (1989) 1999: Nuts and Bolts for the Social Sciences. Cambridge.
Erikson, E.H., 1973: Identität und Lebenszyklus. Frankfurt/M.
Esser, H., 1991: Die Rationalität des Alltagshandelns. Eine Rekonstruktion der Handlungstheorie von Alfred Schütz. Zeitschrift für Soziologie 20 (6): 430-445.
Esser, H., (1993) 1996: Soziologie. Allgemeine Grundlagen. Frankfurt/M./N.Y.
Esser, H., 1999: Soziologie. Spezielle Grundlagen. Bd. 1: Situationslogik und Handeln. Frankfurt/M./N.Y.
Esser, H., 2000: Soziologie. Spezielle Grundlagen. Bd. 2: Die Konstruktion der Gesellschaft. Frankfurt/M./N.Y.
Esser, H., 2001: Soziologie. Spezielle Grundlagen. Bd. 6: Sinn und Kultur. Frankfurt/M./N.Y.
Esser, H./Klenovits, K./Zehnpfennig, H., 1977: Wissenschaftstheorie. Bd. 1: Grundlagen und Analytische Wissenschaftstheorie. Stuttgart.
Esser, H./Luhmann, N., 1996: Individualismus und Systemdenken in der Soziologie. Soziale Systeme 2: 131-135.
Estel, B., 1983: Soziale Vorurteile und soziale Urteile. Opladen.
Etzioni, A., 1978: Soziologie der Organisation. München.
French, W.L./Bell, C.H. (1973) 1994: Organisationsentwicklung. Stuttgart.
Fried, A., 2001: Konstruktivismus. In: E. Weik, R. Lang (Hrsg.), Moderne Organisationstheorien. Eine sozialwissenschaftliche Einführung. Wiesbaden, 29-60.
Friedrichs, J., 1985: Methoden der empirischen Sozialforschung. Opladen.
Fuchs, W./Klima, R./Lautmann, R./Rammstedt, O./Wienold, H. (Hg.), 1978: Lexikon zur Soziologie. Opladen.
Garfinkel, H., 1963: A Concept of, and Experiments with, " Trust" as a Condition of Stable Concerted Actions. In: O.J. Harvey (Hg.), Motivation and Social Interaction. New York, 187-238.

Garfinkel, H., 1964: Studies of the Routine Grounds of Everyday Activities. Social Problems 11: 225-250.
Garfinkel, H., (1962) 1966: Common-Sense Knowledge of Social Structures: The Documentary Method of Interpretation. In: J.M. Scher (Hg.), Theories of the Mind. New York, 689-712.
Garfinkel, H., 1973: Studien über die Routinegrundlagen von Alltagshandeln. In: H. Steinert (Hg.), Symbolische Interaktion. Stuttgart, 280-293.
Garfinkel, H./Sacks, H., 1979: Über formale Strukturen praktischer Handlungen. In: E. Weingarten/F. Sack/J. Schenkein (Hg.), Ethnomethodologie. Beiträge zu einer Soziologie des Alltagshandelns. Frankfurt/M., 130-176.
Gerhardt, U., 1984: Typenkonstruktion bei Patientenkarrieren. In: M. Kohli/G. Robert (Hg.), Biographie und soziale Wirklichkeit. Stuttgart, 29-52.
Gerhardt, U., 1985: Erzähldaten und Hypothesenkonstruktion. Überlegungen zum Gültigkeitsproblem in der biographischen Sozialforschung. Kölner Zeitschrift für Soziologie und Sozialpsychologie 37: 230-256.
Gersick, C.J.G., 1991: Revolutionary Change Theories: A Multiple Exploration of the Punctuated Equilibrium Paradigm. Academy of Management Review 16, 10-36.
Giddens, A., 1995: Strukturation und sozialer Wandel. In: H.-P. Müller, M. Schmid (Hrsg.), Sozialer Wandel. Modellbildung und theoretische Ansätze. Frankfurt/M., 151-191
Giddens, A., (1984) 1997: Die Konstruktion der Gesellschaft. Frankfurt/M.
Giddens, A., (1990) 1996: Konsequenzen der Moderne. Frankfurt/M.
Giddens, A., (1999) 2001: Entfesselte Welt. Wie die Globalisierung unser Leben verändert. Frankfurt/M.
Glaser, B./Strauss, A., 1979: Die Entdeckung gegenstandsorientierter Theorie: Eine Grundstrategie der qualitativen Sozialforschung. In: C. Hopf/E. Weingarten (Hg.), Qualitative Sozialforschung. Stuttgart, 91-111.
Goethe, J.W., 1958: Die Wahlverwandtschaften. Weimar.
Goetze, D./Mühlfeld, C., 1984: Ethnosoziologie. Stuttgart.
Goffman, E., (1961) 1973a: Rollendistanz. In: E. Goffman, Interaktion: Spaß am Spiel/Rollendistanz. München, 93-171.
Goffman, E., (1961) 1973b: Asyle. Über die soziale Situation psychiatrischer Patienten und anderer Insassen. Frankfurt/M.
Goffman, E., (1971) 1974a: Das Individuum im öffentlichen Austausch. Mikrostudien zur öffentlichen Ordnung. Frankfurt/M.
Goffman, E., 1974b: Rollenkonzepte und Rollendistanz. In: C. Mühlfeld/M. Schmid (Hg.), Soziologische Theorie. Hamburg, 265-281.
Goffman, E., (1963) 1975a: Stigma. Über Techniken der Bewältigung beschädigter Identität. Frankfurt/M.
Goffman, E., 1975b: Interaktionsrituale. Über Verhalten in direkter Kommunikation. Frankfurt/M.
Goffman, E., (1974) 1977: Rahmen-Analyse. Ein Versuch über die Organisation von Alltagserfahrungen. Frankfurt/M.
Goldthorpe, J. H., 1998: Rational action theory for sociology. British Journal of Sociology 49: 167-192.
Granovetter, M., (1985) 2000: Ökomenisches Handeln und soziale Struktur: Das Problem der Einbettung. In: H.-P. Müller, S. Sigmund (Hrsg.), Zeitgenössische amerikanische Soziologie. Opladen, 175-207.
Gresshoff, R./Kneer, G./Schimank, U. (Hg.), 2003: Die Transintentionalität des Sozialen. Wiesbaden.
Gross, N./Mason, W.S./McEachern, A.W., 1958: Explorations in Role Analysis: Studies of the School Superintendency Role. New York.
Habermas, J., 1973: Stichworte zu einer Theorie der Sozialisation. In: J. Habermas, Kultur und Kritik. Verstreute Aufsätze. Frankfurt/M., 118-132.

Habermas, J., (1971) 1974: Vorbereitende Bemerkungen zu einer Theorie der kommunikativen Kompetenz. In: J. Habermas/N. Luhmann, Theorie der Gesellschaft oder Sozialtechnologie - Was leistet die Systemforschung? Frankfurt/M., 101-141.
Habermas, J., 1976: Moralentwicklung und Ich-Identität. In: J. Habermas, Zur Rekonstruktion des historischen Materialismus. Frankfurt/M., 63-91.
Habermas, J., 1981a: Theorie des kommunikativen Handelns. Bd. 1: Handlungsrationalität und gesellschaftliche Rationalisierung. Frankfurt/M.
Habermas, J., 1981b: Theorie des kommunikativen Handelns. Bd. 2: Zur Kritik der funktionalistischen Vernunft. Frankfurt/M.
Habermas, J., 1984: Vorstudien und Ergänzungen zur Theorie des kommunikativen Handelns. Frankfurt/M.
Habermas, J./Luhmann, N. (1971) 1974: Theorie der Gesellschaft oder Sozialtechnologie - Was leistet die Sozialforschung? Frankfurt/M.
Haferkamp, H., 1985: Mead und das Problem des gemeinsamen Wissens. Zeitschrift für Soziologie 14: 175-187.
Hagen, W. (Hg.), 2004: Warum haben Sie keinen Fernseher, Herr Luhmann? Berlin.
Hall, D.T., 1972: A Model of Coping with Role Conflict: The Role Behavior of College Educated Women. Administrative Science Quarterly 17: 471-486.
Hannan, M.T./ Freeman, J., 1984: Structural Inertia and Organizational Change. American Sociological Review 49: 149-164.
Harvard Business Manager 2005: Harvard Business Review - erweiterte deutsche Ausgabe. Mai: 112-130.
Hasse, R./Krücken, G., 2005: Organisationsgesellschaft und Weltgesellschaft im soziologischen Neo-Institutionalismus. In: W. Jäger/U. Schimank (Hg.), Organisations-Gesellschaft. Facetten und Perspektiven. Wiesbaden, 124-147.
Hedberg, B., 1981: How organizations learn and unlearn. In: P.C. Nystrom/W. H. Starbuck (Hg.), Handbook of organizational design. New York, Vol. 1, 3-37.
Hejl, P.M., 2000: Das Ende der Ehrlichkeit. Einladung zum erkenntnistheoretischen Konstruktivismus. In: H.K. Stahl, P.M. Hejl (Hrsg.), Management und Wirklichkeit. Das Konstruieren von Unternehmen, Märkten und Zukünften. Heidelberg, 33-84
Hellmann, K.-U., 2002: Einleitung. In: K.-U. Hellmann, R. Schmalz-Bruns (Hrsg.). Theorie der Politik. Niklas Luhmanns politische Soziologie. Frankfurt/M., 11-37
Hill, P.B., 2002: Rational-Choice-Theorie. Bielefeld 2002.
Hill, P.B., Kopp, J., 1995: Familiensoziologie. Stuttgart.
Hitzler, R., 1992: Der Goffmensch. Soziale Welt 43: 449-461.
Hofstede, G., 2001: Culture's Consequences. Second Edition. Thousand Oaks.
Hofstede, G./Peterson, M.F., 2000: Culture: National Values and Organizational Practices. In: N.M. Ashkanasy/C.P.M. Wilderom/M.F. Peterson (Hg.), Handbook of Organizational Culture & Climate. Thousand Oaks, 401-415.
Hohm, H.-J., 2000: Soziale Systeme, Kommunikation, Mensch. Eine Einführung in soziologische Systemtheorie. Weinheim.
Holler, M. J./Illing, G., (1991) 2003: Einführung in die Spieltheorie. Berlin.
Hopf, C., 1985: Fragen der Erklärung und Prognose in qualitativen Untersuchungen. Dargestellt am Beispiel der "Arbeitslosen von Marienthal". In: B. Lutz (Hg.), Soziologie und gesellschaftliche Entwicklung. Verhandlungen des 22. Deutschen Soziologentages in Dortmund 1984. Frankfurt/M., 303-316.
*Homans, G.C., (*1961) 1972a: Elementarformen sozialen Verhaltens. Opladen.
Homans, G.C., 1972b: Grundlegende soziale Prozesse. In: G.C. Homans, Grundfragen soziologischer Theorie. Opladen, 59-105.
Hurrelmann, K., (1986) *1*995: Einführung in die Sozialisationstheorie. Über den Zusammenhang von Sozialstruktur und Persönlichkeit. Weinheim.

Isaacs, W., (1999) 2002: Dialog als Kunst gemeinsam zu denken. Die neue Kommunikationskultur in Organisationen. Bergisch-Gladbach.
Jäger, W./Schimank, U. (Hg.), 2005: Organisationsgesellschaft. Facetten und Perspektiven. Wiesbaden.
Jahoda, M./Lazarsfeld, P.F./Zeisel, H., (1933) 1975: Die Arbeitslosen von Marienthal. Ein soziographischer Versuch über die Wirkungen langandauernder Arbeitslosigkeit. Mit einem Anhang zur Geschichte der Soziographie. Frankfurt/M.
Janoska-Bendl, I., 1965: Methodologische Aspekte des Idealtypus. Max Weber und die Soziologie der Geschichte. Berlin.
Joas, H., 1980: Praktische Intersubjektivität. Die Entwicklung des Werkes von George Herbert Mead. Frankfurt/M.
Joas, H., 1981: Rollen- und Interaktionstheorien in der Sozialforschung. In: K. Hurrelmann/D. Ulich (Hg.), Handbuch der Sozialisationsforschung. Weinheim, 147-160.
Joas, H., (1993) 1996: Die Kreativität des Handelns. Frankfurt/M.
Joas, H. (Hg.), (1994) 1997: Lehrbuch der Soziologie. Frankfurt/M./New York.
Joas, H./Knöbl, W. (Hg.), 2004: Sozialtheorie. Zwanzig einführende Vorlesungen. Frankfurt/M.
Kappelhoff, P., 2004: Warum ist die Soziologie noch keine Modellwissenschaft? In: A. Diekmann, B. Jann (Hrsg.), Modelle sozialer Evolution. Wiesbaden, 11-28.
Kasper, H., 1991: Neuerungen durch selbstorganisierende Prozesse. In: W.H. Staehle/J. Sydow, Managementforschung 1. Berlin, 1-74.
Kieser, A./Kubicek, H., 1978: Organisationstheorien, Bd. I und II. Stuttgart.
Kieser, A. (Hg.), 2001: Organisationstheorien. Stuttgart.
Kirsch, W., 1992: Kommunikatives Handeln, Autopoiese, Rationalität. Sondierungen zu einer evolutionären Führungslehre. München.
Kiss, G., 1977: Einführung in die soziologischen Theorien I. Opladen.
Klages, H, 1998: Werte und Wertwandel. In: Schäfers, B., Zapf, W. (Hrsg.), Handwörterbuch zur Gesellschaft Deutschlands. Opladen, 698-709.
Klages, H, Hippler, H.-J., Herbert, W., : Werte und Wertwandel. Ergebnisse und Methoden.
Königswieser, R./Exner, A., (1998) 2002: Systemische Intervention. Stuttgart.
Kohlberg, L., (1973) 1977: Eine Neuinterpretation der Zusammenhänge zwischen der Moralentwicklung in der Kindheit und im Erwachsenenalter. In: R. Döbert/J. Habermas/G. Nunner-Winkler (Hg.), Entwicklung des Ichs. Köln, 225-52.
Krappmann, L., (1971) 1978: Soziologische Dimensionen der Identität. Stuttgart.
Kromrey, H., 1980: Empirische Sozialforschung. Modelle und Methoden der Datenerhebung und Datenauswertung. Opladen.
Krücken, G. 2005: Einleitung. In: Meyer, J.W., Weltkultur. Wie die westlichen Prinzipien die Welt durchdringen. Herausgegeben von Georg Krücken. Frankfurt/M., 7-16.
Kuhn, T.S., (1974) 1978: Neue Überlegungen zum Begriff Paradigma. In: T.S. Kuhn, Die Entstehung des Neuen. Studien zur Struktur der Wissenschaftsgeschichte. Frankfurt/M., 389-420.
Kuhn, T.S., (1962) 1979: Die Struktur wissenschaftlicher Revolutionen. Frankfurt/M.
Lamnek, S., 1983: Theorien abweichenden Verhaltens. München.
Lazarsfeld, P.F., 1975: Eine Episode in der Geschichte der empirischen Sozialforschung. In: T. Parsons/E. Shils/P.F. Lazarsfeld, Soziologie - autobiographisch. Drei kritische Berichte zur Entwicklung einer Wissenschaft. Stuttgart, 147-225.
Levy, A./Merry, U., 1996: Organizational Transformation. Approaches, Strategies, Theories. New York.
Lewin, K., 1982: Kurt-Lewin-Werkausgabe. Band 4: Feldtheorie (herausgegeben von Carl-Friedrich Graumann). Stuttgart.
Lindenberg, S., 1977: Individuelle Effekte, kollektive Phänomene und das Problem der Transformation. In: K. Eichner/W. Habermehl (Hg.), Probleme der Erklärung. Meisenheim, 46-84.
Lindenberg, S., 1996a: Choice-Centred versus Subject-Centred. Theories in the Social Sciences: The Influence of Simplification on Explananda. European Sociological Review 12/2: 147-157.

Lindenberg, S., 1996b: Die Relevanz theoriereicher Brückenannahmen. Kölner Zeitschrift für Soziologie und Sozialpsychologie 48: 126-140.
Lindenberg, S., 2000: The extension of rationality: Framing versus cognitive rationality. In: R. Boudon, L'acteur et ses raisons. Paris 2000, 168-204.
Linton, R., 1936: The Study of Man. New York.
Linton, R., 1947: The Cultural Background of Personality. London.
Linton, R., 1973: Rolle und Status. In: H. Hartmann (Hg.), Moderne amerikanische Soziologie. Neuere Beiträge zur soziologischen Theorie. Stuttgart, 310-315.
Luckmann, B./Luckmann, T., 1980: Wissen und Vorurteil. Fernuniversität Hagen.
Luckmann, T., 1979: Phänomenologie und Soziologie. In: W.M. Sprondel/R. Grathoff (Hg.), Alfred Schütz und die Idee des Alltags in den Sozialwissenschaften. Stuttgart, 196-206.
Lüdemann, C., Rothgang, H., 1996: Der "eindimensionale" Akteur. Eine Kritik der Framing-Modelle von Siegwart Lindenberg und Hartmut Esser. ZfS 25/4: 278-288.
Luhmann, N., 1969: Legitimation durch Verfahren. Neuwied.
Luhmann, N., 1970: Soziologie als Theorie sozialer Systeme. In: N. Luhmann, Soziologische Aufklärung, Bd. 1. Opladen, 113-136.
Luhmann, N., (1968) 1973: Vertrauen. Ein Mechanismus zur Reduktion sozialer Komplexität. Stuttgart.
Luhmann, N., (1971) 1974: Sinn als Grundbegriff der Soziologie. In: J. Habermas/N. Luhmann, Theorie der Gesellschaft oder Sozialtechnologie - Was leistet die Systemforschung? Frankfurt/M., 25-100.
Luhmann, N., 1975: Macht, Stuttgart.
Luhmann, N., 1984: Soziale Systeme. Grundriss einer allgemeinen Theorie. Frankfurt/M.
Luhmann, N., 1987: Die Autopoiesis des Bewusstseins. In: A. Hahn, V. Kapp (Hg.), Selbstthematisierung und Selbstzeugnis: Bekenntnis und Geständnis. Frankfurt/M., 25-94.
Luhmann, N., 1988: Sozialsystem Familie. System Familie 1. 75-91.
Luhmann, N., 1989a: Politische Steuerung: Ein Diskussionsbeitrag. In: Politische Vierteljahresschrift 30,
S. 4-9.
Luhmann, N., (1988) 1989b: Die Wirtschaft der Gesellschaft. Frankfurt/M.
Luhmann, N., 1991a: Soziologie des Risikos. Berlin.
Luhmann, N., 1991b: Einführende Bemerkungen zu einer Theorie symbolisch generalisierter Kommunikationsmedien. In: N. Luhmann, Soziologische Aufklärung 2. Opladen, 170-192.
Luhmann, N., 1992: Organisation. In: W. Küpper/ G. Ortmann (Hrsg.), Mikropolitik: Rationalität, Macht und Spiele in Organisationen. Opladen, 165-185.
Luhmann, N., 1994: Die Gesellschaft und ihre Organisationen. In: H.-U. Derlien, U. Gerhardt, F.W. Scharpf (Hg.), Systemrationalität und Partialinteresse. Festschrift für Renate Mayntz. Baden-Baden, 189-201.
Luhmann, N., 1995a: Das Risiko der Kausalität. In: Zeitschrift für Wissenschaftsforschung, 9/10: 107-119.
Luhmann, N., 1995b: Die gesellschaftliche Differenzierung und das Individuum. In: N. Luhmann, Soziologische Aufklärung 6: Die Soziologie und der Mensch. Opladen, 125-141.
Luhmann, N., (1995) 1996: Die Realität der Massenmedien. Opladen.
Luhmann, N., 1997: Die Gesellschaft der Gesellschaft. Frankfurt/M.
Luhmann, N., 2000: Organisation und Entscheidung. Wiesbaden.
Luhmann, N., 2001: Autopoiesis als soziologischer Begriff. In: N. Luhmann, Aufsätze und Reden. Stuttgart, 137-158.
Luhmann, N., 2002a: Einführung in die Systemtheorie. Herausgegeben von D. Baecker. Heidelberg.
Luhmann, N., 2002b: Die Politik der Gesellschaft. Frankfurt/M.
Luhmann, N., 2002c: Das Erziehungssystem der Gesellschaft. Frankfurt/M.
Luhmann, N., (1981) 2004: Sinn, Selbstreferenz und soziokulturelle Evolution. In: B. Burkhart, G. Runkel, Luhmann und die Kulturtheorie. Frankfurt/M., 241-289.

Luhmann, N., 2005: Einführung in die Theorie der Gesellschaft. Heidelberg.
Lyotard, J.-F., (1979) 1999: Das postmoderne Wissen: ein Bericht. Wien.
March, J.G./Olsen, J.P., 1989: Discovering Institutions. The Organizational Basis of Politics. New York.
Mayntz, R., Nedelmann, B., 1987: Eigendynamische soziale Prozesse. Kölner Zeitschrift für Soziologie und Sozialpsychologie 39: 648-668
Mead, G.H., (1934) 1968: Mind, Self, and Society. From the Standpoint of a Social Behaviorist. Chicago.
Mead, G.H., 1978: Geist, Identität und Gesellschaft. Frankfurt/M.
Mehan, H./Wood, H., 1979: Fünf Merkmale der Realität. In: E. Weingarten/F. Sack/J. Schenkein (Hg.), Ethnomethodologie. Beiträge zu einer Soziologie des Alltagshandelns. Frankfurt/M., 29-63.
Menzies, K., 1977: Talcott Parsons and the social image of man. London. Merton, R.K., 1968a: Social Theory and Social Structure. New York.
Merton, R.K., 1968b: The Matthew Effect in Science. Science 159, Nr. 3810: 56-63.
Merton, R.K., (1957) 1973a: Funktionale Analyse. In: H. Hartmann (Hg.), Moderne amerikanische Soziologie. Stuttgart, 171-214.
Merton, R.K., (1957) 1973b: Der Rollen-Set: Probleme der soziologischen Theorie. In: H. Hartmann (Hg.), Moderne amerikanische Soziologie. Stuttgart, 317-333.
Merton, R.K., 1976: Structural Analysis in Sociology. In: R.K. Merton, Sociological Ambivalence and Other Essays. New York, 109-144.
Meyer, J.W./Rowan, B., (1977) 1991: Institutionalized Organizations: Formal Structure as Myth and Ceremony. In: W.W. Powell/P.J. DiMaggio (Hg.), The New Institutionalism in Organizational Analysis. Chicago, 41-62.
Miebach, B., 1984: Strukturalistische Handlungstheorie. Zum Verhältnis von soziologischer Theorie und empirischer Forschung im Werk Talcott Parsons'. Opladen.
Miebach, B., 1986a: Konfliktpotential zwischen Studenten und Dozenten. In: A. Elting (Hg.), Menschliches Handeln und Sozialstruktur. Leonhard Lowinski zum 60. Geburtstag. Opladen, 207-34.
Miebach, B., 1986b: Attitudinal Differences between Students and Faculty members. In: W. Gaul/M. Schader (Hg.), Classification as a Tool of Research. Amsterdam, 303-310.
Miebach, B., 1986c: Subgroup Comparisons in Linear Structural Equation Models Based on Cluster Analysis. In: P.O. Degens/H.-J. Hermes/O. Opitz (Hg.), Die Klassifikation und ihr Umfeld. Studien zur Klassifikation, Bd. 17. Frankfurt/M., 284-291.
Müller-Benedict, V., 2000: Selbstorganisation in sozialen Systemen. Opladen.
Müller-Stewens, G., Lechner, C., 2003: Strategisches Management. Wie strategische Initiativen zum Wandel führen. Stuttgart.
Münch, R., 1982: Theorie des Handelns. Zur Rekonstruktion der Beiträge von Talcott Parsons, Emile Durkheim und Max Weber. Frankfurt/M.
Münch, R., 2002: Soziologische Theorie. Band 2: Handlungstheorie. Frankfurt/M.
Münch, R., 2004: Soziologische Theorie. Band 3: Gesellschaftstheorie. Frankfurt/M.
Nadler, D.A., Tushman, M.L., 1989: Organizational Frame Bending: Principles for Managing Reorientation. The Academy of Management EXCECUTIVE 3: 194-204..
Natanson, M., 1979: Das Problem der Anonymität im Denken von Alfred Schütz. In: W.M. Sprondel/ R. Grathoff (Hg.), Alfred Schütz und die Idee des Alltags in den Sozialwissenschaften. Stuttgart, 78-88.
Neuberger, O., 1995: Mikropolitik. Der alltägliche Aufbau und Einsatz von Macht in Organisationen. Stuttgart.
North, D.C., 1990: Institutions, Institutional Change and Economic Performance. Cambridge.
Oevermann, U., 1972: Sprache und soziale Herkunft. Frankfurt/M.

Ortmann, G., Sydow, J., Windeler, A., 2000: Organisation als reflexive Strukturation. In: Ortmann, J. Sydow, K. Türk (Hrsg.), Theorien der Organisation. Die Rückkehr der Gesellschaft. Wiesbaden, 315-354.
Osterland, M., 1975: Innerbetriebliche Arbeitssituation und außerbetriebliche Lebensweise von Industriear-beitern. In: M. Osterland, Arbeitssituation, Lebenslage und Konfliktpotential. Frankfurt und Köln, 167-184.
*Ostrom, E., (*1999) 2003: Governing the commons. The evolution of institutions for collective action. Cambridge/UK..
*Ostrom, E. ,Gardner, R., Walker, J., (*1994) 2003: Rules, Games, Common-Pool Resources. Ann Arbor.
Pankoke, E., 1984: Gesellschaftlicher Wandel sozialer Werte. Fernuniversität Hagen.
Parsons, T., 1935: The Place of Ultimate Values in Sociological Theory. International Journal of Ethics 45: 282-316.
Parsons, T., 1959: General Theory in Sociology. In: R.K. Merton u.a. (Hg.), Sociology Today, Vol. I. New York, 3-38.
Parsons, T., (1956) 1960a: A Sociological Approach to the Theory of Organizations. In: Parsons, T., Structure and Process in Modern Societies. New York, 16-58.
Parsons, T., (1958) 1960b: Some Ingredients of a General Theory of Formal Organizations. In: T. Parsons, Structure and Process in Modern Societies. New York, 59-96.
Parsons, T., 1960c: Some Ingredients of a General Theory of Formal Organizations. In: T. Parsons, Structure and Process in Modern Societies. New York, 16-96.
Parsons, T., (1937) 1968a: The Structure of Social Action, Bd. 1 und 2. New York.
Parsons, T., (1956) 1968b: Family Structure and the Socialization of the Child. In: T. Parsons/R.F. Bales (Hg.), Family, Socialization and Interaction Process. London, 35-186.
Parsons, T., 1968c: Interaction. In: D.L. Sills (Hg.), Interactional Encyclopedia of the Social Sciences, Bd. 7. New York, 429-440.
Parsons, T., 1968d: Components and Types of Formal Organizations. In: P. Preston, Le Betron (Hg.), Comparative Administrative Theory. Seattle and London, 3-19.
Parsons, T., (1958) 1973a: Einige Grundzüge der allgemeinen Theorie des Handelns. In: H. Hartmann (Hg.), Moderne amerikanische Soziologie. Neuere Beiträge zur soziologischen Theorie. Stuttgart, 216-244.
Parsons, T., (1939) 1973b: Die akademischen Berufe und die Sozialstruktur. In: T. Parsons, Beiträge zur soziologischen Theorie. Darmstadt und Neuwied, 160-179.
Parsons, T., (1945) 1973c: Systematische Theorie in der Soziologie. Gegenwärtiger Stand und Ausblick. In: T. Parsons, Beiträge zur soziologischen Theorie. Darmstadt und Neuwied, 31-64.
Parsons, T., 1973d: Nature and Extent of Changes of Value Systems of Modern Society. In: International Symposium on 'New Problems of Advanced Societies'. Tokyo 1973, 137-142.
Parsons, T., 1974: The University 'Bundle': A Study of Balance Between Differentiation and Integration. In: N. J. Smelser, G. Almond, Public Higher Education in California, Berkeley, 275-299.
Parsons, T., 1976a: Zur Theorie sozialer Systeme. Opladen.
Parsons, T., (1961) 1976b: The Point of View of the Author. In: M. Black (Hg.), The Social Theories of Talcott Parsons. Carbondale, Ill., 311-363.
Parsons, T, (1970) 1977a: Some Problems of General Theory in Sociology. In: T. Parsons, Social Systems and the Evolution of Action Theory. New York, 229-269.
Parsons, T., (1968) 1977b: Der Stellenwert des Identitätsbegriffs in der allgemeinen Handlungstheorie. In: J. Habermas/G. Nunner-Winkler, Die Entwicklung des Ichs. Köln, 68-88.
Parsons, T., (1971) 1977c: Comparative Studies and Evolutionary Change. In: T. Parsons, Social Systems and the Evolution of Action Theory. New York, 227-320.
Parsons, T., (1974) 1978: Religion in Postindustrial America: The Problem of Secularization. In: T. Parsons, Action Theory and the Human Condition. New York, 300-322.
Parsons, T., 1980: Zur Theorie der sozialen Interaktionsmedien. Opladen.
Parsons, T./Platt, G.M., (1973) 1974: The American University. Cambridge, Mass.

Parsons, T./Shils, E.A. (Hg.), (1951) 1976: Toward a General Theory of Action. Cambridge, Mass.
Parsons, T./Smelser, N.I., 1956: Economy and Society. New York.
Peters, T.P./Waterman, R.H., 1982: In Search of Excellence. Lessons from America's Best-Run Companies. New York.
Peters, T.P./Waterman, R.H., 1984: Auf der Suche nach Spitzenleistungen. Was man von den bestgeführten US-Unternehmen lernen kann. Landsberg.
Pettigrew, A.M., 1987: Context and Action in the Transformation of the Firm. Journal of Management Studies 24/6: 649-670.
Piaget, I., 1979: Das moralische Urteil beim Kinde. Frankfurt/M.
Popitz, H., 1967: Der Begriff der sozialen Rolle als Element der soziologischen Theorie. Tübingen.
Powell, W.W./DiMaggio, P.J. (Hg), 1991: The New Institutionalism in Organizational Analysis. Chicago.
Probst, G.J.B., 1987: Selbst-Organisation. Ordnungsprozesse in sozialen Systemen aus ganzheitlicher Sicht. Berlin.
Psathas, G., 1979: Die Untersuchung der Alltagsstrukturen und das ethnomethodologische Paradigma. In: W.M. Sprondel/R. Grathoff (Hg.), Alfred Schütz und die Idee des Alltags in den Sozialwissenschaften. Stuttgart, 178-195.
Reese-Schäfer, W., (1999) 2001: Niklas Luhmann zur Einführung. Hamburg.
Reinhardt, R., 1995: Das Modell organisationaler Lernfähigkeit und die Gestaltung lernfähiger Organisationen. Wien.
Ritzer G., 1979: Toward an Integrated Sociological Paradigm. In: W.E. Snizek/E.R. Fuhrman/M.K. Miller (Hg.), Contemporary Issues in Theory and Research. A Metasociological Perspective. London, 25-46.
Rodgers, R., Hunter, J.E., 1991: Impact of Management by Objectives on Organizational Productivity. Journal of Applied Psychology 76: 322-336.
Rodgers, R., Hunter, J.E., Rogers, D.L., 1993: Influence of Top Management Commitment on Management Program Success. Journal of Applied Psychology 78: 151-155.
Roth, G., 1997 (1996): Das Gehirn und seine Wirklichkeit. Kognitive Neurobiologie und ihre philosophischen Konsequenzen. Frankfurt/M..
Scharpf, F.W., 2000: Interaktionsformen. Akteurzentrierter Institutionalismus in der Politikforschung. Opladen.
Schein, E.H., (1985) 1992: Organizational Culture and Leadership. San Francisco.
Schein, E.H., (1999) 2000: Prozessberatung für die Zukunft. Köln.
Schimank, U., 2000: Handeln und Strukturen. Eine Einführung in die akteurtheoretische Soziologie. Weinheim und München.
Schimank, U., 2002a: Organisation: Akteurkonstellationen - korporative Akteure - Sozialsysteme. In: J. Allmendinger/T. Hinz (Hg), Organisationssoziologie. Sonderheft 42/2002 der KZfSS. Wiesbaden, 29-54.
Schimank, U., 2002b: Das zwiespältige Individuum. Zum Person-Gesellschaft-Arrangement der Moderne. Opladen.
Schimank, U., 2005: Organisationsgesellschaft. In: W. Jäger/U. Schimank (Hg.), Organisationsgesellschaft. Facetten und Perspektiven. Wiesbaden, 19-50.
Schmid, M., 1998: Evolution. Bemerkungen zu einer Theorie von Niklas Luhmann. In: U. Schimank, H.-J. Siegel (Hrsg.), Beobachter der Moderne. Beiträge zu Niklas Luhmanns "Die Gesellschaft der Gesellschaft". Frankfurt/M., 117-153.
Schmid, M., 2001: Soziales Handeln und strukturelle Selektion. Wiesbaden.
Schneider, H.-D., 1985: Kleingruppenforschung. Stuttgart.
Schneider, W.L., 2002: Grundlagen soziologischer Theorie, Band 2: Garfinkel-RC-Habermas-Luhmann. Wiesbaden.
Schreyögg, G., 1998: Organisation. Wiesbaden.
Schütz, A., 1971: Das Problem der Relevanz. Frankfurt/M.

Schütz, A., (1932) 1974: Der sinnhafte Aufbau der sozialen Welt. Eine Einleitung in die verstehende Soziologie. Frankfurt/M.
Schütz, A., (1940) 1977: Parsons' Theorie sozialen Handelns. In: A. Schütz/T. Parsons, Zur Theorie sozialen Handelns. Ein Briefwechsel. Frankfurt/M., 25-76.
Schütz, A./Luckmann, T., 1979: Strukturen der Lebenswelt, Bd. 1. Frankfurt/M.
Schütze, F., 1976: Zur soziologischen und linguistischen Analyse von Erzählungen. In: G. Dux/T. Luckmann (Hg.), Internationales Jahrbuch für Wissens- und Religionssoziologie, Bd. 10. Opladen, 7-40.
Scott, W.R, 2001: Institutions and Organizations. London.
Scott, W.R./Meyer, J.W., (1983) 1991: The Organization of Societal Sectors: Propositions and Early Evidence. In: W.W. Powell/P.J. DiMaggio (Hg.), The New Institutionalism in Organizational Analysis. Chicago, 108-140.
Senkel, K./Tress, D.W., 1987: Organisationsentwicklung. Strategie zur Entwicklung organisatorischer Kompetenz. Zeitschrift für Führung und Organisation 3: 179-184.
Simon, H.A., 1957: A Behavioral Model of Rational Choice. In: H.A. Simon (Hrsg.), Models of Man. New York, 241-261.
Simon, H.A., 1997: Models of Bounded Rationality. Empirically Grounded Economic Reason. Vol. 3. Cambridge/Massachusetts.
Simmel, G., 1974: Rollentheoretischer Zugang zum Verständnis von Gesellschaft. In: C. Mühlfeld/M. Schmid, Soziologische Theorie. Hamburg, 255-265.
Skinner, B.F., 1978: Was ist Behaviorismus? Reinbek bei Hamburg.
Staehle, W.H., 1991: Management. Eine verhaltenswissenschaftliche Perspektive. München.
Staffelbach, B., 1988: Werte im Management. Theorie und Praxis. Zeitschrift für Führung und Organisation 57: 25-30.
Tenbruck, F:H., 1961: Zur deutschen Rezeption der Rollentheorie. Kölner Zeitschrift für Soziologie und Sozialpsychologie 13: 1-40.
Tenbruck, F.H., 1975: Der Fortschritt der Wissenschaft als Trivialisierungsprozess. In: N. Stehr/R. König (Hg.), Wissenschaftssoziologie. Sonderheft 18 der Kölner Zeitschrift für Soziologie und Sozialpsychologie. Opladen, 19-47.
Thomas, W.I./Thomas, D.S., (1928) 1973: Die Definition der Situation. In: H. Steinert (Hg.), Symbolische Interaktion, Arbeiten zu einer reflexiven Soziologie. Stuttgart, 333-335.
Türk, K., (1997) 2000: Organisation als Institution der kapitalistischen Gesellschaftsformation. In: G. Ortmann/J. Sydow/K. Türk. (Hg), Theorien der Organisation. Die Rückkehr der Gesellschaft. Wiesbaden, 124-176.
Turner, I.H./Beeghley, L., 1974: Current Folklore in the Criticism of Parsonian Action Theory. Sociological Inquiry 44: 61-63.
Turner, R., 1962: Role-Taking: Process versus Conformity. In: A.M. Rose (Hg.), Human Behaviour and Social Process: An Interactionist Approach. Boston, 20-40.
Tushman, M.L., Newman, W.H., Romanelli, E., 1986: Convergence and Upheaval: Managing the Unsteady Pace of Organizational Evolution. California Management Review 24: 29-44.
Tversky, A., Kahneman, D., 1986: Rational Choice and the Framing of Decisions. Journal of Business 59: 251-278.
Udehn, L., 2001: Methodological Individualism. London.
Udehn, L., 2002: The Changing Face of Methodological Individualism. Annu. Rev. Sociol. 28: 479-507.
Ullrich, O./Claessens, D., 1981: Soziale Rolle. Kurseinheit 1: Der Rollenbegriff und seine empirischen Anwendungen. Fernuniversität Hagen.
Veith, H., 1996: Theorien der Sozialisation. Zur Rekonstruktion des modernen sozialisationstheoretischen Denkens. Frankfurt.
Verhulst, F., 2000: Nonlinear Differential Equations and Dynamical Systems. Second Edition, Berlin.
von Rosenstiel, L., (1979) 2000: Grundlagen der Organisationspsychologie. Stuttgart.
Wagner; W., 1977: Uni-Angst und Uni-Bluff. Berlin.

Walgenbach, P., 1995: Die Theorie der Strukturierung. Die Betriebswirtschaft 55: 761-782.
Walgenbach, P., 2001: Institutionalistische Ansätze in der Organisationssoziologie. In: A. Kieser (Hg.), Organisationstheorien. Stuttgart, 319-353.
Walgenbach, P., 2002: Neoinstitutionalistische Organisationstheorie - State of the Art und Entwicklungslinien. In: G. Schreyögg, P. Conrad (Hrsg.), Managementforschung 12, Wiesbaden, 155-202.
Walgenbach, P./Beck, N., 2000: Von statistischer Qualitätskontrolle über Qualitätssicherungssysteme hin zum Total Quality Management - Die Institutionalisierung eines neuen Managementkonzepts. Soziale Welt 51: 325-354.
Watzlawick, P./Beavin, J.H./Jackson, D.D., (1967) 1990: Menschliche Kommunikation. Formen, Störungen, Paradoxien. Bern.
Watzlawick, P., 1997 (1978): Wie wirklich ist die Wirklichkeit. Wahn, Täuschung, Verstehen. Zürich.
Weber, M., (1922) 1972: Wirtschaft und Gesellschaft. Grundriss der verstehenden Soziologie. Tübingen.
Weber, M., (1922) 1973: Gesammelte Aufsätze zur Wissenschaftslehre. Tübingen.
Weick, K.E., (1969) 1985: Der Prozeß des Organisierens. Frankfurt/M.
Weick, K.E., 1995: Sensemaking in Organizations. London.
Weik, E., 1996: Postmoderne Ansätze in der Organisationstheorie. Die Betriebswissenschaft 56: 379-398.
Weik, E., 2001: Ethnomethodologie. In: E. Weik/R. Lang (Hg.), Moderne Organisationstheorien. Eine sozialwissenschaftliche Einführung. Wiesbaden, 117-152.
Weik, E., 2003: Postmoderne Theorie und Theorien der Postmoderne. In: E. Weik/R. Lang (Hg.), Moderne Organisationstheorien 2. Strukturorientierte Ansätze. Wiesbaden, 93-119.
Weik, E./Lang, R., (Hg.) 2001: Moderne Organisationstheorien. Eine sozialwissenschaftliche Einführung. Wiesbaden.
Weik, E./Lang, R. (Hg.), 2003: Moderne Organisationstheorien 2. Strukturorientierte Ansätze. Wiesbaden.
Weinert, A. B., 2004: Organisations- und Personalpsychologie. 5. und vollständig überarbeitete Auflage. Weinheim/Basel.
Weingarten, E./Sack, F./Schenkein, I. (Hg.), 1979: Ethnomethodologie, Beiträge zu einer Soziologie des Alltagshandelns. Frankfurt/M.
Whitehead, A.N., (1925) 1967: Science and the Modern World. New York.
Wilderom, C.P.M./Glunk, U./Maslowski, R., 2000: Organzational Culture as a Predictor of Organizational Performance. In: N.M. Ashkanasy/C.P.M. Wilderom/M.F. Peterson (Hg.), Handbook of Organizational Culture & Climate. Thousand Oaks, 193-209.
Wilson, T.P. (1970) 1981: Theorien der Interaktion und Modelle soziologischer Erklärung. In: Arbeitsgruppe Bielefelder Soziologen (Hg.), Alltagswissen, Interaktion und gesellschaftliche Wirklichkeit, Bd. 1. Opladen, 54-79.
Windeler, A., 2001: Unternehmensnetzwerke. Konstitution und Strukturation. Wiesbaden.
Wiswede, G., 1977: Rollentheorie. Stuttgart.
Ziegler, R., 1973: Typologien und Klassifikationen. In: G. Albrecht/H. Daheim/F. Sack (Hg.), Soziologie. Opladen.
Zingg, W./Zipp, G., 1983: Basale Soziologie: Soziale Ungleichheit. Opladen.
Zucker, L.G.,(1977) 1991: The Role of Cultural Persistence. In: W.W. Powall/P.J. DiMaggio (Hg), The New Institutionalism in Organizational Analysis. Chicago, 83-107.
Zucker, L.G., 1997: Institutional Theories of Organization. Ann. Rev. Sociol. 13: 443-464.

Stichwortverzeichnis

Abhängigkeit *269*
Ablösbarkeit, *58*, 364
Abstraktion *21*
Abweichung
-sdämpfung *414*
-sverstärkung *414*
Accounting 98, *175*
Adäquanz *148*-149
affektuell *31*
Affektive Bindung *234*
Aggregation 398
-, Logik der 293, 295, *400-401*
Agenturtheorie 96
AGIL-Funktionen *204-207*
Akteurkonstellation 30, 35, 293, 295, 336, 354, 375, 396, 400, 409-411, *413-415*, 425
Aktivitätssystem *109*
Alltagsrituale 102, 113, *117-130*, 134, 167, 169, 181, 207, 222
Altruismus *31*, 407
Ambiguisierung *261*
Ambiguität *345*
-stoleranz *114*
Analyse
-, funktionale 26-27, 203, *250*
-, kausale *165*
-, strukturelle *27*
analytisch *120*
Analytischer Realismus *73*
Anderer
-, generalisierter *54-56*, 59, 65
Arbeitsverhältnis *308*
Anpassung *205*, 207
-, sekundäre 102, *112*, 117
Anschlussoperation 259, 263-264, 269, *272*, 274-275, 280, 285, 289, 296
Ansprüche *315-316*

Arbeitszufriedenheit *321*
Argument *204*
Argumentationsebenen *176*
Ausdifferenzierung *300*, 302
Austausch
-, bestätigender *123*, 128
-, korrektiver *123-129*
Austauschmedien 194, *196,* 389
- des Handlungssystems *232-237*
- des Sozialsystems *222-231*
Austauschtheorie *442*
Austauschparadigma *69*
Autokinetischer Effekt *183*
Autopoiesis 9, 28, 78, *272-273*, 275-276, 289, 296, 299, 301-302, 314, 316, 321, 324, 329-330, 332-333, 342, 347, 350, 354-356
Axiom *438*
Bachelor-Studium *93-94*
Beauftragte *87*
Befragung
-, Hochschul- *104-105*, 204, 230, 260
-, Akademiker- *243-244*
Bedeutung *20*
Begründungszusammenhang *182*
Behaviourismus *58*
Beobachtung 23, *280-281*, 283-284, 292-293, 301, 333
- 1. Ordnung *280-281*, 333
- 2. Ordnung *280-281*, 333
Beratung
-, systemische 273, 335, *344-345*
Beschaffungsprozess *332-333*
Beschreibung *296*
Bewusstsein 272, 311-312, 358*, 383-384*
Bezugsgruppe *44*, 48, 51, 78
Bezugsperson 48, *53*, 56
Bezugsrahmen *39*, 47

Bezugssystem *24*, 75, 110
Biographie 142, *150-153*
Bluff *48*
Breaching *165-166*
Brückenhypothese *398*, 433
Bündel-Universität *242*
Bürokratischer Beamter *146-147*
Change *95*
Change Management *325*
Chaostheorie *78*, 325, 354
Code 90, *223-225*, 227, 229-230, 237, 251, *264-268*, 284, 287, 289-291, 301, 303-306, 310, 352, 356, 359, 415, *418-421*, 435
-, Eigentums- *223*
-, kultureller *23-24*, 302, 352-353, 361
-, Medien- *224-225*, 227, 229-230, 237, *264-269*, 284, 304-305, 348
-, Neben- *265-268*, 291, 303
-, Normativer *224-225*, 230
-, Präferenz- 287, *289-290*
- Selektions- *264*, 290, 305
-, Signifikations- *377, 382*
Co-Evolution *323*
College-Sozialisation 217-218, *237-239*
Commitment *418-419*
Computer 198, *291-292*
-übersetzung *179-180*
Constraints *98*
-, formale *90-91*
-, informelle *90-92*
Darstellung *175-177*, 180
Decoupling *36*
Definition der Situation 30, 34, 130, 157, *236-237*, 240, 274, 302, 358, *418-420*, 434, 438
Defizitanalyse *222*
Deinstitutionalisierung *95*
Dekomposition
- eines Systems *302-303*
Demokratie *306*
Dialog 54, *190*
Differentialgleichungssysteme *74*
Differenzierung *299-311*
-sform *299-301*
-, funktionale *208*, 249
-, institutionelle *243*

- von Individuum und Gesellschaft *316-319*
Dilemmasituation *30*
Directive correlation *351*
Diskriminierungsfähigkeit *309*
Diskulturation *111*
Diskurs *190-193*, 198, 280, 342
-modell *193*
Dokumentarische Methode 163, *171-182*
Dominanz-
-effekt *41*
-strategie *405*, 408
Doppelte Kontingenz *251*, 260
Dualität von Struktur
- Giddens 35, *376-377*, 384
- Luhmann *274*
Dynamik 25, 77, 97, *256*
-, nichtlineare *326*, 357
Eigenlogik 34, *431*
Eigentum *55*
Eigenverhalten *284-285*
Eigenwert 285, *302*, 353, 356-357
Eigenzustand *300*
Einbettung 430, *432-433*
Einfluss 195, 198, 204, *227-231*
Einklammern *131*, 174
Einstellung *160*
Elementaranalyse *73*
Elementargesetze 21, *439-443*
Emergenz 34, 54, 253, 311, 326, 328, 358, 361, 385
-ebene *79*
Emotion *407*
Emotionalität *31*, 317, 319
Empathie *114*, 425
Empirische Forschung *178*
Entbehrungs-Sättigungs- Hypothese *440-441*
Entbettung *389-391*
Entdeckungszusammenhang *182*
Entfremdung 42, 49, 66, *342-343*
Entkopplungsthese *82*, 84, 195
Entlastungsmechanismus *337*, 350
Entpersönlichung *50*
Entropie *252*
Entscheidung 299, 303, *328-329*, 336-337, 339, 342, 439

-sprämissen *329-331*, 337, 339, 342, 345, 347
-sprogramme *329*, 342-343
Entschuldigungen *123*
Enttraditionalisierung *392*
Episoden *386-387*, 393
Erfahrungslernen *99*
Erfassung einer Rolle *108-109*
Erfolgshypothese *440-441*, 443
Erfolgsmedien *288-291*, 303-304, 317, 351
Erhebungsinstrumente
-, standardisierte *105*
Erinnerung *384*
Erklärung
- Garfinkel 98, *175*
- Goffman *123*
- Homans *439*
- Luhmann *296*
- Weber *140*
Erleben *257*, 260, 265, 268
Ersuchen *123*
Erwartung *260*
-, generalisierte *260-263*
Espoused Theory *99*
Ethnomethodologie 25, 27, 29, 97, 98, 124, 131, *162-182*, 338, 379
Ethnomethodologische Organisationsforschung *182-186*
Ethnosoziologie 118, *172*, 181
evaluativ *80*
Evidenz *31*
Evolution
- Luhmann *323-328*
- North *92*
- Ostrom *426-427*
- Parsons *239-241*
Exklusion 132, 249, *300*, 302, 308, 317-318
Experte *372*
-nsysteme *389-391*
Expression *110*
Face-to-face *390*
Fähigkeiten
-, identitätsfördernde *114-115*
Fairness 434, *444*
Familie *315*, 392-393
Fazilität *382*

Feedback *320*
Form *281*, 288-290, 293, 355-356
- der Kreativität *336*
- der Sicherheit *329*
-, Inklusions- *330*
Frame 35, *130-132*, 180, 286, *419-425*, 433-438
-bending 135, *137-138*
-breaking 135, *137-138*
Framing 35, 292, 294, 395, *419-425*, 433-438
Frame/Skript Modell 399, 401, 413, 417, *419-425*, 431, 433, 444
Freiheit *322*
Fremdverstehen *141-142*, 147-149, 151, 164-165
Führungswechsel *337*
Fundamentaltheorem *22*, 35, 43, 66, 72, 219
Funktion *75-77*, 79, 110, 301, *303-308*
-, AGIL- *204-210*
-, Motivations- *42*
-, Selektions- *42*
-ssystem 248-250, 296, 299-301, *303-307*
Funktionale Analyse 75, 110, *201-210*
Fusion 27, 197, *341*, 343-344
Game *54*
Gedächtnis 247, 252, 280-281, *285-287*, 302, 304, 312-313, 320, 320, 324, 326, 330-332, 336-337, 343, 353, 356, 359, 383-385
Gefangenendilemma 399, *404-410*, 417, 426, 432-433
Gefühl *315-317*
Geld 28, 36, 55, 194-196, 198, 208, *223-226*, 264-268, 279, 290, 295, 305-306, 389-390
Generalisierung *444*
-, empirische *73*
-, symbolische *258*
- von Erwartungen *260-263*
Generalthesis des alter ego *143*, 149, 151
Genetische Begriffe *147*
Gerechtigkeit
-, ausgleichende 395, *442*
Geschlossenheit
-, operative *274-277*, 298, 301, 310
Gesellschaft 75, 208, *249-250,* 299-311
-stheorie *248*
Gesetz 21-23, 90, 97-98, 225, *289-291*, 306, 395, *439-444*

Geste
-, signifikante *57*, 59
-, vokale *58*
Glaubwürdigkeit *156*
Gleichgewicht 18, *202*
Globalisierung 197, *388-393*
Gruppenregeln *55*
Gute Gründe *435*, 438
Habitualisierung *366-375*, 406
Habitus *235*
Handeln *20*, 21, 23, 115, *257*, 260, 265-266, *379-381*
-, kooperatives *30*
-, nicht-kooperatives *30*
-, rationales 30-31, *70*, 401-404
-, soziales *20-21*
-, strategisches *189-191*
-, verständigungsorientiertes *189-191*
-, zweckrationales *80*
Handlung
-saspekt *129*
-sdynamik *65*
-skapazität *236*
-skompetenz 115, *374*
-smodell *59*
-sspielraum 46
Handlungssystem
-, allgemeines 23, 27, 201, *211-222*
Handlungstheorie
-, allgemeine *201-246*
-, dramaturgische 25, 27, *101-138*
-, interaktionistische 68
-, kommunikative *186-198*
-, phänomenologische 24, 27, 29, 101, *139-162*
-, voluntaristische 28-29, 50, *68-73*, 201, 212, 221, 268
Handlungstyp *30*
Haus-Beispiel *302 - 303*
Herrschaft 152, *224-225*, 318, 327-328, 381-382
-sfreiheit *191*
-sinteressen *89*
-, rationale *147*
-sstrukturen *191*, 198
Hierarchie *424*, 434

-, kybernetische *222*
Historizität *366*
Homo
- sociologicus 29, 30, *32-33*, 49, 51, 395
- oeconomicus 29, 30, *32-33*, 395
Humankapital *197*, 341
Human Relations *98*, 349
Human Resources Management *320-321*
Hypothesen *21*
I (Ich) *59-63*, 87, 103, 107, 139
Ich-Identität *56*, 61, 107, *113-114*, *315*
Ideale Sprechsituation *190-192*, 199
Idealtyp
- Schütz *147*
- Weber *146-149*
Identität 25, 49-65, 102, *106-117*, 121-122, 128, 139, 141, 162, 192, 194, 204, 212, 241, 251, 274, 277, 286, 300-301, *313-317*, 319-320, 330, 340, 358, 365, 373, 379, 383, 414, 420, 432
-, balancierende 62, *113-114*, 313
-sbewusstsein *55*
-smodell *115*
-, persönliche *107*, 314
-, soziale *107*
Identitätsdarstellung 25, *115*
Identitätsentwicklung *40*
Ihrbeziehung *146*
Implikation *410*, 439
Imposition *423*
Indexikalität *178-180*
Individualismus
-, institutionalisierter *238-240*
-, methodologischer 29, *32,* 78, 133, 137, 375, *395-401*, 425, 429, 431, 436, 443
individualistisch *33*
Individualität 316-317, *319*, 356, 358
Individuum 25, 34, 40-43, 45, 49-65, 106-108, 111, 113, *311-322*, 383, 431-432, 444
Informatik *206-207*, 282
Informatikbereich *273*, 280
Informell *98*, 374
Inklusion 249, *300*, 302, 308, 317-319, 330
Innovation 95, 96, 326, *330-331*, 342
Innovationsfähigkeit *72*

Institution 42, 55, 56, *66-67*, 75, 92, *95-97*, 382, 426-429, 447
-, totale *25*, 100
Institutionalisierung 22, 66-67, 72, *75*, 181, *213-215*, 219, 363, *366-369*, 419, 426-429
Institutionalismus
-, alter 36-37, *68-81*, 79-81, 89, 183, 201
-, neuer 36-37, 68, *80-89*, 183
-, Rational-Choice 67, *90-95*
Instrumenteller Aktivismus *240*
Integration 28, *204-206*, 240, 249, 299-300, 307-308, 311, *321-322*, 326, 340-341, 370, 375, 397-398, 405-406, 433, 443
-smanagement *341*
-, soziale *30*
Intelligenz
-, reflektive 59, *63*
- als Medium *234-239*
Intention *59*
Intentionalität *64-65*
Interaktion
-sformen *30*
-, symbolvermittelte *57*
Interaktionsmodell 59, *61-62*, 149
Interaktionsordnung *132*
Interaktionssystem 249, *307-310*, 338
Interaktionismus *25*, 63, 65, 175
-, Grundtheorem des *63*
-, symbolischer 25, 27, 29, 33, *57-63*
Interdependenz *121-122*
-unterbrechung *310-311*
Interessen *35*
Internalisierung 43, 50, 73, 183, *215-220*, 239, 244, *373*, 406-407, 419, 432
Interpenetration *219-220*, 222, 232, 240, 247, *270-272*, 275-276, 279, 314, 316, 356
-szone 220, *232-233*, 240, 242, 298, 310
Intersubjektivität der Lebenswelt *151*
Irritation 28, *274-279*, 284, 298-299, 301, 311, 324, 327, 336, 338, 345, 352-353, 355, 360
Isomorphie *414*
Isomorphismus 36, *83*, 85, 87, 88, 97
- durch Zwang *88*
-, mimetischer *88*
-, normativer *88*
-these *87-88*

ISO-Norm *85-88*
Karriere 319, *321-322*, 337, 348, 442
Karussellpferdreiten *108*
Katastrophentheorie *78*, 325
kathektisch *80*
Kausalität 51, *277-278*
-, Auslöse- *276*
-, Durchgriffs- *276*
-, technische *291*
Kodifikation *26*
Kognition 312, *418-419*, 433
kognitiv *80*
Kognitive Rationalität *232-233*, 237
Kontingenzkultur 343, *345*
Kollektiv *76-77*
kollektivistisch *33*
Kolonialisierung
- der Lebenswelt *196*
Kommunikation 20, 28, 42, 57-58, 63, 126-127, 136, 143, 167, *187-188*, 192-194, 198-200, 222, 249, 258, 260, 270, *273-274*, 276, 278, 280, 284, 286, 294, 298, 302-303, 307, 311-312, 315, 317-322, 324, 329, 342-343, 346, 350, 352, 356, 358, 364-365, 373, *382*, 389, 392, 416, 431, 444
-, Anschluss- *343*
-, elektronische *278*
-, emotionale *392-393*
-, Postmoderne *198-200*
-, schriftliche *322-323*
-, verständigungsorientierte *28*
Kommunikationsmedien
-, generalisierte 194, 196, *263-268*, 288, 290, 303-305, 317, 323, 351, 352
-, elektronische *206*, 276, 282, 389-390
Kommunikationstheorie *29*
Komplex
-, kognitiver *242*
-, ökonomischer *246*
Komplexanalyse *241-246*, 292, 298, 308
Komplexität 90, 100, 156, 246, *251-260*, 263-265, 267-272, 275-276, 284, 287-289, 292-293, 301-302, 312, 317, 319, 329, 334, 352, 355-356, 359
-, operative *252*
-, strukturelle 252, *352-354*
-, Reduktion von *252*

463

-, Eigen- 253, *257-259*, 270, 324
Konditionalprogramm *262*
Konditionen *71-72*
Konflikt 45, 204, *324-325*, 334, 343, 352, 354, 356
-potenzial *95*
Konformität *82-84*, 208, 286, *322*, 427
Kongruenz der Relevanzsysteme 151, 164, 165, *167-168*
Konkretheit *20*
Konsens 28, *194-196*, 199
-theorie der Wahrheit *190*, 199
Konservatismus *27*
Konsistenz *442*
Konstruktivismus *292-295*
-, erkenntnistheoretischer *375*
-, phänomenologischer *375*
Kontext 380-383, *387*, 398, *417-419*
-abhängigkeit *178-179*
-effekt *398*
Kontingenz *254-255*, *269*, 278, 281, 293, 301, 316, 355-356, 359, 361, 365, 425
-, doppelte *251*, 260, 307, 403
-, Entscheidungs- *321*
-kultur *343*, 345
kontrafaktisch *193*
KonTrag-Gesetz *87-88*
Kontrolle *366*
Konversation *373-374*
Kopplung
-, lose *287-288*, 307, 309-310, 335
-, strikte *291-292*
-, strukturelle *275-279*, 287-288, 292, 294, 305-310, 312, 319, 323, 327, 355-356
-, technische *289*
Körper *64*, 119, *154*, 261, 265, 315, 317
Korporativer Akteur 31, 339, *414*
Kosten *67*
-optimierung *98*
-ziele *92*
Kreativität 25, *64-65*, 72, 326, *330-331*, 336-337, *425*
Kreativitäts-Workshop *192*, 199
Krisenexperiment 124, 152, *163-172*, 180
Kritische Theorie *186*
Kult des Individuums *234*

Kultur 51, *286*, 341, 353
Kulturdeterminismus *263*
Kultursystem 22, 23, 76, *211-212*, 221, 233
Kundenbefragung *271*
Kundgaben *123-126*, 128
Lebenswelt 24, *27-28,* 150, *161,* 189, 435-438
-, Strukturen der *139-162*
legitim *75*
Legitimation 95, 363, *369-372*, 386
- durch Verfahren *304*
Legitimität *47-48*, 82-84, 199, 268, 361
Lehrerrolle *43*
Leitdifferenz *52*
Lernen
-, organisationales *89*
Liebe *265-268*, 290
Living Systems Theory *78*
Logik
- der Aggregation 375, 398, *400*, 409-417
- der Selektion *398-400*, 401-403, 413
- der Situation *398-399*, 417-419
Looping-Effekt *111*
Macht 95, 194, 196, 198, *224-225*, 264-268, 288-291, 295, 303-306, *348-352*, 380-382, 389, 414-415, 423-424, 443
-spiel *261*
Mannigfaltigkeit *21*
Makro-Ebene *31*
Massenmedien 279, *352-354*
Matthäus-Effekt *229*
Me (Ich) *59-62*, 87, 103, 139
Mechanismus 28, 42, *45-46*, 82, 96, 122, 181, 204, 223, 240, 249, *254*, 257, 283, 321, 323, 328, 332, 337, 350-352, 390, 406, 432
-, Entlastungs- *350*
-, Sinn- *278*
-, Steuerungs- *348*
-, symbiotischer *265*, 268, 291, 317
Medien
- Luhmann 194-195, *263-268*, 288-291, 303-306, 318, 351
- Mead *54*
- Parsons 194-195, *222-239*
Mediencode
-, Erstcodierung *264*, 267-268, 290, 305-306

-, Neben-Code *265*, 268
-, Zweitcodierung *264*, 268, 290, 305-306
Medizinsoziologie *74*
Mehrebenenmodell *96*
Meinung *318*
Menuett *127*, 129-130
Meritokratischer Effekt *41*
Mesoebene *429-431*
Metakommunikation *132*, *192-193*, 256-257, 280, 293, 342, 424
Metaplan *219*
Metapräskription *199*
Methode 105, *180-182*
Methodologie
- beobachtender Systeme *292-299*
Methodologischer Individualismus 29, *32*, 78, 133, 137, 375, *395-401*, 425, 429, 431, 436, 443
Mikrodiversität 99, 307, *338*, 353-354, 358
Mikro-Ebene *32*
Mikroinstitutionalismus *186*
Mikro-Makro 23, 32, 78, 95, 138, 147, 186, *395-401*, 409, 411, 413, 418, 429-431
Mikroökonomie *441*
Mikropolitik *98*
Mitarbeiterbefragung *320*
Mitbestimmung *428*
Mitgliedschaft *308*
-srolle *249*, 321
Mitteilung *273*, 280
Mittelalterliche Stadt *146*
Mitwelt *145*, 150
Modell
- des kommunikativen Handelns *188*
-, explizites *39*, 47
- kognitivistisches *436-438*, 445
Moderator *192-193*
Modernisierung *83*
- radikalisierte *388*
Modulation *127-129*, 132-133, 178, 181
Morphogenese 324-325, *334-335*
Motiv *320*, 379
-, Um-zu- *142*, 145, 157, 160, 161
-, Weil- *142*, 145, 157, 160, 161
Motivation 42, *320*, 323, 349
Motivationsfunktion *42*

Muster
-, kulturelle *43*
Musterbeispiel 26, *39*, 47, 69, 111
Mythos 36, *81-84*
Narrative Methode *374-375*
Narratives Interview *105*
Neo-Institutionalismus 36-37, *79-89*, 95-100, 182, 300, 338, 357
Nihilierung *372*
Norm 23, 30, 35, 43, 66, 68, *70*, 71, 72, 76, 77, 103, 173, 251, 286, 382, 405-406, 427, 431-432, 434, 436-437, 444
Normalisierung *164*, 165, 168, 173, 180
Nutzenmaximierung 95, 312, 395, *399*, *401-405*, 416, 425-427, 432-434, 440-441, 444
Objektivation 36, 58, *362-364*
-, sekundäre *369*
Operationalisierung *167*
Originalitätsnorm *213-214*
Organizational slack *301*
Organisation 18, 79, *91-93*, 96, 97, 249, 299, 306-307, 319-322, *328-329*, 417
-seffizienz *83*
-sentwicklung 190, 334, *344*
-skultur *339-345*, 352
-ssoziologie *118*
Organisationsberatung *28*
Organisationsgesellschaft *93*
Orthogonalität *278*
Oszillation 308, 330, 334, *336-337*, 359
-sfunktion *330*
Paradigma 19, 24, 25, *26*, 27, 29, 39, 69
-, individualistisches 29, 30, *32*, 33, 34, 35, 37, 67, 436
-, interpretatives 24, 25, *27*, 28, 29, 30, 32, 33, 34, 35, 39, 52, 66, 67, 105, 114, 157, 162, 190, 198, 248, 294, 361, 377, 436
-, normatives 24, 25, *27*, 28, 29, 30, 32, 33, 35, 36, 65, 66, 67, *71-72*, 110, 189, 196, 248, 268, 361, 377, 444, 447
-, Vier-Funktionen- 70, 74, *204-210*
Paradigmenwechsel *27*
Paradoxie
- der Beobachtung *292*
- Re-entry *283*
Parsons-Folklore *240*
Partizipation *320*, 349

Pattern Variables 41, *217*
performativ *127*
Persönlichkeit 42, 51, *61*, 76, 80, 382
-, soziale *142*
-ssystem 34, 73, *212-213*, 220
Person 261, 307-308, 312, *315-317*, 319, 322, 336-337, 346, 348, 350
Pertubierung 275
Phänomenologie 248
Planbestimmte Interessen
- des Lebenslaufs *157*, 160, 161
Planhierarchien *153*
Plansystem *142*
Play *54*
Population *327*
Polykontextualität *297-299*, 306, 311
Position *40*, 41, *43-44*, 48, 50
-sinhaber *43*, 52, 109
Positionalität
- exzentrische *56*, 62
Postmoderne *388*, 392
- Kommunikation *198-200*
Pragmatismus *64*
Preise *305-306*
Prinzipien
-, moralische 53, *55*
Privatisierung *100*
Produktivität von Mitarbeitern 402, *411-413*, 418, 424, 433-434
Profit Center *282-283*, 332
Prognose *354*
Programm 262, *289-290*, 305-306, 418-419
-, Konditional- *329*
-, Zweck- *329*
Prozess *203*
-, sozialer *352-354*
Psychoanalyse *392*
Psychological man *50*
Qualitäts-
-norm *85*
-seminar *218*
-zirkel *215*
Radikalisierung der Moderne *388-393*
Rahmen 35, 130, *131*, 135, 136, 137, 255, 274, 286-287, 384, 421-426, 427, 433-438

-, natürliche *133*
-, primäre *132-133*, 435
Rahmen-Analyse 127, 128, 129, *130-135*
Rational-Choice 29, 30, 31, *32*, 65, 80, 81, 82, 90, 93, 94, 99, 198, 248, 312, 327-328, 336, 338, 346, 348, 356-357, 381, 394-395, *399-400*, 412, 416-417, 425-428, 431-439, 444-445, 447
Rationalisierung *379*
- der Lebenswelt *195*, 198
Rationalismus, kritischer *178*
Rationalität *31*, 395
-, begrenzte 81, *399-400*, 407, 431
-snorm *82*
-, System- *359-360*
- Wert- *31*, 433-434, 436
- Zweck- *31*, 433-434, 436
Rationalitätsmythos *81-84*, 97, 337, 357
Realismus
-, analytischer *292*
Recht *305*, 407
Recodierung *303*
Reduktion von Komplexität *259-260*
Redundanz *333-334*
-verzicht *301-302*
Re-entry *282-285*, 288, 291-293, 298, 332, 348, 352, 355-356, 444
Referenz
-, Fremd- *301*
-, Selbst- 293, *301*
Reflexion 53, *58-61*, 63, 64, 66, 141, 144, *301*, *365*, *421*, 423, 425
Reflexive Steuerung *380*, 391
Reflexivität 281, *284*
- des Lebens *388-389*
- der Morderne *391*
Reform *335-336*
Reframing 131, *135-138*, *421-425*
Regeln 54, 71, 90, 93, *377-378*
-, primäre *123-128*
-, sekundäre *127-130*
-, zeremonielle *83*
Reifikationsfehler *17*, 74, 208
Reiz *57-58*
Reizung *275*
Rekursion *284-285*, 317

Rekursivität *380*
Relevanz *156-157*, 160, 161, 238, 369, 435, 438
-, Interpretations- *157*, 436
-, Motivations- *157*
-, thematische *157-159*, 436
Reproduktion
-, soziale *378*
Reputation *407*
Reservate *112*
Resonanz *275*, 296
Resozialisation *374*
Ressourcen 95, *377-378*
Restabilisierung *323-324*
Restaurantszene *124-127*, 152, 166, 168, 174, 178
Revolution *92*
Reziprozität *406*
-snorm *55*
Risiko *291*
Risikogesellschaft *197*
Ritual 86, *117-118*, 127, 441
Role-making *101*
Rolle 24, 25, 35, *39-52*, 75, 76, 77, 101, 102-103, 105, 107-108, 120, 127, 145, 173, 202, 207, 212, 251, 260-261, 286, 314, 315-316, 369, 378
-ndistanz 25, 66, 102, *107-117*, 122, 123, 128, 129, 159, 181
-, erworbene *41*
-, institutionalisierte 22, 23, 42, 66, *75*
-, situierte *106*
-spiel 51, *103-107*, 110, 117, 129, 220, 260
-, typische *102-103*, 109, 117, 123, 129
-, zugeschriebene *41*
Rollenhaftigkeit *52*
Rollenkonflikt
-, Inter- *41*, 44
-, Intra- 40, *45-48*, 54, 60, 139, 159
Rollenkomplementarität *51*, 77, 115, 146, 203
Rollensegment *43*
Rollen-Set *43-47*, 77, 159, 222-223
Rollentheorie *39-49*
-, anthropologische 49, 52, *56*, 62, 121, 362
-, funktionalistische *49*

-, interaktionistische 49, 52, 56, *101-111*, 117, 123
Rollenübernahme 40, *52-57*, 62, 107
RREEMM *29-30*
Routine 366, *384*, 438
Rückbettung *390*
Salienz *422*, 424
Sanktion 30, 42, 44, 47, *50*, 96, 348, 350, 382, 406
Sanktionsmacht *47*
Schatten der Zukunft *408*
Schema *286-287*
-, interpretatives *382*
Schichtung *152*, 155
Selbst *332*
-beobachtung *331-335*
-beschreibung 258-259, 263, 300, 305-306, *331-334*, 356
-bild *115*
-intendierung *314*
-kontrolle *347*
-organisation 78, 247, 263, 290, 308, 314, 325, 326, *332-335*, 338, 353, 356-358, 426, 429
-referenz 256, 272, 281, 284, 293, *313*, 356
-reflexion *193*
-reproduktion *263*
-sozialisation *277*, 311, 314
-verstehen *149*
Selbstwirksamkeit *431*
Selektion *252-255*, 264, 276, 305, 324-325, 326, 431
Selektionsfunktion *42*
Self *53*, 55, 61, 63
Sicherheitssystem *383*
SID-Index *244*
Signale
-, schwache *301*
Signifikation *381*
Sinn
-formel *302*, 367
-grenze *255-257*, 282, 285, 287-288
- Berger/Luckmann *367*, 370
- Luhmann 151, *255-256*, 278, 281, 301, 326, 355-356, 358
- Mead *58-59*

- Schütz *140-142*, 145, 150, 151
- Weber *20*
-verschiebung 256, 260, 293, 302, 334, *355*, 359
-zusammenhang 140, *142-143*
Situationsanalyse *417-420*, 426
situierte Aktivitätssysteme *106*
Skandal
-, politischer *297-298*
Skript *286-287*, *420*, 423-424, 436
Solidarität *208*
-, organische *268*, 299
Sozialbehaviorismus *58*
Sozialintegration 28, *194-198*, *386*, 389
Sozialisation
- Axelrod *432*
- Berger/Luckmann 363, *373-375*
- Luhmann *277*
- Mead *52-57*
- Parsons 213, *215-219*, *237-239*
Sozialität *65*
Sozialkonstruktivismus *293*, 375
Soziologie
-, phänomenologische (Schütz) *140-162*
Spaziergang-Beispiel *187-189*, 273, 280, 285, 297, 382, 391, 420-421
Spiel
-, nachahmendes *53*, 56
Spieltheorie 30, 399, *404-409*, 411, 430
Spontaneität *60*, 64, 249
Sprachspiel *198*, 199
Sprache 59, 194, *276*, *363-365*, 389
Sprechakt 144, *187*, 190, 191, 274
SRSM *30*
SSSM *30*
Stabilität 203, *277*, 285, 426
-, dynamische *325*
Statement *104*
statisch *77*
Statik *97*
Status *40-41*
-kongruenz 395, *442*
-konsistenz *442*
Stelle 71, 76, *329*, 342
Stellenmacht 303-304, *306*

Steuerung
-spessimismus *346*
-, reflexive *326*, 379, 383, 391
Stichprobe *105*
Störung *275*
Strategie *27*
Strukturation 35, 96, 361, *376*
-stheorie *376-393*
Struktur(en) 18, *75-76*, 79, 203, 263, 274, *286-287*, 290, 302, 316, 324, 347, 352-355, 359, *376-379*, 385, *414-415*
-änderung 263, 301, 324, 328, *332*, 350, 356
-aspekt *129*
- der Lebenswelt *149-161*
-effekte *414-415*
-erhaltung *204*, 206, 286
-, formale *18*
-, informelle *18*
-kategorie 42, *76-77*, 95
-momente 35, *377-379*, 381-382, 385-386, 387
- Giddens *376-379*
- Luhmann *286-287*
- Parsons *75-76*
- Schimank *414-415*
-, soziale *42*
-theorie *43*
Strukturfunktionalismus 19, 29, 33, *80*
Strukturprinzip *378-379*
Stützkonzeption *371*
Subjekt *24*
Subjektive Perspektive *142*
Subsystem *253*
Supervacuus *248*
Symbiotischer Mechanismus *265*, 268, 317
Symbol *364*
-, signifikantes *57-58*
Symbolsystem *23*
-, kulturelles *95*
Symbolisation *212*
Symbolisierung *258*
System *17-18*, 27, 28, 202
-, analytisches *74*
-, autopoietisches 28, *272-275*
-, beobachtendes *279-292*

-, dynamisches *274*
-, empirisches 18, 73, *74*
-, Erziehungs- 279, *304-306*
-gedächtnis *290*
-grenze *257*
-integration 28, *194-198*, *386*, 389
-logik *34*
-, ökonomisches *208-209*, 279, 304-306
-, politisches 208, 286, 288-290, 295-297, *303-305*, 310, 351
-, psychisches 249, 272, 276, 279, 291, 298, 305-307, 310, *311-319*, 358, 431
-, Rechts- *279*, 310
-referenz *296-297*
-, soziales 18, 24, 27, 69, 75, *202*, 207, 221, 233, 249, 260, 273, 276, 291, 298, 307, *310-311*, 353, *384-385*
-, soziokulturelles *208*
-, sprachliches *59*
-steuerung *346-347*
-vertrauen *255*
-, Wirtschafts- *304-306*, 310, 313
Systemhaftigkeit *386*
Systemtheorie
- Luhmann *246-360*
- Parsons *201-246*
- zweiter Ordnung *78*, 247
System und Lebenswelt 187, *194-198*
Tatsache
-, ärgerliche 50
-, soziale *45-46*
Täuschung *132-135*, 190
-smanöver *133*
Technik 288, *291-292*
Technologie *92*, 95
Teilnehmende Beobachtung *105*
Temporalisierung *257*
Territorien des Selbst 106, *118-123*, 125-126
Theorie
- abweichenden Verhaltens *118*
- beobachtender Systeme 246, 248, *279-292*, 356
- autopoietischer Systeme 78, 246, *272-275*, 356
- des kommunikativen Handelns 144, 177, *186-198*

-, funktional-strukturelle *246*, 250, 356
- mittlerer Reichweite *43*
-, Rational Choice *399-400*
-, Rollen- *39-52*
-, Strukturations- *376-393*
-, strukturell-funktionale 43, 68, 69, *74-75*, 77, 110, 201, 203, 246, 368
- symbolvermittelter Interaktion *57-63*
-, Verhaltens- *439-445*
Theory-in-Use *99-100*
Tiefenerklärung
-, situationslogische *431-432*
TIT-FOR-TAT *406*, 408
Totale Institution *111-112*, 117, 121-122, 277
Tradition 31, 342, *392*
Tragödie der Allmende *400*
Transformation 30, 34, 35, *132-135*, 137, 374, 396, *409-413*, 425
-, organisationale *137*
-sregel 30, 401, *409-413*, 425
Transintentionalität 30, 34, 35, 396, 400, 409, *415-417*, 425
Transzendenz *365*
Trittbrettfahren *400*
Trivialisierung *19*
Typisierung 103, *144-146*, 150, 156-157, 161, 164, 182, 365
Überdetermination 122, 123, *127-129*, 139, 181
Übersozialisiert *432*
Ultimate ends *70*
Umwelt 148, *269-270*
Unbestimmtheit *252*, 259, 270, 285, 301-303, 347
Ungewissheit 249, 270, *303-304*, 312, 320, 337, 345, 348-349, 351, 355-356, 359, 391
-szone *351-352*
Ungleichheit *308*
Unintendierte Handlungsfolgen *379-381*, *415-417*
Universalität *55*
Unmarked space *281*
Unsicherheit 67, 90, 131, 136, 138, 166, *254*, *259-270*, 285, 289, 302, 311, 320, 323, 326, 329, 332, 334, 337, 339, 345-346, 348-351, 399-400, 417
-sabsorption *329*, 332, 334, 337, 342, 345, 348, 350-351

Unterleben 100, *112*, 117, 121, 122
Unternehmenskultur 192, 245, 263, 339, *341*, 345, 372, 408, 428
Unterricht *307*
Untersozialisiert *434*
Variable *18*
-, dichotome *41*
Variation *324*, 326, 333, 354-355
Varietät *333-334*
Veränderung
-, isomorphe *88*
Verbreitungsmedien *288*
Verdinglichung *362*
Verfassungsgericht *310*
Verhalten *20*, 23
-, abweichendes 50, *118*
-, elementares *21*
-, konformes *50*
-, sinnhaftes *20*
Verhaltensgesetze *440-444*
Verhaltensnorm *44*, 45, 102, 103, 107, 109
Verhaltenssystem *221*
Verhaltenstheorie 21, 23, 32, 118, 395, *439-445*
Verhaltenstraining *440*
Vermeidungsalternative *348*
Verallgemeinerter Anderer *54-56*, 59
Verstehen, *140-144*, *273*
Vertauschbarkeit der Standpunkte 151-152, 164, 167, *169*
Vertragsrecht *299*
Vertrauen 84, 99, 152, 195, *254-255*, 258, 291, 390, 433
-srituale *86*
Vertrautheit *156-157*
Verweisungszusammenhang *150-151*, 255, 365
Verwirklichung 36, 361, *363-364*, 376
Vier-Funktionen-Paradigma 201, *204-207*, 220
Virtualisierung *193*
Voluntarismus 66, *69-73*, 80
Vorurteil *254*
Wahrheit 17, 187, *190*, 199, 264, *266-268*, 289-290, 295, 340, 437
Wahrnehmung 249, *276*

Wandel
-, geplanter *331-332*
-, gesellschaftlicher *325*
-, institutioneller *89-100*, 426-429
-, organisationaler 89, 97, 136, 325, *328-339*, 343, 350
-, sozialer 325, *386-388*, 393
- sozialer Systeme *203*
-, technologischer *92*
Wannenmodell *396-398*, 411, 430
Weltoffenheit *254*
Weltzeit *386*, 393
Wert 22, 35, 43, 66, 72, 76, *77*, *262-263*, *341-342*
-bindung *195*, 198
-Erwartungstheorie 395, 399, *401-404*, 419, 421-425, 435, 439
-generalisierung *240*
-, internalisierter *23*
-rational *31*
-wandel *232-233*
Wertcommitments *231*, 268
Wertmuster *232*
Wettkampf *54*
Widerstand
- gegen Veränderung 136, *335*, 343, 350
Wirtschaftssystem *305-306*, 310
Wissen 91-93, *198*, 200, 233, 363, *383-384*, 391, 437
-soziologie 58, 162, 183, *361-366*, 375
-svorrat *154-155*, 156, 161, 369
Wohlfahrtstaat *306*
Zahlung *305-306*
Zeichen 58, *143-144*, 364
Zeichensetzung *144*
Zeitdimension *429*
Zeitweiliger Vertrag *200*
Zentralbank *310*
Ziel 70-71, 336-347, *435-438*
Ziel-Mittel-Kombination *71*
Zielerreichung *205-206*
Zielvereinbarung 198, *401-403*, 407-409, 411-413, 416-419, 423-424, 428-431, 433-434, 443
Zitierbeispiel *214*, 366, 368
Zufall *324*, 387

Zwang *138*
Zweck *20*
-programm *262*, 329
-rational *31*, 81, 433-434, 436

Namenverzeichnis

Adorno, T.W. 186
Adriaansens, H.P.M. 69
Albert, H. 370
Alexander, J.C. 69
Allerbeck, K. 153, 234
Alt, R. 98
an der Heiden, U. 78, 247, 325, 357
Argyris, C. 99, 190
Aumann, R. 404
Axelrod, R. 406-407, 432
Baecker, D. 252, 276, 345
Bailey, K. D. 78
Bales, F. 215-217
Balog, A. 16
Barber, B. 152
Baraldi, C. 290
Bateson, G. 131-132, 135, 273
Baurmann, M. 32, 395
Bea, F.X. 78, 403
Beavin J.H. 132
Beck, U. 85, 197, 319
Beeghley, L. 24, 79
Bell C.H. 344, 372
Berger, P.L. 19, 36, 58, 147, 286, 293, 295, 361-376, 396, 406
Bershady H.J. 69
Blumer, H. 25, 27, 52, 105
Bogumil, J, 105
Bolman, L.G. 135-138
Boudon, R. 41, 433, 436-438, 445
Bourdieu, P. 235
Braun, D. 30, 67, 400, 406-408
Brown, Sp. 16, 247, 281-282, 300, 303, 329, 336, 355
Breisig, T. 198, 321, 401-402, 417
Bühl, W.L. 240, 325-328
Campbell, D.T. 183
Camus, A. 129-130

Cicourel, A. 105
Claessens, D. 46-48
Clegg, S.R. 348
Coleman, J.S., 15-16, 19, 31-33, 36-37, 138, 147, 186, 197, 395-398, 401, 406, 411, 414, 432, 435-436, 444
Corsi, G. 290
Crozier, M. 93, 351-352, 417
Dahrendorf, R. 41-43, 49-52, 56, 62, 68, 106
Deal T.E. 135-138, 339, 341
DiMaggio, P. 37, 78, 80-81, 88-89, 97
Diekmann, A. 328
Domsch, M.E. 320
Dreitzel, H.P. 52, 56, 61, 108
Durkheim, E. 33-34, 45-46, 52, 68-69, 77, 118, 177, 187, 194, 234, 268, 284, 292, 299-300, 376, 388, 397-398, 410
Elster, J. 31, 407
Erikson, E.H. 52, 56, 61-62, 113, 116, 213
Esser, H. 16, 26, 30, 32, 34, 36, 78, 105, 130-131, 137-138, 147, 186, 287, 292-293, 295, 358, 371, 375, 395, 398-404, 409-413, 418-425, 427, 429-438, 447
Estel, B. 254
Etzioni, A. 118
Exner, A. 28, 273, 344
Exposito, E. 290
Foerster, H. 247, 284, 355
Freeman, J. 93
French, W.L. 344, 372
Freud, S. 213, 216
Fried, A. 293-294, 375
Friedberg, E. 93, 351-352, 417
Friedrichs, I. 105
Gardner, R. 429
Garfinkel, H. 25, 27, 29, 33, 98, 101, 118-182, 194, 342, 379
Gerhardt, U. 105, 149
Gersick, C.J.G. 137

Giddens, A. 16, 35-36, 96, 195, 361, 375-393, 400, 417, 425, 429, 431, 447
Glasl, F. 344
Glaser, B. 105
Glassman, R.B. 288
Göbel, E. 78, 403
Goethe, J.W. 133
Goetze, D. 118
Goffman, E. 25, 27, 29, 32-33, 35, 49, 68-69, 100-135, 138-139, 157, 162, 167, 169, 178-179, 181, 188, 207, 220, 222, 273-274, 277, 286, 315, 319, 358, 384, 399, 420, 431, 436, 438
Goldthorpe, J. H. 396
Granovetter, M. 417, 432-433
Gresshoff, R. 30
Gross, N. 44, 47-48, 50
Habermas, J. 27-29, 33, 56, 61, 69, 114, 139, 144, 150, 157, 161-162, 177, 186-199, 255, 263, 274, 280, 342, 389-390
Haferkamp, H. 62
Hagen, W. 27, 37
Hall, D.T. 48
Hannan, M.T. 93
Hardin, G. 400
Harsanyi, J.C. 404
Hasse, R. 81, 85, 87
Hedberg, B. 95, 334
Hejl, P.M. 294-295
Hellmann, K.-U. 306
Herbert, W. 232
Hill, P.B. 75, 392, 401
Hippler, H.-J. 232
Hirschmann, A.O. 411
Hitzler, R. 129, 132
Hoag, W. 153, 234
Hofstede, G. 341
Hohm, H.-J. 250
Holler, M. J. 30, 404-405
Holm K. 46-48, 159
Hopf, C. 149
Homans, G.C. 16, 21-23, 32-33, 73, 98, 110, 118, 160, 395, 438-445
Horkheimer, M. 186
Hunter, J.E. 402, 411-413, 418, 424
Hurrelmann, K. 115-116
Husserl, E. 131, 143, 246, 248, 254, 358

Illing, G. 30, 404-405
Immerfall, S. 105
Isaacs, W. 190
Jackson, D.D. 132
Jacobs, R.C. 183
Jäger, W. 93
Jahoda, M. 149
Jann, B. 328
Janoska-Bendl, I. 148
Jensen, St. 294-295
Joas, H. 19, 51-52, 55-57, 59, 61, 64-66, 108, 330, 337, 346, 357, 425
Kahnemann, D. 419, 426, 432-433, 437
Kappelhoff, P. 240
Kasper, H. 335
Kennedy, A.A. 135, 339, 341
Kieser, A. 37, 78, 84, 98, 118, 399
Kirsch, W. 247
Kiss, G. 54
Klages, H. 232
Klenovits, K. 26, 105, 371
Königswieser, R. 28, 273, 344
Kohlberg, L. 223
Knöbl,W. 346, 357
Kopp, J. 75, 392
Krappmann, L. 56, 61-62, 107, 113-115, 213, 313
Kromrey, H. 105, 178, 182, 370
Krücken, G. 81, 85, 87, 197
Kubicek H. 118
Kuhn, T.S. 19, 26, 39, 69-70, 106, 371-372
Lamnek, S. 118
Lazarsfeld, P.F. 68, 149
Lechner, C. 135
Levy, A. 137-138
Lewin, K. 344
Lindenberg, S. 29, 32, 34, 398, 435-438
Linton, R. 39-43, 50, 52, 62, 106, 159, 216-217
Luckmann, B. 254
Luckmann, T. 19, 24-25, 36, 58, 131, 142, 147, 150-152, 155, 158, 160, 164, 254, 286, 293, 295, 361-376, 406, 435-436
Lüdemann, C. 438
Luhmann, N. 18, 27-29, 33, 35, 37, 52, 78, 99, 131, 151-152, 186, 196, 198, 220, 225,

240, 246-360, 375, 385-386, 389-390, 417, 423, 425, 429, 431-432, 435, 444, 447
Lyotard, J.-F. 186, 198-200, 388
Malthus, T.R. 158
Mannheim, K. 172, 180
March, J.G. 36, 329
Marshal, A. 68-69
Maruyama, M. 400
Marx, K. 376, 386
Mason, W.S. 47-48, 50
Maturana, H.R. 247, 272, 275, 278
Mauss, M. 118
Mayntz, R. 357, 400
McEachern, A.W. 47-48, 50
Mead, G.H. 25, 27, 29, 33, 40, 49-63, 66-68, 87, 99, 101, 103, 107, 113-115, 139, 141, 143, 149, 162, 177, 187, 212-213, 223, 256, 280, 314, 364-365, 368, 373, 379, 383, 399, 420
Mehan, H. 125-126, 174, 177
Menzies, K. 69
Merry, U. 137-138
Merton, R.K. 26-27, 37, 39-40, 43, 45-48, 54, 68, 106, 110, 158-160, 229, 381, 400
Meyer, J.W. 36, 81-89, 97, 100, 182
Miebach, B. 22, 39, 41, 54, 73, 80, 104, 121, 148, 204, 230-231, 269, 372
Miller, M.K. 78
Morgenstern, O. 404
Morris, C.W. 40
Mühlfeld, C. 118
Müller-Benedict, V. 78, 314, 325, 328, 357
Müller-Stewens, G. 135
Münch, R. 27, 29, 33, 64, 69, 130, 177, 204, 220, 222
Nadler, D.A. 138
Nash, J.F. 404
Natanson, M. 145, 149, 164
Nedelmann, B. 400
Newman, W.H. 137-138
Neuberger, O. 98
North, D.C. 67, 89-95, 97-98, 100, 328, 338, 358, 396, 426
Oevermann, U. 238
Ohmae, K. 245
Olsen, J.P. 36
Olson, M. 400

Ortmann, G. 376
Osterland, M. 42
Ostrom, E. 328, 396, 426-429, 447
Pankoke, E. 233
Pareto, V. 68-69
Parsons, T. 17-29, 33, 35, 39, 41-45, 50, 52, 54, 66-81, 95, 103, 106, 110, 120-121, 145, 163-165, 177, 181, 186, 194, 196, 201-247, 250-251, 254, 260, 263-264, 267-269, 286, 290, 292, 296, 298, 304, 316, 321, 325, 353, 356, 358-359, 361-362, 366, 369, 377, 381-382, 385, 388-390, 406-407, 415, 417, 437, 439, 445, 447
Peters, T.P. 244-245, 263, 270, 339
Peterson, M.F. 341
Pettigrew, A.M. 137
Piaget, I. 223
Platt, G.M. 35, 78, 207, 212-213, 217-218, 220, 231-232, 234, 237-244
Popitz, H. 44, 50, 102-103, 109
Popper, K.R. 370, 395
Powell, W.W. 37, 78, 80-81, 88, 97
Probst, G.J.B. 28
Psathas, G. 163, 172, 177
Rapaport, A. 406
Reese-Schäfer, W. 250
Regnet, E. 320
Reinhardt, R. 334
Ritzer, G. 26
Rodgers, R. 402, 411-413, 418, 424
Romanelli, E. 137-138
Roth, G. 294-295
Rothgang, H. 438
Rowan, B. 36, 81-88, 97, 100, 182, 338
Scharpf, F.W. 30, 400
Schein, E.H. 28, 340-341, 344
Schelling, T.C. 404
Schimank, U. 16, 30, 35, 93, 99, 293, 295, 319, 336, 354-355, 400, 413-417, 425
Schmid, M. 69, 327-328
Schneider, H.-D. 33
Schneider, W.L. 19, 30-31
Schön, D.A. 99, 190
Schreyögg, G. 78, 99, 197, 320-321, 339
Schütz, A. 24-25, 27, 32-33, 63, 68, 103, 131, 139-162, 164-165, 170, 178, 180-181, 183, 187, 254, 256, 358, 362, 364-365, 369, 379, 399, 419, 435-436, 438

Schütze, F. 105, 374
Scott, W.R. 36-37, 81, 85, 88-89, 95-96, 98, 100, 338
Selten, R. 404
Senkel, K. 372
Shils, E. 80
Simon, H.A. 81, 329, 399-400, 404, 407
Simmel, G. 63, 101
Skinner, B.F. 58
Smelser, N.I. .209, 211, 220
Sneed, J.D. 371-372
Spencer, H. 54, 326
Staehle, W.H. 301
Staffelbach, B. 233
Stegmüller, W. 39, 371
Stouffer, S. 230
Sydow, J. 376
Tenbruck, F.H. 19, 43, 49, 51-52, 80, 115, 146
Teubner, G. 275
Thomas, W.I. 157, 236
Tress, D.W. 372
Türk, K. 89, 186
Turner, I.H. 24, 79
Turner, R. 49, 52, 101, 117, 162
Tushman, M.L. 137-138
Tversky, A. 419, 426, 432, 437
Udehn, L. 32, 395
Ullrich, O. 48
Varela F. J. 247, 272, 355
Veith, H. 223
Verhulst, F. 314, 325
von Neumann, J. 404
von Rosenstiel, L. 320, 344
Wagner, W. 49
Walgenbach, P. 84-85, 89
Walker, J. 429
Waterman, R.H. 215, 244-246, 263, 270, 339, 370
Watzlawick, P. 132, 294, 342
Weber, M. 19-21, 31-33, 52, 68-69, 74, 101, 139-141, 144, 146-148, 186-187, 225, 243, 247, 292, 376, 381, 388, 395-397, 433, 436, 442
Weick, K.E. 288, 335-336, 417
Weik, E. 198

Weinert, A.B. 411, 431-432
Whitehead, A.N. 17, 21
Wilderom, C.P.M. 339
Wilson, T.P. 25, 162
Windeler, A. 376
Wiswede, G. 40, 47
Wood, H. 125-126, 174, 177
Zehnpfennig, H. 26, 105, 371
Zeisel, H. 149
Ziegler, R. 148
Zingg, W. 110, 152, 229
Zipp, G. 110, 152, 229
Zucker, L.G. 97-98, 100, 182-186, 338-339, 419, 426

Theorie

Dirk Baecker (Hrsg.)
Schlüsselwerke der Systemtheorie
2005. 352 S. Geb. EUR 24,90
ISBN 3-531-14084-1

Peter Imbusch
Moderne und Gewalt
Zivilisationstheoretische Perspektiven auf das 20. Jahrhundert
2005. 579 S. Geb. EUR 49,90
ISBN 3-8100-3753-2

Niklas Luhmann
Beobachtungen der Moderne
2. Aufl. 2006. 220 S. Br. EUR 24,90
ISBN 3-531-32263-X

Stephan Moebius /
Christian Papilloud (Hrsg.)
Gift – Marcel Mauss' Kulturtheorie der Gabe
2006. 359 S. Br. EUR 29,90
ISBN 3-531-14731-5

Gerhard Preyer
Soziologische Theorie der Gegenwartsgesellschaft
Mitgliedschaftstheoretische Untersuchungen
2006. 273 S. Br. EUR 27,90
ISBN 3-531-14745-5

Gunter Runkel / Günter Burkart (Hrsg.)
Funktionssysteme der Gesellschaft
Beiträge zur Systemtheorie von Niklas Luhmann
2005. 329 S. Br. EUR 29,90
ISBN 3-531-14744-7

Uwe Schimank
Differenzierung und Integration der modernen Gesellschaft
Beiträge zur akteurzentrierten Differenzierungstheorie 1
2005. 297 S. mit 3 Abb. Br. EUR 27,90
ISBN 3-531-14683-1

Wolfgang Ludwig Schneider
Grundlagen der soziologischen Theorie
Band 1: Weber – Parsons – Mead – Schütz
2. Aufl. 2005. 311 S. Br. EUR 24,90
ISBN 3-531-33556-1

Band 2: Garfinkel – RC – Habermas – Luhmann
2., überarb. Aufl. 2005. 460 S. Br. EUR 29,90
ISBN 3-531-33557-X

Band 3: Sinnverstehen und Intersubjektivität – Hermeneutik, funktionale Analyse, Konversationsanalyse und Systemtheorie
2004. 506 S. Br. EUR 34,90
ISBN 3-531-13839-1

Erhältlich im Buchhandel oder beim Verlag.
Änderungen vorbehalten. Stand: Januar 2006.

www.vs-verlag.de

VS VERLAG FÜR SOZIALWISSENSCHAFTEN

Abraham-Lincoln-Straße 46
65189 Wiesbaden
Tel. 0611.7878-722
Fax 0611.7878-400